CHRONIQUE

DE

L'ABBAYE DE SAINT-BÉNIGNE

DE DIJON

SUIVIE DE LA

CHRONIQUE DE SAINT-PIERRE DE BÈZE

publiées d'après les textes originaux

PAR

M. L'ABBÉ E. BOUGAUD

Vicaire général d'Orléans

ET

M. JOSEPH GARNIER

Archiviste du département de la Côte-d'Or

INTRODUCTION

I

L'abbaye de Saint-Bénigne de Dijon, célèbre au moyen âge par son antiquité, son influence, le grand mouvement intellectuel et artistique dont elle fut le foyer au XIe siècle, la beauté, l'originalité et l'étendue de sa crypte, l'était aussi par le nombre et la valeur de ses manuscrits. Sa bibliothèque, qui datait des temps les plus reculés, mais que les Normands ravagèrent au IXe siècle, avait été recommencée avec éclat par l'abbé Guillaume, qui, en 1001, amena au monastère des moines italiens et grecs versés dans les lettres, et y établit des scribes et des enlumineurs. Son successeur, l'abbé Halinard, qui fut archevêque de Lyon en 1046, augmenta cette collection déjà considérable. Comme il était particulièrement versé dans la géométrie et la physique, il s'appliqua surtout à l'enrichir de quelques rares manuscrits sur les sciences. En 1078, l'abbé Jarenton y joignit plus de trois cents volumes apportés d'Angleterre ; et, par je ne sais quelle bonne fortune sur laquelle la continuation de la Chronique ne s'explique pas, vers 1440, les moines de Saint-Bénigne se procurèrent une foule de manuscrits et de volumes qui avaient appartenu aux Pères du concile de Bâle. Du reste, indépendamment de ces heureuses circonstances, où la bibliothèque voyait se multiplier ainsi tout d'un coup ses richesses, chaque année lui apportait un accroissement. C'est ce qu'attestent les chartes du monastère où l'on voit qu'un certain nombre de censitaires et de fermiers étaient obligés de fournir, à titre de rentes annuelles, du vélin pour les manuscrits ; et il suffit de parcourir le Nécrologe du monastère, dans lequel, au jour de leur décès, leurs noms sont inscrits avec un éloge spécial, pour s'assurer que la plupart des moines étaient sans cesse occupés à peindre et à copier des manuscrits.

Un catalogue complet et exact d'une telle bibliothèque serait d'un grand prix ; malheureusement il a disparu avec tant d'autres richesses. On sait seulement qu'on y remarquait deux bulles sur papyrus des papes Jean V et Sergius I⁰ ; un Priscien et un Horace dont le manuscrit datait du IXᵉ siècle ; un traité sur le Comput ecclésiastique, enrichi de dessins à la plume extrêmement curieux ; une Bible hébraïque copiée en 1036 par le scribe Jacob ; une autre Bible in-folio plus ancienne, à la fin de laquelle on lisait le nom du copiste Aldebaldus ; un Sacramentaire donné en 1036 par Himbert, évêque de Paris, à la sollicitation d'Halinard ; et enfin, pour omettre bien d'autres trésors, ces vingt-quatre missels, ornés de si belles peintures, qu'on appelait *Missalia sortita*, parce que chaque année, le lundi de la première semaine de Carême, on tirait au sort les livres liturgiques destinés aux vingt-quatre autels de la basilique et de l'abbaye (1).

Parmi ces différents manuscrits, il y en avait un, sinon plus précieux que les autres, du moins plus cher aux religieux et conservé par eux avec un soin plus jaloux. C'était un bel in-4° sur vélin, écrit vers le milieu du XI° siècle, et renfermant la Chronique de l'abbaye de Saint-Bénigne, c'est-à-dire, ainsi qu'on peut le penser, car nous verrons exactement ce qu'il en est, l'histoire des fondateurs, bienfaiteurs et hommes illustres du monastère. On le montrait avec orgueil aux voyageurs érudits qui venaient visiter la riche abbaye, et on le gardait avec tant de soin que plus tard même, quand la destruction de la bibliothèque, commencée par les ligueurs, s'achevait par la négligence des abbés commendataires, Nicolas de Castille, l'un d'eux, refusait de l'envoyer à Paris, où les religieux de la congrégation de Saint-Maur se préparaient à en donner une édition.

Tant de soins n'empêchèrent pourtant pas ce manuscrit précieux de disparaître, et pendant plusieurs années les religieux le cherchèrent inutilement partout. On désespérait de le retrouver lorsque tout à coup il réapparut, à Autun, sur

(1) La Bibliothèque publique de Dijon possède encore deux fragments sur papyrus des bulles de Jean V et de Sergius I°°. Elle conserve aussi le *Traité sur le Comput*, sous le n° 269, et le *Sacramentaire*, sous le n° 89.

l'étalage d'un bouquiniste. Nicolas de Castille, ce même abbé dont nous parlions à l'instant, qui tenait toujours ce manuscrit sous clef, venait de mourir à Montjeu, près d'Autun, et il est probable que ce précieux volume avait été vendu avec ses livres et ses papiers. Quand on le retrouva, au bout de plusieurs années, il était mutilé et en mauvais état. Les trois premiers feuillets avaient été déchirés; deux autres manquaient à l'intérieur, et très probablement quelques-uns à la fin (1). Tel qu'il était, on fut trop heureux de le ressaisir. On le paya quarante livres; on fit recopier avec soin les feuillets qui manquaient, et le manuscrit fut replacé avec honneur au milieu d'une bibliothèque qui périssait tous les jours, et où on ne trouva plus que quelques volumes lorsque les commissaires de la République française mirent les scellés sur les biens de l'abbaye. Le manuscrit de la Chronique y était encore; il fait aujourd'hui partie de la Bibliothèque publique de la ville de Dijon (2).

Il ne faudrait pas croire cependant que le soin religieux et jaloux avec lequel, pendant des siècles, on avait veillé à la garde de ce manuscrit précieux, eût empêché d'en prendre des copies. Bien loin de là, on en a plusieurs de différentes époques.

La plus ancienne fut faite par les soins de Claude-Énoch Virey (3).

---

(1) V. les *Archives* de Pertz, ibid., 444.

(2) Ms. n° 348.

(3) Secrétaire du prince Henri de Condé; né en 1566, mort en 1636. Cette copie est conservée à la Bibliothèque publique de Lyon, Ms. n° 126, in-f° pap.

La seconde était à Dijon, à la Chambre des Comptes. C'est peut-être celle que le célèbre avocat Fevret communiqua à Guichenon pour l'aider dans son travail sur l'histoire de Bresse et de Bugey.

Il y avait une troisième copie à Paris, à la Bibliothèque du roi (1). Vers 1645, Pierre Dupuy, le garde de cette Bibliothèque, l'avait communiquée au Père d'Achery, qui conçut aussitôt le projet de lui donner place dans son *Spicilége*. Mais à peine en eut-il commencé l'étude sérieuse que cette copie, qui était d'une belle main, lui apparut faite avec si peu d'intelligence, et tellement chargée de fautes, de contre-sens, de passages omis ou tronqués, qu'il se vit, à son grand regret, obligé de renoncer à ce dessein. Sur ces entrefaites, le monastère de Saint-Bénigne ayant adopté la réforme de Saint-Maur, de doctes personnages pressèrent très vivement d'Achery de faire venir à Paris le manuscrit original et de publier enfin cette Chronique, inédite jusque là, mais assez connue pour que tous ceux qui travaillaient alors à illustrer les origines de la monarchie française en désirassent vivement la publication. .

Une raison pleine d'actualité, comme on dirait aujourd'hui, achevait de rendre ses désirs plus vifs, Louis XIII venait de mourir, laissant pour héritier un enfant de cinq ans. Que Louis XIV disparût aussi, que devenait la couronne de France ?

_____

(1) Ce serait celle qui porte le n° 5661, d'après les *Archives* de Pertz, VII, 443.

A qui passerait-elle? On agitait vivement la question et tout un parti travaillait hautement à ébranler la loi salique, le droit héréditaire du royaume. Or, le bruit courait qu'il y avait dans la Chronique de Saint-Bénigne et dans celle de Bèze des textes curieux sur ce point, ce qui piquait la curiosité et excitait l'intérêt de tous.

Pressé ainsi de différents côtés, d'Achery, qui ne pouvait se décider à publier un texte aussi fautif, commença d'actives démarches pour se procurer le manuscrit autographe ; mais toutes ses sollicitations furent inutiles, et Nicolas de Castille refusa obstinément de l'envoyer. Le plus simple eût été que le Père d'Achery vînt lui-même à Dijon pour cette collation inportante. Mais en l'an de grâce 1645, il fallait quatre ou cinq jours pour venir de Paris à Dijon, c'est-à-dire, pour un savant comme d'Achery, une perte de temps considérable. Il se contenta donc d'envoyer à dom Claude Bretagne, prieur de Saint-Bénigne, une copie prise sur l'exemplaire fautif de la Bibliothèque du roi, le priant de la corriger lui-même sur le manuscrit original. « Ce qui fut fait, dit d'Achery, très promptement et avec un soin extrême. » Très promptement, soit; mais ni avec soin, ni avec intelligence, car l'édition donnée par d'Achery est criblée de fautes : la plupart des noms propres estropiés, partout des contre-sens, des mots omis, des notes marginales insérées dans le texte, des ignes entières passées sous silence parce qu'on n'a pas pu les lire ; enfin une telle quantité d'erreurs de tout genre, que nous ne craignons pas

de donner notre édition comme une édition princeps, et que nous n'hésitons pas à ouvrir par elle
une collection destinée à réunir les monuments
inédits les plus importants conservés dans la
Bibliothèque et les Archives de l'ancienne capitale
de la Bourgogne.

II

Mais avant de donner le texte, une foule de
questions se pressent qui demandent une réponse.
Quel est l'auteur de la Chronique ? A quelle époque
vivait-il ? Quels éléments historiques avait-il sous
la main ? Comment les a-t-il fondus dans un seul
récit ? Quel intérêt peut s'attacher aujourd'hui à
ce monument au point de vue de l'histoire, de l'art,
de la géographie ancienne, des traditions religieuses et nationales du pays ? Voilà quelques-unes
des questions qu'un lecteur sérieux se pose avant
d'ouvrir un livre, questions que nul n'a éclaircies
jusqu'à présent, et sur lesquelles une étude ap-
profondie de la Chronique nous permettra, j'es-
père, de jeter quelque jour.

Pour ce qui est de l'auteur d'abord, il est à
peine connu. Le peu qu'on sait de lui se trouve
dans la Chronique elle-même. Il était né à Salins,
de 1010 à 1020, c'est lui qui nous l'apprend. Son
père l'apporta tout enfant au monastère de Saint-
Bénigne, et offrit à l'abbé, par manière de dot re-
ligieuse, une maison placée près d'un puits de
sel et une chaudière dans une des salines du pays.

L'enfant fut reçu par le célèbre Halinard, que le vénérable Guillaume venait de nommer prieur du monastère, et qui était digne, par sa vertu, son mérite, sa science, de lui succéder sur le siége abbatial de Saint-Bénigne. C'était le grand temps de l'abbaye ; le vénérable Guillaume allait mourir. Il commençait ce long voyage à travers les abbayes bénédictines qui, en épuisant ses forces, allait achever de mettre sur sa tête la triple auréole de fondateur, de réformateur et de saint. L'église et la rotonde, achevées depuis dix ans à peine, attiraient à elles une foule de visiteurs, de pèlerins et d'artistes. Les moines italiens et grecs appelés par saint Guillaume pour l'aider dans son œuvre, étaient à peine repartis. Les écoles florissaient. Les ateliers d'enluminure pour les manuscrits, et peut-être de peinture pour les vitraux, étaient dans toute leur première ardeur. Partout on copiait, on peignait, on composait, et surtout on édifiait et on priait ; car cette admirable renaissance des lettres, des sciences et des arts avait concordé avec un renouvellement encore plus beau de la piété et de la vertu. C'est dans ce milieu doux, recueilli et ardent, que l'auteur de la Chronique passa toute sa jeunesse. Il en conserva un souvenir profond qu'il a consigné en un mot charmant, dès les premières lignes de la Chronique : *Nos hujus sacratissimi monasterii a parvulo habitatores et amatores.*

On ignore le nom qu'il portait dans le monde, et celui même sous lequel il fut connu en religion. D'Achery l'appelle Jean, et il a été suivi, en ce point, par dom Mabillon et les auteurs du *Gallia Christiana;* mais c'est une pure méprise, ainsi que nous le montrerons plus tard. Rien, ni dans la Chronique, ni dans le Nécrologe du monastère, ni dans les écrivains contemporains, ne permet de soulever le voile qui cache son nom, sa vie, ni de soupçonner à quel moment il commença son œuvre, ni à quelle inspiration ou à quel ordre elle se rattache. Laissons donc l'auteur, sur lequel nous avons si peu de détails, et arrêtons nos regards sur le monument lui-même.

Quoique le manuscrit soit écrit d'un seul trait, sans divisions ni chapitres, et que notre auteur ne soupçonne pas la manière moderne d'indiquer ses sources, il ne serait pas impossible, je crois, de deviner à très peu près les éléments dont se compose la Chronique.

La plupart d'entre eux ont disparu ; et néanmoins nous nous hasarderions presque à dire leurs titres, à indiquer les emprunts qu'il leur a faits, à montrer comment il les a fondus ensemble et mêlés dans son récit.

Le premier manuscrit qu'il avait entre les mains portait en titre : *Acta sancti Benigni, martyris gloriosi.* C'est par là qu'il se proposait, après une courte préface, d'ouvrir son récit, et on ne pouvait qu'applaudir à son idée. Saint Bénigne, en effet, était le patron de l'abbaye, et c'est autour de ses reliques sacrées que s'agite toute l'histoire du monastère. Les Actes que notre auteur avait choisis dans ce dessein n'étaient pas les Actes primitifs, qui, se bornant au récit du martyre de l'apôtre, étaient incomplets ; mais d'autres, plus récents il est vrai, écrits au IX° siècle, mais qui avaient ce grand avantage que, tous les Actes des compagnons de saint Bénigne étant fondus avec les siens, il en résultait une sorte d'histoire générale des origines du christianisme en Bourgogne. Ces Actes, notre auteur se proposait de les abréger, car ils étaient très longs, et de les corriger, car il n'en pouvait admettre le système chronologique. Embarrassé, comme on l'était depuis six siècles, par le nom impossible d'*Aurelianus* donné à l'auteur du *Martyre de saint Bénigne*, disciple de saint Polycarpe, il avait imaginé un nouveau système qui lui paraissait devoir tout concilier : c'était de faire mourir saint Bénigne sous Elagabale. Il y avait à cela bien des objections sans doute ; mais, comme tout homme qui a un système, il ne les voyait pas ou n'en tenait pas compte ; et si défectueux qu'il fût, son système lui paraissait encore supérieur à celui des Actes de ses devanciers : en quoi il avait parfaitement raison.

A côté des Actes, notre chroniqueur avait réuni plusieurs autres manuscrits : Grégoire de Tours, Frédégaire et ses continuateurs, Eginhart et les siens, destinés à lui fournir la série des événements de l'histoire de France et de Bourgogne depuis l'an 511, époque de la fondation du monastère, jusqu'à l'an 1052, où il écrivait. Il riait des chroniqueurs, ses contemporains ou ses devanciers, qui commençaient leurs chroniques à la création du monde, et il estimait que c'eût été manquer de

goût que de la faire remonter même à la nais-
sance de Jésus-Christ, comme tous faisaient alors.
En creusant cette bonne veine, il eût compris que
c'était également manquer de goût que de mêler
à l'histoire d'un simple monastère toute l'histoire
de France et de Bourgogne, et qu'il fallait toucher
très sobrement les événements généraux, et là
seulement où cela importait à l'intelligence des
affaires de l'abbaye. Mais ce second pas, il ne le
faisait pas, et nous avons assisté sous ce rapport
à de si grands abus au XIX⁰ siècle, que nous n'a-
vons pas le droit d'être trop sévères pour un vieil
auteur du XI⁰. Résolu donc à déduire toute la suite
des affaires des rois de France de l'an 511 à l'an
1046, voici comme il s'y prit. Il ouvrit d'abord
l'*Epitomata historia Francorum*, qui le conduisait de 511 à 584 ; puis la Chronique de Frédégaire, avec laquelle il atteignait l'année 641 ; mais
là se trouvait une lacune considérable. De 641 à
741, il n'avait rien ou presque rien. En 741, il
retrouvait Eginhart qui le conduisait jusqu'en 829 ;
après quoi l'embarras devenait plus grand qu'avant,
mais par une raison opposée, la foule des historiens de Louis-le-Pieux et leur prolixité menaçant
d'entraîner notre auteur dans d'interminables
longueurs.

Tous ces auteurs, il se proposait de les copier
mot à mot quand leur récit peu développé le per-
mettrait, de les analyser quand ils deviendraient
trop abondants, d'y ajouter des dates toutes les fois
qu'il le pourrait, et çà et là, mais très discrètement,
quelques faits. Il attachait une grande importance

à ces dates, car, non content de les intercaler dans le récit presque à chaque paragraphe, il avait joint aux manuscrits qu'il voulait consulter sur l'histoire générale, les *Vitæ Pontificum* d'Anastase ; il se proposait d'en tirer une suite chronologique des papes et des empereurs, et, pour éclairer son récit, d'en faire courir la liste le long des marges de la Chronique.

Si un savant versé profondément dans l'étude des manuscrits, Henri de Valois, par exemple, eût vécu à cette époque, il aurait fait observer à notre chroniqueur que les exemplaires qu'il avait sous les yeux étaient fautifs, et qu'en les copiant exactement comme il allait faire, il induirait en erreur ceux qui le liraient. Malheureusement, Henri de Valois n'existait pas alors, et la science qui a fait ce grand homme n'existait pas davantage. Personne n'était là pour suggérer ces remarques à notre chroniqueur, et les eût-il faites, il n'y avait nul moyen pour lui d'y remédier. Il prit donc les différents auteurs dont j'ai parlé, et, les copiant presque toujours mot à mot, les abrégeant quelquefois, suppléant par un résumé rapide de 641 à 741 aux historiens qui lui manquaient, il forma la suite des affaires de France et de Bourgogne de 511 à 1046. On verra tout à l'heure ce que vaut cette partie de notre Chronique et ce qu'elle ajoute à ce que l'on savait déjà.

Mais ce n'était là encore que le tissu général. Pour répondre au dessein qu'il avait formé, il fallait introduire dans ce tissu la suite des affaires du monastère de Saint-Bénigne, et c'est là que se

présentaient d'immenses difficultés. Quoiqu'il re-
montât au VI° siècle, le monastère de Saint-Bénigne n'avait plus d'archives. Les Normands avaient
tout brûlé. Dix fois il avait fallu fuir devant eux, se
cacher au *Castrum* de Dijon, se réfugier jusqu'à
Langres ; puis, à peine revenu à l'abbaye, rentrer
en toute hâte au *Castrum ;* et, pendant ce temps,
que faire des papiers, des manuscrits, des archives ? Même en plein X° siècle, après l'apaisement
des invasions normandes, la paix n'était pas reve-
nue. L'abbé Guillaume, au lendemain du jour où
il avait fait de si grands et si intelligents efforts
pour reconstituer une bibliothèque, n'avait-il pas
été obligé de se sauver à la hâte « avec ses livres »
devant le roi Robert, qui venait assiéger le *Castrum ?* Que de monuments avaient dû disparaître
dans cette succession de ravages ! Que de précieux
souvenirs à jamais détruits ! La suite des abbés
était à peine connue. Le nom des plus célèbres conservé dans le Nécrologe, avec un mot de louange,
et peut-être une de ces listes chronologiques dont
on avait coutume d'orner les murs des cloîtres,
voilà tout ce qui restait. Quant à leur vie, au détail de leurs actions, il n'y fallait pas penser. Que
faire avec de tels éléments ?

Un livre cependant avait échappé à tant de nau-
frages, et, sans répandre une grande clarté,
donnait au moins quelques dates et indiquait
quelques événements. C'était le *Liber bonorum,*
le livre des biens du monastère, le recueil des
chartes de donations. Obligés de s'enfuir à la hâte,
les prieurs des monastères, parmi les manuscrits

les plus précieux, sauvaient toujours celui-là, seul
moyen pour eux, le torrent des barbares passé,
de rentrer dans leurs possessions. Ce livre, conservé avec soin, continué à chaque époque de
paix, venait d'être achevé par les soins du prieur
Arnoult, qui y avait ajouté tout ce que l'abbé
Guillaume avait acquis de nouveau ou fait restituer au monastère. C'était là, à défaut de tout
autre élément, un trésor. Il ne faut donc pas trop
en vouloir à notre chroniqueur s'il l'a inséré tout
entier dans sa Chronique; s'il y a mis jusqu'aux
préfaces, ce qui jure un peu avec la suite et ferait
croire parfois au lecteur inattentif que la Chronique, au lieu d'être une histoire de l'abbaye,
n'est qu'un cartulaire; si, comme le remarque
Valois, il interrompt à chaque instant la suite des
rois de France par des listes de donations « dictées
sans choix et insérées sans goût; » ce qui est vrai,
quoique un peu sévère, mais ce qu'on doit lui
pardonner facilement, quand on se reporte au
XIe siècle, qu'on voit la disette d'éléments historiques, l'importance de fixer les propriétés du
monastère, et qu'on songe surtout à ces détails
infinis de géographie ancienne qui sont contenus
dans ces pages si monotones.

Valois, en étudiant rapidement la Chronique de
Saint-Bénigne, semble n'avoir vu que les deux éléments qui précèdent : la suite des événements de
l'histoire de France, et la liste des biens du
monastère, mêlées et fondues ensemble dans
tout le récit. Mais, en outre de ces manuscrits
dont nous venons de parler, il y en avait

encore deux que n'a pas soupçonnés Valois,
deux vrais trésors, qui font tout le prix de notre
Chronique et lui donnent une valeur inestimable.
Le premier était le livre de la fondation de
l'église, c'est-à-dire la description historique,
symbolique et artistique de la basilique; le second,
le livre des sépultures, c'est-à-dire la liste plus ou
moins détaillée des personnes qui avaient voulu
reposer dans l'église du monastère, avec l'indication des lieux où elles étaient ensevelies. Ces
deux livres se trouvaient dans toute abbaye. Ils
formaient avec le Catalogue des abbés, le Nécrologe et le livre des biens, l'ensemble des souvenirs de chaque monastère ; ce qu'on nommait par
excellence « ses livres. » Quand on se sauvait
devant une invasion, si on parvenait à emporter
sur ses épaules le corps du saint patron, les vases
de l'autel et les cinq livres du monastère, on estimait que tout était sauf. Et tout l'était, en effet;
car il ne restait plus qu'à trouver quelques arpents
de terre, quelques forêts à défricher, ce qui n'était
pas rare, et à y rebâtir des cellules, ce qui était
bientôt fait. Il y a une foule de monastères qui
ont changé ainsi de sol et de ciel, en restant toujours les mêmes.

Notre chroniqueur avait trop peu de documents
sur l'abbaye, et ceux-là étaient trop précieux pour
qu'il ne se fît pas un devoir de les insérer tout
entiers. De même donc qu'il avait fait entrer dans
son ouvrage tout le livre des biens, avec ses préfaces et ses conclusions, ce qui arrête le lecteur
qui n'est pas prévenu, il inséra aussi de la même

manière le livre des sépultures et celui de la fondation de l'église, ce qui permet à un œil un peu
exercé de reconnaître où commencent et où s'a-
chèvent ces livres précieux. La tradition, du reste,
s'en garda peut-être au monastère ; car une main
du XVᵉ siècle rétablit en différents endroits, sur le
manuscrit original, les titres de ces différents
livres.

J'ai quelque idée, et c'est ce qui ajoute un prix
singulier à toute cette partie de notre Chronique,
que l'abbé Guillaume avait fait refaire, sous ses
yeux, ces cinq livres de l'abbaye. Il avait bien
fallu refaire d'abord le livre de la fondation de
l'église, puisqu'elle avait été reconstruite en
entier, et il suffit d'en lire la description, ces vues
profondes, ces idées originales, ce style plus ample
et solennel, pour soupçonner ici, non seulement
l'inspiration, ce qui n'est pas douteux, mais la
plume même du vénérable Guillaume. Il n'avait
pas été moins nécessaire de refaire le livre des sépultures, puisque la construction de la rotonde en
avait déplacé un certain nombre ; puisqu'on avait,
pendant les fouilles, trouvé des corps saints cachés
par peur des Normands, et qu'en leur donnant
asile dans la crypte on avait été amené, pour cette
raison, et aussi par des vues symboliques, à mo-
difier profondément l'ordre des tombeaux. Peut-
être aussi que ces Actes de saint Bénigne, insérés par notre chroniqueur, avaient été également
ou recopiés, ou refaits, ou modifiés par l'inspiration de saint Guillaume. Et qui sait si ces trois
livres n'avaient pas été réunis en un, mais en

laissant à chacun d'eux son titre distinct? C'est
ce précieux manuscrit dont l'auteur de la Chronique s'empara, qu'il mêla à la suite des affaires
de France et de Bourgogne, à la liste des abbés, à
la suite des biens et des donations, et avec lequel
il composa, en essayant d'y mettre un peu d'ordre
et de chronologie, ce curieux ouvrage qu'on
nomme la *Chronique de Saint-Bénigne.*

III

On voit maintenant, par ce qui précède, quelle est
la valeur de cet ouvrage, ce qu'on peut lui demander, ce qu'il n'y faut pas chercher. Sur l'histoire générale de France, il y a peu de chose. Ces fameux
textes attendus par les savants, et qui devaient
ébranler le droit héréditaire du royaume, ne sont
autres que ces passages de Grégoire de Tours, de
Frédégaire et des autres chroniqueurs du moyen
âge qui, entre les mains d'Augustin Thierry, ont
en effet créé une histoire de France bien différente
de celle qu'avait imaginée Velly. Quelques parties
cependant de notre Chronique ont été recueillies
avec soin par dom Mabillon, dom Bouquet, Pertz.
Ce sont celles où l'auteur, abandonné par les
chroniqueurs qu'il copie, puise, on ne sait où, les
documents dont il a besoin pour remplir les la-
cunes de son récit.

Mais si notre Chronique ne présente qu'un intérêt très secondaire au point de vue de l'histoire
générale, il n'en est pas de même en ce qui con-

cerne l'histoire locale. Là se trouve un trésor de faits qu'on chercherait vainement ailleurs. Non seulement toutes les traditions de notre église y sont enregistrées avec soin : l'origine orientale de saint Bénigne, sa mission par saint Polycarpe, le baptême de saint Symphorien et des saints jumeaux ; mais aussi quels curieux détails sur le cimetière de Dijon, son antiquité, son emplacement, les vases sans nombre qu'on y trouvait au moyen âge, les décrets des évêques et les bulles même des papes qui en sauvegardaient la sainteté ! Et par suite quelle lumière sur les origines de Dijon, sa vraie situation aux premiers siècles, la manière dont peu à peu la ville est née et s'est constituée ! Où trouver ailleurs la bulle de Sergius Ier et le diplôme de Louis-le-Pieux pour la reconstruction de l'église Saint-Bénigne, et celui de Charles-le-Chauve pour sa restauration ? Supprimez la Chronique, et une partie de notre histoire provinciale rentre dans l'ombre et s'évanouit.

Mais c'est surtout au point de vue de l'art que notre Chronique possède des pages d'un prix inestimable. Il ne faut rien exagérer, mais je ne crois pas qu'aucune chronique du moyen âge présente une page comparable, pour l'histoire de l'art, à celle où notre chroniqueur raconte le voyage du vénérable Guillaume à Rome, puis l'arrivée en Bourgogne d'évêques, d'abbés, de moines, venant de Rome, de Gênes, de Milan, de Ravenne, apportant des autels, des ornements, des manuscrits, des idées, et imprimant à toute le Bourgogne un mouvement artistique et littéraire qui n'a pas

encore été suffisamment étudié. Au lendemain de
l'an mil, l'art a été renouvelé en Bourgogne par
une importation italienne et orientale des plus
puissantes, et non seulement l'architecture, mais
la sculpture, la peinture, l'art de tisser les étoffes,
l'art de peindre le verre. Notre Chronique parle
de vitraux peints, qui sont, au témoignage de
M. Lenoir, les premiers peut-être qui ont été
faits en France. Et quand eut lieu la translation des
restes de saint Bénigne, le vénérable Guillaume
les fit envelopper dans une magnifique étoffe de
soie ornée de grands aigles et d'admirables ara-
besques dont on peut voir un fragment curieux
au Musée de Cluny.

Et que dirai-je maintenant de la géographie
ancienne? Quels détails précieux sur les différents
villages de Bourgogne, sur les routes qui les
séparent et les desservent, sur les curiosités qui
les recommandent! Dès 511, voici Curley, Izier,
Remilly-sur-Tille, Frenois, Chambeire, Ligne-
rolles, Bressey-sur-Tille, Brochon, Plombières,
Velars, Santenay, Flavignerot qui subsistent encore; et à côté de ceux-là, d'autres qui ont disparu
et dont on cherche vainement la trace. En 609,
on aperçoit Longvic, Chenôve, Fixin, Marsannay,
Gevrey; toute la côte se peuple. Les bons vins se
multiplient. De siècle en siècle c'est un aspect
nouveau, un renseignement plus précis, une indication importante, sans compter mille détails
sur les phénomènes physiques, éclipses, comètes,
tremblements de terre, orages effroyables; mille
choses qui devront être inventoriées, recherchées

avec le plus de soin dans toutes les chroniques
du moyen âge, si on veut arriver, comme on en
a aujourd'hui le noble désir, à en retrouver la loi.

A ces différents points de vue, il faut bien reconnaître que nous sommes aujourd'hui dans des
conditions bien meilleures que nos pères pour
comprendre et pour apprécier les vieilles chroniques du moyen âge. Aux yeux de Mabillon, de
Henri de Valois, une chronique valait par ce
qu'elle apportait d'appui à l'histoire générale; le
reste n'était rien pour eux. De là ces jugements
si sévères, et, reconnaissons-le, si étroits sur une
foule de monuments les plus précieux. Aujour-
d'hui nous analysons plus complétement, nous
saisissons plus au vif et dans leur entier ces
vieux témoins des anciens âges. Ici, ce qu'ils con-
tiennent de neuf, d'inconnu avant eux sur l'histoire générale; là, ce qui regarde l'histoire locale,
les traditions religieuses et profanes d'un pays, sa
topographie, ses vieux usages. Et combien qui
sont pauvres sous le premier rapport, et qui
possèdent d'inestimables richesses sous le second.
Ce sera la gloire de notre siècle d'avoir découvert
ces veines cachées, ces filons inconnus à nos pères,
d'y avoir retrouvé une foule d'éléments nouveaux,
importants, et surtout ce parfum, cette vérité, ce
naturel, cette couleur locale, qui a renouvelé
l'histoire en l'empêchant de rester ce qu'elle
était devenue au XVIIIᵉ siècle, d'éloquentes
déclamations sur des généralités banales. C'est
cette étude assidue des chartes, des diplômes, des chroniques et aussi des monuments qui

rendra la vie à la province, en fournissant aux
esprits actifs un texte toujours jeune, toujours
neuf, singulièrement varié et attachant, et qu'on
ne peut pas lui prendre; car, quand on emporte-
rait à Paris ces chartes et ces chroniques, quand
on exagérerait encore ce mouvement qui veut y
centraliser toutes nos richesses, outre qu'on n'y emportera pas les monuments, on n'y emportera pas
non plus les traditions qui expliquent ces chartes
et ce je ne sais quoi qui fait qu'une chronique,
comme une cathédrale, ne sera jamais bien comprise que là où elle a été écrite ou bâtie. Voilà la
richesse inaliénable des provinces et leur grande
ressource. Aussi croyons-nous bien mériter de la
Bourgogne en lui offrant aujourd'hui, avec tant
d'autres monuments, sa vieille Chronique de
Saint-Bénigne, et sa sœur un peu plus jeune, la
Chronique de Bèze.

IV

Je dis sa sœur, car elles sont évidemment nées
de la même inspiration, et il y en a qui préten-
dent qu'elles ont eu le même auteur. Mais, à notre
sens, ce second point ne se soutient pas. Quand
on étudie en effet, en les comparant, ces deux
Chroniques, il y a une chose qui étonne d'abord :
dans l'une et dans l'autre, la préface est la même;
et non seulement la préface, mais toute la suite de
l'histoire générale, l'ensemble des affaires de
France et de Bourgogne, tout cela est écrit dans

les mêmes termes ou, pour mieux dire, reproduit mot à mot. C'est ce qui a induit certains critiques à penser que les deux Chroniques avaient le même auteur. Mais comment le religieux qui, dans la préface de la Chronique de Saint-Bénigne, a dit : *Nos hujus sacri monasterii Divionensis a parvulo habitatores et amatores;* pourrait-il être le même qui a dit, dans la préface de la Chronique de Bèze : *Nos hujus sacri monasterii Bezuensis a parvulo habitatores et amatores?* Evidemment il y a ici deux religieux dont l'un, stimulé par l'exemple de l'autre, a composé une Chronique sur le même modèle, et lui a emprunté toute la suite des faits généraux et jusqu'à la préface. Or, l'auteur de la Chronique de Saint-Bénigne arrête son récit en 1052? Celui de la Chronique de Bèze le pousse jusqu'en 1135. Il est de près d'un siècle postérieur à notre historien de Saint-Bénigne. C'est donc lui qui a emprunté le récit de ce dernier, et comme il ne jugeait pas nécessaire de refaire un travail qu'il estimait parfaitement fait, il l'a copié, se contentant d'insérer, à la place des affaires du monastère de Saint-Bénigne, qu'il a supprimées, la suite des abbés, des chartes, des donations et des événements de l'abbaye de Bèze.

Voilà l'histoire de cette seconde Chronique; et il suffit de ce peu de mots pour en faire voir le caractère. C'est le même que celui de la Chronique de Saint-Bénigne. Rien sur l'histoire générale, puisqu'ici il copie purement et simplement la Chronique de Saint-Bénigne; mais une foule de détails curieux sur les affaires de Bourgogne, la

géographie ancienne, les traditions religieuses et
nationales, le mouvement intellectuel et artistique :
tout cela sans doute moins grand, moins beau
que dans la Chronique de Saint-Bénigne, mais
très curieux encore, et complétant, par mille traits
nouveaux, les renseignements que nous puisons
dans celle-ci. Tenons-nous-en à ce peu de mots,
et achevons ce qui regarde la Chronique de Bèze
en disant que son auteur se nommait Jean. Mais
le Nécrologe de l'abbaye, qui nous a conservé son
nom, ne nous donne aucun autre détail, et tous nos
efforts pour soulever un peu le voile qui cache sa
vie ont été sans résultat.

V

Il nous resterait cependant encore un mot à
dire, avant de clore cette introduction, sur les principes qui nous ont guidés dans la reproduction
du texte. En possession du manuscrit original,
nous nous sommes efforcés de le reproduire avec
la plus scupuleuse exactitude. Quelques pages,
avons-nous dit plus haut, ont été arrachées du
manuscrit à l'époque où il a été perdu, et reco-
piées au XVII° siècle ; nous les avons reproduites,
mais en lettres italiques, afin d'avertir le lecteur, et
nous les avons collationnées avec soin sur les trois
plus importantes copies de la Chronique : celle de
Claude-Hénoch Virey, qui est à Lyon (1) ; celle

(1) Indiquée par la lettre L.

de la Chambre des Comptes, qui appartient aujourd'hui au fonds Baudot, à la Bibliothèque publique de Dijon (1); et enfin celle de la Bibliothèque du roi, à Paris, éditée par d'Achery (2).

Le long des marges du manuscrit original,
court une liste chronologique des papes et des
empereurs, avec l'indication du nombre d'années et de mois qu'ils ont régné. Nous avons
reproduit cette liste, qui est restée inédite jusqu'ici, et nous l'avons disposée le long des marges
de notre édition, dans le même ordre et avec les
mêmes intervalles que l'on observe dans le manuscrit original. Enfin lorsque notre auteur copie Grégoire de Tours, Frédégaire, Eginhart, nous avons
eu soin d'indiquer les livres et les chapitres qu'il
copie, et nous avons collationné ses citations sur les
meilleures éditions de ces historiens. Inutile d'ajouter que nous nous sommes efforcés d'éclaircir par
des notes, ou de soutenir par des textes emprun-
tés aux chartes, aux écrivains contemporains, au
Nécrologe de l'abbaye, tout ce qui nous a semblé
obscur ou incomplet. En un mot, nous n'avons rien
négligé pour faire un travail sérieux et utile. Notre
ambition serait satisfaite s'il pouvait aider dans
leurs études ceux qui aiment notre pays et qui
consacreront leur talent à en faire connaître la
grandeur.

EM. BOUGAUD,
Vicaire général d'Orléans.

(1) Indiquée par la lettre B. C'est un manuscrit in-4°, de 138 fo-
lios, du commencement du XVII° siècle, n° 95.
(2) Indiquée par la lettre A.

CHRONICA

VENERANDORUM ABBATUM,

Illustriumque huius [1] beatissimi Athlete Christi Benigni Divionensis Monasterii Benefactorum, atque Fundatorum.

Cui [2] maximo cum labore multisque lucubrationibus adauctum est quod post venerabilem huius Prefati cenobii Patrem Halinardum reperies.

INCIPIT LIBER COLLECTANEUS
MEMORANDARUM RERUM.

Antiquorum huius seculi sapientum [3] laudabile ac imo [4] imitandum fuit studium, ut non solum ea que acciderent in diebus eorum [5], sed etiam fortia priscorum facta heroum, ad memoriam posterorum traderent monumentis scripturarum. Que utilis res et eis exstitit magnum humane laudis argumentum [6], et futuris hec legentibus vel audientibus exemplum incitamentumque emulationis. Talia considerantes, nos Divionensis sacri Monasterii a parvulo [7] habitatores et amatores, ne forte nobis iuste succenseant nostri successores (sicut et nos de incuria merito culpamus nostros antecessores) agrediemur cum adiutorio Dei describere, licet rusticana et minime polita narratione que de prefati loci antiquitate prodita, seu devotorum Deo [8] fidelium gregi

[1] L. Deest.
[2] L. Deest usque *Incipit*.
[3] L. Sapientium.
[4] B. Iure.
[5] L. B. Suis.
[6] A. Deest.
[7] L. Parvulis.
[8] L. Dei.

eidem [1] *donata sunt* [2] *largitione, videlicet Regum, Pontificum, Ducum, Comitum, ac illustrium virorum* [3] *ut potuimus addiscere veraci relationi. Quatenus et honori et cenobio nostro possessionum ipsi colatarum et memorandarum rerum in eodem gestarum descriptio cedat* [4]. *Et cum divina laudis debito, exoptanda benefactoribus eius celestis glorie remuneratio.*

Verumtamen primo dicendum quo in tempore ipse advocatus et pecularis [5] *christianus noster sanctus martyr Benignus venerit in Galliam , vel quot annos eidem ferocissime genti predicaverit sanctum Christi Evangelium, seu quo die vel quo persecutore consummaverit agonis sui martyrium nec non et quando post multa tempora fuerit sacrum eius corpus revelatum atque translatum.*

Anno igitur (1) *ab Incarnatione Domini nostri Iesu Christi*

[1] L. B. Ibidem.
[2] L. B. Deest.
[3] A. Ut.

[4] A. Accedat.
[5] L. A. Pecularis.

(1) Tout le récit qui va suivre est emprunté aux troisièmes Actes de saint Bénigne. L'auteur, voulant commencer sa *chronique* par l'histoire de cet apôtre, avait le choix entre trois monuments : les Actes primitifs, écrits dès les premiers temps et retrouvés à Rome par saint Grégoire de Langres ; la paraphrase de ces Actes, composée au VIIe siècle ; et une seconde paraphrase, beaucoup plus vaste et plus complète, qui paraît dater du IXe. Il se décida pour ce troisième monument ; d'une part, il était plus nouveau, et se trouvait dans la grande collection de vies de saints de Wolfard, que possédaient alors toutes les abbayes ; de l'autre, il ne renfermait pas seulement le récit du martyre de saint Bénigne, comme les deux premiers monuments, mais l'histoire de son arrivée dans les Gaules, de son voyage à Lyon, à Autun, à Langres, à Dijon, du baptême de saint Symphorien et des saints Jumeaux, c'est-à-dire précisément tout cet ensemble de faits dont l'auteur de la chronique avait besoin pour commencer son récit. Il s'en empare donc, en lui faisant subir, toutefois, d'importantes modifications. Il l'abrège et il le corrige ; du moins il l'essaie, car il y laisse encore bien des fautes, et en ajoute même de nouvelles. La plus importante de ses tentatives, celle qui avait pour but de réformer la détestable chronologie des troisièmes Actes de saint Bénigne, échoue complètement, ainsi qu'on le verra tout à l'heure. L'hagiographie devait manquer longtemps encore de ces ressources que nous avons aujourd'hui si

centesimo nonagesimo quinto, Indictione tertia, imperante Severo sub terribili eius persecutionis procella directus est hic testis Christi cum suis sociis Gallice genti que per id tempus erat mancipata demonum cultui. Huius autem servi [1] *Dei directio ita est divinitus iussa atque suasa* [2] *Metropolitano Asie Polycarpo Episcopo et a beato Hyreneo Lugdunensium Archiepiscopo, septimo die passionis ipsius* [3] *que patrata est anno tredecimo* [4] *imperii Severi. Siquidem Claudio Albino (qui se apud Lugdunum Cesarem fecerat) interfecto, Severus civitatem omnem tradidit in ore gladii; ibique sanctus Hyreneus martyrizatus* [5] *est cum omni populo christianorum decem et octo milibus : tantaque fuit strages cesorum, ut sanguine fluente a vertice montis (super quem civitas sita erat) Rhodanus* [6] *et Araris qui ibi pariter coniunguntur, per plurima miliaria rubentes fluere viderentur. Hoc ergo peracto martyrio sanctus Hyreneus cum multitudine martyrum apparuit beato Polycarpo, monuitque ut sanctos sacerdotes Benignum ac* [7] *Andochium, Tyrsum diaconum, et Andeolum Subdiaconum transmitteret Galliam ad predicandum* (1). *Qui sancti Dei missi a sancto Poly-*

[1] L. A. Seculi.
[2] L. a.
[3] A. Ipsius sancti.
[4] A. Tridecimo.

[5] L. B. Martirium passus est.
[6] B. Rodanus.
[7] A. B. et.

abondamment et se débattre pendant des siècles au milieu de problèmes et d'anachronismes qu'elle embrouillait encore en essayant de les résoudre.

(1) Saint Polycarpe étant mort en 169, au témoignage des plus éminents critiques, comment aurait-il pu, en 195, sous Sévère, donner à saint Bénigne la mission d'évangéliser les Gaules. De plus, saint Irénée ayant été martyrisé en 203, est-il possible que sept jours après son martyre il ait apparu à saint Polycarpe encore vivant? On sentait au IX⁰ siècle cet anachronisme, mais sans pouvoir le débrouiller. Un contemporain de notre chroniqueur, un moine de l'abbaye, l'auteur anonyme de la *Vie en vers* de saint Bénigne, venait d'imaginer un expédient. Il avait supposé qu'au lieu de saint Polycarpe, évêque de Smyrne, c'était Polycrates d'Ephèse qui avait envoyé nos apôtres. Mais cet expédient n'avait pas plu. D'une part, il heurtait toutes les traditions; de l'autre, personne ne se souciait

*carpo, Angelo Domini ducente, pervenerunt Lugdunum que
est urbs Metropolis Galliarum. Illic sanctum Presbyterum
Zacariam reperiunt, qui ob persecutionis procellam laten-
ter in crypta inter martyrum latitabat sepulcra, fluctuan-
tique Ecclesie divinum [1] advenire precabatur auxilium.
Hic denique post sanctum Ireneum prefatam rexit Ecclesiam. Cum eo igitur verbum Domini [2] meditantes, atque in
Spiritu sancto gaudentes, Dominum precabantur ut eorum
dirigeret gressus. Et dum ibidem morarentur, Angelo Domini monente, visum est eis ut sanctum Andeolum ad Car-
pentoracensem urbem predicationis gratia destinarent:
sancto vero Andeolo ad predictum locum iter arripiente, verbum Dei gentibus ubique predicando, non longe post a Severo Imperatore multis afflictus tormentis, martyrio est*

---

[1] L. Precabatur advenire. 　　[2] A. Dei.

de renoncer à la glorieuse origine de nos églises, en substituant à
l'illustre disciple de saint Jean un Polycrates ignoré, qui joue dans
l'histoire un rôle assez équivoque et surtout fort peu du goût du
moyen âge. Aussi la *Vie en vers* resta enfouie dans la bibliothèque
du monastère, et le père Chifflet affirme qu'elle n'eut pas, avant
le XVIIe siècle, l'honneur d'avoir été copiée une seule fois. Quoique contemporain, l'auteur de la chronique rejeta donc cet expédient, et plutôt que d'abandonner une tradition aussi ancienne
et aussi solide que celle de la mission donnée à saint Bénigne par
saint Polycarpe, il préféra laisser subsister un anachronisme qu'il
ne savait comment expliquer. Aujourd'hui le problème de cette
prétendue apparition de saint Irénée est à peu près résolu. Il est
reconnu que l'histoire de cette apparition est peu ancienne, qu'elle
ne se trouve dans aucun monument sincère, que ni les martyro-
loges, ni les liturgies des églises de Bourgogne ne la connaissent, et
qu'ainsi elle est dépourvue de toute authenticité. D'autre part, on
sait ce qui a égaré l'auteur très peu estimé des Actes où elle est racontée pour la première fois. Ce n'est pas saint Irénée, en effet, qui
aurait demandé à saint Polycarpe des apôtres pour les Gaules, ce
serait saint Jean, qui soit avant sa mort, soit après, au moyen d'une
apparition semblable à celle qu'on raconte de saint Irénée, aurait
excité son disciple saint Polycarpe à ne pas oublier les églises des
Gaules. Il y a de grandes vraisemblances qu'il en a été ainsi, et, du
moins, dans cette hypothèse, il n'y a plus d'anachronismes. (Voir
notre *Etude* sur l'apostolat de saint Bénigne et sur l'origine des
églises de Dijon, d'Autun et de Langres.)

coronatus. Hii [1] *autem Christi testes a beato Zacaria multis adhortationibus, ut intrepide verbum Dei et nomen Christi omnibus adnuntiarent, corroborati, benedictione etiam et potestate omnis ecclesiastici et divini cultus peragendi ab eo accepta, ad Augustidunensem* [2] *properant urbem, comitante Christi virtute et signorum gratia. Ad hanc itaque urbem itinere attingentes, Faustum virum nobilissimum ac prefectorie dignitatis ac christianitatis verissimum amatorem reperiunt; ad quem angelo monente advenerunt. Qui suscipiens eos cum omni gaudio, ut cognovit sacerdotes existere, suppliciter petiit ut filium suum Simphorianum,* [3] *annorum trium vel quinque existentem, pariterque amicos et familiam, baptismatis gratia consecrarent. Quod audientes,* [4] *sanctus Benignus eum baptizavit : sanctus vero Andochius eum de sacro fonte excepit. Habebat denique illustris vir Faustus sororem germanam, Lingonice civitatis matronam, nomine Leonillam, christianam cui erant parvuli gemini nepotes ex filio tres viri pulcherrimi aspectu sed animo pulchriores.* [5] *Itaque ut ad eam sanctus Benignus venire dignaretur impendio deprecatus est, quem sicut manna celeste Leonilla suscepit. Tandem hii* [6] *tres gemini fratres fide sancte Trinitatis imbuti, baptismatis gratia cum omni familia ac populi multitudine per sanctum Benignum consecrati, non longe post martyrio coronati sunt. Sanctus vero Benignus perambulans universam longe lateque predicando regionem, et multos ad Christum convertens, pervenit ad castrum Divionense. Severo itaque decimo octavo anno Imperii in Britania* [7] *defuncto, successit Antoninus Caracalla cognomento, filius eius, in imperium : quod tenuit annis septem. Quo mortuo imperavit Macrinus anno uno. Post quem Marcus Aurelius Antoninus* [8] *obtinuit*

---

[1] L. A. B. Hi.
[2] L. Augustudunensem. — A. Augustodunensem.
[3] L. A. Symphorianum.
[4] L. B. Quo audito.
[5] B. Pulcriores.
[6] L. Hi.
[7] L. A. Britannia.
[8] L. Anthoninus.

imperium annis quatuor (1). *Hic omnibus flagitiis plenus, etiam in persecutione christianorum nulli priorum inferior principum, dum Galliam pervagatur populum in Deum credentem persequendo, a Senonum civitate devenit ad rus predicti viri Fausti, qui dicitur Sede-locus, ubi sanctis Dei Andochio et Thyrso per martyrium consummatis, ipse Divion* [1] *petens misit Eraclium similem sui sanctorum persecutorem ad Augustidunum urbem. Eraclius itaque sanctum Simphorianum, primo diris flagellis cesum et carceris custodia maceratum, gladio plecti precipit. Erat autem quando martyrium passus est sanctus Simphorianus, annorum viginti quinque, ut in passione ipsius atque in gestis sanctorum supradictorum martyrum invenitur. Hinc cognosci potest tempus predicationis sancti Benigni viginti circiter annorum fuisse, in quibus istam Galliam predicando multos ad fidem Christi convertit, et baptismatis eos unda sanc-*

---

[1] L. B. Divionem.

(1) L'auteur de la chronique place le martyre de saint Bénigne sous Elagabale, qui succéda, en 218, à Macrin. Pour ajuster son récit aux Actes anciens qui donnent simplement le nom d'*Aurelianus* à l'empereur qui martyrisa le saint apôtre, après avoir remarqué avec raison qu'Elagabale se nommait : *Marcus Aurelius Antoninus*, il dit un peu plus bas qu'Elagabale se nommait vulgairement Aurélien : *Imperator ergo Aurelius qui et Aurelianus vulgo dicebatur.* Mais c'est une assertion qui repose sur rien, et ceux qui sont tant soit peu versés dans l'histoire ancienne savent bien, dit d'Achery, qu'Elagabale n'a jamais porté le nom d'Aurélien. De plus, on ne voit pas qu'Elagabale ait jamais quitté Rome et soit venu dans les Gaules, comme le prétend l'auteur de la chronique. On voit encore moins qu'il ne l'ait cédé à aucun de ses prédécesseurs en cruauté contre les chrétiens. « *In persecutione christianorum nulli priorum inferior principum.* » L'histoire dit même le contraire. Elagabale, qui se proposait de réunir toutes les religions dans une seule, affectait pour toutes des principes de tolérance, ou plutôt les enveloppait toutes dans un même mépris. Aussi cette hypothèse d'Elagabale, mise en avant pour résoudre un des problèmes les plus difficiles de l'histoire de saint Bénigne a eu peu de succès et n'a pas tardé à être abandonnée. A la place d'Elagabale, il faut substituer Marc-Aurèle, comme ont fait Surius, Baronius, Ruinart, et il n'y a plus ni obscurités ni anachronismes dans l'histoire de saint Bénigne.

*tificans, ecclesias in aliquibus sacravit locis, sacerdotesque
ac ministros ad divinum cultum instituit.*

*Imperator ergo Aurelius, qui et Aurelianus vulgo dice-
batur, Divion [1] castrum ingressus, comperta sancti martyris predicatione et virtutibus, quas per eum divina ope-
rabatur clementia, assistente crudelitatis sue ministro Te-
rentio Comite, sanctum Benignum perquiri iussit, ac vinctum et cesum conspectibus suis presentari. Quem in ca-
tasta extensum et nervis diutissime [2] cesum, ita ut corporis
interiora [3] paterent, [4] rursum in carcerem coniecit, ubi ministri et carnifices pedes eius in lapide [5] cum plombo remisso
confixerunt, et in digitos manuum subulas decem acutissi-
simas et igne candentes infixerunt, ac per sex dies canes
duodecim ferocissimos cum eo incluserunt. Angelus autem
Domini adveniens dedit panem celestem, subulas abstulit,
et eum de plombo eripuit. Ad ultimum collum eius veete
ferreo tundi, et corpus lancea perforari iubet. Quo facto
columba nivea de carcere christianis aspicientibus ad celos
ascendit, et odor suavissimus quasi paradisi secutus est. Veniens autem beata Leonilla conditum aromatibus corpus
eius non longe ab ipso carcere sepelivit in magno sarcophago:
in quo loco christiani cryptam construxerunt. Sed ob gen-
tilium timorem non ei exhibebatur honor tanto martyri
condignus, persecutionis immanitate, que a principibus reipublice christianis inferebatur, fideles in Christum creden-
tes deterrente. Multis igitur [6] transactis annorum curriculis,
ex tunc si quidem ab ipsius Imperatoris tempore usque ad
finem Diocletiani, et imperium Constantini computantur
anni octoginta unus; et a Constantino usque ad Zenonem
Imperatorem, et regnum Clodovei regis anni fere centum
octoginta, qui sunt in summa ducenti sexaginta unus. In*

---

[1] L. Divionum. — B. Divionen.
[2] B. Durissimis.
[3] L. B. Interiora corporis.
[4] L. B. Apparerent.
[5] L Cum plumbo remisso in lapide.
[6] L. B. Igitur iam.

quo annorum decursu, illius evi christianis ex hac luce sub-
tractis, locus sepulchri sancti Martyris [1] ita fuit neglectus
atque oblivioni datus, ut non iam corpus Martyris sed potius
alicuius prepotentis crederetur in eo quiescere gentilis. (1)
Solummodo rusticorum docta simplicitas, sagax [2] inqui-
rere notitiam veterum per relationem antiquorum hominum,
ipsi [3] rustici vota inibi dissolvebant, et que petebant velo-
citer impetrabant. Hec ignorantia quotidie crescendo per
multa annorum curricula duravit, usque ad tempora sancti
Gregorii Episcopi, qui sextus decimus in catalogo Ponti-
ficum Lingonensium continetur. Qui Pontifex sicuti ceteri
hominum credens ibi aliquem positum fuisse gentilem, vir-
tutes ibidem fieri [4] nullomodo credebat, sed magis ne ibi ado-
rarent detestabatur. Tandem Dei martyr beato se Confesso-
ri revelat et dicit : Quid, inquid, agis? Non solum est quod
me tu despicis, verum honorantes me spernis? Ne facias,
queso, sed tegmen super me velocius prepara. De qua ille
visione concussus beatum sepulchrum adiit, ibique cum fletu
veniam deprecatur : et cetera que sequuntur in dictis vel
factis beati Gregorii Turonensis Episcopi. Quoniam [5] ille
pleniter translationem corporis eius et aliorum in hoc loco
quiescentium descripsit, nobis non est necesse repetere.

[1] B. Benigni.
[2] L. Fuit.
[3] L. B. Ipsi inquam.

[4] A. Deest.
[5] L. B. Quoniam autem copiosius translationem.

(1) Les fouilles nombreuses qui ont été faites à différentes époques sur ce terrain, et surtout celles que nous venons de faire et
qui ont amené de si précieuses découvertes, aident à expliquer la
croyance erronée dont parle ici l'auteur de la chronique, d'après
Grégoire de Tours. Tous les tombeaux trouvés soit dans la crypte,
soit hors de la crypte, sont faits en forme de trapèze. Celui de
saint Bénigne, dont nous n'avons plus malheureusement que des
fragments, a une autre forme. C'est un grand parallélogramme rec-
tangle, de six pieds deux pouces de long, deux pieds et demi de
large et trois pieds de haut. Au Ve et au VIe siècle, il devait contras-
singulièrement avec tous les tombeaux plus petits et trapézoïdes
qui l'environnaient. De là l'opinion que c'était le tombeau de quelque riche payen.

Quapropter hiis [1] *sepositis que deinceps gesta sunt inti-*
mamus.

INFERIUS NOMINANTUR SANCTI ET SANCTE IN SACRO HOC LOCO
QUIESCENTES , ET LOCA IN QUIBUS IACUERUNT.

Igitur anno Dominice Incarnationis quadringentesimo
octuagesimo quinto , indictione octava , presidente sancte
Romane Ecclesie Symmacho Papa , Zenone vero Cesare
imperante in republica, Clodoveo quoque primo regnante in
Francia , et Gundebaudo in Burgundia (1) *inventum est*

_____

[1] L. His.

(1) L'auteur de la chronique place la translation du corps de
saint Bénigne, faite par saint Grégoire, évêque de Langres, en
485, sous le pontificat du pape Symmaque, Zenon gouvernant
l'empire, Clovis régnant en France, et Gondebaud en Bourgogne.
Au premier coup d'œil, rien de plus étrange que cette chronologie, car saint Grégoire ne monta sur le trône épiscopal de Langres
qu'en 506 ; Symmaque ne prit les clefs de saint Pierre qu'en 498,
Gondebaud ne fut roi qu'en 491 , etc. ; et ainsi ces différentes dates
ne s'accordent ni entre elles, ni avec l'année 485. Mais en y regar-
dant de plus près, la lumière se fait. Le chroniqueur ne suit pas ici,
comme on pourrait le croire, l'ère commune ; il suit la période
Victorienne, dont la première année répond à la 28e de notre ère.
Ajoutez, en effet, 28 ans à 485, vous trouverez 513, et presque
toutes les difficultés disparaissent. Saint Grégoire monte sur le
trône épiscopal de Langres en 506, et ne meurt qu'en 541. Le pape
Symmaque règne depuis l'an 498 jusqu'à 514. Gondebaud gouverne
la nation des Bourguignons de 491 à 516. Il n'y a ainsi que deux
dates inexactes: celle de l'empereur Zenon, qui mourut en 491, et
celle de Clovis, dont la vie ne se prolongea pas plus tard que le
27 novembre 511. Comme il y a les plus fortes raisons de croire
que la translation du corps de saint Bénigne eut lieu sous le règne
de ce prince, il semble à peu près démontré qu'elle eut lieu le
14 novembre 511 de l'ère vulgaire (487 de la période Victorienne).
L'erreur de notre chroniqueur n'est ainsi que de deux ans. Au
reste, quand cette erreur serait plus considérable, qu'en voudrait-
on conclure ? Le fait important, c'est que le corps de saint Bénigne
a été levé par saint Grégoire de Langres, et placé par lui dans une
grande église: voilà tout ce qui importe à l'histoire de la religion
comme à l'histoire de l'art. Or ce point est incontestable et même
incontesté.

*atque translatum octavo Kalendas Decembris corpus almi-
fici Martyris Benigni a beato Gregorio Lingonice urbis
Episcopo, divina revelante providentia, ut refert Gregorius
in libro miraculorum, qui fuit Antistes [1] Turonorum (1).
Quod cum digne fuisset transpositum cum adiutorio superne virtutis, ne deinceps testis Christi debitis [2] privare-
tur officiis, idem venerabilis Presul edificato ei templo,*
ex diversis partibus ibidem adunavit multos Deo servire paratos. Fulgebant tunc per Galliam plurimi sanctitate vite conspicui inter quos erant sanctus Ioannes
Abbas Monasterii quod Reomaus dicitur, nec non Eus-
tadius, ac Sequanus sanctus huius provincie alumni :
e quibus Eustadium huic loco prefuisse per aliquot annos, et subiectos sibi religiose educando rexisse certum
tenemus. Unde et moriens condignam meruit sepulturam iuxta corpus sepe dicendi sancti Benigni martiris (2). Cui successit Tranquillus : qui quante sanctita-

Cornelius sedit Rome,

annos III, dies X.

Decius imperat annum I.

Lucius sedit Rome,

---

[1] L. B. Turonensium.   [2] B. Debito... officio.

(1) *De gloria Martyr.*, cap. LI.
(2) Saint Eustade, premier abbé de saint Bénigne. Quelques-uns
l'ont confondu avec un autre Eustade, dont il est parlé dans la vie
de saint Seine, où sa vertu est grandement louée. Mais outre qu'il
n'y a pas de raisons de croire que ce second Eustade soit venu à
Dijon, on doute qu'il ait jamais été moine. L'auteur de la vie de
saint Seine le nomme « Magnimontensis oppidi sanctissimus presbyter; » et quand le jeune Seine voulut prendre l'habit monastique,
au lieu de le demander à ce saint Eustade, qui était pourtant son
maître, il vint le recevoir des mains de saint Jean de Réome; ce
qui ne permet guère de douter que ce saint Eustade ne fut simplement prêtre séculier. Le nôtre au contraire était moine, disciple
probablement de saint Jean de Réome, qui l'envoya à Dijon à la
sollicitation de saint Grégoire de Langres. On sait en effet que saint
Grégoire était ami intime du saint abbé de Réome, et, ayant besoin de religieux, il est assez naturel qu'il se soit adressé à lui. Ce
qui achèverait de le prouver, c'est que, dans la crypte, il y avait
un autel dédié à la fois à saint Jean de Réome, à saint Seine et à
saint Eustade, c'est-à-dire au maître et aux deux disciples. Enfin,
pour épuiser ce sujet qui a son importance, il faut admettre, avec
dom Mabillon, que saint Jean de Réome était vraiment le fils de
saint Hilaire, le sénateur dijonnais, et de sainte Quiète, son épouse;

tis fuerit crebre sanitates infirmis ex eius tumulo prestite testantur, ut refert sanctus Gregorius Turonensis in seipso expertus. Sepultus vero est ad dexteram partem sepulchri sancti Martyris Benigni, iuxta sanctam Paschasiam, iuxtaque eum posita fuit sancta Florida. Ex altera vero parte, iuxta sanctum Eustadium sepulcrum fuit sancti Hilarii Senatoris coniugisque eius sancte Quiete. Hi fuerunt progenitores supra memorati Ioannis (1). Et quia prefatus Gregorius Turonorum in libro de inlustribus viris, huius Hilarii quis et qualis fuerit pleniter meminit, hec tantum dixisse sufficiat (2).

Quia igitur de sepultura Sanctorum pauca prelibavimus, dicendum nobis est propter aliquorum presumptuosam calumniam quomodo antiquitus cimiterium habitatorum huius oppidi constiterit. Ecclesia fuit constructa ab ipsis primordiis incepte christianitatis, quam ecclesiam ferunt a sancto Benigno sacratam in honore sancti Ioannis Baptiste et sancti Evangeliste Ioannis (3).

Marginalia:
annos III, menses VIII.
Gallus cum filio suo.
Volusiano annos II.
Stephanus sedit Rome,
annos IV.
Valerianus et filius eius
Galienus imperant annos
XIII.
Sixtus sedit Rome,

---

or, ces deux personnages vénérables habitaient Dijon, et tout se réunit ainsi pour appuyer et expliquer l'antique tradition de l'abbaye de saint Bénigne, qui s'est crue la fille de l'abbaye de saint Jean de Réome. On n'a aucun détail sur la vie de saint Eustade. Il mourut en odeur de sainteté, fut enseveli près du tombeau de saint Bénigne, et sa fête fixée, dès les temps les plus anciens, au 8 janvier. Son office était de XIIe leçons.

(1) Greg. Turon., *De gloria Confessorum*, cap. XLII. Vita sancti Johannis abbatis Romaensis, auctore monacho Romaensis anonymo. Acta sanctorum ordinis sancti Benedicti, sec. I. Annales ordinis, etc., I, 45.

(2) Saint Tranquille, second abbé de saint Bénigne. On ignore complètement sa vie; on sait seulement qu'à sa mort il y eut un grand concours à son tombeau, placé dans la crypte, très près de celui de saint Bénigne. Grégoire de Tours, qui était presque contemporain, y vint avec la foule, et il affirme qu'il y fut lui-même guéri subitement des plus vives douleurs. Voyez le livre *De gloria Confessorum*, que notre chroniqueur appelle *de viris illustribus*, et dont le XLVIe chapitre est consacré à saint Tranquille, le XLIIIe à saint Floride et à sainte Paschasie, et le XLIIe à saint Hilaire et à sainte Quiète.

(3) Quelques personnes, peu versées dans les antiquités ecclé-

annos II, menses XI dies...

Dionisius sedit

annos II, menses III, dies V.

Claudius imperat

annum I...

Felix sedit Rome.

Quod et alios qui ex discipulatu eiusdem Apostoli fuerunt, in ceteris urbibus quibus predicaverunt cognoscimus fecisse (1). Que Ecclesia ad hoc est Deo dicata quatenus ibidem per sacri baptismatis regenerationem plebes credentium transirent in filiorum Dei adoptionem, et quorum animas offerret Deo eorum corpora suo reciperet gremio. Quapropter in tantum sublimata fuit, ut sanctimonialium ibi sisteretur congregatio, et plurimi civitatis Lingonice presules hic sua corpora iusserint tumulari, videlicet ob devotionem sancti Martiris Benigni, ut quem sequebantur ordine sacerdotii eadem qua ille

siastiques, s'étonneront d'entendre parler d'une église bénie et dédiée par saint Bénigne lui-même, au milieu d'une population encore toute payenne. Mais nous voyons dans les monuments les plus anciens, et dans les Actes mêmes des Apôtres, que le premier soin des chrétiens, en si petit nombre qu'ils fussent, était d'avoir un lieu spécialement consacré à la prière, et, dans ce lieu, un autel béni. Le martyrologe d'Eusèbe marque expressément à Rome la construction et la consécration d'une église par l'apôtre saint Pierre : *Rome, dedicatio prime ecclesie a B. Petro apostolo constructe et consecrate.* Et Tillemont fait observer qu'il y a de graves raisons de croire qu'en effet saint Pierre a consacré cette église. De son côté, saint Augustin nous parle d'une église d'Ancône, dont on faisait remonter la construction aux Apôtres. Enfin, saint Jean Chrysostôme affirme que saint Pierre avait fait bâtir l'église d'Antioche, appelée la *Palée* ou l'ancienne. Des faits semblables se rencontrent partout où ont apparu les disciples des Apôtres et les premiers missionnaires de l'Evangile. Rien n'est donc plus conforme aux usages des premiers siècles que cette tradition, racontée par notre chroniqueur, de la consécration d'une église par saint Bénigne. J'ajoute que les dimensions très étroites de cette église, que saint Tétric fut obligé de faire agrandir, *cum parvus esset locus iste;* que sa position dans un faubourg, conformément à ce qu'on raconte des oratoires bénis par saint Denys de Paris à Rouen, saint Maximin à Aix, etc.; et qu'enfin la vénération des évêques de Langres pour cette église, qui, dès le IVe siècle, s'y faisaient enterrer, donnent singulièrement de poids à cette tradition.

(1) C'est ainsi qu'à Lyon saint Irénée fut enseveli dans la crypte de l'église Saint-Jean, depuis dite de saint Irénée. « *In crypta ecclesie sancti Ioannis in colle constitute, que postea mutato nomine sancti Irenei dicta est.* » (Gallia christ., tom. IV, 12.) A Langres, l'église cathédrale, appelée aujourd'hui de Saint-Mammès, était, avant qu'elle se fût enrichie des reliques de ce saint, dédiée à saint

humo cuperent sepeliri. Unde et sanctus Urbanus unus ex
eorum primis Pontificibus ibi iacuisse noscitur (1). Sanctus quoque Gregorius Episcopus cui sanctus Benignus se
primum dignatus est manifestare, maiorum suorum (2)
sequens exemplum in hac Ecclesia se petiit tumulari,
et iuxta eum dextra levaque iacent Pontifices bini. Sanctus vero Tetricus successor eius ad dexteram partem
ipsius Basilice est positus (3). Claruit ergo per multos annos ille locus, ita ut esset nobilis Abbatia nullius subia-
cens dominatui, nisi solummodo Lingonum Pontifici. Sepultura itaque omnium in Divion castro intra extraque

Jean. (Id., 508.) A Autun, en un lieu où il y avait autrefois un temple de Bérécinthe, on trouve très-anciennement une église bâtie,
« *in honore sancti Ioannis et sancte Marie.* » (Id., 479.) A Besançon,
évangélisée, on le sait, par deux disciples de saint Irénée, la cathédrale est dédiée, dès les temps les plus reculés, à saint Jean
l'évangéliste; « titre rare dans les anciennes églises d'Occident,
dit Dunod (*Histoire de l'église de Besançon*, 1, 4), mais très fré-
quent, nous permettra-t-on d'ajouter, dans les églises de Bourgogne.

(1) Saint Urbain, sixième évêque de Langres. Il prit le gouvernement de cette église vers 343, selon les uns; vers 430, selon les
autres. Il est honoré, à Dijon et à Langres, le 23 janvier; mais,
au martyrologe romain, on fait sa fête le 2 avril que l'on croit être
le jour de son élévation à l'épiscopat. Sa sépulture dans l'église de
Saint-Jean, si longtemps avant l'invention des reliques de saint
Bénigne, aurait dû avertir nos modernes critiques de leur erreur,
quand ils ont supposé qu'au VIe siècle on ignorait le lieu où saint
Bénigne avait été enseveli. On ne discutait que sur l'authenticité
du tombeau.

(2) Saint Grégoire, seizième évêque de Langres, élu en 506. Il était
à Dijon, probablement pour sa première visite pastorale, lorsqu'on
lui soumit les doutes sur l'authenticité du tombeau de saint Bénigne, et, que les ayant examinés, il leva solennellement le corps
du saint apôtre (24 novembre 506, ou 507 selon d'autres). Il mourut la trente-troisième année de son épiscopat, en 539, selon le
calcul des meilleurs critiques, et voulut être enseveli à Dijon, au
cimetière de Saint-Bénigne, dans l'église Saint-Jean.

(3) Tétricus, fils de saint Grégoire, qui, avant d'être évêque de
Langres, avait été marié, et pendant quarante ans avait gouverné
la ville d'Autun. Il succéda à son père en 539. C'est lui qui reçut
Chramne à Dijon, dans l'église Saint-Jean, et qui fit ouvrir devant
lui les saintes lettres dans lesquelles ce fils révolté lut sa condam-

....

....

Euticianus sedit Rome.

annos VIII, menses X.

commorantium fuit antiquitus ab alveo torrentis qui per medium influit burgum, usque ad locum quo nunc est monasterium, quod testatur multitudo vasorum per illam planiciem longe lateque creberrime positorum. In huius sepulture ultimis finibus ad occidentem corpus sancti Benigni post martyrium positum fuit a Beata Leonilla, edificata super eum humili opere cripta, prout

nation. Ce fut lui aussi qui fit transporter solennellement le corps de saint Grégoire de Langres dans cette même église, et qui, peu après, la fit rebâtir. « *Cum beatus pontifex* (Gregorius) *in angulo fuisset sepultus, et parvus esset locus ille, nec ibi populi sic possent accedere ut devotio postulabat, sanctus Tetricus filius et successor eius hec cernens ante altare basilice fundamenta fecit, erectaque absida miro opere construxit et transvolvit, qua transvoluta, disruptoque pariete, arcum edificavit : quod opus perfectum atque exornatum, in medio abside loculum fodit, quo corpus beati patris transferre volens, etc.* » (Greg. Turon., *De vitis Patrum*, cap. 7.) Tétricus mourut en 572, et se fit ensevelir à Saint-Jean de Dijon, près de son père. L'église ayant été plusieurs fois rebâtie, et les reliques de ces trois saints, saint Urbain, saint Grégoire de Langres et saint Tétricus, ayant été dans la suite des temps tirées de leurs tombeaux et placées sur les autels, on a toujours conservé respectueusement et indiqué par un marbre le lieu où elles avaient été placées à l'origine. Au mois de novembre 1858, au moment où de grands travaux allaient être exécutés dans le but de transformer l'église Saint-Jean en magasin d'approvisionnement, on a transporté ces marbres à l'évêché, et l'intention est de les placer un jour dans la crypte de Saint-Bénigne, lorsqu'elle aura été restaurée. Voici l'inscription du tombeau de saint Urbain :

CY GIST S. VRBAIN
VIe EV^e. DE LANGRES
FONDATEVR DE CETTE
EGLISE EN 843 MORT
EN 373.

Voici maintenant l'inscription du tombeau de saint Grégoire et de saint Tétric :

CY GISSENT S. GREGOIRE
XVIe EVEQVE DE LANGRES
EN 506 FONDATEVR DE
L'ABBAYE DE S. BENIGNE
DE DIJON MORT EN 539
ET S. TETRIC SON FILS
XVIIe EVEQVE DE LANGRES
MORT EN 572.

permisit temporis augustia, iuxtaque illam criptam iacuit sancta Paschasia, et ipsa martyrio per ignem consummata.

Sanctus igitur Gregorius postquam sibi divinitus revelatum transtulit sancti martyris corpus, condignamque illi eleganti opere iussit edificari basilicam, omnem hanc terram, de qua locuti sumus, dedit sancto Benigno, constituitque ut hoc solum esset generale cimiterium, pertinens ad ius istius monasterii deinceps et in futurum. Quam constitutionem confirmavit Apostolica auctoritate Hormisda; deinde Ioannes qui post sanctum Gregorium nonus decimus prefuit Romane Ecclesie, scripto roboravit. Sergius quoque post hunc tercius, qui presumpsisset hanc transgredi sub anathematis vinculo interdixit. Cuius exemplar Epistole huic libro non pigebit suo loco inserere. Sed et alii Pontifices successores eorum, necnon et Lingonici Presules huius institucionis transgressores, et omnes qui aliquam vim vel calumniam intulerint infra prescriptam terram, vel claustrum quod coniacet in circuitu huius loci, vel familiam Sancti et servos afflixerint, excommunicationis vinculo adstrinxerunt : inter quos precipue Isaac et Geilo Episcopi, terribili imprecatione percusserunt omnes malefactores istius loci, ut Deum et omnes sanctos eius, sanctumque Benignum, in cuius rebus male agunt, habeant infensos et contrarios, nisi resipuerint et ad emendationem venerint.

Nunc veniendum est nobis ad narrationem rei ob quam maxime ceptus est liber iste.

Postquam, sicut diximus, sanctus Gregorius, edificato templo ad honorem Dei et sancti Martyris eius Benigni, congregationem hic adunavit monachorum, ut eis non deessent temporalia subsidia, studuit ditare hunc locum, terrarum possessionumque larga munificentia. Dedit ergo de rebus propriis et de rebus Episcopii plurima : inter que dedit potestatem que dicitur Saciacus, cum

Tacitus imperat menses V.

Florianus dies LXXXV.

Probus imperat annos III.

Carus cum filiis Carino

et Numeriano annos II.

Gaius sedet Rome, annos

XI, menses IV, dies VIIII.

Diocletianus imperat

annos XX et cum eo

Herculius Maximianus bellis

undique sevientibus.

Galerius Maximianus et Constancius

Cesares procreantur.

Marcellinus

sedit Rome annos VIII,

menses II, dies XXX.

ecclesia et omnibus appendiciis, silicet villas numero XIII
que sunt Corleins (1), Isiadus (2), Rumiliacus (3), Fraxi-
nus (4), Camberia (5), Linerolus (6), Brucialis (7), Bru-
ciacus (8), Cernadus-Vallis (9), Bonacurtis (10), Iuvena-
dus (11), Longus-Campus (12); istas villas cum omnibus
adiacentiis, seu et omni re superposita, campis, pratis,
sylvis, pomiferis, pascuis, accessis, aquis aquarumque
decursibus et omnes reditus, totum ad integrum, una
cum mancipiis, libertis, cum omni peculio ipsorum,
una cum accolabus dedit ad servitium monachorum iure
perpetuo ad possidendum.

Hilbertus senator et comes huius provincie........ ben-
dum et reddendum p........ sancto Benigno dedit........
cum ha........ sita in pago Senonico dedit et in pago Tor-
nodoriensi alias possessiones quas.......... solummodo
...... villam recepimus studio et industria......... huius
loci hoc tempore Rotberti regis........

Stephano primo Trecassino comite....... Oddone itidem
comite prefate civitatis data pecunia non parva de manibus diripientum traxi per dictam possessionem. Dedit in
Visernaco mansa quatuor et semis qui per totidem manus.

Igitur quoniam in principio huius libri fecimus mentionem regum qui illo tempore regnabant in Francia, et
Burgundia, prosequendo nobis eorum Chronica, usque
ad Guntrannum regem, qui hunc locum valde extulit, et
deinceps ad Carolum Imperatorem, Ludovici Cesaris filium, qui pene collapsum reparavit hoc monasterium.
Siquidem ad cognoscendas Abbatum successiones, qui
per diversa hic prefuerunt tempora et que sub uniuscuiusque illorum regimine huic loco conlata sunt fidelium largitione. Episcopos quoque Lingonice Ecclesie

---

(1) Curley. — (2) Izier. — (3) Remilly-sur-Tille. — (4) Frénois.
— (5) Chambeire. — (6) Ligneroles. — (7) Bressey-sur-Tille. —
(8) Brochon. — (9) Lieu inconnu. — (10) Boncourt. — (11) Lieu
inconnu. — (12) Lonchamp.

qui circa hunc locum munificos se exhibuerunt nominatim singulos curabimus ostendere et quid ab unoquoque illorum conlatum sit in aucmentacione huius domus Dei sigillatim demonstrare.

Igitur (1) Childerico rege Francorum defuncto , Clodoveus filius eius successit in regnum (2), vir bellicosus et in armis strenuus. Anno quinto regni eius Siagrius, filius Egidii, patritius Romanorum qui in Galliis habitabat, in Suessionis civitate (3), quam pater eius tenuerat, residebat. Super quem Chlodoveus cum exercitu advenit atque devicit. Siagrius fugiens ad Alaricum regem Gothorum, Tolosa aliquandiu habitavit. Clodoveus legatos ad Alaricum misit, ut eum redderet, alioquin noverit sibi bellum illaturum. At ille metuens Siagrium vinctum Legatis tradidit, quem Clodoveus custodie mancipavit, regnumque eius acceptum, et omnia que illius fuerant, sue potestati subegit, eumque gladio trucidari precepit : atque ex illo die a dominatione imperii sublata est Gallia. Anno X regni sui Clodoveus commoto exercitu sibi Toringiam provinciam subiugavit : inde Gundebaudi regis Burgundionum neptem, videlicet fratris sui Chilperici filiam quem gladio interfecerat nomine Chrothildem, pulchram satis puellam et vere christianissimam, interveniente Aureliano Consiliario ac Legatario suo, in coniugem sumpsit. Nuptie Cavilonno preparantur. Venientes cum celeritate Franci Chrotichildem a Gundebaudo acceptam levantes in basterna cum multis thesauris ad Clodoveum diri-

Maxencius Herculii Maximiani filius a militibus Augustus apellatur.

Marcellus sedit annos V, menses VI, dies XXI.

Licinius a Galerio Imperator factus.

Eusebius sedet Rome, annos II, mensem I, dies XX.

Constantinus volens Urbem Romam.

Inde Maxencii dum

---

(1) Notre chroniqueur, voulant faire entrer dans son travail le récit des faits contemporains de l'histoire de France, l'emprunte aux *Epitomata historie Francorum* de Grégoire de Tours, attribués à Frédégaire. Il copie mot à mot, même lorsqu'il abrège. Nous relèverons les variantes qui pourraient avoir de l'importance, nous servant toujours de l'édition de Dom Ruinart. Le récit commence au n° XV des *Epitomata*.

(2) L'an 481.

(3) Frédeg. *Apud Sexonas.* Soissons.

gunt. Postea penitens Gundebaudus recordatus quod patrem Chrotilde matremque ac fratres interfecisset, dirigit protinus post eam exercitum, qui consequentes thesauros et basternam cuncta retentant, Chrothildis vero levata in equum a Francis ad Clodoveum evasit. Quam regali honore assumens in matrimonium perfecto amore dilexit (1). Habebat iam tunc Clodoveus filium de concubina, nomine Theodoricum.

Interea Godegisilus (2) Gundebaudi regis frater contra eundem germanum suum machinans dolum, per legatos petit auxilium a Chlodovèo, cum eum comperisset fortissimum in preliis; promittens si posset eiicere Gundebaudum a regno per eius adiutorium, tributum se illi solvere paratum. Gundebaudus vero ignorans dolum, ab eodem fratre instigatus preparat exercitum copiosum ad pugnam. Clodoveus cum Francis adversus duos reges venit, ingenti multitudine vallatus : initum est bellum super Oscaram fluvium (3), secus castrum, quod Divion dicitur : Godegisillus Clodoveo coniungitur, uterque exercitus Gundebaudi populum atterit. At ille sentiens dolum fratris, terga vertit, Rodani ripam percurrens Avinionem urbem ingreditur, et postea per Aridium consiliarium suum pacem a Clodoveo expeciit. Clodoveus vero cum preda maxima et Francorum exercitu, ad propria est reversus, relictis cum Godegisillo quinque millia Francis. Godegisillus obtenta victoria promissa Clodoveo ex parte implens, Viennam post Gundebaudum dirigit. Exiens Gundebaudus de Avinione resumptis viribus, Godegisillum Vienna circumdat, per aque ductum in civitatem

(1) Frédegaire a considérablement amplifié le récit de Grégoire de Tours relativement à la demande en mariage de Clotilde par Clovis. Notre chroniqueur omet avec raison toute cette histoire, qui est généralement regardée comme peu digne de foi.

(2) Frédeg. *Godegiselus.*

(3) La rivière d'Ouche. On croit que cette bataille se livra en l'an 500.

ingrediens. Godegisillum interfecit, Francos aggregatos in unam turrim ferro trucidavit, nihil postea Glodoveo reddere disponens.

Postea Clodoveus mittens legatum, nomine Paternum, virum industrium, ad Alaricum regem Gothorum de amicicie inter eos conditione mandavit. Alaricus vero cum per Paternum vellet Clodoveum decipere, a Paterno exploratis que circa eum erant, et thesauris eius ingenio subarratis, illusus est. Igitur Clodoveus adversus Alaricum arma commovit, et in campania Voglanense (1) decimo ab urbe Pictava miliario Alaricum interfecit, plurima manu Gothorum trucidata, regnum eius a mari Tyrreno Ligereque fluvio, et montes Pireneos usque oceanum mare, a Clodoveo occupatum est. Et thesauros eius a Tolosa auferens, secum Parisius duxit. Per idem tempus (2) ab Anastasio Imperatore codicellos Clodoveus rex pro consulatu accepit; cum quibus codicellis etiam illi Anastasius coronam auream misit gemmis decoratam, et tunicam blatteam. Ex illo die Consul et Augustus est appellatus. Post hec mortuus est Clodoveus (3) rex

Constantinus

post persecutionem

ad XPM conversus

factus est XPI anus

et a sancto Silvestro

est baptizatus.

Marcus sedet

Rome annos II,

menses VIII, dies XX.

Constantinus

---

(1) Vouglé, à quatre lieues et demie de Poitiers. La bataille eut lieu en 507.

(2)   *Per idem tempus. . . . . appellatus.*

Ce paragraphe ne se trouve pas dans Frédégaire. Il est tiré de Grégoire de Tours (*Hist. Francorum*, lib. II, cap. 38); ce qui donnerait à penser que notre chroniqueur avait sous les yeux Grégoire de Tours, et y recourait au besoin. Quant au passage en question, nous ne rappellerons pas les controverses savantes, et non encore terminées, auxquelles il a donné lieu. Dom Mabillon et Dom Ruinart, acceptant le sens littéral, veulent que Clovis ait réellement été fait consul. (*Annal. ord. Bened.*, I, 169. — *Oper. Greg. Turon.*, p. 95 et 1371.) Valois pense que le titre de consul est employé ici pour le titre de patrice, et il est certain qu'il y en a des exemples dans Grégoire de Tours. (*Rer. Franc.*, lib. VI.) Enfin, le P. Lecointe dit que la dignité impériale et le consulat étant alors une seule et même chose, Clovis a été réellement associé à l'empire par Anastase. (*Annal. Eccl. Francor. Ad annum*, 508.) Les modernes sont, à leur tour, entrés dans cette controverse et s'y sont divisés sans parvenir à l'éclaircir.

(3) Le 27 novembre 511.

Coostancius

hereticus et

Constans imperant

annis XXIV.

Iulius sedit Rome

annos XI, menses VII.

Liberius sedit

annos X, menses VII.

Felix sedet annum I,

menses III, dies II.

Hic declaravit

Constancium filium

in pace, et sepultus est in Basilica sancti Petri Apostoli quam ipse et Regina sua edificaverunt (1). Mortuus est autem anno V, postquam cum Alarico rege Gothorum pugnavit. Regnavit vero annis XXX : fiunt a transitu sancti Martini usque ad obitum Clodovei anni CXII.

Mortuo Clodoveo rege quatuor filii eius, id est Theodericus, Clodomeris, Childebertus, Chlotarius, regnum eius equo ordine inter se diviserunt. Sortitus est sedem Theodericus (2) Mettis : Chlodomeris Aurelianis : Childebertus Parisias : et Chlotharius Suessionas. Theodericus habebat iam filium, nomine Theodebertum, utilem et strenuum. Amalricus filius Alarici sororem eorum in matrimonium accepit, Barcinona (3) a Childeberto et Francis occisus est. Dani evectu navale Gallias appetunt, in regno Theoderici inruunt a Teodeberto filio Teoderici superantur, omnemque predam et vitam amiserunt.

Gundebaudi filius Sigismundus apud Genevensem urbem, villa Quadruvio, iussu patris sublimatur in regno, habens uxorem filiam Theoderici regis Italie : unde habebat filium nomine Sigiricum. Eadem mortua aliam duxit uxorem : filium suum, quem ex priore coniuge habebat, noverce insidiis iussit interfici. Unde postea penitentiam agens, Monasterium sanctorum Agaunensium miri operis construxit, et alia plurima monasteria edificavit (4).

(1) Dans l'édition de la Chronique donnée par d'Achery, après ce mot *edificaverunt*, on lit : *Parisius, que hodie sante Genovefe templum nuncupatur.* C'est une de ces additions mises en marge par un copiste, et qui passent ensuite dans le texte. L'église de Saint-Pierre (Grégoire de Tours dit *des saints apôtres, Hist. Francorum.* lib. II, cap. 43), que Clovis avait fait bâtir, est en effet l'ancienne église Sainte-Geneviève.

(2) Frédeg. *Theudericus, Chlodomeres.*

(3) Barcelonne.

(4) On lit en marge de la même main : « Cum que ibi in orationibus persisteret, ieiuniis et eleemosinis intentus, revelatum est ei ab Angelo, ut ad instar celestis milicie psallendi choros institueret. Quo divinitus accepto concilio, Episcopos et alios religiosos viros

Chrotildis assidue filios ammonebat mortem patris matrisque vel fratrum ulcisci. Quam ob causam illi Burgundias appetunt. Sigismundum et Godomarem (1) Gundebaudi fratrem in prælio vincunt. Clodomeris (2) Sigismundum, ad Monasterium sanctorum (3) dum fugeret, captum cum uxore et liberis Aurelianis adducit : Godemaris terga vertens latuit; postea resumptis viribus regnum Burgundie tenet. Clodomeris iterum adverses Godomarem exercitum movet. Sigismundum cum uxore et liberis interfecit. Clodomeri ab Avito Abbate predictum est, quod fecerat Sigismundo (4) ipsum itidem passurum. Cumque Veseruntia (5) Frauci cum Burgundionibus bellum inissent, Clodomeris capite truncatus est, deceptus ab auxiliis Theoderici (6), qui filiam Sigismundi habebat uxorem. Franci vero in ipso prelio resumptis viribus, Burgundionibus superatis et ad internecionem perductis, patriam eorum devastant. Chlotharius uxorem Clodomeris, nomine Gundiocam (7), uxorem ducit. Filios vero eius tres his nominibus Theodoaldo (8), Gunthario, Clodoaldo, Crotechildis alebat. Chlotharius et Childebertus fugato Godomare Burgundias occupant. Theodoricus filio suo Theodeberto cuiusdam regis filiam desponsavit, Wisegardam (9) nomine. Teodericus XXIII regni sui anno

Constantini Augusti hereticum et secundo rebaptizatum ab Eusebio Nicomediensi iuxta Nicomediam et propter hoc iussus est decollari Vario eventu rerum a Constante adversum Francos pugnatur,

consuluit, utrum salubriter cogitaret. Qua interrogatione sancti Antistites inter se ventilata, licet inusitatum opus, tamen Domino annuente unanimiter corroboraverunt. Quod sanctum opus servitutis Dei perfecte institutum et confirmatum est pari consensu omnium. Atque ex tunc laudes Dei omnibus horis persolvuntur. »

(1) Frédeg. *Godemarem.*
(2) Frédeg. *Chlodomeres.*
(3) Frédeg. *Sanctorum Agaunensium.*
(4) Frédeg. *Sigimundo.*
(5) Frédeg. *Veseroncia,* c'est un lieu qui, d'après Grégoire de Tours, est près de *Viennam Allobrogum;* Vienne en Dauphiné.
(6) Frédeg. *Theuderici.*
(7) Fréd. *Gunthiucam.*
(8) Fréd. *Theudoaldum, Guntacharium.*
(9) Fréd. *Wisigardem.*

moritur. Regnum eius Theodebertus assumsit, magnum se in omnibus et bonitate precipuum ostendit.

Post hec Childebertus et Clotharius, ut diximus, Spanias appetunt, easque parte maxima depopulati sunt, Amalricum regem Barcinona interficiunt, sororemque suam auferunt. Cesaraugusta civitas oracionibus et ieiuniis liberatur. Teodericus Italie rex sororem Clodovei in matrimonium habuit, ex qua filiam unam cum matre reliquit. Cum mater ei regis filium sociandum provideret, a servo, nomine Traquila (1), accipitur. Traquila cum exercitu a matre puelle capitur, et capite truncatur : acceptam filiam mater disciplinam ei ingerens secum duxit. Filia matrem veneno interficit. Teodatus regnum Teoderici adeptus, filiam, que in matre parricida exstiterat, balneo vehementer succenso iussit includi, ibique comburitur. Unde causa compositionis quinquaginta millia solidorum Childeberto, Clothario, et Teodeberto transmissa sunt. Quod Childebertus et Teodebertus inter se dividentes, nihil ex inde Clothario dederunt. Theodato defuncto Totilla successit in regnum, quem Narsis patricius interfecit, regnumque Gothorum in Italia destructum est. Narses a Romanis per invidiam accusatus apud Iustinum et coniugem eius Sophiam, quod servitio premeret Italiam ; timens secessit Neapoli Campanie, et scripsit genti Langobardorum, ut venirent et possiderent Italiam. Theodebertus rex cum exercitu Italiam ingressus, eam maritimis terminis depopulatus est, Narsetem patricium fugam versum. Postea Bucellinus Dux iussu Theodeberti Siciliam occupavit, totamque Italiam dominatus est. Magna felicitas in his omnibus fuit.

Chlotharius de Ingunde Guntarium, Childericum, Aribertum, Guntrannum, Sigibertum, et Chlodesindam filiam habuit : de Arigunde (2) sorore Ingundis, Chilpericum,

(1) Frédeg. *Tranquillane.*
(2) Frédeg. *Aregunde.*

et de Unxina habuit Chrannum. Bucelinus in Italia apud Belisarium et Narsetem Patricios sepius fortiter dicans, eos in fugam vertit, eorumque exercitum proterit. Tandem infirmatus a profluvio ventris, exercitusque suus ea infirmitate attritus, Belisario iam interfecto, a Narsete superatur et interficitur. Theodobaldus filius Theodeberti Walderatam (1) duxit uxorem. Fuit valde iniquus suis. Secundo anno regni sui Theodebaldus obiit, regnumque eius Clotharius accepit, copulans Walderatam sibi uxorem. Eo anno rebellantes Saxones Clotharius commoto exercitu maximam eorum partem delevit; Toringiam vastans quod eis auxiliare presumpsissent. Nec multo post tempore denuo Saxones rebellantes Clotharius movet exercitum adversus eos. Saxones offerentes cuncta emendare que male gesserant, et dimidiam partem ex omnibus rebus suis, exceptis uxoribus et liberis, in compositione promittunt dare. Quod Franci accipere despicientes, sed omnes volentes interficere, inito certamine, tanta strages a Saxonibus de Francis facta est, ut mirum fuisset. Childebertus rex apud Parisius obiit (2), Basilica S. Vincentii, quam ipse construxerat (3), sepultus est. Cuius thesauros et regnum Clotharius accepit. Chlotharius pro suis peccatis que gesserat, aut negligenter egerat, ad limina beati Martini Confessoris properat; exinde Compendio villa veniens, anno LI regni sui vexatus a febre obiit (4).

Chilpericus occupatis thesauris Clotharii patris sui in villa Brennaco (5), sedem Childeberti Parisius occupavit. Sed mox exinde repellitur. Aribertus (6), Guntrannus.

fudit

Iulianus imperat

annum I, menses VIII.

Damasus sedit Rome,

annos XVIII, menses II,

dies X.

Iovinianus imperat

mensibus VIII.

Valentinianus

cum Valente fratre

suo imperat XIII.

mensibus V

Valens ab Eudoxio

Arrianorum episcopo bab-

(1) Frédeg. *Waldetradam.*
(2) En 558.
(3) Aujourd'hui Saint-Germain-des-Prés.
(4) En 561.
(5) Braine-sur-Veole, près de Soissons.
(6) Frédeg. *Charibertus.*

Chilpericus, et Sigibertus regnum patris dividunt. Dedit sors Ariberto regnum Childeberti, Parisius sedem abens. Guntrannus vero regnum Chlodomeris, seden habens Aurelianis. Chilpericus regnum Clotharii, cathedram habens Suessionas. Sigibertus quoque regnum Teoderici, sedem habens Mettis (1). Eodem tempore Chuni Gallias appetunt, contra quos Sigibertus movet exercitum, eosque vicit atque fugavit; postea cum eis pacem inivit.

GUNTRANNUS in Bergundia regnans, fuit rex bonus, timens Deum, eleemosinam pauperibus largiter tribuens, tanta prosperitate regnum tenuit, ut omnes etiam vicine gentes ad plenitudinem laudes de ipso canerent. Accepit primum concubinam, nomine Venerandam, de qua habuit filium nomen Gundebaudum. Post accepit Marchitrudem, filiam Magnacharii : que postquam de Guntranno habuit filium, veneno Gundebaudum, prioris coniugis filium, interfecit. Ipsa iudicio Dei filium quem habebat perdidit, et odium Regis per saginam incurrit. Ea dimissa Austrichildem (2), cognomento Boibilane, Guntrannus accepit uxorem. De qua duos filios habuit, his nominibus, Clotharium et Glodomere. Guntrannus instituit Celsum patricium (3) in locum Auricolanis, virum in verbis paratum, et ad omnia promptissimum. Gens Langobardorum comitante fame et mortalitate omnem invasit Italiam, ipsamque Romanam vastatrix obsidet urbem. Quibus tempore illo Rex erat Albuinus. Hic Clotharii regis filiam, nomine Chlodosindam habuit uxorem.

(1) Grégoire de Tours donne Reims pour capitale à Sigebert, c'est ce qu'on lit dans tous les manuscrits. Un seul porte par erreur : *Sedem habere mettensem.* C'est là l'origine de la faute commise par Frédegaire, et répétée par notre chroniqueur (Greg. Turon., *Histor. Franc.,* lib. IV, cap. 22).

(2) Frédeg. *Austrechildem... Bobilanem.*

(3) La dignité de patrice paraît avoir été à ce moment en Bourgogne ce que fut en France celle de *Maire du Palais.*

Mortuo Albuino Langobardi regem, nomine Clip, super se elegerunt. Haribertus rex, frater Guntranni, accepit uxorem, nomine Ingobergam. Qua relicta Merofledam, lanarii filiam accepit; et aliam pastoris ovium filiam, nomen Theudichildam, duxit uxorem : ex qua habuit filium, sed protinùs moritur.

Porro Sigibertus cum videret fratres suos viles uxores accipere, Googonem Maiorem-domus causa legationis ad(1) Anagildum regem direxit, petens ut ei filiam suam, Brunam nomine, coniugio traderet. Quam Anagildus cum multis thesauris Sigiberto ad matrimonium transmisit. Ad nomen eius ornandum, est auctum ut vocaretur Brunichildis. Quam cum multa leticia atque iocunditate Sigibertus accepit uxorem. Que ipsum Gogonem continuo apud Sigibertum fecit odiosum. Ac post eadem instigante interfecit. Tanta mala et effusiones sanguinum, Brunichildis consilio in Francia facte sunt, ut Prophetia Sybille impleretur, dicentis : *Veniens Bruna de partibus Ispanie, ante cuius conspectum gentes peribunt. Hec vero equitum calcibus disrumpetur.* Chilpericus Gachilisindam (2), sororem eius, habuit uxorem; relinquens Fredegundem et alias quas habuerat uxores. Postea transcendens sacramentum quem Gothorum Legatis dederat, ne umquam eam de culmine regni degradaret, ipsam sugillare fecit. Post cuius mortem Fredegundem denuo accepit uxorem. Habebat Chilpericus de priore regina Andovera tres filios, Theodebertum (3), Meroveum, et Clodoveum. Sygibertus precepit Arvernis civibus Arelatam (4) occupare. Iubente Guntranno a Celso Patricio Arverni trucidati sunt. Anathagildo rege Spanie defuncto, Leuna cum Levildo fratre regnum adsumunt.

(1) Frédeg. *Athanagildum.*
(2) Frédeg. *Gachilosoindam.*
(3) Frédeg. *Theudobertum.*
(4) Frédeg. *Arelatem.* Arles.

----

annos XV.

Anastasius sedit

annos III.

Innocencius sedit

annos XV, menses II,

dies XX.

Zosimus sedit

annum I, menses VIII,

dies XXV.

Basilius Cesare,

Episcopus clarus habitur.

Ambrosio Mediolani docente

ad fidem rectam

Italia omnis convertitur.

Valentiniano

mortuo Valens

cum filiis eius Gratiano

et Valentiniano regnat

annis IV.

Gens Hunorum Gothos

vastat et antiquis sedi-

bus expulit. Gothi tran-

sito Danubio a Valen-

te sunt recepti sine ar-

morum depositione.

Gracianus cum fratre Valentiniano

Moritur Leuna, Levidus integrum Spanie regnum tenet, habens Gadsuindam matrem Brunichilde uxorem (1).

Eodem tempore defuncto Constantinopoli Iustiniano Imperatore (2), Iustinus ambivit imperium, vir iniquus et cupidus : ad quem Sigibertus Legatos Warnacharium, Francum, et Firminum Comitem direxit, qui pacem cum Imperatore facerent. Qui secundo anno suut reversi. Defuncto Ariberto Sigibertus regnum eius obtinuit. Prorumpentibus Langobardis in Galliis Amatus Patricius ab ipsis interficitur. De (3) Burgundionibus multe ibidem strages facte sunt. Post Amatum Mummolus Patriciatum adsumpsit. Irruentibus iterum Langobardis in Gallias (4), Mummolus contra eos fortiter dimicavit, et usque ad internecionem oppressit. Pauci ex eisdem Italiam repedantur. Saxones, quos Teodebertus in Italiam miserat, in Galliis prorumpunt, apud Stuplonem (5) castra ponentes. Multe strages per vicina loca ab ipsis perpetrantur; qui a Mummolo superantur, et in Italiam fugaciter revertuntur, amissis omnibus que predaverant. Iterum Saxones cum uxoribus et liberis in Galliis properant, ut a Sigiberto rege recepti, in locum unde exierant redirent. Venientes in territorio Avennico Mummolus protinus obviam veniens, eis Rhodanum transire non permittebat. Postea acceptis muneribus transire eos permisit. Ad Sigibertum pergentes, unde priùs egressi fuerant, sunt stabiliti. Postea defuncto Clyp, Langobar-

---

(1) Athanagilde mourut en 567, et fut remplacé par Liuva et son frère Leuvigilde.

(2) En 565.

(3) Frédeg. *A Burgundionibus*, ce qui change tout à fait le sens. Grégoire de Tours met, comme notre chroniqueur, *De Burgundionibus* (*Hist. Franc.*, lib. IV, cap. 42).

(4) Il est difficile d'assigner les dates précises de ces invasions des Lombards dans les Gaules. Ruinart les place en 572. Dom Bouquet de 570 à 576.

(5) Grégoire de Tours met *Stablonem* (*Hist. Franc.*, lib. IV, cap. 42). C'est peut-être Estoublon, près de Digne (Basses-Alpes).

dorum Duces Chamo, Zaban, et Rhodanus Gallias inru-
perunt. Quibus obviam Mummolus cum exercitu venit,
et hos tres Duces cum exercitu eorum usque ad internecionem delevit. In alio anno Mummolus cum exercitu
Turonos et Pictavis, iubente Guntranno, de potestate
Chilperici abstulit, et ad partem Sigiberti restituit. Multi
ibidem de exercitu Chilperici, et ipsi Pictavenses (1) sunt
gladio trucidati. Taloardus et Uncio (2) Duces Langobardorum per Hoscola (3) in Sedunensi (4) territorio cum
exercitu sunt ingressi, ad Monasterium sanctorum Agaunensium usque accesserunt. Nimia strage Baccis-villa (5),
non procul ab ipso Monasterio, Duces eorum exercitus
a Violico et Teoderico Ducibus Guntranni sunt interfecti. XL tantum ex illis fugaciter Italiam remearunt.

Postea Chilpericus et Sigibertus ineuntes consilium,
ambo moverunt exercitum, volentes Guntrannum interficere regnumque eius adsumere. Sed voluntate Dei
mutato consilio, Sigibertus super Chilpericum inruit,
iam eius exercitus ad propria festinans longe aberat,
eum hec cognovisset Chilpericus, terga vertens Torna-
cum (6) pervenit. Sigibertus post tergum eius venit Parisius, ibique sanctum ac beatissimum Germanum Parisiorum urbis Episcopum Sigibertus cum vidisset, hec ab
eodem verba prophetie audivit : *Si germanum tuum ita
persequi cogitas, ut eum interficere disponas, et regnum
eius auferre; Scriptum est, Foveam quam fratri tuo paras,
in eam cades.* Cuius castigationem nolens audire cogita-
bat cepta perficere. Cumque Victuriaco (7) accessisset,

regnavit annos VI.

Gothi ad rebellandum

fame coacti victo

Valentis exercitu

Traciam cedibus incen-

diis et rapinis deva-

stant.

Theodosius a Graci-

ano imperator factus

Sciticas gentes, hoc est

Hunos et Gothos,

ac Alamannos devicit.

Theodosius imperavit

cum Graciano annos VI,

(1) Frédeg. *Et ipsis Pictavensibus.*
(2) Frédeg. *Et Nuccio.*
(3) Frédeg. *Per Ostiola.*
(4) Frédeg. *Sedonense*, Sion.
(5) Bex, près de Saint-Maurice, en Valais.
(6) Frédeg. *Thornua.* Tournay.
(7) Frédeg. *Victoriaco.* Vitry, sur la Scarpe (Pas-de-Calais, arrondissement d'Arras).

Post mortem eius anno XI. omnes Ruptrasii (1) se sui ditione subiecerunt. Ansoaldus tantum cum Chilperico remansit. Fredegundis duobus Maximus ab exerci- pueris dolo transmissis Sigibertum interficiunt, et ipsi interfecti sunt. Resumptis viribus Chilpericus suum reg- tu imperator factus Gra- num recepit. Brunichildis cum filio suo Childeberto Pa- risius sub custodia tenebatur. Sed factione Gundoaldi cianum apud Lugdunum Ducis, Childebertus in pera positus, per fenestram de- missus a puero, Metis solus exhibitus est, ibique a Gun- interfecit. Valentini- doaldo vel Austrasiis in regno patris sublimatur. Bruni- childis iussu Chilperici in exilium Rotomago (2) truditur. anum fratrem eius a Iustina Sigibertus in Ecclesia sancti Medardi sepultus est etate quadragenaria, anno regni sui XIIII (3).

matre in heresim arri- Eo tempore sanctus Germanus Parisiorum Episcopus transiit. Mummolus Patricius Guntranni contra Clodo- anam seductum Italia veum et Desiderium Ducem Chilperici bellum gessit, eosque superavit. Chilpericus enim filium suum Clodo- expulit. veum transmiserat, qui et ultra Ligerim civitates Chil- deberti pervaderet. Cesa sunt a Mummolo exercitus L Mauricius impera- milia, a Desiderio vero XX milia. Chilpericus tres filios suos iam adultos ab infirmitate dissenterii uno anno vit annos XXII. perdidit; quos de Fredegunde habebat. Restiterat adhuc Chlodoveus filius eius, quem postea instigante Frede- Gregorius Romane, gunde vinctum custodia retrusit; ibique factione Frede- gunde cultro percussus obiit. Chilpericus denuo ut filius Ecclesie, Pontifex et Doc- sibi nasceretur jubet omnes carceratos relaxare.

tor eximius XI mo anno GUNTRANNUS rex duos Magnacharii filios gladio intere- mit, instigante Austrichilde regina, facultates eorum imperii Mauricii or- fisco redigit. Filii Guntranni duo continuo moriun- tur. Guntrannus Childebertum adoptavit in filium. dinatus est Papa. Anno quoque tertio Childeberti regis, qui erat Chilpe- rici et Guntranni XVI. Eo anno stella in medio lune visa est fulgens. Childebertus rex Ingundem sororem

(1) Frédeg. *Neustrasii.*
(2) Frédeg. *Rothomo.* Rouen.
(3) En 575.

suam Erminigildo Leovigildi regis Wisigotorum tradidit
filio, qui hortatione Leandri Hispalensis Episcopi et sue
coniugis ad fidem Catholicam conversus est. Anno V
Childeberti regis tante lues per universas regiones
facte sunt, ut omnibus mirum fuisset, et universa flumina terminos quos nunquam excesserant preterierunt.
Childebertus rex Italiam intravit, et Langobardi eius se
ditioni commendant. Gloriose exinde Childebertus revertitur. Acceperat prius a Mauricio Imperatore L milia
solidorum auri, ut Langobardos de Italia expugnaret.
Sed non solum eis non nocuit, verum amicitias cum
ipsis inivit.

GUNTRANNUS (1) rex Francorum cum iam anno XXIII regnum Burgundie feliciter regeret, videns sibi liberos non
superesse, cepit thesauros suos in eleemosinis pauperum
distribuere, Monasteria et loca sancta ex ipsis thesauris
ditare. Inter que ecclesiam huius patroni nostri, sancti
scilicet Martiris Benigni, donis optimis extulit. Ipse denique Domnus Guntrannus preexcellentissimus rex dedit
sancto Benigno vicum, qui est in prospectu huius Monasterii, tunc magne amplitudinis, vocatum Elariacum,
cum omnibus appendiciis suis, super Oscaram fluvium
situm. Et omnia que nunc usque ad possessionem pertinent huius loci, a ponte Divionis usque Floriacum
villam, contulit memoratus princeps sancto Martiri Benigno : in Biciso scilicet, in villa Colonicas dicta, in
Plumberias, in Siliniaco, in Sconsio, in Villari, in Campiniaco, in Lentennaco, in Girone, in Corcellas, in Flaviniaco, in Prunido, in Iussiaco, in Matriniaco, in Bar-

Sedet annos XIII, menses

VI, dies X.

Valentinianus

auxiliante Theo-

dosio captam Maxi-

mum intra Aquilegie,

muros interfecit.

Theodosius' Archa-

dium filium suum con-

sortem regni facit.

Archadius cum fratre

Honorio annis

XIII imperavit.

Sanctus Martinus Episcopus

---

(1) Ici finissent les *Epitomata historie Francorum* attribués à
Frédegaire, et commence la chronique de cet auteur faisant suite
aux dix livres de l'Histoire des Francs de Grégoire de Tours. Notre
chroniqueur continue le même système d'abréviation en quelques
endroits, de copie fidèle sur tous les autres, sans autre différence
que celle des manuscrits.

Tarenorum migra-

vit ad XPM.

Gothi Italiam, Wan-

dali atque Halani

Gallias adgredi-

untur. In Galliis

multi propter XPM

occisi sunt interquos

–

biriaco, his et aliis locis mansa, vestita et absa, cum mancipiis plurimis utriusque sexus, terris cultis et incultis, vineis, silvis, pratis, pascuis, aquis, aquarumque decursibus, ingreditus, exis et regressis, omnibus rebus exquisitis et inquirendis, totum ad integrum contulit memoria dignus rex Guntrannus Deo et sancto Benigno, ad victum monachorum Deo in hoc loco desservientium, ut pro se ac sequentium regnum salute, et peccatorum remissione, regnique totius statu Domini exorent clementiam monachi in isto loco degentes (1). Insuper etiam instituit, ut ad similitudinem Monasterii sanctorum Agaunensium diu noctuque divinum in hac ecclesia persolveretur officium. Et ut hec institutio per succedentia tempora non tepesceret, vel monasticus ordo deperiret, constituit, ut Abbates illius loci, Rectores et Provisores in hac domo essent, ut una congregatio, unusque utrobique servaretur ordo (2). Similiter instituit de loco

(1) Le chroniqueur décrit ici, avec détail, la splendide donation faite par le roi Gontran à l'abbaye de Saint-Bénigne, et qui l'a pour ainsi dire constituée. Outre le village de Larrey sur l'Ouche, aujourd'hui détruit, alors d'une grande étendue, cette donation comprenait une multitude de terres situées dans la vallée de l'Ouche, à savoir : *A ponte Divionis*, depuis le pont de Dijon sur l'Ouche, *in Birico*, Bussy, contrée qui termine le finage de Dijon, où l'on trouve des vestiges d'un village, des fondations, des escaliers, des pierres creusées en forme d'auges; *in villa Colonicas dicta*, Colonges, entre la montée de Talant et de Plombières; *in Plumberias*, Plombières; *in Siliniaco*, Saligny, à deux kilomètres de Plombières : on y a trouvé beaucoup d'antiquités romaines, une statuette de bronze, des anneaux, des médailles; *in Sconsio*, peut-être Conge, à gauche de Velars, peut-être Ecotois, commune de Flavignerot; *in Villari*, Velars; *in Campiniaco*, Chamvichey peut-être, ferme qui dépend de Velars; *in Lentennaco*, Lantenay; *in Girone*, Giron, entre Dijon et Corcelles; *in Corcellas*, Corcelles; *in Flaviniaco*, Flavignerot; *in Prunido*, Prenois, dont l'église est de toute antiquité dédiée à saint Bénigne; *in Jussiaco*, Gissey-sur-Ouche; *in Matriniaco*, Marigny, à une lieue de Labussière; *in Barbiriaco*, Barbirey, annexe de Gissey.

(2) Si cette mesure a été véritablement prise par le roi Gontran, nous ne voyons pas qu'elle ait jamais été exécutée; car, dans le catalogue des abbés d'Agaune, nous ne trouvons aucun des abbés

sancti Marcelli, ubi ipse rex corpore quiescit, quem thesauris et pecuniis, possessionibus etiam multis ditavit, operibus miris et edificiis decoravit.

Appollinarem (1) igitur, inter reliquos comperimus sancti Mauricii, atque huius loci, sanctique Apri apud Tullum, fuisse Abbatem, ut ipsi referunt in antiquis se invenisse scriptis. Sed et successores eius deinceps per multa tempora huius loci habuisse curam. Quapropter hic Patronus noster sanctus Benignus illis in partibus plurima conquisivit terrarum predia per illud tempus, ut in eundo et redeundo Abbates, eorumque fideles, ad hospitandum haberent sue possessionis loca (2). Siquidem

[marginal notes, right column:] sanctus Nicetius Episcopus Remorum, sanctus Desiderius Episcopus Lingonum cum Valerio archidiacono et omni civitatis sue populo. Sanctus quoque

---

de Saint-Bénigne. Nous ferons la même observation, relativement à l'abbaye de Saint-Evre de Toul. On ne voit pas que ni Apollinaire, ni aucun de ses successeurs en aient jamais eu le gouvernement, comme le suppose notre chroniqueur. Il est possible qu'il ait mal interprété les diplômes anciens dont il parle, et entendu de l'unité de gouvernement ce qui était peut-être dit de l'union d'esprit et de cœur qui devait exister entre les trois abbés. C'est la remarque de Dom Mabillon (*Annales ordinis sancti Benedicti*, tom. I, p. 174). Mais ce passage est précieux à un autre titre : il fixe en quelque sorte le moment où le monastère de Saint-Bénigne adopta la règle de saint Benoît. Jusque là, très probablement, on avait à Dijon la règle de saint Macaire, qui était suivie à Saint-Jean-de-Réome, d'où le monastère de Dijon tirait son origine. Mais la règle de saint Benoît commençait à prévaloir partout. Saint Maur, arrivant du mont Cassin dans les Gaules, paraît l'avoir établie lui-même à Agaune. Tout porte à croire que l'union entre les deux abbayes ne se fit que par l'adoption, à Saint-Bénigne, de la règle de saint Benoît. Ce qui achève de le démontrer, c'est que, très peu après, on voit cette règle en pleine vigueur au monastère de Dijon.

(1) Apollinaire, troisième abbé de Saint-Bénigne. Sa vie est peu connue. Sa mort est ainsi indiquée au nécrologe de l'abbaye : *Pridie kalendas aprilis, depositio domni Apollinaris, abbatis huius loci.* On ignore l'année.

(2) On remarquera les précautions prises par les religieux de Saint-Bénigne pour relier leur monastère à celui d'Agaune, en créant pour eux des stations sur la voie romaine qui allait de Dijon au mont Jura et aux Alpes. L'itinéraire de cette voie romaine, *per quod euntibus Romam quondam fuit iter*, est bien indiqué par notre chroniqueur, et on retrouve ses traces partout. Elle se dirigeait, en quittant Dijon, par Fauverney, Echigey, les Tarts, à Tavaux, fran-

Antidius Crisopolis

Archiepiscopus martirio

coronatur.

Burgundionum

gens tempore Tiberii

Cesaris egressa ab

Insula Scandina-

via super Renum consedit

ac tempore Valenti-

niani superioris

invitati a Gallis

iuxta vicum, qui nuncupatur Urba, est ecclesia sancti Benigni nomine sacrata, quam ferunt eiusdem loci incole pertinuisse quondam ad ius istius Ecclesie. In Burgo, quem vocant Pontem-Arlie, super Dubiam fluvium situm, medietas ipsius vici cum ecclesia dedicata in honore sancti Benigni, et villa iuxta ipsum Burgum sita, que dicitur Ad Stabulos, olim fuerunt possessio istius Abbatie. Que in prestariam data, possidentium violentia, ac principum iniustitia, ac temporum variis eventibus sunt amissa. Super Lupam rapacissimum fluvium, loco nuncupato Petregio, per quod Romam petentium quondam fuit iter, et est iuxta Burgum Salinas vocatum, homines liberi ibidem commanentes, se et sua omnia commiserunt patrocinio huius sancti Benigni, annisque singulis persolvebant ad eius altare censum a semet constitutum.

Denique cum per illud tempus sanctus Martyr Benignus crebris virtutum signis claresceret, et miraculorum insignia, sanitatumque dona omnibus ad eius tumulum venientibus ostenderentur, et largissima Domini bonitas in talibus veneratur, colitur, adoratur, magnificatur, reges et principes ob sancti Martiris meritum ce-

---

chissait le Doubs à un point qu'on ne peut indiquer, la Loue à Belmont, arrivait à Chamblay et Sertemery, entrait dans le val de Salins, et rejoignait, près de Pontarlier, la grande route des Alpes grecques. Sur cette voie, les religieux de Saint-Bénigne avaient des monastères ou des propriétés qui leur servaient d'hôtelleries : 1° *Urba*, Orbe, je pense, où l'on voit, dans les temps anciens, une église dédiée à saint Bénigne; 2° *Pontem-Arlie super Dubam*, Pontarlier-sur-le-Doubs, dont la principale église est encore dédiée à saint Bénigne; 3° *villa que dicitur ad stabulos*, Bulle; « la voie romaine, dit M. Edouard Clerc, passait entre Bulle et Bannans, au confin même des deux territoires, où M. Bourgon a trouvé une *villa* romaine brûlée, qu'il croyait être la station des religieux, appelée *ad stabulos;* » 4° *Petregium super lupam, iuxta Salinas.* On ne sait pas l'emplacement précis de *Petregium :* les uns veulent que ce soit Roche-sur-la-Loue; les autres, Parrecey. (Voir sur cette question *la Franche-Comté à l'époque romaine, représentée par ses ruines,* par M. Ed. Clerc; 2° édition. Besançon, 1853, 1 vol. in-8°, p. 132.)

perunt locum istum diligere, honorare muneribus et bonis extollere : nobiles quique possessiones et predia condonare : devotus populus plurima conferre; multi etiam se ipsos patrocinio eius committere. Tunc honorati quidam homines ex territorio Vesuntiensi, de villa Cussiacus (1) vocata, advenientes ad eius Sancti limina, eius patrocinio se commendaverunt mente devota. Permanseruntque annis multis in huius sancti Benigni et ei servientium monachorum famulatione, donec Alberico Comiti nuper data in prestariam eadem villa, ab eo iniuste collata est sancto Stephano predicte urbis Patrono, pro sepulture sue loco. Tamen usque hodie possessionis illius homines sancti Benigni servos se profitentur esse.

Igitur Legati Chilperici Ansoaldus et Domegilesus, qui ad conspiciendam dotem in Spania missi fuerant, sunt reversi. His diebus Leobildus (2) rex contra Erminigildum filium suum in exercitu residebat : quem parvo transacto tempore interfecit. Eius vero uxor volens reverti Franciam, una cum filio capta, atque Siciliam perducta est : ibi usque ad mortem exulavit. Chilpericus et Fredegundis filiam suam cum magnis thesauris et multa familia in eius obsequium Hispaniam direxit. Quam filius Leopildi uxorem accepit. Nec post mora exstante Chilpericus veniens ad villam Calensem (3), que distat ab urbe Parisius quasi centum stadiis, illic venationem exercebat. Quadam vero die regressus de venatione iam sub obscura nocte, dum de equo susciperetur, et unam manum super scapulam pueri teneret, adveniens quidam nomine Falco, qui missus a Brunichilde fuerat, cum cultro sub ascellam percussit, iteratoque ictu ventrem eius

(1) Cussey.
(2) Frédeg. *Leubildus*.
(3) Chelles, près de Paris.

Lagdunensibus Gallis petierunt LXXX fere millia, levato super se rege Gundiocho, qui fuit pater Gundebaudi regis et fuit de genere Athanarici persecutoris. Honorius cum Theodosio minore fratris sui filio regnavit annos XII. Iohannes Crisostomus et Augustinus episcopi clari habentur. Hieronimus sacre,

perforat; statimque fluente copia sanguinis tam per os quam per aditum vulneris, spiritum fudit (1).

Cumque Guntranno perlatum fuisset eo quod frater suus Chilpericus esset interfectus, perrexit Parisius, ibique Fredegundam cum filio Chilperici Clothario ad se venire precepit. Quem Riolo-villa (2) baptizare iubet, et eum de sancto lavacro excipiens in regnum patris firmavit. Anno XXV regni sui exercitus Guntranni Spaniam ingreditur. Sed loci infirmitate gravatus protinus ad propria revertitur. Anno XXVI eiusdem regni Leudiscus a Guntranno Patricius partibus Provincie ordinatur. Childeberti regis filius Teodebertus natus fuisse nuntiatur. Eo anno nimia inundatio fluminum in Burgundia fuit, ita ut solitum terminum nimium transcenderent. Ipsoque anno Leupildus rex Spanie moritur. Et obtinuit regnum Richaredus filius eius. Anno XXVII regni Domni Guntranni alius filius Childeberti, nomine Teodericus, natus nuntiatur.

Langobardorum gens quemadmodum tributa XII milia solidorum ditioni Francorum annis singulis desolvebant, referam: vel quo ordine duas civitates Agusta et Suisio cum territorio ad partem Francorum cassaverant, dicam. Defuncto Clip principe Duces Langobardorum XII annos sine regibus transegerunt: ipsoque tempore sicut supra scriptum legitur per loca in regnum Francorum proruperunt. Pro hac presumptione in compositione Agustam et Suisium civitates, cum integro illorum territorio et populo partibus Guntranni tradiderunt. Post hec legationem ad Mauricium Imperatorem dirigunt. Hi XII Duces singuli Legatos dirigunt, pacem et patrocinium imperii petentes. Idemque et alios Legatores XII ad Guntrannum et Childebertum destinant,

(1) En 584.
(2) Frédeg. *Rivilo-Villa*. Rueil.

ut patrocinium Francorum et defensionem habentes,
XII milia solidos annis singulis his duobus regibus in
tributa implerent, vallem, cui nomen Ametegis, partibus Guntranni cassantes. His Legatis ubi plus congrue-
bat patrocinium sibi firmarent. Post hec integra devotione patrocinium eligunt Francorum. Nec mora post permissu Guntranni et Childeberti et Clotharii Ducem super
se Langobardi sublimunt in regnum. Alius Autharius
itemque Dux cum integro suo Ducatu se ditioni imperii
tradidit, ibique permansit. Autharius vero rex tributa,
que ad partem Francorum spoponderat, annis singulis
reddidit. Post eius decessum filius eius Ago in regnum
sublimatus, similiter implesse dignoscitur.

Anno XXXII regni Guntranni, ita a mane usque ad
mediam diem sol minoratus est, ut tertia pars ex ipso
vix appareret. Anno XXXIII regni Guntranni, V Kalendas
Aprilis ipse rex moritur(1), sepultus est in Ecclesia sancti
Marcelli, in monasterio, quod ipse construxerat. Regnum eius Childebertus adsumpsit; quod tenuit annis
quatuor. Anno III Childeberti regnantis in Burgundia,
multa signa in celo ostensa sunt, et stella cometes apa-
ruit. Anno IIII, postquam Childebertus regnum Guntranni acceperat, defunctus est regnumque eius filii sui
Teodebertus et Teodericus adsumunt. Teodebertus sortitus est Auster, sedem habens Mettis. Teodericus accepit regnum Guntranni in Burgundia, sedem habens Aurelianis. Anno III regni Theoderici clades glandolaria (2)
Massiliam et reliquas Provincie civitates graviter vastavit.
Eo anno aqua calidissima in lacu Dunense, in quem Arola
fluvius influit (3), sic valide ebullivit, ut multitudinem

aauitur.

Theodosius Archa-

dii filius imperavit

annis XXVI.

Alaricus rex Gothorum

Romam intravit.

Sanctus Germanus Episcopus

apot Gallias clarus

habetur.

Celestinus sedit

Rome, annos VIII,

menseos I, dies VIIII.

Xystus sedet annos

VIII, dies XIIII.

Eudoxia uxor

(1) Le 28 mars 593.
(2) Dans quelques manuscrits, on lit *Grandoraria*. On croit que
c'était une maladie de l'aine.
(3) L'Aar, qui se jette dans le lac de Thun.

Theodosii principis

ab Ierosolimis secum

detulit Catenas

Sancti Petri et reliquias

sancti Stephani aliaque

patrocinia sanctorum.

Germanus et

Anianus ac Lupus

Episcopi claruerunt.

Valentinianus cum

Placidia matre

imperat annos VI.

Sanctus Germanus

migravit ad XPM.

piscium coxisset. Anno V Theuderici regni, iterum signa que anno superiore visa fuerant, globi ignei per cœlum currentes, et ad instar multitudinem hastarum ignearum ad occasum apparuerunt. Ipsoque anno Theodebertus et Theodericus reges contra Clotharium movent exercitum, et super fluvium Aroanna (1), nec procul a Doromello vico (2) prelium confligentes, iunxerunt : ibique exercitus Clotharii regis gravissime trucidatus est; ipsumque cum ipsis qui remanserant in fugam versum, pagos et civitates in ripa Sequane, qui se Clothario tradiderunt, depopulantur et vastant. Plurimi captivi ab exercitu Teudeberti et Teoderici abducuntur. Clotharius oppressus vellet nollet per pactionis vinculum firmavit, ut inter Sequanam et Ligerem usque mare Oceanum et Britannorum limitem Teodericus haberet, et per Sequanam et Isaram ducatum Denteleni integrum usque Oceanum mare Theodebertus recepit. XII tamen pagi inter Isaram (3) et Sequanam, et mare Oceanum, Clothario remanserunt.

Anno VI regni Theoderici natus est ei filius de concubina, nomine Sigibertus. Eo anno Teudebertus et Teodericus exercitum contra Wascones direxerunt; ipsoque, Deo auxiliante, devictos in suam dominationem redigunt et tributarios faciunt. Eodem anno corpus sancti Victoris (4), qui Salodoro (5) cum sancto Urso passus fuerat, a beato Econio Pontifice Mauriennense invenitur. Viderat namque in visu ut surgens protinus iret ad ecclesiam, quam Sedeleuba regina suburbano Genavense construxerat, et in medio ecclesie designatum locum

(1) L'Ouanne, qui se jette dans le Loing près de Moret.
(2) Dormelles.
(3) L'Oise et la Seine.
(4) Soldat martyr de l'illustre légion thébaine (Voir *Acta sincera martyrum*, p. 293).
(5) Soleure.

ubi sanctum corpus iacebat. Cumque Genava perexisset cum beatis Rustico et Patricio Episcopis, triduanum ieiunium facientes, lumen per noctem splendidum, ubi gloriosum illud corpus erat, apparuit. Quem cum silentio hi tres Pontifices cum lacrimis et orationibus, elevato lapide, in arca argentea invenerunt sepultum. Cuius faciem rubentem quasi viveret, reperiunt. Ibi Theodericus rex presens aderat, qui multis muneribus ecclesiam ipsam ditavit, et maximam partem ex facultatibus Warnacarii ibidem contulit. Eo anno Eucherius (1) Episcopus Lugdunensis obiit. Ordinatur loco ipsius Secundinus Episcopus. Eodem anno Focas Dux et Patricius Reipublice victor a Persis rediens, Mauricium Imperatorem interfecit et in loco ipsius imperium assumpsit. Anno VII regni Teoderici de concubina nascitur ei filius nomine Childebertus. Eo anno sol obscuratus est. Anno quoque VIII regni Theoderici nascitur ei filius de concubina nomine Corbus. Eodem tempore Bertoaldus genere Francus, Maior domus Palatii erat Teoderici, moribus mensuratus, sapiens et cautus, in prelio fortis, fidem omnibus conservans. Defuncto Wandalmaro Duce in pago Ultraiurano et Scutengorum (2), Protadius ordinatur Patricius, instigatione Brunichilde; et ut Bertoaldus interiret, eum ripa Sequane (3) usque Oceanum mare per pagos et civitates fiscum inquirendum dirigunt. Bertoaldus a Theoderico missus cum trecentis tantum viris, illis partibus properavit. Hec comperiens Clotharius filium suum Meroveum et Landericum Maiorem domus cum exercitu, ad opprimendum Bertoaldum direxit. Et maxi-

Marcianos cum Valentiniano imperat.

Leo sedet Rome, annos XXI, mensem I, dies XXVIII.

Hic fecit concilium CCCC episcoporum et damnavit Euticen et Dioscorum et Nestorium ereticos. Hic pro fide catholica misit Marciano principi Epistolas XII,

---

(1) Frédeg. *Ætherius*, 31ᵉ évêque de Lyon, fut appelé au gouververnement de cette Eglise de 585 à 589; il mourut en 602.

(2) La vie de saint Anatole, évêque, nous fait connaître où était ce *pagus scutingorum* ou *scotingorum*, comme écrit Frédegaire. On y lit en effet : *Scodinga in Sequanis, ubi nunc Salinarum locus.* C'està-dire *Salins* entre Dole et Besançon.

(3) Frédeg. *Ripam Sigonam.*

et successori eius

Leoni epistolas XIII,

Flaviano episcopo Epistolas

VIIII confirmantes

fidem Niceni Concilii,

et Calcidonensis suo tempore

habiti.

Hic Doctor Egregi-

us ad utilitatem

Ecclesie, multa con-

scripsit.

Aetius patrici-

us magna occi-

dentalia Reipub-

lice, salus multa

mam partem inter Sequanam et Ligerim pagos et civitates de regno Theoderici presumpsit contra pactum prevadere. Cum Theodericus comperisset quod a Clothario pars regni sui contra ius fuerat prerepta, protinus cum exercitu Stampas super fluvium Loa (1) pervenit, ibique obviam Meroveus filius Clotharii regis cum Landerico et magno exercitu venit : cum esset arduus transitus ille ubi Loa fluvius transmeatur, vix tertia pars exercitus Theoderici transierat, initum est bellum. Ibi Meroveus filius Clotharii capitur, Landericus in fugam versus est; nimia multitudo exercitus Clotharii in eo prelio trucidata est. Teodericus rex victor Parisius ingreditur. Postea pacem Teodericus cum Clothario Compendio villa inivit. Utriusque exercitus redit ad propria.

Anno X regni Theoderici (2) cum Brunichildis avia eius et Protadius Maior domus assidue instigarent eum ut contra Teodebertum fratrem suum moveret exercitum : tandem iussu Theoderici exercitus coadunatus loco, nomine Caraciaco, castra metasset, hortabatur a leudibus suis ut cum Teudeberto pacem inirent. Protadius singulos hortabatur ut prelium committerent. Teodebertus non procul exinde cum exercitu residebat. Tunc omnis exercitus Theoderici inventa occasione supra Protadium irruunt, dicentes melius esse unum hominem mori, quam totum exercitum in periculum mitti. Interfecto Protadio Teodericus confusus et coactus cum Theodeberto pacem inivit, et inlesus uterque exercitus ad propria recessit. Anno XII regni sui Teodericus Aridium Episcopum Lugdunensem, Roconem et Eborinum Comitem stabuli, ad Bethericum (3) regem Spanie direxit, ut

(1) Frédeg. *Stampas per fluvium Loa.* Etampes; mais Etampes est placé sur la Juine, qui ne reçoit que plus loin la Louet.

(2) En 605.

(3) Frédeg. *Bettericum.* C'est Vitteric qui, après la mort de Liuva II, euvahit le royaume en 603.

filiam eius Hermenbergam matrimonio sibi iungendam adducerent. Qui datis sacramentis ne unquam a regno degradaretur, accipientes eam Teoderico Cabillono presentant. Quam ille gaudens suscepit. Factione vero avie sue Brunichilde non eam cognovit, et in tantum odiosa facta est, ut post annum expoliatam thesauris Spaniam retransmitteret. Eo anno Teodericus persuasione avie sue Brunichildis, et consilio Aridii Lugdunensis Episcopi utens, sanctum Desiderium Episcopum Viennensem de exilio regressum lapidare precepit (1). Ad cuius sepulcrum mire virtutes actenus fiunt.

Per idem tempus presidebat Lingonensi Ecclesie Miletius Episcopus, Divionensem vero Abbatiam, quo in loco sanctus martir Benignus quiescit, regebat Abbas venerabilis nomine Gudinus (2), cuius die-

prolis commisit cum

Francis et Burgun-

dionibus et regi

Attile, terror.

Valentiniani

propria manu

Autharium

(1) Saint Désiré, évêque de Vienne, fut matyrisé le 23 mai 607. Le Martyrologe romain en fait mémoire en ces termes : *Decimo kal. junii, in territorio lugdunensi, sancti Desiderii episcopi viennensis, qui Theoderici regis jussu lapidibus obrutus, martyrio coronatur.* Voir sur le martyre de saint Désiré la lettre d'Adon, archevêque de Vienne, adressée à cette même église.

(2) Gudinus ou Goinus, quatrième abbé de Saint-Bénigne. La date de son gouvernement est parfaitement fixée, car d'une part elle répond à la quatorzième année du règne de Théodoric, roi de Bourgogne, c'est-à-dire à l'année 610 ; de l'autre, Gudinus est contemporain de Miletius ou Mietius, évêque de Langres, que nous trouvons à Autun précisément en cette même année 610, et qui mourut en 617. Quant à la question de savoir si Gudinus fut le quatrième abbé de Saint-Bénigne (car notre chroniqueur le suppose, nommant Gudinus après Apollinaire, qui succéda à saint Tranquille et à saint Eustade), il y a ici une difficulté assez grande. On trouve en effet, dans Pérard, une charte qui commence ainsi : *Sacrosanctæ Basilicæ, Divioni in honore sancti Benigni constructæ ubi in corpore sanctus Benignus requiescit, ubi venerabilis vir* BOLONEUS ABBAS *preesse videtur.....* La charte est datée *in anno* XVII *regni Domini nostri Chilperici regis feliciter ;* ce qui répond à l'année 578 ou 579. De là, les auteurs de la *Gallia Christiana* ont conclu que Gudinus n'avait été que le cinquième abbé de Saint-Bénigne, et ils ont placé entre Apollinaire et Gudinus, Boloneus, qu'ils eussent mieux fait d'appeler Bobolenus, car c'est le nom qu'on lit dans la

bus (1), scilicet, anno XIIII regni Teoderici regis, quedam nobilis femina, vocata Goyla, cum consensu et laude viri sui, nomine Bonevassi, dedit predicto sancto

charte manuscrite, mal lue par Pérard. Peut-on, sur la foi de cette charte, admettre ce Bobolenus, oublié par la chronique ? Il faudrait pour cela savoir, d'une part, si la date de cette charte est authentique, ce dont on peut douter, n'en ayant qu'une copie faite au XI⁰ siècle ; de l'autre, si, en 579, les religieux de Saint-Bénigne, vivant sous le gouvernement de Gontran, et comblés de ses biens, auraient dit de Chilpéric, roi de de Soissons, et brouillé avec Gontran : *Dominus noster Chilpericus rex feliciter.*

(1) Notre chroniqueur analyse ici et rapporte à Gudinus une charte par laquelle une femme de noble origine, nommée Goyla, donne à l'abbaye de Saint-Bénigne des biens considérables. Cette charte, dont le texte entier est dans Pérard (p. 8), est signée par l'abbé à qui la donation est faite. *In Dei nomine Goinus abbas ;* ce qui peut paraître surprenant, mais il y en a des exemples. Elle est datée : *Die sabbato, proximo ante medio mense aprili, in anno* XIV, *regnante Domino nostro Theoderico rege.* Théodoric, second fils du roi Childebert étant monté sur le trône de Bourgogne en 596, la quatorzième année de son règne répond à l'an 610, ce qui concorde parfaitement et avec le pontificat de Miletius et avec le gouvernement abbatial de Gudinus. Mais voici d'où vient la difficulté. Cette manière de parler : *Die sabbato, proximo ante medio mense, etc,* fut usitée au monastère de Saint-Bénigne à la fin du VIII⁰ siècle, ainsi qu'il résulte de trois ou quatre chartes citées par Pérard (pages 10, 11, 12). En conséquence, Lecointe, Mabillon, Pérard abandonnent Théodoric, roi de Bourgogne, et attribuent la charte en question, Pérard à Thierry II, en 679 ; Mabillon et Lecointe à Thierry III, en 738: Dès lors, disent les auteurs du *Gallia christiana*, il faut nécessairement qu'il y ait eu deux Gudinus, l'un qui fut contemporain de Miletius, en 609, l'autre qui signa la charte de Goyla, en 679, selon Pérard, ou plutôt en 738, selon Lecointe, et ils en mettent en effet deux dans la liste des abbés de Saint-Bénigne (tome IV, page 670) ; Mabillon n'admet pas cette conséquence. Pour lui, il n'y a qu'un Gudinus, celui de 738 ; l'autre, celui de 609, n'étant placé en cette année que par suite d'un faux calcul du chroniqueur est nul à ses yeux. (*Annales ord. S. B.,* p. 96.) S'il fallait choisir, je préférerais ce dernier sentiment, qui est plus logique, mais j'avoue que, malgré la haute autorité des critiques dont je viens d'exposer les opinions, il me reste bien des doutes sur la thèse générale. A-t-on des motifs suffisants pour bouleverser à ce point la liste des abbés ? Le seul motif, c'est ce mot : *Die sabbato, proximo ante medio mense,* etc., Mais parce que cette formule fut usitée au VIII⁰ siècle. était-elle nécessairement inconnue au VII⁰ ? De plus, même en ad-

Martiri Benigno in villa Longus-vicus (1) vocata, vel in omnes fines eius, quicquid habere vel possidere videbatur, cum omnibus adjacentiis, vel appenditiis suis, hoc est, Fedenniaco (2). Postenniaco (3) Monasteriolo (4), Attegias (5) medietate Glennono (6), Curte-buntiana (7), Ficiaco (8), Chenevas (9), Marcenniaco (10), de his omnibus rebus heredem fecit post mortem suam et predicti viri sui sanctum Benignum.

Defuncto Milecio Episcopo Dodoaldus successit in Pontificatum. Hic villam vocatam Massiacum commutavit ex propriis rebus, cum illo a quo possidebatur, deditque eam sancto Benigno. Fungebatur tunc in hoc loco Bobolenus (11) Abbatis officio; qui successit Richimarus

occiditur.

Cum quo Respe-

rium concidit

regnum.

Gens Francorum

ilico convales-

mettant que cette formule est relativement récente, y aurait-il là un fondement assez solide pour refuser d'ajouter foi à l'auteur de la chronique; car nous n'avons plus les originaux de nos chartes; nous n'avons que des copies du XIe siècle, et qui ne sait combien sont faciles et fréquentes, surtout dans les copies, ces interpolations de dates? Mais ce ne sont là que des doutes que j'émets en toute réserve.

(1) Longvic.

(2) Fénay.

(3) Potangey, hameau placé à un quart de lieue au nord d'Aizerey.

(4) Mitreuil.

(5) Atée.

(6) Glanon.

(7) Comblanchien.

(8) Fixin.

(9) Chenôve.

(10) Marsannay-la-Côte.

(11) Bobolenus. On n'a point de détails sur lui. Une charte publiée par Pérard (page 7), confirme ce que dit le chroniqueur, que Bobolenus était le contemporain de Dodoaldus, évêque de Langres. Il y est question d'un bien, *quod per commutationem viri apostolici Domni Dodoaldi episcopi ad venerabilem virum Bobolenum abbatem quondam pervenit.* Dodoaldus ou Modoaldus, évêque de Langres, assista en 625 au concile de Reims, et mourut avant Clothaire II, c'est-à-dire avant 628. La charte est datée de 632 : *Actum in supra dicto monasterio* (sancti Benigni) *publice, anno ab incarnatione Domini DC. XXXII.*

cens ablato im-

perii iure propri-

a dominabantur

potestate.

Valentiniano

Abbas (1), jam Bertoaldo episcopatum tenente. De quibus si non invenimus per scripturam quid addiderint, tamen conlata bene providisse et fortiter tenuisse scimus, precipue Elariacum vicum, quod a Gontranno rege conlatum huic sancto Benigno fuerat cum omnibus appendiciis suis, et crebris circummanentium vicinorum molestiis infestabatur : quod usque hodie successores eorum agere non desinunt. Si quidem patres et antecessores eorum ipsum Dei Martirem occiderunt ; isti vero servientes ei non cessant persequi (2). In illis temporibus fuerunt et alii Abbates in hoc loco, videlicet Etherius (3)

---

(1) Richimarus, abbé de Saint-Bénigne. Sa date est fixée par celle de Berthoald, évêque de Langres, dont notre chroniqueur dit qu'il fut contemporain, ce que confirme du reste la charte de Lothaire (Pérard, page 6) *Pactionem præsentabant qualiter Richimarus quondam abbas, seu et apostolicus vir domnus Berthoaldus episcopus, una cum ipsis, etc.* Or, Berthoald, vingt-deuxième évêque de Langres, monta sur le siége épiscopal de cette ville en 628, et assista au concile de Chalon en 644, ou 650, selon quelques-uns.

(2) On remarque ici une très curieuse tradition, difficile à expliquer à cause des changements que tant de siècles ont apportés dans la disposition des habitations dans la plaine qui entoure Dijon. Ce seraient les *voisins* du village de Larrey, *circummanentium vicinorum* qui auraient mis à mort saint Bénigne ; et ainsi s'expliquaient aux yeux des moines de l'abbaye les difficultés que ne cessaient de leur susciter les descendants des meurtriers du saint Apôtre. *Siquidem patres et antecessores eorum ipsum Dei martyrem occiderunt, isti vero servientes ei non cessant persequi.* Quels étaient ces voisins du village de Larrey? En quoi avaient-ils pris part au supplice de saint Bénigne? c'est ce qu'il nous est impossible de dire.

(3) Etherius ou Eutherius. Sa mort est fixée dans le nécrologe de Saint-Bénigne au 2 août : « *IV° Nonas Augusti, depositio domni Etherii, abbatis hujus loci.* » Les auteurs du *Gallia christiania* avaient pensé qu'il y avait ici, dans la suite des abbés de Saint-Bénigne, une transposition, et qu'il fallait renvoyer Etherius au VIII° siècle, ne 735. Ils se fondaient sur une charte où ils avaient lu : *Mortuo Domino Theoderico et electo Carolo majore domus, sub Etherio abbate sancti Benigni.* Mais c'est une charte interpolée. Dans la charte rapportée par Pérard (page 9), on ne lit pas ces mots : *sub Etherio Abbate sancti Benigni.* Il faut donc maintenir Etherius à la place que lui a donnée notre chroniqueur.

Widradus, Hugo, Odeleus, Maurinus (1), de quorum gestis nihil ad nos pervenit, solummodo datalicia obitus eorum scripta in antiquis martirum logiis invenimus.

Anno XII regni Teoderici natus est ei filius de concubina, nomine Meroveus; quem Clotharius de sancto lavacro suscepit. Eo anno mortuo Betterico, (eo tempore fuit Isidorus doctor Spalensis episcopus), Sisebodus successit in regnum Spanie vir sapiens et tota Spania laudabilis valde, pietate plenus. Nam et adversus rempublicam fortiter dimicavit, et provinciam Cantabriam Gothorum dicioni subegit. Dux Francio nomine, qui Cantabriam in tempore Francorum rex erat, tributa Francorum regibus multo tempore impleverat; sed cum a parte imperii fuerat Cantabria revocata, a Gothis preoccupatur, et plures civitates ab imperio Romano Sisebodus littore maris abstulit, et usque fundamenta destruxit.

Anno XIII regni Teoderici habebat Teudebertus rex uxorem, Belichilde (2) nomine, quam Brunichildis a negotiatoribus mercaverat : et cum esset Belichildis utilis, et a cunctis Austrasiis vehementer diligeretur simplicitatem Teudeberti honeste comportans, nihiloque se minorem a Brunichilde esse cerneret, et sepius Brunichildem per Legatos despiceret, dum ab ipsa improperatur quod ancilla eius fuisset : tandem cum his et aliis verbis Legatis discurrentibus, ab invicem vexarentur, placitum inter Colerence et Suentense (3) consistitur, ut has duas reginas pro pace inter Teodericum et Teudebertum con-

mortuo Marci-

anus Avitum con-

sortem imperii

constituit et tri-

bus regnavit annis,

post quem imperium

habet annis XVII.

Hic Maiorianum

consortem imperii fecit

Hilarius sedit Rome,

annos III, menses VI,

dies X. Huius iussi-

one scripsit

Victorius pascha-

(1) Maurinus, abbé de Saint-Bénigne. Sa mort est marquée dans le nécrologe de l'abbaye, le 28 mai. « X° kalendas junii, depositio domni Maurini, abbatis illius loci. On ignore l'année.

(2) Frédeg. Bilichildis.

(3) On ne sait pas exactement la place de ces deux pays, situés l'un sur la frontière de la Bourgogne, et l'autre sur celle de l'Austrasie.

lem circulum anno

DXXXII.

Simplicius sedet

annis XV, diebus VII.

Felix sedit annos,

III, menses XI, dies XVIII.

Zenon imperavit

annos XVII.

Odoacer rex Go-

thorum Romam

invasit quam

successores eius

tenuerunt

pluribus annis

iungerent ad loquendum. Sed Belichildis consilio Austrasiorum inibi venire distulit.

Eo tempore (1) beatus Columbanus, cuius fama sanctitatis creverat iam passim per universas Gallie et Germanie provincias, erat omnium rumore‾ laudabilis, in
omni cultu religionis venerabilis, in tantum, ut Teodericus rex ad eum sepe Luxovium (2) veniret, et orationum suarum suffragia omni cum humilitate posceret.
Cumque sepissime ad eum veniret, cepit vir Dei eum
increpare, cur concubinarum adulteriis misceretur, et
non potius legitime coniugis solamine frueretur, ut regalis proles ex honorabili regina procederet, et non
potius ex lupanaribus videretur emergi. Et cum iam ad
viri Dei imperium rex obtemperaret, et se omnibus inli-
citis segregare responderet, mentem Brunichildis avie,
secunde, ut erat, Iesabelis, antiquus anguis adiit, eamque contra virum Dei stimulis superbie incitat, quia
cerneret viro Dei Teodericum obedire. Verebatur enim
ne si abiectis concubinis reginam aule preficeret, dignitatis atque honoris sui modum amputasset. Evenit
ergo ut quadam die beatus Columbanus ad Brunichildem veniret, erat enim tunc apud Brucariacum (3) villam
cumque illa eum in aula venire cerneret, filios Teoderici,
quos de adulterinis permixtionibus habebat, ad virum
Dei adducit. Quos cum vidisset, sciscitatur quid sibi
vellent. Brunichildis aĭt : *Regis filii sunt, tu eos benedic-
tionibus robora.* At ille ait : *Nequaquam,* inquit, *istos rega-
lia sceptra suscepturos scias, quia de lupanaribus emerse-*

(1) En 609. Tout ce qui suit dans Frédegaire est tiré de la vie de
saint Colomban, écrite par Jonas. (*Acta SS. ord. S. B.,* sec. II, p. 17.)
Mais notre chroniqueur suit Frédegaire sans remonter à la source.
Il fait les mêmes fautes et reproduit les mêmes leçons; seulement
il abrège beaucoup.

(2) Frédeg. *Lussovium.* Luxeuil, où le B. Colomban avait fondé un
monastère devenu fameux.

(3) La Boucherasse, sur le Serain, dans l'Auxois.

runt. Illa furens parvulos ab ire jubet : egrediens vir Dei regiam aulam, dum limitem transiret, fragor subito exortus est, qui totam quatiens domum omnibus terrorem incussit, nec tamen misere femine furorem compescuit. Paratque deinde insidias molire, hortatur proceres, aulicas, obtimatesque omnes, ut regis animum contra virum Dei perturbent. Episcopos quoque sollicitare aggressa est, ut de eius religione detrahendo statum Regule, quam suis custodiendam Monachis indiderat, macularent. Obtemperantes igitur, auligeri persausionibus misere regine, regis animum perturbant, cogentes ut accederet ad locum ac religionem probaret. Abactus itaque rex ad virum Dei Luxovio venit, conquestusque cum viro Dei, cur ab comprovincialium moribus dississeret, et intra septa secretiora omnibus christianis aditus non pateret. Beatus Columbanus his et aliis verbis auditis, ut erat audax animo, obicienti regi respondit : *Si ob hanc causam tu in hunc locum venisti, ut servorum Dei cenobia destruas, et regularem disciplinam macules, scito tuum regnum funditus ruiturum, et cum omni propagine regia dimersurum.* Quod postea rei probavit eventus : jam temerario conatu rex refectorium ingressus fuerat. His ergo territus dictis foris celer repedat. Duris post hec viri Dei increpationibus rex urguebatur : contraque Theodericus ait : *Martirii coronam me tibi illaturum speras.* Deinde dixit non esse tante dementie se, ut hoc tantum facinus pataret, sed pocioris consilii si ageret, utilia paraturum, ut qui ab omnium more disciscat, quo venerat ea via repedare studeat. At quia longum est universa gesta percurrere, quas insidias regine, que exilia, et tribulationes que pertulit, recitare, succincte finem rei explicemus. Vir Dei deputatis custodibus a Teoderico, qui quousque ditionis sue regno .... retur, non eum relinquerent : Namnetis usque perrexit. Moratus ergo ibi paululum, sciens non placere

Gelasius Papa sedet

Rome, annos IV,

menses VIII, dies VIIII.

Fuit autem tempore

Zenonis imperatoris.

Simmacus sedit

annis XV, mensibus

VII, diebus XXVII.

Fuit et ipse tempore

Zenonis.

Anastasius

imperavit annos

XXVIII.

Hormisda sedet

Rome, annis

VIII, dies XVII.

Justinus....... or im-

divine magestati ut patriam rediret, post ad Clotharium Chilperici regis filium, qui in Eustrasiis Francisque regnabat extrema Gallia ad Oceanum positis, pergit.

Clotharius porrò audierat quantis qualibusve iniuriis virum Dei Brunichildis ac Teodericus fatigaverant. Quem cum vidisset, velut celeste munus suscepit : tenuit ergo eum Clotharius quantis potuit penes se diebus. Erat enim Clotharius pollens in amore sapientie.

Beato vero Columbano morante apud Clotharium lis oritur inter duos fratres Teodebertum et Teodericum, disceptantibus utrisque de regni terminis. Anno igitur XV regni sui uterque ad Clotharium legatos dirigit : uterque adversus parem auxilium postulat. Quod Clotharius beato viro insinuare procurat, consulens, ut si videretur eius consilii se uni consentiendo, contra alium dimicaret. Ad quem ille repletus spiritu prophetico, ait : *Neutri te fore pariturum scias convenire consiliis ; tuaque intra trienni tempus in ditione utrorumque regna venire.* Videns Clotharius a viro Dei talia sibi prophetico ore dici, neutri parere voluit ; scilicet promissorum sibi tempus fideliter expectans, potitus est triumphum victorie.

Anno XVI (1) regni sui Teodericus movet exercitum, et Lingonis de universis regni sui provinciis mense madio exercitus adunatur. Dirigensque per Andalaum (2), Nasio-castrum (3) super Ornam fluvium situm cepit ; et inde Tullo civitatem perexit. Ibi Theodebertus cum Austrasiorum exercitu obviam venit : Tullensi campania confligunt : Theodericus superat Teodebertum, eiusque prostravit exercitum. Cesa est eodem prelio nimia multitudo virorum fortium. Teodebertus terga vertens per territorium Mettensem veniens, transita Vosago Coloniam fugaciter pervenit. Teodericus cum exercitu post

(1) En 610.
(2) Frédeg. *Andelaum nasio castro capto.* Andelot.
(3) Naix-sur-Ornin (Meuse).

tergum insequens, Arduinam transiens pervenit Tulbiaco. Teodebertus, Saxones, Toringos, vel ceteras gentes trans Renum, vel undique poterat adunare contra Teodericum, Tulbiaco perrexit; ibique denuo commissum est bellum a Francis ceterisque gentibus. Tantaque ibi strages ab utroque exercitu facta est, ubi Falanges in congressu certaminis preliabantur, ut cadavera occisorum undique non haberent qua ruere possent, sed stabant mortui, ac si viverent stricti inter ceteros. Auxiliante Deo iterum Teodericus Teodebertum superat, et a Tulbiaco usque Coloniam exercitus eius gladio trucidatus, oram terre cooperuit. Eo igitur in tempore vir Dei Columbanus in eremo morabatur, contentus tantum unius ministri solatio. Ea ergo hora, qua apud Tolbiacum commissum est bellum, supra querci putrefacti truncum sedebat, legens librum; quem subitus sopor oppressit, et quid inter duos reges agebatur, vidit. Mox excitatus ministrum vocat, cruentamque regum pugnam indicat, multum humanum sanguinem fundi suspirat. Persequutus est ergo Teodebertum Thodericus, et suorum proditione captum ad aviam Brunichildem. Cabillonno direxit. Quem illa cum recepisset, quia Teoderici partibus magis favebat, furens Teodebertum fieri clericum rogavit, ac non multo post impie nimis perimi iussit.

Anno XVII regni sui Teodericus exercitum de Austrasiis et Burgundia moveri precepit, volens super Clotharium inruere. Iamque exercitus aggrediebatur, et Teodericus Mettis civitate profluvio ventris inter flagrantis urbis incendia mortuus est. Exercitus protinus redit ad proprias sedes. Brunichildis filium eius Sigibertum in regno patris suffecit. Clotharius collecto exercitu fines regni, qui sue ditioni debebantur, conatur recipere. Contra quem Sigibertus cum hostium cuneis pugnaturus advenit; quem Clotharius captum fraude suorum pere

Iohannes II sedit annos II, menses IV, dies VI.

Agapitus sedit menses XI, dies XVIII.

Silverius sedet annum I, menses V, dies XI.

Vigilius sedit annos XVI, menses VI, dies XXVI.

Pelagius sedit annos XI, menses X, dies XVIII.

Iustinus minor imperavit annos XI. Narses patricius Totilam Gothorum regem occidit.

Iohannes III, sedet annos

XII, menses XI, dies XXVI.

Tiberius Constan-

tius imperavit

annis VII Lango-

bardi venerunt Italiam.

Benedictus sedet Rome,

annis IV, mense I,

dies XXVIIII.

Pelagius alter sedet

annos X, menses

II, dies X.

Gregorius apocri-

mit, fratresque eius quinque Thoderici filios cum Brunichilde proavia eorum cepit : pueros separatim peremit, Brunichildem vero primo ignobiliter camelo impositam, hostibus gyrando monstravit (1). Postque indomitorum equorum caudis inretitam miserabiliter vita privavit. Funditus ergo radicitusque deleta Teoderici stirpe, Clotharius potitus est trium regnorum monarchiam solus.

Anno XXX regni sui Clotharius Burgundie et Austrasiorum regnum adeptus est. Anno XXXIIII regni Clotharii Warnarium (2), quem Maiorem-domus in Burgundia instituerat, cum universis Pontificibus Burgundie, seu et Burgundo Faronis, Bonogello villa ad se venire precepit. Ibique cunctis illorum iustis peticionibus annuens, preceptionibus roboravit.

Anno XXXVIII regni Clotharii Dagobertum filium suum consortem regni facit ; eumque Austrasiis regem, instituit, retinens sibi quod Ardenna et Vosagus (3) versus Neustriam et Burgundiam excludebant.

Anno XLII regni Clotharii Dagobertus cultu regio ex iussu patris honeste cum Leudibus Clippiaco (4) procul Parisius venit, ibique germanam Sichildis regine, nomine Gomatrude, in coniugium accepit. Transactis nuptiis die tertio inter Clotharium et eius filium Dagobertum gravis orta est contentio, eo quod Dagobertus cuncta que ad regnum Austrasiorum pertinebant sue ditioni vellet recipere, quod Clotharius vehementer denegabat eidem, nihil ex hoc volens concedere. Electi sunt ab his duobus

---

(1) Le Cointe accuse Frédégaire d'avoir injustement fait peser sur la mémoire de Brunehaut une foule de crimes qu'elle n'a pas commis. (*Annales eccles. Francorum, ad annum* 613.) L'estime que lui témoigna toute sa vie le pape saint Grégoire le Grand rend en effet très douteuses ces atrocités dont notre chroniqueur, copiant Frédégaire, vient de nous donner le récit.

(2) Frédeg. *Warnacarium.*

(3) La forêt des Ardennes et les montagnes des Vosges.

(4) Frédeg. *Clipiaco non procul*, Clichy, près de la Seine.

regibus XII ex Francis Iudices, ut eorum disceptacione finiretur intentio : inter quos et Domnus Arnulphus Pontifex Mettensis cum reliquis episcopis eligitur ut benignissime ut sua erat sanctitas inter patrem et filium pro pacis loqueretur concordia. Tandem a pontificibus vel sapientissimis viris proceribus pater pacificatur cum filio, reddens ei solidatum quod adspexerat ad regnum Austrasiorum : hoc tantum exinde quod citra Ligerim vel Provincie partibus situm erat, sue ditioni retinuit.

Anno XLV regni sui Clotharius moritur, et suburbano Parisius in Ecclesia sancti Vincentii sepelitur. Dagobertus cernens genitorem suum defunctum, universis Leudibus quos regebat in Austria iubet exercitum promovere; missos in Burgundia et ceteris regni partibus direxit, ut suum regimen eligerent. Cumque Remis venisset, Suessionis peraccedens, omnes Pontifices et Leudi de regno Burgundie inibi se Dagoberto tradidisse noscuntur : sed et Neustrasii pontifices et proceres plurima pars regnum Dagoberti visi sunt expetisse. Aribertus frater eius nitebatur si posset regnum adsumere; sed eius voluntas pro simplicitate parum sortitur effectum. Cumque regnum omne a Dagoberto fuisset preoccupatum, et thesauri eius ditioni redacti; tandem misericordia motus, et sapientium usus consilio, citra Ligerem et limitem Spanie, et Wasconie, seu et montes Pireneos (1), pagos, et civitates, fratri suo Ariberto concessit, id est, Tolosam, Caturcinam, Agenensem, Petrogoricum (2), et Santonicum, vel quod ab his versus Pireneos montes excluditur. Quod et per pactionis vinculum firmavit. Aribertus sedem Tolosanam eligens regnat in partibus Provincie et Aquitanie. Post annos tres quam regnare cepisset, totam Wasconiam superans, largiorem fecit regni sui spacium.

(1) Frédeg. *Seu et montis Pyrenei.*
(2) Frédeg. *Petrocoreum.*

sarias Constantinopoli libros expositionis in Iob condidit.

Focas imperavit annis VIII.

Huius anno secundo Gregorius Papa migravit a seculo.

Savinianus sedit.

Annus I, menses V, dies VIIII.

Bonifacius sedit menses VIII dies XXII. Hic impetravit a Focate principe ut

4

Sub eodem fere tempore, id est V anno regni Dagoberti, dedit quidam illustris vir, nomine Ermembertus
et coniux eius Hermenoara sancto Benigno quasdam
villas sue possessionis, que vocantur his nominibus,
Posciacum (1) et Fontem Lagnis (2) in pago Latiscence (3),
et in Lingonico pago Masciacum (4), que ante acto tempore a Dodoaldo episcopo Lingonensi fuerat huic loco
adtributa, sed violentia pravorum hominum ablata.

Dagobertus anno VI regni sui (5) Burgundias ingreditur : tanto vero timore Pontifices et Proceres, et cunctos ·
in regno Burgundie consistentes adventus Dagoberti
concusserat, ut omnibus esset mirandus pre timore iustitie quam pauperibus faciebat. Veniens ergo civitatem
Lingonas et inde Divion adgressus, ac Latona (6) residens aliquantis diebus tantam intentionem iudicandi
iustitiam universo populo regni sui habebat, ut huius
benignitatis desiderio nec somnum oculis posset capere,
nec cibo satiabatur, intentissime cogitans ut omnes cum
justitia accepta de conspectu suo remearent. Die quadam a Latona Cabilono properare deliberans, et priusquam lucesceret balneum ingrediens, Brunulfum avunculum fratris sui Ariberti interficere iussit : qui ab Amalgario (7) et Arneberto ducibus, et Wilbaldo Patricio interfectus est. Dagobertus rex post hec Cabilono pergit
iustitie amore quam ceperat perficiende. Post Augustiduno, inde Autisiodoro pergens, dehinc Senona civita-

(1) Probablement Poiseul.
(2) Laignes.
(3) Le pays Laçois ou Lassois, qui tirait son nom de Latiscum,
ville gallo-romaine, détruite depuis le IIIe ou IVe siècle.
(4) Maisey.
(5) Frédeg. *Anno VII*, c'est-à-dire en 628.
(6) Saint-Jean-de-Losne.
(7) C'est cet Amalgarius qui fonda peu à peu, en 630, le monastère de Bèze, dont son fils Wandalène fut le premier abbé; et celui
de Battant, près de Besançon, dont sa fille Adalsinde fut la première
abbesse.

tem , indeque Parisius venit, Gomatrudem reginam Romiliaco (1) villa, ubi matrimonium acceperat, relinquens , Nantildam unam ex puellis de ministerio eius accipiens, reginam sublimavit. Anno VII (2) regni sui cum Austrasiam regio cultu circuiret, quandam puellam, nomine Ragnitrudem, stratu suo adscivit, de qua eo anno habuit filium nomine Sigibertum. Aribertus Aurelianis veniens Sigibertum de sancto lavacro excepit. Anno VIII (3) Dagoberti Charibertus rex moritur, relinquens filium parvulum, nomine Chilpericum, qui nec post moram defunctus est : fertur factioni Dagoberti fuisse interfectus.

Anno X regni Dagoberti cum ei nuntiatum fuisset exercitum Winidorum Toringa fuisse ingressum, cum exercitu de regno Austrasiorum de Metis urbe promovens, transita Ardenna Maguntiam adgreditur, disponens Renum transire, scalam (4) de electis viris fortibus de Neustria et Burgundia cum ducibus et grafionibus secum habens. Saxones missos ad Dagobertum dirigunt, petentes ut eis tributa quas fisci ditionibus dissolvebant, indulgeret, promittentes se Winidis resistere, et Francorum limitem de illis partibus custodire spondentes. Quod Dagobertus consilio Neustrasiorum prestitit. Saxones qui huius postulationis Legati fuerant, sacramentis, ut eorum mos erat, super arma pro universis Saxonibus firmant. Sed postmodum sicut in ceteris mendaces apparuerunt. Tamen Saxones tributum quod á Clothario seniore censiti annis singulis quingentas vaccas inferendalis reddere consueverant, preceptione Dagoberti , habent indultum. Eo tempore Legati Dagoberti , quos ad

sancta Dei genitricis

et omnium marti-

rum XPI .

Heraclius imperavit annis

XXVI.

Deus dedit sedet Rome, annos III,

dies XXIII.

Bonifacius tercius sedet annis V.

Honorius sedit annos XII, menses XI, dies XVII.

Severinus sedet

---

(1) Rueilly, près de Paris.
(2) Frédeg. *Anno VIII.* Ce qui vaut mieux, car Sigebert est né en 630.
(3) Frédeg. *Anno VIIII.*
(4) Frédeg. *Scaram.*

menses II, dies IV.

Iohannes quartus

sedit annum I,

menses VIII,

dies XIX.

Heraclonus imperavit cum

matre sua annos II.

Teodorus sedit

Rome, annis VI,

menses V, dies XVIII.

Constantinus frater

Heraclii impera-

vit mensibus VI.

Constantinus

filius Constantini

imperavit annos

Heraclium Imperatorem direxerat, his nominibus Servatus et Paternus, sunt reversi, nuntiantes pacem perpetuam cum Heraclio firmasse.

Anno XI regni Dagoberti cum Winidi fortiter sevirent, et sepe transgresso eorum limite regnum Francorum vastando Toringiam, et reliquos pagos insisterent, Dagobertus Metis urbem veniens cum concilio Pontificum et Procerum, seu et omnibus Primatibus regni sui consentientibus, Sigibertum filium suum in regnum sublimavit, sedemque Metis civitate habere permisit. Chunibertum Colonie urbis pontificem, et Anchisum Adalgisum ducem instituit gubernare Palatium et regnum; thesaurum quod sufficeret filio tradidit, condigne, ut decuit in culmine regni sublimavit. Et quodcumque eidem largitus fuerat, sigillatim preceptionibus roborandum decrevit. Deinceps Austrasiorum regnum et fines regni Francorum contra Winidos utiliter defensare noscuntur. Cumque anno XII regni Dagoberti eidem filius nomine Clodoveus de Nantilde (1) regina natus fuisset, consilio Neustrasiorum, et admonitione Principum suorum, per pactionis vinculum firmasse dignoscitur, ut Neptreco et Burgundia ad regnum Clodovei, post Dagoberti decessum, aspiceret. Austrasia vero eo quod et populo et terre spatio coequalis esset, ad regnum Sigiberti pertinere deberet. Et quicquid ad regnum Austrasiorum iam olim pertinuerat, hoc Sigibertus rex sue dicioni subdiceret, et perpetuo dominandum haberet, excepto ducatu Denteleni quod ab Austrasis separatum fuerat, iterum ad Neustriam iungeretur, et Clodovei regimini subderetur. Sed has pactiones Austrasii terrore Dagoberti coacti vellent nollent firmasse visi sunt. Quod post mortem eius filiis regnum administrantibus dissolutum (2) fuisse constat.

(1) Frédeg. *Nantechilde.*
(2) Frédeg. *Conservatum.*

Eodem tempore (1) quid Spanie partibus a regibus
eorum gestum sit, dicendum est. Defuncto Sisebodo
rege clementissimo, Sentilla successit in regnum uno
anno. Cum esset Sentilla nimium iniquus in suos, omnium principum regni sui odium incurrit. Quapropter
Sisenandus quidam ex proceribus cum concilio ceterorum, Dagobertum expetiit ut ei cum exercitu auxiliare-
tur, qualiter Sentillam pelleret regno. Huius beneficii
recompensatione missorium aureum ex tesauris Gothorum quem Torsimodus rex ab Egetio Patricio susceperat,
Dagoberto dare promisit, pensantem auri libras quinquaginta. Quo audito Dagobertus ut erat cupidus exercitum in auxilium Sisenandi totum regnum Burgundie
bannire precepit. Cumque in Spania divulgatum fuisset
exercitum Francorum auxiliando Sisenando Spaniam
adgredi, omnis Gothorum exercitus ditioni eius se tradidit : abundantius et Venerandus cum exercitu Tolosa-
no tantum usque Cesaraugustam civitatem cum Sisenando accesserunt, ibique omnes Gothi de regno Spanie
Sisenandum sublimant in regnum. Duces predicti cum
exercitu remeant ad proprias sedes muneribus honorati.
Dagobertus Legatos ad Sisenandum regem Amalgarium
ducem et Venerandum dirigit, ut missorium quem promiserat eidem dirigeret. Cumque a Sisenando missorius
ille Legatariis fuisset traditus, a Gothis per viam tollitur,
nec eum exinde permiserunt auferri. Postea discurrentibus Legatis ducenta millia solidorum, quod appretia-
tum est missorium, Dagobertus a Sisenando accepit.

Anno XIII (2) regni Dagoberti cum Wascones fortiter
rebellarent et multas predas in regno Francorum, quod
Aribertus tenuerat, facerent, Dagobertus de universo

(1) [Eodem tempore..... accepit]. Ce paragraphe n'est pas dans Frédegaire.
(2) Frédeg. Anno XIIII, c'est-à-dire 635.

regno Burgundie exercitum promoveri iubet, statuens ei caput exercitus Adoindo (1) Referendarium, qui temporibus Teoderici regis quondam in multis preliis probatus est strenuus : cui Duces X et exercitus eorum adiunxit. Fuerunt autem hi, Arembertus, Amalgarius, Leudebertus, Wandalmarus, Waldericus, Hermendricus (2), Barontus, Airardus (3) ex genere Francorum, Ramelenus ex genere Romano, Willibadus Patricius ex genere Burgundionum, Aighinus ex genere Saxonum, exceptis Comitibus plurimis, qui Ducem super se non habebant, in Wasconiam cum exercitu perexissent, et tota Provincia Wasconie ab exercitu Burgundie fuisset repleta, Wascones de Montium latebris egressi properant ad bellum. Cumque preliare cepissent, ut eorum mos est, terga vertentes, dum cernerent se esse superandos, in fauces vallium montis Pirenei latebram dantes, se locis tutissimis per rupes eiusdem montis collocant, exercitus post tergum eorum insequens, plurimos interficiunt, multitudinem captivorum abducunt, omnes domos eorum incendio tradunt, peculiis et rebus expoliant. Tandem Wascones oppressi seu perdomiti veniam et pacem petunt, promittentes se glorie et conspectui Dagoberti regis presentaturos et sue ditioni traditos cuncta ab eo iniuncta impleturos. Exercitus patrata victoria redeunt ad propria sani. Sed Arembertus Dux post agmen custodiam exercitus agens, in valle Subola (4) a Wasconibus est interfectus, cum principibus et nobilioribus de suo exercitu.

Dagobertus residens Clippiaco mittit nuncios in Brittanniam, ut Brittones que male gesserant in fines regni Francorum velociter emendarent et sue ditioni se tra-

---

(1) Frédeg. *Chadoindum.*
(2) Frédeg. *Hermenus.*
(3) Frédeg. *Chairaardus.... Chramnelenus.*
(4) Cette vallée se trouve au pied des Pyrénées, près de Mauléon.

derent; alioquin exercitus Burgundie qui in Wasconia fuerant, de presenti in Brittanias deberent inruere. Quod audiens Iudaicale (1) rex Brittonum Clippiaco ad Dagobertum venit cum multis muneribus, cuncta que sui in leudibus Francorum inlicite perpetraverunt emendandum spondet, et semper se et regnum Brittannie subiectum ditioni Dagoberti et Francorum regibus esse promisit: indeque Iudaicale rex Dagoberto vale dicens in Brittanniam repedavit, condigne tamen a rege muneribus honoratur. Anno XV regni Dagoberti Wascones omnes seniores terre illius cum Amando (2) Duce ad Dagobertum Clippiaco venerunt; ibi regio timore perterriti confugerunt in ecclesiam sancti Dionisii : clementia Dagoberti vitam habent indultam. Ibi Wascones sacramentis firmiter promittunt regi Dagoberto, et filiis suis, et regno Francorum omni tempore se esse fideles : sed solito more mentiti sunt. Permissu Dagoberti reversi sunt ad suas sedes.

Dagobertus rex eodem anno Spinogello-villa super Sequanam fluvium, non procul a Parisiis, adveniens, profluvio ventris inibi egrotare cepit. Exinde ad basilicam sancti Dionisii a suis defertur. Post paucos dies Dagobertus emisit spiritum, sepultusque est in ecclesia ipsius sancti Martiris, quam ipse condigne edificaverat, atque auro et gemmis, multisque pretiosissimis speciebus ornaverat : tanteque opes ab eodem et ville, et possessiones multe per plurima loca ibidem conlate sunt, ut miraretur plurimum. Psallentium inibi instituere ad instar monasterii sanctorum Agaunensium iusserat. Quod studio et industria Abbatis Aigulfi est adimpletum (3).

ipse Constantinus

princeps misit

Beatro Petro Apostolo

Evangelia aurea

gemmis albis mire,

magnitudinis

in circuitu ornata. Ipse annos

post aliquot annos

per indictionem

VI veniens Romam obtulit super

altare sancti Petri

pallium auro textum, omni exercitu

(1) Frédeg. *Iudicaile*. Vulgairement Judicael.
(2) Frédeg. *Aiginane*.
(3) Frédeg. *Sed facilitas Abbatis Aigulfi eamdem institutionem noscitur refragasse*. Un autre manuscrit porte : *suffragasse*. Ce qui concorde avec notre Chronique.

cereos ferente

accensos.

Constantinus

tercius imperavit

annos XVII.

Sarraceni depre-

dati sunt regiam

Urbem.

Adeodatus sedit

Rome annis IV,

menses II, dies V.

Domus sedit annum

I, menses V, dies X.

Agatho sedit annos

II, menses VI, dies IV.

Multas (1) ecclesias spoliavit, ut hanc ditaret. Omni quippe devotione sua circa obsequium specialis Patroni intentus erat, et ideo post mortem spe sua frustratus non est. Qualiter vero per hunc Martirem auxiliantibus sanctis Mauricio atque Martino a potestate demonum anima eius erepta fuerit, cuidam Solitario divinitus monstratum est. Quandiu enim vixit basilicas horum sanctorum specialius honoravit : quamvis fuerit cupiditati et amori mulierum intentus in eleemosinis tamen pauperum fuit largus.

Post Dagoberti discessum filius suus Clodoveus (2) adhuc sub tenera etate adscitur in regnum. Omnes quippe Leudi de Neustria et Burgundia eum Masolaco villa sublimant in regem. Ega vero, quem Dagobertus custodem pueri et regni tutorem reliquerat, cum Nantilde regina condigne gubernabat Palatium et regnum. Anno II regni Clodovei apud Constantinopolim sublimatur in imperium Constantinus filius Constantini. Eius tempore gravissime a Sarracenis vastatur imperium. Tempore enim Heraclii Imperatoris Sarracenorum gens de finibus suis egressa, regna que sub imperii regimine inruunt ad devastandum, contra quos Heraclius exercitum ad resistendum direxit. Sarraceni milites superant eosque gladio graviter trucidant. Fertur in eo prelio CL milia militum a Sarracenis fuisse interfecta. Iterum Heraclius congregat multitudinem exercitus : iterum vincitur : ad ultimum infelix Eutichetis heresim sectans, Christi cultum reliquens crudeliter vitam finivit. Cui successit in imperium Constantinus filius, cuius tempore a Sarracenis respublica nimium vastatur. Duravit hec vastitas per annos XLVII usque ad tempora Constantini

(1) [*Multas ecclesias..... largus.*] Ce paragraphe ne se trouve pas dans Frédegaire.
(2) Clovis II. An 638.

superius memorati. Tunc est Iherosolima capta, et cetere everse civitates. Egiptus superior et inferior pervaditur; Alexandria capitur et predatur : Africa tota vastatur et a Sarracenis possidetur : Asia et Europa quatiuntur : Omnia regna mari contigua pervagantur. Ad postremum ipse Imperator Constantinus constrictus atque compulsus, est effectus Sarracenorum tributarius, ut Constantinopolis cum paucis provinciis et insulis, et urbs Roma cum sua patria sui ditione reservaretur. Tribus annis circiter, et ferme adhuc amplius, per unumquemque diem mille solidos auri Sarracenorum erariis supplebat. Tandem resumptis viribus Constans imperium aliquantisper recuperans, tributa Sarracenis implendum refutat.

Anno III regni Clodovei, Ega, cui Dagobertus rex commiserat regni curam, moritur, et in loco eius Herchinoaldus Maior-domus constituitur. Eo tempore Sentilla (1) rex Spanie, quem Sisenandus oppresserat, moritur; et in loco eius Tolga ipsius filius patris precibus subrogatur. Gothorum principes et primates videntes deperire statum regni, eo quod princeps esset invalidus et minus sciens, ut pote adolescentulus : tandem eligunt unum ex primatibus, nomine Chintasindum. Collectis plurimis senatoribus Gothorum, cum cetero populo Spanie sublimatur in regnum, Tolgane degradato et ad clericatum tonsorato. Chintasindus omnem Spaniam sue redegit ditione : multos Gothorum interfecit, quos in degradatione regum priorum una secum noverat conscios. Cumque esset plenus dierum, filium suum, nomine Richisindum in omne regnum Spanie sublimavit.

Pipinus defuncto Anchiso patre suo Maior-domus Sigiberti regis in regno Austrasiorum factus est. Fuit

Leo sedit Rome, menses X, dies XVII.

Benedictus sedit menses X, dies XII.

Iustinianus minor filium Constantini imperavit annis X.

Hic fecit pacem cum Sarracenis decennio terra marique.

Iohannes quartus sedit Rome anno I.

---

(1) [*Eo tempore Sentilla..... averti.*] Ce paragraphe ne se trouve pas dans Frédegaire.

dies VIIII.

Chonon sedit

menses XI.

Sergius sedit Ro-

me annis XIII,

menses VIII, dies

XXIII. Hunc

Justinianus iussit

rapi de Ecclesia et per-

duci Constantino-

polim quia no-

luit favere et sub-

soribere errati-

ce sinodo, quam

fecerat in Urbe

regia, sed perveni-

namque Pipinus Deum timens, amator iustitie, concilio providus, fide plenus, cautus in omnibus sapientie studiis, intentus in armis, strenuus, audax animo. Gubernavit regnum quandiu vixit grandi moderatione, nec ullo munere potuit unquam a iustitia averti.

Anno IIII regni Clodovei Nantildis regina cum ipso filio suo rege Aurelianis civitatem in regnum veniens Burgundie, ibi omnes seniores, pontifices scilicet, duces, et primates totius regni ad se venire precepit. Nantildis singillatim blanditiis cunctos adtrahens, Flaucatum (1) genere Francorum Maiorem-domus in regno Burgundie electione pontificum et principum laude in hoc gradu honoris stabilivit, neptemque suam nomine Ragnebertam (2) eidem desponsavit. Flaucatus regnum Burgundie pervagatur, atque cum Erchinoaldo Maiore-domus se in amicitia obligans, Wilbadum patricium interficere disponebat. Eo anno Nantildis regina moritur. Ipsoque anno Flaucatus cum Clodoveo rege et Erchinoaldo Maiore-domus, et aliquibus primatibus Neustrasiis, de Parisiaco promovens per Senonas et Autisiodoro Augustidunum accesserunt. Ibique Clodoveus Wilbadum ad se venire precepit. Wilbadus patricius considerans Flaucatum cum ceteris ducibus de suo interitu inesse consilium, colligens secum plurimam multitudinem exercitus, etiam pontifices, seu nobiles et fortes, quos congregare potuit, Augustidunum iter arripuit. Cui obviam a Clodoveo rege et suis ducibus Ermenricus domesticus dirigitur, eo quod Wilbadus trepidabat propius accedere ; sed accepta securitate ex parte regis Augustidunum peraccessit, Legato regis condignis muneribus prius honorato. In crastinum Flaucatus et ceteri duces, qui de interitu eius conspiraverant, maturius ab urbe promove-

(1) Frédeg. *Flacoatus.*
(2) Frédeg. *Ragnobertam.*

runt cum exercitu. Erchinoaldus cum Neustrasiis quos secum habebat bellum adgreditur : e contra Wilbadus tela sumens, quascumque potuit adunare Falanges, occurrit eis. Flaucatus, Amalgarius, Ermanlenus, et Walbertus duces contra Wilbadum confligunt; ibique Wilbadus interficitur : plurimi cum ipso de suis gladio trucidantur. His ita gentis Flaucatus in crastino de Augustiduno promovens, Cavillono perrexit : ingressus in urbem in crastino ipsa civitas incendio concrematur. Flaucatus iudicio Dei percussus vexatus a febre collocatur in scava. Evectu navale per Ararim fluvium cognomento Sagonna (1), Latona properans, in itinere XI die post Wilbadi interitum emisit spiritum. Sepultusque est in basilica sancti Benigni in suburbio Divionense (2).

Langobardorum per hec tempora fuerunt hi reges. Post Autharium regnavit Ago filius eius; hic misit Legatos ad Clotharium, offerens XXXV milia solidorum, ut tributa que Langobardi Francorum regibus solvebant, XII milia solidos cassaret. Quod Clotharius concessit, et pacem perpetuam cum Langobardis sacramentis et pactis firmavit. Post hunc regnavit Adloaldus filius eius. Quo interfecto veneni poculo ob nimiam crudelitatem suam, Caroaldus dux Taurinensis, qui Gundebergam ex

ens exercitus Ra-

vennatis aliarum-

que partium ius-

sa principis

missos eius expulit

ab Urbe Roma.

Idem Papa Sergi-

us ordinavit

Willibrordum

sanctum virum Freso-

num genti Episcopum.

(1) La Saône.

(2) Ici finit la chronique de Frédegaire. Depuis cette année 641 jusqu'à l'avènement de Pépin en 752, nous ne pouvons plus indiquer au juste quels auteurs notre chroniqueur a sous les yeux. Frédegaire, on le sait, a eu quatre continuateurs, anonymes tous les quatre, et à peu près aussi peu exacts les uns que les autres. Il faut attendre le règne de Charlemagne pour retrouver des auteurs qui méritent le nom d'historiens. Notre chroniqueur traverse rapidement cette époque en ne donnant guère que quelques dates et quelques noms propres, sans détails d'événements. Les grands collectionneurs des monuments relatifs à l'histoire de France, tels que dom Bouquet (Tom. III, p. 817) ont publié ces quelques pages de notre chroniqueur sinon comme une valeur considérable, au moins comme n'ayant été copiées nulle part, et pouvant servir, en les comparant aux autres monuments, à éclaircir cette époque obscure.

Iustinianus ob cul-

pam perfidie, expul-

sus regno exul

in Pontum secedit.

Leo imperavit

annis tribus.

Papa Sergius in

sacrario Beati

Petri Apostoli capsam

argenteam et in

eam crucem auream

cum gemmis inve-

nit in qua por-

tionem ligni salutife-

ri Dominice crucis rep-

perit. Que ex illo tem-

pore annis omnibus

genere Francorum habebat uxorem, sublimatur in regnum. Charoaldus credens dictis mendacibus Gundebergam Reginam in Caumello castro in unam turrim exilio trudit. Clotharius rex Legatos ad Charoaldum dirigit quare reginam parentem Francorum humiliasset. Charoaldus regis Francorum reverentiam habens, Gundebergam reductam post tres annos de exilio sublimat in regno. Post hec Charoaldus rex moritur. Gundeberga regina unum ex ducibus, Chrotharium nomine, de territorio Briscia, acceptis ab eo sacramentis ut nunquam ab eo degradaretur de regni culmine, sumens illum in coniugium stabilivit in regnum. Postea Chrotharius aliquantis transactis annis oblitus sacramenta que fecerat, Gundebergam de solio regni deiectam in unum cubiculum apud Ticinum in aula palatii retrudit : eamque privato habitu vivere fecit. Quinque anni sub ea trusione transierunt. Illa cum esset christiana, benedicebat Deum in hac tribulatione posita. Tandem placuit Deo ut mitteretur Aubedo Legatarius a Clodoveo rege ad Chrotharium Langobardorum regem : qui veniens Papiam civitatem, que cognominatur Ticinis, cernensque reginam, a qua benigne in legationem veniens susceptus fuerat, esse retrusam, inter cetera Chrothario regi suggessit, quod reginam parentem Francorum, per quam etiam regnum adeptus fuerat, non debuisset ita humiliare; pro qua re Francorum reges et omnes Franci ei essent ingrati. Chrotharius de presenti ob reverentiam Francorum Gundebergam de custodia iubet egredi, et per totam civitatem et foris regali ordine per loca sanctorum ad orationem procedere : de villis et opibus fisci omnia que amiserat ei restaurari precepit. Quod usque ad diem sui obitus regio cultu post feliciter tenuit. Aubedo vero a Gundeberga regina fortiter remuneratus repedavit ad regem.

Defuncto Sigiberto Austrasiorum Francorum rege, filius eius Dagobertus succedit in regnum, Pipinus, ut diximus, post regem totius regni curam gerebat cuius filius, nomine Grimoaldus, sub imperio patris palacio preerat. Hic considerans Dagobertum inertem, et ad regni curam minus utilem, fecit eum tonderi ad clericatus ordinem.

Clodoveus igitur rex, qui et Clotharius dictus est, XVIII annis in regni administratione completis, defunctus est in primevo flore iuventutis, relictis tribus filiis, Clothario, Childerico, et Teoderico, una cum matre eorum Baltechilde regina. E quibus Clotharius natu maior regnum patris sui Clodovei, Neustrie, et Burgundie obtinuit. Childericus vero Austrie et Germanie sedem adeptus est. Anno igitur VIII regni sui Clotharius rex residens Mosollaco palacio suo cum episcopis et principibus regni sui, Vulfechrannus (1) Abbas huius loci adiit eius presentiam, conquerens super quorumdam militum eius violentia : Guntrannus namque rex dederat sancto Benigno Martiri Patrono Divionensis loci Elariacumvillam cum omnibus appenditiis suis; de cuius possessionis terris supra scriptis calumniatores molestias inferebant multas memorato Abbati, monachisque huius loci. Rex ergo Clotharius annuens eius precibus, fecit preceptum sancto Benigno de prescripto fundo annulo-

in basilica Salvatoria que appellatur Constantiniana die exaltationis eius ab omni osculatur et adoratur populo. Tiberius imperavit annos VII. Sinodus Aquileie facta ob imper:-tiam fidei quintam

---

(1) Wlfechramnus, abbé de Saint-Bénigne. Ce fut lui qui obtint de Clotaire l'importante charte que notre chroniqueur analyse et dont Pérard rapporte le texte entier (page 6). Les savants disputent sur la date de ce diplôme. Pérad, croyant qu'il était de Clotaire II, le rapporte à l'année 627. Duchesne, dans son histoire des rois de Bourgogne, pense qu'il est plutôt de Clovis II, auquel on a quelquefois donné le nom de Clotaire, et il le place en conséquence au plus tard à l'année 655. Mais Mabillon démontre qu'il a été donné par Clotaire III, vers 664. (*Annales*, t. I, p. 174), ce qui est précisément l'opinion de notre chroniqueur. Wlfechramnus, qui est nommé dans ce diplôme, l'est aussi dans la lettre du pape Sergius, datée de la dixième année de son règne, c'est-à-dire de 697. Nouvelle preuve de la vérité de l'opinion du P. Mabillon sur le diplôme de Lothaire.

universale con-

cilium suscipere

diffidit donec

salutaribus Beati

Pape Sergii mo-

nitis instructi

et ipsa cum ceteris

XPI Ecclesiis annu-

ere consensit.

Iohannes V Sergii suc-

que suo iussit insigniri, ut nullus supradictorum calumniantium, aut eorum heredes, vel successores aut ullus aliquis alius cuiuscumque honoris ac dignitatis in denominato agra audeat aliquam vim inferre. Erat tunc Maior-domus regis supra nominatus Aubedo, quem inscriptio eiusdem precepti Audebellum vocat.

Tempore predicti Vulfechranni venerande memorie Abbatis presidebat Lingonum Ecclesie Eronus (1) venerabilis Episcopus, qui inter cetera beneficia que huic contulit loco, a summo Pontifice Romane Ecclesie petiit fieri decretum : in quo continetur, ut nullus presumat constituere cimiterium vel sacrare, preter hunc qui ad istam sancti Benigni ecclesiam pertinet : et ut nullus audeat vim aliquam inferre in Claustro vel in Burgo ad hunc locum pertinente. Cuius exemplar decreti placuit huic libro inferre, ut videntes discant quantum immineat illis periculum, qui non timent obligari anathematis vinculo per Petri Apostoli vicarium. Anno DC. XC. VI. ab Incarnatione Domini nostri Ihesu Christi, presidebat sancte Romane Ecclesie Sergius Papa; cuius hec sunt verba (2).

(1) Eronus, vingt-huitième évêque de Langres. En fixant la date de cet évêque, les auteurs du *Gallia christiana* ont été trompés par une copie fautive de la Chronique. Ayant lu dans l'édition d'Achéry ces mots : *Eronus petiit a summo pontifice, vel verius romanis pontificibus Joanne et Sergio romanœ ecclesiœ*, etc., ils en ont conclu qu'Eronus était monté sur le siége épiscopal de Langres avant le 2 août 686, puisque c'est ce jour-là que mourut le pape Jean. Mais ce raisonnement tombe, puisque la copie qu'ils avaient sous les yeux était inexacte. Dans l'original on ne lit que ces mots *Eronus a summo pontifice romanœ ecclesiœ petiit*, etc. Le reste est une fourrure de nulle autorité. Maintenant donc il faut raisonner autrement, et dire qu'Eronus était sur le siège épiscopal de Langres avant le 25 mars 697, puisque c'est en ce jour que fut donné le décret qu'il avait demandé. Voilà tout ce qu'on peut affirmer de cet évêque.

(2) On a conservé à la bibliothèque publique de Dijon une belle copie, sur papyrus, de cette bulle. M. Ph. Guignard prépare sur ce monument un travail étendu auquel nous renvoyons.

« Sergius gratia Dei Pontifex Romanus Heroni Lingo-
« num presuli salutem et Apostolicam benedictionem.
« Quam primum nobis attendendum, charissime, ne
« hostis malignus gregem Christi perturbet aliqua occa-
« sione. Divionensium namque monachorum Martiri
« Benigno sub regimine Vulfechranni Abbatis devote
« famulantium reclamatio ad nos pervenit, clericos iam
« dicti castri ad se eorum cimiterium transferre conari.
« Hoc quia predecessoris mei Ioannis, Benedicti utique
« successoris contradicitur decretis, autoritate beati Petri
« Apostoli et nostra prohibetur sub percussione anathe-
« matis. Nam sicut Gregorius olim predecessor vester
« adhortatu prefati Martiris, monasterii ipsius construc-
« tor, utrisque unum sancivit quo sanctus iacet salva
« concordia cimiterium : ita nostre auctoritatis littere
« censuerunt corroborandum. Quisquis etiam à torrente
« qui utrumque Burgum dividit auferre ab eodem Burgo
« vel claustro aliquid, excepto Abbate vel Monachis, pre-
« sumpserit, simili sententia se damnaturum noverit.
« Bene valete. Data VIII kal. aprilis per manus Ioannis
Bibliothecarii tunc sancte Sedis Apostolice anno Pontificatus Domni Sergii universalis Pape X in sacratissima
sede beati Petri Apostoli indictione secunda.

Defuncto vero Vulfechranno Abbate successit in
locum regiminis Agilbertus (1) post quem prefuit Bobolenus (2).

occensor sedet annos IV,

menses II, dies XII.

Gisalfus dux gen-

tis Langobardorum

Beneventum Capuam

igni et gladio et

captione vastavit.

Ad quem Iohannes Papa

missis sacerdotibus

cum donariis perplari-

mis universos

captivos redemit,

(1) Agilbertus, abbé de Saint-Bénigne. On n'a point de détail sur
cet abbé.
(2) Bobolenus, abbé de Saint-Bénigne. Sa date est parfaitement
fixée par l'auteur de la Chronique, et de deux manières. D'abord
ayant dit que Pépin mourut au mois de décembre 714, il ajoute
aussitôt : *Eo tempore Bobolenus regebat istud cenobium*. Ensuite il
déclare qu'il était contemporain d'Astoricus, évêque de Langres. Or,
nous savons par d'autres monuments qu'Astoricus, vingt-neuvième
évêque de Langres, prit le gouvernement de cette église en 713.
(*Gallia christ.*, IV, p. 524.) A ces deux arguments, nous en ajoute-
rions un autre, la charte d'Erménoara, si la date de cette pièce

alque hostes redire

fecit. Cui successit

Iobannes VI, sedit annos

II, menses VII, dies

XVII.

Sinimius sedit

dies XX

Clotharius igitur rex postquam aliquot annis tenuit regnum, immatura preventus morte reliquit illud sine herede. Cuius obitum dolentes Francorum principes, germanum eius Childericum regem Austrasiorum, quem audierant sapienter et provide regnum disponere, in omni sublimant Francorum regno. Adeptus vero principatum, quicquid adversus leges regum priorum ac maiorum principum; quorum vita quondam laudabilis extiterat, ineptum atque contrarium repperit, ad pristinum statum prudentissime revocavit. Eo tempore Godinus quidam ex Primatibus Burgundie una cum coniuge sua, nomine Lantrude, dedit sancto Benigno alodium iuris sui, cui vocabulum est Albiniacus, situm in pago Decollatense quod nunc generaliter Portuensis dicitur (1).

était plus certaine. Il y est question d'Astoricus en ces termes : *Domino sacro-sanctæ Basilicæ sancti Benigni sub oppido Divione constructæ, quo apostolicus vir Astoricus tenet regimen.* Notre chroniqueur rapporte cette charte à l'année 715, et Lecointe est du même sentiment, s'appuyant sur ce qui est dit à la fin de cette charte, qu'elle fut donnée *Defuncto domno Theoderico et electo majoredomus Carolo.* Or, Charles-Martel obtint cette dignité précisément en 715. Mais Thierry, dont il est aussi question dans cette charte · *Defuncto domno Theoderico,* n'étant mort qu'en 737, Mabillon veut qu'on ne date cette pièce que de cette dernière année. De là entre les deux illustres critiques une assez vive controverse. Nous n'insistons pas, car rien n'empêche que l'épiscopat d'Astoricus et le gouvernement abbatial de Bobolenus, dont la charte du reste ne dit rien, ne se soit prolongé jusqu'en 737.

(1) *Pérard*, p. 5. Nous avons déjà parlé de cette charte. Notre chroniqueur, au lieu de la placer sous Chilpéric I, en 578, comme l'ont fait les auteurs du *Gallia christiana* et Pérard lui-même, la met sous Chilpéric II, vers 715. La difficulté, pour ce dernier sentiment, vient de la date de cette pièce, signée *in anno XVII regni Domini nostri Chilperici regis feliciter.* Or, Chilpéric II ne régna que cinq ans. Notre chroniqueur a-t-il lu très rapidement cette charte, sans faire attention à la date ? ou bien cette date n'existait-elle pas de son temps? ou bien était-elle différente? Ce qui me le persuaderait, c'est que, 1° notre chroniqueur savait très bien que Chilpéric n'avait régné que peu de temps, *paucis annis,* ajoute-t-il aussitôt; 2° en 579 on n'eût pas, à Dijon gouverné par Gontran, et

Childericus ergo rex paucis annis quibus regnum Francorum obtinuit, equo moderamine iustisque legibus disponens ipsum regnum, defunctus est, et germanus eius Teodericus in regno fratris loco sublimatus. Quod tenuit annis XVI (1). In diebus eius sanctus Leodegarius est interfectus ab Ebroino Maiore-domus, et sanctus Lantbertus Tungrorum episcopus a Dodone Comite. Hi uno tempore innocenter occisi, coronam martirii sunt adepti. In illo tempore deficientibus iam a pristino vigore regibus, cura totius regni administrabatur per Duces et Principes domus : inter quos omnes preminebat Pipinus, quem supra retulimus, vir omni sapientia adornatus : eiusdemque regni maxima pars erat in manu eius. Hic devicta Frisia, atque ipsius regni fugato rege, nomine Ratbodo, misit illuc ad predicandum servos Dei venientes ex Britannia, Willebrordum et socios eius, qui non parvam populi multitudinem ad Christum converterunt. Teoderico rege defuncto Childebertus filius eius successit in regnum (2).

Anno ab incarnatione Domini DCC. VIIII, Pipinus perrexit in Suwavos contra Willarium. Item anno sequenti commovit exercitum super predictum tirannum. Anno tertio aque vehementer inundaverunt, et Childebertus rex mortuus est; et exercitus Francorum in Suwavis. Anno IIII iterum exercitus Francorum in Suwavis contra

Margin notes: Rerebertus rex Langobardorum multas cortes et patrimonia Alpium que quondam ad ius pertinebant Apostolicae sedis, sed a Langobardis multo tempore fuerant ablata restituit iuri eiusdem sedis, et hanc

---

particulièrement à l'abbaye comblée de ses biens, daté une pièce *in anno Domini nostri Chilperici regis feliciter;* 3° de fait, en 578, au temps du premier Chilpéric, on ne trouve point de Bobolenus abbé ; 4° sous le second, au contraire, on trouve un Bobolenus dont l'existence est attestée par d'autres pièces. Tout nous porte donc à croire que ces mots *in anno,* etc., sont une interpolation, et qu'il faut maintenir la liste de nos abbés telle que la donne, jusqu'ici du moins, notre chroniqueur.

(2) C'est une erreur. Thierry régna dix-huit ans.

(3) Notre chroniqueur oublie Clovis III, qui régna en 691, entre Thierry II ou III et Childebert II.

Willarium perrexit : et` Eribertus rex Langobardorum mortuus est.

Anno DCC. XIIII, Pipinus mortuus est in mense decembrio : et Grimoaldus filius eius similiter mortuus est : et Carolus successit in locum patris.

Eo tempore Astoricus episcopus erat Lingonum ; et Bobolenus regebat istud cenobium : tunc dedit Ermenoara Deo sacrata sancto Benigno quicquid habebat in villa Rufiaco, scilicet mansa cum edificiis de super positis, omnibusque adiacentiis (1).

Anno DCC. XV, Dagobertus rex mortuus est, et Saxones devastaverunt terram Bagoariorum. Anno DCC. XVII bellum fuit in Vinciaco (2) inter Carolum et Raganfredum Maiorem-domus : fugitque Radanfredus, et exercitus eius cesus est plaga magna usque ad fluvium Wiseram Anno sequenti Carolus intravit Saxoniam vastavitque eam. Anno DCC. XXI expugnavit Eudo Sarracenos de terra sua. Anno quarto post hunc expugnavit Carolus Andegavis; quia rebellabant adversus eum. Teodericus filius Dagoberti Iunioris regio tunc sublimatus erat in solio. Cui (3) successit Clotharius, et Clothario Childeber-

---

(1) Nous avons vu sous Bobolenus Ier un certain Ermenbertus et son épouse Erménoara faire don à l'abbaye de Saint-Bénigne de grands biens. Voici sous Bobolenus II une Erménoars, consacrée à Dieu, donnant aussi à l'abbaye des terres assez considérables. Mabillon avait d'abord pensé que peut-être c'était la même qui, mariée à Ermenbertus, s'était, après sa mort, consacrée au service de Dieu, et il soupçonnait qu'au lieu de deux Bobolenus, il n'y en avait probablement qu'un. (*Annales*, I, 360.) Mais un regard fit évanouir ses soupçons. Les chartes parlent expressément, la première de Modoald, vingt-unième évêque de Langres; la seconde d'Astoricus, vingt-neuvième évêque, séparés l'un de l'autre par un siècle entier. (*Gallia christian.*, IV, 522, 524.)

(2) Vincy.

(3) Après la mort de Thierry III ou IV, qui arriva en 737, il y eut un interrègne de cinq ans. En 742 Childéric III, fils de Thierry de Chelles, fut fait roi, ou plutôt en prit le nom sous l'autorité de Pépin.

tus, Childeberto Childericus, in quo defecit generatio Clodovei regis, que usque tunc regnaverat.

Anno DCC. XXV quinto Carolus subiecit sibi Bagoarios; et Sarraceni irruerunt Galliam. Anno ab hinc VI Carolus perrexit in Suwavis contra Lanfredum. Sequenti anno Carolus fuit Wasconia contra Eudonem; et Raganfredus tirannus mortuus est. Anno Sequenti Carolus pugnavit contra Sarracenos in mense octobris, die sabbati, iuxta civitatem Pictavis. Iterum anno DCC. XXXVII innumera multitudo Sarracenorum coadunata, que XII reges habebat super se, quorum primus et maximus erat Abdirama(1) rex Cordube civitatis, occupaverunt Gothiam, obsideruntque Narbonam civitatem. Quod audiens Carolus congregavit exercitum copiosum, insuper et Liudbrandum (2) Langobardorum regem convocavit in auxilium: consertoque cum Sarracenis prelio, ita eos contrivit, ut de tanta multitudine vix aliquis potuerit evadere : sed et usque hodie gens illa truculenta Francorum formidat arma. Anno DCC. XXXVIIII, Carolus intravit in Provinciam usque Massiliam : invasit Wasconiam, vastavit Frisiam, expugnavit Saxoniam, contrivit Alamaniam atque Bagoariam. Anno DCC. XLI Carolus Tudites mortuus est, qui propterea appellatus est Tudites, quod est malleus fabri, quia sicut malleo universa tunduntur ferramenta, ita Carolus omnia regna sibi vicina attrivit. Defuncto Carolo filii eius Carlomanus et Pipinus susceperunt curam regni. Anno DCC. XLII Carolus (3) perrexit Vasconiam. Anno sequenti (4) vastavit Almanniam. Anno IIII Carlomannus et Pipinus invaserunt Saxoniam. Anno VII

cidit eos qui se expulerant patricios et Leonem qui locum eius usurpaverat, necnon et successorem eius Tiberium.

Constantinus sedit Rome annis VII, dies XV.

Hunc Iustinianus ad se venire iubens honorifice suscepit, ac

---

(1) C'est une erreur. Abdirama était mort depuis cinq ans, ayant été tué en 732.

(2) Ce ne fut que deux ans après que Charles-Martel appela à son secours Luitprand, roi des Lombards.

(3) C'est-à-dire Carloman.

(4) Il faut dire au contraire l'année précédente.

remisit et mis-

sas agenti commu-

nionem de manu

eius accepit.

Philippicus impera-

vit annum 1, menses VI.

Hic misit Constan-

tino Pape, litteras

pravi dogmatis quas

ille cum Apostolice sedis

concilio respuit,

statuit que populus

Carlomannus relicta cura regni Pipino fratri Romam perrexit, atque in monte Sarepti (1) monachus habitationem instituit. Post ea non ferens molestiam crebro se visitantium eorum qui de Francia pergebant ad limina Apostolorum, ad sanctum Benedictum in montem Cassini commigravit.

Anno DCC. LII (2) Domnus Pipinus rex sacratus est per manus Stephani Pape (3), et duo filii eius Carlomannus et Carolus qui Magnus dictus est. Anno IIII Pipinus rex intravit Langobardiam et Stephanus Papa reversus est Romam. Eodem tempore sanctus Bonifacius genti Frisorum predicans suscepit martirium. Anno VI iterum Pipinus rex perrexit Langobardiam, et Haistulfus rex mortuus est. Anno sequenti delata sunt organa decretia (4) missa ab Imperatore cum ceteris muneribus Domno Pipino regi. Anno LX Pipinus rex perrexit Wasconiam contra Waifarium. Iterum anno sequenti cum filiis Carolo et Carlomanno perrexit Aquitaniam, et acquisivit civitatem Bituricas. Pipini regis anno VIIII quidam homo, Rocolenus nomine, dedit sancto Benigno allodium suum Villare vocatum, situm in pago Belnensi in fine Maliacense, cum omnibus suis appendiciis (5). Eodem tempore quidam clericus nomine Bago, dedit sancto Benigno hereditatem suam omnem quam habebat in

---

(1) Le mont Soracte.

(2) Les historiens diffèrent entre eux sur le commencement du règne de Pépin : les uns le mettent en 750; quelques-uns (et c'est l'opinion de dom Mabillon) en 751. D'autres, enfin, en 752. Le P. Le Cointe se range à ce dernier sentiment. Le P. Pagi soutient que c'est le seul qui soit vrai, et le prouve par des arguments que dom Bouquet déclare invincibles. (*Recueil des monuments*, etc., t. V. *Préface*.)

(3) Le 28 juillet 754. Il avait déjà été sacré une fois à Soissons par Boniface, évêque de Mayence.

(4) Dom d'Achéry, en éditant notre chronique, a remplacé le mot *Decretia* qu'on lit dans le manuscrit original, et qui n'a pas de sens, par les deux mots : *De Græcia*.

(5) Voir la charte dans Pérard (page 9).

Asciriaco (1) et Isciodoro (2) atque Salas (3), quicquid in predictis villis possidere videbatur, tam mansis quam que in aliis terris ad eadem mansa pertinentibus (4).

Anno (5) LXII iterum Pipinus rex cum exercitu perrexit Aquitaniam una cum Carlomanno; captoque omni pago Alvernico, civitatem Claromonte et Burbonis castrum igne cremavit. Anno LXIIII Pipinus rex placitum magnum habuit cum Francis apud villam Carisiacum (6). Eodem anno fuit hiemps gravissima, et tenuit gelu a nono X Kalendas ianuarii, usque VI Kalendas aprilis. Anno LXVII iterum Pipinus rex intravit Aquitaniam, et conquisivit Lemovigas civitatem, et Berta regina uxor

Romanus ne heretici imperatoris nomen aut figuram solidi acciperent. Anastasius regnavit annos III, idem litteras

(1) Aiserey.
(2) Izeure.
(3) *Salas* ou *Ipsalas*, Izier.
(4) La charte est en Pérard (pag. 10) et elle nous révèle un abbé de Saint-Bénigne dont la chronique ne parle pas. « *Domino sacrosanctæ basilicæ sancti Benigni martyris*, *sub oppido Divione constructæ*, *ubi venerabilis vir* THANOTHARDUS *preesse videtur et Stemarus ac Seirannus presbiteri deservire videntur.* La date de cet abbé Thanothardus est parfaitement fixée par la charte, *anno undecimo regni domini nostri* PIPINI *regis*, c'est-à-dire 763. En lisant l'inscription de cette charte, une observation vient aussitôt à l'esprit : on dirait qu'il n'y a plus de monastère. Thanothardus n'est plus appelé abbé, ceux qui sont nommés avec lui, Stemarus et Seirannus, ne portent plus le nom de moines. Ce sont des prêtres qui desservent l'église. Langage nouveau, qui durera deux siècles, duquel on aurait tort de conclure que les religieux étaient sécularisés, qui ne prouve qu'une chose, le discrédit dans lequel était tombé l'état monastique, puisque les moines eux-mêmes rougissaient de leur nom.
(5) Arrivé au règne de Pépin et de Charlemagne, notre chroniqueur se sert de la vie de Charlemagne par Eginard, son secrétaire, et en tire mot à mot tout ce qu'il dit de ces deux princes, et surtout du second. On sent du reste, lors même qu'on ne pourrait le vérifier, qu'il a sous les yeux un meilleur modèle. Sa phrase prend de l'ampleur et de l'élégance. Nous releverons, comme nous avons fait jusqu'ici, les différences principales de manuscrits, nous servant des deux éditions d'Eginard données, l'une par Duchesne (*Historiæ francorum scriptores*, tome II, pag. 98) et l'autre par dom Bouquet (*Recueil des historiens des Gaules*, tome V, pag. 88.)
(6) *Cariciacus* ou *Caraciacus*, Kiersy-sur-Oise, à deux lieues de Noyon.

Constantino Pape

misit quibus

se sancto-

rem catholica, fidei

esse docuit.

Gregorius secundus sedet

annos XVI, menses VIII,

dies X. Liudbrandus

rex Langobardorum

donationem patrimo-

nii Alpium Cottiarum

quam Herebereotus rex

fecerat confirma-

vit amaonitione

huius Pape, Gregorii.

eius apud Bituricas hiemavit eodem anno. Sequenti anno, videlicet LXVIII, Pipinus rex obiit VIII Kalendas octobris apud Parisius civitatem, morbo intercutis aque : et Waifarius fuit interfectus.

Eodem anno Domnus rex Carolus et Carlomannus uncti fuerunt in reges VII Idus octobris. Franci siquidem facto solemniter generali conventu ambos sibi reges constituunt, ea conditione premissa, ut totum regni corpus ex equo partirentur, et Carolus eam partem quam pater eorum Pipinus tenuerat, Carlomannus vero eam partem, cui patruus eorum Carlomannus prefuerat, regendi gratia susciperet. Suscepte sunt utrimque conditiones, et pars regni divisi iuxta modum sibi propositum ab utroque recepta est. Mansitque ista quamvis cum summa difficultate concordia, multis ex parte Carlomanni societatem separare molientibus, adeo ut quidam eorum bella committere sint meditati. Sed in hoc plus suspicionis quam periculi fuisse ipse rerum exitus approbavit. Defuncto Carlomanno uxor eius cum filiis et quibusdam, qui ex optimatum eius numero primores erant, Italiam fuga petiit ; et nullis existentibus causis spreto mariti fratre, sub Desiderii regis Langobardorum patrocinium se cum suis liberis contulit. Et Carlomannus quidem post administratum communiter quadriennio (1) regnum decessit. Carolus autem fratre defuncto constituitur rex solus omnium Francorum.

Anno (2) igitur DCC. LXVIIII, sui vero regni secundo, omnium bellorum que gessit primo Aquitanicum, à patre inchoatum, sed nondum finitum, quia cito peragi posse videbatur, fratre adhuc vivo etiam et auxilium

(1) Eginard. *Biennio.* Mais c'est une faute; car Carloman règna certainement, depuis la mort de son père, trois ans deux mois et dix jours.

(2) [*Anno..... bellorum.*] Ces paroles ne se trouvent pas dans Eginard.

ferre rogato, suscepit. Et licet cum frater promisso frustrasset auxilio, susceptam tamen expeditionem strenuissime exequutus, nòn prius ab incepto desistere voluit (1), quam hoc quod efficere moliebatur perfecto fine concluderet. Nam et Hunaldum, qui post Waifarii mortem Aquitaniam occupaverat, bellumque iam pene peractum reparare temptaverat, Aquitaniam relinquere et Wasconiam petere coegit. Quem tamen ibi consistere non sustinens, transmisso amne Garomna, Lupo Wasconum duci mandat, ut perfugam reddat : quod nisi festinato faciat, bello se eum expugnaturum (2), Lupus saniori usus consilio, non solum fugitivum reddidit, sed etiam se ipsum cum Provincia, cui preerat, eius potestati commisit.

Compositis igitur rebus in Aquitania eoque bello finito, regni quoque socio iam rebus humanis exempto, precibus Adriani Romane urbis Episcopi exoratus, bellum contra Langobardos suscepit.

Anno (3) LXXII Carolus rex intravit Italiam, et concitato bello, quod prius quidem et a patre eius, Stephano Papa supplicante, cum magna difficultate susceptum est, quia quidam e primoribus Francorum, cum quibus consultare solebat, adeo voluntati eius renisi sunt, ut se regem deserturos domumque redituros, libera voce proclamarent. Ceptum tamen est tunc contra Haistulfum regem et celerrime completum. Sed licet sibi et patri belli suscipiendi similis, ac potius eadem causa subesse videretur, haud simili tamen labore certatum et fine constat esse completum. Pipinus siquidem Haistulfum regem paucorum dierum obsidione apud Ticinum (4) compulit et obsi-

---

(1) Eginard. « *Aut semel suscepto labore cedere voluit.* »
(2) Eginard. *Expostulaturum.*
(3) [*Anno....... bello.*] Ces paroles ne se trouvent pas dans Eginard.
(4) **Pavie.**

des dare, et erepta (1) Romanis restituere, ad que ut reddita non repeterentur sacramento fidem facere. Carolus
vero post inchoatum a se bellum non prius destitit,
quam et Desiderium regem, quem longa obsidione fati-
gaverat, in deditionem susciperet (2). Filium eius Adalgisum, in quem spes omnium inclinate videbantur, non
solum regno sed etiam Italia excedere cogeret, omnia
Romanis erepta restitueret, Chrodgausum (3) Foroiulii (4)
ducatus prefectum res novas molientem opprimeret, et
Stabilinum (5) socerum eius Tarvisa (6) civitate obsessum
caperet, totamque Italiam subiugaret, subacteque filium
suum Pipinum regem preficeret. Finis huius belli fuit
subacta Italia. Et rex Desiderius perpetuo deputatus exilio in Francia, filius eius Adalgisus Italia pulsus, et res
a Langobardorum regibus erepte Adriano Romane Ecclesie Rectori restitute. Italiam intranti, quam difficilis
Alpium transitus fuerit, quanto labore Francorum invia
montium iuga et eminentes in celum scopuli, atque as-
pere cautes superate longum est enarrare.

Anno (7) LXXVI, rex Carolus ut audivit quod Saxones
iterum rebellassent contra Francos, commovit exercitum
adversus eos, bellumque, quod quasi intermissum videbatur, repetitum est. Saxones siquidem sicut omnes fere
gentes Germaniam incolentes, et natura feroces et cultui
demonum dediti, nostreque religioni contrarii, neque
divina neque humana iura verentur transgredi. Suberant
et cause que quotidie pacem turbare poterant, termini
videlicet utrorumque utique in plano positi, in quibus
cedes et rapine, et incendia vicissim fieri non cessabant.

---

(1) Eginard. *Oppida atque castella.*
(2) En 774.
(3) Eginard. *Ruodgaudum Foroiuliani.*
(4) Le duché de Frioul.
(5) [*Et Stabilinum..... caperet.*] Ces mots manquent dans Eginard.
(6) Trévise.
(7) [*Anno....... eos.*] Cette date ne se trouve pas dans Eginard.

Ob quam rem edificaverunt Franci in finibus Saxonum
civitatem, quam vocaverunt Caroli urbem; susceptum
vero adversus eos bellum, quod magna utrimque animo-
sitate, majore tamen Saxonum quam Francorum dam-
no, per continuos XXXIII anno gerebatur. Videntes
Saxones quia non potuerant Francis resistere, venerunt
maiores natu ad Domnum regem Carolum postulantes
pacem, et baptizata est multitudo populi ipsorum.

Anno DCC. LXXVII gloriosus rex Carolus venit Saxoniam, loco qui vocatur Patris Brunna (1); et ibi habuit
placitum magnum, et ibi convenerunt Saxones ad baptis-
mum catholicum; edificaveruntque ibi ecclesiam Franci, multaque milia populorum ibi baptizata sunt, ea
conditione a rege proposita et ab illis suscepta, ut ab-
iecto demonum cultu, et relictis patriis ceremoniis,
christiane fidei Sacramenta susciperent, et Francis adu-
nati unus cum eis populus efficerentur. Hoc bello licet
per multum temporis spatium traheretur, ipse non amplius cum hoste quam bis in acie conflixit, semel iuxta
montem, qui Osneggi dicitur, in loco Theothmelli (2)
nominato; et iterum apud Alsa fluvium (3), et hoc uno
mense paucis quoque interpositis diebus. His duobus
preliis hostes adeo profligavit, ac devicti sunt, ut ulterius regem neque provocare neque venienti resistere
auderent. Plures tamen eo bello tam ex nobilitate Francorum quam Saxonum, et functi summis honoribus viri,
consumpti sunt. Rex itaque omnium qui sua etate gentibus dominabantur et prudentia maximus, et animi
magnitudine prestantissimus : nihil in his que vel suscipienda erant, vel exequenda, vel propter laborem de-
trectavit, aut propter periculum exhorruit (4).

et Romane Ecclesia
constituit defensorem
et principem.
Ex tunc ablata est
Roma a sub-
iectione Imperii
Grecorum.
Paulus sedit Rome
annis X, die I.

(1) Paderbonn.
(2) Detmold sur la Werra, dans le diocèse d'Osnabruck.
(3) La Hasse, près d'Osnabruck.
(4) Notre chroniqueur suit Eginard dans le récit de cette guerre

Anno (1) LXXVIII Carolus rex assiduo ac pene continuo cum Saxonibus bello decertans, dispositis per congrua confiniorum eorum loca presidiis, Hispaniam adgreditur quam maximo belli apparatu poterat, saltuque
Pirenei superato, omnibus que adiit oppidis atque
castellis in deditionem acceptis (2), scilicet Pampilona,
Osca, Barsilona, atque Gerunda. Deinde acceptis obsi-
dibus salvo et incolumi exercitu revertitur. Preter quod
in ipso Pirinei iugo Wasconiam perfidiam parumper in
redeundo expertus est. Nam cum agmine longo, ut loci
et angustiarum situs permittebat, porrectus iret exercitus, Wascones in summi montis vertice positis insidiis,
est enim locus ex opacitate sylvarum, quarum ibi maxima est copia, insidiis ponendis opportunus, extremam
impedimentorum partem, et eos qui novissimi agminis
incedentes subsidio precedentes tuebantur, desuper in-
cursantes in subiectam vallem deiiciunt; consertoque
cum eis prelio usque ad unum omnes interficiunt. Ac
direptis impedimentis, noctis beneficio, que iam instaBat,
protecti, summa cum celeritate in diversa disperguntur.
[Adiuvabat (3) in hoc facto Wascones et levitas armorum, et loci, in quo res gerebatur, situs : e contra
Francos et armorum gravitas, et loci iniquitas, per
omnia Wasconibus reddidit impares.] In quo prelio Egi-
chardus (4) regie mense prepositus; Anselmus Comes

des Saxons; mais il l'abrège beaucoup, et ce qui est plus important
à remarquer, il y ajoute quelques faits dont ne parle pas le récit
plus développé d'Eginard.

(1) [*Anno LXXVIII.*] Cette date manque dans Eginard.

(2) *Acceptis....., verbo.*] Ces paroles ne sont pas dans Eginard.

(3) On trouve ici et en plusieurs endroits, dans le manuscrit original, quelques passages écrits d'une autre main, mais contempo-
raine; pour les distinguer des additions tout à fait récentes que
nous avons fait imprimer en lettres italiques, nous mettrons ces
passages entre deux crochets.

(4) Eginard. *Eggihardus.*

Palatii, et Ruodlandus (1) Britannici limitis prefectus, cum aliis compluribus interficiuntur. [Neque hoc factum ad presens iudicari poterat, quia hostis eo perpetrato ita dispersus est, ut ne fama quidem remaneret ubi nam gentium queri potuisset.] (2) Domuit et Britones qui ad occidentem in extrema quadam parte Gallie super littus Oceani residentes, dicto audientes non erant; missa in eos expeditione, qua et obsides dare, et que iungebantur se facturos polliceri coacti sunt.

Iterum Carolus rex Italiam ingressus (3) cum exercitu, ac per Romam iter agens, Capuam Campanie urbem accessit : atque ibi positis castris bellum Beneventanis ni dederentur comminatus est. Prevenit hoc dux gentis Aragisus filios suos Rumoldum et Grimoldum, cum magna pecunia obviam regi mittens, rogat ut filios obsides suscipiat, seque cum gente imperata facturum pollicetur; preter hoc solum si ipse ad conspectum regis venire non cogeretur. Rex utilitate gentis [magis quam animi eius obstinatione] considerata, et oblatos sibi obsides suscepit, et que petebantur concessit, unoque ex filiis eius obsidatus gratia retento, Legatis ob sacramenta a Beneventanis exigenda, atque suscipienda cum Aragiso dimissis, Romam rediit indeque Galliam revertitur.

Anno LXXXVIII (4) Baioaricum bellum et repente ortum, et celeri sine completum est, quod superbia Tas-

---

(1) Eginard. *Rotlandus.*

(2) C'est là ce fameux combat de Roncevaux dont les Espagnols ont fait tant de bruit. La vallée de Roncevaux (Roscida vallis), est entre Pampelune et Saint-Jean-Pied-de-Port. On remarquera la mention de Roland. Nulle part ailleurs, parmi tous les historiens, on ne retrouve le nom de ce personnage qui joue un rôle si considérable dans les épopées du moyen âge.

(3) En 786.

(4) [*Anno LXXXVIII.*] Cette date, qui manque dans Eginard, n'est du reste pas exacte. C'est en 787 que commença la guerre de Bavière.

silonis ducis excitavit. Qui [hortatu uxoris, que filia Desiderii regis erat, ac patris exilium per maritum ulcisci posse putabat], iuncto federe cum Hunis, qui Baioariis sunt ab oriente contermini, non solum imperata non facere, sed etiam bello regem provocare tentabat. Cuius contumaciam animositas regis ferre nequivit, ac proinde contractis undique copiis Baioariam petiturus, ad Lecum (1) amnem cum maximo venit exercitu, is fluvius Baioarios ab Alamannis dividit, cuius in ripa castris collocatis animum ducis per Legatos statuit experiri. Ille non pertinaciter agere vel sibi vel genti utile ratus, supplex se regi permisit, obsides dedit; inter quos et Theudonem filium suum : data insuper fide cum juramento, quod ab illius potestate ad defectionem nemini suadenti assentiri deberet. Sicque bello, quod quasi maximum futurum videbatur, celerrimus est finis impositus. Anno sequenti Thassilo dux ad regem evocatus, eo quod pactum violare conatus sit, non est redire permissus, neque provinciam quam tenebat ulterius duci, sed comitibus ad regendum est commissa (2). Anno XV regni Caroli regis obiit Hildegardis regina, conjux predicti principis, et Bertrada mater ipsius eodem anno defuncta.

Anno LXXXVIIII (3) bellum illatum est Sclavis, qui nostra consuetudine Wilei (4), id est, Winidi (5), sua locutione Welitabi dicuntur. [In quo et Saxones velut auxiliares inter ceteras nationes, que magis signa iuste

---

(1) Le Lech, qui séparait la Bavière de l'Allemagne.

(2) Après sa défaite, Tassaillon fut relégué au monastère de Saint-Goar (sur le Rhin, près de Coblentz), où il mourut saintement; on ignore l'année. Du Saussay, dans son *Martyrologe gallican*, lui donne le nom de saint.

(3) [*Anno LXXXVIIII.*] Cette date est ajoutée par notre chroniqueur. Elle est exacte.

(4) Eginard. *Wilzi*. Les Wiltzes, nation slave, qui habitaient audelà de l'Elbe, et en deçà du cours de l'Oder, sur la côte de la Baltique.

(5) [*Id est Winidi.*] Ajouté par notre chroniqueur.

loquebantur, quamquam ficta et minus devota obedientia
militabant. Causa belli erat, quod Abotritos (1), qui cum
Francis olim federati erant, assidua incursione lacesse-
bant, nec iussionis coerceri poterant. Sinus quidam ab
occidentali Oceano orientem versus porrigitur, longitudinis quidem incomperte, latitudinis vero que nusquam
centum milia passuum excedat, cum in multis locis con-
tractior inveniatur. Hunc multe circumsedent nationes.
Dani siquidem ac Suevi, quos Nordmannos vocamus, et
septemtrionale litus, et omnes in eo insulas tenent, at
litus australe Sclavi et Agisti et alie diverse incolunt nationes. Inter quos vel precipui sunt, quibus tunc a rege
bellum inferebatur, Wenletabi, quos ille una tantum et
quam per se gesserat expeditione, ita contulit ac domuit,
ut ulterius imperata facere minime renuerent.

Anno DCC. XCI (2), rex Carolus commoto magno exercitu bellum Hunis intulit, quod maximum omnium que
ab illo gesta sunt bellorum, preter Saxonicum, fuit,
quod ille et animosius quam cetera, et longe maiori apparatu administravit. Unam tamen per se expeditionem
in Pannoniam, quam provinciam ea gens incolebat, tunc
fecit, cetera filio suo Pipino ac prefectis provinciarum,
comitibus etiam perficienda atque legatis commisit.
Quod cum ab his strenuissime fuisset administratum,
octavo tandem anno completum est. [Quot prelia in eo
gesta, quantum sanguinis effusum sit, testatur vacua omni habitatore Pannonia, et locus in quo regia Cagreni (3)
erat ita desertus, ut ne vestigium in eo quidem humane
habitationis appareat.] Tota in hoc bello Hunorum nobilitas periit, tota gloria decidit, omnis pecunia, et con-
gesti ex longo thesauri direpti sunt, neque ullum bellum

---

(1) Nation slave qui habitait, comme les Wiltzes, entre l'Elbe
et l'Oder.
(2) [*Anno DCC. XCI.*] Ajouté par notre chroniqueur.
(3) Eginard. *Kagani*.

contra Francos exortum humana potest memoria recordari, quo illi magis ditati et opibus aucti sunt, tantum
auri et argenti in regia repertum, tot spolia pretiosa in
preliis sublata, ut merito credi possit hoc Francos Hunnis
iuste eripuisse, quod illi ceteris gentibus iniuste abstulerant. Duo tantum ex proceribus Francorum eo bello in-
terierunt : Hericus dux Foroiulii, et Hierulus Baiorie (1)
prefectus. Ceterum incruentum pene Francis hoc bellum
fuit et prosperum exitum habuit, tametsi diutius sui
magnitudine traheretur. Post quod et Saxonicum sue
prolixitati convenientem finem accepit. Boemanicum
quoque et Linonicum que postea exorta sunt, diu du-
rare non potuerunt. Quorum utrumque ductu Caroli
filii sui, quem Burgundie regno prefecerat, celeri fine
completum est.

   Tempore illo quo prenominatus rex magnus Carolus
accepit regni curam, Abbas nomine Waldricus (2) regebat hanc Abbatiam : cuius tempore quidam vir Ance-
gaudus nomine, partem sue hereditatis quam possidebat

----

(1) Eginard. *Ericus..... Geroldus.*

(2) Waldricus, abbé de Saint-Bénigne. Il devint évêque de Langres, et, contrairement à ce qui s'était fait jusque-là, il conserva,
avec le gouvernement de son église, celui de l'abbaye. Peut-être la
discipline commençant à déchoir, pensait-il que ce n'était pas trop
de la crosse de l'évêque et de celle de l'abbé réunies dans une
même main pour faire observer la règle? Quoi qu'il en soit, l'exemple
fut suivi, on le verra bientôt. Les nombreuses donations faites sous
son gouvernement sont curieuses à étudier et servent à bien fixer
le moment où Waldricus fut élevé au siège de Langres. Dans la
première charte, qui est de 775, Waldricus ne porte encore que le
nom d'abbé. *Domino sacrosanctæ basilicæ domni Benigni martyris
ubi venerabilis vir* WALDRICUS *preesse videtur* ABBAS. (Pérard, p. 10.)
Dans la seconde, de 776, il n'est pas question de Waldricus, qui
probablement était absent, élu peut-être évêque, et n'avait encore
rien réglé pour le gouvernement de l'abbaye. *Domino sacrosanctæ
basilicæ,* etc., *ubi in Dei nomine* DAVID *presbiter und cum ipsa congregatione deservire videntur.* (Pérard, 11.) Dans la troisième, *anno
decimo regni Domini nostri Karoli imperatoris* (778) Waldricus
porte le nom d'évêque. *Ubi venerabilis vir dominus* WALDRICUS

in villa Salonis (1) vocata, nec non et alia villa, vocabulo
Bargis (2), contulit ecclesie S. Benigni Martiris. Similiter
quidam Leotadus nomine, non contepnendam partem
sue possessionis in predictis villis tradidit prefato Martiri provisori Divionensis loci, cuius rei donationem fecit
per charte conscriptionem; in quo scripto vocatur pontifex idem Waldricus : cuius series ita se habet : « Do-
» mino sacro-sancte basilice sancti Benigni Martiris, sub
» opido Divionensi constructe, ubi venerabilis vir Do-
» minus Waldricus preesse videtur pontifex, et David
» presbyter, » et cetera que sequuntur. Idem vero
David Prepositi fungebatur officio. Ipse emit de quodam
propinquo suo, Aldeberto vocato, mansum unum cum
omni terra ad eum pertinente, in villa Asxiriaco (3).
Per idem tempus quidam vocabulo Egremarus, et Eva
uxor eius, in villa Norvia dicta (4), quandam partem
suarum rerum dedit ad prefatum locum S. Benigni.

Defuncto Waldrico Abbate successit in regimine pastoralis officii Aridius (5). Cuius tempore adolescens quidam ex nobili ortus progenie, nomine Dodo, veniens ad
conversionem in hoc Divionense monasterium, Deo et
sancto Benigno cupiens militare; tradidit predicto Ab-

---

preesse videtur PONTIFEX, et David presbiter cum omni congregatione
sancti Benigni. (Pérard, id.) D'où il faut corriger Vignier, qui prétend que Waldricus monta sur le siège épiscopal de Langres en
780. Il succéda à Herulphe, qui se retira au monastère d'Elwangen,
en Suisse, qu'il avait fondé et auquel il fit don d'une relique in-
signe de saint Bénigne.

(1) Saulon-la-Chapelle.
(2) Barges.
(3) Aiserey.
(4) Norges.
(5) Aridius, abbé de Saint-Bénigne. Notre chroniqueur dit expressément qu'Aridius succéda à Waldricus, mais c'est une erreur
évidente. Pérard a publié la charte intégrale que notre chroniqueur
analyse (Pérard, p. 165), et la date en est incontestable : *Anno XIV
regni domini nostri Hludovici regis :* c'est-à-dire 949. Il y a ici une
transposition évidente.

bati Aridio et monachis huius loci, quidquid possidere
videbatur in villa Salonis, et in Bargis, totum ad integrum, et in villa Monfarulfi (1) vocata, dimidiam que ad se
pertinebat, cum omnibus appenditiis et mancipiis desuper commanentibus. Et hoc constituit, ut ipsi servi annis
singulis uno die ad mensam fratrum darent frumenti
modium unum in pane, vini modium unum, cervise
modia II, et pretium unde possint preparari II pul-
mentaria secundum quod precipit Regula monachorum (2).

Memorato Abbate Aridio diem obeunte, Hildebrannus (3) accepit curam regiminis. In cuius diebus quidam, Frodo nomine, dedit ad memoratam ecclesiam
sancti Benigni terram quandam iuris sui, sitam in pago
Belnensi, in fine Cossinia cense (4), in loco vocato Var-
nedo (5). Facta est hæc donatio anno primo imperii

(1) Village détruit, dont j'ignore quel était autrefois l'emplacement.

(2) C'est certainement la règle de Saint-Benoît, dont on cite ici
le 39e chapitre.

(3) Hildebrannus, abbé de Saint-Bénigne. Les auteurs du *Gallia
christiana* pensent qu'il y a là encore une transposition, (tom. IV,
671-673), et voici comment ils raisonnent: Le chroniqueur a placé
ici un *Hildcbrannus abbas* sur la foi d'une charte qu'il analyse, et
dont il donne la date: *Facta est hæc donatio anno primo imperii
Caroli magni regis.* Or il pourrait bien se faire qu'au lieu de *Caroli
magni*, il fallût lire *Caroli Crassi*. Ce qui le fait supposer, c'est
qu'un peu plus loin on trouve dans la chronique un Hildebrannus
abbé, contemporain de Geilon évêque de Langres, lequel vivait
précisément au temps de Charles-le-Gros. En comparant avec soin
les deux textes de la chronique, on trouve en effet que ce sentiment
des auteurs du *Gallia christiana* est assez probable. En tous cas,
il serait impossible de maintenir Hildebrannus à la place que lui
assigne notre chroniqueur. Il suppose qu'il gouvernait l'abbaye
anno primo Caroli magni, c'est-à-dire en 768. Il était donc antérieur
à Waldricus, qui la gouvernait en 775, et en supposant qu'on ne
trouvât pas suffisantes les raisons qui déterminent les auteurs du
Gallia christiana à le renvoyer au siècle suivant, il faudrait alors,
dans la liste des abbés, le placer entre Thanothardus et Waldricus.

(4) Cussigny.

(5) Le Vernois.

Caroli magni regis. Peractis aliquot annis Hildebrannus in pastorali cura defunctus est. Cui successit Herlegaudus (1) Abbas nobilibus huius provincie natalibus ortus. Is omne patrimonium, quod sibi ab antecessoribus relictum possidebat, vel quod a parentibus suis emere potuit, huic ecclesie quam regebat totum contradidit. Sub eius tempore quidam Winiterius vocabulo, de terra proprietatis sue in Asziriaco villa duos campos dedit sancto Martiri Benigno. Iam eo tempore fervor monas-

(1) D'après les observations présentées plus haut, ce n'est pas à Hildebrannus, ni même à Aridius que succède Herlegaudus. c'est à Waldricus. Il reste dès lors pour le gouvernement de ces deux abbés un espace de temps assez considérable, car Waldricus gouvernait déjà l'abbaye en 775, comme il résulte d'une charte de Pérard (page 10), et Herlegaudus la gouvernait encore en 827. Ce qui fait un espace de 52 ans. Ce serait bien autre chose, si nous prenions à la lettre ce que dit notre chroniqueur, que Waldricus était déjà abbé, *tempore quo rex magnus Carolus accepit regni curam*, c'est-à-dire en 768. Pour remplir ce vaste espace entre Waldricus et Herlegaudus, Hugues de Flavigny nous fait connaître un abbé dont la chronique ne parle pas, et que les auteurs du *Gallia christiana* ont ignoré. C'est Apollinaris qui, en 793, fut ordonné abbé de Flavigny par ordre de Charlemagne, et, par ordre du même empereur, chargé du gouvernement de l'abbaye de Saint-Bénigne et de celle de Saint-Jean-de-Réome. Il enrichit ces trois églises de reliques et ces trois monastères de biens. Comme Hugues de Flavigny qui nous apprend ces choses, était, avant de gouverner cette abbaye, moine à Saint-Bénigne, son témoignage a de la valeur. Voici son texte : « *Anno XXV imperii Caroli domnus Apollinaris ordinatur abbas (Flaviniasensis) dono imperatoris. Hic etiam abbatiam ditionensem et reomacensem regit, et ecclesias easdem possessionibus, et sanctorum reliquiis auxit.* » On sera peut-être étonné de voir un abbé gouvernant à la fois trois monastères, au moment même où les capitulaires de Charlemagne, qui venaient d'être publiées, défendaient si expressément la pluralité des abbayes. Mais on peut y voir une preuve de l'estime singulière que Charlemagne avait conçue pour ce saint abbé, auquel il permit ce qu'il permettait à la même époque à saint Benoît d'Aniane, qui gouvernait plusieurs abbayes. Apollinaire mourut le 31 mars 826; mais depuis dix ans au moins il n'était plus abbé de Saint-Bénigne, car le premier titre où nous voyons Herlegaudus honoré de cette dignité est de 816. (Labbe. *Nova Bibliot. mss. librorum opera.* Parisiis, 1657, 2 vol. in-fol. Voir le premier, où se trouve la chronique d'Hugues de Flavigny, p. 118.)

tice Religionis tepuerat : iam unusquisque in bonis parentum suorum heres fieri querebat : unde quidam eorum quod sibi acquisierant, in servitium fratrum et communem utilitatem loci publice contradebant. Dederunt igitur Dodo, Amalbardus, Eraclius res quas possidebant in Salonis villa atque Bargis. Similiter Witgerius presbiter quicquid in predictis villis a parentibus suis acquirere potuit, sancto Benigno Martiri contradidit. Quidam quoque Leotaldus clericus, presbyter ordine vel gradu, ex parentela eiusdem Abbatis Erlegaudi existens, intra castrum Divion mansum unum, et foris muros terras que pertinebant ad prescriptum mansum que emerat a quodam Adalroo germano Farulfi, qui erant parentes sui et prefati Abbatis, contulit sancto Martiri Patrono huius loci (1). Vixit autem predictus Abbas et perduravit in regimine monasterii usque ad tempora Ludovici filii sepius dicti Caroli Magni.

Prefatus igitur rex Carolus ultimum bellum egit contra Nordmannos (2), qui Dani vocantur : primo quidem pi-

---

(1) Pérard a publié les principales chartes de donations faites sous le gouvernement d'Herlegaudus en 816, 817, 820. (Pérard, pag. 14, 15, 16.) On y voit le triste état du monastère. Les moines ne sont plus nommés ; les donations se font *presbyteris, diaconibus, lectoribus, cantoribus*, etc. Le chroniqueur loue Herlegaudus d'avoir donné ses biens au monastère ; la charte d'Herlegaudus, publiée par Pérard, est la preuve même de ce triste état. Bien qu'il fut moine depuis longtemps et abbé depuis plusieurs années, il possédait des biens. « *Dono ad istum locum de rebus meis propriis, quidquid visus sum habere, totum et ad integrum ad ipsam congregationem de jure meo et dominatione in eorum trado potestate et dominatione.* » D'où il semble résulter qu'il y avait alors une division de mense entre l'abbé et le monastère, comme on le vit plus tard au temps des abbés commandataires. Il parle de ses héritiers, si *ullus de heredibus meis* ; cependant il prend le nom d'abbé, *Ego Herlegaudus etsi peccator, abbas, hoc testamentum donationis a me factum relegi*. Partout on lui donne le nom d'abbé ; on voit çà et là des mots qui marquent qu'il y avait encore des moines. Mais, hélas ! comme dit notre chroniqueur : *Jam eo tempore fervor monasticæ religionis tepuerat.*

(2) En 808.

raticam exercentes, deinde maiori classe aggregata littora Gallie atque Germanie vastabant. Quorum rex Gotefridus adeo vana spe inflatus erat, ut sibi totius Germanie
potestatem promitteret, Frisiam quoque atque Saxoniam
haud aliter atque suas Provincias estimabat. Iam autem
Abodritos vicinos suos in suam ditionem redegerat : [iam
vectigales fecerat]. Iactabat etiam se brevi Aquisgrani,
ubi regis comitatus erat, cum maximis copiis adventu-
rum : nec dictis eius fides abnuebatur, quin potius verba
sequeretur effectus operis , nisi festinata fuisset morte
preventus. Nam a suo satellite interfectus, belli a se in-
choati celerem finem imposuit. Hec sunt bella que rex
potentissimus per annos quadraginta et septem, tot enim
annis regnavit, in diversis terrarum partibus summa
prudentia atque felicitate gessit, quibus regnum Francorum, quod post patrem Pipinum magnum quidem et
forte susceperat, ita nobiliter ampliavit ut pene duplum
illi adiecerit.

Nam cum prius non amplius quam ea pars Gallie, que
inter Renum et Ligerim Oceanumque ac mare Baleari-
cum iacet, et pars Germanie, que inter Saxoniam et Danubium Hrenumque ac Salam fluvium qui Thuringos et
Sorabos dividit, posita, à Francis, qui Orientales dicuntur, incolitur : et preter hec Alamani atque Baioarii ad
regnum Francorum pertinerent : ipse per bella memorata primo Aquitaniam et Vasconiam , totumque Pirinei
montis iugum, et usque ad Iberum amnem, qui apud
Navarros ortus, et fertilissimos Hispanie agros secans ,
sub Dertose (1) civitatis menia Balearico mari miscetur :
deinde Italiam totamque ab Augusta Pretoria (2) usque
in Calabriam inferiorem, in qua Grecorum ac Bene-
ventanorum constat esse confinia, decies centum et eo

(1) Tortose en Espagne.
(2) Aoste.

amplius passuum millibus longitudine porrigitur : tum
Saxoniam, que quidem Germanie pars non modica est,
et eius que a Francis incolitur, duplum in lato habere
putatur, cum in longitudine possit esse consimilis. Postquam utramque Pannoniam, et appositam ex altera parte
Danubii Daciam, Histriam quoque et Liburniam atque
Dalmatiam, exceptis maritimis civitatibus, quas ob amicitiam et iunctum cum eo fedus Constantinopolitanum
Imperatorem habere permisit. Deinde omnes barbaras
ac feras nationes que inter Renum ac Visulam fluvios,
Oceanumque ac Danubium posite, lingua quidem pene
similes, moribus vero atque habitu valde dissimiles,
Germaniam incolunt, ita perdomuit, ut eas tributarias
efficeret : inter quas fere precipue sunt Weletabi, Sorabi, Abodriti, Boemani: cum his namque bello conflixit;
ceteras, quarum multo maior est numerus, in deditionem
accepit.

Auxit etiam gloriam regni sui, quibusdam regibus ac
gentibus per amicitiam sibi conciliatis : adeo namque
Adefonsum (1) Gallicie atque Asturice regem sibi societate devinxit, ut is cum ad eum litteras vel Legatos mit-
teret, non aliter illum, quam proprium Dominum suum
appellari iuberet. Scotorum quoque reges sic habuit ad
suam voluntatem per munificentiam inclinatos, ut eum
nunquam aliter nisi Dominum, seque subditos et servos
eius pronunciarent. Cum Aaron rege Persarum, qui excepta India totum pene tenebat Orientem (2), talem habuit in amicitia concordiam, ut is gratiam eius omnium
qui in toto orbe terrarum erant regum ac principum
amicitie preponeret, solumque illum honore ac munificentia sibi colendum iudicaret. Imperatores etiam Cons-

---

(1) Alphonse II, dit le Chaste, roi de Galice, de Biscaye et des
Asturies, qui régna de l'année 791 à l'année 843.

(2) Haroun-al-Raschid, calife de Bagdad, qui régna de 786 à 808.

tantinopolitani Nicoforus (1), Michael et Leo ultro amicitiam et societatem eius expetentes, complures ad eum
misere legatos; cum quibus tamen propter susceptum a
se Imperatoris nomen, et ob hoc quasi imperium eis eri-
pere vellet, valde suspectus (2), fedus firmissimum statuit, ut nulla inter partes cuiuslibet scandali remaneret
occasio : erat enim semper Romanis et Grecis Francorum
suspecta potentia.

Habuit uxorem nomine Hildegardam de gente Suevorum, precipue nobilitatis feminam : de qua tres filios,
Carolum scilicet, Pipinum, et Ludovicum ; totidemque
filias Hruodtridem et Beretlitam (3) et Gislam genuit.
Defuncta Hildegarda Fasteradam duxit uxorem ; de qua
habuit duas filias, Teoderadam, et Hildrudem (4) : que
de orientalium Francorum Germanorum videlicet gente
erat. Qua obeunte Leudegardam (5) Alemanam duxit.
Post cuius mortem tres (6) habuit concubinas, Gersuin-

---

(1) Eginard. *Niciforus.*
(2) Eginard. *Suspectum.*
(3) Eginard. *Hruotrudem,.. Bertham.*
(4) Eginard. *Hiltrudem.*
(5) Eginard. *Liudgardam.*
(6) Eginard. *Quatuor... Mathalgardim scilicet que peperit ei filiam
nomine Rothildim.* Presque tous les manuscrits ne donnent à Charlemagne que trois concubines. Et à ce propos une observation est
nécessaire. Dans la langue du moyen âge, comme dans la langue
du droit romain, le mot *concubina* n'avait pas le sens qu'il a aujourd'hui. « Si quelqu'un, dit le XVIIe canon du concile de Tolède,
renouvelé par les conciles des Gaules, a, avec une épouse une concubine, il est excommunié; mais si la concubine lui tient lieu d'é-
pouse, en sorte qu'il se contente de la compagnie d'une seule
femme, à titre d'épouse ou de concubine à son choix, il ne sera
point rejeté de la communion. » (Labbe, tom. 2.) Les lois romaines
avaient, en effet, réglé que pour qu'une femme pût porter le nom
d'épouse, il fallait qu'elle réunît certaines conditions de fortune, de
liberté, etc.; sinon elle n'avait que le titre de concubine ou de
femme de second rang. Sans entrer dans ces distinctions politiques,
s'en tenant au droit naturel, l'Eglise bénissait toute union d'un
homme et d'une femme, quelle que fût la position de la femme, et

dam, Adalindam, et Reginam, que ei Drogonem et Hugum genuit. Ex his omnibus duos tantum filios, et unam filiam, priusquam moreretur, amisit Carolum et Pipinum, quem Italie regem prefecerat, et Ruodtrudem que filiarum eius primogenita, et Constantino Grecorum Imperatori desponsata erat. Erat ei filius, nomine Pipinus, ex concubina editus; facie quidem pulcher, sed gibbo deformis. Is cum pater bello contra Hunos suscepto in Bavaria hiemaret, egritudine simulata cum quibusdam ex primoribus Francorum, qui cum vana regni promissione

quelque titre que le mari consentît à lui donner, pourvu que cette union fût *unique* et *indissoluble.* Ainsi peu à peu disparut ce titre de femme de second rang; il ne s'est conservé que dans les familles royales. A la mort de la reine Liutgarde, Charlemagne prit trois femmes, auxquelles il ne donna pas le titre de reines; voilà le sens du texte : *Post cujus mortem, tres habuit concubinas.* On a prétendu qu'il les prit à la fois, mais rien ne le prouve. Le texte ne le dit pas. Les plus doctes auteurs, qui ont le plus sérieusement étudié ce point, dom Mabillon, le P. Le Cointe, Noël Alexandre, déclarent qu'il est impossible d'établir qu'il ait eu *simultanément* ces trois femmes. Les lois et les actes de Charlemagne pour bannir la fornication et l'adultère et maintenir la pureté des mœurs dans l'empire sont incompatibles avec une vie qui eût été ainsi souillée. Les longues amitiés de Charlemagne avec saint Adrien I et saint Léon III suffiraient à qui connaît les souverains Pontifes pour enlever toute espèce de doute. A 28 ans, Charlemagne croit pouvoir répudier sa femme Himiltrude pour prendre Hilmengarde : le pape Étienne III, qui ne passa pourtant que trois ans sur le siège de saint Pierre, intervient aussitôt, et Charlemagne se soumet. Et l'on voudrait que saint Adrien I et saint Léon III, le premier que Charlemagne honorait comme son père, le second qui le couronna, l'aient laissé terminer et deshonorer sa vie, comme Salomon, dans l'amour des femmes, avec trois ou quatre concubines, et n'aient pas énergiquement réclamé. Cela est impossible. Le respect enfin qui entoura toujours la mémoire de ce prince, le titre de bienheureux qu'il porte dans tant d'offices liturgiques, le culte que lui rendent encore aujourd'hui tant d'églises, tout oblige à admettre comme vrai le jugement qu'en portait Bossuet au moment même où les protestants faisaient tant d'efforts pour flétrir les mœurs de Charlemagne. « Vaillant, savant, modéré, guerrier sans ambition et EXEMPLAIRE DANS SA VIE, je le veux bien dire en passant, malgré les reproches des siècles ignorants, il se montra très chrétien dans toutes ses œuvres. » (*Discours sur l'Unité de l'Eglise,* 2ᵉ partie.)

illexerant, adversus patrem coniuravit. Quem post fraudem detectam et coniuratorum damnationem, detonsum in cenobio Prumia religiose iamque volentem vacare permisit. Facta est et alia prius contra eum in Germania valida coniuratio; cuius auctores partim luminibus orbati, partim membris incolumes, omnes tamen exilio deportati sunt; neque ullus ex eis interfectus est, nisi tres tantum, qui cum se, ne comprehenderentur, strictis gladiis defenderent, aliquos etiam occidissent, quia aliter eos coercere non poterant, interempti sunt. Harum tamen coniurationum Fastrade regine crudelitas causa et origo exstitisse creditur. Et idcirco in ambabus contra regem conspiratum est, quia uxoris crudelitati consentiens, a nature sue benignitate ac solita mansuetudine immaniter exorbitasse videbatur.

Colebat pre ceteris sacris et veneralibus locis apud urbem Romam beati Petri Apostoli ecclesiam in cuius donaria, magna vis pecunie tam in auro quam in argento, nec non in gemmis, ab illo congesta est. Multa et innumera Pontificibus munera missa. Neque ille toto regni sui tempore quicquam duxit antiquius, quam ut urbs Roma suo labore, veteri polleret auctoritate, et ecclesia sancti Petri per illum non solum tuta ac defensa, sed etiam suis operibus pre omnibus ecclesiis esset ornata atque ditata. Quam cum tanti penderet, tamen intra quadraginta septem annorum spatium, quibus regnavit, quater tantum illo votorum solvendorum ac supplicandi causa profectus est (1). Ultimi adventus sui non solum he fuere cause, verum etiam quod Romani Leonem Pontificem multis affectum iniuriis, erutis scilicet oculis linguaque amputata, fidem regis implorare compulerunt. Idcirco Romam veniens, propter reparandum, qui nimis conturbatus erat, Ecclesie statum, ibi

Adrianus Papa

sedet Rome annis

XXIIII, menses III,

dies XVII.

Leo sedit annos

XXII, menses V,

dies XV.

(1) En 774, 781, 787 et 800.

totum hiemis tempus extraxit, quo tempore Imperatoris
et Augusti nomen accepit.

Extremo vite tempore cum iam et morbo et senectute
premeretur, evocatum ad se Hludovicum filium, Aquitanie regem, qui solus filiorum Hildegarde supererat :
congregatis solemniter de toto regno Francorum primoribus, cunctorum consilio consortem sibi totius regni, et
imperialis nominis heredem constituit; impositoque capiti eius diademate Imperatorem et Augustum iussit
appellari (1). Susceptum est hoc eius consilium ab omnibus qui aderant magno cum favore. Nam divinitus ei
propter regni utilitatem videbatur inspiratum : auxitque
maiestatem eius hoc factum, et ceteris nationibus non
minimum terrorem incussit. Decessit anno ab Incarnatione
Domini octingentesimo quintodecimo, etatis vero sue
septuagesimo secundo, et ex quo regnare ceperat qua-
dragesimo septimo, quinto Kalendas Februarii. Appro-
pinquantis finis complura fuere prodigia, ut non solum
alii, sed etiam ipse hoc minitari sentiret. Per tres namque continuos viteque termino proximos annos, et solis
et lune creberrima defectio. Et in sole macula quedam
atri coloris septem dierum spatio visa. Ipse quoque cum
ultimam in Saxonia expeditionem contra Godefridum
regem Danorum ageret, quadam die cum ante solis
ortum castris egressus iter agere cepisset, vidit repente
delapsam celitus facem cum ingenti lumine a dextra in
sinistram per serenum aerem transcurrere : cunctisque
hoc signum quod portenderet admirantibus, subito
equus quem sedebat capite deorsum merso cecidit,
eumque tam graviter ad terram elisit, ut fibula sagi rup-
ta, balteoque gladii dissipato, a festinantibus qui aderant
ministris exarmatus, et sine adminiculo levaretur, iacu-
lum etiam quod tum forte tenebat manu, ita elapsum

est, ut viginti vel eo amplius pedum spatio longe iace-
ret. Sepultus est in basilica quam ipse Aquisgrani palatii
edificaverat propter amorem Dei et Domini nostri Ihesu-
Christi, et ob honorem sancte et perpetue Virginis genitricis eius Marie. In hac sepultus est eadem qua defunctus est die. Arcusque supra tumulum deauratus extruc-
tus est, cum imagine et titulo hoc modo descripto: « Sub
« hoc conditorio situm est corpus Caroli Magni atque
« orthodoxi Imperatoris, qui regnum Francorum nobi-
« liter ampliavit, et per annos quadraginta septem feli-
« citer rexit. (1) »

Post cuius excessum (2) Ludovicus, cognomento Pius,
adeptus sedem imperii, magno moderamine per annos
viginti quinque Francorum regnum disposuit. Et fines
regni quos pater eius pugnando longe lateque dilatavit,
hic sapienter previdendo undique ab hostibus custodivit. Nam et Grecorum calliditates et cavillationes prudenti consilio devitavit, et Sarracenorum perfidiam, qui
ab Hispanie partibus erumpere cupiebant, fortiter compescuit, et Danorum audaciam potenti virtute terruit.
Habuit filios tres, Lotharium, Ludovicum, atque Pipinum. Defuncta coniuge priori duxit aliam, Iudit nomine :
ex qua suscepit Carolum. Divisiones vero regni inter

---

(1) Eginard. *Decessit septuagenarius anno Domini DCCC. XIIII
indictione VII. V Kal. Febr.*

(2) A mesure qu'on avance dans l'histoire de France, les monuments deviennent plus abondants. Il y en a, en particulier, de considérables pour le règne de Louis le Pieux. Notre chroniqueur, qui
ne pouvait donner aux évènements de cette époque que quelques
pages, se voit forcé de renoncer au système qu'il a suivi jusque-là,
et qui consistait à prendre un auteur et à le copier en l'abrégeant.
Il résume donc à sa manière les évènements du règne de Louis
le Pieux, sans qu'il soit possible de savoir exactement les auteurs
qu'il a sous les yeux. Dom Bouquet, en conséquence, publie dans
son recueil des historiens de la France, toute cette partie de notre
chronique depuis ces mots : *Post cuius excessum*, jusqu'à ceux-ci :
Helebertum sub eo coepiscopum. (Voir tom. VI, pag. 235.)

liberos ita fecit, ut Lotharius, qui maior natu erat cui et
imperii concessit insignia post se regnum Italie obtineret, et partem Francie quam Mosa et Renus flumina
inter se includunt, partemque Burgundie : Ludovicus
vero Germaniam, hoc est, Bavariam et Saxoniam, et
reliqua regna que Carolus Magnus pater suus bellando
subegerat, id est, Pannoniam, Daciam, Histriam, Liburniam, atque Dalmaciam ; Barbaras quoque gentes, quas
tributarias fecerat, qui sunt Veletabi, Sorabi, Abodriti,
Boemani, et reliqui, quos longum est enumerare. Has
omnes gentes memoratus Augustus Ludowicus omni
tempore vite sue habuit subiectas. Pipino etiam concessit regnum Aquitanie cum Wasconia, et omnem terram
quam Carolus subiugaverat usque Hispaniam.

Carolus qui minimus erat natu adeptus est Franciam,
et Burgundiam, atque Neustriam : de qua re indignati
sunt fratres sui, vel quia ex alia matre natum nolebant
eum sibi equari, vel quod principalis et melior pars
regni ei conlata fuisset a patre. Unde post mortem Augusti grave exortum est bellum inter eos; sed quamvis
in hac pugna vires exercituum Francorum contriverint,
et exteris nationibus occasionem rebellandi contulerint,
tamen quod a patre eorum factum fuerat immutare non
valuerunt. Ad extremum Carolus regnum etiam Aquitanie obtinuit. Pipino siquidem ante patrem defuncto remansit filius, Pipinus et ipse vocatus. Quem minus utilem ad regnum gubernandum videntes primates sui et
principes, ad Carolum se contulerunt. Huius Principis
presentiam adiens Herlegandus, quem supra retulimus
huius loci Abbatem fuisse, suggessit auribus serenitatis
eius basilicam sancti Benigni Martiris esse dirutam, nec
se habere qualiter eam restauraret. Unde Augustus
commonitus pia sollicitudine scripsit principibus et ma-
gnatis suis ita.

« In nomine Domini Dei et Salvatoris nostri Ihesu-

« Christi Hludovicus divina ordinante providentia Im-
« perator Augustus, Amadeo Comiti, Helie et Unaldo,
« Isembardo et Ratberto Vassis nostris. Notum sit vobis,
« quia volumus ut adiutorium faciatis Herlegaudo Dia-
« cono ad restaurandam et recooperiendam ecclesiam
« sancti Benigni Martiris XPI : propter illam scilicet
« rationem, quia compertum nobis est, quod vos de
« ratione eiusdem ecclesie beneficia habeatis, et nonas
« et decimas in omnibus dare faciatis, quia iustum est.
« Propterea constituimus vobis, ut ad restaurandam
« illam ecclesiam, et cooperiendam, adiutorium pres-
« tetis. Videte ut omnino impleatis, atque expressum
« vobis demandamus, ut nullam exinde habeatis negli-
« gentiam, si gratiam nostram vultis habere. Et ut cer-
« tius cognoscatis hanc nostram esse iussionem, de
« anulo nostro iussimus sigillari (1). »

Eo tempore presidebat Lingonice ecclesie Domnus
Albericus Pontifex. Defuncto prenominato Abbate Herlegaudo (2) iam pene dilapso monastico ordine, in hoc
loco suscepit curam regiminis memoratus Episcopus
Albericus (3), dans Pastorem congregationi hic comma-

---

(1) Ce diplôme ne porte point de date. Tout ce qu'on peut affirmer, c'est qu'il est antérieur à l'année 828, car en cette année Herlegaudus ne gouvernait plus l'abbaye ; il venait d'être remplacé par
Herlebertus. C'est ce qui résulte d'une charte d'échange de biens
entre Seraphim, abbé de Bèze, et Herlebertus, abbé de Saint-Bénigne. *Actum divioni, vico sancti Benigni publice, die sabbato VI kalendas Augusti, anno quarto decimo regnante domino nostro Ludovico
imperatore,* c'est-à-dire le 27 juillet 828.

(2) On ignore la date de sa mort. D'anciens catalogues la fixent
au 20 novembre 830. Dans ce cas il faudrait dire qu'il se serait dé-
mis deux ans avant de mourir, puisqu'en 828, on vient de le voir,
Herlebertus gouvernait déjà l'abbaye.

(3) Albéric, 37ᵉ évêque de Langres, prit le gouvernement de cette
église en 820. Pontife d'une grande sainteté, plein de zèle en particulier pour la bonne observance dans les monastères, réformateur
de Saint-Bénigne de Dijon, de Saint-Jean de Réome, surtout de
Bèze, où il voulut être enterré. Le moyen qu'il prit pour essayer de

nenti Herlebertum sub eo corepiscopum. Quo tempore
facte sunt plurime commutationes vel coemptiones
terrarum, tam ab ipso Pontifice, quam a Rectoribus loci
istius : inter que facta est commutatio a Seraphim Abbate Besuensis loci, cum ipso Herleberto corepiscopo.
Dedit Herlebertus in villis Luco (1) et Verona (2) quicquid erat iuris sancti Benigni, et Seraphim e contra
tradidit terras sancti Petri que erant in Divione, et in
fine Domini Petri (3), et Longo Vico, et in Canavis (4),
et in Arzilarias (5), et Tremoldo (6), et Fontanis (7), et
Proviso (8), et Disto (9). Item Albericus Episcopus et
Fulchricus concaminaverunt terras. Dedit Fulchricus in
fine Saciacensi (10) campos III, et Albericus Episcopus
dedit et in-Iszodoro (11) campum I, et unum pratum.
Item cum Adalranno fecit predictus Episcopus conca-
mium. Dedit Adalrannus infra castrum Divion mansum I,
et foras muros campos III in loco qui dicitur Petraficta (12).

réformer Saint-Bénigne de Dijon fut celui qu'avait déjà essayé
Waldricus. Seulement, au lieu de garder toujours le gouvernement
direct de l'abbaye, ce qu'il paralt avoir fait quelque temps, il le
confia à son chorévêque Herlebertus dont nous avons déjà parlé.
Il en était certainement ainsi en 828, nous l'avons vu ; mais ce dernier n'est plus nommé dans les chartes de 829, 830, 836. Tantôt la
donation se fait à Albéric lui-même (Pérard, 17), tantôt directement
aux religieux *cunctis fratribus, tam presbyteris quam diaconibus.*
(Pérard, 18.) Herlebertus était-il mort ? n'était-il plus chargé de
l'abbaye ? C'est ce que nous ignorons.

(1) Lux ou Luce.
(2) Verone.
(3) Nom de climat sur le finage de Dijon, aujourd'hui inconnu.
(4) Chenôve.
(5) Aiserey.
(6) Village entre Dijon et Chenôve, aujourd'hui détruit, où était,
jusqu'à nos jours, le puits de Saint-Jacques qu'on vient de combler.
(7) Fontaines.
(8) Prenois.
(9) Daix.
(10) Cessey-sur-Tille.
(11) Iseure.
(12) Pierreflte, climat sur le finage de Dijon, près du cours de Suzon.

Et Albericus Episcopus dedit e contra in Divion vico
peciolam de terra, et in fine Tremolensi campum unum.
Item Baldo Prepositus, et ceteri cum eo clerici, cum
Leotaldo presbitero commutaverunt terram. Dedit Leotaldus peciolas duas de terra : una est iuxta Divion
castrum, alia in loco qui dicitur Petraficta : Fratres
dederunt Leotaldo presbitero terram in fine Tremolensi.

Ludovico Pio (1) terreni insignia regni anno Dominice Incarnationis DCCC. XL, perpetua felicitate commutanti, filii eius gravi pernicie in semet dissidentes,
unitum prius pulcherrima de diversis nationibus com-
page Francorum regnum feda sectione sciderunt. Qua
de re contigit, ut dum optimates aule uniuscuiusque
filiorum regis adversus alterutrum affectare se simulant
gratiam, quicquid utile sibi fore existimassent, expetere
non dubitarent. At regii adolescentes dum sibi quisque
consulit, et ne alter ei preferatur, cavet, iniustis aliquando petitionibus, invito nihilominus aliquoties animo, favere cogebantur. Unde factum est ut locus iste
grave dispendium pateretur possessionum, que usque
tunc temporis habuisse visus est, id est, Masciacum in
pago Lingonico (2), Posciacum (3) et Fontem-Lagnis (4)
in pago Latiscensi, Visernacum (5) in pago Tarnodorensi,
Vulnonem (6) in pago Senonico, amisit.

Exorta, ut diximus, discordia inter fratres, tunc

---

(1) Notre chroniqueur suit, pour les fils de Louis le Pieux, le
même système qu'il a essayé pour le père. Enhardi par ses premiers efforts, il vole maintenant de ses propres ailes, non sans
quelques faiblesses que nous noterons en temps et lieu. Cette partie
de sa chronique, qui va de l'an 840 à l'an 877, [*Ludovico pio terreni...
sepultura est tumulatus*] est publiée par dom Bouquet (*Recueil des
historiens de France*, tom. vii, pag. 229).

(2) Maisey-sur-Ource.
(3) Poinçon-lez-Larrey.
(4) Laignes.
(5) Viserny.
(6) Vulaines.

demum inter regni primores conglobantur horribilia
bella veluti intestina : deseritur custodia littorum oceani maris : augescit numerus hostium, crescit innumerabilis multitudo Nortmannorum, Danorum, atque Brittonum. Fiunt passim christianorum strages, depreda-
tiones, vastationes, incensiones. Capiuntur quascumque
adeunt civitates nemine resistente. Capitur Burdegala,
Petragorium, Sanctonum, Lemovigas, Engolisma, atque
Tolosa, Andegavorum, Turonentium, perinde et Aure-
lianensium civitates pessumdantur. Ad ultimum videntes
reges sua discordia addi vires extraneis, et damna ci-
vium esse lucra hostium, pacificantur inter se primum;
tum deinde cum hostibus, qui regno eos expellere non
potuerant, pactum cum eis ineunt; et quod armis tueri
debuissent, pecuniis redimunt.

Lotharius igitur obtinens imperii sceptra, contentus
fuit parte regni cum Italia atque urbe Roma. Eo tempore Sarraceni invadentes urbem Romanam, spoliave-
runt sepulcra Apostolorum et cetera sanctorum loca.
Anno qui fuit ab Incarnatione Domini D CCC. XLIIII
Lotharius habuit filium nomine Ludowicum, quem cupiens sibi successorem fieri, ut coronam imperii sume-
ret, misit Romam, et cum eo Drogonem Metensem Archiepiscopum, suum scilicet avunculum, et reliquos principes
regni sui. Qui venientes Romam nimis austere egerunt
cum Romanis unde animos eorum ad rancorem concita-
verunt. Accepto imperio domum reversus; non longe
post decessit : scriptum in gestis Pontificum Romanorum.

Per idem tempus defuncto Herleberto Corepiscopo
qui vices Pastoris in hoc loco tenuerat, successit ad regimen animarum Ingelrannus eundem in Ecclesiasticis
gerens officium (1). Hic fecit commutationem de terra in

(1) Il est nommé *episcopus et abbas* dans une charte rapportée par
Pérard (page 22), et qui est de 840. Mais comme son nom ne se

Marcenniaco cum Madalgerio quodam , dans ipse de
terra sancti Benigni campum habentem in longum perticas XXV, et recipiens ab illo duplum. Obeunte itidem
Alberico Episcopo Lingonum , Teutbaldus Episcopus
adeptus est cathedram. Hic sicut predecessor suus studiosus huius loci cultor, fecit commutationes terrarum
in aliquibus locis cum quibusdam hominibus. Cum Adal-
savo commutavit terram in Fontanas subteriores, cum
Ailberto in Plomberias, cum Udulgerio in fine Domiso.
In diebus eius dedit Leotaldus presbiter, unus ex Clericis hic commanentibus, in isto Burgo, et in fine Tre-
molense partem hereditatis sue: et alter Clericus , nomine Olifius, vendidit habitantibus istic de sua hereditate in Longo-vico, et in Ficiaco. Sed et Geraldus presbiter commutavit cum Usuardo terram in Longo-vico,

---

trouve nulle part dans les catalogues des évêques de Langres, on
peut en conclure qu'il n'était que chorévêque. L'histoire des fausses
reliques, dont nous allons parler plus bas, ne permet pas d'en douter.
Il était chorévêque, comme l'avait été avant lui Herlebertus, comme
le sera Bertilon ; les évêques de Langres ayant voulu par ce moyen
rattacher fortement à leur autorité une abbaye où ils voulaient maintenir l'observance. Du reste , la présence d'un abbé, qui était leur
chorévêque, ne les empêchait pas de traiter directement les affaires
de l'abbaye. Pérard nous a conservé sept chartes, datées de 840,
841, 845, 846, 848, 852, 853. Ingelramnus n'a signé que la première ;
toutes les autres ont été faites au nom et par l'autorité de Teutbald,
38ᵉ évêque de Langres, dont Ingelramnus était chorévêque (Voir
Pérard, pages 22, 142, 143, 144, 146). On a vu qu'il en était ainsi
déjà au temps de l'évêque Waldricus et de son chorévêque Herlebertus. Quant à cette charte de 840, signée par Ingelramnus, je
soupçonne qu'elle l'a été pendant la vacance du siège. Albéric, en
effet, mourut le 21 décembre 838. On ignore le jour où son successeur Teutbald fut élu ; mais son premier acte connu est du 27 juillet
842. C'est dans cet intervalle, le 23 novembre 840, qu'Ingelramnus
signa la charte en question : *Placuit domno Ingelramno episcopo
atque abbate... dedit Madalgerius domno Ingelramno episcopo... Ego
Ingelramnus episcopus hanc commutationem subscripsi.* Ce qui pourrait faire penser que, l'évêque mort, le gouvernement du diocèse
était confié au chorévêque ; mais il ne lui succédait pas, puisqu'Ingelramnus, après avoir été chorévêque d'Albéric, le fut aussi de son
successeur.

recipiens procamium in Ilariaco, quod utrumque est
iuris sancti Benigni. Ipso tempore quidam, Balduinus
nomine, dedit ad hunc locum in Fontanis-villa terram
hereditatis sue. Similiter Odolberga et filii eius dederunt in Divion mansum I : sed et Warnerius cum uxore
sua in Merveleo (1) dedit iornales IIII. In pago quoque
Cabilonensi Villa-Rubiliaco (2) dedit Constantinus quidam
mansum unum. Saivardus etiam presbiter vendidit Rectoribus huius loci res suas, sitas in Villa-Norvia. Alter
quoque presbiter, Airfonnus nomine, in villa Fontanas
vineam suam tradidit. Adalrannus quidam in eadem
villa campum I similiter pretio distraxit. Necnon et
Ebbo cum uxore sua et filio, in pago Alsense (3) in villa
Sermatia (4) et in Vitriaco (5) mansum, cum omnibus
que ad ipsum aspiciunt, dedit. Cum Sansone vero commutavit predictus Pontifex Teudbaldus terram in Villa-
Ailberici (6), Curtis vocata. Sed et ubicumque potuit res
huius loci immeliorare curavit.

Post cuius obitum (7) Domnus Isaac suscepit presu-

(1) Morvaux.
(2) Ruilly.
(3) L'Auxois.
(4) Salmaise.
(5) Verrey.
(6) Autricourt.
(7) On ignore la date exacte de la mort de Teutbald ainsi que
celle de son chorévêque Ingelramnus; mais ce fut certainement sous
leur gouvernement, vers 844, que se passa, à l'abbaye de Saint-
Bénigne, un fait très curieux. Deux moines étrangers venant d'Italie,
arrivèrent au monastère, et lui firent don de reliques qu'ils disaient
authentiques. Ingelramnus les fit placer dans l'église où bientôt
eurent lieu un grand concours de peuple et des prodiges assez singu-
liers. Ingelramnus, inquiet, s'adresse à Teutbald, qui lui enjoint d'en
écrire, vu l'importance de l'affaire, à Amolon, métropolitain de Lyon.
La réponse d'Amolon commence ainsi : « Reverendissimo et puro dilectionis affectu excolendo Theodbaldo ecclesiæ Lingonensis episcopo,
Amolo humilis ecclesiæ lucdunensis episcopus in Domino Iesu Christo
sempiternam salutem. — Mandastis nobis per dilectum fratrem chor-
episcopum vestrum, nuper in castro divionensi, apud ecclesiam Benigni
martyris, cepisse quedam fieri in his qui orationis et venerationis

latum. Hic predecessorum bonum sequens exemplum, nec ulli eorum passus esse inferior, hunc locum nou solum excoluit, verum etiam in duplum, quam antea fuisset, statum eius augmentavit. Basilicam sancti Benigni iam pene dirutam in pristinum statum restauravit (1). Monachicum ordinem restituit, possessiones ad

causa ex quibuscumque locis confluere videntur et maxime immo (ut nonnulli affirmant) tantum modo in feminis. » Le conseil qu'il donne à Théobald est d'une rare prudence : « Ut ossa illa, que nulla ratione, nulla auctoritate nescio cujus sancti esse dicuntur, omnino de sacris adytis et de loco celebri tollantur ; et nequaquam intra ecclesiam, sed foris in atrio, aut certe sub pariete, vel circa ipsum, secreto in loco apto et mundo, sub paucorum conscientia sepeliantur : ut, quoniam et sancta esse dicuntur, aliquid eis reverentia deferatur ; et quia esse penitus nesciuntur, nequaquam rudibus populis occasio erroris et superstitionis existant. » Il ajoute : «Vult enim omnipotens Deus nos in rebus suis cautos esse et discretos, juxta preceptum Apostoli dicentis : omnia probate ; quod bonum est tenete ; ab omni specie mala abstinete vos. » (Bibl. max. Patr. Ed. Lugd., tom. xiv, p. 330). Ce sont là, on en conviendra, des paroles vraiment épiscopales, et dignes des meilleurs siècles.

(1) Quoique ce mot soit très court, il est de la plus haute importance pour l'histoire de la basilique de Saint-Bénigne, et en particulier pour la partie souterraine. Nous ne savons pas, il est vrai, en quoi a consisté cette restauration, mais nous savons qu'elle a eu lieu, et c'est beaucoup. Dans les travaux de déblaiement de la crypte, on a trouvé une belle inscription en lettres onciales contenant ces mots :

VI	LEN	CVS
LE	VI	TA

et, dans notre opinion, Vilencus fut probablement l'architecte chargé par l'évêque Isaac de restaurer la basilique (Et. hist. sur Saint-Bénigne, page 398). L'étude que nous faisons en ce moment de la Chronique, nous confirme dans cette opinion que nous avait suggérée la forme des lettres. C'est à cette époque, en effet, que disparaît le nom de moines sous le nom de prêtres, diacres, lévites, etc. On ne peut pas ouvrir une charte sans y trouver ces noms. Les diacres et en particulier les lévites, comme ils aiment à s'appeler, sont partout : «Fratribus, tam presbyteris et diaconibus quam ceteris clericis » (Pérard, 144). «Venerabilibus fratribus, sacerdotibus,

victum eorumdem monachorum addidit. Hec autem omnia, adortante pariter et adiuvante precelso· rege Carolo, perfecit (1).

Idem vero inclytus rex Carolus anno Dominice Incarnationis D CCC. LXXI (2) regens Francorum regnum, erga cultum Ecclesie Dei fuit studiosissimus. Quapropter multa evicit pericula, et regni eius semper augmentabatur gloria. Defuncto siquidem, ut iam dictum est, Pipino fratre suo rege Aquitanie, filioque eius in regno subrogato, moderationem regni non strenue agens (3),

---

LEVITIS, *lectoribus vel omni clero basilicæ domni Benigni.*» (Id., 165). Les chartes sont signées : *Teutfredus* LEVITA *subscripsi* (Pérard, 146-147). Et ailleurs : *Ego Norgandus* LEVITA *subscripsi* (Id., 148). Et plus loin, et à chaque page, sous l'épiscopat d'Isaac, et au bas des chartes faites en son nom : *Ego Wualfardus, monachus et* LEVITA *scripsi*. (Id., p. 152-153.) *Bruntius, indignus diaconus scripsi*. (Id., ibid.) *Wulfuardus acsi indignus* LEVITA *scripsi*. (Id., 157.)

(1) Dans le nécrologe de saint Bénigne, on fait mention de Charles-le-Chauve et on lui donne le titre de restaurateur de l'Abbaye et de l'Eglise : *Pridie nonas octobris, Dominus Karolus Imperator hujus loci reedificator.* On fait également mention de l'évêque Isaac, mais avec des détails qui ont de l'intérêt : *Depositio domni Isaac, lingonicæ urbis episcopus. Hic mirandæ sanctitatis refulgens gratia et sequacibus suis vitæ factus est forma, et auctoritate fultus regia commissum sibi a deo episcopatum sapienti dilatavit industria, non nullaque in eo sanctorum extruxit loca. Inter quæ et hoc divionense monasterium olim quidem refertum religiosorum caterva monachorum, sed tunc infesta paganorum vastatione destructum, in qualem valuit, non vero sicut voluit, hora mortis dies ejus terminante, reformavit statum. In cujus nova reedificatione adeo tota incubuit mentis devotione ut non solum terris sed ornamentis regali dono concessis ditaret; verum etiam abbatem secundum regulam S. P. Benedicti monastico gregi ordinaret, sepulturæque suæ locum ibidem destinaret. Qui feliciter 25 annis in episcopali regimine transactis cum XV kalendas Augusti quievisset in Christo Catalaunis, sepultus que fuisset Remis, permissione regis Caroli, studioque præsulis Argrimi successoris sui, exinde advectus est hic et reconditus, ut vivens preceperat IV nonas februarii.*

(2) L'ordre des temps est tout brouillé dans ce paragraphe, et la phrase incorrecte ajoute encore à l'obscurité.

(3) Sous-entendez *Pippinus*. Il fut rejeté par les Aquitains en 848, mais il n'entra au monastère de Saint-Médard qu'en 852.

suis derelictus ac deiectus est; et monachus in monasterio S. Medardi factus. Carolus vero a cunctis Principibus expetitus, Aquitanie regnum est adeptus. Post non
multos etiam annos mortuo Lothario Imperatore fratre
eius, Carolus suscepit Imperium. Sed Ludovicus alter
frater cupiens invadere monarchiam regni, iterum contra Carolum bellum concitat, Normannos ceterasque
gentes in regnum Caroli evocat. Auxiliante autem Domino Carolus fratrem de finibus suis expulit, et Nortmannos intra Neustriam compressit. Hec fuit secunda
eruptio Nortmannorum in Francia. Aliquantis transactis
annis Ludovicus defunctus est, relinquens tres filios,
Ludowicum scilicet Carlomanum et Carolum.

Carolus igitur imperium adeptus, ecclesiarum Dei
cultor devotus, omni nisu quo potuit studebat in cultu
religionis depravata corrigere, destructa reedificare,
conlapsa erigere. Unde inter cetera comperiens locum
hunc pene in nihilum redactum, commonuit ex hoc
venerabilem Isaac Episcopum, quatinus reparari posset
in pristinum statum promittens se in omnibus adiuto-
rum (1). Dedit igitur isdem inclitus rex Carolus ad hunc

(1) Voir dans le recueil de Pérard (p. 149) le diplôme de Charles-
le-Chauve. Il est daté du 21 juillet 870. *XII Kal. August.*, *anno XXX,
regnante Karolo gloriosissimo rege.* Il commence par ces paroles,
qui ont de l'importance pour l'histoire de l'abbaye et de l'église :
*Comperiat igitur omnium fidelium sanctæ Dei ecclesiæ nostrorum que
præsentium et futurorum solertia quia Karissimus nobis Isaac venerabilis ecclesiæ Lingonensis matris ecclesiæ episcopus, ad nostram
accedens altitudinem, innotuit qualiter monastorium ubi sanctus Benignus martyr requiescit, juxta Divionense castrum situm quondam
religiosorum turma monachorum refectum, nunc pessundatum et pene
adnullatum, divino cooperante adminiculo restruere et restaurare, et
monachos ibi sub regula sancti Benedicti jugiter Deo militaturos
statuere, et ad pristinum statum reducere, ac suæ sepulturæ locum
ibi velit præparare : humiliter efflagitans, ut, etc...* Ne semblerait-
il pas, d'après cela, qu'en effet il n'y avait plus de moines à Saint-
Bénigne, mais seulement des prêtres et des diacres, etc., puisqu'un
des désirs de l'évêque Isaac était d'y mettre des moines qui sui-
vissent la règle de saint Benoît?

locum restaurandum, et in usus ac stipendia monachorum in hoc loco Deo famulantium, in suburbio Divionis
castri terram indominicatam, ubi seminantur modia
CC. L : vineas ubi colliguntur vini modia D : prata ubi
secantur carra feni L : sylvam ubi saginantur porci DC :
forestem piscium a Ponto Divionis usque ad villam Floriacum (1) : farinarios VI : colonicas X : mercatum pariter et Burgum simul et districtum colonicas VI et dimidium, et in Lariaco colonicas X, in Biciso colonicas VI
et dimidium, in villa Colonicas dicta; in Siliniaco (2) colonicam unam; in Dicmensi (3) colonicas dimidium; in
Sconsio colonicas VI; in Villari colonicas III, farinarios
II : in Lentennaco colonicam I et dimidium; in Girone
colonicas II; inter Corcellas et Flaviniacum colonicam I;
in Proviso colonicam dimidium; in Camboio (4) colonicam dimidium ; inter Patriniacum (5) et Marcenniacum
colonicam I : in Quintiniaco (6) colonicas II; in Sacu-
nico (7) colonicam I; in Cromaco (8) colonicas II; in
Aguliaco (9) capellam habentem mansum I et semis; in
Ruflaco colonicam dimidium, et medietatem de Sooriaco-
villa (10); in Casnedo (11) colonicam dimidium; in Bargis
colonicam unam; in Missiniaco (12) colonicas III : in
Norgia colonicam I. Item in aliis Corcellis (13) colonicam

(1) Fleurey.
(2) Saligny, vers Plombières.
(3) Domois. Ce village n'est pas nommé dans le diplôme original
de Charles-le-Chauve.
(4) Chambeuf.
(5) Perrigny.
(6) Quetigny.
(7) Dans le diplôme original, il y a *Sarconico*, Carco, près de
Couternon.
(8) Cromois.
(9) Village détruit, près de Saint-Apollinaire.
(10) Echirey. Ce village n'est pas nommé dans le diplôme original.
(11) Chaignay; n'est pas nommé dans le diplôme original.
(12) Messigny.
(13) Corcelles-lez-Cîteaux, pas davantage nommé.

dimidium; in Aziriaco-villa (5) quicquid sanctus Benignus
habere videtur, scilicet Capellam cum colonica I, et aliis
colonicis VI et dimidium, et farinario I, et terra indo-
minicata, ubi possunt seminari modia C, et prata ubi
possunt colligi feni carra CL. In villa Carli (2) mansum
indominicatum cum capella, et quicquid ibi videtur
accipere : in Prunido mansum indominicatum, et quicquid ad ipsum mansum attinet, cum omnibus appendiciis, rebus et mancipiis suis. In Iussiaco (3) colonicas II ;
in Campaniaco (4) colonicam I; in Ateis (5) colonicas II.
Has res omnes cum mancipiis desuper commanentibus
utriusque sexus, dedit memoratus rex Carolus servis
Dei monachis, in isto loco Domino servientibus et futuris temporibus permanentibus, ut pro se et coniuge,
necnon et liberis, atque totius regni statu Domini im-
plorent clementiam ; idque precepti sui firmavit auctoritate, ut nullus posterorum de eisdem rebus quicquam
audeat subtraere aut minuere, aut in alios usus retor-
quere.

Isaac igitur venerabilis Episcopus congregavit in hoc
loco monachos sub Corepiscopo et Abbate, nomine Bertilone, qui regulariter viverent, et Deo in perpetuum
deservirent, et de omnibus que inclitus princeps per
precepti sui munificentiam contulerat, privilegium eidem
concordans Episcopalis auctoritas edidit. In quo privilegio in primis habere propriam electionem succiduis

(1) Aiserey.
(2) Ville-Charle, près d'Is-sur-Tille.
(3) Gissey-sur-Ouche, pas nommé dans le diplôme original.
(4) Champagne; pas nommé dans le diplôme original.
(5) Athée ; pas nommé dans l'original. Mais tous ces villages, que
n'indique pas le diplôme de Charles-le-Chauve, sont nommés dans
la charte d'Isaac, que notre chroniqueur avait sous les yeux, en
résumant, comme il le fait, les propriétés de l'abbaye au IX* siècle.
Son tort, c'est de confondre les deux pièces, et d'attribuer à Charles-
le-Chauve ce qui provient de la libéralité d'Isaac.

temporibus ex ipsis secundum Regulam sancti Benedicti
Abbatem eligere monachis istius loci concessit. Eum
vero qui electioni fratrum contradicere, seu eidem congregationi aliquam vim inferre, vel familiam affligere,
aut aliquid ab eodem monasterio auferre, seu de rebus
prescriptis beneficiare alicui presumpserit, sua ac Co-
repiscoporum auctoritate excommunicatum eterne damnationis maledictione multandum, ac sancti Benigni,
qui preiudicium inferre videtur, ultione damnandum,
insuper anathema maranatha est imprecatus. Huic
excommunicationi Archiepiscopi V, et Episcopi XI numero subscripserunt : ac deinde omnes qui post eum
fuerunt Ecclesie Lingonensis Episcopi (1).

---

(1) Dom Plancher (*Hist. de Bourgogne,* tom. I, Preuves n° IX)
nous a conservé cette charte qu'analyse ici notre chroniqueur;
monument mémorable de la foi et de la piété d'Isaac, ainsi que de
sa tendre dévotion à saint Bénigne. Les premières lignes sont importantes au point de vue de l'archéologie et de la chronologie :
« *Anno incarnationis dominice DCCCLXXI, indictione IIII, anno quoque regni domni et gloriosissimi regis Karoli XXXI, cum cepissem
ego Isaac, indignus episcopus ecclesie Lingonensis mihi commisse, negotia cum fidelibus tractare... nec non et loca sanctorum a nostris
antecessoribus constituta, sed varietate temporum et mutacione secularium seniorum diruta vel destructa penitus, quomodo Deo suffragante
reedificarentur atque in melius construerentur; deveni ad locum qui
sanctus Benignus dicitur, jamdudum destructum, in suburbio Divionensis castri consistentem, ubi idem preciosus martyr sanctus
Benignus corpore requiescit...* » Isaac, voyant ce triste état du monastère, prend des mesures pour le relever spirituellement et tem-
porellement. Il menace de la colère divine ceux qui y contrevien-
dront. « *Si quis vero hanc largicionem domni et excellentissimi regis* (*Caroli Calvi*) *nec non et nostram institutionem immutare, aut
aliquid ab eodem monasterio auferre aut contradicere electioni fratrum..... eterne damnationis maledictione cum Juda traditore mul-
tatus, et nostra nostrorumque coepiscoporum auctoritate excommunicatus, insuper anathema Maran-Atha sit damnatus; sancti Benigni eciam, cui prejudicium inferre videtur, noverit se ultione damnandum.* » Pour plus de précaution, Isaac fit signer cette charte,
non seulement aux évêques de la province, mais encore aux évêques
de tout le royaume « *Coepiscopos nostros ac tocius regni regis nostri
subscribere petivimus.* » De fait, on y trouve plusieurs signatures d'ar-

Anno XXVII Domini Caroli regis, qui est ab Incarnatione Domini ·D CCC. LXVI, residens Isaac Episcopus et Odo Comes, vel ceteri missi Dominici in Luco villa in mallo publico ad res audiendas vel iudicandas, venit Alcaudus Advocatus sancti Mammetis sanctique Benigni, et sancti Stephani, vel ipsius Domini Isaac Episcopi, mallavit quemdam Hildebernum, quod ipse et sui Franci, suique servi in fine Saciacensi, Bruciacensi (1), et Genliacensi (2) in terra vel in silva sancti Benigni quercum unum truncassent : et quia tunc res non fuit definita, in sequenti anno, in ipso mallo, et eodem loco, iterum predictus Advocatus eundem hominem repetiit, eandem querimoniam ingerendo. In tertio vero anno in Curte Arnonis (3) ipso Domno Isaac Episcopo, Odone Comite, Hildebaldo Abbate, Bertranno atque ceteris missis Dominicis mallum gerentibus, iterum Alcaudus interpellavit predictum Hildebernum, quod res sancti Benigni, predictam scilicet Saciacum-villam cum appenditiis suis injuste retineret. Tunc judicatum est a supra predictis Scabineis, ut aut legem de male perpetratis faceret et rewadiaret, aut quod injuste tenebat legaliter redderet. Quod et fecit, et sancto Benigno vi ablata restituit. Hanc autem notitiam ideo huic operi inseruimus, ut ostenderemus supra scriptam proprietatem Saciacensem ab antiquis temporibus iuris huius loci fuisse, quam-

chevêques et d'évêques. Cette charte précieuse fut déposée dans le trésor du monastère; et, lorsque les évêques de Langres venaient à Dijon après leur élection, le premier soin des religieux de Saint-Bénigne était de la leur faire signer. On y remarque, outre la signature d'Isaac (871), celles de Geilon (880), d'Argrimus (889-901), de Warnerius (912), de Brunon (981), de Lambert (1015). Cest la dernière signature. Mais alors le monastère, relevé de ses ruines, mis dans le plus haut état de splendeur par l'abbé Guillaume, et devenu pour ainsi dire chef d'ordre, pouvait se passer de cet appui.

(1) Bressey-sur-Tille.
(2) Genlis.
(3) Couternon.

vis multoties et ante hec tempora, et postea, fuerit sublata. Villam etiam que Longus-Vicus dicitur, que similiter fuerat ablata a dominatione huius loci, reddidit
nobis precellentissimus Imperator Carolus, cognominatus Calvus, cum ecclesiis et omnibus rebus ad eandem
villam pertinentibus. Similiter Albiniacum (1) in pago
Portuensi : ipsam videlicet potestatem cum ecclesiis et
terris. Insuper constituit per preceptum regalis auctoritatis ut nullus deinceps audeat preripere vel auferre memoratas res a subiectione huius Deo dicate basilice.

Bertillo igitur Corepiscopus et Abbas in hoc loco constitutus (2) cepit erga curam officii sibi commissi satage-

---

(1) Aubigny.

(2) On ignore l'année précise, en laquelle Bertilon fut fait coévê-
que et abbé. Notre chroniqueur ne nomme personne entre lui et
Ingelramnus. Mais il est impossible qu'il lui ait succédé. Le dernier
acte connu d'Ingelramnus était de 840, et le premier de Bertilon
de 867. Les auteurs du *Gallia christiana* comblent cette lacune, en
insérant entre Ingelramnus et Bertilon, trois abbés dont ne parle
pas la chronique : 1° Wido, dont la mort est fixée au 2 septembre;
j'ignore quelle année, n'ayant pu trouver la charte sur laquelle ils
s'appuient pour admettre l'existence de Wido et le placer à ce
rang; 2° Théobald du quel, disent-ils, on lit dans un index des
chartes de Saint-Bénigne · « *Charta CXI. Donatio Leotaldi presbyteri mansi siti in pago divionensi infra vicum sancti Benigni, et
ecclesie S. Benigni, ubi Theobaldus preesse videtur episcopus.....
Lotharii imperatoris anno secundo.* » Mais Théobald n'était pas abbé
de Saint-Bénigne, il était évêque de Langres, ayant un chorévêque à Saint-Bénigne, ce qui ne l'empêchait pas, nous l'avons vu,
d'administrer directement l'abbaye; 3° Frodinus, dont l'existence
et la date nous sont connues, par une charte que cite l'abbé Fiot
dans son histoire de Saint-Etienne. (*Preuves n° 294*). Bertilon succéda à Frodinus, on ignore quelle année; la première charte où il
apparaît est de 868. « *Sacro sanctæ Basilicæ sancti Benigni martyris
sub oppido Divionis constructæ, ubi venerabilis vir Isaac preesse videtur episcopus et Bertilo corepiscopus abbas.* Elle est datée : *Anno
XXVIII Karoli regis.* C'est-à-dire, 828. (*Perard*, pag. 148). On croit
qu'il mourut le 26 mars 878 ou 879, le jour est indiqué par le nécrologe : *VII Kalendas Aprilis, depositio Domni Bertilonis chorepis-
copi atque abbatis hujus loci.* Quant à l'année, elle résulte de la
comparaison de deux chartes : l'une de la comtesse Berthe, qui
fit une donation à Bertilon, *mense novembri, anno primo Ludovici*

re, et possessiones vel dono vel pretio datas, aut commutatione facta terrarum studuit augmentare. Emit
igitur a Fulchardo Preposito Ecclesie Lingonice, dato
VII librarum in pretio, in Aziriaco-villa mansum unum,
et terram arabilem in novem campos divisam : dedit et
Fuscardus presbiter in eodem loco campum unum Deo
et sancto Benigno. Vendidit Eldeiarnus quidam in eadem
villa terram ubi possunt seminari modia VI. Alter quidam Eldeardus vocatus, vendidit quatuor mansa cum
edificiis et suprapositis in eadem villa. Alius quidam
Mummius vocatus, veniens ad conversionem in hoc
monasterio dedit mansa quatuor cum appenditiis suis
in eadem villa. Commutavit predictus Abbas Bertilo
cum supra nominato Fulchardo mansum unum in eadem
villa Aziriaco. Cum alio quodam viro, Bernoart vocato,
commutavit terram in fine Longo-vici villa Corcellis,
recipiens ab eo scamium in eadem villa, loco Cassanias
vocato (1).

Considerans Domnus Isaac Episcopus Bertilonem Corepiscopum et Abbatem ad utrumque officium non
posse sufficere, quoniam tunc temporis res ecclesiastice
simul et publice in magno erant discrimine ob infesta-

Regis, cognomento Balbi. C'est-à-dire à la fin de l'année 877 ; l'autre
d'un certain Salamannus qui donne une terre *Ingoni abbati,* successeur de Bertilon *in mense maio, in anno primo regnante Karlomanno rege,* 879. (*Perard,* p. 157). On croit que Bartilon fut déca-
pité par les Normands, et, quoiqu'on ne trouve pas de culte public,
il a toujours été tenu pour saint. Dans toutes les peintures, soit du
réfectoire de l'abbaye, soit de l'église de Saint-Bénigne, il porte
l'auréole ; sa tête était conservée à part dans le trésor de l'église.
Enfin Mabillon nous apprend que dans d'anciens papiers il a lu
que, parmi les nombreuses reliques dont les religieux firent don
au cardinal Cajétan, il y avait : *reliquias sancti Bertilonis abbatis*
(*Annales Sanctos, ordinis S. Bened. sœcul IV, pars. II* p. 341). Du
Saussay dans son martyrologe Gallican en donne la vie au 26 mars.
(*Martyrol. Gallicanum,* 1638, 2 vol. in-fol.)

(1) Chassagne.

tionem paganorum, perturbato regni statu, Saronem (1)
Abbatem constituit ei socium ad regimen et curam animarum, ut dum iste adiuncto fratrum cetu divinis studet
intendere theoriis, ille liberius ecclesiasticis inserviret
ministeriis. Dederunt per idem tempus aliqui de rebus
suis ad stipendia fratrum aucmentanda, prout unicui-
que eorum divina inspiravit clementia. Dedit Lodinus
quidam presbyter in Aziriaco campum I et pratum,
atque servum colonum. Dedit Widricus in Patriniaco
vineam I; et Moises in Cangiaco (2), in Arsis (3) casale I,
vineam I, de terra arabili iornales XIIII. Betta Comitissa
pro remedio anime viri sui Unfridi Comitis dedit in
pago Dusmense (4) villa, Colonicas (5) vocata, mansa
tria cum servis et ancillis desuper commanentibus.
Dedit Richaldus quidam de nobilibus in pago Belnensi,
in villis Santiliaco (6), Manniaco (7), Cussiniaco (8), et in
pago Magnimontensi (9), in villa Alba-terra vocata (10),
hereditatem suam. Dedit Teudfredus presbiter ad con-

---

(1) Saron, premier abbé du monastère de Pothières, fondé en
868 par Gérard de Roussillon. Il fut appelé à Saint-Bénigne, par
l'évêque Isaac, pour aider Bertilon, et y passa quelques années,
mais sans se démettre probablement du gouvernement de Pothières.
Une charte, malheureusement non datée, fait mention de Saron
et de Bertilon : « *Domino sacrosanctæ ecclesiæ sancti Benigni, ubi
Saron preesse videtur abba, Bertilo corepiscopus.*» (Pérard, 151.) Il
resta peu d'années à l'abbaye, et très probablement il n'y était
plus en 878 ou 879, lorsque Bertilon périt de la main des Normands.
Il fut enseveli à Pothières. Le nécrologe de Saint-Bénigne en fait
mention le 23 février : *VII. Kal. Aprilis, depositio Domni Saronis
abbatis illius loci.* Dans les peintures de l'église Saint-Bénigne, il
portait une auréole.
(2) Congé.
(3) Arceaux.
(4) Le Duesmois.
(5) Collonge.
(6) Santenay.
(7) Magny-la-Ville.
(8) Cussigny.
(9) Mémont.
(10) J'ignore quel est le village ici désigné.

versionem veniens, in Bargis mansum unum, terras ei
subiunctas, et in Divion vico mansum semisque, et terras arabiles. Dedit Gislebertus ecclesiam in Saviniaco (1)
sitam, et mansum cum atrio et sepultura, et hortum
cum edificiis circumpositis, et terris, et mancipiis, et
sylvam, ubi possunt saginari porci LX.

Sed et terras, que nuper ablate fuerant ab huius loci
dominatione, in Bargis, in Escoriaco (2), in Siliciaco,
repetierunt tunc Isaac Episcopus, et Bertilo Corepiscopus et Abbas, ab his qui eas invaserant. Commutavit
idem Domnus Isaac Episcopus cum Eppleno quodam ex
nobilibus in Divion castro commanentibus, terras ipso
Milite postulante. Dedit igitur Epplenus de suo alodo
proprio Isaac Episcopo ac monachis huius loci in villa
Corcellis, in Caviniaco (3), in Quintiniaco, in Criciaco (4),
Briscono (5), Tremoledo. E contra Domnus Isaac dedit
Eppleno in villa Casnedo mansum I cum omnibus appenditiis suis.

Isdem Venerabilis Isaac Episcopus fecit et alia multa
utilia in episcopatu suo, monasteria corrigendo, ecclesias relevando. Composuit et librum qui dicitur, *Canones
Isaac;* eo quod ex libris Canonum utiliora queque eli-
gendo, in unum volumen coartaverit (6). Peractis in
episcopatu annis XXV, obiit Catalaunis, sepultusque est
Remis; inde post aliquantos annos Argrimi Episcopi
studio et regis Caroli, simplicis vocati, dono translatus
iacet in hac basilica condigno honore tumulatus. Cui

---

(1) Savigny-le-Sec.
(2) Echirey.
(3) Chevigny-Saint-Sauveur.
(4) Crecey.
(5) Brochon.
(6) Ces canons ont été publiés par Sirmond, au tom. III de ses
Conciles. On les trouve aussi au VIIIe tome des Conciles de Labbe;
et enfin, Baluze les a également donnés au tome II des Capitulaires
des rois de France.

successit Geilo in Episcopatum, et ipse inter precipuos egregius (1).

Carolus Imperator secundo Romam ire disponens, Italiam ingreditur. E contra Carlomanus Ludovici regis fratris eius filius, per aliam viam eandem terram ingressus, cum immenso exercitu fit ei obvius. Carolus vero Galliam reversus, atque fines Lugdunensium pertingens, ibidem vita defunctus est. Atque in monasterio Apostolorum Petri et Pauli conditus, loco qui dicitur Nantoade (2) a multitudine aquarum ibi confluentium. Postmodum per admonitionem Angelicam inde translatus, Parisius in ecclesia sancti Dionisii regali sepultura est tumulatus. Successit (3) patris in solio Ludowicus, biennio vix regio nomine functus. Huius in diebus Ioannes Papa Romanus Franciam venit, et apud Trecas civitatem cum eodem rege conlocutus, parvo tempore ibidem moratus, sicque Romam est reversus. His diebus effera Danorum natio tertiam Neustrasiis inflictura cladem advenit. Intulissetque maiorem superioribus, ni Hugo per Gallias Abbatis honore preditus eorum temerarios compescuisset ausus (4). Auxiliante namque Deo parva manu tantas hostium phalanges fudit, ut vix superesset qui nuntiare potuisset. Qua plaga humilitati Dani Gallias per aliquod spacium temporis quietas reliquerunt. Huic bello prefuit Ludovicus rex. At Hugone ultimos vite

---

(1) Geilon, 40ᵉ évêque de Langres. On pense qu'il prit le gouvernement de cette église vers 880. Du moins il est certain qu'il la gouvernait en 881, car il est question de lui dans un diplôme de Carloman, donné : *XV Kal. Augusti anno tertio, regnante Karlomanno rege gloriosissimo.* (Pérard 158.)

(2) Nantua en Bresse.

(3) [*Successit patris in solio Ludovicus......... mansuetudine vir ecclesiasticus.*] Dom Bouquet a édité cette partie de la chronique en son huitième tome, p. 240.

(4) Hugues, fils de Conrad, abbé réformateur de plusieurs monastères, mourut en 886.

sue claudente soles Hlodowicoque principe post aminis-
tratum, ut diximus, biennio regnum, diem obeunte,
Carolus, qui Simplex postea est dictus in cunis evum
agens, patre orbatus remansit (1). Supererant duo filii
Rotberti Andegavorum Comitis, frs (2) Hugonis Abbatis. Senior Odo dicebatur, Robertus alter patrem
nomine referens. Ex his maiorem natu Odonem Franci
tutorem pueri, regnique elegere gubernatorem; quia
recidivi Nortmannorum excursus imminebant. In partibus vero regni, que Lotharius et Ludowicus tenuerant,
filii eiusdem Ludowici regnabant. Nam Lotharius sine
filiis obierat. Ex his tribus fratribus' unus patris nomine
vocatus, alter Carlomannus, tertius Carolus est dictus.
Sed duobus intra quinquennium defunctis ad iuniorem
Carolum rerum summa pervenit. Postque imperii monarchiam est adeptus. Ad hunc accedens domnus Geilo
Reverendus Antistes petiit, ut de quibusdam rebus ab

---

(1) Notre chroniqueur dit que Charles-le-Simple perdit son père,
étant au berceau. C'est une erreur. Son père était déjà mort, lorsqu'il vint au monde.

(2) Il y a dans le manuscrit frs, ce qui permet de lire également
Fratres ou *Fratris*. D'Achery met *Fratres* tout en déclarant qu'il ne
veut rien changer au texte, et qu'il se réserve de faire connaître
les motifs de son opinion en temps opportun. Dom Bouquet veut
qu'on lise *Fratris*, comme semble le demander la construction
grammaticale de la phrase. En effet, ajoute-t-il, je ne vois pas
pourquoi on donnerait un frère à Eudes et à Robert, puisqu'il est
dit qu'ils restoient seuls des fils de leur père. Robert-le-Fort était
donc fils de Conrad comte d'Altorf et d'Auxerre et d'Adélaïde,
petit fils du duc Welphe et frère de Conrad le jeune, comte de
Paris, de Hugues abbé de Saint-Martin de Tours, et de Welphe
abbé de Sainte-Colombe de Sens. Cette opinion qui paraît la plus
vraisemblable, a pour partisans Jacques Chifflet, Dom Viole et Dom
Mabillon. Elle sert à rendre raison, pourquoi Aimoin, moine de
Saint-Germain-des-Prés et d'autres disent que Robert-le-Fort était
de race Saxonne; car, du tems d'Aimoin, les Allemans étoient appelés
Saxons, et le duc Welphe aïeul de Robert étoit de la très noble
famille des Bavarois et sa femme de race Saxonne. (*Préface du
huitième tome.*)

hoc loco subtractis, et a se restitutis, Preceptum regalis
auctoritatis fieri iuberet. Quod ipse rex libenter annuit,
et per Preceptum constituit, ut XII mansa in villa Plomberias ad luminaria ecclesie sancti Benigni delegata,
nullus in posterum ab hac domo alienare, vel ab ipso
ministerio auferre presumeret. Quod scriptum factum
est anno ab Incarnatione Domini D CCC LXXXV, Imperii
vero ipsius Caroli in Italia V, in orientali Francia IIII, in
Gallia I, post obitum Caroli Calvi X (1).

Refert quidam scriptor (2) in eo opere quod metrico
stilo composuit de excidio Parisiace urbis, quo per VII
annos a Nortmannis obsessa, atque vastata est; hunc
Carolum congregato immenso exercitu expugnare Nortmannos voluisse. Quod illi audientes legatos mittunt ad
Carolum, promittunt se ei subiici, cuncta ab eo imperata
facere, ad quod voluisset paratos fore, tantum si per-
mittantur intra regnum consistere, et pacifice Francis
coabitare. Quibus promissionibus delusus rex, credens
vera esse que dicebantur, intermisit bellum. Nec multo
post Carolus moritur. Nortmanni vero resumpta audacia
invadunt civitates Belvacensium atque Meldorum, nec
non et Milidunum devastant castellum. Capitur Carnotis
ac relique secus undique civitates : nam in primo suo
adventu Rotomagum, Ebroas, Baiocas et ceteras Neustrie civitates depopulati fuerant. Gallias insuper pervagantur : Hispanias adeunt; Rodanum intrant fluvium,
Italiam populantur et totum christianorum pessumdatur

(1) C'était seulement la huitième année, depuis la mort de Charles-
le-Chauve.

(2) Abbon, moine de Saint-Germain-des-Prés, qu'il ne faut pas
confondre, comme plusieurs ont fait, avec Abbon abbé de Fleury.
Il avait assisté au siège de Paris par les Normands, et il en composa
l'histoire vers 896. On ignore l'année de sa mort, et on ne sait presque rien de sa vie. Son poëme intitulé : *De Bellis parisiacæ Urbis*
est divisé en deux livres. On y trouve des détails curieux.

regnum. Interea congregati Francie principes consilium
ineunt de magnis rebus ; Odonem licet reluctantem (1)
constituunt regem. Qui mente benignus, et Reipublice
hostes arcendo strenue prefuit, et Carolo postquam
adolevit sua repctenti patienter regna refudit. A quo
parte regni redonatus, quoad vixit tempore hostibus
terribilis exstitit. His temporibus Incarnationis Christi
DCCC XCl voluebatur annus.

Eo tempore defuncto Geilone Episcopo (2), Teudbaldus Lingonicam regebat ecclesiam : Abbatum vero huius
loci series paululum intermissa nunc est replicanda.
Bertilone et Sarone Abbatibus ad eternam vitam trans-
latis, successit Hingo (3). Saro siquidem in Pultariensi (4)
loco sibi commisso quievit. Bertilo autem moriens in
hoc loco inter sepulcra sanctorum tumulari meruit. Ad
cuius tumbam si fides petentium exigat, febricitantium
crebre sanitates fiunt. Anno denique Dominice Incarnationis M. XLV. Halinardo Abbate hunc locum regente,
XV ipsius anno, cum transferretur, quia sepulcrum eius
impediebat introitum crypte sancti Benigni, a parte me-
ridiana effosso tumulo, ad pedes eius alia fossa prepa-
rata, qua removeri deberet, Monachis adstantibus cum
crucibus et thymiamateriis, et luminaribus, multis inge-
rentibus manus ad movendum, quoniam immensum
erat sargofagum, subito omnes ad terram corruunt : sur-

---

(1) Ce que dit ici notre chroniqueur est en opposition avec tous
les monuments, Eudes n'a pas été fait roi malgré lui, et n'a point
cédé le royaume de plein gré.

(2) On ignore la date précise de cette mort. Notre chroniqueur
paraît la placer en 891. Mais la chronique de Langres ne la met
qu'en 888, et la chronique de Beze en 887. Le nécrologe de Saint-
Bénigne en fait connaître le jour, qui fut le 29 juin. « *IV Kal. julii,
depositio domni Geilonis lingonensis episcopi.* »

(3) Sa vie est inconnue. Il est nommé dans une charte, sous
l'année 879. On en faisait mémoire au nécrologe de Saint-Bénigne
en ces termes : *XVI Kal. Aprilis. depositio Domni Ingonis abbatis.*

(4) Pothières.

gentes vero inveniunt sargofagum in preparato loco decenter compositum; et accedentes ut viderent qualiter locatus esset in tumulo, amoto opertorio fragrantiam miri odoris senserunt omnes qui adfuerunt. Et ecce corpus eius monachili habitu indutum, stola sacerdotali auro texta erat ornatum. Caput vero eius, quod ei fuit abscissum, corpori adiunctum, et circa idem sanguis erat coagulatus in sepulcro.

Hingo igitur Abbas ordinatus, licet parvo tempore, id est, triennio, agri dominici cultor fuit devotus. Nam prout potuit terrena et exteriora aucmentavit: divinum vero cultum in nullo tepescere permisit. Que autem in diebus eiusdem vel empta seu commutata sunt in possessione agrorum, scribere non pigebit. Waltemus presbiter quidam in Rufiaco, in Patriniaco, in Gironno dedit partem sue hereditatis. Salamannus in Aziriaco. Flothbertus in Marcenniaco. Attila in Patriniaco. Richulfus in villa Asinarias (1). Deodatus quidam de nobilibus veniens ad conversionem, in villa Attegias dedit mansum cum supra posito, et mancipiis ibi commanentibus. Bivinus dedit in villa Norvia capellam in honore sancti Valerii dicatam : mansum in dominicatum cum terris et omnibus appenditiis suis. Warnerius dedit in pago Belnensi in villa Bononicurte vocata (2), campum unum. Hugo quidam dedit in castello Divion curtilum vel aream I, et foris terram ibi aspicientem in ipsa fine, atque vineam. Bettho quoque presbiter sancti Stephani Canonicorum Prepositus, dedit mansum I cum supraposito, atque edificiis in villa Curte Mulnise (3) in pago Divionensi. Fulcradus vendidit ipsi Abbati in Aziriaco campum I. Teudgerius alterum. Accepit in commutatione a quodam

(1) Asnières.
(2) Boncourt.
(3) Crimolois.

Huberto in Canavis terram et vineam iuxta sitam, dans
ei in Salonis-vila campum I. Similiter fecit cum Ewrar-
do, dans in Aguliaco casale cum vinea, et campos II de
terra arabili, et recepit ab eo in villa Bargis mansum I
cum suprapósito, omniaque in ipsa villa vel in Norvia
ad ipsum mansum aspicientia.

Defuncto Hingone successit Hildebrannus (1) in regimine. Et hic paucis annis transactis ad celestia regna
migravit. Hi ambo sub Geilone Episcopo prefuerunt in
hoc monasterio. Post Hildebrannum Abbatis officium
suscepit Godefridus (2) tempore Teudbaldi Episcopi. Sed
post aliquantos annos, et isto migrante, suscepit Walo (3)
curam regiminis. Horum uterque prefuit tempore Odonis regis. Eo tempore Richardus Dux Burgundie reddidit
sancto Benigno mansum I cum vineis et terris aliis iuxta
ipsum positis, et ad ipsum aspicientibus, situm in proximo pago Belnense, et in villa Givriaco (4). Huic rei interfuit Teutbaldus Episcopus, Girbaldus, Wido ac Radulfus Comites, Madelgaudus Oscarensium Vicecomes,
Guntardus sancti Benigni huius rei testis et Advocatus.
Actum Longo-vico in mallo publico.

Anno Incarnati Verbi DCCC XCIII, Odone regnante in
Francia, Arnulfo in Italia atque Saxonia, Carolus iam

(1) Nous avons dit plus haut qu'il y avait des raisons de croire
qu'il était le même que cet autre Hildebrannus, placé par notre
chroniqueur entre Waldricus et Herlegaudus. Si cela était, et qu'au
lieu de *anno primo Caroli magni*, il fallut lire dans la charte *anno
primo Caroli crassi*, Hildebrannus dont il est ici question, aurait
pris le gouvernement de l'abbaye de Saint-Bénigne en 884.

(2) Godefridus, abbé de Saint-Bénigne. On n'a nul détail sur lui.
Sa date est indiquée, en ce qu'il fut à la fois contemporain de Teut-
bold II, 41ᵉ évêque de Langres, dont on a des actes faits en 893 et
894, et du roi de France, Eudes qui régna de 888 à 996.

(3) Walo, abbé de Saint-Bénigne. Le nécrologe en fait mention
au 2 mars. *VI nonas martii, depositio Domni Walonis, abbatis.* Sa
date est la même que celle de Gotefridus qui vécut peu et auquel il
succéda, sous le règne d'Eudes.

(4) Gevrey.

iuvenis regni repetit sceptra, atque memoratus Arnulphus imperii invasit Monarchiam. Tunc primum a Francorum regibus ad extraneos translatum est imperium, principibus regni vilipendentibus Carolum ob mentis tardum ingenium, Odone rege duodecimo anno regni sui defuncto (1), qui quoad vixit, hostes fortiter compressit. Reciprocati Nortmannorum et Danorum insurgunt fluctus. Ungari ab Aquilone, Sarraceni a Meridie ac finibus Hispanie prorumpentes, in interitum confluunt Gallie : per omnia sevit gladius, cuncta dantur incendio, sanctorum loca traduntur exterminio.

His undique sevientibus malis, contigit corpus S. Benigni ad civitatem deferri Lingonis (2) : presidebat tum

(1) Eudes ne régna que dix ans.

(2) Il est difficile de fixer la date précise de cette translation. Quelques auteurs la placent en 891. C'est en effet la date de l'invasion normande, et ce fut peut-être alors que les religieux de Saint-Bénigne se retirèrent dans le *Castrum*, mais ce ne fut certainement pas en cette année qu'ils transportèrent à Langres le corps de leur saint apôtre. Pérard a publié une charte très importante à ce point de vue : c'est celle d'Adémarus et de son épouse Lampaia (Pérard, 169); elle porte en titre : *Sacrosancto monasterio ecclesiæ sancti Benigni, quod est constructum in pago Divionensi, juxta muros ipsos Divionis castri, ubi ipse venerabilis martyr in corpore requiescit et ubi Lanterius abba una cum congregatione monachorum Deo servire et* IPSUM PRECIOSUM CORPUS *venerari et* CUSTODIRE *videntur*. La date est : *In mense madio, anno quarto regnante Carolo rege*. Pérard, il est vrai, en conclut qu'il est ici question de Charles-le-Gros, et la place en 886; mais c'est une erreur, puisque Lanterius succéda à Wallon, qui gouvernait l'abbaye sous Eudes; il s'agit donc ici de Charles-le-Simple, et la date de cette charte est par conséquent 901. Aussi les auteurs du *Gallia christiana*, après ces mots *Carolo rege*, ajoutent aussitôt : *Scilicet post obitum Odonis, anno* 901 (tom. IV, 673). Ainsi donc en 901 le corps de saint Bénigne était encore à Dijon, et, ce qui est plus remarquable, il était toujours à l'abbaye. De plus, notre chroniqueur ajoute que la translation se fit pendant l'épiscopat d'Argrimus. Or, à quelle époque Argrimus fut-il évêque de Langres? Il est assez difficile de le dire, car avant d'être évêque légitime de Langres, il eut le malheur d'être évêque intrus. On a de lui des actes épiscopaux datés de 889; mais alors certainement son prédécesseur vivait encore, car nous le voyons signer des pièces en 893, et envoyer en 894 des députés au concile de Chalon. D'ailleurs,

illi ecclesie Domnus Argrimus, pastor in cura huius loci
valde sollicitus. Monachorum vero habitantium in isto
loco Abbas erat nomine Lanterius, ad ipsum officium
valde studiosus. Burgundia tunc vastata est a Normannis ; quibus occurrens prefatus Dux Richardus in
loco vocato Argentoilo, commisso cum eis prelio cesa
est eorum quam plurima multitudo : sicque Dani humi-
liati retro redire sunt coacti. Iterum apud Carnotum,
socio Rotberto Duce, Odonis regis fratre, Richardus cum
Nortmannis dimicavit, et eorum innumeram multitudinem occidit. Habuit isdem Richardus filium, nomine
Rodulfum, qui fuit rex Francorum. Alter filius vocatus
est Boso, qui Burgundie superioris, que Gallia comata
dicitur, accepit regnum. Tertius filius dictus est Hugo,
cognomento Capito, qui fuit Dux inferioris Burgundie.
Exorta discordia inter Carolum et regni principes, lites
et bella, rapine et incendia, innumera undique seviunt
mala. Tandem rex facti penitens principes ad concordiam commonet, pacem exoptatam cum eis firmat.

après avoir essayé vainement d'usurper le siège de Langres, Argrimus parvint à se faire nommer par le pape Formose, archevêque de
Lyon ; mais ayant osé, avant d'être canoniquement institué, faire
acte de métropolitain, il fut déposé par le même pape. Or Formose
ne monta sur le trône de saint Pierre qu'en 891, et mourut en 896.
Enfin ce n'est qu'en 901 qu'on trouve le premier acte authentique
de l'épiscopat d'Argrimus : « *Anno Incarnationis Dominicæ DCCCCI,
Benedicto divina providentia papa quarto, regnante in Galliis Carolo
cognomento Simplice, Argrimo vero bonæ memoriæ lingonensem cathedram pastolari dignitate feliciter regnante.....* » (*Hist. de saint Etienne
de Dijon*, ch. x, p. 135). Ajoutons, avant de tirer nos conclusions,
qu'en 906, ainsi qu'il résulte d'un titre conservé par Dom Plancher
(*Hist. de Bourgogne*, tom. I, *Preuves* n° 94), la chapelle de saint Vin-
cent dans le *Castrum* de Dijon était abandonnée et tombait en
ruines. Il résulte donc de tout ceci : 1° qu'en 901 le corps de saint
Bénigne était encore dans l'abbaye ; 2° que s'il fut transporté dans
le *Castrum*, comme on le croit et comme nous l'avons dit (*Et. hist.
sur Saint-Bénigne*, p. 258), il y resta peu ; 3° qu'il dut être transporté à Langres de 901 à 909, sans qu'on puisse préciser davantage
l'année.

Hic Carolus rex petente Richardo Duce, et Manasse (1)
Comite, fecit nobis Preceptum de Abbatia sancti Ioannis, et cunctis ad eam pertinentibus rebus. Exstitit eo
tempore Ademarus quidam illustris vir ex Senatoribus,
multas habens possessiones tam in Divionensi pago
quam in aliis regionibus, scilicet pago Turonensi, Aure-
lianensi, Senonico, Autisiorensi, Tarnodorensi. Ipse
Ademarus et coniux eius, Lampaia nomine, dederunt
sancto Benigno mansum I indominicatum cum supraposito, terrisque ad eum pertinentibus ac silva : qui mansus est in villa Rufiaco; et aspiciunt ad ipsum mansum, exceptis indominicatis terris, colonice et mansa
vestita VII, et V absa. Dedit et mancipia utriusque sexus
numero XLVIII. Dedit ecclesiam sancti Gregorii nomine
sacratam, in Escoriaco villa positam, et quicquid ad
ipsam aspicit, cum omnibus que possidebat in predicta
villa Escoriaco. Dedit et Capellam suam mobilem et
specialem cum reliquiis sanctorum, scilicet sancti Salvatoris, et sancte Marie, aliorumque sanctorum ; crucibusque tam aureis quam argenteis ; et capsis, vestimen-
tisque, et omnia ornamenta ipsarum reliquiarum. Post
mortem vero ipsius Ademari, Lampaia uxor eius dedit
ad altare sancte Marie in hoc loco constitutum, quod
Caput ecclesie dicebatur ab antiquis, in comitatu Tarnodorensi Stolvicum (2), et mansum indominicatum prope
Stolvicum, in loco qui vocatur Sairocurte cum omnibus
appenditiis suis et mancipiis utriusque sexus desuper
commanentibus.

(1) Manasses, dit le Vieux, seigneur de Vergy. C'est le premier
de ces comtes de Dijon qui jouent un si grand rôle dans l'histoire
de Bourgogne. Il est célèbre pour avoir défendu la ville en 888
contre les Normands, qui ne purent la prendre, et pour avoir fondé
à la fin de sa vie, près de son château de Vergy, le monastère de
Saint-Vivant, où il fut inhumé.

(2) Ecorvy (arrondissement de Tonnerre).

Argrimus igitur laude dignus (1) Episcopus, in aucmentatione rerum huius loci ferventissimus, donavit ad communem utilitatem fratrum Abbatiam sancti Ioannis, quam quidam Fulbertus monachus beneficiario iure tenebat; concessit et mercatum annuale ad vestimenta fratrum emenda, medietatem que ad se pertinebat. In Aziriaco etiam villa decimas et paratam, et omnes reditus ipsius Ecclesie, que tunc cella erat monachorum huius loci, supplicante Lanterio Abbate, ad usus eorumdem monachorum perdonavit. Similiter fecit de ecclesia que est in Longovico, et de Capella, que est in Prunido, quam deputavit ad servitium infirmorum; et ecclesiam suprascriptam sancti Ioannis ad servitium

(1) On s'étonnera d'entendre notre chroniqueur appeler Argrimus un évêque digne de louange, après ce que nous en avons raconté. La première partie de sa vie fut en effet détestable : non seulement il essaya d'usurper le siège de Langres, mais, qu'il l'ait su ou non, ce fut à son occasion que Richard, duc de Bourgogne, protecteur d'Argrimus, s'empara de l'évêque légitime Teubold II et lui fit crever les yeux. Plus tard sa conduite à Lyon, à la suite de laquelle le Pape le déposa, fut plus détestable encore. Mais il changea de vie. Evêque, il s'appliqua à toute espèce de bonnes œuvres, et déploya un grand zèle pour s'acquitter de sa charge. Il gouvernait depuis quelques années lorsque, touché de pénitence, il abdiqua sa charge, et se fit moine à Saint-Bénigne. Il y vécut encore deux ans, dans l'humilité et les larmes. On marque son abdication en 910, et sa mort le 25 janvier 912. — Voici en quels termes cette mort était annoncée dans le nécrologe de Saint-Bénigne : « Depositio Domni Argrimi Lingonice urbis episcopi atque huius ecclesie monachi. Qui inter plurima que huic monasterio contulit beneficia hoc quoque ex suo superaddidit, medietatem scilicet annualis mercati quod est in festivitate omnium sanctorum, ad vestimenta fratrum, quoniam alia medietas iam data fuerat S. Benigno largitione Karoli regis, quando eidem donaverat Burgum pariter et districtum. Adiecit preter hoc memoratus pontifex Abbatiolam S. Ioannis ipsi loco contiguam cum omnibus appendiciis suis ad exceptionem hospitum. Primidum quoque villam eum ecclesia et adiacente silva ad ministrandum hiberno tempore infirmis fratribus focum. Duarum quoque decimas et paratas ecclesiarum in Asiriaco et in Longovico consistentium ob diem anniversarium depositionis sui corporis ibidem quiescentis, nec non et requie cunctorum Lingonensis eclesie Presulum eleemosinario et solemni officio celebrandum. »

hospitum. Reddidit insuper mansa XVIIII in diversis
locis que tempore Teutbaldi Episcopi antecessoris eius
ablata fuerant, et in beneficium data cuidam Widoni.
De his omnibus que premisimus fecit privilegia episcopali auctoritate, contestans et monens succedentes Pontifices, ut hanc a se factam eleemosinam paterno affectu
illibatam custodiant, quatinus orationes et vota famulorum Dei in hac domo consistentium, tam ipsis quam
ceteris fidelibus vivis atque defunctis sint proficue ante
Deum. Qui vero de his aliquid suptraere, aut beneficiare, vel quocumque modo auferre conatus fuerit,
anathematis gladio percussit, nisi resipuerit. Fecit isdem
Domnus Argrimus Episcopus cum Abbate Lanterio commutationem terre infra castrum Divion. Dedit Episcopus
iuxta murum castelli aream habentem in longo perticas
ancingales XI, et per latum perticas VIII. E contra
dedit Lanterius Abbas et monachi areas duas, habentes utraque perticas VI in longo, et per transversum
una area perticas IV, alia perticas V. Ex omni parte
terra sancti Stephani. Eo tempore dedit Manasses Comes sancto Benigno mansum indominicatum in Longo-
vico, cum mancipiis utriusque sexus desuper commanentibus, et terris ad ipsum mansum pertinentibus,
tam in ipsa fine, quam in aliis villis positis : ea condicione, ut in vita sua retento sibi fructu, singulis annis
festivitate sancti Mauricii congruam refectionem exhi-
beret monachis; post mortem vero ipsius in eius anniversario die similiter decens refectio de ipso manso exi-
beatur fratribus; quod superfuerit eorum utilitatibus
profuturum. Huius doni laudatores et testes fuerunt
Walo filius eius, et Manasses Comes iunior. Dedit et
Richardus supra memoratus Dux ad Ecclesiam sancti
Antonii in Ficiaco (1) sitam, que est iuris sancti Benigni,

_____

(1) Fixey.

mansum I : in Rovracum (1) servis et ancillis supermanentibus : et hoc laudaverunt Adeleia uxor eius, et Rodulfus filius ipsius, et Comites Hugo, Boso, Manasses, Gislebertus. Dedit Milo in Saviniaco (2) de terra iornales LX, et silvam ubi possunt saginari porci XL. Tantumdem dedit pater eius Gislebertus tempore Isaac Episcopi, scilicet terre arabilis iornales LX, et ad porcos XL saginandos silvam, cum capella sancti Gervasii nomine dicatam. Sed et Atila Comitissa pro requie anime viri sui Milonis Comitis, dedit sancto Benigno in Dumiso-villa mansum indominicatum cum casalibus super exstructis, et aliis terris ad ipsum aspicientibus. Actum Dominice Incarnationis. Anno DCCCC. II. Caroli regis anno IV. Laudatores fuerunt Girbaldus Comes, et Reintrudis uxor eius, filia ipsius Atile. Dedit et Winebaldus quidam de nobilibus in his villis, Marcenniaco scilicet atque Dumiso, et in finibus earum quicquid possidere videbatur, terras videlicet cum mancipiis desuper commanentibus.

Lanterio Abbate hoc monasterium regente, venit ad conversionem quidam honorabilis homo, nomine Berengerius, qui dedit de rebus suis in villa Longo-prato dicta mansum indominicatum I, cum fonte in eo nascente, et molendino iuxta posito, et ecclesiam dimidiam, que est in Missiniaco, et vineis, aliisque mansis ad ipsum mansum aspicientibus, qui sunt vestiti VII, absi XIII, mancipia utriusque sexus numero quinquaginta. Dedit et in pago Belnensi, Villa Sentennaco, colonicam I. Similiter Hildemodus canonicus, et Arico presbiter venientes ad monachilem conversationem, dederunt in Siliciaco villa omnem hereditatem suam. Adalrous etiam quidam simili devotione hunc expetens locum, dedit in Bargisvilla quicquid habuit. Gotzelinus canonicus et Abbas

sancte Lingonensis ecclesie infra muros eiusdem civitatis, dedit mansum unum iuxta ecclesiam sancti Desiderii. Fecit commutationem Lanterius Abbas in villa-Carli
cum quodam Rohardo, in Corcellis superiori cum Isoar-
do. Lanterio Abbate post diuturnos labores ad celeste
bravium properanti, successit Fulbertus (1), et hic multorum dierum miles emeritus. Qui post annum deponens
onus suscepte obedientie, Godrado (2) commisit curam
regiminis, anno XVII Caroli regis. Hic Godradus emit in
Aziriaco ab Heldierio et uxore sua Natalia, pratum I
habentem in longum perticas ancingales LXV, et in latum
perticas XXXII. Domnus igitur Agrimus relicto Episcopatus honore monachus est effectus in hoc monasterio,
atque post biennium defunctus, honorifice traditus est
sepulture intra septa huius ecclesie.

Successit denique ei in cura pastorali domnus Warnerius Episcopus (3), et ipse augmentator bonorum huius

---

(1) Fulbertus, abbé de Saint-Bénigne en 912.

(2) Godradus, abbé de Saint-Bénigne, en prit le gouvernement
en 912 et le garda sept ans, jusqu'en 919.

(3) Warnerius, successeur d'Argrimus, 43ᵉ évêque de Langres,
monta sur ce siège épiscopal en 912, et mourut en 922. Il fut un
des plus grands bienfaiteurs de l'abbaye; sa mémoire y resta toujours en vénération. Voici en quels termes le nécrologe de Saint-
Bénigne en faisait mention chaque année : « Depositio Domni Warnerii episcopi qui Lingonensis ecclesie, Deo disponente, cum suscepisset pontificatum, sic factus est imitator patrum huius loci
benefactorum ut omni quod vixit tempore liberalem se ei prebue-
rit pro suo posse. Denique Dei et S. Benigni amore accensus reddidit huic monasterio Saciacum villam cum ecclesia, mansis quoque
et mancipiis utriusque sexus ad eam pertinentibus, aliaque 28 mansa
presenti loco adiacentia. Dedit et quamdam sui iuris Ecclesiam infra
muros Divionensis castri in honore beati Vincentii martyris constructam, cum omni videlicet mansionum ipsius atrii integritate :
interveniente Godrado abbate, quatenus monachis istius cenobii
esset ad refugium, si quando hostilium deterreret adventus natio-
num. Tradidit eis nihilominus et pratum Asiriaci per manus Abbatis
eorum Suavi ob sepulturam videlicet corporis sui, quod hic iussit
sepelliri, ut in anniversaria depositionis eius die fratres Deum pro eo
devote supplicarent et more solemni memoriam illius celebrarent.»

loci devotus. Hic primo anno sue ordinationis, DCCCC. XII. videlicet Incarnati Verbi, indictione XV, residens in sinodo in gremio matris ecclesie sancti Mammetis coram Archidiaconibus et Abbatibus, atque omni clero, interpellatus est a Godrado Abbate et monachis Patroni nostri sancti Benigni, de quadam ecclesia infra muros castri Divion sita; sancti Vincentii honore ac nomine sacrata, quam Domnus Geylo Episcopus ad locum refugii et custodiam corporis sepius dicti sancti Benigni, perpetualiter eis habendam concesserat. Et de qua cum longo tempore ea usi fuissent, repulsi erant a Ratherio Archidiacono et Abbate canonico ecclesie sancti Mametis, ac Preposito Abbatie sancti Stephani. Considerans ergo memoratus Episcopus causas periculorum, que tunc frequentes imminebant Nortmannorum incursionibus, cum consilio et laude ipsius Ratherii ac totius Sinodi reddidit ipsi Abbati Godrado et monachis predictam Ecclesiam sancti Vincentii, cum habitaculis ad ipsam ecclesiam atrii loco pertinentibus, quas ipsi monachi olim ibi ad refugii locum construxerant. De qua ecclesia fecit eis privilegium Episcopali auctoritate, ut nullus succedentium deinceps aliquam vim aut calumniam sancto Benigno, et monachis eidem servientibus inferret.

Annis VII in pastorali regimine feliciter expletis Godradus Abbas migravit ad Christum. Post quem ordinatus est Abbas nomine Gozvinus (1). Quo post biennium defuncto, successit in locum eius Abbas, Panto nomine (2). Et hic in regimine expletis quatuor annis obiit. Cui successit Abbas, nomine Suavus (3). Warnerius

---

(1) Gozvinus. Sa mort est marquée au 21 mars dans le nécrologe de l'abbaye : *XII kalendas aprilis, deposito Domini Goswini abbatis hujus loci*. N'ayant gouverné que deux ans, d'après la chronique, il mourut donc en 921.

(2) Panto. Il gouverna de 921 au 30 septembre 925.

(3) Suavus, abbé de Saint-Bénigne. Il dirigea le monastère jus-

igitur Episcopus appropinquante obitus sui die, petiit se
tumulari in ecclesia sancti Patroni sui Benigni : vocato-
que ad se Suavo Abbate, dedit ei vice sancti Benigni
pratum unum in Asziriaco, ubi possunt secari feni carra
centum quinquaginta. Ideo vero, exceptis aliis rebus
que mente benigna contulerat, hoc pratum dedit, ut
anniversaria dies obitus eius celebriter agatur a fratribus, et refectio congrua eis preparetur ab Abbate, aut
ab illo cui obedientiam illam providendam commiserit.
Obiens autem sepultus est in hac basilica ante altare S.
Benigni. Cui successit Domnus Gotzelinus in Episcopatus
honore, anno primo (1) regni Rotberti : de quo quia
mentio facta oportet dicere quomodo regnum acceperit.

Odone rege defuncto, Rotbertus frater ipsius sperans
et cupiens eam regni partem, quam ipse tenuerat, adipisci, quia ei a Carolo qui totius regni erat dominus, non

---

qu'en 928, année de l'élection d'Alberic son successeur, ce qui ne
s'accorde pas avec ce que dit plus loin la chronique : *Annis X Suavus abbas in regimine transactis defunctus est.* Les auteurs du *Gallia
christiana* pensent que ce fut du temps de cet abbé que le roi Raoul,
tenant ses *grands jours* à Dijon, rendit au monastère de Saint-Bénigne, à la sollicitation de Gotzelinus, évêque de Langres, tout ce
que le vicomte Robert avait usurpé sur cette abbaye. Mais si on
veut que cette assemblée se soit tenue du temps de Suavus, il ne
faut pas que ce soit en 925 : car Pauto ne mourut que le 30 septembre 925, et l'assemblée se tint le 30 mai. D'ailleurs, je ne m'explique pas pourquoi certains critiques la placent en 925. Elle est datée
*III kal. junii, indictione XIII, anno IV, regnante domno Rodulpho
rege gloriosissimo* (Pérard, 163). Or Raoul ne monta sur le trône
qu'en 923, ce qui reporte les *grands jours* de Dijon au 30 mai 927,
l'indiction seulement étant fausse.

(1) *Primo* et non *decimo*, comme on lit dans l'édition de d'Achery.
Mabillon s'arrête ici dans ses annales pour discuter cette date
impossible et montrer que le chroniqueur est en contradiction
avec lui-même et avec tous les monuments (*Annales ordinis S¹¹ Bened.*, I, 361). Les auteurs du *Gallia christiana* déclarent à leur tour
qu'il doit y avoir ici une faute de copiste, et qu'au lieu de X il faut
lire I (*Gall. christ.*, IV, 545), en quoi ils ont parfaitement raison.
Le manuscrit original porte en toutes lettres : *Anno PRIMO regni
Roberti*, c'est-à-dire en 922.

reddebatur, palam tirannidem invasit. Et hoc post mortem Richardi Ducis, qui ab exequutione iustitie cognomen accepit. Ipse namque quamdiu vixit, Carolo regi semper fidelis exstitit. Rotbertus igitur affectate tirannidis potentiam palam exercere cupiens, a quibusdam Episcopis diademate se regio coronari, ac sceptro regni insigniri, partim blanditiis, partim minis extorsit. Sed nequaquam huius presumptionis letos habuit exitus. Denique postquam uno regnavit 'anno, Suessonicis in campis bello a Ducibus Caroli exceptus, vitaque spoliatus, licet exercitus eius victoriam obtinuerit, ipse tamen nefarie temeritatis pretium luit. Nec tamen socii defectionis interitu eius territi, perfidie deseruere contumaciam. Quin potius Herbertus Comes Vermandensis infando scelere Dominum suum regemque totius Francie Carolum dolo captum, vinculisque irretitum Paronne direxit tenebroso domicilio recludendum. Et quia regni status sine Principe agebatur in incertum maxime cum Hugoni, Rotberti filio, qui post probis actibus Magni nomen promeruit, puerilis obsisteret etas quominus regias assumeret infulas, et Herberti cunctos haberet odium, maxime eos quos humanitatis respectu ad misericordiam erumna Principis permovebat, tandem Rodulfus Burgundia oriundus, Richardi Ducis filius, regende preficitur Francorum patrie. Qui adeptus regni solium, et in malefactoribus fuit ultor severus, et in coercendis hostibus ac tuendo regno sagacissimus. Eius in diebus Danorum atque Nortmannorum iterum adveniunt phalanges, et non solum Franciam, sed etiam totam percurrunt Burgundiam. Contra quos Rodulfus sumptis armis, ita protervos eorum compescuit incursus, ut usque nunc Gallias ab eorum invasione faciat manere quietas. Contigit tunc corpus huius patroni nostri sancti Benigni deferri intra muros Divionis castri, ibique servari in ecclesia sancti Vincentii.

Gotzelinus tunc Episcopus regebat Lingonensem ecclesiam. Hic adiens Rodulfi regis palatium, deprecatus est una cum Manasse Comite eius clementiam, ut precepto regali statueret de quibusdam rebus ab hoc loco ablatis, sed a suis predecessoribus, Argrimo scilicet et Warnerio, nuper sancto Benigno redditis. Quod rex libenter annuens, ipsas res sua regali munificentia sepe dicto sancto Benigno restituit, Saciacum scilicet villam cum ecclesia, et aliis villis ibidem pertinentibus, et omnibus rebus quecumque potestas Episcopalis ibidem tenuerat. Abbatiolam etiam sancti Ioannis. Mercatum quoque die sabbati, quod est in burgo omnibus septimanis : et medietatem annalis, quod est festivitate S. Benigni : pratum etiam in Aziriaco-villa, quod Warnerius Antistes in fine mortis sue concessit inibi. Mansa VIII in comitatu Alsensi, in villa Nermedis (1) cum mancipiis utriusque sexus. In Gibriaco-villa (2) in comitatu Belnensi mansum unum, favente et deprecante Manasse Comite. Hec omnia prefatus Rodulfus rex concessit Deo et sancto Benigno, anno Incarnationis Dominice DCCCC. XXV, indictione XIII, regni vero sui IV.

Isdem Rodulphus rex, mortuo Hugone Duce fratre suo, Burgundiam adiit (3), residensque castro Divion mense Aprili, cum causas suas teneret Rotbertus Comes Palatii, et Gislebertus Comes Burgundie, aliique plures tam Comites, quam nobiles viri, interpellatus est Rotbertus Vicecomes a Wisone Advocato sancti Benigni de quibusdam servis, qui quamvis ex illius servo, tamen ex ancilla sancti Benigni, et ex potestate et fisco Longivici nati fuissent, magisque sancto Benigno quam ipsi Rot-

(1) Normier.
(2) Gevrey.
(3) Raoul, roi des Français, ne s'est pas emparé de la Bourgogne après la mort de son frère le duc Hugues, puisque celui-ci lui a survécu quinze ans.

berto servire deberent. Tunc in ipso Placito in presentia
principum eosdem servos wirpivit, et sancto Benigno
reddidit. Promittens deinceps si aliquis parentum aut
heredum illius eos repetere vel calumniare voluisset, se
testem et defensorem sancti Benigni contra eosdem
fore.

Eo tempore dedit quidam Boso nomine et uxor eius
Plectrudis, in Aziriaco villa, loco Wora vocato, sancto
Benigno partem unius condomine, alteram partem emit
ab ipsis Suavus Abbas solidis centum. Annis X Suavus
Abbas in regimine transactis defunctus est (1). Cuius
loco Albericus (2) ordinatus est Abbas a Domno Gotze-
lino Episcopo. Ipse vero Domnus Episcopus aliquantis
annis in Episcopatu perdurans, obiit; qui quoad vixit

---

(1) Suavus. Ce fut sous le gouvernement de cet abbé que Warnerius évêque de Langres fut, ainsi qu'il l'avait désiré, enseveli dans
la Basilique de Saint-Bénigne, *ante altare sancti Benigni.* Il s'agit
ici, non pas de l'autel de Saint-Bénigne dans l'église souterraine,
mais de ce qu'on appelait l'*Altare majus* placé dans l'église supérieure. C'est ce même Warnerius qui, en récompense des faveurs
nombreuses qu'il accorda à Saint-Bénigne, occupe une place si dis-
tinguée dans la vieille peinture qui représente la glorification du
saint Apôtre.

(2) Albericus. Il succéda à Suavus, vers 928, sans laisser d'autre
souvenir que cette annonce du nécrologe. *Kalendis decembris depositio Domni Alberici Abbatis hujus monasterii.* On sait cependant que
c'est à lui que Lambert, abbé de Pothières, adressa ses *Réponses* à
diverses difficultés de grammaire. Albéric, ayant entendu parler du
mérite de Lambert, l'avait appelé à Dijon et l'avait prié de donner
à ses moines quelques leçons sur les principales difficultés de la
langue latine. Lambert rédigea plus tard par écrit, et dédia « à
Albéric et aux frères qui vivent sous sa conduite » les instructions
qu'il avait d'abord données de vive voix. Il en résulta un petit traité
de grammaire, qui a de la valeur, où toutes les difficultés sont résolues par l'autorité de Priscien, d'Horace, de Juvénal; les excep-
tions aux règles parfaitement indiquées; les objections résolues so-
lidement; ce qui prouve qu'en plein X° siècle on étudiait avec soin
les lettres à Saint-Bénigne. On doit la découverte de ce petit traité
à Dom Mabillon, qui l'a inséré au tome II de ses Annales; mais ce
sont les auteurs de l'*Histoire littéraire* qui en ont fixé la date
(tom. VI, p. 222).

tempore, huic loco studuit prodesse pro suo posse.
Quod successores eius utinam fecissent taliter; successit
autem ei in Episcopatus honore Letericus Episcopus.
Post hunc Aericus : deinde Achardus, atque post Widricus. Transierunt sub his pontificibus anni ferme XL et
amplius, in quibus semper in deterius processit huius
loci status, Episcopis et Abbatibus alia magis quam id
curantibus.

Rodulfo rege defuncto absque liberis, nam filius eius,
Ludovicus nomine, quem habuit ex Emma regina coniuge
sua, defunctus est ante obitum patris. Et Carolus ergas-
tulo clausus, animam non corpus custodia exemit; qui
dum viveret Simplex dictus est ob benignitatem animi :
sanctus nunc recte potest vocari, quoniam iniuste ab
infidelibus suis et periuris longa custodia carceris afflictus, vite superne est transmissus. Hic reliquit filium
Ludovicum ex Eadgiva Anglorum regis filia susceptum.
Qui calamitatis paterne procellis semet involvi metuens,
ad Anglos Saxones materne affinitatis invitatus gratia se
contulit. Post excessum vero Rodulfi regis ab Hugone
Magno revocatus, specie tenus regno redditus est patrio,
anno Incarnationis Dominice DCCCC. XXXVIII, indictione XI. Cuius regni amministratio ius dominationis exercere cupienti laboriosa illi fuit, tam sui a Tethbaldo Car-
notensium Comite captione, quam post regni recuperatio-
nem, vario instabilis fortune proventu. Huius regni anno
secundo Fulcherius Abbas est ordinatus : quod officium
tenuit annis XV, et nihil boni in hac domo gessit (1).

(1) Notre chroniqueur ne dit qu'un mot, et très sévère, de Fulcherius. Hugues de Flavigny, dans sa chronique, entre en plus de
détails. Il nous apprend que Fulcherius fut élu abbé la seconde année
du règne de Louis d'Outremer, c'est-à-dire en 937; qu'en 944, il
partit pour Jérusalem et en rapporta une partie d'un des clous de
Notre-Seigneur, et une notable parcelle de la vraie croix. Il ne dit
pas, il est vrai, auquel de ses monastères, car il gouvernait à la fois
Saint-Bénigne et Flavigny, il donna ces reliques, mais d'une part

Quo migrante successit Manasses (1) Abbas nomine, et
ipse peior priore (2).

Ludovicus rex moriens duos superstites dimisit liberos, Lotharium atque Carolum, quos genuerat ei Ger-
berga soror Ottonis Romanorum postea Imperatoris.
Carolus evo iunior privatis in edibus senuit : in hereditatem omnem Lotharius successit. Qui potestate regia
functus est per XXX et eo amplius annos. Illo tempore
Manasse vices Abbatis agente, Hugo Comes Divionensis
veniens ad obitum, petiit se tumulari in atrio sancti Benigni (3). Pro cuius requie anime et loco sepulture, dedit Adalburgis Comitissa uxor eius, cum laude filiorum
ipsius, Gibuini scilicet Catalaunensis Episcopi, et Ri-

ces reliques n'ayant jamais été honorées à Flavigny, et d'autre part
les inventaires de Saint-Bénigne en faisant, à différentes époques,
une mention expresse, il est évident qu'il en enrichit Dijon. Ce fut
peut-être en échange, et pour consoler les moines de Flavigny
qu'il leur apporta une partie des reliques de sainte Paschasie. Il mourut le 4 des kalendes de mai 955 ; mais depuis plusieurs années déjà,
il ne devait plus gouverner l'abbaye de Saint-Bénigne ; car Aridius
lui avait succédé dès 949.

(1) Notre chroniqueur donne à Fulcherius, Manasses pour successeur. Entre ces deux abbés, une charte de Pérard (page 165) place
Aridius, qui gouvernait l'abbaye la quatorzième année de Louis
d'Outremer, c'est-à-dire en 949. On ne sait rien de cet
abbé, qui n'a pas laissé de meilleur souvenir que celui qui le précède et celui qui le suit. Sous son gouvernement, il semble, comme
nous avons dit plus haut, qu'il n'y a plus de moines à l'abbaye ; ce
ne sont que des clercs, *cujus tempore clerici erant apud sanctum
Benignum.... Congregationi clericorum...*, etc. Cependant Aridius
porte le nom d'abbé, *Aridio Abbati...*, ce qui permet de plus en
plus de croire que l'abbaye à la vérité était bien déchue ; qu'on y
rougissait du nom de moine, mais qu'elle n'était pas sécularisée.

(2) Manasses. Le mal fut porté à son comble sous le gouvernement de cet abbé qu'il fallut même déposer. Une charte trouvée en
1661 par l'évêque de Chalons dans le trésor de l'église de Cercelles-
sur-Ouche, et par laquelle Manasses accorde la liberté à un jeune
homme pour qu'on put l'ordonner prêtre, donne une des dates de
ce gouvernement qui fut assez long. *Datum die Dominica secunda
maii anno XII regnante Lothario rege......* DCCCC. LXVI.

(3) Hugues de Beaumont.

chardi qui post eum hunc tenuit comitatum, et Hugonis
Attoariorum Comitis : predicta coniux ipsius dedit mansum I in Patriniaco villa, et quicquid ad ipsum mansum
aspicit. Dedit ipso tempore Erimarus quidam in villa
Curte Arnono vocata mansa VI, cum ecclesia inibi constructa, et mancipiis desuper commanentibus utriusque
sexus XVIIII. Insuper quicquid habuit inter duos fluvios
Tilam et Basmonum (1), dedit Deo et sancto Benigno.
Evrardus etiam pro Restantio fratre suo, huius loci monacho, dedit in villa Corcellis mansum indominicatum I
et omnia que ad ipsum mansum aspiciunt. Allo Sacerdos
factus monachus dedit in Belnensi pago in villa Cussiniaco mansum I, et terram arabilem, et pratum : similiter in Flaviniaco dedit mansum I; et quicquid ibi vel
ubicumque habuit in terris et mancipiis, sancto Benigno tradidit. Supra scriptus Gibuinus Episcopus, et fratres sui Richardus et Hugo post obitum matris, pro requie anime eius atque patris sui, dederunt hereditatem
quam habebant in villa Misciniaco, quam terram dedit
Manasses Abbas in prestariam cuidam nobili femine Retrudi, et filiis eius Gotescalco et Willerio. Similiter in
villa Bargis dicta dedit XXVII iornales de terra eidem
Retrudi in prestariam. Rotrudis altera dedit sancto Benigno iuxta Divionem super Oscaram fluvium molendinum I, et VIII iornales de terra arabili in eodem loco.

Anno ab Incarnatione Domini DCCCC. LXXX , indictione VIII, regni Lotharii regis XXV anno (2), dedit idem
rex Brunoni Remensis Ecclesie clerico (3), suo vero pa-

---

(1) La Tille et le ruisseau de Bamont.
(2) C'était la vingt-septième année du règne de Lothaire, et non
la vingt-cinquième.
(3) Bruno de Rouci, né en 957, évêque de Langres à 24 ans, un
des plus saints évêques du 10e siècle, et le grand réformateur de
Saint-Bénigne où sa mémoire fut toujours en vénération. On va
voir en quels termes en parle la chronique. Nous y joignons ce qu'en
dit le nécrologe : « Depositio domni Brunonis episcopi Lingonice

renti propinquitate consanguinitatis existenti, Episcopatum Lingonice civitatis. Ordinatus est autem idem Bruno Episcopus per manus Burchardi Lugdunensis Archiepiscopi in ecclesia sancti Stephani, viginti quatuor
gerens annos etatis : et eodem anno susceptus est a
clero Lingonice urbis, ab Incarnatione videlicet Christi
DCCCC. LXXXI. Is assecutus Episcopatum, omni quo
potuit nisu sequi studuit exemplum boni Pastoris. Monasteria igitur ipsius ad diocesim pertinentia in spiritualibus
religione, in temporibus necessaria pene annullata,
gubernatione considerans, cepit querere quatinus Dei
dispensante nutu suum in statum ea quivisset reparare.
Amovens ergo Manassem Abbatem huius loci a dominatione qua non bene utebatur, instituit in locum eius

urbis. Hic postquam divina favente gratia et unanimi omnium laudante concordia episcopali sublimatus est in cathedra, sic apparuit
strenuus in commisso sibi regimine, ut nulli antecessorum predicte sedis Antistitum fuerit secundus in pastorali gubernatione. Namque cum esset tam nobilitate generis quam morum probitate insignis, magis spem suam posuit in virtute Dei quam in potentia
seculari. Quapropter ita superno promeruit corroborari auxilio,
cooperante sibi et adiuvante maximo comitum Burgundie, Ottone
Willelmo cognomine, pariterque religioso monachorum abbate eodem nuncupato nomine, ut hanc divionensem abbatiam et interius
in antiquum reformaret statum secundum regulam sancti Benedicti,
et exterius adiiceret plurimarum reddendo possessiones terrarum,
que iniuste olim a quibusdam pseudopastoribus date fuerant ob
pompaticam mundi gloriam. Verum non hoc solum modo sancto
Benigno contulit beneficium, sed etiam larga studii munificentia
mirifici operis eidem construxit templum, perennavitque annua-
lem censum et paratas ecclesiarum. Preterea quod est super omnia decentius ad ostendendum paterne dilectionis exemplum suis
successoribus per multos vite sue annos quadragesimale tempus,
cum divionensibus peregit fratribus materno affectu curam eorum
agendo et cuncta prope modum victui necessaria de suo sufficienter
ministrando. Denique tantum supra dictum monasterium dilexit,
ut sepulture sue locum inibi omnimodis destinaret. Cuius votum
quamvis adverso casu impediente nullo modo potuerit perduci ad
effectum, tamen posquam decessit e mundo 60 etatis sue anno
Episcopatus autem 36 pro anime ipsius requie iam fatum cenobium 200 argenti librarum remuneratum est quantitate. »

Abbatem quemdam ex monasterio Dervensi (1), Azonem nomine. Erat is Aquitanicus genere, ornatus bonis moribus et religiosa conversione. Hic duobus annis in regimine peractis repedavit ad suum monasterium, dimissa huius loci gubernatione, atque iterum Manasses Abbas suum recepit officium.

Videns igitur Domnus Episcopus Bruno statum loci in ambiguo positum, supplex adiit domnum Maiolum Cluniensis monasterii Abbatem, multaque prece poposcit quatinus eius auxilio quivisset reparare in melius, interius religionem et exterius possessiones. Cuius precibus flexus Reverendus Abbas Maiolus dedit ei duodecim monachos ex omni congregatione electos, disciplinis sancte religionis instructos, divina et humana sapientia doctos, nobilitate carnali claros. Quibus advenientibus, ita ordinavit domnus Episcopus, ut die Translationis sancti Benigni, monachis cum sibi subiectis clericis ante sepulcrum sepefati Martiris in cripta nocturnale officium peragentibus, ipsi in superiori choro ante principale sancti Mauricii altare matutinalem inciperent sinaxim (2). Quod utique convenienter actum est, ut qui lumen religionis ostendere veniebant, intrarent luce diei appropinquante. Proinde illis hac vel illac pergentibus, isti in loco degentes ceperunt sancta conversatione resplendere, et locus qui antea pravis actibus et ineffabili negligentia a cunctis videbatur confusus, nunc felici exercitatione virtutum omnium videretur esse floridus. Verum quia predicti Patris industria locis aliis intenta erat, et hic locus sine Abbate esse non poterat, iterum Domni Brunonis Presulis pulsatus precibus, quemdam fratrem ferventissimum sui Ordinis executorem, et totius

---

(1) Montier-en-Der.

(2) Il faut noter avec soin ce passage, qui atteste l'existence de deux églises l'une inférieure, l'autre supérieure avant l'arrivée de l'abbé Guillaume.

nobilitatis lampade prefulgidum, atque in vera humilitate et fraterne. dilectionis caritate, nec non summum
discretionis que virtutum omnium mater esse dignoscitur honestate, laudabiliter radicatum et fundatum, nomine *Willelmum*, huius monasterii gregi prefecit, et
patrem spiritalem sibi poscentibus filiis instituit. Hic
Italia exstitit oriundus (1), alto satis germine, et nobili
prosapia editus. Quem supradictus Domnus Maiolus
Roma veniens invenit in monasterio Lauceio dicto (2),
ubi a puero educatus fuerat. Assumensque eum ipso
deprecante, secum adduxit Cluniacum, etate iuvenili
florentem.

Ordinatus est igitur Abbas a Domno Brunone Episcopo, anno ab Incarnatione Domini DCCCC. XC, indictione III. Officio vero Abbatis accepto, divinis seipsum
cepit exercere virtutibus. Erat enim corpore castus,
mente devotus, affabilis alloquio, prudentia preditus,
temperantia clarus, interna fortitudine firmus, censura
iustitie stabilis, longanimitate assiduus, patientia robus-
tus, humilitate mansuetus, bonorum operum gratia plenus, karitatis equidem affluens visceribus. . . . .
. . . .
. . . . (3) Pro pauperibus semper erat sollicitus, Christum vero diligens totis visceribus, dum sicut

---

(1) En 941 en 942. Nous avons sur le célèbre abbé Guillaume cinq
espèces de documents : 1° sa vie extraite de notre Chronique; —
2° une autre vie, par Raoul Glaber, qui fut moine à Saint-Bénigne
du temps du saint abbé : il faut compléter cette vie en empruntant
à l'Histoire de France de Raoul Glaber quelques détails assez curieux sur l'abbé Guillaume (Lib. III, ch. v et ix. — Lib. IV, ch. iv. —
Lib. V, ch. i); — 3° une vie extraite de la Chronique de Bèze; —
4° quelques mots dans la Chronique d'Hugues de Flavigny; — 5° le
prologue et quelques chapitres de l'Histoire du monastère de Fécamp.

(2) Locedia, alors du diocèse de Verceil aujourd'hui de Casal.

(3) Ces deux lignes ont été grattées sur le manuscrit, nous ne
savons à quelle époque, ni dans quelle intention.

Martha corporaliter non valebat, in egenis illum quotidie reficiebat. Omnibus hospitii perlargum prebuit usum : nemo est exceptus, perpessus nemo repulsam : Divinorum preceptorum delectabatur eloquiis, quia ex his et suos mores componere, et sibi commissos instruebatur docere et corrigere. Cunctis seipsum prebebat bene vivendi exemplum. Et sicut in ordine, ita primus studebat ut esset in opere, iuxta illud Evangeliste : *Cepit Ihesus facere et docere* (1). Peccantes vero zelo pii amoris coram omnibus arguebat, ut ceteri timorem haberent. Sed et verba que sub increpatione proferebat, ut reprehendenda reprehenderet, quasi stimuli dura videbantur et aspera, ut pene timerentur plusquam verbera, iuxta illud, *Verba sapientis, quasi stimuli, et quasi clavi in altum defixi* (2). Alios quidem blandimentis, alios ammonitionibus, alios terroribus, et ita iuxta Apostolum, predicans verbum instabat oportune, importune, arguens, obsecrans, increpans, in omni patientia, et doctrina (3). Miserorum vero haud secus ac si pateretur ipse, afficiebatur calamitatibus. Os eius ita replebatur ex cordis abundantia, ut in eodem ore pene nihil aliud nisi

(1) Act., 1, 1.
(2) Eccles., XII, 11.
(3) L'éloquence de l'abbé Guillaume, louée par notre Chronique, l'est aussi dans tous les monuments de l'époque où il est question de lui. Cette éloquence était si remarquable que plusieurs de ses sermons furent attribués à saint Augustin ou à d'autres Pères, et insérés dans leurs œuvres. Les auteurs de l'*Histoire littéraire* ne connaissaient que deux fragments de ses discours : celui qu'il prononça à la dédicace de l'église de Saint-Bénigne, et celui qu'il tint au roi Robert et à la reine Constance sur la mort de leur fils (*Hist. littér.*, t. VII, p. 324); mais des recherches plus approfondies en ont fait retrouver d'autres. On en connaît aujourd'hui sept, qui permettent d'apprécier cette belle éloquence qui arrachait tant de larmes, au témoignage de Raoul Glaber : 1° *De Eleemosyna*; 2° *De Caritate super verba psalmi : Terra dedit fructum suum*; 3° *De B. Job et de eelemosyna, de nobilium fastu et amore pauperum*; 4° *In dedicatione Ecclesiæ Sti Benigni*; 5° *De B. Job*; 6° *De Eleemosyna*; 7° *de Continentia*. Quant aux ouvrages de l'abbé Guillaume, la plupart ont été

lex resonaret divina; et quia scriptura dicit : *Qui audit,*
dicat veni (1); ideo quoscumque poterat, a seculi nequi-
tia suadendo subtrahebat. Et sicut celeste per desiderium totis ipse viribus ad supernum regnum hanelabat,
ita secum pergere omnes homines, si fieri posset, exop-
tabat. Sed nullatenus est fraudatus a desiderio, quod in
se conceperat vera dilectio. Ille enim qui charitas est,
qui se timentium complet voluntatem, viri Dei fervren-
tem affectum perduxit ad effectum. Ad eius quippe
monita multi que possederant relinquentes, regulari se
discipline subdiderunt, et beati Benedicti sequentes
vestigia, semetipsos abnegantes, vero Regi totis viribus
militaverunt. Partibus namque ex diversis ad eius cenobium multitudo confluxit innumerabilis. Sed nationibus
licet diversi, mente tamen erant uniti, ut illud ad litteram in eis impletum videretur, quod de initio nascentis
Ecclesie in Apostolorum Actibus legitur : *Erat illis cor*
unum, et anima una (2).

Crescente autem interius religionis studio, exterioris
substantie supplementum cepit habundare non modice;
prout Dominus promisit suis in Evangelio : *Querite pri-*

perdus. Les auteurs de l'*Histoire littéraire* n'en connaissaient que
quatre : 1° deux lettres adressées au pape Jean XIX; la première
pour l'exciter à réprimer la simonie (lettre incomplète, de laquelle
les auteurs de l'*Histoire littéraire* disent qu' « on peut assurer qu'il
n'y a rien dans tout ce siècle qui soit mieux écrit à tous égards) »
(*Id.*, 322); la seconde pour exciter le Pape à ne pas permettre au
Patriarche de Constantinople de prendre le titre d'Evêque univer-
sel; — 2° une lettre à saint Odilon, abbé de Cluny, sur le triste état
de l'abbaye de Vézelay; — 3° la charte de fondation du monastère
de Fructuare, « la pièce la mieux faite et la mieux écrite qu'on connaisse en ce genre » (*Id.*, 323). Aujourd'hui nous sommes plus
riches; on a retrouvé de l'abbé Guillaume dix lettres et un traité
entier : *De vero bono et contemplatione divina*, sans compter d'autres
fragments de moindre importance. (Voir *Sancti Willelmi divionen-*
sis abbatis opera. Studio D. Eugenii De-Levis. Augustæ Taurinorum. M.DCCXCVII; in-4°.)

(1) Apocalyps., XXII, 17.
(2) Act., IV, 32.

mum regnum Dei, et iustitiam eius, et hec omnia adiicien-
tur vobis (1). Domnus namque Episcopus Bruno nimium
exhilaratus corde bona eorum conversatione, omni studio eorum usui necessaria curabat subministrare. Reddidit igitur sancto Benigno et eius monachis ecclesiam in
Saciaco (2) sitam, una cum ipsa potestate et villis ad
eam pertinentibus totam ex integro, sicuti eam possederat ab antiquis temporibus. Sed postea multis vicibus
distracta et direpta a malignis hominibus : salvamentum
vero ipsius ville Otto Comes (3) cognomento Willelmus,
successor Hinrici Ducis et heres, computato non modice
quantitatis pecunie debito, Gazfredo Malliacensis (4) castri Domino, pro anime sue remedio reddidit sancto Benigno. Necnon et ecclesiam sancti Apollinaris reddidit
Domnus Bruno Episcopus, et terram concessit iuxta hoc
monasterium, ut plantaretur viridarium ; ac secus undique ad vinearum opera, iugera multa in Lariaco, in
Biciso, in Surdiliaco, Patriniaco, Fedeniaco, campo Salomonis (5), in Marcenniaco : que quamvis monachorum
edificarentur studio et opere, tamen Brunonis Episcopi
fiebant adhortatione. Ubique ergo investigans ablata
restituebat, et de suo iure quodcumque necessarium et
utile eis foret, libenti animo tribuebat. Utrisque vero,
domno scilicet Presule Brunone, atque venerando Abbate Willelmo, in restauratione huius loci studiose de-
certantibus, cepit crescere, et quasi denuo reflorere.

Tempore quo hec gerebantur Hugo rex Hugonis Magni
filius, cum Rotberto filio Francorum potiebatur regno.
Lothario namque regi celeste, ut credimus, pro terreno
commutanti Ludovicus filius successit. Qui immatura

---

(1) Matth., VI, 28.
(2) Cessey-sur-Tille.
(3) Othe-Guillaume, beau-frère de Bruno, évêque de Langres.
(4) Mailly-le-Château (Côte-d'Or).
(5) Saulon-la-Chapelle.

adolescens preventus morte, destitutum proprio herede
Francorum deriliquit regnum. Sane patruus eius Carolus
conabatur, si posset, a sui generis auctoribus diu possessum sibi vindicare regnum, sed eius voluntas nullum
sortitur effectum. Nam Franci primates eo relicto ad
Hugonem, qui ducatum Francie strenue tunc gubernabat, Magni illius Hugonis filium cuius iam mentio facta
est, se conferentes, eum Noviomo civitate solio sublimant regio. Is eodem anno Rotbertum filium sibi consortem regni elegit. Cepit regnare anno DCCCC XCI ab
Incarnatione Christi; et regnavit X annis. Post cuius
mortem Rotbertus solus obtinuit regnum. Hugonis regis
fuerunt fratres duo, Otto et Hinricus filii Hugonis Magni
Ducis Francorum. Post mortem patris accepit Hugo
Ducatum Francie, et Otto Burgundie. Habuit uxorem
filiam Gisleberti, qui post Hugonem, fratrem Rodulfi
regis, Ducatum Burgundie tenuit. Sed eo in adolescentia
absque liberis defuncto, Hinricus suscepit frater suus :
hic fuit comptus bonis moribus, precipue mansuetudine,
vir ecclesiasticus.

Ipse denique Hinricus Dux, audita fama religionis
eximii patris Willelmi, commisit ei Abbatiam Verzia-
censem (1) pene ad nichilum redactam, ut ab ipso resti-
tueretur in pristinum statum : quod et fecit, auxiliante
Deo. Domnus autem Episcopus Bruno considerans Patrem Willelmum ita ferventem in religione, ac monastica institutione, et loca ei commissa de die in diem in
melius proficere, omnia in suo episcopio monasteria
ipsius delegavit providentie. Abbatiam scilicet Besuensem, Apostolorum Petri et Pauli honore dicatam (2) :
Monasterium sancti Ioannis, quod Reomaus dicitur (3) :

(1) Saint-Vivant de Vergy.
(2) Bèze.
(3) Saint-Jean de Réome, ou Moutier-Saint-Jean.

locum sancti Michaelis Archangeli, iuxta castrum Thar-
nodorum (1). Abbatiam Melundensem (2), ubi sanctus
Valerius Archidiaconus et Martir quiescit; quas omnes
ita strenue gubernavit, ut post eum singule singulis
Abbatibus distribute, statui illius temporis, quo ab eo
regebantur, non quierint equari.

Anno sexto sue ordinationis Willelmus Abbas Romam
perrexit ad Apostolorum limina, eorum patrocinia exposcens prece devota (3), indeque ad sanctum Angelum
montem petivit Garganum. Sed Beneventum veniens,
gravissime infirmitatis adstrictus est compede. Cuius infirmitatis diuturno afflictus languore, cum iam a suis
desperaretur posse evadere, quadam nocte raptus in
spiritu tribunali metuendi iudiciis sistitur : ubi cum pro
aliquibus increparetur excessibus, et maxime pro indis-

(1) Saint-Michel-Archange, près de Tonnerre.
(2) Molosmes.
(3) On s'étonne que l'auteur de la chronique parlant du voyage
de l'abbé Guillaume à Rome, n'en ait pas indiqué la cause, et ne
paraisse pas en avoir soupçonné l'importance. Un grand évènement
venait d'avoir lieu, la découverte de la tombe de Saint-Bénigne et
des ossements du saint Apôtre. Une grande résolution venait d'être
prise : la reconstruction, partielle du moins, de la basilique de
Saint-Bénigne. Raoul Glaber raconte tout au long ces faits. Est-ce
pour cette raison que notre chroniqueur ne croit pas devoir s'y
arrêter. Quoiqu'il en soit le 15e chapitre de la vie du vénérable
abbé Guillaume par Raoul Glaber doit être placé ici comme un
supplément nécessaire. Le voici : « Contigit ergo post modum quatenus pars ecclesie beati martyris Benigni, cui auctore Deo, primitus pater fuerat datus, ruinam corruens daret. Quam cum reformare
cuperent artifices cementarii, graviorem pars eadem dedit ruinam.
Quod cernens vir Deo devotus, intellexit divinitus sibi dari indicium
quod totum a fondamentis renovari conveniret templum. Illicoque
summo mentis ingenio cepit ipsius ecclesie reformande mirificum
construere apparatum : quam denique cum cepisset reedificare
positione mirabili, valde longiore ac latiore quam fuerat; ignotus
tamen erat universis locellus, quo pretiosi martyris membra clau-
debantur Benigni, quia sollerti cura taliter antiquitus fuerat reconditus, ut illo fiducialiter veneraretur martyr per evum, ubi felici
morte occubuit propter Deum. Sed a quibusdam incautis dicebatur

creta severitate, pro his culpis metueret damnari eter-
nis gehenne suppliciis, ut sibi visum est, sanctus Papa
Gregorius in sua eum suscepit fide, diligentiori deinceps
victurum sollicitudine, et priora errata pietatis et mise-
ricordie operibus expianda correcturum fore. Post visio-
nem in semet reversus, et ab infirmitate eadem cepit
convalescere die, et priorem austeritatem permutavit
in maximam pietatem. Sicque postea omni vite sue
tempore sanctum Gregorium speciali coluit dilectione.
Ceperunt denique ex sua patria, hoc est Italia, multi ad
eum convenire. Aliqui litteris bene eruditi, alii diversorum operum magisterio docti, alii agriculture scientia
prediti. Quorum ars et ingenium huic loco profuit plurimum. Crescebat ergo quotidie multitudo monachorum
sub eius magisterio degentium, ut exceptis his qui per

etiam ibi non haberi. Cuius ignoratio rei nimium mestificabat animum
patris Willelmi. Tali quoque defectu anxio revelatum est visione
pulcherrima per ipsum Dei martyrem ipsius honorabile sepulcrum.
Erat enim, ut beatus multorum sanctorum descriptor miraculorum
Gregorius Turonorum pontifex refert, pergrandis arca lapidei sar-
cophagi continens illum. Pro cuius incredulitate narrat idem sanctus alterum sancti nominis Gregorium lingonensem episcopum
acrius quondam fuisse increpatum. Cuius namque positionem loci
antiqua vetustas occuluit. Nam coram precipuo illius monasterii
altari profundius habebatur defossum memoratum sepulcrum. Quod
continuo requirens invenit, aperiens que illud contingere meruit
sacratissima egregii martyris ossa in cuius etiam cerebro, quod
in descripta illius passione legitur, vulnus ferreo illatum vecte apparuit : que omnia integro numero presentibus honestioribus
tam episcopis quam ceteris diversorum ordinum vel sexuum
cum odoriferis thymiamatibus, ac psallentium choris, in eodem
recondidit sarcophago, inde que paullulum ad orientem amovens
in pulcherrimo atque incomparabili locavit tumulo. Dehinc namque
Pater venerandus acriori accensus devotione, reformande opus Basilice instanter, quemadmodum decreverat, accelerabat perficere.
Quoniam ut diximus, et presto est cernere, totius Gallie mirabilio-
rem, atque propria positione incomparabilem perficere disponebat.... tunc enim devota concepit mente, ut apostolorum principis
Petri sanctissima limina visitaturus adoret. » (Vita S. Willelmi,
Abbatis, divionensis auctore Glablo Radulpho, cap. 15 et 16).

alia erant monasteria in hac congregatione quotidie fratres essent septuaginta, aut octoginta.

Inter cetera que Domnus Bruno Episcopus in hoc loco egit bona, longum est enim enumerare singula eius gesta, sed hoc breviter possumus dicere; cuncta ab antiquis huic loco conlata, posteaque a malignis direpta, vel a pravis Rectoribus dispertita, a Brunone Episcopo sunt restituta : et licet illi non amittant mercedem sue eleemosine, hic tamen non inferiori dignus est gratiarum actione : de emortuis enim cineribus in excellentiorem, quam unquam ante fuerat statum, per eum sublimatus est hic locus.

A sancto igitur Gregorio Lingonensi Episcopo fundata hec Abbatia, a Guntranno rege stabilita et ditata, a Carolo Imperatore cognomento Calvo, et domno Isaac Episcopo restaurata : ab honorando Presule Brunone, et Willelmo venerabili Abbate, non solummodo in aliis rebus, verum etiam in nova ecclesie fabrica est renovata; in cuius basilice miro opere Domnus Presul expensas tribuendo, ac columnas marmoreas ac lapideas undecumque adducendo, et Reverendus Abbas magistros conducendo, et ipsum opus dictando, insudantes, dignum divino cultui templum construxerunt. Cuius artificiosi operis forma et subtilitas non inaniter quibusque minus edoctis ostenditur per litteras; quoniam multa in eo videntur mystico sensu facta (1), que magis divine

_____

(1) Inutile de noter ce texte, qui a une si haute importance, et qu'aucun lecteur sérieux ne lira sans attention. Après avoir eu, il y a quelques années, un si grand engouement pour le symbolisme des édifices religieux, nous voilà menacés de tomber dans l'autre excès. On laisse entendre que ces vues symboliques ont été imaginées après coup, et que les architectes du moyen âge ne les soupçonnaient même pas. Il est donc curieux d'entendre un moine contemporain expliquant, du vivant même de l'architecte, ou du moins peu après sa mort, le sens symbolique de notre basilique; l'expliquant de peur que la véritable pensée de l'architecte ne se perde

inspirationi, quam alicuins debent deputati peritie magistri (1).

Fundatum est autem hoc templum (2) anno Dominice

on ne soit pas comprise, et entrant sous ce rapport dans des détails qui ont, on va le voir, le plus vif intérêt.

(1) Une main du XV⁰ siècle a ajouté ici, sur le manuscrit original de notre Chronique, un titre ainsi conçu : « *Sequitur forma
Ecclesiæ antiquæ hujus monasterii Divi Benigni.* » Ce titre a passé
dans toutes les copies, et de celles-ci dans l'édition de d'Achery.
Peut-être un lecteur de la Chronique, habitué à l'étude des chartes
anciennes, aura-t-il été frappé, comme nous le sommes nous-
mêmes, du caractère de cette pièce, et se sera-t-il persuadé qu'il
avait sous les yeux une description authentique de l'église Saint-
Bénigne? Quoi qu'il en soit, ce sentiment est le nôtre, et non seulement le style de cette pièce, qui commence à ces mots : *Fundatum
est,* et finit à ceux-ci : *Ostia viginti quatuor,* mais certains détails,
certaines expressions qui n'échapperont pas à un lecteur instruit,
nous persuadent que cette description de l'église est de l'abbé
Guillaume lui-même, ou du moins rédigée par ses ordres et sous
ses yeux.

(2) Dom Plancher a établi dans son *Histoire de Bourgogne* (tom. I,
p. 476), avec beaucoup de solidité, qu'on avait abusé de ce texte
de la chronique pour prouver, que les anciennes églises de Saint-
Bénigne étaient tombées avant l'an mil, et que l'abbé Guillaume
en avait fait construire une entièrement nouvelle. Il montre par
des textes de la Chronique (page 130) que les anciennes églises
subsistaient non seulement en 989, un an avant l'arrivée de l'abbé
Guillaume, mais en 1045, plus de vingt ans après lui. Il ajoute que
la Chronique elle-même, parlant de la bâtisse de l'abbé Guillaume,
laisse assez entendre que ce ne fut pas une construction totale, mais
bien un renouvellement et une amélioration d'un ancien édifice :
« *Verum etiam in nova ecclesie fabrica est renovata.* » Ce qui ne
veut pas dire, remarque avec raison dom Plancher, la structure
d'une nouvelle église, mais une nouvelle construction ou structure
d'église. Toute cette argumentation du savant bénédictin est inat-
taquable. Il aurait pu la fortifier encore par un texte de Raoul
Glaber, bien plus expressif que celui qu'il a cité, et que nous avons
donné dans nos *Etudes* sur saint Bénigne ; on y voit qu'il ne s'a-
gissait pas pour l'abbé Guillaume de bâtir un nouvel édifice, mais
d'en renouveler un ancien, et qu'en effet ce qu'on admira le plus,
dans cette église, ce fut qu'il eût su en changer le plan avec tant
d'art, et faire un édifice nouveau en conservant tant de parties
anciennes. Mais au moment où nous adoptions ainsi les conclusions de dom Plancher, et où nous essayions de leur donner une
nouvelle force, la vieille crypte de saint Bénigne n'était pas encore
sortie de terre, et nous ne pouvions nous appuyer que sur le

Incarnationis MI, indictione XIV, XVI Calendas Martii.
Cuius longitudo ducentorum ferme cubitorum (1), lati-
tudo autem quinquaginta trium exstitit (2). Altitudo

témoignage des auteurs contemporains, suffisant du reste. Depuis
lors toute l'église souterraine de saint Bénigne a été exhumée, et
les études approfondies que nous avons pu faire sur ces ruines
nous ont confirmé dans la même opinion. Non seulement il est
évident à nos yeux que l'abbé Guillaume a conservé des parties
anciennes, mais nous croyons qu'il est possible de les indiquer et
de les distinguer des constructions nouvelles dont il est l'architecte; et peut-être l'essaierons-nous un jour.

(1) La coudée était chez les romains de 1 pied 1/2. Quant au
pied, il est difficile de dire exactement quelles étaient ses dimensions. Les différents pieds de fer, de bronze ou d'ivoire trouvés
dans les ruines des villes romaines présentent des différences. Un
des pieds conservés au musée de Naples porte en longueur 0,291ᵐᵐ
45; celui de Maulevrier (près de Caudebec), 0,292ᵐᵐ 5/10; celui
du Châtelet (près de Saint-Dizier), 0,295ᵐᵐ le demi-pied en os
trouvé à Herculanum, 0,148ᵐᵐ 11,etc. La différence entre les extrêmes
va donc de 5 à 7 millimètres, ce qui est considérable, puisque sur
une longueur de 45 pieds, par exemple, on pourrait compter tantôt 44, tantôt 46 pieds. Les autres méthodes employées par les
savants pour arriver à déterminer d'une manière absolument précise la valeur du pied romain n'ont jusqu'ici pas mieux réussi.
Astolfi, par exemple, Cassini, Fréret, de Prony, mesurant sur le
terrain une partie de voie romaine, en ont conclu des longueurs
de pied qui diffèrent entre elles de 5 millimètres. D'autres méthodes
plus précises laissent subsister des différences plus ou moins grandes, première cause d'incertitude quand il s'agit de mesurer un
édifice d'une certaine étendue. D'autre part, s'il est difficile de déterminer exactement le pied romain, comment connaître au juste
quelle était la longueur de la coudée dont on se servait au XIᵉ
siècle à Dijon? Qui ne sait que toutes ces mesures ont subi mille
variations au moyen âge; que notre toise a été graduellement altérée, et à tel point qu'en 1668 il a fallu la raccourcir de cinq lignes?
Joignez à cela les expressions parfois un peu vagues de notre
chroniqueur, et vous comprendrez les difficultés que rencontrait
dom Plancher, essayant avec le pied-de-roi français de se rendre
compte de l'édifice décrit dans la Chronique, et qui avait en partie
disparu ou été modifié.

(2) L'église supérieure avait 200 coudées, c'est-à-dire 92 mè-
tres. L'église souterraine à peu près autant; eumdem pene modum
habens quantitatis. Aussi M. Violet-Leduc n'hésite pas à déclarer la
crypte de Saint-Bénigne non seulement « un monument unique »
sous le rapport du plan, mais « la plus vaste des cryptes connues.»
(Diction. d'archéologie. tome IV, au mot Crypte.)

vero in sequentibus oportune dicetur. Inferior itaque domus orationis, in qua sacratissimum corpus sancti Benigni Martiris veneratur, eundem pene modum habens quantitatis, fulcitur centum quatuor columnis. Hec in figuram T. littere facta (1) quatuor ordines columnarum duodeno dispositarum numero : equali extenditur in longitudine et latitudine (2) : X vero cubitis erigitur in altitudine; secreta ex utraque parte habens vestibula. Quinque sane in ea continentur altaria (3); primum in

---

(1) Nous avons indiqué dans notre ouvrage sur saint Bénigne comment cette figure du T avait été empruntée à la crypte de Saint-Pierre de Rome, et nous avons dit quel en était le symbolisme.

(2) Dom Plancher signale ici une contradiction dans notre chroniqueur. « Il dit, remarque le savant bénédictin, que l'église qu'il prétend fondée par l'abbé Guillaume avait près de 200 coudées; puis, parlant de l'église souterraine ou inférieure, il dit qu'elle avait presque la même longueur que l'autre : elle avait donc presque 200 coudées, c'est-à-dire 300 pieds de long. Mais ce même auteur, en ajoutant, deux lignes après, que la longueur de l'église inférieure et d'en bas était égale à sa largeur, détruit ce qu'il avait dit auparavant, et réduit la longueur d'en bas à 80 pieds ou environ, en quoi consistait toute sa largeur. Dans une telle contradiction, quel parti prendre? » (*Hist. de Bourgogne*, tom. I, p. 485.) Il n'y a pas de contradiction. Notre chroniqueur parle d'abord de l'église en général, c'est-à-dire de cette succession d'édifices qui comprenait la chapelle de saint Grégoire, la rotonde et l'église jusqu'au portail, et il dit que cet ensemble avait 200 coudées de long, et que sous ce rapport l'église souterraine avait a peu près la même étendue que l'église supérieure, ce qui est vrai. (Voir les plans.) Puis voulant entrer dans le détail, il avise, dans la partie souterraine, la basilique du VIe siècle, celle qui a été prolongée en forme de T, et il dit que cette basilique a les mêmes dimensions en longueur et en largeur, c'est-à-dire qu'elle est carrée, ce qui est parfaitement exact. Et la preuve que dans le second passage il n'entend plus parler que de la basilique du VIe siècle, c'est qu'il dit que dans cette basilique il y a cinq autels. Or, s'il eût parlé de l'église souterraine complète, de celle qui avait 200 coudées, il en eût trouvé plus de cinq.

(3) Chacun de ces cinq autels était dans chacune des cinq absides de la basilique du VIe siècle. Nous ne dirons pas ici dans quel état nous avons trouvé chacune de ces absides lors du déblaiement

honorem ipsius sancti Benigni est consecratum, secundum in memoria sancti Nicholai et omnium Confessorum, tertium in venerationem sancte Paschasie
Virginis, que ibidem quiescit, et omnium Virginum ;
quartum in sancti Hirenei et omnium Martirum, quin-
tum sub nominibus sanctorum Confessorum et Abbatum Joannis et Sequani, atque sancti Eustadii presbiteri ibidem quiescentis. In hac ergo sanctorum corpora quiescentia sepedicti testis Christi beata ambiunt
membra; quorum in principio huius libri nomina sunt
adnotata. Sanctorum vero Confessorum et Episcoporum
Urbani et Gregorii corpora in ecclesia sancti Joannis
Baptiste primitus fuerunt tumulata, post longa vero
tempora inde elevata : sancti quidem Gregorii medietas
corporis in ecclesia sancti Benigni est recondita, tempore
quo propter metum paganorum eiusdem sancti Martiris
effossum corpus delatum fuit ad civitatem Lingonas; et
tunc alia medietas corporis prefati Confessoris illic est
retenta. Sancti denique Urbani corpus levatum , et in
loculo positum , multis miraculorum signis per eum Dominus letificavit corda famulorum suorum in hoc loco
de gentium. Venerabilis vero Isaac Antistitis corpus cum
exigente templi edificio transferretur alio a quibusdam
sacerdotibus , maxima ex parte integrum simul cum
capite clericalem adhuc preferente habitum fertur inventum. Similiter et Domni Argrimi Pontificis ac monachi
sacerdotalia cum cucullo , necnon interiore cilicio , vestimenta , in testimonium ipsius sanctimonie incorrupta
sunt reperta. Ad hoc haud longe reperta est sancta Radegundis, habens ad caput titulum sui nominis in lamina
plumbea : cuius ossa cerato involuta linteo sunt inventa

général fait en février, mars, avril 1869, ni ce quelles sont deve-
nues. Nous nous réservons de le faire dans une étude spéciale que
nous publierons plus tard.

in capsa lignea in terra recondita (1). Ceterorum preterea
sanctorum, quorum corpora hic noscuntur tumulata,
beatus Gregorius Turonorum Episcopus mentionem facit
eorum describens quedam miracula (2). Benigni videlicet Martiris, nostri specialis Patroni; Tranquilli quoque
Confessoris; necnon Hilarii Senatoris, et eius coniugis;
sancte Floride sanctimonialis; atque Paschasie Virginis
et Martiris. Hec à sancto Benigno edocta et baptizata,
post eius martirium sevitia paganorum rapta est ad sup-
plicium. Cumque immobilis in fide Christi persisteret,
primo carceris afflicta squalore; postea pro confessione
Deitatis sententia fuit multatà capitali; ut quedam vitrea
antiquitus facta, et usque ad nostra perdurans tempora
eleganti premonstrabat pictura (3). Tantorum ergo ve-
nerandis corporibus sanctorum honorabiliter hec de quo

---

(1) On ne se méprendra pas sur le sens de ces mots : *Reperta
est sancta Radegundis*. Il s'agit ici non pas du corps entier de sainte
Radegonde, mais de quelques reliques insignes, car c'est la manière
de parler en usage au moyen âge. Quant à la question de savoir
quelle est cette sainte Radegonde dont il est ici question, il est
difficile de ne pas admettre qu'il s'agisse de sainte Radegonde de
Poitiers, reine de France. Dans le martyrologe de l'abbaye de Saint-
Bénigne, elle porte expressément le nom de reine : *Nonis Julii,
Radegundœ Reginœ*. Dans toutes les peintures de l'abbaye elle a
une couronne; ses reliques sont conservées avec un bras de saint
Hilaire de Poitiers. Que veut-on de plus? Aussi les Bollandistes,
quoiqu'ils ne connussent pas toutes ces preuves, n'ont pas hésité à
croire qu'il s'agissait en effet, dans ce passage, de sainte Radegonde,
reine de France, épouse de Clotaire. (Boll., *Acta SS.*, 13 *Augusti*.)

(2) Nous avons, dans nos Etudes sur saint Bénigne, fait connaître
tous ces saints personnages. Nous n'y reviendrons pas. (Voir, pour
plus amples renseignements, *Greg. Turon Op.*, lib. I, *Mirac.*, cap. LI,
LII, et *Lib. de Glor. Confess.*, lib. II, cap., XLII, XLIII, XLIV.)

(3) Nous avons déjà signalé ce texte précieux. Voici ce qu'en
disent des juges compétents : « Il est probable que le vitrail dont
il s'agit remontait au moins au commencement du X° siècle. Il est
permis de penser que si l'histoire de sainte Paschasie n'est pas la
première peinture qu'on ait faite en ce genre, elle est du moins au
nombre des plus anciennes. » Lasteyrie, *Histoire de la Peinture sur
verre*, 1838, tom. I, p. 12, 13 ; Lenoir, *Musée des Monuments français*,
tom. VIII.

modo agitur ecclesia, non mediocriter est ditata, exceptis aliorum reliquiis sanctorum, quos enumerare videtur superfluum. Huic paulo superius descripte inferiori crypte coniungitur Oratorium ad solis ortum, rotundo scemate factum, senarumque illustratum splendore fenestrarum, XXXVII cubitos habens in diametro, decem in alto. Hoc sane Oratorium terno columnarum ordine in semet regirato, XL videlicet atque VIII, geometricali dispositione ambitur; huius desuper culmen celso erectum fastigio XXIV columnarum, ac XXX duorum arcuum, tripertita comparis numeri machina divisione, eleganti transvolutum est opere. Hoc sane Oratorium sancti Joannis Baptiste sacratum est honore; cuius altare illustratur trium fenestrarum lumine. Ab hac ecclesia sunt per cocleam dextra levaque XXXVII gradus, crebris sufficienter illustrati fenestris, per quos inoffenso ascenditur tramite ad basilicam sancte Dei Genitricis Marie. Ipsa vero Ecclesia LXVIII subnixa est columnis, eumdem fere habens modum et formam in diametro, sive in altitudine, quem et inferior, undenisque irradiatur vitreis. Ad altare autem eiusdem perpetue Virginis marmoreum per quatuor tripertitos ascenditur gradus, iuxta quos hinc et inde sunt altaria; ad dextram quidem Joannis Evangeliste ac Jacobi fratris eius, sanctique Thome Apostoli : ad levam vero sancti Matthei, Jacobi, et Philippi Apostolorum. Hinc iterum concordantes et satis lucidi, utrimque per cocleam ad ecclesiam sancte et individue Trinitatis XXX gradus continuatim prestant ascensum. Hec in modum corone constructa, triginta quoque et sex innixa columnis, fenestris undique, ac desuper patulo celo lumen infundentibus, micat eximia claritate, amplitudine inferiori domui consimilis, sed XX cubitorum altitudinis. Altare sancte Trinitatis ita est positum, ut undecumque ingredientibus, ac ubicumque per ecclesiam consistentibus, sit perspicuum. Inde

per quadrageminas scalas, altrinsecus factas, ad suprema
patet ascensus : quarum due equali modo posite per
quindecim gradus usque sancti Michaelis protenduntur
Oratorium habens in longitudine cubitos XXXIII, in altitudine X, vili facta scemate : fenestras habet VII. Alie
vero due per quinquaginta gradus sursum dirigunt gressum : ad ima autem harum scalarum bina super murum
deambulatoria sunt facta, que equali spatio ab orientali
parte usque ad occidentalem, et infra templum, per arcus
deambulatorios, et supra tectum domus muro altitudinis
ferme trium cubitorum circumquaque pergentium, a
ruina protegunt incessum. Hec tamen ad dexteram si-
nistramve partem templi incipientes; interius et subtus
alas eius gressum per quosdam occultos aditus ad
suprema tecti dirigentes plano, ut dictum est, calle dedu-
cunt introrsus undique, donec superliminare occidenta-
lium portarum attingentes, per pariles scalas XX graduum in porticus ecclesie maioris deponunt. Que ad
instar crucis edificata habet in longitudine cubitos centum viginti octo (1), in latitudine, sicut prescriptum est,
quinquaginta tres, in altitudine quaqua versum per
maximos triginta et unum cubitos, in medio autem qua-

(1) Dom Plancher signale ici une contradiction qui ne nous
paraît pas exister. « Parlant, en général, de la grande église ou de
l'église d'en haut, le chroniqueur, dit-il, veut qu'elle ait près de
200 coudées, c'est-à-dire près de 300 pieds de longueur; puis, parlant de cette même église en particulier, il ne lui donne que 128
coudées, c'est-à-dire 192 pieds : quel moyen de fixer son jugement
sur des témoignages si opposés? (*Hist. de Bourgogne*, tom. I, p. 486.)
Le moyen, le voici. Parlant de la grande église en général, c'est-
à-dire de cet ensemble d'édifices qui comprenait la basilique proprement dite, la rotonde et la chapelle de saint Grégoire, il lui
donne 200 coudées; puis, après avoir parlé de la chapelle de saint
Gregoire dont il ne donne pas la mesure, de la rotonde dont il fixe
la longueur à 33 coudées, voulant maintenant s'occuper de l'église
proprement dite, de celle *quæ ad instar crucis œdificata est*, il lui
donne 120 coudées. Où est la contradiction? (Voir les plans.)

draginta, illuminatur septnaginta vitreis, fulciturque
centum viginti et una columnis, quarum nonnulle iuxta
capita fortissimarum, que sunt XL pilarum quadrangu-
latim statute, una quasi simul coronari videntur corona,
quamvis non unius sit magnitudinis omnium forma.
Habet hinc et inde geminas porticus dupliciter transvolu-
tas, in quibus bis bina continentur altaria. A parte quidem Aquilonis unum in honorem sanctorum Apostolorum Petri et Andree; alterum in honorem sancti
Bartholomei atque Simonis, atque Taddei Apostolorum.
Sancti vero Pauli altare est in superiori ecclesia, ante
aram sancte Trinitatis, eo quod ipse raptus ad tertium
celum vidit secreta Dei. A meridie sunt altaria, unum
in honorem sanctorum Apostolorum Matthiei, et Bar-
nabe, ac Luce Evangeliste : aliud in honorem sanctorum
Martirum Stephani; Laurentii, atque Vincentii. Est aliud
altare ad occidentalem plagam ecclesie, in eodem latere
meridiano, in honore sanctorum Mammetis, Desiderii,
Leodegarii, Sebastiani, Gengulfi, Martirum. Et ex parte
altera sanctorum Martirum Policarpi, Andochii, Thirsi,
Andeoli, Simforiani, Georgii, Xpifori, et sanctorum
Confessorum Urbani, et Gregorii, quorum corporibus
adornatur presens domus. Principale altare est sacratum
in honorem sanctorum Mauricii atque Benigni, simulque
Omnium Sanctorum, altare ad dexteram eius in honore
Raphaelis Archangeli, et omnium beatorum spirituum.
Ad levam vero in honore S. Marci Evangeliste ; atque in
medio ipsius ecclesie altare sancte crucis, Omniumque
Sanctorum. Ante hoc altare triplex constat introitus
cripte, in quindecim gradibus ascenditur ab ipsa ad su-
periorem ecclesiam. Sepulcrum vero sancti et gloriosi
Martiris ita est constructum. Est tumba (1) ex quadris edi-

---

(1) Notre chroniqueur appelle ainsi le *loculus* au centre duquel
était placée l'auge en pierre qui contenait le corps de saint Bénigne.

ficata lapidibus, que octo cubitos in longum, quinque autem tenet in latum(1), cuius cacumen lapideum quatuor
sustinetur suffragio columnarum(2) : desuper autem quatuor columne marmoree locate erant antiquitus(3) olim
super lapideos arcus, quos continebant(4), absidam fere-
bant ligneam sex cubitorum longitudinis, et trium latitudinis, septemque ac semis altitudinis, que undique
auro et argento vestita, historiam Dominice nativitatis
et passionis premonstrabat anaglifo prominentem opere
pictura satis optima (5). Verum hoc decentissimum de
quo loquimur ornamentum, ob recreationem pauperum tempore famis fuit dissipatum a Domno Abbate
Willelmo, et çum capsa aurea mirifice gemmis exor-
nata, pariterque tribus tabulis ac dobus turibulis argenteis, crucibusque; ac omne ornamentum in auro et

(1) Toute cette partie étant encore couverte de graviers, il nous
est impossible d'en vérifier les mesures.

(2) *Desuper*. Sous-entendez *tumba*, c'est-à-dire aux quatre angles.

(3) *Antiquitus*. Dans le manuscrit original, il n'y a pas de point
après ce mot; mais il en faut un.

(4) *Quos continebant*. Sous-entendez *columnæ*.

(5) On comprendra mieux cette description du tombeau de saint
Bénigne, en la rapprochant de celle que Grégoire de Tours fait du
tombeau de saint Pierre, qui avait servi de modèle. « *Ce tombeau,*
dit-il, *placé sous l'autel* (sous l'*Altare majus* de l'église supérieure,
comme il est encore aujourd'hui), *était un ouvrage des plus rares.* »
Le tombeau de saint Bénigne est placé de la même manière. « *Celui qui veut prier au tombeau de saint Pierre ouvre la grille qui
l'entoure, s'approche au-dessus du tombeau,* ACCEDIT SUPER SEPULCRUM,
*et, passant sa tête par une petite fenêtre qui s'y trouve, demande ce
dont il a besoin.* » Y avait-il au tombeau de saint Bénigne et cette
grille et cette fenêtre? nous l'ignorons, et des traces de crampons
dans les colonnes pourraient le faire croire; mais c'était certainement la même disposition. Celui qui venait prier s'approchait aussi
au-dessus du tombeau, *accedit super sepulcrum*, et avançait aussi
sa tête pour le voir. « *Il y a au-dessus du tombeau* (de saint Pierre)
*quatre colonnes d'une admirable élégance et blanches comme la neige,
qui soutiennent le ciborium.* » (*De Glor. Martyr.*, cap. XXVIII.) A Saint-
Bénigne, la disposition sous ce rapport était encore exactement la
même.

argento venumdatum est (1). Ante hec vero tempora,
insignia ornamenta, videlicet gemme, pallia pretiosa,
capse, tabule, corone, vasa quoque ecclesiastica, seu
candelabra, ex auri argentique metallo fabricata, cum
imagine Salvatoris Domini nostri ex auro, fusili opere
facta, latronum fraude, in ipsius Sancti festivitate, oc-
cisis custodibus, furto fuerunt asportata. Hec ornamenta
a Guntranno et ceteris regibus huic loco pro veneratione
et honore Dei, sanctique Benigni Martiris antiquitus
conlata, sed priscis temporibus sacrilega pessimorum
manu sublata, nullus postea exstitit principum, qui
tantum potuisset recuperare thesaurum. Hec ad notifi-
candam Divionensis loci antiquitatem et gloriam paucis
dicta sunt. Illud in fine notificandum est, in templi istius
edificio esse columnas trecentas septuaginta et I, exceptis illis que in turribus et altaribus sunt. Fenestre
clause vel claudende vitro centum viginti : turres octo :
porte tres : ostia viginti quatuor.

Nunc ad ea que omiseramus patris Willelmi explicanda
gesta stilum vertamus. Augustorum scu regum palatia
cum adiit, in eis non quesivit que sua sunt, sed que
Jhesu Xpi; ut ex eorum scilicet familiari conlocutione
subveniret opressis sua interventione; aut certe ex seculari vel Clericali habitu Deo lucrifaceret; et iuxta Domini
preceptum propria relinquerent, et secularibus curis
semotis Deo in tranquillitate servire studerent. Conve-
niebant igitur ad eum plurimi, ut diximus, et licet di-

---

(1) Notre chroniqueur ne parle pas des colonnes de marbre. Il paraît pourtant qu'elles furent vendues avec toutes les autres richesses qu'il énumère. Du moins, en 1271, quand la grande tour romane
qui s'élevait au centre de l'église croula pendant la nuit, le tombeau n'avait plus le même aspect : au lieu de reposer sur quatre
colonnes de marbre, la châsse portait sur deux petites colonnes de
pierre placées au nord du tombeau, et dont nous avons retrouvé
les socles. « *Theca lignea que in inferiori parte ecclesie pretiosissi-
mas reliquias continebat, super duas columnulas lapideas stabilita.* »

versi nationibus, mente tamen uniti. Letabatur Pastor
in sui gregis ancmento, magisque gaudebat quod omnes
instabant operi proposito. Verum quia super gregem sibi
commissum solerti vigilavit cura, divina promeruit gratia de fructu laborum suorum in hac gaudere vita. Nam
regularis vite disciplinam, que iam pene deciderat per
veterum negligentiam, prout beatus Benedictus eam
composuit in pristinum statum corrigendo, restauravit, ac per diversas mundi partes per plura monasteria a regulari tramite devia, tam per se, quam per suos,
quos Abbates ordinaverat, monastico ordini subdidit. In
hoc vero gaudens gratulabatur Deo, quod eorum quos
sua sub cura educaverat, ad monasticum regendum ordinem fore multos idoneos videbat : ex quibus nos aliquos dignum iudicavimus huic libro indere, ut sciant
posteri, quam strenui ex hac congregatione prodierint
monachi, eorumque memoria permaneat in laude.

Cum primum Abbatis suscepit officium venerabilis
Willelmus, inter monachos ·in hoc loco degentes fuit
quidam iuvenculus vocatus Humaldus, quem predictus
pater videns solertis ingenii, retinuit sibi ceteris abeun-
tibus. Hunc precipue omni studio doctrine inbutum,
in domo Dei constituit vas electum. Ad omnia quippe
que sibi erant necessaria, predicti fratris iuvabatur solertia. Denique iniunxit illi curam huius sacri periboli,
quam tanta prosecutus est cura, ut pene totum quicquid
fuit ornamentorum in hac basilica, eius studio sit adgre-
gatum. Ad ultimum post obitum predicti Patris Abbatiam
Tarnodorensem (1) assecutus, ibidem quievit annis XXVII
in regimine transactis. Alter quidam huius castri Divionensis civis, nobili ortus genere Rodulfus, Albus vocatus cognomine, venit ad. conversionem inter ipsa primordia eius nove ordinationis, cuius pecuniis relevata

---

1) L'abbaye de Saint-Michel de Tonnerre.

est paupertas predicti Patris, et consilio atque adiutorio
sublevata sollicitudo regiminis huius loci, et Besuencis
monâsterii, adhuc quippe erat ei paucitas monachorum,
quem predictus frater ita iuvabat in exterioribus curis,
ut solus supplere videretur solamen plurium. Sed preter eius votum, hoc solatium tulit illi paucitas dierum.
Alter quoque subiunctus est memorato Patri, Theodericus dictus, huius patrie civis, quem post diuturnam
eruditionem Fiscamnensi (1) cenobio constituit Priorem,
ad ultimum Gemmeticensium (2) prefecit Abbatem. Alius
ex castro Belno (3) dicto Miles, Ledbaldus vocatus, et a
studio Sapiens cognominatus, Patri Willelmo est adiunc-
tus. Cuius imbutus doctrina spiritali, per aliquod tempus
Archimandrita in Tharnodorensi loco est substitutus.

Fama sacre religionis eximii patris Willelmi percitus
quidam Mettensis ecclesie clericus, generosis ortus natalibus, nomine Benedictus, eius discipulatui est adgregatus : brevique in tempore studendo eum imitari, doctrina et conversatione perfectionem adttigit monastice
vite. Per eius igitur relationem comperit Domnus Adelbero Mettensis Pontifex Patris Willelmi religiosam conversationem. A quo suppliciter evocatus, atque sancti
Arnulfi Abbatia donatus, eundem Benedictum ibidem
constituit Patrem ubi per multos annos sacris intentus actibus, vita functus claruit multis virtutibus. Ne vero
a tanto Pontifice Reverendus Abbas Willelmus rediret
vacuus a munere, stolam auro textam, duasque cappas
purpureas aureo limbo decoratas, ab eodem percepit
Presule. Sed et prefatus Benedictus Abbas ordinatus, casulam auro decenter ornatam, atque alia ornamenta
obtulit ei pro benedictione. Que prefatus Pater tam in

(1) De Fécamp.
(2) Jumièges en Normandie.
(3) Beaune.

hoc loco, quam Fructuariensi, a se noviter cepto, divisit ut sibi placuit. Predictam vero sancti Arnulfi Abbatiam post mortem antedicti Abbatis rexit annis multis.

Ex Tullensi quoque clero venit ad eum quidam Arnulfus vocabulo litteris apprime eruditus, omnique mundana sapientia doctus. Hic in brevi assecutus perfectioris vite institutionem, commissa est ei cura a Domno Patre Willelmo non solum huius, sed et omnium que sub eius erant provisione locorum. Qui quanta in hoc loco egerit bona post referemus; non enim debent silentio tegi verborum que ipsius clarent studiis operum. Interim prosequamur insignium memoriam enarrare virorum, quia licet nos eorum sequaces tabescamus desides ab eorum religionis fervore, et undique internis scilicet atque externis malis ingruentibns ab omnibus bonis studiis torpentes, simus ignavia et pigritia adstricti : erunt tamen forsitan post nos aliqui, qui horum legentes gesta studebunt imitari exempla. Domnus igitur Bertoldus Leucorum, qui Tullo dicitur (1), Episcopus per querimoniam a se delapsi clerici, confabulationem quesivit sepefati Abbatis Willelmi. In cuius verbis considerans inconcussam inadulatamque constantiam mentis, ceteraque insignia virtutum in eius actis et moribus resplendentia, admiratus, monuit instanti prece ut Abbatiam sancti Apri (2) suscipiens, emendare curaret secundum sancti Benigni institutionem. Cuius annuens precibus eundem coenobium in paucis annis ad regularem commutavit statum. Invenit ibidem strenuos monachos, ex quibus unum, Widricum nomine, post non multos annos in eodem monasterio constituit Patrem monachorum. Qui egregii magistri docilis discipulus ita eum studuit imitari in omnibus, ut in suis omnibus vel verbis vel actibus

(1) Toul en Lorraine.
(2) Saint-Evre de Toul.

representari quodammodo videretur Pater Willelmus. Multos denique erudiens in sancta conversatione, aliquantos aliorum monasteriorum Patres monachorum ex sua protulit congregatione.

Plures igitur sacerdotum vel Abbatum sibi commissorum locorum vel ecclesiarum relinquentes curam, ad Patris Willelmi confluebant doctrinam. Quidam Episcopus civitatis Albingate (1), que est iuxta Genuam civitatem, super mare sitam in Italia relicto Episcopio, predicti Patris se subdidit imperio. Alter quoque Episcopus, Barnabas vocatus, genere grecus, in hoc monasterio sub eius magisterio plurimis annis est conversatus (2). Alius vero, Benignus dictus, Episcopus a Roma huc adveniens per aliquot annos cum ipso commoratus fuit subiectus et obediens. Abbates etiam perplures ex diversis partibus venientes sponte se ipsi subiiciebant obedire parati : inter quos fuerunt Abbas Joannes, dictus Capuanus. Alter quoque Joannes Abbas monasterii S. Apollinaris in urbe Ravenna. Benedictus quoq; Abbas monasterii S. Severi urbis Classis. Anastasius etiam et Marcus, et alii Abbates plures, quos longum est enumerare. Monachorum vero non est numerus, qui ab illis venerunt partibus. Archidiaconus etiam quidam Mediolanensis, nomine Gotefredus, ut nobilem decebat, nobiliter veniens cum multis thesauris, inter quos altare onichinum auro et argento decenter ornatum, et quicquid ad capellam pertinebat, ornamentum scilicet ecclesiasticum, secum detulit, pluribus annis in hoc monasterio monachus permansit, ac postea per consensum Abbatis

---

(1) Albenga, ville épiscopale des Alpes cottiennes.

(2) Dans le nécrologe de saint Bénigne, on voit encore d'autres évêques d'Orient et d'Italie arrivant au monastère de Dijon, entre autres Jean, archevêque de Corinthe. « *Idibus decembris, Johannes archiepiscopus Corinthi.* »

Willelmi patriam revocatus, Abbas apud Mediolanum
est constitutus.

Ipsi denique sancti viri Patres et Doctores Eremitarum
existentes, fama sanctitatis longe lateque notificati, Ro-
maldus scilicet, Willelmus ac Martinus (1), quos in
magna veneratione habebat urbs Ravenna, ceterique
quos intra se concludit Italia, Patris Willelmi expetebant
societatem (2). Quia sanctorum coniunctio grata et iu-
cunda, Ecclesieque pernecessaria, et e contra societas
malorum impedimentum bonorum. Ipsi vero cultores
Eremi relicta quiete solitudinis gaudebant sub eius magisterio associari Cenobitis. Ex eorum ergo numero

(1) Il s'agit ici évidemment de saint Romuald, fondateur et premier abbé de l'ordre des Camaldules. Il était né à Ravenne en 952,
et, après avoir passé sa jeunesse dans le monde, touché de la grâce,
il s'était retiré dans le monastère de Classe, près de Ravenne, où
quelques moines peu réguliers, gênés par sa vertu, voulurent le
tuer. Il se retira alors près d'un ermite nommé *Marinus* ou *Martinus*, vécut quelques années sous sa conduite, et commença à bâtir
des monastères, entre autres celui de Camaldoli en Toscane, d'où
vint à ses religieux le nom de Camaldules. Il mourut en 1027, à
75 ans. Son principal disciple se nommait Willelmus. La vie de saint
Romuald a été écrite par le B. Pierre Damien.

(2) Inutile de dire ce que valent, pour l'histoire de la vie monastique et de l'art chrétien, de pareilles pages. On a remarqué ce
mouvement italien et oriental, cette arrivée successive d'évêques,
d'abbés, de moines, venant de Rome, de Gênes, de Milan, de Ravenne, apportant des autels, des ornements, des manuscrits sans
doute, des idées surtout. Mais je n'insiste pas, ayant suffisamment
développé ce point ailleurs (*Etud. sur saint Bénigne*, etc.). Je veux
seulement noter ici un fait que je ne connaissais pas alors. On
a vu combien de religieux viennent de Ravenne, et il est incontestable que la basilique romane avait plus d'un
trait de ressemblance avec certaines églises de cette ville, et en
particulier avec Saint-Apollinaire. Nous avions cru jusqu'ici que ces
rapports de Dijon et de Ravenne dataient de l'abbé Guillaume et
de son amitié avec saint Romuald : ils étaient bien plus anciens.
Nous trouvons que dès le VIe siècle des reliques insignes de saint
Apollinaire de Ravenne avaient été apportées à Dijon, et qu'une
église avait été bâtie en l'honneur de ce saint à deux milles de la
ville. « *In pago Divionense, prædicti martyris (Apollinaris) nomini*

adiuncti fuerunt ei duo, Joannes et Paulus, litteris eruditi. Quorum sapientia ad salutem multarum profecit animarum. Horum uterque monastice religionis ferventissimus, et in cenobiali conversatione ceteris erant imitandi : et in contemplativa vita lectioni et orationi assidue studentes, videntibus exemplo fuerunt pariter et ammirationi. Reverende memorie Paulus apud nos in pace quievit (1). Joannes vero homo Dei sanctam ob conversationem vocatus a Domno Patre Willelmo, Fructuariensi cenobio Abbas est institutus (2). De quo loco, quia occasio se prebuit, intimandum paucis videtur qualiter fundatus fuerit.

Duo germani fratres fuerunt sepedicti Abbatis Wil-

---

consecrata habetur ecclesia, distans plus minus a predicto castro milliariis duobus : in eminenti utique colle ejusdem castri, in parte orientali, in fundo cognomento Aquiliaco. » Cette église de Saint-Apollinaire avait été donnée à l'abbaye de Saint-Bénigne, qui la possédait du temps de l'abbé Guillaume. (Boll., *Acta sanct.*, 23 julii.) Il n'est pas besoin d'en dire davantage pour faire comprendre l'importance d'un pareil fait, et quel jour il jette sur les rapports de Dijon et de Ravenne.

(1) Serait-ce celui-là, demande Mabillon, dont il est dit au nécrologe de Saint-Germain-des-Prés : « *VI Kalendas julii, Paulus solitarius sancti Benigni?* »

(2) Plusieurs auteurs, et même dom Mabillon, ont à tort confondu ce saint personnage, premier abbé de Fructuare, avec un autre Jean dont il va être bientôt question, qui vécut en effet quelque temps à Fructuare, mais n'y fut que prieur, vint à Dijon, et de là fut envoyé à Fécamp en qualité d'abbé. Celui dont nous parlons était fils du comte Guy et neveu d'Ardoin, qui disputa la couronne d'Italie à Henri I, depuis empereur. Il ne quitta pas Fructuare, dont il fut ordonné abbé en 1005, en présence d'Henri II, roi d'Italie. Il composa, pour l'usage des écoles instituées à Fructuare par l'abbé Guillaume, un traité : *De verbis seniorum ad juniores informandos*, perdu aujourd'hui, mais dont Martenne a donné la préface. (*Thes. nov.*, tom. I, p. 163.) Il suffit du peu qui en reste pour voir que ce traité ne saurait en aucune manière être attribué à Jean de Fécamp. (Voir Cellier, *Histoire générale des auteurs ecclés.*, tom. XX, cap. XXXV, p. 573.) Dom Mabillon, qui avait confondu ces deux personnages, a plus tard reconnu et corrigé cette erreur. (*Ann.*, liv. LVI, n° 92).

lelmi, unus vocatus est Nitardus, alter Gotefredus. Primus eorum honore Comitatus enituit, alius militie stipendiis contentus fuit. Quos predictus Pater sepe ammonendo a mundi illecebris abduxit, et ad XPM convertit. Venientes ergo uterque ad hoc Divionense coenobium, exceptis rebus aliis, dederunt sancto Protectori nostro Benigno quoddam iuris sui predium, Vulpianum (1) vocatum, quodam presagio futurorum. In quo loco Domnus Willelmus fundavit ecclesiam in honore sancti Benigni, ut notitia et honor ipsius sancti in illa patria accresceret, et ut in hereditate parentum suorum aliquid acceptum Deo edificaret. Deinde ut oblatio eorum ad animarum proficeret lucrum, atque ut fructus bonorum operum que ibi geruntur, sibi et illis esset abolitio peccatorum, et eterne vite digna recompensatio premiorum. Unde et Fructuariensis ille locus est vocatus. In brevi ergo tempore factum est nobile coenobium, ubi de hoc loco et spiritualia et temporalia subsidia sunt delata, reliquie scilicet multe cum corporibus sanctorum, volumina librorum, omniaque ecclesiastica ornamenta, et monachi plurimi pariter illuc abierunt. Sed et de aliis sue ditioni subiectis locis, ac undecumque oblatis supplementis, magnificatus est locus possessionibus et divitiis. Ita ut in vita eius congregatio illius loci centum numero constaret monachis, exceptis locis cellarum ei loco subditis, que fere triginta existunt. Convocatis ergo Episcopis patrie rege quoque Arduino, qui ibi postmodum quievit, sua cum coniuge, et multis Nobilibus ipsius regni, in honore sancte Dei Genitricis Marie, sanctique Benigni, et Omnium Sanctorum, fecit locum illum sacrari (2). Constituit et alia monasteria in

(1) Vulpie, aujourd'hui Frutare ou Fructuare.
(2) Il n'est pas bien facile de dire à quelle année précise commença l'abbaye de Fructuare. L'acte de fondation rédigé par l'abbé

eadem patria, ubi deputatis monachis, et Abbatibus or-
dinatis adhuc ordo viget monasticus. Sanctimonialium
etiam instituit Monasterium.

Audita viri Dei fama nobilissimus Nortmannorum Comes Richardus misit ad eum, reverenter supplicans,
ut ad se veniret. Qui tandem libenter ut rogatus fuerat
pergens, venit ad eum; a quo sicuti decebat honorifice
susceptus est. Multisque eius precibus exoratus est, ut
ecclesiam sancte et individue Trinitatis nomine et honore dicatam, in loco qui Fiscannus dicitur, olim constructam, et a se in ampliorem statum decenter reforma-
tam, susciperet, atque monachorum collegio decoraret.
Cuius precibus annuens, ita prefatum locum omnibus
religiosis studiis, ceterisque bonorum copiis adornavit,
ut pre cunctis illius provincie locis, felicibus semper flo-
reat incrementis. In quo loco multi convenerunt nobiles
viri, tam clerici, quam laici, eius doctrinis cupientes
institui : inter quos Osmundus Episcopus sancte et reli-

Guillaume, « la pièce la mieux écrite qu'on connaisse en ce genre,»
disent les auteurs de la *France littéraire*, n'est pas daté. Raoul
Glaber se contente de nous apprendre que l'abbé Guillaume fonda
ce monastère en revenant d'Italie. (Cap. IX.) Notre Chroniqueur
est plus explicite : après avoir dit que l'abbé Guillaume fut ordonné
abbé en 990, il ajoute qu'il se rendit en Italie, *anno sexto sue ordinationis*. Ce dut donc être en 996 ou peut-être 997 que le monastère de Fructuare fut fondé; mais on ne saurait l'affirmer, car l'abbé
Guillaume fit deux autres voyages en Italie. Quant à l'église, elle ne
fut consacrée que plus tard, en 1003, comme il résulte des vers
suivants :

Si quis Fructuariæ mavult prænoscere quando
  Cænobii cœptum rite fuisse opus;
Millesimus sublimis erat tunc tertius annus.
  Partus Virginei Principis Æterei
Martii septenæ, seu indictio prima Kalendæ
  Tempus, vel cursum ambo suum peragunt
Rex Ardoinus sceptri moderamine .fissus
  Regnat in Hesperia, tendit in Ausoniam
Adjuvat ipse locum Dominus, quem munere dotat
  Rebus consuluit fratribus assiduis
Præsul Ottobianus, quod jure dicando sacravit
  Abbas Willelmus construit hoc Domino.

giose vite exstitit monachus (1). Duo quoque clerici li-
beralibus artibus apprime eruditi, aula regis postposita
Willelmum Patrem expetierunt mente devota. Unus
eorum vocabatur Tecelinus, alter Beringerius. E quibus
prior postmodum Abbas exstitit : sequens in eodem loco
vite finem accepit. De transmarinis etiam partibus, hoc
est, Anglorum terra, vir quidam nobilis regali prosapia
clarus, Clemens nomine, relictis seculi pompis ad idem
monasterium venit, Deo inibi cupiens militare. Sed cum
ab hominibus ex sua patria adventantibus crebro invi-
seretur, magis diligens Deo servire cum quiete, quam
vanitates mundi frequenter audire, Divionense expetivit coenobium : ubi laudabilis vite complevit cursum.
Fuit itaque secundum ethimologiam sui nominis Clemens animo, omnibus virtutibus adornatus, precipue
humilitate, qua in tantum se abiectum et vilem assere-
bat, ut cum sacerdotii gradu fungeretur, nunquam in
omni vita sua nisi semel ad hoc ministerium accedere
presumpserit.

Postquam igitur per annos fere XXX Willelmus Abbas
Fiscannense rexit coenobium, cum iam senectute simul
et egritudine gravaretur, et elegisset sibi Fructuariensem
locum ad abitandum, desiderans in patrio solo quiescere : considerans princeps regni Rotbertus, qui post
patrem et fratrem defunctos primatum tenebat Nortmannorum, petiit per legatos eundem Patrem, ut Abbatem sibi substitueret, quia loci status aliter sine detri-
mento manere non posset. Ad cuius peticionem;
quemdam sibi valde dilectum monachum, eiusdem loci
Priorem, nomine Ioannem, constituit Abbatem : licet
eum alibi magis optasset preficere. Hic Italia, partibus
Rauenne ortus, litteris eruditus, ac medicinali arte per

(1) Baluze soupçonnait qu'il se pouvait agir ici d'Osmond, évêque de Salisbury.

ipsius Patris iussionem edoctus (1), religiose conversationis eius, doctrine quoque, ac omnium virtutum ipsius pre cunctis aliis exstitit imitator studiosus. Qui ab exilitate corporis Ioannelinus diminutivo nomine est dictus, sed humilitatis, sapientie, discretionis, ac ceterarum virtutum tanta in eo refulsit gratia, ut sicut sanctus refert Gregorius in libro dialogorum (2) de Constantio presbitero ita et hoc mirum esset intuentibus, in tam parvo corpore gratie Dei tanta dona exuberare. Sed quia adhuc domum habitat luteam, sufficit hoc tantum dixisse: dicit enim scriptura : *Ne laudes hominem in vita sua* (3).

Commisit et alia loca memoratus Comes Richardus sepefato Abbati Willelmo, scilicet Gemmeticum, ut iam diximus, monasterium sancti Audoeni (4), Montem

---

(1) Joannelinus, né à Ravenne, moine de Saint-Bénigne, et enfin abbé de Fécamp vers 1028. Il est compté par Bernier (*Hist. de la Médecine*, Ire part., ch. IV) au nombre des savants médecins qu'a produits l'ordre monastique. Nommé abbé de Saint-Bénigne à la mort d'Halinard, il occupa peu de temps cette place, qu'il laissa à Adalberon. Ses œuvres s'étaient en partie perdues, en partie égarées dans celles de saint Augustin, ce qui est un éloge, lorsque dom Mabillon les restitua à notre abbé. On connaît aujourd'hui de lui : 1° un beau recueil de prières, qu'il composa à la demande de l'impératrice Agnès, veuve de l'empereur Henri III, dit le Noir; 2° un traité intitulé : *De contemplatione divina*. Dom Mabillon n'a publié que des fragments de ce traité. Mais il avait déjà été imprimé en entier dès 1539, sous ce titre : *Confessio theologica tribus partibus absoluta*. Celui qui l'édita, n'en connaissant pas l'auteur, l'attribua à Jean Cassien. 3° Joannelinus avait encore composé trois traités : un sur la viduité, adressé à l'impératrice Agnès; un sur la vie et les mœurs des vierges; et, enfin, un troisième sur l'aumône; mais ils paraissent être perdus. Dom Mabillon, dom Martenne, dom Durand ont recueilli quelques-unes de ses lettres, en petit nombre, remarquables par la clarté, la simplicité et la fermeté des pensées et du style.

(2) Lib. I, cap. V.

(3) On remarquera ce passage important, qui fixe l'époque de la rédaction de notre Chronique.

(4) Saint-Ouen en Normandie.

sancti Michaelis Archangeli (1) : in quo loco post mortem predicti patris, supradictus Ioannes Abbas constituit Patrem quemdam monachum prenominati Patris Willelmi : vocatus est autem isdem Frater Subpo, Romanorum patria exortus, et iam dicti magistri institucione in omni sanctitate educatus. Qui postmodum quibusdam contrarietatibus exortis, relicto ipso loco, Fructuariensem Abbatiam annis pluribus rexit. Rotbertus etiam rex Abbatiam sancti Germani aput Parisius precatus est predictum Patrem ut susciperet, et secundum regularem institutionem ordinaret, quod et fecit. Nec non et Odo Comes pari devotione locum sancti Faronis in urbe Meldorum eidem commisit venerabili Patri. Sed et honorabilis Presul Mettensis Ecclesie Theodericus Gorziensem (2) Abbatiam eodem zelo Dei commendavit illi, defuncto illius loci Abbate : qui dum prefatum regeret locum, ex clero Mettensi quendam clericum, Sigifridum vocatum, litteris bene doctum, ad monasticum attraxit ordinem; qui post eius decessum eandem rexit congregationem.

Domnus vero Arnulfus istius loci Prior ut iam diximus cum patris Willelmi et prefati Presulis ammoneretur precibus, ut iam dicti loci susciperet curam, atque Abbatis officium, ipse humilitatis amator nullo modo assensit, magisque elegit subesse quam preesse; solummodo cuiusdam parvi loci a pretaxato Patre Willelmo sibi expetivit curam et dominium. Est autem locus ille situs in confinio Tullensis et Lingonensis parochiarum, in loco qui vocatur Brittiniacacurtis. Quomodo vero sancto Benigno istius loci patrono fuerit datus, nunc referemus. Iacob Tullensis urbis Episcopus dum rediret Roma, incitatus fama miraculorum, que in hoc loco Dei

(1) Mont Saint-Michel.
(2) Gorze au diocèse de Metz.

operabantur clementia per istius sancti merita, ad ipsius Martiris Xpi advenit tumulum, cupiens a Deo veniam adipisci delectorum per huius gloriosi Martiris interventum. Dumque per aliquos dies remorando ad tumbam eius celorum penetraret intima, vocatus a Domino est ad celestia regna : sanctique Benigni adiutus precibus, et in celis cum eo gloriam, et in terra iuxta eius tumulum condignam accepit sepulturam (1). Cuius soror, nomine Liliosa, ad sancti Benigni veniens limina, predictum predium suum donavit sancto Benigno Martiri, pro fratris sui sepultura. In quo loco edificaverunt ecclesiam in honore sancti Benigni monachi hunc locum inhabitantes : ubi multis virtutibus a Deo clarificatus est hic Martir sanctus. Sed vicini circummanentes multis molestiis impediebant illi servientes : verumtamen videntes que ibi fiebant miracula, frangebantur a sua pertinacia. Hic enim sanctus Benignus adversantes sibi diu tolerat, sed postmodum impenitentes dure castigat. Ad ipsum itaque locum dedit quedam Natalia nobilis femina terram sue possessionis in fine Branticiane ville, et in fine Businiaca pratum unum. Que utraque sunt in confinio memorati predii. Fecit vero predicta femina ipsam donationem tempore Caroli regis et Imperatoris. Hunc ergo locum supradictus Domnus Arnulfus sibi eligens, omni cura studuit eum augmentare. Ac primum basilicam ibi magnam construens, officinasque ac reliqua habitacula monachis utilia, nobile coenobium constituit, possessionibusque et terris augere procuravit.

Dedit itaque Miles quidam, Evrardus vocatus, villam suam Mannisis (2) dictam in eodem loco, sancto Beni-

---

(1) Dans l'ancien bréviaire de Toul, il y avait une leçon de saint Jacob, évêque de Toul. Le B. Pierre Damien en parle aussi dans son ouvrage *De abdicatione episcopatus*, et le loue à l'égal des plus grands saints. (*Petr. Dam. Opusc.* 19, cap. 7.)

(2) Dans ce paragraphe et le suivant, notre chroniqueur décrit

guo; accepto a Domno Arnulfo pro hac re non parvo
pretio. Pertingit vero terra ipsius alodii, usque ad por-
tam castri quod vocatur Risnellus. Cumque dominus
eiusdem castri Odulricus Comes, eumdem alodium sibi
vellet vindicare; a Domno Brunone Presule tamdiu est
persecutus excommunicatione, et inimicitiarum vi, donec ipsum alodium dimittens wirpiret, et insuper iura-
ret, nec se nec aliquem heredum suorum ibidem violentiam inlaturum. Dedit Archidiaconus Lingonensis,
Beraldus dictus, sancto Benigno ecclesiam in honore
sancti Desiderii dicatam in Algisi-villa, simul cum ipsa
possessione. Et in Brualdi-curte; et molendinos in Ma-
terna fluvio, in loco qui vocatur Mortruellus. Dedit Girardus Mettensis Comes medietatem ville, que dicitur
Godonis-curtis. Dedit Gotbertus quidam nobilis alodium
suum in loco Solinimons dicto. Quod dum quidam pa-
rens eius calumpniaretur, et sepe ammonitus a predicto
Priore Arnulfo non acquiesceret; tandem in bello ab
inimicis suis capitur, multis plagis confossus. Ipse ergo
Miles, Rodulfus dictus, de Barrensi castro, cognoscens
hec et alia mala sibi provenire ob sancti Benigni iniu-
riam, vocato memorato loci eius provisore, omnem
dimisit quam inferebat calumniam. Sed et filius ipsius
Rainardus dum paria faceret, similem excepit vindictam.
Emit predictus Prepositus in Linerolis-villa ecclesiam,
et partem ipsius possessionis, et in Montaniaco, et in
Calmillas, atque Latona, in Clini campo, in Conchis, in

---

les possessions de l'abbaye de Saint-Bénigne sur les bords de la
Marne, en Lorraine, en Champagne, etc. Plus de vingt noms de
villages se rencontrent dans cette analyse. Nous n'essaierons pas
de dire quels sont aujourd'hui ces villages, nous nous exposerions
à trop d'erreurs. A peine si, en nous bornant à notre pays, nous
parvenons, après bien des tâtonnements et avec mille incertitudes,
à éclaircir la géographie ancienne de la Bourgogne, si difficile quand
il s'agit des petites localités. Nous n'irons pas plus loin, laissant aux
savants de Lorraine et de Champagne le soin de déchiffrer cette
page.

Salcido, in Salsuris; his et aliis locis emit plurima terrarum mansa, que usque nunc possidentur ab illius loci monachis. In hoc vero Coenobio quanta gessit non est silendum : Vulnonis villam dictam in pago Tricasino ipse ad Stephanum, itemque ad Oddonem Comites sepe recurrendo, et multas pecunias dando, sancto Benigno restituit. Ubi ne deinceps auferretur, instituit cellam monachorum, officinasque eorum usui necessarias, atque basilicam amplam et honestam in sancti Benigni honore construxit.

In pago Portuensi Albiniacum-villam in prestaria datam, et longinquitate temporum perditam, Domnum Brunonem Episcopum sepe interpellans, atque Willelmum Comitem, ipsis raptoribus auferri, et sancto Benigno restitui fecit. In quo loco monasterium magnum construxit ad honorem sancti Benigni, et cellam instituit monachorum. Erat ibi antiquitus ecclesia sancti Marcelli Martiris honori dicata, que manet usque adhuc. Addite sunt ibi postea alie due ecclesie : in Cinbinno, et in Duellari villare, possessioque terrarum amplissima. Longum est per singula queque referre, cum pene omnia, que iste locus Patris Willelmi tempore acquisivit, Domni Arnulfi Prioris consilio et labore factum sit. Super cetera que gessit, hanc ecclesiam sancti Benigni librorum ornamento decoravit ipse, impensas tribuendo, et Domnus Girbertus scribendo. Fuit autem Girbertus ex primis quos nutrivit Domnus Abbas Willelmus, et ab officio Scriptor est appellatus.

Otto Comes, cognomento Willelmus, quem ante memoravimus, supplicante Domno Willelmo Abbate, qui ei propinquitate iungebatur, dedit sancto Benigno in Salinis burgo sedem unius caldarie. Sequenti tempore Domnus Arnulfus et monachi Divionensis loci, emerunt aliam caldariam a coniuge ipsius Comitis, per laudem filii eius Rainaldi. Dederunt etiam Willelmus et filius

eius supra dictus Rainaldus sancto Benigno terras con-
iacentes in his locis. In Cernensi-villa, et in Dornone,
scilicet terras arabiles, et prata, ubi possunt secari feni
L carra. Est in Dornone unum pratum, quod possunt
secare falces centum : et debet in censu solidos VIII,
multones III, scindulas C. Et in alio loco Callis vocato
pratum alterum cum silva ibi permixta. Dedit idem Comes Otto sancto Benigno potestatem Vivariensis ville (1)
pro anima Hinrici Ducis, qui eum loco filii adoptavit, et
genitricis sue Gerberge uxoris predicti Ducis, ac filii sui
Widonis, et Hermintrudis coniugis. Proque anime sue
salute dedit predictam potestatem cum appenditiis suis,
sicut dono predicti Ducis Hinrici et uxoris eius, sue vero
genitricis Gerberge, sibi datam legaliter tenuerat annis
XXX, ita integram cum ecclesiis in ea sitis : unam in
honore sancte MARIE, alteram iuxta ipsam positam sancti
Petri Apostoli nomine sacratam, et villis, et terris multis; scilicet in Croherco (2), in Grugiaco (3), in Frigida
villa (4), in Colombario (5), in Lusiniaco (6), in curte
Romanisca (7), in Destagno (8), in Cadiniaco (9), in Mille-
Ponto (10), in Turiaco (11), in Albania (12), in Cariaco (13),
in villa Comitis (14), vel in aliis quibuscumque locis, cum
mancipiis utriusque sexus plurimis, et omnes redditus

(1) Veuvey-sur-Ouche (Côte-d'Or).
(2) Village détruit, aux environs de Labussière.
(3) Grugey.
(4) Froideville.
(5) Colombier.
(6) Lusigny.
(7) Comarin.
(8) Détain.
(9) Chaudenay.
(10) Mipont, lieu détruit, entre Chassagne et Puligny.
(11) Thury.
(12) Aubaine.
(13) Chorey.
(14) Villecomte.

et consuetudines, quas debent ipsi servi et ancille, et
etiam illi qui Francos se dicunt; desuper ipsam potestatem, commanentes ubicumque. Facta est hec donatio
anno ab Incarnatione Domini nostri IHESU XRI M IIII,
indictione II.

Eodem tempore Oddo Vicecomes, filius Hinrici Ducis,
dedit sancto Benigno quandam ecclesiam sitam iuxta
muros castri, quod dicitur Belnum, antiquitus in honore
sancti Stephani sacratam, sed iam per multa curricula
annorum destructam. Quam ipse et uxor eius, Hingala
dicta, a fundamentis in ampliorem statum reedificantes,
Abbatis Willelmi ac Divionensium Abbatum providentie
perpetue dederunt. Et ut monachis ibi commanentibus
non deessent stipendia, dedit ad ipsum locum in comitatu Dusmensi villam, Empiliacus siccus vocatam (1),
cum appenditiis omnibus, et consuetudinariis, et actionibus, ab his etiam que Francorum nomine censentur
pro debito exigendis. Dedit in Mille-Ponto villa terras
arabiles et vineas. In Polmarco, in Valilias (2), mansum ad manendum, vineas et prata. Et ut donatio ista
perpetualiter maneret, Rotberti regis Francorum, interveniente Domno Walterio episcopo, in cuius diocesi erat
memoratus locus, et Ottone ad cuius beneficium pertinebat Comite, petiit regali Precepto firmari, ad nomen
sancti Benigni iure perpetuo possidendum. Factum est
hoc Preceptum anno incarnati Verbi M. V.

Alter quidam Miles predicti Comitis Ottonis, Letbaldus
dictus, quandam ecclesiam in honore sancti Petri dicatam, loco qui dicitur Puteolis (3), quam beneficiario iure
tenebat ab ipso Comite, per eius laudem dedit sancto
Benigno, ditans eam rebus propriis : utque hoc donum

---

(1) Ampilly-le-Sec.
(2) Evelles, commune de Baubigny.
(3) Poiseul.

stabiliretur, petiit a pretaxato Rege Rotberto, memoratis intervenientibus Legatis, regali munificentia firmari, ut monachi ibi Deo servientes, pro ipso rege, et eius prole, proque largitoribus huius doni et eorum progenie, omnique populo christiano Dominum studeant exorare. Factum anno M. VI.

Humbertus etiam dominus castri, quod vocatur Sarmacia (1), dedit ecclesiam sancte MARIE, sitam in ipso castro, sancto Benigno in perpetuum possidendam, sub providentia Abbatis Willelmi successorumque eius; ut monachi ibi mitterentur Deo et eius Genitrici servientes, ac pro se et omnibus vivis ac defunctis supplicantes. Ad quorum victum dedit alias duas ecclesias, unam in villa Buxo (2) dicta, cum mansis et terris aliis, ac farinario, servis, et ancillis; alteram in villa Nermedis (3). Huius rei donatio facta est Rotberti regis anno XXVI, ab Incarnatione Domini M. XIII.

Anno ab Incarnatione Domini M. XII., Willelmus Abbas Divionensis, et Amadeus Flaviniacensis Abbas, fecerunt commutationem inter se de terris. Dedit memoratus Abbas Amadeus de Abbatia S. Petri quicquid habere dignoscebatur in villa Dienato (4), et in villa Comitis, et in alia villa Salice dicta (5), et in villa Carli (6), et villa Icio (7), in Mariaco (8), et villa Tarsu (9), et in villa Meleis (10), cum omni familia utriusque sexus, et omnibus appendiciis. E contra dedit Domnus Abbas Willelmus

(1) Salmaise.
(2) Boux-sous-Salmaise.
(3) Normiers.
(4) Diénay.
(5) Saulx-le-Duc.
(6) Ville-Charles, lieu détruit à Is-sur-Tille.
(7) Is-sur-Tille.
(8) Marey-sur-Tille.
(9) Tarsul.
(10) Molois.

quicquid habebat ex Abbatia sancti Benigni, et loco *sancti Stephani* [1] *in villa Empiliaco* [2] *sicco dicta (quam* [3] *olim* [4] *Odo* [5] *Belnensis Vicecomes ex consensu uxoris sue, nomine Inge* [6], *et filiorum eius, Aquionis Abbatis, et Ioannis, ad iam dictum locum sancti Benigni* [7] *delegaverat)* [8] *vicinum erat Abbatie* [9] *S. Petri Flavigniensis* [10]. *Communicatum est* [11] *cum servis et ancillis, et omnibus appenditiis suis atque redditibus* [12], *per laudem et assensum Domini Brunonis Lingonensis, atque Domini Walterii Episcopi Heduorum, ad quorum dieceses pertinebant prefate Ecclesie.*

Postmodum Hugo quidam Miles de [13] *Parvi* [14], *Divion castri habitator* [15] *partem sue hereditatis, quam in predicta villa Dienato* [16] *habebat, cum consensu et laude uxoris sue Hildegardis, et filii sui Humberti, dedit sancto Benigno ante Domnum Brunonem Episcopum, multis Clericis, et Laicis nobilibus astantibus : ac postmodum in presentia successoris eius Domini Lamberti Episcopi, quando capitis comam deposuit, reiteravit donationem ad altare sancti Benigni coram multitudine populi, dans ipsum patrimonium suum in iam dicta villa Dienato* [17], *vel ubicumque positum; cum servis et ancillis, cumque omnibus debitis consuetudinariis exigendis. Actum anno millesimo decimo septimo.*

Ex hac terra sunt in villa Karli mansa decem, cum terris aliis ad ipsa mansa pertinentibus, ac servis plurimis et ancillis desuper commanentibus. Sunt in Dienato [18] *colo-*

---

[1] L. Stephani Belnensis.

[2] L. Ampiliaco.

[3-4] L. Desunt. — B. Quod olim.

[5] B. Oddo.

[6] B. Inge.

[7] L. B. Benigni predium.

[8] L. B. Quod vicinum.

[9] L. B. Abbati.

[10] B. Flaviniacensis.

[11] L. B. Illud commutatum est.

[12] L. Reditionibus.

[13] L. B. Desunt.

[14] L. B. Desunt.

[15] L. B. Divionensem castrum habitans.

[16] B. Dianeto.

[17] B. Dianeto.

[18] B. Dianeto.

nie quindecim, curtilli viginti, et [1] terra absque estima-
tione, servi et ancille plusquam septuaginta. Est sylva,
que appellatur mons Rigon in Largo fonte, mansi [2] quindecim cum servis et ancillis, et terra multa. In Scalurco
mansum unum cum suis appenditiis. In Hodesca [3] colonias
sex cum servis et appenditiis suis [4]. In Carco (1) fuit villa [5]
que vocatur Britonia [6] : sunt ibi forestelle due, una vocatur Basescoth [7], alia vocatur Petra. Sunt in Fontanis (2)
mansi [8] duo cum terris et vineis. Sunt in Marcenniaco (3)
de vinea iornales tres [9].

Dedit Domnus Abbas Willelmus Monachis Belnensis
celle Ecclesiam sancti Antonii [10], in Ficiaco [11] (4) sitam,
pro excannio [12] supramemorato [13] Empiliaci sicci et Die-
nati [14]. Dedit [15] Monachis Sarmociensis celle ad laboran-
dum et custodiendum terram sancti Benigni, positam in
Sarmacia villa, et in Viriaco (5).

Ipso in tempore Addita Comitissa, uxor Richardi Comitis Divionensis, reddidit sancto Benigno, quidquid predictus
Comes vir suus tenuerat de terris [16] sancti Benigni in beneficio a Manasse Abbate, pro salute anime eiusdem viri sui,
et filii sui Letaldi Comitis (quorum corpora sepelierat in
hoc monasterio Divionensi) coram Legatis Domini Brunonis Episcopi ad hoc missis. Tradidit super altare S. Beni-

---

[1] L. De.
[2] L. B. Manse.
[3] L. B. Dedit.
[4] L. B. Suis. In Cretearuon colonias duas, servos et ancillas,
cum terris et appenditiis suis.
[5] L. B. Dedit villam.
[6] L. B. Briltonia.
[7] L. Bos Escots. B. Iscoth.

[8] L. B. Mansa.
[9] L. B. Tria vinee iugera.
[10] L. Anthonii.
[11] L. B. Fisiaco.
[12-13] B. Excamio. — L. Permuta-
tione supra memorata.
[14] B. Dianeti.
[15] L. B. Dedit et.
[16] L. Terris aut agris.

(1) Carco, près de Couternon.
(2) Fontaine-lez-Dijon.
(3) Marsannay-lez-Dijon.
(4) Fixey.
(5) Verrey-sous-Salmaise.

gni ipsam [1] *vinopetionem* [2]*, ut neque ipsa deinceps, neque ullus Militum eius, de illo beneficio quidquid retineret, nisi tempore vite sue. Post obitum vero uniuscuiusque quod tenebant* [3]*, rediret ad ius sancti Benigni. Hec redditio facta est anno ab Incarnatione Domini millesimo septimo.*

Tempore illo adolescens quidam, nomine Achedeus, Lingonensis Ecclesie Canonicus, in presentia Domini Brunonis Episcopi, et Ottonis Comitis, dedit Ecclesiam sancti Albini ad altare sancti Benigni Divionensis patroni, ea conditione tradidit predictam Ecclesiam [4] *cum appenditiis suis ad memoratum locum, pro se, et pro patre suo Letbaldo, in hoc loco facto Monacho, ut iam diximus* [5]*, ut annis singulis quamdiu viveret, persolveret in censu pro predicta Ecclesia solidos decem, et duo sextaria olei. Postmodum vero quidam Hendricus* [6] *Miles matris* [7] *eius, maritusque* [8]*, quia* [9] *quamvis erat solutio census, adiit presentiam Domini Willelmi Abbatis, petiitque alienari censum predictum : quod impetravit ; et ad quatuor denarios redactus est census : et pro hac recompensatione, proque anime sue salute, dedit villam Molensam* [10] *(1) cum omnibus ad ipsam hereditatem pertinentibus rebus. Consistit ipsa hereditas in Comitatu Oscarense* [11] *super Sagonam fluvium atque Oscaram et Tyllam* [12] *: habetque determinationes amplas, prout scriptum est in carta. Facta hec donatio ab Incarnatione Domini anno millesimo tertio.*

Exorta fuit tunc quedam altercatio inter Monachos huius loci, et Monachos monasterii [13] *sancti Leodegarii, de quo-*

[1-2] L. B. Et scripto confirmavit.
[3] B. Tenebat.
[4] L. B. Patroni et predictam ecclesiam.
[5] L. B. Tradidit ea conditione.
[6] L. Henricus.
[7] L. B. Affinis.
[8-9] L. B. Desunt.
[10] L. Molensem.
[11] L. B. Oscarensi.
[12] L. Tilam.
[13] L. B. Deest.

(1) Lieu détruit, dans le triangle que forment la Saône, l'Ouche et la Tille.

dam saltu, qui dicitur alta sylva , ad Saciacum (1) *villam
pertinente, quam* [1] *determinant duo torrentes. Unus dicitur Tramant, alter Scitilaria, ex diversa parte venientes.
Que* [2] *cum mota fuit a Priore illius loci, nomine Fulcherio , ante Henricum Ducem Advocatum prefati loci , et
Ottonem* (qui et Willelmus dictus) *Comitem , qui tunc
Advocatus erat loci istius; atque in presentia Domini Episcopi Brunonis : ad hoc denique* [3] *ventum est, ut respectum
caperent* [4] *utraque pars super ipsam sylvam : quibus Comes Richardus cum plurimis civibus Divionensibus, videlicet Walterio, Remigio, Humberto, aliisque nobilibus,
interfuisse ad justitiam diffiniendam noscitur. Indeque campum fieri decreverunt, statuto die quo is fieri deberet. Quid
plura? huius loci Prior Dominicus adfuit cum suis paratus. Ille vero qui repetebat se subtraxit, et ad condictum
placitum venire noluit. Postque multis annis* [5] *sine querela
alicuius, sancti Benigni locus suam vestituram tenuit. Postmodum vero predicti Fulcherii successor Arnulphus , de
eadem sylva cepit proclamare denuo coram predicto Comite
Willelmo, contra memoratum huius loci Priorem Dominicum. Venientes igitur ad placitum, communiter decreverunt
novum reparare campum, ubi affuerunt multi nobiles viri ;
Monachorum vero huius loci dictus Prior, et Arnulphus
eius successor, Waldus* [6] *sacrorum Custos, et Henricus :
ibique condictum est placitum* [7]. *Insequentis hebdomade
feria tertia iterum predictus calumniator accedens ad Domnum Brunonem Episcopum, cepit causas* [8] *pretendere, ob
causas* [9] *non posse* [10] *venire ad placitum campi peragendi ;*

[1] L. B. Quam sylvam.
[2] L. B. Que altercatio.
[3] L. B. Igitur.
[4] L. B. Caperet.
[5] L. B. Itaque multis post annis.
[6] L. Hunaldus.—B. et A. Vualdus.
[7] L. Predictum est conditum placitum.
[8] B. Deest.
[9] L. B. Quas. .
[10] L. B. Posset.

(1) Cessey.

, *atque rogare ut in aliud tempus differretur. Quod audiens Domnus Bruno Episcopus, vocatis sancti Benigni Monachis ait* [1] *: Quod cepistis diiudicare* [2], *atque sylvam quam tenuistis, tenete, quia isti calumniatores nullam possunt rectitudinem ostendere.*

Higelbertus [3] *quidam Miles de villa Milleponto dicta, veniens ad obitum, Monachusque factus in hoc cenobio, dedit sancto Benigno in comitatu Augustidunensi* [4], *villam Brueriam dictam, cum omnibus appenditiis suis circumquaque iacentibus, hoc est in villa Adeunt* [5] *mansum indominicatum, cum appenditiis suis, et servo, ac* [6] *filiis eius* [7] *: et in villa Mardelco, atque in Barbarisco, et in Poliaco, necnon in Vinsiaco. Anno ab Incarnatione Domini millesimo septimo facta est hec donatio. Dedit et in villa Valongias* [8] *mansum unum cum appenditiis* [9], *coram Brunone Episcopo, Willelmo Comite, Rainaldo Comite, ipsius filio, Ottone Comite, filii eius Widonis filio.*

Dedit Garnerius quidam Miles sancto Benigno in villa Discaco [10] *mansum unum, et servum cum filio uno. Et in Viriaco* (1) *mansum unum cum appenditiis suis, servis et ancillis, ac duas vineas. Idem Garnerius, et frater eius Aldo dederunt alodium suum qui* [11] *coniacet in loco, quo* [12] *dicitur Mortariis, in Comitatu Divionensi* (2). *Constat autem alodium in terris cultis et incultis, ex se simpliciter divisum. In sylvis vero partim per se proxime* [13], *partim cum aliis participatur* [14] *heredibus. Proprium quidem alo-*

---

[1] B. Deest.
[2] L. B. A. Dijudicate.
[3] B. Hilgelbertus.
[4] B. Augustudunensi.
[5] L. Ademunt. — B. Ademuit.
[6] L. Et.
[7] L. B. Deest.

[8] L. Valongie. — B. Valongiis.
[9] L. B. Suis.
[10] L. Discaquo.
[11] L. B. Quod.
[12] L. B. A. Qui.
[13] L. Deest.
[14] L. Participantur.

(1) Verrey-sous-Salmaise.
(2) Mortières, commune de Villecomte.

dicam terminatur de uno latere [1] terra [2] sancti Mammetis,
a loco qui dicitur Niger solium, in superiori parte usque [3]
Vadarno-villam (1): in inferiori parte [4] iam dicto [5] Niger
solio, usque ad exactum Willelmi, et usque ad Sylvam pertinentem ad Saviniacum (2). Item de una parte [6] terra
Odonis pertinens ad Spaniacum (3). Item de alio latere de
loco nuncupato Nerlangio, usque ad campum peduliosum,
et usque ad lacum, et usque ad terram sancti Petri de Villa-
Comitis, commune [7] cum aliis heredibus. Item de alia parte
terra [8] pertinens ad Vadarnodum (4). Item commune [9]
allodium [10] incipit a quercu perdulioso, et pervenit usque
Spaniacum, et usque Cangegium (5) et Casnedum (6), et
usque [11] Villam Comitis. Ut ergo proprium, et commune
totum simul ad iam dictum sancti Benigni transferrent
locum, acceperunt a Domno Willelmo Abbate et Monachis
eiusdem loci, octo libras denariorum. Sic [12] ex consensu
uxoris, et infantum ipsius Varnerii, tradiderunt atque
condonaverunt prescriptum allodium proprium simul et
commune ad denominatum monasterium; sub presentia
Domni Brunonis Episcopi, aliorumque illustrium virorum,
consentiente et testificante Walone Comite, et fratre eius
Walterio.

Alter Warnerius, et ipse nobilis, dedit sancto Benigno in
Comitatu Divionensi, in villa Spaniaco, vestita mansa tre-

[1] L. Latere de.
[2] B. Terre.
[3] L. B. Usque ad.
[4] L. B. A jam.
[5] L. Dicto loco.
[6] L. B. Est terra.
[7] L. Est cum.
[8] L. Est.
[9-10] L. Hoc alodum. — B. Hoc alodium.
[11] L. B. Usque ad.
[12] L. B. Sicque.

(1) Vernot.
(2) Savigny-le-Sec.
(3) Epagny.
(4) C'est encore Vernot.
(5) Lièu détruit.
(6) Chaignay.

decim, absum [1] *unum* [2], *colonias etiam octo, mancipia utriusque sexus sexaginta tria, et omnes reditus, et consuetudines, atque exactiones quas debet ipsa possessio; necnon et omnem terram pertinentem ad predictam hereditatem absque silva. Ita tamen ut ipsi servi eamdem consuetudinem quam ipsi* [3] *habuerunt* [4] *de predicta silva, quamdiu eos* [5] *tenuit* [6], *simili fine tenus* [7] *teneant* [8]. *Fecit vero hanc donationem ipse Warnerius per laudem et consensum Alde uxoris sue, coram Ricardo Comite, atque Hugone, et Odone fratribus eius, aliisque nobilibus viris Divionis castri, Walterio, Hugo* [9], *Remigio, Humberto. In anniversaria die* [10] *matris* [11] *eius* [12] *refectio de ipsa possessione preparetur fratribus; reliqua* [13] *camere ipsorum deputarentur* [14] *ad vestimenta eorumdem fratrum.*

Quia longum est enarrare cuncta que huic monasterio conlata sunt tempore Domini Brunonis Episcopi; et quibus per ipsum vel propter ipsum, ab aliis augmentatum est bonis, ad ipsius vite finem, habitatoribus huius domus Dei omni tempore dolendum et deflendum, veniamus. Sed ante paucis describere curabimus, quis fuerit modus vite eius. Fuit itaque in eleemosinis largus, in vigiliis sedulus, in oratione devotus, in karitate perfectus, in humanitate profusus, in sermone paratus, in conversatione sanctissimus : erat irreverentibus terribilis aspectu, metuendus severitate, reverendus incessu, venerandus benignitate. Censuram auctoritatis temperabat mansuetudo humilitatis. Non persone potentiam, sed morum elegantiam attendebat in singulis, et tanto eminentius unumquemque honorabat, quanto sanctius

---

[1-2] L. B. Desunt.
[3-4] L. B. Ipse habuisset.
[5-6] L. Eam et ipsos tenuisset. — B. Eam et ipse tenuisset.
[7-8] L. B. Retinerent. — A. Genus.
[9] L. B. Hugone.

[10-11-12] L. B. Martis celebranda, quo die.
[11] A. Martis.
[12] L. B. Reliquum autem.
[14] L. B. Deputetur. — A. Deputaretur.

vivere didicisset. Clericorum ac monachorum, sanctimonialium quoque nec non viduarum et pupillorum pater
erat, atque inter divites et pauperes ita medius, ut pauperes illum quasi patrem aspicerent, divites vero quasi
superiorem sibi divitem timerent. Quamdiu vixit, ita
Burgundiam patrocinando protexit atque defendit, non
clippeo et lancea, sed consilii prudentia, quo sibi principes patrie omnes devinxerat, ut cum rex Francorum
Rotbertus (1) cum exercitu maximo hanc patriam sepe
intrans incendiis et rapinis plurima loca vastaverit, nihil
in ea retinere potuit, quamdiu Bruno Episcopus vixit. Et
quia ei nocere non poterat, huius malivolentie causa
Domno Abbati Willelmo tulit Abbatiam S. Joannis monasterii Reomensis, eo quod partibus favebat, ut iustum
erat, sui Pontificis. Denique quodam tempore memoratus rex cum plurimo exercitu Divionem castrum advenit, circumpositam regionem devastans ac depopulans.
Cuius iram timens prefatus Abbas Willelmus, omnes
monachos ab hoc loco per alia monasteria iussit sece-
dere, aliquantos vero cum libris et omni ornatu ecclesie
intra castrum Divion, ac in Ecclesia S. Vincentii, quam
tunc quieto iure monachi istius loci possidebant, fecit
residere, paucis solummodo fratribus ob custodiam loci
et sancti Benigni servitium, cum Domno Abbate Odilone
in hoc loco dimissis. Quem ad hoc accersierat, ut si
forte rex mali aliquid contra hunc locum moliretur, illius precibus exoratus dimitteret. Rex vero ut erat mente
benignus, cum cognovit propter se monachos dispersos,
valde doluit. Paucis itaque transactis diebus, Franciam

---

(1) Robert, héritier, en 996, du trône de Hugues-Capet, prince
pieux et savant pour son siècle, auteur de plusieurs répons et
séquences que l'on chante encore dans l'Eglise : *O constantia martyrum;—Veni sancte Spiritus.* Notre chroniqueur raconte ici un fait
que les historiens de Robert ont ignoré, et qui confirme bien ce que
l'on savait déjà de la piété de ce prince.

repedavit nullo negotio peracto. Ipso denique anno, qui
fuit ab Incarnatione Domini MXVI Domnus Episcopus
Bruno obiit secundo kal. februarii, peractis in Episcopatu
annis XXXV. Fuit autem a sancto Gregorio Episcopo,
qui hunc locum fundavit, XXXI, in successione Episcoporum ; undecimus post venerabilem Isaac Episcopum.

Cui successit Lambertus Episcopus (1). In cuius diebus quidam Archidiaconus Lingonensis ecclesie, Parisiorum postea Episcopus, Ymbertus nomine, Abbatiam
S. Amatoris sitam ante moenia ipsius urbis, quam beneficii iure tenebat a Presule memorate sedis, obtulit
sancto Benigno per donum, et laudem predicti Episcopi
Lamberti; quatinus ibi monachi sisterentur, qui Deo
hymnis et laudibus die noctuque deservirent. Similiter
quidam Canonicus eiusdem ecclesie, Gozelinus dictus,
dedit in suburbio ipsius civitatis medietatem unius ecclesie : altare vero totum ex integro, sicut dono Episcopi tenuerat, ita ab eodem Presule sancto Benigno
traditum est ad victum monachorum in predicto loco
consistentium.

Eadem devotione Aymo Comes dedit Abbatiam in honore sancte Dei Genitricis MARIE sacratam, et ante
suum castrum, quod Saxonis-fons (2) dicitur, positam,
landante predicto Episcopo Lamberto, obtulit sancto
Benigno in perpetuum possidendam et Abbati Willelmo,

_____

(1) Lambert, 44ᵉ évêque de Langres. L'auteur de la *Vie de Garnier*,
prévôt de Saint-Etienne de Dijon, prétend qu'il acquit par simonie
la dignité épiscopale; mais c'est une accusation calomnieuse que
dément la sainte vie de Lambert. Ce fut lui qui se désista, en
faveur du roi Robert, de la seigneurie de Dijon, et c'est depuis ce
moment que Dijon commença à devenir peu à peu la capitale de la
Bourgogne. On ignore la date précise de cet évènement important :
les uns le placent en 1016; d'autres, avec plus de raison, en 1028.
Lambert consacra solennellement l'église Saint-Michel de Dijon et
fit de grandes largesses au monastère de Saint-Bénigne.

(2) Saxe-Fontaine.

quatenus ordo monasticus, qui ibi quondam fuerat institutus, ipsius repararetur studio.

Sed et Nortmannorum Comes Richardus dedit sancto
Benigno ecclesiam sancti Adalberti, cum villa, et omnibus terris ad eam pertinentibus sitam in pago Oximen-
si (1): quod filius eius Richardus, et ipsius Richardi
filius Rotbertus, et Rotberti filius Willelmus, postea
per succedentia tempora laudaverunt et firmaverunt
donum; atque Advocati et Defensores earumdem rerum
ad tutelam huius domus Dei fuerunt, et adhuc sunt.
Quidam quoque Miles eiusdem Comitis, Gotbertus nomine, in loco qui Longus-campus (2) dicitur, dedit ecclesiam in honore sancti Martini dicatam, cum terra ad
ipsam aspiciente. Ut vero hec donatio firma persisteret,
nec ab ullo propinquorum eius calumniaretur dedit ei
prefatus Willelmus Abbas LX libras denariorum. Richardus Nortmanorum Dux, et Rotbertus Archiepiscopus eius frater, laudaverunt, et subscripserunt carte
anno M. III.

Heinricus quidam clericus de nobilibus dedit sancto
Benigno Prisceiam (3) villam suam, cum ecclesia inibi
sita, in presentia Lamberti Episcopi et Archidiaconorum
ipsius, Beraldi, Hymberti, Geraldi, Oddonis, et aliis
quam pluribus, tam clericis, quam laicis adstantibus;
atque Willelmo Abbate cum suis monachis. Actum anno
ab Incarnatione XPI. M. XX.

Femina quedam nobilis, Aremburgi dicta, mater Let-
baldi Matisconensis Episcopi, cum eodem filio suo dedit
sancto Benigno in villa Lu (4) vocata VII mansa et silva
ibi adiacente, et servis qui de predictis mansis VII colonicas tenebant.

(1) L'Hiémois, en Normandie.
(2) Longchamp, canton de Genlis (Côte-d'Or).
(3) Prissey, canton de Nuits (Côte-d'Or).
(4) Lux, canton d'Is-sur-Tille.

Altera matrona Tetiardis vocata dotalicium suum dedit sancto Benigno per laudem filii sui Widonis. Coniacet
vero in his villis; in Quintiniaco, in Albiniaco (1), in
Sulliaco (2), in Attegias, in Curte-Arnonis (3), cum tertia parte ecclesie inibi sita, dicata in honore sancti
Germani. Sunt mansa XXI cum terris ad eos aspicientibus.

Quidam Miles Rotbertus dictus, veniens ad conversionem, dedit sancto Benigno omnem hereditatem suam,
que coniacet in Comitatibus Belnensi et Cabilonensi: et
in his villis; Seviciaco, Rueledo (4), Mossiaco (5), Am-
bassiaco (6), in Monticellis (7), villa Gislensi (8), et in
Scodingiis villa Sesilliis, cum servis et ancillis, in predictis locis manentibus, omnique terra in prenominatis
locis ad suam partem pertinente dedit coram dominis
suis Willelmo Comite et filio eius Rainaldo. Actum anno
M. VII.

Alter Miles, Albericus dictus, dedit in Curte-Euro-
nis (9) mansum unum cum terris ad eum aspicientibus :
et in Assiriaco villa tertiam partem sue hereditatis. Actum anno supradicto.

Alius quoque Miles Willelmus vocatus, cum coniuge
sua Teudgarda et filio Romestannio, misit in convadium
hereditatis sue partem in villa Attegias, usque ad annos
XXIIII, ea convenientia, ut transactis predictis annis, si
non esset redempta ab ipso vel filiis aut filiabus eius,
deinceps iam non redimeretur, sed monachi sancti Be-

(1) Aubigny.
(2) Sully, commune de Saint-Apollinaire, près Dijon.
(3) Couternon.
(4) Reullée.
(5) Moisey.
(6) Ebaty.
(7) Monceaux.
(8) Probablement Gilly, canton de Nuits.
(9) Courtivron.

nigni, quorum pecunia ibi habebatur, iure perpetuo eam possideret. Similiter alter Miles, Cadalo dictus, cum coniuge sua Teodrada, pari conventione largitus est hereditatem suam in Attegia et in Ponticiaco (1), predictis huius loci monachis.

Sunt adhuc plurime que describi possent, sed quoniam ad finem libri tendimus, his omissis, obitum Patris Willelmi intimare curamus. Postquam per annos XLII vinee Dominice sedulus cultor eam excolendo iugiter propagare, amplificareque curavit : cum iam senio infirmitatibusque multis pregravatus optaret dissolvi et cum Xpo esse, bonam consummationem laborum suorum adimplere cupiens, per omnia monasteria, que sub eius fuerant magisterio, incipiens ab Italia, circuiendo, et fratres exhortando, ut ea que ab ipso didicerant, mente retinerent, et opere adimplere satagerent. Siquidem doctrina fuit, ut iuxta quod precipit sancti Benedicti Regula, in verbo, in omni actione, in vestitus qualitate, humilitatem videntibus se semper ostenderent : et ut honore invicem se prevenientes, dilectionem sine simulatione exhiberent. His et aliis virtutum operibus intentos, etiam distincte legendi atque psallendi magisterio erudivit. Hec docendo ceteris monasteriis peragratis, pervenit ad cœnobium nomine Fiscannum, ubi plus solito infirmitate pregravatus, sentiens sibi imminere ultimum vocationis sue diem, convocatis Fratribus, per octo dies exhortans eos, atque absolutione et oratione Deo commendans, octavo die Natalis Domini sumpto Xpi Corporis et Sanguinis Sacramento reddidit Deo spiritum. Cuius corpus a medicis qui ibi aderant (2)

(1) Athée et Pontailler.
(2) Il est probable qu'il est question ici de moines médecins : car on sait que dans toutes les abbayes, et notamment à Fécamp, l'abbé Guillaume avait établi des écoles de médecine. L'abbé de Fécamp, d'ailleurs, à ce moment, était Joannelinus, « *medicinali arte per ipsius Patris* (Willelmi) *jussionem edoctus.* »

conditum aromatibus, honorifice traditus est sepulture
in ipso monasterio, ante altare sancti Taurini Confessoris (1). Post cuius obitum Domnus Halinardus suscepit
curam regiminis animarum; quem prefatus Pater successorem sibi elegerat cum consilio et laude Fratrum,
baculumque pastorale ei transmiserat. Obiit vero predictus Pater noster Willelmus anno ab Incarnatione
Domini M XXXI. Et in ipso anno defunctus est Domnus
Lambertus Lingonum Episcopus, Kalendas septembris,
antequam ipse Pater finiretur. In cuius locum substituit
Rotbertus rex Episcopum Richardum vocatum, clericum
litteris optime eruditum, et bonis moribus ornatum, tamen contra voluntatem cleri et plebis totius : quapropter post menses V adepti Episcopatus, captus ac pulsus
civitate, dum multis post diebus veneno vitam finivit (2).
Rex autem consiliis regine ad iram animo, iterum dedit

---

(1) « Quoique ce pieux abbé, disent les auteurs de la *France littéraire*, ne soit honoré nulle part que l'on sache, on ne laisse pas
de lui donner le titre de saint. Ce n'est pas sans fondement, puisque toute la suite de sa vie, et le don des miracles dont Dieu l'a
gratifié après sa mort, attestent sa sainteté. » (*Hist. litt.*, tom. VII,
p. 321.) Dom Mabillon s'exprime de la même manière. Mais, depuis
lors, des recherches plus approfondies ont jeté quelque lumière
sur ce point. A Dijon, à la vérité, les livres liturgiques ont péri, et
nous ne saurions dire si on y a jamais rendu quelque culte à ce
saint abbé; mais à Fructuare, à Fécamp, en Angleterre, il paraît
incontestable qu'on l'a fait. (Voir *S^ti Willelmi Divionensis opera.
Augustæ Taurinorum*, 1797, in-4°.) On n'hésitait pas, au moyen âge,
à le louer à l'égal des plus grands saints. Voici, en particulier, comme
en parlait Jotsaldus dans ses vers sur la mort de saint Odilon (*Reomaus, Auctore Reverio. Parisiis*, 1637, 1 vol. in-4°, p. 170) :

> Iisdem decessit Vuillelmus sorte kalendis
> Magnus et ipse pater monachorum Divionensis.
> Hi fuerant monachi Maioli denique sancti
> Uno florentes in tempore, corpore mundo,
> Unius et fidei vere, pietatis amici.
> Junxit utrosque fides, similes habuere recessus.
> Gloria non dispar, eodem sequiturque corona.

(2) Richard, 42° évêque de Langres. On ne sait de lui que ce
qu'en dit notre chroniqueur.

Episcopatum cuidam clerico Carnotensis Ecclesie. Hugo hic erat dictus; fuissetque utile vas in domo Dei, si invenilia desideria evitare et superbiam calcare curasset. Sed is adiecta crudelitate eundo per fas et nefas, ad ultimum postquam per annos XVIII Lingonicum tribulavit clerum et populum, pulsus a sede (1) iudicio Domni Leonis Noni Pape, et Archiepiscoporum, Alinardi scilicet Lugdunensis, Hugonis Bisonticensis, Widonis Remorum, Evrardi Treverorum, aliorumque multorum qui presentes fuerunt in concilio habito Remis civitate, in presentia memorati Pape Leonis, ubi affuerant pene totius Gallie tam Archiepiscopi quam Episcopi, cum innumerabili multitudine cleri et populi.

Huius itaque Hugonis ordinatione instante, cum esset deductus ab Heinrico rege iuvene ad civitatem Lingonas cum magna ambitione, nunciata est predicto regi mors patris sui Rotberti regis. Qui regnavit annis XLI (2). Et ipse Heinricus regni sextum iam annum agebat. Ipse Rotbertus rex interveniente Domno Lamberto Episcopo, et Hugone Autisiodorensi Episcopo provisore huius loci, perdonavit salvamentum villarum que pertinebant ad ius sancti Benigni; quarum hec sunt nomina : Lariacus (3), Bicisus (4), Quintiniacus (5), Cromavius (6), Suliacus (7), Aguliacus (8), Ruffiacus (9), Aschiriacus (10),

---

(1) Hugues de Breteuil, d'abord chanoine de Chartres, puis de Langres, et enfin 43ᵉ évêque de cette ville. Déposé, dans le concile de Reims en 1049, pour crime de simonie, il fit une pénitence exemplaire et mourut en odeur de sainteté. Il était instruit et avait composé un traité contre les erreurs de Bérenger, dont il aperçut le premier le venin, et qu'il réfuta avec solidité. Cet ouvrage a été publié par d'Achery, à la suite des œuvres de Lanfranc.

(2) C'est une erreur, Robert régna trente-trois ans, neuf mois et quatre jours.

(3) Larrey.

(4) Bussy, près Plomblières.

(5) Quetigny.

(6) Cromois (Rente de).

(7) Sully (Rente de).

(8) Aguilly, ancien nom de St-Apollinaire.

(9) Ruffey.

(10) Echirey.

Bargas (1), Provisum (2), Colonias (3), Plomberias (4), Escuncias (5), Gironua (6), Corcellas (7), Tremoledum (8), Villarium (9), Pruneius (10), Lenteniacus (11), Distum (12), Longusvicus (13), Saciacus (14), et omnes que ad ipsum pertinent villule, Siliciacus (15), Asnerias (16), Corcellas superiores (17), Norgias (18), Asiriacus (19), Dinatus (20), Merconniacus (21), Panierias (22), Fedeniacus (23), Ulgia (24), Dusmisus (25), Neironus (26), Salone (27), Spaniacus (28), Villakerli (29), Villa-Comitis (30). Curte Arnon (31), Missiniacus (32). In his et ceteris villis ubicumque terra sancti Benigni Salvamentum reddebat, Rotbertus rex iussit aboleri, ut amplius non exigeretur a quoquam, sed ad profectum monachorum reddidit Deo et sancto Benigno, posito super eius altari dono, laudante Constancia regina eius coniuge, et filiis, Heinrico tunc Duce, atque Rotberto fratre eius, qui illi successit. Et hoc donum firmavit precepto regali, annuloque suo iussit insigniri : atque Episcopis, et Comitibus, ac ceteris primatibus qui presentes aderant, corroborare iussit. Interfuerunt autem Lambertus Lingonensis Episcopus, Hugo Autisiodorensis Episcopus, Azelinus. Episcopus Laudunensis, Goffredus Episcopus Cabillonum,

(1) Barges.
(2) Prenois.
(3) Collonges.
(4) Plombières.
(5) Ecotois (Rente d').
(6) Girou (Rente de).
(7) Corcelles-lez-Cîteaux.
(8) Crimolois.
(9) Velars.
(10) Premières.
(11) Lantenay.
(12) Daix.
(13) Longvic.
(14) Cessey-sur-Tille.
(15) Sennecey.
(16) Asnières.
(17) Corcelles-les-Monts.
(18) Norges.
(19) Aiserey.
(20) Diénay.
(21) Marsannay.
(22) Epernay ?
(23) Fénay.
(24) Ouges.
(25) Domois.
(26) Noiron-lez-Cîteaux.
(27) Saulon.
(28) Epagny.
(29) Ville-Charles, à Is-sur-Tille.
(30) Villecomte.
(31) Couternon.
(32) Messigny.

Beraldus Episcopus Suessionum. Comites vero, Willelmus Nivernensis, Otto Matisconensis. Actum anno MXV,
ipsius autem regni XXVIII. Fecit et de locis ad hunc
pertinentibus, videlicet de Cella Belnensi, ac Puteolis (1),
ut supra diximus. Proque his iustum est, ut anniversaria dies ipsius a nobis agatur. Eo tempore mortuus est
Otto, qui et Willelmus dictus est, Comes, anno videlicet
M XXVII, et in hoc sancti Benigni monasterio sepultus :
ubi et filius eius Comes Wido ante aliquot annos tumulatus iacebat. Hic pro multis in hoc loco conlatis beneficiis, aliqua ex parte a nobis descriptis, promeruit ut
semper memoria ipsius agatur ab huius loci monachis (2). Supra memoratus Hugo Episcopus Autisiodorensis, et Comes Cabillonum, protector et advocatus huius
loci, dedit sancto Benigno sciphum aureum pondo V
librarum, ut fieret ex eo calix aureus ob expiationem
culparum ipsius. Cui eleemosine addidit Richardus Nortmanorum Dux sextam libram auri, ut pro hoc aliisque
pluribus nobis conlatis bonis retributionem acciperet a
Deo eterne hereditatis. Chunigundis etiam Imperatrix,
uxor Henrici Cesaris, pro requie anime predicti principis
dedit duas auri libras : insuper et omnes gemmas ipsius
calicis cum patena : studuitque facere vas elegantissi-
mum, ut per hoc memoria ipsius in hoc loco recolatur per
ovum (3). Pro his ceterisque benefactoribus nostris in-

---

(1) Palleau (Saône-et-Loire).

(2) La mémoire d'Othe Guillaume a toujours été en bénédiction
au monastère de Saint-Bénigne. Ses obsèques s'y célébrèrent avec
pompe, et on mit sur sa tombe l'inscription suivante, qui a disparu
depuis :

NOBILITER NATUS GUILLELMUS ET OTHO VOCATUS
DORMIT IN HAC FOSSA, CUIUS LAPIS HIC TEGIT OSSA
QUI DUCIS ET COMITIS GEMINO DITATUR HONORE
ARTIFICES SCELERUM PACIS REPRIMEBAT AMORE
ANNO DOMINI MILLESIMO VIGESIMO SEPTIMO
UNDECIMO KALENDAS OCTOBRIS SEPULTUS EST.

(3) Ce sont ces vases précieux, le calice, la patène d'or enrichie

sistendum est nobis orationi prece instantissima, ne aliorum gratis utentes bono, peccatorum eorum nostris superadditis, gravem accumulemus sarcinam super capita nostra.

Temporibus quibus hec gesta sunt Domnus Halinardus (1) in hoc loco Prioris agebat officium. Qui sequenti tempore etiam Abbatis ac Pastoris est assecutus nomen et meritum. Cuius memoriam dignum est nos assignare litteris, qui nos dulcibus ac paternis monuit institutis. Hic fuit oriundus Burgundia, nobilium virorum exortûs prosapia. Nam pater eius Lingonum, mater vero Heduorum civis exstitit. Ab ipsis infancie rudimentis studiis litterarum traditus, superna providentia gemina scientia efficacissime claruit. Amabatur paterno affectu a venerabili Presule Edue civitatis, Walterio nomine, cuius filius erat in baptismate, ac ideo educabatur ab eo maiori diligentia, ut post aptaretur in domo Dei lucerna. Processu vero temporis, decursa pueri cia, cum eum iam sibi vindicaret adolescentia, a patre suo est traditus Domno Brunoni Lingonum Presuli. Qui eum liberali cernens ingenio valere, canonicorum studuit collegio

de diamants et le chalumeau d'or dont ne parle pas la Chronique, qui servaient au monastère pour la communion sous les deux espèces, car on sait qu'elle y fut en usage jusqu'au XVIIᵉ siècle.

(1) Notre chroniqueur entre dans de très grands et très intéressants détails sur la vie d'Halinard, qui, après avoir été abbé de Saint-Bénigne, fut archevêque de Lyon et faillit être pape; et comme il dit avoir été reçu au monastère par ce saint abbé, et que ce qu'il raconte il l'a ou vu, ou appris de témoins oculaires, il mérite la plus grande confiance. Aussi ce passage de notre Chronique a été édité dans tous les recueils de monuments relatifs à l'histoire de l'Eglise, de la France, de l'Allemagne, etc. Voir en particulier *Acta SS. O. B. B.*, sæc. *VI*, pars 2, p. 85. [*Dominus Halinardus in hoc loco... comitatu Bassiniacensi.*] *Bouqueti continuatores*, tom. XI, p. 12. [*Halinardus diligebatur... comitatu Bassiniacensi.*] Pertz, *Monumenta Germaniæ*, tom. VII, p. 235. [*Halinardus diligebatur... ejus edificatus.*] Pour avoir la vie d'Halinard au complet, il faut y joindre quelques passages de la Chronique d'Hugues de Flavigny, une page de celle de Bèze, et quelques chartes rapportées dans Pérard.

copulare. In ea itaque urbe cum philosophos virosque
audiret ecclesiasticos, divina inspirante gratia nulli so-
dalium erat inferior in sapientia. Fecunditas eloquentie
gravitate componebatur sapientie. Ex materia huiusce
compositionis vas esse cepit electionis. Cumque foret
animi ad cuncta capacis, nil intentatum, nil denique
liquit inausum. Cum iam vestiri cepisset vernantibus
iuventutis floribus, ita suam adolescentiam bonis instru-
xit moribus, ut eo tempore iam videretur monachus,
integrum se et sincerum omni custodia ab his observa-
bat vitiis, quibus contaminari solent homines hujus etatis. Is enim imbui timebat, ne tenera in etate his infectus esset, quibus cum vellet carere non posset. Iuxta
illud quod scriptum est : *Adolescens iuxta viam suam,*
etiam cum senuerit, non recedet ab ea (1). Bonorum virorum et maxime prudentium contubernio potitus, turpi-
tudinis sectatores exosus.

Igitur cum pro sua omnibus cara benevolentia diligeretur a Domno Lamberto Lingonum Presule, cuperetque
eam idem Pontifex conlatis ecclesiasticis gradibus exaltare, ille respuens labilem et caducam mundi gloriam,
hoc studuit opere adimplere, quod Dominus precepit
sermone. *Qui vult,* inquit, *post me venire, abneget semetip-*
sum, et tollat crucem suam, et sequatur me (2). Spretis
itaque omnibus terrene possessionis stipendiis, ob spem
future repromissionis, habitum sancte conversationis
sumpsit. Sed non ibi defuit probatio tribulationis. Parentes namque eius insequentes eum, atque ab hoc monasterio per consensum Episcopi vi abstrahentes, nudatum
habitu monachi per publicum ita deduxerunt, ut pro
hac verecundia odiret quod tempore amplectebatur.
Sed nihil proficit callida ars maligni contra doctrinam

(1) Prov., XXII, 6.
(2) Marc., XVI, 24; Luc., IX, 23.

Sancti Spiritus. Nullo modo quippe valuerunt eum revocare a sua intentione; verum parvo transacto tempore
fugam iniit, ut vel extra patriam posset perficere, quod
in patrio solo non permittebatur adimplere. Sed iterum
insequutus, et captus, ad Episcopum est reductus. Qui·
multis eum promissionibus et blandiciis demulcebat, si
quomodo posset animum ipsius ab hac intentione revocare. At ubi vidit eum in sua persistere sententia, vix
tandem permisit ei quod vellet agere. Sic itaque quod
cupierat assecutus, deinceps alieno vixit imperio, et in
nullo quantum potuit deviaret a sancte institutionis proposito. Is enim procul a se remotis hebetudine et mur-
mure singularis pre ceteris obedientie preminebat virtute: implens illud in Fratribus quod dicit sanctus Benedictus (1) : *Obedientie bonum non solum Abbati exhiben-
dum est, sed etiam sibi invicem obediant Fratres.* Enim
vero beati Benedicti, cuius subiacebat discipulatui, imitator existens, sapientem Dei stultitiam est adorsus,
juxta quod precipit Apostolus : *Si quis vult inter vos
sapiens esse in hoc mundo, stultus fiat, ut sit sapiens* (2).
Haud secus enim ac philosophi ad syllogismorum argu-
menta iota se conferunt mentis instantia, ita se contulit
ad ea discenda, que cotidianum per usum in monasterio
sunt explenda. Quibus omnibus solerter sibi cura cognitis, et experimento memorie commissis, videri iam cepit
doctior cunctis.

Hunc ergo ut in monachico ordine ita prudentem iam
dictus Pater Willelmus intellexit, congregationi Fratrum
preficiens, animarum curam eidem commisit. Quod ministerium tanta auctoritate tantaque adimplevit sollicitudine ut omnibus secum conversantibus et exemplo
fuerit et terrori. Regulari quidem contentus conversa-

(1) Regulæ, c. 71.
(2) I Cor., iii, 18.

tione sic studebat parcimonie, ut differre nullatenus videretur a societate communis mensæ. Aliquorum vitia
dum conspiceret reprehendenda, prius in unoquoque
audanda canebat, dehinc velut gnarus reprehendenda
carpebat. Cunctos tamen sepius ammonebat, ut tales
se Deo exiberent interius, quales humana opinio pro religionis habitu ferebat exterius.

Per cuncta ergo monasterii probatus officia, omniumque ministeriorum, obsequiis non segniter adimpletis,
primum Prepositi sub ipsius Abbatis imperio quatuor
annis administravit officium, ad ultimum post prefati
Patris officium pastoralem suscipere curam, doctrina
id exigente iustitie, ab omni coactus est Fratrum congregatione. Quod licet invitus et reluctans acceptum ministerium, cum cultui vinee manciparetur divine, ut
hujus se assignaret colonum, commune utile multorum
magis` querebat, quam proprium. Cunctis benignus,
omnibus equus; nemini nocebat, quibus poterat prodesse audebat. Sana quippe doctrina ei inerat, quia sue
conditioni quod competebat illud solerter agebat, propter
illud Apostoli : *Nemini dantes ullam offensionem, ut non
vituperetur ministerium nostrum : sed in omnibus exibea-
mus nosmetipsos sicut Dei ministros* (1). Sanctis etiam
et modestis sermonibus inditus, obscenis et turpibus
omnino intercludebatur auditus; propter illud quod scriptum est : *Sepi aures tuas spinis, et noli audire linguam
nequam* (2). Adeo lectioni erat deditus, ut in itinere
positus, libellum sepius gestaret in manibus : itaque in
equitando reficiebatur animus legendo. Philosophos vero
secularisque sapientie libros cum legebat, illud sagaci
sectabatur industria, quod per Legislatorem divina vox
precipit de captiva. Hec quippe que in philosophorum

(1) I Cor., vi, 4.
(2) Eccl., xxviii, 28.

libris reperiebantur utilia , hec sua dignabatur memoria : que vero superflua, de amore scilicet rerumque
secularium cura, quasi venenata radebat et mortifera.
Hic calvicium inducebat, hec unguinum more ferro
acutissimo desecabat. Ex lectionis ergo assiduitate scripturarum informabatur auctoritate : ita in canonicis ac
monasticis valebat institutis, ut nulli videretur secundus
in legum decretis, ac philosophicis argumentis. Tum
virtute et sapientia compositus, fandi quoque honestissime copia ditatus, ita se coaptabat singulis, ut omnibus esset diligendus, implens illud Apostoli : *Omnibus
omnia factus sum, ut omnes facerem salvos* (1). Quicquid
loquebatur, sapientiæ gravitate componebatur. Sermo
ejus sale conditus, quo virtutis pondere brevis et rarus
ea prudenti suavitate habebatur pretiosus. Ideoque quo-
tiescumque ad edificationem moralem faciebat sermonem, ut disertissimus , ita habebatur gratissimus. Gregem sibi commissum provida regens pietate, adversus
pessimum sanctis omnibus inimicum concordi sanctoque
certamine admonebat pugnare : et eorum quisque quod
posset operari bonum non desisteret, ne tunc vellet
quando non liceret. Illis etiam beati Ioannis sepius inferebat monita, qui in sua ait Epistola : *Pacem sequimini
cum omnibus , et sanctimoniam , sine qua nemo videbit
Deum* (2).

Diligebatur quam plurimum a regibus Francorum
Rotberto et Heinrico. Sed et Chonradus Imperator, et
ejus filius Henricus Cesar, illum nimio venerabantur affectu. Unde factum est, ut Lugdunense sede vacante An-
tistite, ab ipso Heinrico Imperatore eo quod olim sibi
cognitus , et pro religiosa conversatione, ac fama sanctitatis erat valde dilectus, oblatus est ei honor illius

(1) I Cor., ii, 22.
(2) Heb., xii, 14.

Episcopatus. Ipse vero grave pondus procellosi culminis per custodiam refugit humilitatis : obtendens se mona- chum ad tantum onus nequaquam fore idoneum. Erat tunc in clero Lingonensi quidam clericus nomine Odul- ricus, etate pariter ac sancta conversatione provectus, litteris adprime eruditus, qui tunc in palatio regis aderat, sed tamen principi non plene cognitus. Hunc Domnus Pater noster Halinardus suasit expetendum : quem et sapientie ubertas et senectutis commendabat dignitas. His renuntiatis regi verbis, miratus vel quod oblatum honorem sacerdotii tam vili penderet, vel quod in se denegabat, pro alio tam sollicite expetebat : assensit, et Episcopatus dignitatem memorato Domno Odulrico con- cessit. Quem ipse Pater usque ad sedem deduxit : et que- que in obsequio illius competebant, ac si unus ex fami- lia ipsius procuravit. Qui rexit Lugdunensem ecclesiam per annos V, verbo et exemplo bonorum operum in- struens animos subditorum. Postmodum a quibusdam malivolis et invidis perpessus insidias, quem ferro non potuerunt, veneno perimere non detrectaverunt. Sicque occisus, ceteris sanctis Pontificibus ibidem quiescen- tibus est adgregatus.

Tum demum vox totius cleri cum consensu populi ut ad hoc culmen suscipiendum colla submittat hortatur- utque Pastoris curam in eis gereret deprecatur. Ad Im, peratorem legationem mittunt, ut Domnus Halinardus Pontifex eis detur, exposcunt. Imperatoris preceptum mittitur : ut Domnus Halinardus inthronizetur preci- pitur. Sed ejus animus robore firmatus divino, nequa- quam ad hec flectitur, quousque Apostolici Pape con- ventus est litteris. Joannes, cognomento Gratianus, tunc residebat in sede Apostolica. Is ut comperit eum nolle adquiescere deprecantium votis, misit ad eum, precipiens auctoritate Pontificali ut obediret precibus cleri et populi. Factus igitur Apostolici compos et

compar honoris, duxit Apostolicam factis et nomine
vitam. Eadem virtus mansit humilitatis, opere multi-
plicato charitatis. Omnia que agebat, virtutum sapore
condiebat : ut speculi fieri solet inspectione, ita se interius divina considerabat lectione, et ex hac mentis ornatus componebatur : deformitatis vero, si quid depre-
hendebatur, iustitie moderamine corrigebatur. Disertis
viris quoties iungebatur, et de scripturis, fieri ut assolet,
aliquid proponebatur, libenter audiebat, prudenter et
verecunde respondebat. Prava vero si qua propone-
bantur, non acriter, sed ingenuo pudore confutabat, non
callida argumentatione contra se disputantem supe-
rando, sed per venerabilium Doctorum exempla benigne docendo. Tunc dicta orthodoxorum tradebat ad
medium, cum evangelicis et apostolicis tonitribus; atque
in hunc modum et eruditissimus declarabatur, et ela-
tionis, vel eruditionis iactanciam fugere videbatur. Iurare omnino cavebat, ne forte perjuraret. Unde quid in
Palacio Imperatoris egerit silendum non est.

Henricus tercius Imperator Burgundie regnum gubernabat. Rodulfus enim Burgundie rex sine liberis
existens, Henricum secundum Cesarem heredem regni
fecit, post quem ad Chonradum pervenit imperium. Hic
sororem predicti regis, nomine Gislam, habuit conjugem; de qua genuit tertium Henricum. Cui ex successione paterna iure provenit regnum Burgundie. In cujus
regni termino sita est Lugdunum civitas, quam Lotharius Francorum rex dedit in dotem sorori sue Mathilde
regine, quam despondit Chonrado Burgundie regi, patri supradicti regis Rodulfi. Igitur propter donum Episcopatus Domnus Halinardus ad hoc electus, Henrici
Cesaris curiam adiit; et cum eo Episcoporum, qui erant
suffraganei, Legati Archidiaconi, atque ipsum Pastorem querentes Lugdunenses clerici. Imperator, ut mo-
ris erat, propter datum honorem Episcopii requisivit ab

eo fidei sibi debite sacramentum. Horum verborum
Domnus Hugo Archiepiscopus Chrisopolitanus erat se-
quester ac mediator. Ille his auditis verbis respondit : Si
regis eterni, et regule quam iurciurando promisi pre-
cepta postposuero, que mihi fides erit, ut imperatoris
iuramentum custodire debeam ? Dominus enim dicit in
Evangelio : *Non iurare omnino* (1) : et Regula Patris Benedicti precipit monacho *non iurare,* et *a sæculi actibus se
facere alienum* (2). Hec renuntiata regi miratus, et am-
plectens animo ejus constantiam, volens tamen probare
perseverantiam, dixit : Nequaquam se illi dare Pontificatum, si non oboediret suis preceptis. At ille ait : Melius est mihi nunquam accipere sacerdotium, quam transgredi Dei mandata. Ad hec Episcopi illarum partium, et
maxime Sigebaudus, Episcopus Spire, ubi hec gerebantur, insistebant, dicentes : Quis est hic qui presumpsit in Palatio Principis, mandatis ejus non oboedire,
quod nostrum nemo unquam facere ausus fuit ? Aut iuret
fidem regi, aut abiciatur. Verum Theodericus Episcopus Mettensis, et Bruno Leucorum Episcopus, ac Richardus Episcopus Verdunensium, ipsius amici existentes, suadebant Principi non debere pro hoc molestiam
inferre religioso viro, cujus animum in fide et ceteris
virtutibus constantem scirent. 'Ad hec Imperator ait :
Suadere illum, si non vult sacramentum facere, vel ad
hoc se proferat, ut videatur fecisse, ne mos patrie nostre adnulletur. Respondit ille : Tantumdem est si simu-
lavero, ac si fecerim : absit hoc a me. Imperator videns
eum sic firmum, noluit amplius inquietare illum, solummodo verbo et promissis ipsius fidem assentiens, dedit
ei quod petebatur. Ac in sua presentia fecit illum ordinari, dans ei queque fuerunt sacerdotali benedictioni

(1) Matth., v, 84.
(2) Cap., IV, *Inst.*, 27 et 22.

necessaria. Et non solum ipsi, vel ceteris Episcopis, sed
etiam levitis ac ministris altaris ita preparabat omnia,
scilicet vestimenta, libros, linteamina, ac queque necessaria, ac si esset non princeps, sed famulus. Erat
enim isdem religiosus rex, valde ecclesiasticus, et circa
divinum cultum devotissimus.

Ordinatus est autem venerandus Pater Halinardus per
manus Domini Hugonis Archiepiscopi Chrisopolitani, in
loco, qui vocatur Herbrestinc lingua Teutonica, quod in
nostra bonas mansiones signat, anno ab Incarnatione
Domini MXLVI. Eodem anno perrexit memoratus princeps Romam, ibique tunc suscepit coronam Imperii,
die natalis Domini, per manus Clementis Pape, quem
ipse Imperator ordinari jussit, et fecit deponi Joannem,
qui tunc chathedre presidebat, et Benedictum atque Syl-
vestrum, qui in concilio tunc abito examinata eorum
culpa inventi sunt non solum simoniaci, sed etiam per-
vasores Ecclesie. Huic concilio interfuit ipse Domnus
Lugdunensium Archipresul, atque memoratus Hugo Archiepiscopus, aliique plures ex diversis partibus coadu-
nati Episcopi. Fuerat ei consuetudo Romam orationis
gratia frequenter pergere, ut sanctorum Apostolorum
ac Martyrum, qui urbem illam protegunt, patrocinia
imploraret. Erat namque ejus voluntas, ut si fieri posset,
ibidem Deo animam redderet. Quapropter non est fraudatus a desiderio suo, sed ut voluit, ita ei Dominus
concessit. Defuncto memorato Papa Clemente, Romani
petierunt eum ab Imperatore. Hoc namque a Romanis
Imperator data pecunia non parva exegerat, ut sine
eius permissu Papa non eligeretur. Ille, cognita voluntate principis ac populi, dissimulavit ire ad curiam,
donec tardante eo, alter eligeretur : diligebant enim
eum valde Romani propter facundiam oris sui et affabi-
litatem sermonis: ita enim proferebat vernaculum so-
num loquele uniuscujusque gentis, quousque latina

penetrat lingua, ac si eadem patria esset progenitus.

Domno igitur Leucorum Episcopo Brunone, qui appellatus est Leo Papa, ordinato, evocatus est ab ipso Rome ad concilium Domnus Archiepiscopus Halinardus, simulque omnes Episcopi Gallie, ad pertractandum inibi de statu et correctione sancte Ecclesie. In ipso anno ipse Domnus Papa perrexit Franciam, et Remis habuit concilium Episcoporum, sicut jam diximus, ibique fuit cum eo predictus Pater noster : tuncque fuit translatum corpus S. Remigii ab ipso Domno Apostolico et Episcopis qui ibi adfuerunt, et ecclesia ipsa sacrata. Item anno tercio predictus Papa habuit concilium in urbe Roma quo affuit prefatus presul : indeque iterum Galliam properanti comes individuus exstitit. Veniens vero ad civitatem Lingonas, ordinavit ibi in presentia Pape Domnum Arduinum Episcopum, pro illo qui fuerat ejectus. Rursum sequenti anno Romam pergens, cum ipso Domno Apostolico properavit Beneventum, et Capuam, Montem Cassinum, atque montem Garganum ad sanctum Michaelem Archangelum. Ideo namque predictus Papa perrexit illas in partes, ut habitatores terre illius si posset aliquomodo, relevaret ab oppressione qua nimium erant gravati a Normannis. At quia Domnus Presul Halinardus prepotens erat in verbis, et ad suadendum quodlibet lingua sufficiebat, propter hoc ut mediator et legatus pacis inter predictos Normannos et ipsum esset, Domnus Apostolicus secum duxit eum. Inde regressus, quoniam ad colloquium Imperatoris, qui tum forte erat in finibus Ungariæ, properabat, jussit eum predictus Papa Rome residere donec ipse rediret. Erat in eius comitatu dictus Lingonensis Episcopus Hugo. Is penitens eorum que haut secus egerat, Domnum expetiit Papam, ut de commissis modum penitentie et absolutionem delictorum imploraret. Ipse vero Apostolicus, sicut erat misericors et benignus animo, ut vidit eum vere peniten-

tem et afflictum, condolens ei statim indulsit, dicens
sufficere ad penitentiam ea quej passus fuerat : abeun-
tem quoque post absolutionem delictorum muneravit
amplissime : dans insuper licentiam recipiendi Episcopatus. Venientes ergo Romam Domnus Archipresul Halinardus vale facturus ipsi, et ceteris sociis discubuit
cum eis ad mensam, ubi oblatus est ei piscis a quodam
falso amico veneno infectus. Ex quo omnes qui perce-
perunt, tam ipse quam ceteri, vel infra octo dies mortui
sunt, vel post longam egritudinem consumpti obierunt.
Duo Monachi ex hoc loco qui cum eo erant, hoc cibo
interfecti sunt. Obiit quarto Kalendas Augusti, anno ab
Incarnatione Domini MLII, peractis in Pontificio annis
VII, in regimine hujus loci annis XX.

Precepit se poni ad sanctum Gregorium ad Clivum
Scauri ; illum enim locum Domnus Papa concesserat ei
ad manendum. Sed nobiles Romani qui ad visitandum
cum venerant, dum viveret, ad sanctum Paulum deferri
iusserunt corpus, ibique honorifice traditus est sepulture, ad levam partem ecclesie, et arcus super tumulum
ejus edificatus. Omne ornamentum, quo utebatur ad
sacrum ministerium, transmisit sancto protectori suo
Benigno, cum non parva auri quantitate, et vasis argenteis, que erant in eius officio. Auxit ornatum huius ecclesie maxima ex parte; inter que crucem auriam gemmis ornatam fabricari fecit. Libros etiam plures conscribi
iussit. Officinas huius monasterii renovavit. Et quamquam omnibus eruditus esset artibus, tamen in geome-
tria et phisica plurimum studebat. Que vero in hoc loco
augmentata sunt in terris, et possessionibus in diebus
ejus, non est silendum.

Hugo Chrisopolitane sedis Archiepiscopus, ipsius valde familiaris amicus, dedit ecclesiam sitam in burgo Salinis dicto (1), quam sui genitores a fundamentis exstru-

(1) Ville de Salins (Jura).

xerant. Et est sacrata in honore sanctorum Simforiani et Agathe Martirum ; sanctusque Anatholius Confessor inibi quiescit. Cuius loci donationem posuit super altare Sancti Benigni, die natalis ipsius Martiris ibidem Missas celebraturus. Atque coram omni populo qui convenerat obligavit excommunicationis vinculo, qui illum locum subtraheret a dominio Abbatis et monachorum Divionensium. Heć donatio facta est anno ab Incarnatione Domini MXXXVII, indictione V, Episcopatus sui anno sexto. Concessit per Episcopale privilegium alteram ecclesiam in eodem burgo sitam sancte MARIE honori dicatam : quam ecclesiam Rainaldus Comes dedit Sancto Benigno pro requie anime patris sui Ottonis, vocati Willelmi; proque eius largicione accepit a Domno Halinardo pecuniam non parvam, dum adhuc Prioris gereret officium.

Dedit predictus Comes Rainaldus in supradicto burgo locum ad ecclesiam construendam; in quo exstructa fuit capella in honore S. Andree Apostoli. Que ex materia lignorum facta, per incuriam ad nihilum postea fuit redacta. Dedit in Evoregio (1) terram, que fuit Teutberti; que a monachis aliquandiu possessa est; sed propter contrarietates, quas Odilo quidam faciebat eis, intermissa ab his, usque dum possidentibus ipsis locum sancti Anatholii, iterum iam dictus Comes restituit illis. Actum est hoc anno MXXVI, ab Incarnatione Domini post mortem Willelmi Comitis, qui ipso anno obiit. De habitatoribus vero ipsius oppidi aliquanti clerici vel laici venientes ad conversionem monachicam in hoc monasterio, dederunt facultates suas sancto protectori nostro Benigno. Aliquanti offerentes filios suos, similiter contulerunt de rebus suis. Inter quos pater meus me offerens, exceptis aliis rebus, dedit secus puteum, domum, et sedem unius caldarie : que super solutione census data

---

(1) L'ancien *pagus Varascus* de la Séquanie, le Varasque ou Vareagau des chartes du moyen âge.

est postea, ea conventione, ut qui eam teneret, XLVI solidos omni anno persolveret.

Aliquanto post transacto tempore idem memoratus
Comes Rainaldus juxta castellum, Vesullum (1) dictum,
dedit ecclesiam in honore sancti Georgii sacratam, ut ibi
construeretur monasterium, et quatuor monachi ibidem
constituerentur, qui omni tempore Deo servientes exorarent pro requie animarum patris sui ac matris, fratris-
que, ac pro semetipso, omnique parentela. Dedit ad
eorum stipenda vineas et terras, vel quodcumque fuit
necessarium : piscationem insuper cum hominibus qui
de hoc ministerio sibi serviebant. Huic donationi presens
fuit memoratus Archiepiscopus Hugo : deditque per baculum quem ferre manu solebat, altare predicte ecclesie Abbati Halinardo, et ob memoriam huius rei commutaverunt virgas suas.

Burchardus quoque Comes dedit locum Offonis-villa
dictum (2), quondam nobilem Abbatiam, et in honore
sancti Leodegarii consecratam, utque monasticus ordo
ibidem reparetur deprecatus est enixius memoratum
Abbatem Halinardum.

Sed et Rotgerius Dominus castri, quod vocatur Wan-
gionum rivus (3), ecclesiam a patre suo Widone

(1) Vesoul, chef-lieu du département de la Haute-Saône.
(2) Enfonvelle (Haute-Marne) dépendait du diocèse de Besançon.
Cette abbaye, placée sous le vocable de Saint-Léger, fut convertie
en prieuré de l'obédience de Saint-Bénigne, et sous la dépen-
dance de l'office claustral du Chambrier.
(3) Vignory (Haute-Marne), diocèse de Langres. La charte de
la donation du prieuré a été imprimée dans Pérard, page 194.
Elle n'est point datée, mais sa mention dans notre Chronique
parmi celles faites à l'abbé Halinard, et le nom des deux évêques
de Langres cités dans le texte, permettent de restituer cette date.
Ainsi Hugues de Breteuil, qui, en sa qualité de seigneur suzerain,
donna son consentement à la cession de Roger, ayant été déposé
en 1049, et remplacé l'année suivante par Hardouin, mort en
1065, Halinard qui, promu à l'archevêché de Lyon en 1046, avait
conservé le gouvernement de Saint-Bénigne, étant mort lui-même
en 1052, la charte peut être attribuée à l'année 1051.

in honorem sancti Stephani constructam ea intentione largitus est, ut expulsis canonicis monachi ibi collocarentur ad serviendum Deo die noctuque.

Rainaldus etiam possessor castri, quod Castellion (1) dicitur, ad obitum veniens, ac sumens habitum monachicum, dedit potestatem Sancti Juliani (2) cum omnibus ad eam pertinentibus terris, et mancipiis, atque ecclesia ipsius sanctinomini dicata : ubi petiit monachos constitui, qui pro ejus anima ac ceterorum fidelium exorarent Deum.

Simili modo Albertus Comes Mettensis dedit villam quam dicunt Vulferei curtem (3) cum mancipiis utriusque sexus. Ipse quidem in vita sua dare disposuit, sed eo mortuo Girardus Dux filius ejus adimplevit.

Necnon et matrona quedam, Letgardis nomine, soror Lamberti Episcopi, dedit ecclesiam sitam in villa dicta Islo super Mosam fluvium, in comitatu Bassiniacensi (4).........

---

(1) Châtillon-sur-Seine (Côte-d'Or).

(2) Saint-Julien, près Dijon (Côte-d'Or). « Hoc est, dit la Charte insérée dans Pérard, page 186, in pago Atoarensi super fluvium qui dicitur Norgia, mansum cum ecclesia in honore sancti Juliani consecrata, etc. » Mais soit que les conditions imposées aux donataires leur parussent trop onéreuses, soit pour une cause restée inconnue, les religieux ne jouirent pas longtemps de ce bénéfice, car un siècle après(1147) Geoffroy, évêque de Langres, en disposait en faveur de l'abbaye de Saint-Étienne, de Dijon, qui le conserva jusqu'à sa réunion à la mense épiscopale

(3) Vulferii curtis in comitatu Solecensi (comté de Soulossois) supra flumen quod dicitur Mosuna (la Moselle); Pérard, p. 182.

(4) Is-en-Bassigny (Haute-Marne).

CHRONICI

ABBATIÆ S. BENIGNI

CONTINUATIO.

A l'exemple du Père D'Achery, nous donnons la continuation de la Chronique de Saint-Bénigne, et nous disons avec lui : « *San-Benigniano Chronico Appendicem, quam author proximo sæculo conscripsit, ingratum fore lectori, si adderem, non putavi.* » Cette continuation, comme il ressort du texte même (*Vers. finem*), a été composée par un religieux de Saint-Bénigne, après la résignation de Claude de Charmes en faveur de son neveu, en 1510, et avant sa mort, arrivée en 1519.

La continuation de la Chronique a été collationnée seulement avec le manuscrit du fonds Baudot.

Non autem a (1) nobis hujus antiqui sacrique divi Benigni modernis monasterii cultoribus pretermittenda sunt, et oblivioni tradenda, que ad decus et ornatum hujus ecclesic totiusque congregationis commodum fecerunt, seu concesserunt, supradictorum abbatum, benefactorumque preclarissimi successores. Quis enim digne Venerabilium Patrum Jarentonis, Odonis, Hugonis, Roberti, aut Alexandri, sive illius maximi nostri benefactoris Domni Claudii de Charmis benefacta enarrare valebit; aut eadem potius nixu toto discere non desiderabit ? Itaque quoniam (ut ait quidam) (2) plus movent excmpla quam verba, utque (3) illorum exemplo bene vivere sancteque in congregatione hac conversari satagamus, cupiamusque, ad ipsorum balbutientes licet nobilissima preclarissimaque gesta explicanda calamum (Deo concedente) adaptare audebimus, atque curabimus.

(1) B. Deest.
(2) B. Quispiam author.
(3) B. Ut.

De vigilantissimo Pastore Jarentone.

Jarento (1) igitur hujus cenobii venerabilis post Halinardum tertius Abbas electus, prefuerant (2) enim Joannes (3) et Adelbero (4, 5) de quorum gestis nihil prorsus (6) nobis reperiri potuit, ad hoc veniens monaste-

(1) Jarenton, l'un des plus illustres abbés du XIe siècle, et un
second Guillaume pour l'abbaye de Saint-Bénigne, né en 1045, ordonné abbé en 1077, mort en 1112. On regrette que le continuateur
de la chronique, au lieu de nous donner une vie un peu plus complète de ce saint personnage, se soit contenté de copier mot à mot
la notice qui se trouvait dans le nécrologe de l'abbaye, depuis ces
mots : *Ad hoc veniens monasterium...* jusqu'à ceux-ci : *Faciendum
deputavit;* omettant même, on ne sait pourquoi, la dernière ligne :
*Faciendum deputavit, ut dum Fratres orationibus suis ipsius anime
subsideum ministrarent, ipsi quoque ejus providentia lautiori cibo
corpora relevarent.* On regrette d'autant plus qu'il se soit borné à
copier cette notice, qu'elle est très courte et tout à fait incomplète.
On n'y trouve aucun des grands faits de la vie de Jarenton, ni son
origine, ni son élection en 1077, ni les différentes légations en
France, en Italie, en Angleterre, dont il fut chargé par les papes
Grégoire VII et Urbain II, ni enfin les conciles auxquels il assista,
et dans lesquels sa parole était si écoutée. On ne trouve pas davantage dans cette notice les grands faits relatifs à l'abbaye, l'établissement, par exemple, de religieuses à l'abbaye de Larrey, que le
pape Grégoire VII soumit à Saint-Bénigne en 1078, la consécration
de l'église abbatiale par Paschal II, en 1106, la translation, dans la
crypte, du corps de la bienheureuse Aleth, mère de saint Bernard. Tous ces faits et tant d'autres sont omis par notre chroniqueur. Heureusement, Hugues de Flavigny supplée un peu à un si
déplorable silence. (*Chronic. Virdun.*, p. 197 et suiv.) Voir aussi
Dom Mabillon, *Ann.*, lib. LXIV, n° 76.

(2) B. Præfuerunt.

(3) Il y a des raisons de croire que ce *Joannes* n'est autre que
Joannelinus de Ravenne, dont nous avons déjà parlé. Il garda
très peu de temps le gouvernement de l'abbaye de Saint-Bénigne,
et se hâta de retourner à Fécamp, dont il était abbé.

(4) B. Abbates.

(5) Adalbéron fut ordonné abbé de Saint-Bénigne le 6 des ides
d'avril 1056, par Harduin, évêque de Langres. Il assista au sacre
de Philippe, roi de France, en 1059. Hugues de Flavigny marque
qu'il mourut le 9 des calendes de février 1077. Pérard a publié
plusieurs chartes d'Adalbéron, p. 192 et suiv.'

(6) B. A nobis.

rium illud ferme destitutum invenit : nam et forinsecus
possessiones factione pravorum Principum annulate
pene fuerant, interius autem observantia regularis,
fervorque religionis tepefactus omnino videbatur. Sed
ipsius venerandi Patris diebus satis amicabiliter (1),
placide, et benigne hanc ecclesiam visus est Deus res-
pexisse, cum aliquantis antea temporibus ipsam miserabiliter visus fuerit (2) (ut hoc modo loquar) des-
pexisse. Is namque (3) venerabilis Pastor divino fultus
auxilio, et religionis cultum in pristinum statum restituit, et non paucas possessiones amissas recuperavit,
ac nunquam prius habitas sua prudentia acquirere meruit. Nam quia erat profundus scientia et eloquio, prudens consilio, principibus tam ecclesiasticis quam secularibus valde placebat. Et quoties illos adisset, maximum
in eorum curiis locum habebat, et ab ipsis magnifice
muneratus redibat. Porro illi non satis erat pervicina
sibi loca ecclesie sibi commisse commoda perquirere,
sed ad exteras et remotas regiones, in Hispaniam scilicet, atque Angliam pergendo, aurum (4), argentum,
pallia, aliquanta (5) autem et ecclesiastica ornamenta
undecumque huc convehebat (6). Et ut fidelis minister
que sibi a fidelibus tradita fuerant, domus sue fideliter
utilitatibus impendebat. Unde et contigit, divina favente
clementia, ut in diebus ejus tam religionis gratia, quam
externarum rerum affluentia, super omne sibi vicinas
hec ecclesia caput extulerit.

(1) B. Deest.
(2) B. Fuit.
(3) B. Ergo.
(4) B. Deest.
(5) B. Aliquando.
(6) Le continuateur de notre chronique a oublié ici les 300 vol.
dont Jarenton enrichit l'abbaye et qu'il tira d'Angleterre, ainsi que
toutes ces richesses qui sont ici énumérées.

Verum (1) de possessionibus per eum recuperatis vel etiam acquisitis aliqua memoranda referamus. Hic venerabilis Pater sua industria Cellam sancte MARIE Cabilonensis recuperavit (2), necnon de Cellam et Sarcophagis (3).

Tuntardus (4) Valentinensis Episcopus hortatu prefati Patris Jarentonis dedit nobis ecclesias quas in Valentinensi territorio habemus (5).

Hugo quoque Bisuntinensis Archiepiscopus favore ipsius patris Jarentonis nobis contulit capellam de Logia novella (6). Necnon et Agano (7) Eduensis Episcopus etiam nobis dedit ecclesiam sancti Jacobi de Arneto (8). Ipso etiam (9) interveniente, duo nobiles viri sub eo conversi dederunt alodium suum de Fischino (10, 11), et S. Benigno de Bosco (12). Per ejus siquidem (13) ac

---

(1) B. Ut.

(2) Chalon-sur-Saône, prieuré de Sainte-Marie, situé au faubourg des Bateliers, derrière les Carmélites. La charte de restitution, datée de 1087, et souscrite par Walterius, évêque de Chalon, est imprimée dans Pérard, page 196.

(3) Serqueux (Haute-Marne), primitivement du diocèse de Besançon, et plus tard de celui de Langres; les villages de Fresnay, Maillau et Saint-Bénigne en dépendaient.

(4) Dans la charte originale, sans date, conservée aux archives de la Côte-d'Or, Fonds de l'abbaye de Saint-Bénigne, ce nom est écrit Gonthardus. D'Achery avait déjà proposé cette rectification.

(5) C'étaient, d'après la charte de Gonthard, l'église de Saint-Genet de Montmarain, mons Madriani, qui devint un prieuré de l'obédience, et celles de Glun, de Cornaz, avec toutes leurs dépendances.

(6) La Loye au diocèse de Besançon (Jura).

(7) B. Agono.

(8) Arnay-le-Duc (Côte-d'Or). La Chronique fait ici erreur, l'église Saint-Jacques d'Arnay fut donnée à Saint-Bénigne en 1088 par Gérard, seigneur du lieu, et l'évêque Aganon n'intervint que pour confirmer la cession. L'abbé Jarenton y établit un prieuré qui tomba plus tard en commende, sans cesser de relever de l'abbaye.

(9) B. Enim.

(10) B. Hischino.

(11) Fixin, canton de Gevrey (Côte-d'Or).

(12) Saint-Broing-le-Bois, diocèse de Langres (Haute-Marne).

(13) B. Item.

monachorum illius (1) industriam (2), habitari et reedificari ceperunt ville iste ; videlicet, Casnedus (3), major
et minor (4), Marcennarius (5), Vareseis (6), et Misinia-
cus (7) : ex quibus duas, Casnedum scilicet et Marcenniacum, ad anniversarium suum faciendum deputavit.

Hujus autem jam dicti Patris tempore venerandus ecclesie Bajocensis Presul, Odo vocatus, a suorum progenitorum Normannie Comitum, qui hanc Divionensem
ecclesiam affectu unico dilexerunt, eamque rebus et
possessionibus plurimum provexerunt, tramite salutari
minime degenerans, imo potius imitator eorum perfectus existens, affectum ipsorum suo tempore studuit reno-
vare, ut et sua et illorum memoria apud nos semper nova
merito debeat perdurare (8). Cujus devotionis indicia, ut
ex parte tangamus, cum vice quadam Urbanum Papam intra Gallias constitutum expeteret, Divionem veniens a jam
dicto Patre Jarentone, et Fratribus hujus loci, tanta ho-
norificentia exceptus est, ut sibi nimis (9) incompetens
videretur, si tanto eorum obsequio equali vicissitudine
non responderet, et (10) suum erga eos affectum perenni
testimonio comprobaret.

(1) B. Ipsius.
(2) B. Restitui vel rursus.
(3) Chaignay, canton d'Is-sur-Tille (Côte-d'Or).
(4) Chaignot, commune de Varois (Côte-d'Or).
(5) Marsannay-le-Bois (Côte-d'Or).
(6) Varois (Côte-d'Or).
(7) Messigny (Côte-d'Or).
(8) Tous les détails que le continuateur de notre chroniqueur
donne sur Odon, évêque de Bayeux, sont extraits mot à mot du nécrologe de Saint-Bénigne, depuis ces mots : *A suorum progenitorum
Normannie...* jusqu'à ceux-ci : *Centenarium numerum excedentes.*
Le nécrologe n'y ajoute que les quelques lignes suivantes :'*Qui cum
sedem sancte Baiocensis ecclesie annis 48, feliciter gubernasset, iter
Hyerosolomitanum agressus intra Apuliam vite sue cursum in sancte
vite proposito consummavit, et sic in ecclesie B. M. genitricis sua ei
sepultura provenit.*
(9) B. Nimium.
(10) B. Per quam.

Unde adhortante ipsum Willelmo Bajocensis ecclesie Decano, pariterque Richardo Rotomagensi Archidiacono, dedit sancto Benigno hujus ecclesie Divionensis protectori (1), per manum supra memorati Abbatis Jarentonis, monasterium sive Prioratum Sancti Vigoris extra urbem Bajocensium in monte Cirismatis situm, cum omnibus appenditiis suis, videlicet plenariam decimam totius ville in qua monasterium situm est, tam in hominibus, et territorio, quam in ceteris. Dedit et burgenses quatuor, duos in campo Florido, et reliquos apud Pontem Olberti cum terra et consuetudinibus eorum. Dedit et plenariam decimam de villa Tur (2), cum terra presbyteri (3). Item ecclesiam de Olferes (4, 5), ecclesiam de Cruceyo (6), et ecclesiam de Colgrino (7), cum plenariis earum decimis, et terris ad ipsas pertinentibus, ac terris presbyterorum. Dedit et plenariam decimam de tota Crecavilla (8), cum terra presbyteri, ea videlicet que ad ecclesiam pertinet. Constituit preterea Presul supra nominatus ibidem fieri suam et omnium post (9) futurorum pontificum, canonicorumque Bajocensium sepulturam (10).

Verum quia hec omnia, et (11) que supra retulimus Divionensi ecclesie in Galliis positus dederat, ipsam eamdem donationem post modum apud Bajocas in manu prefati Abbatis, laude et testimonio clericorum suorum tradidit. Et carta facta non solum que dederat

---

(1) B. Patrono.
(2) Tour (Calvados).
(3) B. Presbyterii.
(4) B. Olferis.
(5) Ouffières (Calvados).
(6) Curcy (id.).
(7) Congrain (id.).
(8) Criqueville (id.).
(9) B. Se.
(10) B. Sepulturam necnon et canonicorum Bajocensium.
(11) B. Deest.

confirmavit, sed insuper plura addidit; pecuniam scilicet multam, domos segetibus diversis refertas, animalium etiam promiscui generis greges, centenarium numerum excedentes (1).

Domnus Robertus ecclesie Lingonensis Episcopus, qui celsa Regum Francie ac Ducum Burgundie stirpe progenitus erat (2), postquam divina favente gratia Pontificatus suscepit regimen, antecessorum suorum Pontificum, qui hanc ecclesiam materno.semper coluerunt affectu, ita se studuit informare exemplo, eorumque in se transferre animum, ut quoad vixit, miro semper amore hunc locum dilexerit (3), et libertate munifica donis ingentibus cumulare studuerit. Denique Dei sanctique Benigni amore succensus, prefatique Abbatis Jarentonis frequenti exhortatione commonitus (4), dedit nobis ecclesiam de Nojant (5), cum capella sive sacello ejusdem castri, et omnibus tam ecclesiis quam altaribus ad ipsas pertinentibus. Dedit etiam ecclesiam de Claromonte (6),

---

(1) Les originaux de ces chartes sont conservés aux archives de la Côte-d'Or. Fonds de l'abbaye de Saint-Bénigne. Plusieurs ont été imprimés dans Pérard, pages 197, 205 et suiv.

(2) Robert, 55ᵉ évêque de Langres, célèbre par la grandeur royale de sa famille, par ses vertus vraiment épiscopales, et, en particulier, par son dévoûment à l'abbaye de Saint-Bénigne. Il fut pour elle, de 1077 à 1110, ce qu'avaient été au IXᵉ siècle Isaac et au Xᵉ Brunon. Le continuateur de notre chronique voulant faire connaître ce saint évêque, se contente de copier la notice qu'on lisait dans le nécrologe de l'abbaye :

Hic celsa regum Francie. . . . . suis precibus recrearent.

(3) B. Dilexit.

(4) B. Commotus.

(5) Nogent-le-Roi (Haute-Marne). L'abbé Jarenton y institua un prieuré sous le vocable de Saint-Germain, qui, comme les précédents, dépendit de Saint-Bénigne.

(6) Clefmont (id.). Il fut aussi converti en prieuré. La charte originale de Robert, donnée en 1092 et conservée aux archives de la Côte-d'Or, désigne ainsi cette église : *Ecclesiam novam sub castro Clarimontis.*

ecclesiam de Magnomonte (1), ecclesiam de Icio (2), ecclesiam de Casnedo (3), ecclesiam de Spaniaco (4), ecclesiam de Vareso (5), ecclesiam de S. Lupo (6), ecclesiam de Germanivillare (7), ecclesiam de Riniaco (8), ecclesiam de Occeio (9), et ecclesiam de pago Adeleni curtis (10, 11).

Addidit preterea ingens erga hunc locum sue benevo-lentie documentum. Capella namque Wangionis rivi (12) juris erat ecclesie Divionensis, sed clericis illam tenen-tibus nullus inde veniebat profectus : unde frequenter a predicto Patre Jarentone super hoc compulsus precibus, Guidonis etiam ejusdem castri nobilissimi domini crebra exhortatione commonitus (13), clericis inde remotis, tra-didit eamdem capellam monachis, cum omnibus que ad ipsam pertinebant, ecclesiam videlicet de Sarisca-co (14), cum omnibus ad eam pertinentibus, dimidiam Capellam de Roecurte (15), et medietatem (16) decima-rum, ipsius ecclesie de Masnilli (17) decimam totam,

---

(1) Mesmont (Côte-d'Or). Courtépée, à l'article de ce village, attribue par erreur à l'abbaye de Saint-Seine, le don fait à celle de Saint-Bénigne.

(2) Is-sur-Tille (Côte-d'Or). Bourgade qui avait succédé à la *Villa-Karli* des temps antérieurs.

(3) Chaignay, village du canton d'Is-sur-Tille.

(4) Epagny (id.)

(5) Varois, village du canton est de Dijon.

(6) Saint-Loup (Haute-Marne). L'abbaye de Saint-Bénigne paraît n'avoir pas conservé longtemps la possession de cette église, car elle ne figure plus dans la nomenclature de celles mentionnées par le pape Calixte II, dans sa bulle de l'an 1124 ; Pérard, p. 216.

(7) Germainvilliers (Haute-Marne).

(8) Rigny (Haute-Saône).

(9) Occey (Haute-Marne).

(10) B. Adoleni.

(11) Audeloncourt (Haute-Marne).

(12) B. Vuagionis rivi.

(13) B. Commotus.

(14) Cerisières (Haute-Marne).

(15) Roôcourt-la-Côte (id.).

(16) B. Mediam partem.

(17) Magneux (Haute-Marne).

altare ecclesie de Hericurte (1), terram (2) de Grin-
curte (3), medietatem (4) quoque (5) decimarum de
Columbeiaco (6) ubi sunt due ecclesie.

Constituit etiam supradictus Presul Robertus, ut
Ecclesias sancti Joannis et Philiberti, que intra Divionem site (7) sunt, liberius et quietius possideremus. Et
ut Presbyteri in eis celebrarent, aut subrogarentur vel
removerentur ad nutum Abbatis, sive hujus loci Monachorum : ipsosque Presbyteros ab omni exactione Presbyterii (8), Episcopi vel Archidiaconi immunes esse decrevit (9). Precepit etiam predictus Episcopus ut totus
panis qui in eisdem ecclesiis offerri consuevit, in refectorio Fratribus apponi debeat : ut sepius dum corpora
inde reficerent, largitoris animam ipsi quoque suis precibus recrearent.

Suos autem dies in Domino clausit extremos, prefatus Pater noster Jarento, migrans ad Dominum anno
a Dominica Incarnatione millesimo centesimo quinto (10). Cui successit in regimine pastoralis officii Ade-

(1) Haricourt (Haute-Marne).
(2) B. Deest.
(3) Guindrecourt-sur-Blaise (Haute-Marne).
(4) B. Mediam.
(5) B. Partem.
(6) Colombey-les-Deux-Eglises (Haute-Marne).
(7) B. Posite.
(8) B. Deest.
(9) B. Decrevit et ut cum ab aliis presbyteris ab Episcopo aliquid requiretur ipsi id quod daturi erant Episcopo vel Archidiacono
dabunt Abbati et monachis si ipsius placuerit : eisdem etiam in-
junxit ut si monachi propter injuriam illis illatam preceperint eis
presbyteris ut non cantent, cantare cessent, et si rursum eis preceperint cantare, nullius alterius expectata licentia cantent.

(10) C'est une erreur. En 1111, Jarenton vivait encore, et con-
tractait même avec la cathédrale de Chalon-sur-Saône une union
de prières, dont Pérard a publié l'acte. Dom Mabillon (*Annal.*,
lib. LXXII, n° 20) pensait en conséquence qu'il fallait placer la
mort de Jarenton en 1112; mais les *Annales breves* la mettent en
1113, en quoi ils doivent être suivis. Le Nécrologe marque le jour

marus (1). Hic inter hujus Ecclesie Benefactores con-
numerari meruit (2).

Eo autem (3) defuncto, huic congregationi prefuit in
regimine Henricus (4) post quem Hugo, Petrus, et alius
nomine Petrus (5), Abbates successerunt. His deceden-
tibus prefuit huic Ecclesie Domnus Philippus Abbas qui
inter precipuos computatur : et reliquit eximiam in die
obitus sui procurationem; pro ejusq; anniversario plurima habemus bona.

Circa hec tempora domui contulit huic quidam Miles,
nomine Richardus Bigot, quatuor jugera vinee, sita in
Campo Bertrand, cum tribus heminis frumenti, Odo etiam
Miles, ejusdem Richardi filius, dedit nobis tria jorna-
lia (6) vinee existentia in territorio Des Colonges (7) pro
anniversario suo singulis annis celebrando. Hi autem

---

de sa mort au 10 février. On l'enterra dans le chapitre avec cette
inscription :

DORMIT JARENTO VENERANDUS IN HOC MONUMENTO QUI TIBI
TAM DIGNE SERVIVIT, SANCTE BENIGNE.

Aucun culte ne paraît avoir été rendu à Jarenton; mais les
ouvrages du moyen âge sont remplis des témoignages de la vénération profonde qu'il avait inspirée. On l'appelle sans cesse *vir sanctus, vir vitæ venerabilis, beatæ memoriæ, admirandæ sanctitatis*.
(S. Anselmi, epist. LXXXVII. Pérard, p. 198. Johan. Eremitæ, *Vita
sancti Bernardi. Martyrologium Gallicanum*, 10 febr., etc.)

(1) B. Adamarus.

(2) Adémar. Notre chroniqueur dit qu'on le comptait parmi les
bienfaiteurs du monastère. Mais en quoi et comment avait-il mé-
rité ce titre? Il fut abbé de 1113 à 1116, et mourut le 14 des
calendes d'octobre.

(3) B. Tempore.

(4) Henri I. Sous cet abbé se tint, en 1117, un des rares conciles
qu'on ait célébrés à Dijon. Guy, archevêque de Vienne, présidait.
On n'a pas les actes de cette assemblée qui eut peu d'importance.
Henri I vivait encore en 1122.

(5) *Hugo, Petrus et alius nomine Petrus.* Voir sur tous ces abbés
et sur ceux qui suivent ce qu'en disent les auteurs du *Gallia christiana* (tom. IV, p. 682).

(6) B. Jugera.

(7) Finage de Plombières.

ambo in hoc loco sepulturam meruere. Dedit etiam (1) nobilis femina Aglantina, uxor Bartholomei Militis de Villa-Comitis, quadraginta solidos annualis redditus : que et in hac Ecclesia cum prefato conjuge ac etiam filio tumulata est. Prefuerunt tunc huic monasterio Joannes et Aymo Abbates, qui pauca (2) gesserunt in regimine existentes. Petrus autem illis succedens in pastorali cura, multa ad ornatum et commodum sue Ecclesie dicitur gessisse (3).

Successerunt huic subsequentes patres Nivaldus (4), videlicet, Galterus (5), Adam (6), Gilebertus (7), qui de precipuis hujus abbatie benefactoribus est unus. Rainaldus (8) ejus successor pro anniversario procuratio-

(1) B. Nobis.

(2) B. Bona.

(3) Il existe encore au musée de la Commission archéologique de la Côte-d'Or deux monuments attribués à ce Pierre de Grancey, qui gouverna l'abbaye de Saint-Bénigne de l'année 1188 à 1204. Ce sont les tympans des portes de l'ancien réfectoire et de l'église souterraine, ce dernier découvert en 1833, lors de la reconstruction du pignon nord de l'église actuelle. L'un représente la Cène, et l'autre le Christ entouré de l'ange et des animaux qui symbolisent les quatre évangélistes.

On lit au bas du premier ce distique en vers léonins :

Cum radiis ante forem dedit hic michi Petrus honorem
Mutans horrorem forma meliore priorem.

Et au bas du second, cet autre distique toujours en vers léonins :

Reddidit amissum michi Petri cura decorem
Et dedit antiquo formam multo meliorem.

Voir Dom Plancher, *Hist. du Duché de Bourgogne*, I, 520, et *Mémoires de la Commission des Antiquités*, in-8°, 1, 234.

(4) Nivaldus, ou mieux Nivardus, précédemment abbé de Saint-Seine, succéda à Pierre, et administra le monastère jusqu'en 1106.

(5) Galterus, 54e abbé, était à peine installé qu'il quitta l'abbaye pour celle de Vezelay, et plus tard celle de Saint-Germain-des-Prés.

(6) Adam, élu en 1208, mourut en 1211.

(7) Gilebertus, dont le *Gallia christiana* reproduit l'éloge tiré de la Chronique, décéda en 1224.

(8) Le chroniqueur passe ici sous silence Pierre IV, dont on a des chartes de 1226 à 1228, et qu'on suppose avoir été élu en 1227 archevêque de Besançon, en remplacement de Jean Allegrain, passé

nem fecit. Stephanus Roymundus (1, 2) Loys, nobis plurima contulit bona. Hic ergo cum precipuis meruit adscribi. Ipsius tempore (ut creditur) Otto (3) dominus de Grandissono contulit huic Monasterio, pro una Missa quotidie in altari Sancti Stephani celebranda, triginta tres libras annualis (4) reditus, et sexaginta solidos pro anniversario suo quotannis celebrando.

Prefato venerabili patre Stephano (5) ad Christum migrante, electus est pro Pastore venerándus Petrus (6). Hic fertur plurima nobis bona contulisse; quamvis a nobis nil (7) per scripturas repertum sit : et ideo cum precipuis adscriptus est : et habet in refectorio duodecim prebendas. Post hunc prefuerunt huic Abbatie Richardus (8) et Aymo (9), qui et duodecim prebendas habent. Hujus autem diebus quidam Jacobus nomine dedit hujus loci Monachis centum solidos Divionenses annui reditus sive census.

Premisso Aymone ad Christum properante, exsur-

---

sur le siége de Sabine, et dont l'élection fut cassée par le Pape. Quoi qu'il en soit, Pierre avait quitté l'abbaye en 1228, puisqu'on trouve à cette année *Guido Belnensis prior et Gilo prior Benignianus* désignés comme administrateurs du monastère, et remplacés l'année suivante en cette qualité par Guy, abbé de Moutier-Saint-Jean, du consentement de l'abbé Pierre.

Gilbert II, qui lui succéda et transigea en 1232 avec Aymon, sire de Saulx.

(1) B. Raymondus. Cet abbé gouverna l'abbaye de 1233 à 1244. Il donna en 1235 les églises d'Athée et de Villy au chapitre de la Chapelle-aux-Riches de Dijon.

(2) B. Raymundus.

(3) B. Otho.

(4) B. Annui.

(5) Stephanus, 62ᵉ abbé (1241-1253). Il fut présent et signa une charte de Flavigny, touchant la donation d'une cure en l'an 1243. L'abbé de Moutier-Saint-Jean la signa aussi. Il s'appelait Renaud.

(6) Pierre V administra l'abbaye de 1253 à 1261.

(7) B. Nihil.

(8) Richard, 62ᵉ abbé, de 1262 à 1263.

(9) Aymon II (1264-1269).

rexit e medio venerandus pre cunctis Hugo de Arcu, honestissime conversationis pater, bonisque moribus adornatus. Hujus autem tempore contigit in hoc monasterio res terribilis atque miranda (1) : turris namque lapidea in medio antique Ecclesie super bases lapideas summopere stabilita, dimensione longitudinis, latitudinis, et altitudinis copiosa, nobilique fabrica constructa, horribiliter corruit. Sed (o miranda res !) theca lignea, que in inferiori parte Ecclesie preciosissimas reliquias continebat, super duas columnulas lapideas stabilita, majus ruinæ pondus sustinuit. Que quidem theca omnino illesa diruptis duabus columnulis nullo alio visibili supposito, per seipsam miro modo subsistebat.

Lampades etiam que in loco dicte thece continuo in veneratione sanctarum reliquiarum ardebant, nec propter tantas ruinas (2), tamque terribilem flatum et sonitum, nec propter pulveris inexcogitatum turbinem exstincte sunt.

Quid igitur isthec prenuntiabant nisi nove! reedificationis istius templi divinam dispositionem, exaltationisque sanctarum reliquiarum futuram ordinationem designarent? Nam sicut sancto David à Deo fuit prohibitum edificare domum Dei in Hierusalem, eo quod vir sanguinum esset, quod Salomoni ejus filio permissum est; sic etiam sanctis Patribus in hoc monasterio degentibus ex aliquo Spiritus sancti consilio speciali, non fuit

---

(1) [*Hujus autem tempore contigit in hoc monasterio........ quarto kalendas novembris.*] Toute cette description de la chute d'une tour de Saint-Bénigne, du miracle arrivé à la châsse du saint Apôtre, et de la reconstruction d'une nouvelle église par l'abbé Hugues, est extraite mot à mot de l'office de la *Révélation des reliques de saint Bénigne*. Cette fête se faisait le 19 octobre; cette page y formait les trois leçons du II° Nocturne.

(2) B. Tante ruine molem.

permissum domum Domini hic reedificare, sanctas (1)
reliquias exaltare; huic autem Salomoni Pacifico, predicto videlicet Patri Hugoni, ex gratia privilegii specialis
reservatum est. Et quoniam melior est obedientia victi-
mis, ideo venerabilis supradictus Pater inspirationi divine non recalcitrans, sed devotissime obtemperans,
celeriter operi fabrice hujus Ecclesie (ut inpresentiarum
est) porrexit dexteram. Que quidem fabrica quantis ex-
cogitata vigiliis, quantisque sumptibus laboriosis (2)
exstructa fuerit ipsamet loquitur et satis demonstrat.
Completa autem anteriori parte jam dicte fabrice, que
juxta vulgare idioma Presbyterium nuncupatur, sepedictus Pater secundum diu ante conceptum propositum
aggreditur opus (3) dulcissimum atque amantissimum,
thecam videlicet argenteam decentissima textura con-
ceptam, auro et argento, gemmisque compositam (4)
fabricare, in qua sancte reliquie, que diu in imo latita-
verant, honorifice conderentur (5). Qua completa illius
fretus adjutorio, qui perficit, et solidat omnia, convocavit predictus Pater Barones, Archiepiscopos, Episcopos, Abbates, aliosque Prelatos, dissimilitudine officio-
rum graduumque uni Domino famulantes, cum Cleri et
populi multitudine copiosa. Congregatoque tam nobili
cetu preciosissimas patroni nostri Christi Athlete Benigni
de loco ubi annis plurimis quieverant, reliquias amo-
ventes, infra dictam thecam sive capsam, post majus
altare decenter atque sumptuose in alto stabilitam, in
hymnis et confessionibus Dominum benedicentes, cum
maximo cleri populique gaudio condiderunt, anno a

(1) B. Sanctas que.
(2) B. Et laboribus.
(3) B. Sibi.
(4) B. Incipit.
(5) Nous avons donné, dans nos *Études sur saint Bénigne*, la
description de cette belle châsse, d'après un inventaire du XVI*
siècle.

Christiana (1) nativitate millesimo ducentesimo octuagesimo octavo quarto Kalendas Novembris.

Hujus autem venerabilis patris tempore, multi ex ejus progenie, et alii multi extranei, huic Ecclesie et ejus habitatoribus multa bona contulerunt. Inter quos precipuus fuit Hugo, Dominus de Arcu, Miles, et Marguarita (2) ejus uxor. Qui quidem Hugo (3) nobis dedit sexaginta solidos Viennenses, sitos et assignatos super homines d'Isier (4), recipiendos in die anniversarii sui per Monachos hujus loci quotannis celebrandi. Humbertus etiam de Arcu dedit tres heminas frumenti pro procuratione. Dedit etiam nobis quedam nobilis domina, dicta Isabella (5) de Pesmis (6), pro anniversario quadraginta solidos Turonenses, in die obitus sui annuatim percipiendos : hec autem moriens intus suam elegit sepulturam.

Plurimis denique in pastorali cura transactis annorum curriculis sepe memorato Hugoni venerando, atque plangendo Patri, ad eterna gaudia feliciter migranti (7), successit Abbas Girardus (8). Post quem prefuit huic Ecclesie Henricus (9). Deinde Millo (10). Quorum tem-

---

(1) B. Christi.

(2) B. Margarite.

(3) B. Quindecim Hugo.

(4) Izier, ancien domaine de l'abbaye, aujourd'hui commune du canton de Genlis (Côte-d'Or).

(5) B. Ysabella.

(6) Isabelle, dame de Pesmes, en Franche-Comté (Haute-Saône).

(7) Hugues, d'Arc-sur-Tille, mourut le 12 juin 1300. Il fut enterré devant le grand autel de la nouvelle église, sous une tombe que l'on voyait encore sous la Restauration.

(8) Girard, sous l'administration duquel Jean de Villiers, grand-prieur et aumônier, fit élever la tour méridionale de l'église, où il fut inhumé en 1310.

(9) Henri II, 66e abbé.

(10) Milon, qui, en 1308, fit une association de prières entre son abbaye et celle de Saint-Pierre de Châlons-sur-Marne; il obtint du Saint-Siége la permission d'engager les biens de l'abbaye, pour l'emprunt de 2,000 florins, à des marchands de Florence. Il mourut vers 1310.

pore pauca nobis benefacta reperiuntur exhibita. Sed
his ad celestia regna vocatis, successit venerabilis Abbas
nomine Joannes (1). Hic in die anniversarii sui procurationem fecit.

Circiter hec tempora contulit nobis quidam Presbyter
motus devotione erga Beatum Patronum nostrum Benignum, Galterus de Boux (2) nominatus, sex modios vini
singulis annis pro suo anniversario. Imaginem quoque
predicti nostri protectoris Benigni nobis libere donavit.

In hoc loco post prefatum Joannem prefuit Otto (3, 4)
qui nihil ad sue Ecclesie ornatum reperitur gessisse.
Cui successit Petrus (5), qui et predecessori consimilis
exstitit.

---

(1) Jean, qui fonda un anniversaire, et qui, dit l'histoire manuscrite de Thomas Le Roy, ne pouvant soutenir avec ses seules ressources le procès scandaleux que son orgueil ambitieux lui avait
fait entreprendre, emprunta 7,000 livres au compte de l'abbaye,
dont le remboursement fut pour celle-ci une cause de ruine, et
nécessita l'intervention du Pape et du duc de Bourgogne.

(2) Boux, village dépendant de la paroisse et de la châtellenie
de Salmaise, où l'abbaye de Saint-Bénigne avait un prieuré de son
obédience.

(3) B. Otho.

(4) Otho de Enegret, 69e abbé, tint en 1315 un chapitre général
à Saint-Bénigne. Il eut la lourde charge d'acquitter les dettes
contractées tant par l'abbé Jean, que pour la
reconstruction de l'église. Il soutint en 1311 un procès contre le
chapitre de la Sainte-Chapelle; céda en 1325, à titre viager, sa
maison de Diénay à P. de Rochefort, évêque de Langres; fonda
l'année suivante un anniversaire; édicta en 1339 un règlement pour
ramener la discipline parmi les religieuses du couvent de Larrey.
Il fut l'un des témoins du testament de la duchesse Agnès, et
mourut le 21 novembre 1341.
On croit, disent les notes manuscrites de Dom Thomas Le Roy,
que c'est lui qui est enterré dans l'épaisseur du mur de l'église,
dans le cloître, où il a pour armes un écu : de gueules à la croix
d'or. Les mêmes armes sont à la pointe, proche la porte murée où
l'on montait à l'ancien dortoir, qui est présentement le réfectoire.
Elles sont aussi à l'image de saint Maurice dans le Trésor.

(5) Pierre de Rainzeville. On ne connaît de lui que les traités
qu'il signa en 1342 avec Regnaut de Vaubuzin, abbé de Saint-Etienne
de Dijon, pour les biens de leurs monastères respectifs.

Post hos surrexit alius nomine Petrus (1), qui cum precipuis benefactoribus nostris scribi (2) meruit. Hic (ut a quibusdam fide dignis audivi) a Domino Hugone tunc Burgundie Comite ob sanctitatem qua fulgebat, morumque nobilitatem, a fratribus hujus loci cum humillimis precibus est expetitus (3) ut videlicet ipse pater secum beati Jacobi Ecclesiam que est in Gallicia, visitare dignaretur (4). Quod cunctis annuentibus monachis, feliciter complevit. Tandem autem Domino spiritum commendans, successores habuit Joannem (5), Guillelmum (6), et Petrum (7) hujus loci Abbates.

(1) Pierre VII accompagna en 1354 le cardinal Guy de Bologne, envoyé par le Pape en Espagne pour rétablir la paix entre les rois de Castille et d'Aragon. C'est sous son administration que le monastère de Saint-Bénigne fut définitivement englobé dans la nouvelle enceinte de la ville. L'abbé Pierre reçut en 1364, devant l'autel de Saint-Bénigne, le serment prêté par Philippe-le-Hardi, premier duc de la seconde race, de conserver les priviléges du duché et de la ville de Dijon.

(2) B. Ascribi.

(3) B. Nobilitatem diu rogatus est.

(4) Notre chroniqueur, induit en erreur par ses contemporains, attribue à Pierre VII un acte qui appartient à Pierre V. — Au temps où vivait le premier, la comté de Bourgogne avait pour souverains depuis 1330, Jeanne de France, fille du roi Philippe-le-Long, et son mari, le duc Eudes IV, qui la laissèrent, en 1347, à leur petit-fils, Philippe de Rouvre; tandis que durant le régime de Pierre V, c'est-à-dire de 1253 à 1261, la Franche-Comté avait, depuis 1248, à sa tête Agnès de Méranie et Hugues de Chalon, son premier mari, qui mourut en 1266.

(5) Jean de Vaux, conseiller du duc de Bourgogne en 1368, consentit en 1371 à l'établissement d'un couvent des Carmes sur la paroisse Saint-Philibert de Dijon, qui dépendait de sa juridiction. Il mourut le 18 juin 1374.

(6) Guillaume de Giac, frère du chancelier de France, prit possession le 2 juillet 1374, reçut au mois d'avril suivant Uladislas, ro, de Pologne, parmi ses religieux, et mourut cette même année.

(7) Pierre de Corbeton succéda immédiatement à l'abbé Guillaume. Il est connu par l'emprisonnement que lui firent subir les magistrats de Dijon, qui le prétendaient complice de l'assassinat d'un religieux tué dans le monastère, et aussi par l'établissement de la confrérie de Saint-Bénigne. Il mourut en 1379, et fut inhumé dans l'ancien Chapitre, auprès de l'abbé Jarenton.

Horum diebus licet pauci huic Ecclesie benefecisse
reperiantur, unus tamen Joannes hujus loci Monachus,
qui faciendum curavit calefactorium dormitorii, funda-
vitque ligna huic necessaria, est inter ceteros annume-
ratus. Hugo de Ray Prior Sancti Apollinaris (1) cum
Huot patre suo, et Marguareta (2) matre ipsius, nobis
contulerunt viginti francos, preter domum de la Tanna-
rie. Necnon (3) vir illustrissimus ac nobilissimus nomine
Voladislaus, qui prius fuerat Dux Albus de Polonia;
deinde in hoc loco Monachus, sed sobole deficiente per
Papam dispensatus habitum relinquens, donec heredem
regni sibi successorem haberet. Tandem autem (4) oc-
cumbens, hicque (5) sepulturam eligens, huic cenobio
contulit duo millia et quingentos florenos pro duobus
anniversariis (6).

Sed ut ad laudem venerabilis Alexandri de
Monteacuto predicti Petri successoris (7) quid-

(1) B. Apolinaris.
(2) B. Margareta.
(3) B. Item.
(4) B. Deest.
(5) B. Sibi.
(6) Voir Amanton (C.-N.), *Vladislas, duc de Cujavie, moine de
l'abbaye de Citeaux, puis bénédictin, prétendant au trône de Pologne
après la mort de Casimir-le-Grand, dans le XIVᵉ siècle, et inhumé
à Dijon.* Dijon, 1832; broch grand in-4°, pl.
(7) Alexandre de Montagu, d'une famille issue de la première
race des ducs de Bourgogne, était en 1361 abbé de Flavigny. Il fut
élu abbé de Saint-Bénigne le 30 novembre 1379. Il visita en 1382
la collégiale de la Chapelle-aux-Riches en qualité de supérieur;
présida aux obsèques de Vladislas, inhumé dans son église; reçut
dans le même temps les reliques de sainte Marie-Madeleine; fut
nommé conseiller du duc de Bourgogne. Il fit en cette qualité partie
de l'assemblée convoquée à Gray en 1390, lors de l'interdit lancé
sur la Franche-Comté, à l'occasion des débats avec l'archevêque
de Besançon; fut Elu du duché en 1388, l'année même où les
Chartreux de Dijon prirent possession du couvent que Philippe-
le-Hardi venait de leur faire édifier dans l'enclos de Champmol.
Alexandre de Montagu obtint du pape Clément VII la faveur d'of-
ficier avec les habits pontificaux, celle de bénir les calices (1389-
1390). La nouvelle clôture de l'abbaye fut terminée sous son ad-

quam (1) enarraremus, minime remittendus est calamus.
Hic etenim hujus insignis Ecclesie constitutus Abbas, ipsam magnopere intus et foris continuo studuit adornare.
Vascula namque (2) argentea, necnon et pannos aureos,
cum plurimis sericeis ornamentis, ac quidquid (3) in
ipsa Ecclesia tunc decora erant, nobis contulit. Fundavit
calefactorium refectorii, et similiter anniversarium suum,
necnon eleemosynam tredecim.pauperum in eadem die
faciendam quarto Kalendas Maii. Hic preterea venerandus Pater religionem in hoc loco prudentissime reformavit, manutenuitque et in nullo tepescere permisit
quamdiu vixit. Totum etiam monasterium strenue gubernavit, reparavit, et in multis decoravit. Dereliquit (4)
interea memoratus pater Alexander successori suo
Joanni circiter sex millia aureorum, preter cetera bona.
Et (5) ut summatim de eo perstringam, ei non credimus equalem huic loco prefuisse usque ad Abbatem
Hugonem, qui (ut supra meminimus) Ecclesiam, thecam-
que argenteam fabricavit. Hic etiam Alexander dedicare
fecit Ecclesiam hujus monasterii : in crastino autem
ejusdem dedicationis annuatim (6, 7) solemne anniversarium sibi (8) ab hujus loci conventu libere concessum. Hic fecit bis refundi magnam campanam que Be-

ministration, de même que les débats pour la justice, qui depuis
de longues années divisaient l'abbaye et la commune de Dijon. Il
fonda en 1400 « une lampe ardent cothidiannement et continuel-
« ment nuit et jour devant l'image du cruxefi, qui est sur le pulpitre
« estant entre le cuer et la nef de l'église. »
Alexandre de Montagu mourut le 5 septembre 1417, et fut inhumé dans le chœur de l'église.

(1) B. Quidpiam.
(2) B. Necnon.
(3) B. Quicquid.
(4) B. Reliquit.
(5) B. Deest.
(6) B. Deest.
(7) En l'année 1393. Notes manuscrites de Dom Le Roy.
(8) B. Ipsi.

nigna nuncupatur, Justitiam supradicti nostri (1) monasterii, quam pene amittebamus, recuperavit, ac so-
lemnia aresta parlamenti Parisiensis super ea obtinuit (2).

Hujus Reverendi nostri Pastoris tempore quidam vocatus Joannes, qui in (3) hac domo conversus erat, nobis
donavit pro anniversario suo singulis annis per hujus
loci Fratres celebrando quatuor viginti (4) francos, et
multa alia nobis fecit (5). Insuper facieudum curavit
Crucifixum qui in angulo claustri depingitur. Prenominatus autem venerabilis Pater (6) Alexander, postquam
pluribus annorum curriculis abbatiam de Flaviniaco
(prius enim illic Abbas fuerat) ac etiam presens cenobium devotissime gubernavit, a Christo evocatus est,
anno ab ipsius Domini nostri (7) millesimo quadringentesimo decimo septimo, die quinta mensis Septembris (8), nobis relinquens successorem, quem prenomi-
namus (9) Joannem de Marcha Abbatem (10).

Eo autem die (11) obeunte, huic loco Abbas fuit nomine
Stephanus (12). In cujus diebus quidam Renaudotus vo-

---

(1) B. Deest.
(2) Ces arrêts sont imprimés dans le Recueil de Pérard, p. 368.
(3) B. Ex.
(4) B. Octoginta.
(5) B. Contulit.
(6) B. Pastor.
(7) B. Incarnatione.
(8) Il fut enterré dans le chœur de l'église, devant le candélabre.
(9) B. Nominamus.
(10) Jean de La Marche, précédemment abbé de Saint-Pierre de
Chalon, fut élu abbé de Saint-Bénigne le 17 septembre 1417. Il
mourut le 10 des calendes d'octobre 1421.
(11) B. Joanne autem suum diem.
(12) Etienne de la Feuillette, 68e abbé, fut élu le 15 octobre 1421.
En 1422, le duc Philippe-le-Bon édicta un règlement touchant les
préséances dans les processions publiques qui avaient lieu à Dijon,
et assigna la première place à l'abbé de Saint-Bénigne. Étienne
mourut le 10 août 1434. Il fut enterré dans l'ancien Chapitre. Son
effigie était sculptée sur sa tombe. Trois ans plus tard, une nou-

catus, Ducis Burgundie cubicularius (1), ac in hoc loco Bastonarius, perpetuo fundavit Missam in altari Sancti Pauli, quod (2) de novo edificavit, ipsum dotando qua_ draginta libris. De quibus viginti quatuor dantur Cantori et Refectoriario (3) eam celebrantibus, reliquum vero Conventui remanet. Dedit etiam prefatus Renaudotus in fine vite sue ducentos aureos pro duorum anniversariorum fundatione.

Petro (4) autem Abbate post premissum Stephanum regiminis hujus Ecclesie curam gerente, Joannes de Laudona cognominatus hujus cenobii eleemosynarius dedit nobis viginti solidos redditus annui, assignatos supra domum quamdam sitam in castro de Jusseio (5). Dederunt etiam nobis Joannes de Visen (6) Consiliarius Domini Ducis Burgundie (7), et Joanneta uxor ejus, vas argenteum, in quo repositum est os brachii sancti

velle ordonnance du prince prescrivit de chômer le jour de fête de saint Bénigne, et des indulgences furent accordées à tous les fidèles qui visitaient son église.

(1) Regnaud de Genlis, valet de chambre du duc de Bourgogne et bourgeois de Dijon. La charte placée sous nos yeux porte que Regnaud donna aux religieux de Saint-Bénigne une somme de 832 écus d'or; on en acheta trois maisons, dont le revenu devait acquitter la desserte de la fondation. Regnaud fut inhumé devant l'autel de la chapelle Saint-Paul.

(2) B. Et.

(3) B. Refectorario.

(4) P. Brenot fut élu en 1434, à la sollicitation de l'abbé Étienne, encore vivant. Nommé conseiller du duc, il accompagna Thibaut de Rougement, écuyer, au concile de Bâle, pour affaires importantes du duc de Bourgogne. La chapelle Saint-Nicolas de Talant fut bâtie sous son magistère, lequel prit fin le 7 décembre 1437.

On tient que c'est un des abbés ensevelis dans le clottre du côté de l'église, où sont les effigies au mur de l'église. Mss. Le Roy.

(5) B. De Laudona cognominatus dedit, etc........ Jusseio, erat enim hic Joannes hujus cenobii Elemosynarius.

(6) B. Visem.

(7) Jean de Visen, conseiller du duc de Bourgogne, receveur général du duché et du comté en 1433, fut pourvu en 1437 de l'office de receveur général de toutes les finances.

Laurentii Martyris. Tandem migranti ad Dominum Petro supramemorato Patri successit venerabilis Hugo de Monte Cuniculo (1). Cujus tempore frater Joannes Broissandi hujus cenobii Camerarius, reedificari fecit aulam Conventus, situatam (2) juxta domum Camerarii, ac domum Albam, cum torculari sitam ante Ecclesiam Sancti Philiberti. Hic etiam fundavit (3) pictantiam carnium, que ter in hebdomada a Pascha usque ad Ascensionem Domini Fratribus in refectorio distribuitur (4). Item fundavit dietam carnium faciendam in festo beate Marie Magdalene. Fundavit etiam lampadem cum oleo jugiter ardentem ante altare beate MARIE in navi Ecclesie. Etiam fundavit luminare in festivitatibus ejusdem beate Virginis, ut fit in festis Apostolorum. Ac etiam luminare duorum anniversariorum suorum, ut mos est facere in aliis precipuis.

· Andreas de Mommoreto in hoc loco Infirmarius, tunc nobis dedit imaginem sancti Blasii argenteam, auroque

---

(1) Hugues, de la famille des seigneurs de Montconis, village de la Bresse chalonnaise, succéda, le 14 janvier 1438, à P. Brenot.

En 1443, Pierre de Bauffremont, comte de Charny, sénéchal héréditaire de Bourgogne, fonda à Saint-Bénigne une grand'messe quotidienne, pour laquelle il assigna une rente de 100 livres. Deux ans plus tard, on rebâtit entièrement l'église Saint-Jean, deuxième paroisse de la ville. En 1447, l'abbé de Saint-Bénigne transigea avec le curé de Saint-Philibert, au sujet des redevances et de la portion congrue. En 1462, il soutint de vifs débats avec la mairie de Dijon, à propos de l'asile qu'il avait donné à deux assassins poursuivis par la police municipale. Un acte de 1464 témoigne que les religieux se servaient de tasses en argent au réfectoire. L'abbé Hugues de Montconis fit une fondation pour faire célébrer la fête de la translation de saint Bénigne et refondre les cloches. Sur la fin de sa vie et de son consentement, le chambrier aliéna une partie de son jardin le long de la rue Guillaume, sur l'emplacement de laquelle on bâtit un jeu de paume, l'hôtellerie de la Croix-d'Or, etc. Hugues mourut le 24 février 1467. Sa sépulture était dans le chœur de l'église.

(2) B. Sitam.

(3) B. Impensam.

(4) B. Distribuuntur.

amplissime decoratam, cum una ditissima cappa aurea.
Pro anniversario suo Jacobus etiam perdicti Andree
frater, Subprior de Lareyo dedit Conventui centum
libras Turonenses manualiter tradendo cum cappa de
colore (1) quem vulgariter dicunt *cramoisi*, pro suo anniversario (2). Femina quedam dicta Agnes de Cyter-
neio (3, 4) nobis etiam donavit triginta solidos, sitos ac
assignatos supra quamdam domum sitam in Cemete-
rio (5).

Premissus autem pater Hugo pro fundatione unius
anniversarii nobis contulit ducentos aureos, cum quatuor libris Turonensibus. Fecit etiam fieri campanas
sive tympana in hac Ecclesia. Dedit preterea sex (6)
viginti francos pro facienda procuratione in translatione
sancti Patris Benedicti. Migravit autem ad Dominum
anno ipsius Incarnationis millesimo quadringentesimo
sexagesimo septimo.

Post hunc prefuit in hujus Ecclesie pastorali cura
Domnus Humbertus de Saulbiez (7, 8) qui fieri jussit ex-

---

(1) B. Voulore. Velours.
(2) Jacques de Montmoret fut enterré à côté de l'antel de la
chapelle Notre-Dame de Baume, dans l'église.
(3) Cyternyo.
(4) La charte originale porte Citercio.
(5) En plaçant cette donation sous le magistère de Hugues de
Montconis, notre chroniqueur se trompe gravement. Il résulte de
l'original même de la charte qu'*Agneta de Citercio domicella, relicta
Oudeti de Vaul Busin domicelli*, fonda son anniversaire le mardi
après la Sainte-Lucie (18 décembre 1347); par conséquent le fait
doit être rapporté au gouvernement de l'abbé Pierre VII.
(6) B. Centum et.
(7) B. Saubiez.
(8) Les mémoires manuscrits de Dom Th. Le Roy laissent supposer que ce successeur de l'abbé de Montconis fut nommé le
11 février 1468, du vivant de ce dernier et sur sa résignation. Mais
cette opinion a peine à se soutenir en présence de l'acte de nomination des quatre obédienciers qui, après la mort de l'abbé de
Montconis, furent chargés d'administrer le monastère jusqu'à son
remplacement, et du consentement donné le 31 mars 1468, par
l'abbé de Cluny à Humbert de Saubiez, religieux de cet ordre, de

pensis propriis magnam vitream ad introitum Ecclesie
existentem (1). Hujus diebus Prior de Arneto, nominatus Guillelmus d'Aguilly, dedit hujus monasterii habitatoribus, viginti libras Turonenses annui census, redi-
mibiles pretio (2) trecentarum librarum (3).

Huic Humberto successit Walterius de Falerenco
cognominatus (4). Hic septingentos aureos (ut dicunt)
Conventui distribuit. Imo pro ejus intentionen dici debet
in Missa de beata MARIA, collecta *Inclina* : et post predictam
dictam Missam (que scilicet dicitur in veteri Ecclesia)
quotidie dici debet antiphona de predicta beata Virgine,
cum collecta de eadem ; et *Deus cui proprium*, pro ipso
Patre.

Morientem autem subsequutus est in regimine
venerandus Pater Ludovicus, qui de Tintavilla (5)

---

quitter sa congrégation pour celle de Saint-Bénigne, dont il venait
d'être élu abbé. Humbert, mort le 10 juin 1474, et non 1470, comme
l'écrivent les auteurs du *Gallia christiana*, IV, 692, fut inhumé
dans le vieux Chapitre.

(1) B. Vitram Ecclesiæ novæ existentem ad introitum.

(2) B. Quæ redimi possunt.

(3) Voir l'acte original. Archives de la Côte-d'Or. Fonds de l'abbaye
de Saint-Bénigne. Fondations.

(4) Gauthier de Falerans, d'une famille noble de Franche-Comté,
dont plusieurs membres servaient à la cour des ducs, était parent
de Henri, abbé de Saint-Paul de Besançon, et de Jean, doyen du
Chapitre de Chalon. Il fut élu abbé le 18 juillet 1474, et mourut
deux ans après, le 9 mai 1476, ainsi que le portait l'inscription de
sa tombe placée dans le chœur de l'église.

(5) Louis de Dinteville, de la famille de Jaucourt, et non de la
très noble maison de Vergy, comme l'écrit Thomas Le Roy, était
le fils aîné de Claude, seigneur d'Échannay, de Cummarin, cheva-
lier, conseiller, chambellan et surintendant des finances des ducs
Philippe-le-Bon et Charles-le-Guerrier, et de Jeanne de La Baume.
Élu abbé de Saint-Bénigne le 20 mai 1476, il prit une part active
à toutes les négociations auxquelles donnèrent lieu la réunion du
duché à la couronne après la mort du dernier duc. Impliqué dans
la révolte de 1477, l'abbé de Dinteville fut obligé d'abandonner
l'abbaye, dont le roi disposa en faveur de Philibert Hugonet, car-
dinal-évêque de Mâcon. Les religieux y ayant formé opposition,
le cardinal de Pise, légat du Pape, les excommunia ; il leur en

vocatus est : sed pauca gessisse repertus est (1).

Circiter hec tempora religiosus quidam, nominatus Benignus de Chemilli, in hac domo Camerarius, fundavit Missam de Beata Dei Genitrice, singulis diebus Sabbati celebrandam : et in omnibus solemnitatibus ejusdem beate Virginis eamdem Missam dici quoque instituit (2). Guillelmus Regnaudin (3), hujus domus Prior claustralis, manualiter nobis dedit centum libras Turonenses pro uno anniversario. Godefridus etiam cognominatus Domboys, hujus loti Camerarius (4), contulit huic monasterio tres heminas frumenti, singulis annis per nos recipiendas.

Post premissos autem omnes venerabiles Pastores, nobis Deus veram in Ecclesia sua lucernam suscitare voluit, vigilantissimum videlicet gregis sui Pastorem, venerandumque Patrem ac Dominum, Dominum Claudium de Charmes (5) sacri hujus Cenobii Abbatem me-

coûta la terre d'Antheuil pour payer les dépenses de cette affaire. A la mort de Louis XI, Louis de Dinteville reprit possession de son siége, mais pour peu de temps ; car, toujours dévoué à la maison de Bourgogne, il se laissa entraîner par son parent, Jean de Jaucourt-Villarnoux, dans une conspiration ayant pour but de susciter de nouveaux troubles en Bourgogne. La trame fut éventée, tous les conjurés arrêtés et emmenés à Paris. L'administration de l'abbaye fut alors dévolue à l'évêque de Périgueux, et en 1487, à Jacques de Dinteville, chambellan du roi et propre frère de Louis, qui mourut en exil à Halle, en Hollande, le 18 septembre de cette même année, et non le 23 septembre 1500, comme l'écrivent les auteurs du *Gallia christiana* et le Père Anselme, VIII, 719.

(1) B. Reperitur.

(2) On l'inhuma devant l'autel de Notre-Dame de Baume.

(3) B. Regnauldin.

(4) Il fut inhumé au cloître, devant le Trésor.

(5) Claude de Charmes, issu d'une famille noble de Dijon, religieux profès de Saint-Bénigne, puis sous-cellérier et aumônier, fut élu abbé le 3 janvier 1488. Nommé en 1495 abbé de Saint-Germain d'Auxerre, il transmit en 1507 cette dignité à François de Beaujeu, son cousin. Lui-même résigna en 1519 l'abbaye de Saint-Bénigne à Claude de Bessey, son neveu, et continua de résider dans ce monastère, où il mourut le 21 septembre 1519, ainsi que le constatait l'épitaphe gravée sur sa tombe placée dans le chœur de l'église.

ritissimum, qui ex nobilissima Divionensium Procerum prosapia exortus, a puerilibusque diebus in hoc loco sacro beatissimi Patris nostri Benedicti habitu vestitus, cum primum ad annos pervenisset discretionis, primo cepit in vinea Domini florere ac magis magisque pullulare. Fuit namque ob preclaram, qua prefulgebat prudentie modestiam, ac piam in omnes benignitatem, morum quoque honestatem, hac in domo Subcellerarius, Eleemosynarius (1) etiam constitutus est. Quodam vero future presegio sublimitatis, hic etiam Sacristie (2) certis temporibus habere meruit officium et ut paucis perstringam, sicut de venerabili Patre Halinardo supra tactum est (3) omnia hujus Ecclesie ferme officia solerter et sedulo prudenterque exercuisse visus est.

Tandem autem defuncto Reverendo Patre Ludovico de Tintavilla (cujus supra meminimus) hujus loci Abbate, non vi armorum, equorumve strepitu, neque etiam ob nobilitatis, qua prepollebat, celsitudinem; imo potius probis id exposcentibus suis moribus, ob bonamque (4) vite per omnia jam cognite famam, ac divina, ut pie creditur, hoc concedente voluntate, ad pastorale hujus dominice domus electus est officium. Hic autem in dominico agro ut sedulus cultor, ac fidelis dispensator, talentum sibi creditum, non in terram fodiens (5) aut abscondens, sed ad decus honoremque ac utilitatem, et ornatum Domini sui et sponse sancte Matris Ecclesie totis viribus explicare (6) decrevit.

A capite namque incipiens prefatus Pater, in hac domo campanile seu tympanibulum mirando quidem ac

---

(1) B. Autem.
(2) B. Autem.
(3) B. Diximus.
(4) B. Boneque vite.
(5) B. Defodiens.
(6) B. Et impendere.

pre ceteris excolendo opere constitui., plumbeisque la-
minis ac magnifice collocatis cooperiri jussit, prout cunctis ad hunc locum accedentibus facillime perspicitur (1).
Ipsam quoque Ecclesiam propriis expensis dealbari fecit,
ornatiusque quam antea fuerat, decoravit. Fecit etiam
prefatus Abbas refundi magnum signum, sive tympa-
num aut cymbalum, quod in benedictione beati Benedicti nomen assumere voluit, multasque metalli libras
in eo addidit (2). Crucem (3) quoque que ante majus altare erigitur, deaurari fecit.

Anno preterito (4) centesimo quinquagesimo et uno, die
quarta mensis Januarii, donavit, et manualiter tradidit
prefatus venerabilis Pater, ipsum fervida monente devotione (5) Priori et Conventui hujus supra nominati monasterii, summam trium millium librarum Turonensium,
pro acquirendis censibus et redditibus. Ea videlicet intentione quod (6) in prefato monasterio pro se suisque
omnibus parentibus, familiaribus, benefactoribus (7)
vivis (8) ac defunctis, pro spe salutis et incolumitatis sue,
singulis diebus, perpetuisque temporibus per Fratres
ipsius monasterii celebrentur et dicantur due Misse,
prima scilicet alta voce, cum Diacono et Subdiacono,

---

(1) « L'an 1506, le 22ᵉ jour de juin, le tonnerre mit le feu au cul
de lampe de l'église, qui brusla la charpente du chœur et une partie
de la flesche. Sans un prompt secours, tout estoit bruslé. » (Notes
extraites de l'histoire manuscrite de Dom Thomas Le Roy.) Mais le
plus grand désastre arriva en 1625, encore par la même cause : le
clocher fut entièrement détruit et les cloches fondues. (Voir le pro-
cès-verbal inséré dans la *Revue de la Côte-d'Or et de l'ancienne
Bourgogne*, I, 456.)

(2) L'une de ces cloches, appelée Bénigne, existe encore; l'autre,
Benoîte, fut brisée par un boulet tiré de l'une des tours du château
le 30 mai 1595. Il y en avait quatre autres plus petites.

(3) B. Crucem que.

(4) B. Elapso.

(5) B. Fervida movente ipsum devotione.

(6) B. Ut.

(7) B. Amicis sibi caris.

(8) B. Vicinis.

in majori altari hujus predicti Monasterii, forma et modo quibus consueverunt alie Misse conventuales in ipsa Ecclesie celebrari. Secunda autem submissa voce celebrabitur (1) per unum Fratrem Monasterii predicti, in loco, et modo, et tempore fundationis earumdem super hoc confectis litteris plenius declaratis.

Prefatus nihilominus Pater venerabilis Claudius de supra scriptis nobis a se libere collatis beneficiis minime contentus, sed devotionis ampliori fervore tactus, acceptantibus prenominatis Priore et Conventu, dedit manualiterque tradidit Priori et Conventui, summam duorum millium et quatuor centum librarum Turonensium, intentione qua supra, acquirendi census et redditus, pro solutione servitiorum divinorum que fieri cupiebat et intendebat. Instituit namque prefatus Abbas ultra supra declarata suffragia, ut singulis quatuor temporibus, die videlicet Mercurii celebrentur per tres Priores hujus predicti cenobii, tres magne Misse in jam dicto majori altari, et centum parve, que nullibi dicantur nisi in predicti S. Benigni ecclesia per Fratres ipsius monasterii, vel alios Religiosos aut seculares, prout in jam dictis litteris declaratur. Dici etiam debent per predictos Fratres die Martis precedente dictam Mercurii quatuor temporum diem, post prandium alta voce et solemniter vigilie pro defunctis cum novem psalmis et novem lectionibus.

Item intendit sepedictus Pater ut per predictos Fratres ipsius Monasterii singulis diebus Adventus, et Quadragesime, hora secunda post meridiem, dicantur etiam integraliter, solemniter, et alta voce vigilie defunctorum novem psalmorum, et novem lectionum, exceptis dominicis diebus in quibus non dicuntur (2). Que scilicet suf-

(1) B. Celebretur.
(2) B. Dicitur.

fragia sive servitia divina qui dixerint, et ipsis interfue-
rint, summas in supra dictis litteris ad hoc confectis
declaratas ab hujus dicti Monasterii Pitanciario erunt
recepturi.

Non tantum autem predictas pecunias nobis contulit
prememoratus Abbas Claudius, imo etiam plurima donavit Ecclesie ornamenta aurea et serica. Dedit namque
ad ornatum sue Ecclesie divinumque cultum exaltan-
dum, unam preciosissimam ac ditissimam casulam cum
dalmatica atque tunica. Que videlicet ornamenta auro
fulgentissimo abundanter sunt concerta ac composita.
Dedit insuper cappam argenteam, in qua reconditur
Dominicum corpus, multo auro copiosissime decoratam.
Deinde fieri fecit (1) armariola ad sinistram partem majoris Altaris nove Ecclesie statuta, quorum partes (2)
interiores ferree sunt in modum trilicis sive fenestrellu-
larum (3) quarumdam fabricate, auroque magnifice deau-
rate, ut inibi decentius reverentiusque reconderentur
sacre ac preciose ipsius Ecclesie Reliquie : et maxime
cervices sive capita sanctorum, videlicet Benigni patris (4) nostri, Gregorii Lingonensis Episcopi nostri Fun-
datoris, et Radegundis Francorum Regine. Que scilicet
Gregorii et Radegundis capita (5) ipse Dominus Pater
Claudius multo argento auroque sicuti exstant ornavit,
munivit et decoravit amplissime. Pilas etiam sive columnas, aut si mavis pilaria ex aurichalco conflata ante
predictum altare, ac ad ipsius altaris ornatum, sex numero construi fecit. Que desuper sex Angelorum Christi
passionis insigna representantium imagines sustinent;

---

(1) B. Facienda curavit.
(2) B. Porte.
(3) B. Fenestellularum.
(4) B. Patroni.
(5) B. Que scilicet capita sanctorum Benigni, Gregorii et Rade
gundis.

ditissime decorata et insignita, cunctis facilius (1) cernen-
tibus apparere possunt (2).

Circa annum Dominicæ Incarnationis millesimum quin-
gentesimum decimum tertium, Christianissimo Rege
Ludovico duodecimo in Francia triumphante, in hac
autem domo præsidente memorato Reverendo Patre, gens
Suevorum, sive, ut eos quidam nominant, Helvetiorum,
gens quidem (3) sera et avara, de Germaniæ partibus egrediens, non quæ Domini sui sunt, sed propria sectans, ad
jussum (ut dicebant) (4) Maximiliani tunc Imperatoris
Divionem obsedit, vastassetque ac depopulata fuisset, si
non (5. sanctissimi protectoris nostri Benigni, ad quem
confugiebant (6), sacrorumque in hac Divionensi oppido
quiescentium Sanctorum precibus, ac præ (7) meritis
esset liberata. Divino enim nutu, pacto inter nos et
ipsos super (8) maxima pecuniæ summa ipsis danda facto,
ad propria remigrarunt Sed non sine prædicti Patris,
totiusque Congregationis gravi infortunio. Tunc etenim
combusta fuere S. Nicolai suburbia ; necnon Divi Petri
ac Sancti Spiritus. Ex quibus plurimi nobis singulis annis
proveniebant census et redditus. Apud Sanctum Apolli-
narem (9) omnia vastarunt, gravissimumque tunc detrimentum sustinuit illius loci Prioratus. Alii quoque vicinorum locorum habitatores multa perdiderunt : excedebant
enim præfati hostes ultra quadraginta quinque millium
hominum numerum. Dederunt autem pro nostri erep-
tione Cœnobii ab ipsorum hostium manibus tam memo-

---

(1) B. Facillime.
(2) B. Possint.
(3) B. Deest.
(4, B. Ferebatur.
(5) B. Nisi.
(6) B. Cuncti.
(7) B. Deest.
(8) B. De.
(9) B. Appollinarem.

ratus Abbas, quam etiam Conventus, duo millia librarum argenti, ultra jam dicta gravissima incommoda.

Inde autem ob devotionem quam· ad beatum Urbanum Lingonensis ecclesiæ (1) Episcopum, hic olim (2) sepultum, nunc quoque quiescentem, habebat præfatus venerabilis Abbas, fecit fabricari capsam argenteam auroque plurimo decoratam, ut ibidem sanctæ preciosæque Præsulis Reliquiæ conderentur honorifice (3).

His temporibus quædam fœmina, Guillemeta nomine, mater Stephani, mulier quondam mercatoris, qui sub theca seu capsa beatissimi Patroni Benigni sensum precibus ejusdem recuperavit, migravitque in pace ad Dominum; pro anniversario ipsius nobis dedit summam centum librarum, quam manualiter tradidit Conventui. Joannes Callot, Magister cameræ, nobis donavit pro suo anniversario singulis annis per nos celebrando etiam summam centum librarum Turonensium (4). Joannes Moreaul hujus monasterii Infirmarius, ad nostræ Ecclesiæ ornatum, et ad (5) divinum officium reverentius peragendum, dedit unam cappam auream amplam valde, ac miro modo compositam (6). His etiam diebus Theobaldus de Mipont cognominatus, nobili prosapia ortus (7),

(1) B. Olim.
(2) B. Deest.
(3) B. Condereatur.
(4) Jean Callot, chambrier de Saint-Bénigne, « fut inhumé au cloistre du costé des Greniers. » Son anniversaire se célébrait les 15 et 16 février. « Calendarium ad usum monasterii Sancti Benigni. » Arch. dép. Fonds de l'abbaye de Saint-Bénigne.
(5) B. Deest.
(6) En 1524 Jean de Moreaul, du consentement de René de Bresches, abbé de Saint-Bénigne, fonda deux anniversaires qui devaient se célébrer à l'autel de Saint-Vigor. Quatre ans plus tard, sous le gouvernement du cardinal de Frégose, premier abbé commendataire, il augmenta les fonds de cette dotation. Arch. de la Côte-d'Or. Fonds de Saint-Bénigne. H. 9 bis.
(7) Cette famille, une des plus anciennes de Bourgogne, s'éteignit en 1522, dans la personne d'Alain, condamné à mort par arrêt du Parlement.

et in hoc loco Monachus devotione præmotus (1), fundavit
et instituit luminare in die solemnitatis Corporis Christi,
et per octavas. Pro quo debent duo cerei ante armariola
lapidea, in quibus reconditur prædictum sacramentum,
continuo diu noctuque lucere. Recepitque Thesaurarius
pro hoc (2) singulis annis unum francum monetæ.
Frater Joannes Conversus apud Lariacum moram trahens,
nobis pro suo. anniversario manualiter tradidit quadraginta francos.

Præfatus denique venerabilis Pater cum supra scriptis
ornamentis huic loco per eum concessis, nobis dedit duas
pulcherrimas ac ditissimas aureas cappas, arte quidem
præclarissima compositas. Contulit etiam nobis ornamenta
majoris altaris viridia, compositione sericea, una cum
duabus cappis, casula, dalmatica, etiam viridibus.

Hic autem Reverendissimus Pater, velut omnibus carus
erat, ab omnibusque amabatur, suosque potenter tueba-
tur, ita ab omnibus expetebatur (3). Gregis enim Dominici apud Sanctum Germanum Autissiodorensem Custos
electus fuit (4); illiusque multis annis prudentissime curam
gessit. Sed tandem (5) honore postposito, tradito quoque
onere religiosissimo viro Domino Francisco de Bellojoco (6), qui ejus consanguineus erat, litterisque ac
scientia, morum etiam probitate pollens, hujus loci
Camerarius annis multis exstiterat, eum Abbatem (7)
instituendo (8). Alias denique Abbatias recusavit, Sancti
scilicet Joannis Reomensis, Sanctique Sequani. Quas

(1) B. Per motus.
(2) B. Hujus rei causa.
(3) B. Et plurimi flebat.
(4) Il fut élu en 1495.
(5) B. Tamen.
(6) B. Bello-loco.
(7) B. Dicti loci.
(8) B. Instituis.

ambas humili prece ipsi (1) de ejus bona conversatione
certiores facti obtulerunt illarum cultores : cui (2) per
resignationem successit quidam vocatus Abbas (3).

Oremus igitur (4) cuncti, qui sub eorum protectione
degimus, uti ille qui cuncta sub pedibus videt, modera-
turque, et nutu proprio gubernat, ambos nobiscum diu
vivere permittat sanos et incolumes ; præstet sibi commissum gregem moribus et verbis instruere, ac docere
concedat, et inspiret : quatenus post hujus ærumnarum
vallis diuturnos labores, eos cum familia credita in æterna
sua tabernacula, perpetuamque hereditatem suscipere (5)
dignetur Dominus (6) JESUS-CHRISTUS, qui cum Genitore,
sacroque Flamine vivit et gloriatur per æterna sæcula (7).

Multa autem huic sacro collato Cœnobio beneficia fuerunt, præsenti nunc inserenda pagina : verum quoniam
prolixum foret cuncta recensere, precautes ut hæc lectori
satisfaciant, operi finem imponimus.

(1) B. Prece dicto Patri.
(2) B. Huic.
(3) Il se démit de son siége de Saint-Bénigne l'an 1510, en
faveur de son neveu Charles de Bessey, qui gouverna jusqu'en 1519.
Claude de Charmes, mort en 1519, fut inhumé au chœur de
l'église de Saint Bénigue. Sa tombe, qui a disparu, portait cette
épitaphe : « Hic jacet venerandus pater Domnus Claudius de Charmes, qui hujus loci et monachus et abbas electus lustris quinque
exstitit ; qui inter præcipuos hujus cœnobii patres haberi debet,
ex multis denariis, quæ huic ecclesiæ contulit, ut sua ubique
sparsa monstrant insignia vocarique potest ærarii conventualis
maximus benefactor. Qui obiit anno Domini 1519, die 21 septembris. Requiescat in pace. Amen. » (Gallia Christiana, IV, 692.)
(4) B. Deest.
(5) B. Deducere et excipere.
(6) B. Noster.
(7) B. Amen.

AD INSIGNIS PRÆCLARIQUE PATRIS AC (1) DOMINI

DOMINI CLAUDII DE CHARMIS (2)

SACRI DIVI BENIGNI DIVIONENSIS

CŒNOBII ABBATIS OPTIME MERITI, LAUDEM, CONDITUM SUBSEQUITUR EXILE CARMEN

Clarus in hoc claram claro cum nomine vitam
    Ducens cœnobio, Claudius Abbas fuit.
Protulit illustris præcelsa Divio prole,
    Sed voluit nobis hunc Deus esse Patrem.
Æneas Teucris, Samsonque fecit Hebræis,
    Quo Solymis Salomon contulit ipse suis.
Exaltata bonis hæc est Ecclesia multis.
    Subsidioque hujus facta decora Patris.
Ille suos tutus semper protexit, et omni
    Nixu commissas multiplicavit oves.
Nestoreos illi dones Deus ipse per annos
    Vivere ; Phœnicis compleat hicque dies.
Parcaque cum tenerum distraxerit aspera filum,
    Spiritus æthereos expetat (oro) lares.
          Amen (3).

(1) B. AD.
(2) B. Charmes.
(3) B. *Epitafium Ducis et Comitis* GUILLELMI *sive* OTHONIS.

    Nobiliter natus Guillelmus et Otho vocatus
    Dormit in hac fossa, cujus lapis hic tegit ossa.
    Qui Ducis et Comitis gemino ditatur honore.
    Artifices scelerum pacis reprimebat amore,
    Anno Domini millesimo vigesimo septimo,
    Vindecimo Kalendas octobris sepultus est.

Ici s'arrête le travail d'éditeur entrepris par M. l'abbé Bougaud. Sa nomination au grand-vicariat de l'évêché d'Orléans ne lui a pas permis de s'occuper de la Chronique de Bèze. La collation du manuscrit original de cette Chronique (Bibliothèque impériale, lat. 4997), a été faite avec le plus grand soin par M. de l'Epinois, et les notes sont dues à M. Joseph Garnier, archiviste du département de la Côte-d'Or.

ANTIQUUM

BESUENSIS ABBATIÆ

CHRONICON

AUTHORE JOANNE MONACHO

Incipit liber memorabilium rerum, seu etiam Cartarum Besuensis Monasterii.

Antiquorum hujus sæculi sapientium laudabile, ac ideo imitandum fuit studium, ut non solum ea quæ acciderent in diebus eorum, sed etiam fortia priscorum facta Heroum ad memoriam posterorum traderent monimentis scripturarum. Quæ utilis res et eis extitit materia humanæ laudis, et futuris hæc legentibus vel audientibus exemplum, incitamenque æmulationis. Talia considerantes nos Besuenses sacri monasterii a parvulo habitatores et amatores, ne forte nobis juste succenseant nostri successores, sicut nos de incuria merito culpamus nostros antecessores, aggrediemur cum adjutorio Dei describere, licet rusticana et minime polita narratione, quæ de præfati loci antiquitate, seu devotorum Deo fidelium eidem donata sunt largitione videlicet Regum, Pontificum, Ducum, Comitum ac illustrium virorum potuimus addicere vera relatione : quatinus et honori sit cœnobio nostro, possessionum ipsi collatarum, et memorandarum rerum in eodem gestarum descriptio, et cum divinæ laudis debito

exoptanda benefactoribus ejus celestis gloriæ remuneratio.

Primo igitur prosequenda nobis est eorum Chronica,
qui regnarunt in Francia atque Burgundia usque ad
Chlotarium, Chilperici filium, cujus videlicet tempore
Monasterium istud Besuense ædificatum est ab Amalgario Duce optimo, et uxore ejus Aquilina nomine, largis-
simeque de rebus propriis ditatum, anno ab Incarnatione
Domini sexcentesimo, indictione tertia, præsidente sanctæ
Romanæ Ecclesiæ sancto Gregorio Papa, Mauricio vero
Cæsare imperante in Republica, beato vero Columbano
commorante in Burgundia (1). Si quidem ad cognoscendas
Abbatum successiones, qui per diversa hic præfuerunt
tempora, et quæ sub uniuscujusque illorum regimine
huic loco conlata sunt fidelium largitione, Episcopos quoque Lingonicæ Ecclesiæ, qui circa hunc locum munificos
se exibuerunt, nominatim singulos curabimus ostendere;
et quid ab uno quoque illorum conlatum sit in aucmentatione hujus domus Dei, sigillatim demonstrare.

Igitur Childerico Rege, etc. *Quæ sequebantur in hoc
Besuensi Chronico, ad usque Monasterii fundationis
narrationem, in San-Benigniano Chronico reperies.*

De constructione hujus loci.

Igitur quoniam Monasterium istud Besuense Clotharii
Regis tempore ab Amalgario Duce fundatum fuisse præli-
bavimus, paulo latius nobis visum est prosequendum,
qualiter ab eo et ubi fuerit constructum, et quibus rebus

---

(1) Cette assertion du chroniqueur qui écrivait cinq siècles après
la fondation du monastère, a trouvé deux contradicteurs d'une
grande autorité. L'un, le P. Lecointe, a, dans ses Annales eccl.
(II, p. 688), reporté la date de cette fondation à 617 ; tandis qu'après
lui D. Mabillon (*Annal. ord. S. Benedic*), dont l'opinion mieux
établie a été généralement admise, la recule jusque vers 630. C'est
celle que nous avons suivie.

ab eo primum ditatum, ac deinceps a cæteris Deum timentibus, imo diligentibus largissimis facultatibus amplificatum. Fuerunt siquidem illis temporibus duo Duces in Burgundia, quorum unus Waldalenus nomine, gentes quæ intra Alpium septa et Jurani saltus arva incolunt, regebat. Erat huic uxor nomine Flavia : de qua cum nullius heredis abuisset gaudia, cui suarum opum et honorum post se reliquisset amplissima subsidia, per beati Columbani, qui Luxovio (1) præerat, Deo digna precamina filium susceperunt, et ei illum de sacro fonte levandum, sicut ipse quæsierat, obtulerunt. Itaque eum sanctus vir baptizavit, Donatumque nomen imposuit ; qui postea in eodem monasterio sapientia imbutus, Bisontinæ sedis Archiepiscopatum clarissime gubernavit (2). Alter vero Dux harum duarum partium circumquaque latissimus dominator, Amalgarius nomine, habens uxorem nomine Aquilinam, habuit ex ea filios, quorum uni Audalrico nomine ducatus sui regimina post se dereliquit. Habuit et alium Waldalenum nomine, quem offerre Deo, a quo eum acceperat, cupiens, per manus beati Columbani eum ipsi in prædicto Luxoviensi Monasterio, quod tunc precipue præ cæteris Galliarum atque Burgundiæ Monasteriis religione florebat, educandum contradidit. Habuit iterum filiam Adalsindam nomine, quam etiam Deo offerendam, ac divino cultui mancipandam adjudicavit.

Dum itaque hii duo in scola Christi erudiuntur, videlicet Waldalenus et Adalsinda, pater Amalgarius excogitat, ubi religioni eorum ædificet loca convenientia, et si qui postea cum eis Deo militare voluerint, unde habeant victus ac vestitus sufficientia. Cum igitur in Ducatu suo duo Christi construere vellet ovilia, et ovibus, quas ibi

---

(1) Luxeuil (Haute-Saône).

(2) Donat, qui fut mis au rang des saints, gouverna l'église de Besançon de 624 à 660.

Deus aggregaret utriusque sexus, ex illis, quos sibi dederat Deus pueris, pastores præficere, videlicet Waldalenum viris, et Adalsindam fœminis, inter cætera ducatus
sui loca duo invenit speciosissima, atque ad id non parum
convenientia. Est locus inter fluvium qui dicitur Araris et
Sagunna (1), et fluvium quem Tyla (2) vocant ab emergente
ibidem fonte non modico, qui Besuus dicitur, dictus et
ipse Besua (3), fons est ipse limpidissimus, ad potandum
habilis, ac multimoda piscium copia fertillissimus ; nec
sicut alii fontes, qui plurimi decurrendo et augmentando,
nomen accipit fluvii, sed ibidem ubi oritur præ magnitudine flumen dicitur. Nascuntur in eo diversi generis
herbæ, quæ si frugum alimonia minus abundaverit,
pauperibus subsidium præbeant vitæ : sicque fons iste
tocius sui irrigans confinia, ad omnia quæcumque ibi
seruntur vel coluntur confovenda, loca reddit habilia.
Terra satis optima, et nisi desit qui laboret, frugum
feracissima. Prata prope sunt habunde, quibus possunt
nutriri peccora, et suppleri alia quæque privata necessaria.
Silvas habet in procinctu locus et contiguas, quæ ad
construenda ædificia, seu ad omnia quæ generi humano
necessaria sunt, sufficiant.

Talem igitur locum Amalgarius Dux Deo et sanctis
ejus Apostolis Petro et Paulo dignum duxit offerre, et
sub manu filii sui Waldaleni Monachos, qui ibi Deo et
santis ejus deservirent, sub regula beati Columbani
studuit aggregare. Quid plura? Waldalenum Abbatem
ibi præfecit; locum, ut prædiximus, Deo et sancto Petro
et Paulo liberrime cum omnibus appenditiis suis obtulit,
cum terris et ædificiis, cum sylvis et accessibus omnibus,
cum mancipiis et colonis et servientibus; denique quid-

_____

(1) La Saône, rivière.
(2) La Tille, affluent de la Saône.
(3) La Bèze, id.

quid ibi habere videbatur, totum liberrime et integerrime, nec sibi nec cuiquam aliquid ex illis retinens. Et quoniam locum omni adnisu voluit extollere et amplificare, visum est ei ex aliis rebus et appenditis eum ditare.

Dedit itaque Vetus-vineas (1) cum appenditiis suis, et silvis Tilerias (2), Beriam (3), Tregias (4), Cypetum (5), Buxatellum (6), et Vendoveram (7). Item Auxiliacum (8), cum adjacentiis suis, et silvis, et colonicis. Blaniacum (9), Berlariam (10), Baymam (11), et Viriacum (12), et Attivia-cum (13), et Noviliacum (14), et Villam Calatunnam (15), et Curtem mulinensem (16), Marcenniacum (17), com vineis xii, et vinitoribus, et colonicis, qui excolere viden-tur. Apud Cocheiacum (18) vineas non minimæ quantitatis. Dedit etiam in pago Belnensi (19) vineas octo cum vini-

---

(1) Viévigne, canton de Mirebeau, arrondissement de Dijon (Côte-d'Or).

(2) Til-Châtel, canton d'Is-sur-Tille, arrondissement de Dijon (Côte-d'Or).

(3) Beire-le-Châtel, canton de Mirebeau, arrondissement de Dijon (Côte-d'Or).

(4) Treige, aujourd'hui ferme dépendant de la commune de Spoy, canton de Mirebeau, arrondissement de Dijon (Côte-d'Or).

(5) Spoy, canton de Mirebeau, arrondissement de Dijon (Côte-d'Or).

(6) Buteau, village disparu sur le territoire de Viévigne. En 1257 on n'en voyait déjà plus que les ruines.

(7) Véronnes, canton de Selongey, arrondissement de Dijon (Côte-d'Or).

(8) Oisilly, canton de Mirebeau, arr. de Dijon (Côte-d'Or).

(9) Blagny-sur-Vingeanne, canton de Mirebeau, arr. de Dijon (Côte-d'Or).

(10) Berthaut? commune de Fontaine-Française, arr. de Dijon (Côte-d'Or).

(11) Lieu inconnu.

(12)   Id.

(13) Athée, canton d'Auxonne, arr. de Dijon (Côte-d'Or).

(14) Neuilly, cant. et arr. de Dijon (Côte-d'Or).

(15) Lieu inconnu.

(16) Crimolois, cant. et arr. de Dijon.

(17) Marsannay-la-Côte, cant. et arr. de Dijon.

(18) Couchey, canton de Gevrey, arr. de Dijon.

(19) Le pays de Beaune.

toribus et colonicis. In villa quæ Vaona (1) dicitur, vineas
et terras cum servis et ancillis excolentibus eas. Tradidit
etiam com cæteris rebus S. Petro terras quas habebat in
Divione (2), et in fine Domni Petri (3), et Longo-vico (4),
et in Canavis (5), et in Arzilirias (6), et Tremoldo (7), et
Proviso (8), et Disto (9). Dedit et in Gibriaco (10) vinearum
non modicam quantitatem, cum vinitoribus et colonicis,
et silvis, et pratis, et omnibus adjacentiis, cum servis et
ancillis, omnia omnino liberrime, et prorsus ab omni
consuetudinali reclamatione aliena. Item in villa et in
Caciaco (11) quiquid habebat. In villa quæ Patriniacus (12)
dicitur, mansum unum optimum cum appenditiis suis.
Cumque his omnibus dedit villam Maiescum (13), et
adjacentia sua prædicto Monasterio, et datis his, factaque
Epistola propria manu consignata, in perpetuum possi-
denda contradidit.

His ita digestis, descriptaque Besuensis Monasterii
constructione, quoniam de alio loco superius fecimus
mentionem, quem in Ducatu suo Amalgarius ædificavit,
ubi et filiam suam Adalsindam sanctimonialibus Abba-
tissam præfecit, dicendum æquum putamus ubi sit locus,
et quis vocatus, quibus appenditiis ditatus, ut ibi Deo

(1) Vosne, cant. de Nuits, arr. de Beaune (Côte-d'Or).
(2) Dijon.
(3) Climat du territoire de Dijon, dont on ignore aujourd'hui la situation.
(4) Longvic, cant. et arr. de Dijon.
(5) Chenôve, id.
(6) Aiserey, canton de Genlis, arr. de Dijon.
(7) Trimolois, village situé entre Chenôve et Dijon, sur le finage de ce dernier. Un puits creusé auprès d'une chapelle, naguère disparue, est tout ce qui reste aujourd'hui de cette paroisse.
(8) Prenois, cant. et arr. de Dijon.
(9) Daix, id.
(10) Gevrey, chef-lieu de canton du même arrondissement.
(11) Cessey-sur-Tille, cant. de Genlis.
(12) Perrigny-les-Dijon, cant. et arr. de Dijon.
(13) Maatz, cant. de Prauthoy, arr. de Langres (Haute-Marne).

servientibus victus non defuerit atque vestitus. Est locus
haut longe a Vesontiensi civitate (1) super fluvium, Du-
bium (2) appellatum, ipsius fluvii intercursu tantum a
civitate sejunctus, ex alia vero parte habens montem vocatum Wandalenum (3), a nomine Wandalorum, qui ibi castrum habuerunt, ut antiqui incolæ dicunt. Dornatiacus (4)
dicitur, qui et Virzillias, in honorem sancti Martini
consecratam habens Ecclesiam, quem Amalgarius Dux
filiæ suæ Adasindæ donavit; et ut sub ejus regimine
regulariter ibi viverent, congregationem sanctimonialium
constituens, de propriis rebus donationem fecit. Villam
scilicet quæ Assona (5) vocatur, Villam Parnatiacum (6),
villam Potentiacum (7), et medietatem quam in Bala-
tuuna (8) possidere videbatur. De villa vero Montaniaco (9) similiter. Sed cum his omnibus qualiter præfatus locus Dornatiacus Ecclesiæ Besuensi donatus atque
conjunctus postea fuerit, in sequentibus, et ubi congruum videbitur, inseremus. Anno xxxiiii regni Clotharii
Warnarium, quem Majorem-domus in Burgundia instituerat, cum universis Pontificibus Burgundiæ, seu et
Burgundæ Faronis, Bonogelo Villa (10) ad se venire præcepit, etc. *ut in Chronico S. Benigni.*

Dagobertus anno vi regni sui Burgundias ingreditur :
tanto vero timore Pontifices et Proceres, et cunctos in
regno Burgundiæ constituentes adventus Dagoberti concusserat, ut omnibus esset mirandus præ timore justiciæ

(1) Besançon.
(2) Le Doubs.
(3) Aujourd'hui la montagne de Brégille.
(4) Confondu plus tard avec Brégille.
(5) Auxonne.
(6) Peintre? canton de Montmercy-le-Château (Jura).
(7) Poucey-les-Athée, canton d'Auxonne.
(8) Localité inconnue.
(9) Montagney? cant. de Pesmes, arr. de Gray (Haute-Saône).
(10) Bonneuil (Seine-et-Oise).

quam pauperibus faciebat. Veniens ergo civitatem Lingonas (1), et inde Divion adgressus, ac Latona (2) residens aliquantis diebus, tantam intentionem judicandi justitiam universo populo regni sui habebat, ut hujus benignitatis desiderio, nec somnum oculis posset capere, nec cibo saciabatur : intentissime cogitans, ut omnes cum justitia accepta a conspectu suo remearent.

Quia igitur per successiones regum ad tempora usque Dagoberti regis narrationem protulimus, dignum esse putavimus, huic loco inserere quid ipse Dagobertus huic nostro Besuensi Monasterio beneficii contulerit, et quibus appenditiis locum hunc augmentaverit, atque sui Præcepti auctoritate firmaverit : ut quod ipse Deo et sanctis Apostolis ejus Petro et Paulo offerebat, perpetualiter inconvulsum permaneret. Audiens enim bonam famam Waldaleni Abbatis (de quo supra meminimus), qui tunc præerat huic sacro monasterio, donationem fecit per manum ipsius Deo et Ecclesiæ Besuensi, de villa quæ dicitur Artasia (3), cum terris et appenditiis suis : quæ villa sita est in fine Campolimicensi (4). Dedit etiam villam quæ Monasteriolus (5) vocatur, nec longe a supradicta Artasia et in eosdem fines. Crescente itaque hujus loci religione, Amalgarius Dux, fundator hujus sancti Monasterii, terras quas acceperat ab ipso Dagoberto Rege in beneficium, contulit huic Ecclesiæ, villam scilicet Alteriacum (6) cum adjacentiis suis, villam quæ dicitur

(1) Langres (Haute-Marne).

(2) Saint-Jean-de-Losne, arr. do Beaune (Côte-d'Or).

(8) J. Boudot, dans sa notice sur l'ancienne cité d'Ates (*Mém. de la Commission des antiquités de la Côte-d'Or*, I, 19), établit que l'Artasia donné par Dagobert porte aujourd'hui le nom de Vars, commune du canton de Champlitte (Haute-Saône). Il est situé sur la voie romaine de Langres à Dammartin.

(4) Champlitte, chef-lieu de canton de la Haute-Saône.

(5) Monastère converti depuis en prieuré, situé près de Neuvelle-les-Champlitte.

(6) Autrey, chef-lieu de canton, arr. de Gray (Haute-Saône).

Boensis (1) cum omnibus appenditiis suis, omnia dedit ad integrum cum consensu et Præcepto ipsius Dagoberti Regis. Item dedit villam Ginceniacum (2), et villam Talamarum (3), cum omnibus ubique ab ea pertinentibus.

Die quadam Dagobertus Rex a Latona Cabillono (4) properare deliberans, priusquam lucesceret, balneum ingrediens Brunulfum avunculum fratris sui Ariberti interficere jussit. Qui ab Amalgario et Arneberto Ducibus, et Wilbado patricio interfectus est. Dagobertus Rex post hæc Cabillono pergit, justitiæ amore quam cœperat, perficiendæ. Post Augustiduno (5), inde Autisiodoro (6) pergens, de hinc Senonas (7) civitatem ; indeque Parisius (8) venit. Gomatrudem Reginam Romiliaco villa (9), ubi matrimonium acceperat, relinquens, Nantildem, unam ex puellis de ministerio ejus accipiens, Reginam sublimavit, etc. *ut in Chronicon S. Benigni.*

Clodoveus igitur Rex, qui et Clotharius dictus est, xviii annis in regni administratione complens defunctus est in primævo flore juventutis, relictis tribus filiis Clothario, Childerico, et Theoderico, una cum matre eorum Baltechilde Regina. E quibus Clotharius natu major regnum patris sui Clodovei Neustriæ et Burgundiæ obtinuit. Childericus vero Austriæ et Germaniæ sedem adeptus est.

Nunc vero id videtur huic nostræ narrationi inserendum, illud quod supra narrare promisimus, qualiter videlicet locus Dornatiacus, qui Birgillias dicitur, huic

(1) Boubans, même canton.
(2) Jancigny, canton de Mirebeau, arr. de Dijon (Côte-d'Or).
(3) Talmay, canton de Pontailler, ar. de Dijon (Côte-d'Or).
(4) Chalon-sur-Saône (Saône-et-Loire).
(5) Autun.
(6) Auxerre.
(7) Sens.
(8) Paris.
(9) Reuilly-les-Paris.

Besuensi loco cum appenditiis suis donatus sit atque conjunctus. Hisdem namque fere temporibus Donato (de quo supra meminimus), existente Bisonticensis sedis Archiepiscopo, Adalsinda Abbatissa, quæ ei loco præerat, malorum hominum injuriis et plurimis adversitatibus affecta, cum amplius pati non posset, in manu Waldaleni Abbatis fratris sui, Deo et sanctis Apostolis ejus Petro et Paulo locum illum cum omnibus appenditiis suis donavit com concessu ipsius Donati Bisonticensis Archiepiscopi, sicut ipsius Epistola subscripta docebit.

Domino Sancto et in Christo amabili fratri
WALDALENO, ADALSINDA *Abbatissa.*

Dum malorum hominum vexata injuriis, et variis adversitatibus, ibidem stare non possem, inde ego et germanus meus Adalricus, vobis et fratribus vestris petivimus, ut ad Monasterium sancti Petri habitare sub regula vel ordine in Dei nomine deberem ; quod et vos pro caritatis studio concessistis. Ideo Monasterium Dornatiacum in honore S. Martini situm, quod genitor meus Amalgarius et Aquilina mater mea construxerunt, et ei maximam partem de suis facultatibus delegaverunt, hoc recipere in Dei nomine debetis, cum villis ad eumdem locum pertinentibus, et omnibus universaliter appenditiis suis : villam scilicet Assonam, villam Parniacum, Potenciacum , et medietatem quam in Balatonna genitores vestri tenuerunt. Reliqua vero, quæ ad ipsum monasterium Dornatiacum genitores nostri delegaverunt, a die præsenti in Dei nomine recipite. Et de villa Montaniaco quod genitor vester Amalgarius, et Amoloaldus de fisco pariter promeruerunt, portionem nostram a die præsenti in vestra dominatione revocate ; ut nec ego, nec quislibet de parte nostra, vel ulla apposita persona, adversum vos de supradictis rebus calumpniam ad laborem generare præsumat. Si quis vero fecerit, conferat una cum sacratissimo fisco auri libras xx, argenti pondo quinquaginta. Actum publice Fonte-Besua Monasterio. In Dei nomine ego Adalsinda hanc traditionem nostram subscripsi. Hermena Monacha jussu Domnæ meæ Adalsindæ subscripsi. Aga Monacha jussu Domnæ meæ Adalsindæ subscripsi. S. Daginus hanc donationem. S. Manaulfus Presbyter. S. Victor. S. Proculus. S. Walibertus. S. Landebertus. S. Trasgarius. S. Rogitus. Ego Allo hanc traditionem scripsi et dictavi, anno ab Incarnatione Domini DCLII. Indictione x. Epacta vi. Clothario Rege regnante in Francia, primo anno regni ejus, venerabili viro Donato Besonticam sedem tenente. Die Mercoris proximo, ante medium mensis Februarii.

Tempore igitur Clotharii Regis cum locus iste copiosissime ditatus fuisset, et Religionis studio floreret, inimicus tocius boni Diabolus omni conamine efficere voluit, ut bona, quæ ibi fideles quique donaverant, inde auferrentur, et si fieri potuisset, in perpetuam oblivionem traderentur. Nam mortuo Amalgario Duce, Francis inter se discordantibus, et intestino furore inter se dimicantibus, et terras suæ potestatis bello plusquam civili vastantibus, contigit hoc Monasterium rabiem talium perpeti, et dampna rerum omnium sustinere, in tantum, ut etiam instrumenta Cartarum et donationum, quæ præfatus Amalgarius, aliique Deum timentes et honorantes eidem Monasterio contulerant, tollerent, et in perditionem darent. Sed hanc jacturam prædictus Waldelenus Abbas relevare satagens, egit cum Sichelmo Duce, tunc in Burgundia Ducatum agente, ut relationem acciperet rerum ipsius Monasterii, multorum bonorum hominum confirmatam consensu et subscriptionibus. Tali igitur aucthoritate fretus ad Regem Clotharium se contulit, eique cuncta innotuit, et ut ejus Præceptum ad perpetuam tuitionem mereretur, super hoc pacto expetivit. Cujus

peticioni prædictus Rex assensum præbuit, et suam
præceptionem clementer concessit. Quod ex ipsis con—
scriptionibus melius edocebimus.

Epistola Sichelmi *ducis transmissa Majoribus Palatii.*

Dominis nostris propriis Radeberto, Chrodeberto,
Emerulfo Majoribus-domus sacri Palacii, Sichelmus cum
reliquis fidelibus et servientibus vestris, quorum subscrip-
tiones vel signacula in hanc subgestionem subter tenentur
inserta. Credimus quod gloriosissimus Dominus noster
auditum habeat, qualiter illustris vir Amalgarius tempore
ducatus sui in loco Fonte-Besua nuncupato, in pago
Attoariense (1), in honore sanctorum Apostolorum Petri
et Pauli Monasterium construxit, ubi etiam Monachorum
congregationem ad habitandum conjunxit, et de facultate
sua maximam partem supradicto Monasterio delegavit.
Credimus etiam ad vestram pervenisse noticiam, qualiter ipsum Monasterium ante hos dies a malis hominibus
irruptum fuerit, atque vastatum, et omnes res, quas ipsi
Monachi habebant, cum ipsis cartis deportate, et omnis
habitatio eorum in direptionem et devastationem missa :
unde humiliter pietati vestræ suggerere præsumimus,
ut hoc gloriosissimo Domno nostro innotescere faciatis,
ut per suam clementiam talem auctoritatem ipsi loco
conscribi jubeat, ut supradictas res, quas boni homines
ibidem delegaverunt, nullus invadere, aut violare, vel
inquietare præsumat; sed quæ in præsenti habere vel
possidere videntur ipsi Monachi, vestris et futuris temporibus sine inquietudine per vestrum præceptum habere

(1) L'Attouar, une des grandes divisions de la Burgundie, dont
la majeure partie dépendait du diocèse de Langres. Voir, pour sa
circonscription et les changements qu'elle a subis: *Chartes Bourgui-
gnonnes inédites des IX*e, X*e et XI*e siècles, par J. Garnier. *Introduction,* p. 56.

et tenere possint. Ut et eos pro vita vestra, et stabilitate
Celsitudinis vestræ et regni vestri, Dei misericordiam
attentius delectet exorare. Dominicus audivit subgestionem. Farulfus subsignavit. Abbo subg. Ermerbertus
subg. Frodoaldus subg. Warato subg. Fugoaldus subg.
Eurcharius subg. Data sub die Kalendas Octobris, anno
vii. Regnante Domno nostro Clothario Rege. Hanc
subgestionem Regi innotuerunt, et quid ipse de hoc
decreverit, ejus Præceptum declarabit.

Præceptum Clotarii Regis.

Clotharius Rex Francorum, viro illustri Sichelmo
Duci. Regem cœlorum, qui super omnes Reges termino
inmenso, nullo imperio regitur, et super omnes sedes
Angelicas sua pietate et potentia tenet principatum, erga
solium regni nostri, quod ipse nobis ad regendum commisit, credimus esse cultorem, si oportuna beneficia ad
loca sanctorum devota mente præstamus, vel nostris
oraculis confirmamus. Igitur venerabilis vir Waldelenus
Abbas ad præsentiam nostram veniens, gloriæ regni
subgessit, quod genitor suus Amalgarius, et genitrix sua
Aquilina, quondam pro Dei amore Monasterium nun-
cupatum Fontem-Besuam, in pago Attoariarum suo opere
in honore sancti Petri et Pauli ædificassent, et Monachos
ibidem sub regula beati Columbani, seu beati Benedicti adunassent, et maximam partem de facultate sua
ipsi Monasterio delegassent; sed postea insidiante parte
adversa, ipsum Monasterium a malis hominibus irruptum
et expoliatum fuerit, et omnes cartæ, quas de supradicto
loco, vel de reliquis locis, memoratus Amalgarius, vel
conjunx sua ibi delegaverunt, cum multis aliis rebus
ablatæ. Unde memoratus Waldelenus relatione vestra
pro firmitatis studio petiit Celsitudinem nostram, ut
quascumque res ipsius Monasterii seu præscripti loci in

Dei nomine per Præcepti nostri auctoritatem deberemus confirmare. Cujus peticione mercedem nobis in omnibus adquirere cupientes, nos id præstitisse et confirmasse cognoscite. Præcipimus igitur, ut quidquid constat a præfato Amalgario et ejus matrona Aquilina, vel ab aliis Deum timentibus hominibus, ipsi Monasterio collatum, ad integrum hoc habeat, teneat, et possideat, et nostris et futuris, Deo auxiliante, temporibus, ipsam scilicet Besuam cum omnibus appenditiis suis, cum terris et ædificiis, cum sylvis et accessibus omnibus, cum mancipiis et colonis et servientibus, totum liberrime et integerrime : Vetus-vineas cum omnibus appenditiis suis et silvis. Tilerias, Beriam, Tregias, Cypetum, Buxatellum, Vendoveram, Auxiliacum cum appenditiis suis, et silvis et colonicis, Blaniacum, Berlariam, Baymam, Viriacum, Attiviacum, Noviliacum ; villam Calatunnam, Curtem Molinensem, Mercennacum cum vineis duodecim, et vinitoribus, et colonicis, qui excolere videntur. Apud Cocheiacum vineas non minimæ quantitatis. In pago Belnensi vineas octo, cum vinitoribus et colonicis. In villam quæ Vaona dicitur, vineas, et terras, cum servis et ancillis excolentibus eas. Terras quas habebat in Divione, et in fine Domni Petri, et Longovico, et in Canavis, et in Arzilias, et Tremoldo, et Proviso, et Disto. In Gibriaco vinearum non modicam quantitatem, cum vinitoribus, et colonicis, et silvis, et pratis, et omnibus adjacentiis suis, cum servis et ancillis, omnia omnino liberrime. In villa et in Chaciaco quidquid habebat ipse Amalgarius. In villa quæ Patriniacus dicitur, mansum unum optimum cum omnibus appenditiis suis. Villam Majescum cum adjacentiis suis. Villam Alteriacum, et villam Boensem similiter cum omnibus appenditiis suis. Villam Talamarum, et villam Ginceniacum. Omnia hæc integerrime, hac liberrime cum omnibus ad ea pertinentibus.

Ut autem hæc scriptio firma et stabilis in ævum per-

maneat, et a nullo nostrorum successorum sit permu-
tanda, nostro nomine insigniri, et anuli impressione
jussimus sigillari.

    Signum CHLOTARII (monogramme) *Regis.*

Datum mense Augusto, anno ab Incarnatione Domini
DCLVIII, indictione prima, anno VIII, regni Clotharii.
Actum Nemauso feliciter.

Non solum autem hæc confirmavit, sed et Defensorem
et Advocatum Gengulfum (1), virum illustrissimum prædicto Monasterio constituit, quod ejus litteræ indicabunt.

Quomodo CLOTHARIUS *constituit Advocatum beatum*
    GENGULFUM *huic loco.*

Venerabilis vir Waldelenus Abbas de Monasterio
S. Petri Fontis-Besuæ, quod suus genitor Amalgarius
ejusque matrona Aquilina quondam suo opere visi fuerunt ædificasse, Clementiæ regni nostri subgessit eo
quod ipsum monasterium a malis hominibus fuisset
vastatum, et instrumenta cartarum una cum reliquis
rebus quam plurimis exinde fuissent deportate. Ob hoc
petiit a nobis, ut illuster vir Gengulfus omnes causas
ipsius monasterii ad prosequendum et redintegrandum
deberet recipere. Cui nos hoc beneficium præstitisse
cognoscite. Quapropter per præsens hoc Præceptum
jubemus, ut memoratas omnes causas ipsius Monasterii
ex nostro permissu licentiam habeat prosequi, et unum-
quodque, ut justum est, restituat. Sic tantum quamdiu
eorum pariter fuerit voluntas.

Data XV Kalend. Septemb. anno X regni Domini
Clotharii Regis.

---

(1) Gengulfus, qui avait ses possessions à Varennes, près de Langres, fut assassiné en 670 à l'instigation de sa femme, à laquelle il
reprochait ses adultères. L'Église l'a mis au rang des saints. Voir
les actes de sa vie dans les Bollandistes, 11 mai, II, p. 644-648.

His igitur authoritatibus Regiis, et Principum adju-
toriis fultus prædictus Waldalenus Abbas, res ad ipsum
Monasterium pertinentes legitime et quiete tenuit, et
monasticum ordinem cum suis Monachis, sicut multis
indiciis clarum est, regulariter et devote custodivit.
Cujus exemplo multi ad Monasticam religionem se contulerunt, sua secundum Domni præceptum, quædam pauperibus, quædam eidem loco sancto conferentes : quorum
donationes ad huc retinemus, cum instrumentis kartarum.

Clotharius igitur Rex, postquam aliquot annis tenuit
regnum, inmatura præventus morte, reliquit illud sine
herede. Cujus obitum dolentes Francorum Principes,
germanum ejus Childericum Regem Austrasiorum, quem
audierant sapienter et provide regnum disponere, in
omni sublimant Francorum regno. Adeptus vero principatum, quidquid adversus leges Regum priorum ac
majorum Principum, quorum vita quondam laudabilis
extiterat, ineptum atque contrarium repperit, ad pristinum statum prudentissime revocavit.

Childericus ergo Rex paucis annis, quibus regnum
Francorum obtinuit, æquo moderamine justisque legibus
disponens ipsum regnum, defunctus est. Et germanus
ejus Theodericus in regno, fratris loco sublimatus, quod
tenuit annis xvi. In diebus ejus sanctus Leodegarius (1) est
interfectus ab Ebroino Majore-domus et sanctus Lambertus Tungrorum Episcopus (2) a Dodone Comite. Hii uno
tempore innocenter occisi, coronam martyrii sunt adepti.
Iste Theodericus Rex munificentiam largitatis suæ huic
loco inpendere dignatus est, cujus exemplar Præcepti
necessarium subicere judicamus.

(1) Saint Léger, vingt-cinquième évêque d'Autun, qu'il gouverna
de 659 à 678.

(2) Lambert, vingt-neuvième évêque de Tongres, depuis 635,
tué en 696 par Dodon, frère d'Alpaïde, coucubine de Pépin d'Hé-
ristal et mère de Charles-Martel. Voir sa vie dans les Bollandistes.
17 septembre, V, p. 574-581.

Incipit præceptum Regis THEODERICI.

Merito beneficia, quæ possident, amittere videntur, qui non solum largitoribus ipsorum beneficiorum ingrati existunt, verum etiam infideles eis esse comprobantur. Ad hujusmodi igitur exemplum postquam omnibus patefactum est, qualiter Adalricus Dux Deo sibi contrario, nobis infidelis apparuit, et se Austrasiis consociavit, ut adversum nos et nostros fideles scelera sua, si Dominus Deus permisisset, exercuisset, nos propter ipsum facinus omnes res suas ad nostrum fiscum jussimus revocari. Cognoscat itaque utilitatis vestræ magnitudo, quod res nominatas Fiscafelinis una cum appenditiis suis, et adjacentiis, et cum colonica, trevario, et quidquid supradictus Adalricus de quolibet adtracto ibidem tenuit, vel possedit, ei Monasterio, quod appellatur Fons-Besuæ, quod est in honore sancti Petri et Pauli, ac cæterorum sanctorum constructum, ubi venerabilis vir Waldelenus præesse dinoscitur, plena et integra gratia totum nos concessisse. Quapropter per hoc nostrum Præceptum decernimus ordinandum, et in perpetuum volumus esse mansurum, ut memoratus Abbas Waldelenus prædicto Monasterio Fontis-Besuæ res jam dictas una cum ædificiis, mancipiis, accolabus, terris, pratis, silvis, pascuis, aquis, aquarumque decursibus, accessibusque omnibus, vel reliquis quibuscumque beneficiis, cum omni usu fructuario, ex nostræ largitatis munere perpetualiter recipiat possidendas. Et ut hæc præceptio firmior habeatur, et futuris temporibus inconvulse teneatur, manus nostræ subscriptionibus eam decrevimus roborare.

Signum THEODERICI *Regis* (en monogramme).

Datum mense Septembri die IIII anno quarto, regnante Theoderico Rege.

Gybertus notarius.

Tempore igitur prædicti Waldaleni Monasticus ordo regulariter floruit, quem successores ejus Abbates, ut boni filii mores paternos æmulantes, in regulari institutione imitati sunt : Bercaugus videlicet qui illi in regimine successit, et Ferreolus, qui post Bercangum regimen Monasterii suscepit. Sed et Sirannus vir religiosus pastoralem curam nobiliter tenuit. Talibus itaque fundatoribus, plantatoribus, rigatoribus, Deo incrementum præbente, in prædicto Cœnobio monastica Institutio sollerter viguit, permansitque usque ad tempora Pipini, Magni Karoli genitoris. In illo tempore, deficientibus jam a pristimo vigore Regibus, cura tocius Regni administrabatur per Duces et Principes domus, inter quos omnes præminebat Pipinus, quem supra retulimus, vir omni sapientia adornatus, ejusdemque regni maxima pars erat in manu ejus. Hic devicta Frisia, atque ipsius regni fugato Rege, nomine Ratbodo, misit illuc ad prædicandum servos Dei venientes ex Brittannia, Willebrordum (1) et socios ejus, qui non parvam populi multitudinem ad Christum converterunt. Theoderico Rege defuncto Childebertus filius ejus successit in regnum.

Anno ab Incarnatione Domini DCCVIIII Pipinus perrexit in Suvanos, etc. *ut in Chronico S. Benigni.*

Anno DCCLII Domnus Pipinus Rex sacratus est per Manus Stephani Papæ; et duo filii ejus Karlomannus et Karolus, qui Magnus dictus est.

Pipinus igitur Rex habuit quendam fratrem, nomine Remigium (2), cui in Burgundia plurima loca concessit. Inter quæ etiam res ad Episcopatum Ecclesiæ Lingonensis pertinentes, quas sicut sibi visum est, suis asseclis

---

(1) S. Villibrordus, archevêque d'Utrecht, mort en 739. Voir Mabillon, *Ann. sanct. O. S. B. sæcul.* III, I, p. 603.

(2) Remi, frère naturel de Pépin-le-Bref, conserva la possession du domaine utile de l'évêché de Langres jusqu'en l'année 755, qu'il l'abandonna pour monter sur le siége archiépiscopal de Rouen où il mourut en 772. L'Eglise le compte au nombre des saints.

dimisit. Sed, o nefas ! Monasterium hoc Anglæ uxori cujusdam Theotardi, quia ejus stupro potitus fuerat, non custodiendum, sed diripiendum dedit. Quam præsumptionem, ut dignum erat, indigne ferentes Monachi, Monasterium reliquerunt, præter paucos ætate et debilitate confectos. Reliqui vero Luxovium Cœnobium expetiverunt, aliaque Monasteria, in quibus noverant ordinem monasticum permanere.

Prædicta autem Angla res monasterii, ut talem decebat, disponebat. Ab ingressu autem sacro-sanctæ Basilicæ Apostolorum senibus illis qui remanserant prohibentibus, aliquandiu temperavit : sed postquam cætera sacra loca inpune temeravit, etiam ipsum Oratorium audacter ingredi præsumpsit, statimque quia contra Deum vesaniret, experta est. Nam ut a viris fide dignis, qui ab eis qui præsentes fuerunt, et viderunt, et audierunt, comperimus ; statim ut ingressa est prædictum Oratorium, invisibili igni ardere cœpit, magnisque clamoribus se exuri vociferans, ut in fluvium Besuæ, qui juxta decurrit, deportaretur, postulabat. Quod ilico factum est, sed non valuit talis aqua talem exstinguere ignem. Tunc ad fontem misericordiæ cucurrit, prædictis senibus monentibus, et docentibus, sicque salvari meruit ; prius tantum temeritate confessa emendationem in reliquo talis præsumptionis promisit. Honoravit etiam prædictum locum donariis quibus potuit, quorum quædam, ob testimonium tanti ausus, apud nos servantur.

Postquam autem remoto Remigio Episcopatus Lingonensis Episcopis legitimis cessit, hoc monasterium ab Episcopo receptum est. Sed non fuit illi cura digna Pastore, ut oves dispersas ad proprium ovile revocaret ; magis gaudens quod res Monachis delegatæ in suos suorumque usus cederent : sicque Monasticus ordo ex hoc loco penitus est deletus ; nullique succedentium Episcoporum curæ fuit, ut pristinam religionem in hoc

loco repararet. Sed alii Abbates Canonici ordinis constitue-
runt; alii sibi serviendum decreverunt, donec ad piissimi
augustæ recordationis Hludovici Imperium ventum est.

Anno iiii Pipinus Rex intravit Longobardiam, etc.
ut in Chronico S. Benigni.

In diebus Hlucdowici Imperatoris Episcopus Lingonensis, Betto nomine (1), fecit quasdam divisiones de terra
sancti Petri, sicut hic demonstrabimus.

Notum fiat posteris, et memoriæ commendetur, quod
ante illustrem virum, Hildegarnum Comitem, seu Judices,
quos Scabineos vocant, et quam plures personas, qui cum
eo aderant, in Montaniaco villa (2), in mallo publico, ad
multorum causas audiendas, et rectas justicias terminan-
das, ibi veniens Betto Episcopus, et Advocatus suus Bur-
goardus, novem legitimos testes ibi præsentavit, quorum
nomina hæc sunt, Simeon, Agano, Betrannus, Gono,
Marchirius, Adalardus, Gervio, Gerento, Sirannus. Isti
testificaverunt et juraverunt de finibus Besuensis monasterii, quod a fine Pontense (3), et a fine Vendobrinse seu
Vilense (4), et Vetus-Vendobrinse (5), et Vaurinse (6), et
Tillense (7), et Vetus Viniense et Bustellense (8), et Bus-
tense (9), et Lucense (10), Burbureninse (11), et Berechel-

---

(1) Betto, successeur de Waldric, gouverna l'église de Langres de
791 jusque vers 820.

(2) Montigny-sur-Vingeanne, cant. de Fontaine-Française, arr. de
Dijon (Côte-d'Or).

(3) Localité disparue, qui vraisemblablement existait entre Bèze
et les Véronnes, dans le voisinage de la rivière de Venelle.

(4) Véronnes-les-Petites, canton de Selongey, arr. de Dijon
(Côte-d'Or).

(5) Véronnes-les-Grandes, canton de Selongey, arr. de Dijon
(Côte-d'Or).

(6) Localité disparue, entre les Véronnes et Til-Châtel.

(7) Til-Châtel, la *Filena* des itinéraires.

(8) Le Petit-Buteau, localité voisine de Buxatellum ou Bustensis.

(9) Buteau, mentionné plus haut.

(10) Lux, canton d'Is-sur-Tille, arr. de Dijon (Côte-d'Or).

(11) Bourberain, cant de Fontaine-Française, arr. de Dijon (Côte-
d'Or).

povilare (1), per istas marcas, inter ipsos fines immunitas
sancti Petri est ad integrum, et in loco qui dicitur Boscus
Monachorum (2) similiter; et in alio loco qui dicitur Longo
Bosco immunitas sancti Petri ad integrum. Et in alio Longo
Bosco (3) communitas. Et in ipso fine Bustellense immunitas ad integrum, et ab ipso fine Bustellense usque ad
viam Petrosam (4). Et deinde usque ad stratam fractam (5):
et deinde usque ad finem Burburenensem, atque Vila-
rum (6), immunitas sancti Petri est ad integrum. Per istas
marcas euntes ipsi novem testes, quos supra nominavimus,
misso secum Balacterio illustri viro ab Hildegarno Comite,
et a suis scabineis, dixerunt et per judicium testificaverunt,
quod a tempore Pipini Regis et deinceps per tempus Domni Karoli Magni Imperatoris vidissent inde legitimas ves-
tituras ad partem sancti Petri haberi, ita ut nec Aldo, nec
heredes sui, ullam legitimam vestituram exinde umquam
habuissent, sed per legem et per justiciam vestitura S. Petri Fontis-Besuensis erat. Tunc ipsi scabinei unanimiter
judicaverunt, quod omni tempore ipsæ res per illas marcas ad partem sancti Petri essent vendicatæ, atque legibus
conquisitæ. His præsentibus testibus : Balacterio, Madal-
berto, Beato, Eppleno, Baldrico, Aysono, Vormerio, Milone, Albrico Notario, Ferlagio, Leuduino, Arberto,
Servio. Walterius præsens fuit et subscripsit. Data noticia
die Mercorii proxima in mense Maio, anno II, regnante
Domno nostro Hlucdowico Rege atque Imperatore.

---

(1) Localité disparue entre Bourberain et Bèze.
(2) Les bois de Bèze.
(3) La forêt de Velours.
(4) Vraisemblablement la voie romaine de Mirebeau à Arc-en-
Barrois, par Beneuvre, laquelle porte le n° 28 dans la notice des voies
romaines de la Côte-d'Or, publiée par M. Simonnet dans le Réper-
toire archéologique du département.
(5) La voie romaine de Mirebeau à Langres, n° 13 de la même
notice.
(6) Les Véronnes.

Noticia, qualiter ante Bettonem Episcopum et Balacta-
rium Vicecomitem, ad vicem Hildegarni Comitis, seu
scavineorum qui ibidem aderant, veniens Bernardus
Advocatus monasterii sancti Petri Fontis-Besuæ, et Betto
Episcopus, in fines Bodingis villæ (1), et Alteriaci-vil-
læ (2), ibi dedit tredecim testes appellatos his nominibus :
Ursnaldum, Aglardum, Gairindum, Marcherium, Aggo-
nem, Symeonem, Garinum, Adalardum, Sirannum,
Winierium, Ulgerium, Amalerium, Flauminum, isti testificaverunt quod inter illas veteres vias, quarum una pergit de Alteriaco-villa ad Colonias villam (3), et altera pergit
de Furto-villa (4) ad Willarum (5), inter istas duas vias
usque ad locum qui dicitur Vaccaria, et illum fontem,
qui dicitur Springus, terra sancti Petri est, tam in campis,
quam in silvis, et semper exinde vestita fuerit ipsa casa
Dei, monasterium scilicet sancti Petri Besuensis, per
legem et per rectum. Actum his præsentibus, Madal-
berto, Adalelmo, Balacterio Vicecomite, Ursnado, Gun-
duino, Flaumiro, Siranno, Aglardo, Marcherio, Aggone,
Girvio, Adalardo, Winierio, Ulgerio, Bettone Vicario
et misso ab Hyldegarno Comite, Zizone, Unibaldo,
Hugberto, Aribasto, Ucbalto, Angalberto, Laifino.
Ego Aldoerius Lector hanc Noticiam scripsi, anno
quarto Imperii Domni nostri Hlucdowici Regis atque
Imperatoris.

Cum vero inimicus totius boni diabolus conspexisset
hoc Besuense monasterium religione florere, indoluit
terrigenas illuc humilitate et obedientia conscendere,

---

(1) Bouhans-les-Autrey, cant. d'Autrey, arr. de Gray (Haute-
Saône).
(2) Autrey.
(3) Collonges, commune de Poyans, cant. d'Autrey. En 1142 on y
fonda une abbaye de Bernardines.
(4) Feurg, canton d'Autrey.
(5) Velet, cant. et arr. de Gray.

unde ipse superbia et inobedientia corruerat. Egit itaque
ut monasticus ordo ex hoc loco penitus deletus esset. Nec
hoc parvi temporis intervallo, sed a tempore Pipini Regis,
et tempore Karoli usque ad tempus Domni Hludowici
Imperatoris duravit. Hic enim Bettone Episcopo defuncto,
Albericum virum dignum Episcopatu, Ecclesiæ Lingonensi constituit (1). Qui hunc locum tali ex causa noscitur
restaurasse. Erat prædictus Episcopus in Besua sanus et
hilaris, cum subito gravissimo dolore intestinorum corri-
pitur, nullumque remedium tanti cruciatus consequi
poterat. Medicis autem multum laborantibus, et nichil
proficientibus, desperare cœpit, et de sola morte cogitare.
Omnibus autem suis gementibus et flentibus, et mortem
ejus expectantibus, ipse in somnum deductus est,
viditque in somnis venire ad se veneranda canitie reve-
rendum virum, a quo cum interrogaretur quomodo se
haberet, respondit, ut erat, nimiis doloribus urgueri ad
mortem. Tum ille requisivit quam mercedem retri-
bueret illi, qui ei a Domino, non solum vitam impetraret,
sed et salutem, et diuturnitatem. Respondit : Quamvis
nulla recompensatio digna esset talibus promissis, tantum quantum posset et ab illo imperaretur, rependeret.
Tum ille senex : Monasterium hoc, inquid, sub meo et
fratris mei Pauli nomine, Domino consecratum fuit,
et bonis fratribus ac Deum timentibus Monachis habi-
tatum, nunc vero, ut ipse cernis, desolatum est : pro-
mitte ergo mihi ut hunc locum restaures, et monasticum
ordinem in eo repares, et tibi a Domino salutem impe-
trabo. Promisit sub jurejurando, et a somno excitatus
est, statimque eum omnis dolor deseruit, ac si illis
diebus nullum esset expertus cruciatum, surrexit sanus,
luctusque omnium in gaudium conversus est. Retulit

(1) Albéric, trente-sixième évêque de Langres, promu vers 820
par l'empereur Louis-le-Pieux, mourut en 838.

quid viderat, quid etiam ipse promiserat, et sub qua
conditione salutem meruerit. Precatur omnes ut adju-
tores existerent ad implendam promissionem. Quanto
autem studio, quantaque cura memor juramenti et pro-
missionis hoc monasterium reparaverit, melius ipsa opera
quam verba testantur. Monachos ex monasteriis sumptos
adunavit, Abbatem præfecit, et non solum res ad ipsum
monasterium pertinentes restituit, sed et alias res de
Episcopatu Ecclesiæ suæ, cum consilio synodi provin-
cialis, et consensu Ecclesiæ suæ subjecit. Hic itaque
Albericus Episcopus timens quod experimento didicerat
de eodem Besuensi monasterio, ne de rebus quas ei
donaverat per successorum pravam pervasionem iterum
spoliaretur, studuit non tantum sua, sed etiam regali
auctoritate confirmare quæcumque ad præsens sua vel
in posterum aliorum fidelium munificentia possideret.
Adiit itaque Hludowicum Imperatorem, et super hac re
Regale Præceptum quæsivit. Annuit Imperator, et sicut
scriptum est infra, sua auctoritate confirmavit.

Præceptum HLUCDOWICI *Imperatoris.*

In nomine Domini Dei et Salvatoris nostri Jhesu
Christi, Hludowicus et Hlotharius divina ordinante providentia Imperatores Augusti. Si peticionibus servorum
Dei justis et rationabilibus divini cultus amore favemus,
superna nos gratia muniri non diffidimus. Proinde
comperiat omnium fidelium nostrorum, præsentium
scilicet ac futurorum sollertia, quia suggessit mansue-
tudini nostræ vir venerabilis Albericus Lingonensis
Ecclesiæ Præsul, qualiter quandam Abbatiam, cujus
vocabulum est Fons-Besuus, ex rebus videlicet Episcopatus sui, ubi condam Monachi regulariter viventes
fuerant, sed moderno tempore penitus erat destructa,
a fundamentis reædificavit, ædificia congrua construxit,

Monachos adunavit, Abbatem etiam nomine Seraphin præfecit (1). Et ut Monachi in eodem loco Domino adjuvante congregati melius et liberius sub norma sanctæ Regulæ Deo militarent, non solum res quæ ad prædictam Abbatiam legaliter pertinebant, ibi reddidit, sed etiam alias res de præfato Episcopatu ibidem subjecit ; sed et constitutionis Cartulam, quam ipse una per consensum Metropolitani sui Agobardi Archiepiscopi, et suffraganeorum suorum, necnon et cleri sibi subjecti, et quorumdam laicorum nobilium confirmaverat, nobis ostendit, in qua plenius conscriptum erat, non solum res ad jam dictam Abbatiam legaliter pertinentes ibi reddidisse, verum etiam ei quasdam res de memorato Episcopatu suo ibidem subjecisse. Quarum hæc sunt nomina. Pauliacum (2) cum appenditiis suis, Bellenavum vicum (3) cum suis appenditiis, Arcionem (4) cum appenditiis suis. Istas villas cum omnibus adjacentiis, seu et omni re superposita, campis, pratis, silvis, pomiferis, pascuis, accessibus, aquis, aquarumque decursibus, et omnes redditus, totum ad integrum, una cum mancipiis, libertis, cum omni peculio ipsorum, una cum acolabus dedit ad servitium Monachorum jure perpetuo ad possidendum. Ecclesiam etiam, quæ est in ipsa Belenavo villa, in honore sancti Stephani prorsus ab omni consuetudinali exactione liberrimam. Ecclesiam quoque de villa quæ dicitur Danbrum (5) cum appenditiis suis, et villam Danblin (6) cum Ecclesia et omnibus appenditiis suis. Et villam Trescasas (7) cum Ecclesia, et omnibus appenditiis suis. Item Ecclesia de

---

(1) Séraphin, cinquième abbé connu de Bèze, gouverna le monastère de 815 à 830.

(2) Pouilly-sur-Vingeanne, cant. de Fontaine-Française, arr. de Dijon (Côte-d'Or).

(3) Belleneuve, cant. de Mirebeau, arr. de Dijon (Côte-d'Or).

(4) Arçon,   id.   id.   id.

(5) Drambon, cant. de Pontailler,   id.   id.

(6) Le même.

(7) Trochères, cant. de Mirebeau,   id.   id.

villa quæ dicitur S. Sequani (1) cum appenditiis suis : et
Ecclesiam de villa Morniaco (2) cum omnibus ad eam pertinentibus. Necnon etiam Ecclesiam, quæ est in valle
Verona (3) in honore sancti Mauricii. Ecclesiam de villa
Beria (4) in honore sancti Laurentii cum omnibus appenditiis suis. Præterea in territorio Divionensi decimas
illarum vinearum, quas donaverat huic Ecclesiæ Domnus
Amalgarius Dux et fundator hujus sacri cœnobii. Apud
villam quæ dicitur Fiscinis (5) vinearum non modicam
quantitatem, cum pratis, et campis, et servis et ancillis
ad ea excolenda. Et in villa Fisciaco (6) vineas similiter :
et in Marcennaco (7) similiter. Horum omnium facta donatione, precibus quibus valuit exorans nostram Clementiam, ut super eandem constitutionem nostram auctoritatem firmitatis gratia mererentur habere, qualiter
prædictus locus, quem pro divino amore, et nostra
eleemosyna restauravit, et Monachos ibi congregavit, qui
pro nobis et cuncto populo nobis subjecto perpetim
Domini misericordiam exorent, nostra auctoritate confirmatus esset. Videlicet ut si cuilibet successorum ejus
animo sederit, ut alias res ibi superaddere velit, in suo
jure et potestate, salva discretionis ratione, id faciendi
permaneret. Sin autem sua devotio quæ per consilium
tantorum bonorum virorum facta et confirmata est, nostro
liberalitatis præcepto firma et stabilis permaneret. Cujus
peticionem dignam ac rationabilem judicantes, hos
nostros Imperiales apices fieri jussimus : per quos decernimus atque jubemus, ut memoratus ordinationis modus,

(1) Saint-Seine-l'Eglise, section de Saint-Seine-sur-Vingeanne,
cant. de Fontaine-Française, arr. de Dijon (Côte-d'Or).
(2) Mornay, cant. de Fontaine-Française, arr. de Dijon (Côte-d'Or)
(3) Véronnes-les-Petites.
(4) Beire-le-Châtel.
(5) Fixin, cant. de Gevrey, arr. de Dijon.
(6) Fixey, commune de Fixin.
(7) Marsannay-la Côte.

quem prædictus venerabilis Albericus Episcopus in præfato loco constituit, inviolabilis permaneat, et nullus Rector qui in eodem loco successerit, licentiam habeat præscriptum ordinem permutare, aut res quas ibi reddidit, sive subjecit, ullo modo auferre; sed ejus constitutio per hanc nostram Confirmationem firma et stabilis permaneat. Et ut hæc auctoritas confirmationis nostræ per futura tempora inviolabilem atque inconvulsam obtineat firmitatem, de anulo nostro subter illam jussimus assignari.

Signum HLVDOWICI (monogramme) *Imperatoris.*

Signum LOTHARII *filii ejus.*

Actum anno ab Incarnatione Domini octingentesimo XXX. Indictione VIII. Epacta XV.

Suscepta deinde regali auctoritate Albericus Episcopus, confirmatisque, ut prædiximus rebus, rediens domum, ut præsentibus notum atque futuris fieret, propriam inde conscriptionem fecit, in qua omnia quæ huic cœnobio donaverat, quæque in posterum futurorum fidelium largitate donanda sperabat, inserens, sic ait.

. *Carta Domini* ALBERICI *Episcopi.*

In nomine Domini Jhesu Christi, notum sit omnibus fidelibus sanctæ Dei Ecclesiæ, quod ego Albericus dono Dei Episcopus Lingonensium repperi locum jam dirutum, quod dicitur Fons-Besuus, in honore constructum sanctorum Apostolorum Petri et Pauli, necnon et aliorum plurimorum, ubi jam olim Monachi regulariter Deo famulati fuerant, sub Amalgario Duce, permittente Chlotario Rege. Ideoque ob amorem Dei et veniam delictorum meorum, Deo inspirante, cogitavi reædificare supradictum locum, permittente gloriosissimo Augusto Hlucdovico, et consentiente piissimo filio ejus Hlothario

Imperatore, congregavi ibi Monachos sub Abbate nomine
Seraphin, qui ibi regulariter degerent, et Deo in perpetuum fideliter deservirent. Concessi enim eis quicquid
supradictus locus per cartarum donationem assecutus
est ; et quidquid nostri prædecessores de hoc loco abstra-
xerant, propter elemosynam supradicti Principis, ejusque
filiorum libenter restauravi. Ideoque per consilium Archiepiscopi nostri Agobardi et consentientibus Coepiscopis
nostris necnon et piissimis nostris Principibus, seu omni
Clero, necnon et omnibus fidelibus Ecclesiæ nostræ,
addidimus supradicto loco de Episcopatu nostro villas
his nominibus : Pauliacum cum appenditiis suis, Bellenavum vicum cum suis appenditiis, Arcionem cum
appenditiis suis. Istas villas cum omnibus adjacentiis,
seu et omni re superposita, campis, pratis, silvis pomiferis, pascuis, accessibus, aquis, aquarumque decursibus, et omnes redditus, totum ad integrum, una cum
mancipiis, libertis, cum omni peculio ipsorum, una cum
accolabus, dedit ad servitium Monachorum jure perpetuo ad possidendum. Ecclesiam etiam quæ est in ipsa
Belenavo villa in honore sancti Stephani, prorsus ab
omni consuetudinali exactione liberrimam. Ecclesiam
quoque de villa quæ dicitur Danbrum, cum appenditiis
suis, et villam Trescasas cum Ecclesia et omnibus appenditiis suis. Item Ecclesiam de villa quæ dicitur sancti
Sequani cum appenditiis suis ; et Ecclesiam de villa
Morniaco cum omnibus ad eam pertinentibus : necnon
etiam Ecclesiam quæ est in valle Verona in honore
S. Mauritii, Ecclesiam de villa Beria in honore S. Laurentii, cum omnibus appenditiis suis. Præterea in territorio Divionensi decimas illarum vinearum, quas donaverat huic Ecclesiæ Domnus Amalgarius Dux et fundator
hujus sacri cœnobii. Apud villam quæ dicitur Fiscinis
vinearum non modicam quantitatem, cum pratis et
campis, et servis, et ancillis, ad ea excolenda. Et in villa

Fisciaco vineas similiter. Et in Marcertnaco similiter in substantiam Monachorum, et alimoniam pauperum, et ut ibidem delectetur servis Dei Domino servire, et pro Rege ejusque conjuge, necnon et liberis ipsius, et totius Imperii ejus stabilitate, jugiter Domini misericordiam implorare. Ea videlicet ratione hoc constituimus, ut semper subjectus sit jam dictus locus Ecclesiæ sancti Mammetis, et ut nec ego ipse, nec ullus de successoribus meis hanc conscriptionem violare præsumat, Domni Imperatoris confirmationem in ea fieri postulavi. Auctum Lingonis civitate publica. In Christi nomine Agobardus Lugdunensis Ecclesiæ Archiepiscopus subscripsi (1). Angericus Episcopus (2) subscripsi. Albericus Episcopus a me facta subscripsi. In Christi nomine Faova Cabilonensis (3) subscripsi. Modoinus Augustudunensis (4) subscripsi. Winitharius indignus Abbas Calticensis (5) subscripsi. Audinus indignus Corepiscopus subscripsi. Motuinus indignus Presbyter subscripsi. Hiltibaldus Matiscensis Episcopus (6) subscripsi. Ragenardus Presbyter subscripsi. Ego in Dei nomine Jacob licet indignus Corepiscopus subscripsi. Sigoaldus Presbyter subscripsi. Vuanilo Presbyter subscripsi. Adalbertus Presbyter subscripsi. Symeon Presbyter subscripsi. Unricus Diaconus subscripsi. Bajus Diaconus subscripsi. Beatus Diaconus subscripsi. Fridericus subscripsi. Theutmarus subscripsi. Ragenaldus

(1) Quarante-quatrième archevêque de Lyon, qu'il administra de 814 à 840.

(2) Agéric, quinzième archevêque d'Embrun, qui assista en cette qualité au Concile convoqué à Lyon en 828 par Louis-le-Débonnaire. (*Concil antiq.* du P. Sirmond, II, 464.) On ne sait pourquoi la charte ne lui donne ici que la qualité d'évêque. Aribert lui succéda vers 853.

(3) Dix-septième évêque de Chalon vers 813, mort vers 838.

(4) Trente-sixième évêque d'Autun, 815-840.

(5) Couches, abbaye de l'ordre de Saint-Benoît, réunie en 1017 à celle de Flavigny, qui la convertit en prieuré.

(6) Hildebaud, dix-septième évêque de Mâcon, 815-850.

subscripsi. Signum Humberti. Signum Hiltanni. Signum
Bertardi. Signum Fulcuini. Signum Eruic. Signum
Radaldi. Betto subscripsi. Bernorogitus subscripsi.
Ragnoardus subscripsi. Bavo subscripsi. Ragenardus subscripsi. Hilpericus subscripsi. Hildigisus Presbyter subscripsi. In Christi nomine Bernardus Archiepiscopus (1)
subscripsi. Godelsadus Abbas subscripsi. Birico ac si
indignus Levita subscripsi. ˉActum anno ab Incarnatione
Domini octingentesimo xxx. Indictione viii. Epacta xv.
xii Kalend. Decemb. Anno Christo propitio xiiii. Imperii Domni Hludovici Imperatoris, et Hlotharii Augusti
filii ejus vi.

Tempore vero Domini Alberici Episcopi, factæ sunt
plurimæ commutationes, vel coemptiones terrarum, tam
ab ipso Pontifice, quam a rectoribus loci istius. Inter
quas facta est commutatio a Seraphin Abbate nostro, et
Herleberto Abbate Divionensi (2). Dedit Herlebertus in
villis Luco, et Verona, quidquid erat juris S. Benigni :
et Seraphin e contra tradidit terras S. Petri, quæ erant
in Divione, et in fine Domni-Petri et Longo vico, et in
Canavis, et in Arzilerias, et Tremoldo, et Fontanis (3), et
Proviso, et Disto. Nec suffecit huic loci istius amatori
Alberico Episcopo, suo tempore munificentissime locum
istum ampliare, sed audiens qualiter Betto Episcopus,
prædecessor suus fines Besuensis territorii legaliter
novem legalibus testibus terminaverat, sua auctoritate
idipsum confirmavit. Ipso tempore quidam Hligarius
nomine dedit ad hunc locum in Aquatovilla (4) terram hereditatis suæ, pro peccatis suis minuendis. Hoc est mansum indominicatum, una cum domo, et horreo. Habet

(1) Bernard, quarante-huitième archevêque de Vienne, assista
au Concile de Lyon mentionné plus haut. Il administra sa province
de 828 à 836. L'Église l'a mis au rang des saints.
(2) Herlebert, seizième abbé de Saint-Bénigne de Dijon.
(3) Fontaine-les-Dijon.
(4) Ahuy-les-Dijon.

vero ipsa terra perticas arpennales in longo XLIII et pedales decem, et in lato de uno capite superiore perticas VIIII, et pedes IIII. Totum ad integrum, tam terris, curtiferis, quam ædificiis desuper positis, campis, pratis, sylvis, pascuis, aquis, aquarumque decursibus, totum ad integrum dedit.

Similiter quidam Widaldus nomine, vendidit Domno Alberico Episcopo terram in villa Casoto nomine (1), mansum unum, et de terra jornales septem. Domnus vero Albericus dedit eam sancto Petro. Item alius quidam Aylardus nomine, res juris sui sitas in pago Atoariense, in loco, qui dicitur Bustellus, et in ipsa fine Bustellense seu et ibidem aspiciente, quiquid ibidem genitrix sua visa fuit habere, tam in mansis, quam campis, pratis, sylvis, pomiferis, pascuis, accessibusque omnibus vendidit Domno Alberico Episcopo, per manus Abbatis Seraphin, Radulfo, et Amalarico testibus XII Kal. Feb. anno XVI Imperii Lucdovici.

Carta Teutonis Abbatis.

Similiter etiam facta est commutatio inter Abbatem Besuesem nomine Seraphin, et Abbatem Theutonem Monasterii sancti Leodegarii, quod Campellense nominatur (2), cujus series ita se habet.

Auxiliante Domino nostro Jhesu Christo placuit, atque convenit coram Domno Alberico Lingonensi Episcopo, inter Abbatem Seraphin, et Theuthonem Abbatem de Monasterio sancti Leodegarii, ut aliquid de terris sancti Petri Besuensis, et sancti Leodegarii, pro communi oportunitate mutare deberent, quod ita fecerunt. Dedit

---

(1) Chaseuil, cant. de Selongey, arr. de Dijon.

(2) Abbaye, fondée par Théodrate, fille de Charlemagne, et réunie à la fin du Xe siècle à l'abbaye de Saint-Germain d'Auxerre, qui la convertit en prieuré.

Theutho Abbas de parte sua ad partem Seraphin, coram
Alberico Episcopo in cœnobio S. Petri Besuensis, curtile unum situm in villa Besua. Habet idem curtile
in longo perticas arpennales xlviii, et in transverso perticas arpennales iii, et pedales septem. De utroque
latere terra sancti Petri est. Dedit autem Albericus Episcopus, et Seraphin Abbas de terra sancti Petri Besuensis,
ad partem Theutonis Abbatis sancti Leodegarii, curtile
unum situm in villa Baciaco (1). Terminatur autem ab uno
latere terra Flaviniacensis Monasterii (2), et habet perticas
arpennales xvi, et in transverso perticas arpennales v.
Similiter in alio loco in ipsa fine Basciacense peciolam
unam de terra, quæ habet in longum perticas arpennales
viii, et in transverso perticas arpennales iiii. Si quis
vero, quod nec fieri credimus, de heredibus nostris, aut
qualibet persona contra hanc commutationem venire
conatus fuerit, inferat ei, cui litem intulerit, duas untias
de auro. Actum Fonte-Besua Monasterio publico iii
Kalend April. anno xiii Imperii Domni Hlucdovici Imperatoris.

Carta de Bustello.

Anno quinto decimo Imperii Hlucdovici, Domnus
Albericus Lingonensis Episcopus emit terram de quadam
fœmina nomine Adda, et Laburdo, et Albuino, et Lai-
bulfo, quæ sita est in loco, qui dicitur Bustellus, qui est
in fine Vetus vineis, omnia quæ habere videbantur in
ipso Bustello, et in Blaniaco, tam terris, curtiferis, quam
ædificiis desuper positis, campisque, pratis, sylvis, exa-
ratis, pomiferis, pascuis, aquis, aquarumque decursibus,
accessibusque omnibus. Omnia ex integro vendiderunt,
et acceperunt precium solidos lᵁ.

(1) Baissey, cant. de Longeau, arr. de Langres (Haute-Marne).
(2) Abbaye de Flavigny, au diocèse d'Autun.

Item Alia.

Anno VIII° X° Imperii Hlucdovici iterum emit Domnus Albericus Lingonensis Episcopus servos, Arlebaldum,
atque Hayconem, cum ancilla, nomine Hunieldi, et
filiabus suis, Adalberga, et Eldeardi, de quodam Ner-
duino nomine, qui accepit in precium solidos 15.

Ludovico Pio terreni insignia regni anno Dominicæ
Incarnationis DCCCXL perpetua felicitate commutanti, etc.
ut in Chronico S. Benigni.

De obitu Alberici Episcopi.

Non est nostræ possibilitatis verbis ostendere, quantæ
devotionis erga hunc locum Domnus Albericus Episcopus
extiterit, quantumque eum dilexerit. Verumptamen si
verba nostra ad hoc non sufficiunt, opera ipsius et beneficia clamant et ostendunt. In hoc enim apparet illum
Monasterium istud super omnia dilexisse, quod quæcumque potuit, et undecumque huic loco attrahere, non
omisit. Adnotavimus quædam de donariis ipsius, prout
tenuitas memoriæ nostræ recordari potuit. Quorum
quædam adhuc retinemus, et possidemus, quædam partim debilitate nostra, partim infidelitate pervasorum
perdidimus. Est apud nos pallium satis pulcrhum visu,
columbis in eo seriatim et pulcherrime contextis, unde
ipse multis diebus infulam habuit. Sunt apud nos de
libris, quos ipse sanctis Apostolis Petro et Paulo obtulit.
Textus Evangeliorum unus. Augustinus ad litteram. Liber
Regum cum Actibus Apostolorum in eodem volumine.
Beda super Lucam. Quippe non inmerito sperabat salutem,
et vitam animæ pro eos a Domino Jhesu Christo consequi,
per quos sanitatem corporis et valitudinem receperat.
Hujus itaque spei atque fidei constantia fisus, postquam

plurima huic loco ante se præmisit, ad extrema vitæ
propinquans, in hoc Monasterio se sepeliri voluit : quod
et factum est. Jacet namque benedictum corpus ipsius ad
dexteram partem Altaris sanctæ Mariæ : anima vero
ipsius cum electis et sanctis Dei requiescat in pace. Amen.

Carta de Auxiliaco.

Per idem tempus defuncto Seraphin Abbate qui vices
Pastoris in hoco tenuerat, successit ad regimen animarum
Walcaudus Abbas (1), eundem in Ecclesiasticis gerens officium. Obeunte itidem Alberico Episcopo Lingonum,
Teutbaldus Episcopus (2) adeptus est kathedram. Hic sicut
prædecessor suus, studiosus hujus loci cultor, fecit commutationes terrarum in aliquibus locis cum quibusdam
hominibus. Quidam namque, Eurulfus nomine, pro
remedio animæ suæ per consilium Teutbaldi Episcopi,
dedit sancto Petro Besuensis cœnobii unum campum,
situm in villa quæ dicitur Auxiliacus, cui terminatur de
uno latere terra sancti Leodegarii, de alio vero ipsi
heredes tenent, de una fronte fluvio procurrente, de alia
vero fronte, strata publica. Infra vero istas terminationes
totum ad integrum contulit sancto Petro. In alio etiam
loco campum unum, in eadem villa, qui habet terminationes, ex uno latere sylvam communem, de altero vero
latere viam publicam. Ex una fronte terram Godefredi,
de alia itidem fronte ipsi heredes tenent. Similiter in alio
loco pratum unum, qui habet terminationes, ex una
fronte, fluvium procurrentem, ex alia vero fronte, et ex
uno latere ipsi heredes tenent. Signum Adalmari. Signum
Odolgarii.

(1) Walcaudus, sixième abbé de Bèze.
(2) Teutbaud, trente-septième évêque de Langres, vers 840, mort
vers 858.

Carta de Maiasco.

Domnus itaque Teutbaldus Episcopus, et Walcaudus Abbas fecerunt commutationem cum quodam Wlfrico nomine, de terris eorum. Dedit ergo Wlfericus de parte sua ad partem sancti Petri, campum unum situm in pago Atoariense, in villa quæ dicitur Maiascus, seu in ipsa fine; qui habet terminationes, ex uno latere terram sancti Petri, ex alio vero terram ipsius donatoris, et ex una fronte terram sancti Mammetis (1), ex alia vero fronte stratam publicam, et habet perticationes in longo, perticas **xxv**, pedum **x**, et in lato perticas **xi**, et ex ambabus frontibus perticas **xi**, pedum **iiii**. E contra dedit Waulcaudus Abbas de parte sancti Petri ad partem Wlfrici, campum unum situm in pago Atoariense, in villa quæ dicitur Maiascus.

Ubicumque ergo potuit, Teutbaldus Episcopus hunc locum nostrum inmeliorari curavit. Post cujus obitum Domnus Isaac (2) suscepit præsulatum. Hic prædecessorum bonum sequens exemplum, multa bona huic Monasterio contulit.

Karolus igitur, qui cognominatus est *Calvus*, Imperium adeptus, Ecclesiarum Dei cultor devotus, omni nisu, quo potuit, studebat in cultu Religionis depravata corrigere, destructa reædificare, collapsa erigere. Anno Dominicæ Incarnationis DCCCLXXI, regens Francorum regnum, erga cultum Ecclesiæ Dei fuit studiosissimus; quapropter multa evicit pericula, et regni ejus semper augmentabatur gloria. Defuncto siquidem, ut jam dictum est, Pipino fratre suo Rege Aquitaniæ, filioque ejus in regno subrogato, moderationem regni non strenue agens, a suis derelictus, ac dejectus est, et Monachus in Monasterio

(1) C'est-à-dire de l'église de Langres.
(2) Isaac gouverna le diocèse de Langres de 858 jusqu'en 880.

sancti Medardi factus : Carolus vero a cunctis Principibus
expetitus, Aquitaniæ Regnum est adeptus. Post non
multos etiam annos mortuo Lothario Imperatore fratre
ejus, Karolus suscepit Imperium. Sed Lucdowicus alter
frater cupiens invadere Monarchiam Regni, iterum contra
Karolum bellum concitat, Nortmannos, cæterasque gentes in regnum Karoli evocat : auxiliante autem Domino
Karolus fratrem de finibus suis expulit, et Nortmannos
intra Neustriam compressit. Hæc fuit secunda eruptio
Nortmannorum in Francia. Aliquantis transactis annis
Lucdowicus defunctus est, relinquens tres filios, Lucdo-
wicum scilicet, Karlomannum, et Karolum.

Carta de Luco.

Defuncto igitur Walcaudo Abbate, Warinus successit (1).
Hujus itaque diebus, quidam homo, Baldricus nomine,
pro remedio animæ suæ, et genitoris sui, nomine Romani,
reliquorumque antecessorum suorum dedit sancto Petro
unum mansum, qui est in Luco superiori, vel in ipsa
villa Lucensi, cum omnibus appenditiis suis, et habet
terminationes ex uno latere, et de una fronte terram
sancti Marcellini, et ex alio latere, et de una fronte,
fiscum similiter. De rebus autem suis, quæ sunt sitæ in
ipso pago, et in fine Lucensi, seu in ipsa villa Luco,
mansum cum supra positis, campis, pratis, curtiferis,
sylvis, pascuis, pomiferis, et uno molendino in Busceria,
aquis, aquarumque decursibus, exitibus et regressibus,
accessibusque omnibus, quicquid de parte genitorum
suorum, vel quicquid per instrumenta kartarum conquisivit, totum jure perpetuo, eidem cœnobio tradidit. Post
aliquantos autem annos veniens quidam Utlaius nomine,

---

(1) Warin et Teutbert, septième et huitième abbés de Bèze, ne
sont connus que par cette seule notice.

ante Evam dominam suam in campo limito proclamabat, quod partem habere deberet in molendino, quem Josmundus Clericus, et frater suus Baldricus dederant sancto Petro in Luco, absque ullius contradicto. Jussit itaque Eva fidelibus suis, ut irent com prædicto Utlaio, ad Monasterium Besuæ pro tali causa inquirenda. Venit ergo Aldricus a partibus Utlaii cum cæteris quam plurimis, movens rationem de prædicto molendino contra Abbatem, vel Monachos. Itaque Monachi testes habuerunt quam plurimos, e contra Utlaius nullum inde habuit testem, quia omnes eum sciebant esse mendacem. Sicque spe sua fraudatus, quicquid calumpniabatur, totum Monachis dimisit, ac wirpivit. Postea vero Teutbertus Abbas qui supra memorato Warino successerat, ipsum molendinum Utlaio ea ratione recondonavit, ut si in deterius devenisset, xxx solidos persolveret. Habet autem idem molendinum terminationes de ambabus partibus Tilam (1), et ex una fronte Isaccus et uxor ejus tenent, et de alia fronte est exitus, et regressus, et semita, quæ ad ipsum farinarium pergit.

Carta de Vetus-vineis.

Quidam etiam Miles Divionis castri, Epplenus nomine, pro remedio sui, atque parentum suorum, dedit huic Besuensi Ecclesiæ, in villa, quam Veteres-vineas vocant, vel in finibus ejusdem villæ tantum spatium de terra arabili, ubi possunt seminari annonæ modii centum.

Carta de Auxiliaco.

Alius quidam homo, nomine Rogerius, donavit eidem Ecclesiæ campum unum, qui est situs in pago Atoariorum,

---

(1) La Tille, rivière.

in villa Auxiliaco, et habet terminationes de uno latere, terram sancti Petri, de alio terram fiscalem, de una fronte stratam publicam, de alia Vincennam fluvium procurrentem (1).

Carta de Luco.

Cum resideret venerabilis Episcopus Isaac in Kathedra Episcopali, villa Basiaco (2), omnisque clerus ipsius promptus undique ad eum congregaretur : caterva quoque admodum nobilium Abbatum cum Archidiaconibus, et Presbyteris, cœtuque universo in Synodo generali, quiddam de causis Ecclesiasticis ordinatura : inter cætera sancta colloquia, quæ pariter habuerunt, altercatio quædam exhorta est inter Ansuinum sancti Martini Luensis Presbyterum, et Adalardum ejusdem villulæ sancti Marcellini Presbyterum, de decimis ipsarum Ecclesiarum, loquente Ansuino, quod omnis decima cum integritate ab antiquo suæ foret Ecclesiæ; quæ e contrario profitente, et toto annisu Adalardo reluctante, suæ Ecclesiæ prorsus magis esse debere ; continuo itaque in ipsa synodo exurgentes testes valde præclari et idonei, superius memorati Ansuini Presbyteri, qui veris indiciis Adelardum refutantes, approbaverunt et definierunt, secundum quod antiquius fuit, stare debere, scilicet Magenardus Abbas et Archidiaconus, Otbertus, qui eodem Archidiaconatus fungebatur officio, Arnoldus eodem florens honore, Isaac, Fredradus, Adalmannus, Evorinus, et omnis fere synodus, horum veridicorum testium testimoniis satis confirmatus, et roboratus est Presbyter Ansuinus : et taliter uterque eorum querelæ hujus finem accepit. Aucta sunt hæc anno Dominicæ Incarnationis DCCCLXX, Indictione iii, Regnante Karolo Rege, Ecclesiam autem Lingonensem regente venerabili Isaac Pontifice.

(1) La Vingeanne, rivière.
(2) Baissey (Haute-Marne).

Obitus Domni Isaac Episcopi.

Isaac deinde hujus vitæ diem obeunte, ejus loco Geilo substituitur Episcopus (1), huic Besuensi Monasterio amicissimus, et nobis fere omnibus melioribus optimus. Cum enim alii nobis providerint terrena subsidia, iste apud Deum nobis procuravit animarum patrocinia. Rediens enim ex Aquitania, beatissimi Prudentii Martyris corpus huic loco intulit, et cum aliis multis sanctorum pignoribus ad exorandum Deum pro se, et pro nobis, ut decuit, collocavit. Ad quorum honorem, et reverentiam quædam de Episcopio suo ad luminaria obtulit exibenda, et eorum quæ obtulit facta legaliter et publice donatione, scriptum edidit hoc modo.

De Collatis huic loco a Geilone Episcopo.

Omnibus dignitatibus, sublimibus, ac mediocribus utriusque sexus, et ordinis notum esse volumus, qualiter ego Geilo Lingonensis Ecclesiæ humilis Episcopus, Dei Omnipotentis inspiratione commotus, beatissimum Prudentium Christi Martyrem, Besuensi Monasterio in honore sanctorum Apostolorum Petri et Pauli constructo, digno honore collocaverim. Qui beatus Martyr ante introitum atrii, et in ingressu templi, ac deinceps miraculis, ut omnibus Christi circumquaque fidelibus patefactum est, claruit. Nutu ergo divinæ Majestatis pulsatus, contuli illi aliquid ad luminaria præbenda ex reditibus sancti Mammetis in Luco superiori(2), capellam videlicet sancti Marcellini, cum appenditiis suis et mancipiis utriusque sexus, quæ ab Episcopo Virdunensi ante paucos dies digna com-

---

(1) Geilon, trente-neuvième évêque de Langres, en 880, mourut vers 888.

(2) Lux.

mutatione evindicavi. Pontiliacum (1) etiam cum adjacentiis suis, et Ecclesiam in honore sancti Yppolyti in
eodem loco consecratam, eidem sanctissimo Martyri
Prudentio contuli. Ecclesiam quoque de Chasuit (2) ad
integrum cum omnibus appenditiis suis, eidem sancto de-
legavi; ita ut ab hac die has donationes habeat, teneat,
atque possideat in perpetuum, nullo contradicente. Hoc
solum a successoribus meis in Deum, et propter Deum
obnixis precibus exorando deposco, ut si addicere aliquid
placuerit, faciant; et si non, hæc parva a nobis tradita
non demant, nec subtrahant. Quod et si qui temptati a
diabolo invadere hæc dona conati fuerint, nec permittatur
eis locus in Ecclesia cum cæteris Christianis, et nisi cito
resipiscant, maledictionibus cum Datan, et Abiron, et
cum Juda traditore Domini, pœnis gehennalibus subician-
tur : insuper et auri libras quinque in ultione Rectoribus Ecclesiæ Besuensis persolvant. Ego Geylo humilis
Episcopus hanc traditionem in Synodali Conventu peregi,
et confirmari rogavi. Anno ab Incarnatione Domini
DCCCLXXXIII. Indictione i. Epacta ix. Regnante Karolo Magno. Signum Domni Geilonis Episcopi, harum
rerum donatoris. S. Heliæ. S. Oberti. S. Galcaudi. S.
Helgaudi. S. Arnaldi. S. Guntardi. S. Odonis, et reliquorum omnium, qui illi synodo affuerunt ; die Dominico
mensis Octob. vii. Idus ejusdem mensis.

Carta de Ecclesia S. Martini de Luco.

Anno Incarnationis Dom. DCCCLXXXVI, anno quo-
que Domni et Serenissimi Karoli Imperatoris Augusti in
Gallia imperantis ii, indictione v, xv Kal. Junii, sacer
Episcoporum Conventus ob pacem et tranquillitatem sanc-

(1) Pontailler-sur-Saône.
(2) Chaseuil, canton de Selongey (Côte-d'Or).

tæ Dei Ecclesiæ statuendam, et Ecclesiastica negotia de-
cernenda, apud Ecclesiam sancti Marcelli Martyris, in
suburbio Cabilonensi (1), in Christi nomine coadunatus
est; ubi fuerunt Domni et sanctissimi Archiepiscopi, Aurelianus (2), Bernuinus (3), necnon et Reverendissimi
Episcopi, Adalgarius (4), Geylo (5), Stephanus (6), Gyral-
dus (7), Adalbaldus (8), Isaac (9), et Leboinus (10), Geylo
denique supra memoratus Lingonensis Ecclesiæ Reverendus Antistes, una cum supra scriptis Patribus in hoc
sacro-sancto residens Conventu, eorum auribus intimavit
de supra scripta noticia ; qualiter Domnus Isaac antecessor suus, res Ecclesiæ in Luco, in honore S. Martini, in
sua S. Synodo a partibus S. Martini de Luco, superiori
Capellæ videlicet sancti Marcellini, contra Adalardum
ejusdem Capellæ Presbyterum, juste et legaliter evindi-
cavit de rebus et decimis. Tunc omnes Episcopi præfati
hæc audientes, in communem relationem Geylonis, venerabilis Episcopi, et noticiam evendicationis Domni Isaac,
simul consenserunt, et consentiendo roboraverunt, ut si
quis temeraria, sacrilegaque præsumptione convictus,
atque cæca cupiditate cæcatus, hoc quod Dei, et Domni
Isaac, et nostra confirmamus auctoritate, in aliquo infringere præsumserit, æterna se sciens damnatione multandum, et cum diabolo, et Angelis ejus, sempiterno incendio concremandum, atque cum Juda traditore Domini,
et cum Datan, et Abiron perpetuali pœna cruciandum,
et insuper a liminibus sanctæ Dei Ecclesiæ, et cœtu

(1) Abbaye de Saint-Marcel-les-Chalon.
(2) Aurélien, archevêque de Lyon, 875-895.
(3) Bernoin, archevêque de Vienne, 886-887.
(4) Adalgaire, évêque d'Autun, 875-893.
(5) Geilon, évêque de Langres.
(6) Etienne, évêque de Chalon-sur-Saône, 886-889.
(7) Geraud, évêque de Mâcon, 886-926.
(8) Adalbald, évêque de Belley.
(9) Isaac, évêque de Valence.
(10) Leboin, chorévêque de Lyon.

omnium fidelium Christianorum tamdiu habeatur extorris, donec inlicita præsumtione resipiscens, condigna pœnitentia sublevetur.

Carta de Luco Mediano.

His diebus, homo quidam cujus nomen erat Isaac, dedit Monasterio Besuensi mansum unum, qui est situs in pago Atoariensi, in villa quæ dicitur Lucus Medianus, et habet terminationes de una fronte Thilam fluvium procurrentem, de alia fronte stratam publicam. Donavit quoque supradictus Isaac eidem loco in fine, quæ dicitur mons Mainberti, in loco, qui dicitur Spinido, terræ jornales duos : in alio vero loco, qui dicitur Cabrario, jornales duos, et in alio, qui dicitur Fontinella (1), jornales tres. Ipsamque donationem Walcaudo, tunc temporis ipsius loci Abbati, et successoribus ejus perpetuo contradidit.

Carta de Vetus-vineis.

Alius quidam homo nomine Ingelgerius, et uxor ejus Amalildis, vendiderunt fratribus Besuensis Cœnobii in villa, quam Veteres-vineas appellant, unum ortum, qui terminatur de uno latere, terra ipsius hereditatis, de alio latere, terra sancti Leodegarii, de una fronte, terra sancti Petri, de alia vero, strata publica. Habet etiam idem ortus perticationes agripennales de una fronte a parte vineæ sancti Petri perticas duas, pedum sex, de alia fronte perticam unam. Habet et in longo perticas undecim pedum novem. Infra istas perticationes, seu terminationes, totum ad integrum vendidit prædictus Ingelge-

---

(1) Ces quatre noms de climats sont encore aujourd'hui ceux de Montrementier, Epenoy, Chevrey et Fontenotte.

rius Monachis Besuensibus, acceptoque ab eis precio solidis duobus, et denariis octo, concessit perpetualiter possidendum.

Item alia.

Vir quidam Otgerius nomine, pro remedio animæ patris sui Isaac, et fratris sui Waldrici, dedit sancto Petro Besuensis cœnobii, servum quendam Amalerium nomine, eo quod ipse Waldricus frater datoris, cuidam servo sancti Petri, qui Lanfredus dicebatur, oculos eruisset.

Carta de Novo-Vico.

Item alius quidam Bernardus, et uxor ejus Imiltrudis dederunt Theutberto Besuensi Abbati, et Monachis sub eo viventibus, partem de vinea quadam sita in pago Atoariorum, in villa Novo-vico (1), ut haberent potestatem faciendi de ea, quicquid potius elegissent.

Carta de Villare.

Miles quidam Portuensis pagi (2), Aigardus nomine, et conjux ejus Rotlindis vocata, concesserunt beatissimo Petro in Besuensi cœnobio famulantibus, cunctas res juris sui sitas in pago Portuensi, in villa nuncupata Villare (3), et totum quicquid in ipsa villa, vel in finibus ejus possederant : campos scilicet, prata, pascua, decimas, rivos, fontes, aquas, aquarumque decursus cum adjacentiis suis, et quodcumque dici, aut nominari potest,

---

(1) Neuvelle-les-Champlitte (Haute-Saône).
(2) Pays de Portois, une des divisions territoriales de la Franche-Comté.
(2) Villers-sur-Port-sur-Saône, arr. de Vesoul (Haute-Saône).

et quod per nomen eorum ibidem evendicare Monachi possent : acceptoque ob hoc ab ipsis Monachis precio, quod convaluit ad iv libras argenti, hanc tantam donationem testamento confirmaverunt, et possidendam eidem cœnobio perhenniter decreverunt.

Item alia Carta.

Quidam Guttinus nomine, dedit eidem Besuensi cœnobio mansum unum in pago Atoariensi, et quicquid ad ipsum mansum pertinebat, in campis, pratis, sylvis, aquis, et mancipiis utriusque sexus in eodem manentibus.

Carta de Ponto.

Aurailus quidam et uxor ejus Ermengardis, vendiderunt Monachis Besuensibus mansum unum cum appendiciis suis, campis scilicet, pratis, sylvis, pascuis, arboribus pomiferis, aquis, aquarumque decursibus, quod situm est in pago Atoariorum, in villa quæ dicitur Pontus, et habet terminationes, de uno latere terram sancti Leodegarii, de alio terram fiscalem, de una fronte stratam publicam, de alia vero prata. Vendiderunt etiam et alias res suas sitas in fine Vendourensi, et in fine Pontensi, et in fine Iulensi (1); acceptisque a Monachis pro hac largitione lx solidis, potestati eorum eam perhenniter possidendam tradiderunt.

Item alia.

Quidam miles nomine Waldranus pro requie animæ suæ, et parentum suorum, dedit præfato cœnobio ancil-

_____

(1) Territoires de Véronnes, Pont et Lux.

lam unam nomine Lampacem, ut ibidem deserviret, cum
omni semine suo ex ea progenito : et annis singulis in
festivitate sanctorum apostolorum Petri et Pauli, denarios
duos persolveret, et ut cæteræ colonæ servitium omne
faceret.

Carta de Lujat.

Landrada quoque quædam fœmina mansum juris sui, in
villa, quæ dicitur Lujat (1), situm, dedit eidem cœnobio
Besuensi : quod mansum terminatur de uno latere terra
Flammeria ; de alio terra sancti Leudgarii ; de una fronte
strata publica; de alio vero Thila fluvio procurrente.

Item alia Carta.

Quidam etiam colonus sancti Petri, qui Gautsonius
vocabatur, et uxor ejus Manuheldis, servum juris sui,
nomine Gunduinum, dederunt eidem sæpe nominato
loco; ea tantum ratione, ut colonus permaneret, sicut et
ipse Gautsomus.

Item alia.

Miles quidam Hugo nomine, pro requie animæ suæ et
antecessorum suorum, dedit ad ipsum locum Besuensem, servum quendam nomine Wlfingum, necnon et uxorem illius, nomine Aymam, et infantes illorum, Erme-
nasiam, Suffuciam, Susannam, Adalsinnam, Suppliciam,
et Godolbergam.

Carta de Picangiis, et Mercennaco.

Mulier quædam nobilis, nomine Wandalmodis, pro
requie animæ mariti sui Humberti, et reliquorum ante-

(1) Variante du nom de Lux.

cessorum suorum donavit ad locum SS. Apostolorum
Petri et Pauli, necnon et sancti Prudentii Martyris, in
villa Fractomonte, servum nomine Gundulfum, cum
filiis suis Wlferio, Waringaudo, Rainbaldo, et dimidium
mansum, quem ipsi tenebant ; tali servitio, ut omnibus
annis in corvata Monachorum jornalem unum de tritico,
et alium de avena persolverent, et eulogias, et in cera
duos denarios. Dedit etiam eadem Wandalmodis supradicto loco in Villa Pichanias (1), servum nomine Humbertum cum matre Plectrude, et mansum unum ibidem,
et quicquid ad ipsum mansum pertinebat. Similiter etiam
dedit eidem loco in pago Divionensi, in villa Mercen-
naco (2), jornalem unum de vinea.

Carta de Vivers.

Nobilis quædam fœmina, nomine Eva, dedit eidem
Ecclesiæ Besuensi res proprii juris sitas in pago Atoariorum, in loco qui dicitur Vivarius, ipsam videlicet villam
Vivers (3) appellatam, et quicquid ibi adjacet, totum ex
integro prædicto loco concessit, mansa, servos, ancillas,
curtiferas terras, sylvas, aquas, aquarumque decursus,
cum mancipiis utriusque sexus ; et per servum, nomine
Ajembaldum, vestivit ex his rebus prædictam Ecclesiam
Besuensem.

(1) Pichanges.
(2) Marsannay-la-Côte.
(3) Les pays situés dans la circonscription de l'Attouar, dont les
noms paraissent se rapprocher le plus de *Vivarius*, sont ceux des
deux Vesvrotte, l'un dépendant de la commune de Beire-le-Châtel,
l'autre de celle de Fraignot, canton de Grancey-le-Château. Malheureusement leur situation topographique ne concorde pas avec celle
du domaine considérable donné par Eva. On peut la considérer
comme une localité disparue, ou bien dont le nom a changé. Dans
tous les cas ce nom de *Vivarius* ne reparaît plus, aussi bien dans
la chronique que dans les cartulaires qui en forment la suite.

Carta de Brescono.

Levita quidam nomine Helias, dedit in pago Divionensi, in villa Breschono (1), ad luminaria ejusdem Besuensis Ecclesiæ, vineam unam bene cultam, ut in perpetuum eam possideret sine aliqua contradictione.

Carta de Fissiaco.

Adoerius quidam in eodem cœnobio ex laico conversus, in villa Divionensis pagi, quæ Fissiacus appellatur, dedit vineam unam, quæ terminatur de uno latere terra sancti Benigni de Longovico, de alio via publica, de una fronte vinea sancte Mariæ de Balma, de alia terra sancti Eusebii de Escubilibus.

Habet ipsa vinea ex uno latere in longum perticas agripennales xxiiii, de alio perticas xx, pedum ii, de una fronte perticas xx, de alia vero perticas xv, pedum vii.

Refert quidam scriptor, etc. *ut in Chronico S. Benigni.*

His temporibus Incarnationis Christi DCCCXCI volvebatur annus.

De destructione hujus loci.

Veniens ad obitum præfatus, ac venerabilis Geylo Episcopus, cognoscens et ipse multa ad dimittendum seu purgandum in seipso, antequam occurreret cum omnibus nobis in generali resurrectione, ei in cujus conspectu non sunt mundi etiam ipsi cœli, quibus in vita deservierat, in morte non solum animam, sed etiam corpus commendavit. Præcepit itaque corpus suum ad hoc Besuense Monasterium deferri, et se totum Deo, et SS. ejus Apostolis, quibus datum est claudere cœlum, vel aperire quibus voluerint, committens, necnon et gloriosissimo aliorum Sanctorum quorum hic reliquiæ habentur, patrocinio, cum prædecessore suo Alberico Lingonensi itidem Episcopo sepultus est.

Circa idem fere tempus secundum quod scriptum est, risui nostro dolor admixtus est, et extrema gaudii nostri luctus occupavit. Nam venientibus per Franciam in Burgundia Normannis, Monasterium istud Besuense penitus contigit desolatum iri. Et cum septies inveniamus locum istum a perfidis Christianis, seu a paganis violatum, atque destructum, hæc ultima destructio non immerito enphatice a nobis dicitur, *Desolatio desolationum.* Dicamus igitur, sicut in antiquis menbranulis nostris vix recolligere potuimus, quomodo, et a quibus sexies devastatum sit, ut tandem ad hanc ultimam, et atrocissimam desolationem paulo latius disserendam accedamus. Prima vice a Christianis per intestina bella qui hunc locum invadentes, abstulerunt inde cum aliis rebus, etiam omnes Cartarum auctoritates : unde jam in præcedentibus aliquantulum mentionem fecimus. Alia vice a Wandalis, perfidis paganis. Tertia vice a Sarracenis, quando Augustidunum civitatem destruxerunt, anno ab Incarnatione Domini DCCXXXI. Fertur etiam una vice a Monachis hunc relictum fuisse locum, ob metum cujusdam morbi, qui hanc vastabat regionem. Quarta vice tempore Remigii, fratris Pipini Regis, Magni Karoli patris, pro quadam fœmina, nomine Angla, cui prædictus Remigius hunc locum donaverat : unde et nos in superioribus mentionem fecimus. Cujus rei ordinem qui plenius nosse desiderat, ad eam descriptionis narratiunculam recurrat. Sed et hoc sciendum, quod ex hoc tempore usque ad Domnum Albericum, qui hunc locum reparavit, ab ordine Monastico penitus cessavit.

Jam vero dicendum est de illa ultima desolatione, quæ

non solum huic loco obfuit, verum etiam totam Franciam
ipsis Normannis vastantibus, neque uspiam Francis tutam
resistendi firmitatem repperientibus, multa Sanctorum
corpora Divioni castro invecta sunt, eo quod firmissimum,
et inexpugnabile videretur, quorum quædam postea sunt
relata, quibusdam ibi remanentibus, alia sunt ad alia loca
translata.

Delatum est a Suessionicis (1) corpus beati Medardi Episcopi. Delatum est a Tarwanensibus (2) corpus beatissimi
Silvini eorum Episcopi. Nostri quoque patroni, beatissimi
Prudentii corpus eodem delatum, et in basilica beati Stephani collocatum, multis annis permansit. Tandem Deo
nobis propitio, paceque reddita beatissimi Prudentii corpus inde relatum, et beati Silvini corpus cum beata Anglia, ejus familiarissima, nobis a Deo donatum. Sicque
factum est, ut cum hujus loci protectionem principaliter
habeat cum Paulo princeps Apostolorum Petrus, unum
ipsius exornet latus beatissimus Martyr Prudentius,
alterum cum venerabili Anglia, beatus Silvinus Episcopus.

Aliquantisper protelavimus desolationis nostræ narrationem, nolentes silentio contegi, qualiter nobis, qui pu-
tabamur nostro patrono desolati, postmodum a Deo sint
pro uno duo procurati. Nunc ad ea quæ omiseramus
redeamus.

Audientes hi qui hic erant Monachi Normannorum
adventum, quidam timore pœnæ, ac mortis se occultave-
runt, quidam ad alia Monasteria demigraverunt. Nec
mirum quoniam qui hic remanserunt, gladio interfecti
sunt, quorum nomina hæc sunt. Ayrmannus Monacus,
Genesius Monachus, Beraldus Monachus, Sifardus Monachus, Rodco Monachus, Ansuinus Presbyter, Adalricus

(1) Habitants de Soissons.
(2) Habitants de Thérouanne, ville détruite en 1553 par Charles-
Quint.

puerulus. Hi omnes pro Christo pie jugulati talionem ei reddentes, sacrificium Deo effecti sunt, anno ab Incarnat. Dom. DCCCLXXXVIII.

Verumtamen cum nemo repertus sit, qui eis posset vel auderet resistere, fuit isdem temporibus quidam Dux nostrarum partium, Richardus nomine, qui a justiciæ studio dictus est, et ipse *justificator* (1). Hic pro libertate patriæ partim zelo succensus, plurimum vero pro Ecclesiis Dei defendendis, Deum habens adjutorem, expugnare illos aggressus est. Et licet usque ad hanc Besuam hostilis impetus procurrerit, et hic rabies insaniæ eorum adeo efferbuerit, ut et Monachos nostros, ut prædiximus, gladiis interemerit, et omnia vastaverit, in tantum ut et fontem ipsum de se gurgitem magni fluvii evomentem, potatione quadrupedum innumerabilium per totum quatriduum exsiccaverit, ad Divionem tantum eos aspirare, nec loci firmitas, nec Ducis nominatissimi permisit metuenda bellicositas. Quin immo occurrens eis præfatus Dux Richardus, in loco vocato Argentoilo (2), cummisso cum eis prælio cæsa est eorum quamplurima multitudo. Sicque Dani cum Normannis retro redire sunt coacti.

Anno Incarnat. Verbi DCCCXCIII, Odone regnante, etc., *ut in Chronico S. Benigni.*

Anno DCCCCXI Incarnat Verbi, XIII, Kalend. Aug. in Sabbato, cum obsiderent Normanni Carnotinam urbem (3), et jam esset penitus capienda, supervenientes Richardus, et Robertus cum suis, Dei auxilio, et Beatæ Mariæ patrocinio roborati, fecerunt stragem maximam paganorum, a paucis qui remanserunt obsides capientes. Habuit isdem

---

(1) Richard le Justicier, fils de Beuves, comte d'Ardennes et frère de Bozon, roi de Provence, et de Richilde, femme de l'empereur Charles-le-Chauve, gouverna la Bourgogne comme duc amovible de 877 à 923.

(2) Argenteuil, canton d'Ancy-le-Franc (Yonne).

(3) Chartres.

Richardus filium nomine Rodulfum, qui fuit Rex Francorum (1). Alter filius vocatus est Buso, qui Burgundiæ superioris, quæ Gallia Comata dicitur, accepit regnum (2). Tercius filius dictus est Hugo, cognomento Capito (3), qui fuit
Dux inferioris Burgundiæ. Exorta discordia inter Karolum
et Regni principes, lites ac bella, rapinæ et incendia, innumera undique sæviunt mala; tandem Rex facti pœnitens
Principes ad concordiam commovet, pacemque exoptatam
cum eis firmat.

De commutatione facta inter *Walcaudum Abbatem,*
et *Teuthardum.*

Eo tempore facta est commutatio inter quendam Teu-
thardum, et Walcaudum Abbatem, de terris quæ sub jure
eorum videbantur esse. Dedit itaque Teuthardus de parte
sua ad partem Walcaudi Abbatis campum unum, situm in
pago Atoariense, in fine Pauliacinse (4) : et contra Walcaudus Abbas de parte sua dedit Theuthardo campum
unum situm in ipso fine Pauliacinse.

(1) Raoul, qui succéda à Robert, compétiteur de Charles-le-
Simple en 923, et se maintint en possession du trône jusqu'à sa
mort, arrivée en 936.

(2) Ici le chroniqueur se trompe en confondant l'oncle avec le
neveu. Bozon, fils de Richard, ne porta jamais la couronne. Il
avait ses possessions autour de Vitry, ainsi que dans les évêchés de
Toul et de Verdun. Il fut tué au siége de Saint-Quentin en 935.

(3) Nouvelle erreur du chroniqueur : Hugues, fils de Richard,
était surnommé non Capet, mais le Noir. Après la mort du roi
Raoul, Hugues contesta la possession de la Bourgogne à son beau-
frère Gislebert, et s'empara de Langres où Louis d'Outremer et
Hugues-le-Grand, duc de France, vinrent l'assiéger. Hugues acheta
la paix en cédant au duc de France une partie de la Bourgogne,
qui eut ainsi trois ducs. Hugues mourut en 951.

(4) Pouilly-sur-Vingeanne (Côte-d'Or).

Obitus Geylonis.

Defuncto vero Geylone Episcopo Teutbaudus successit (1). Sed et isto defuncto, Agrimus Episcopus successit (2), in cura pastorali valde sollicitus. Hic Pontiliacum,
et Ecclesiam S. Yppolyti a quodam Waltario nobis injuste
ablatam restituit, sicut hic demonstrabimus.

Carta et confirmatio Agrini Episcopi de collatis
a Geylone Episcopo huic loco.

Agrinus divina dispensante clementia humilis Episcopus, omnibus Ecclesiæ Dei fidelibus utriusque sexus et
ordinis, usquam locorum degentibus. Ad multorum
constat pervenisse notitiam, qualiter Geylo piæ recordationis Episcopus, prædecessor meus, sanctum Prudentium
de Aquitania transferens, in nostrum Episcopium Lingo-
nense detulit, et in Besua Monasterio ad laudem, et gloriam nominis Dei sollempniter collocavit. Ubi ob amorem
Dei, et reverentiam ejusdem S. Prudentii, quasdam res
Ecclesiæ suæ, videlicet Pontiliacum cum adjacentiis suis,
et Ecclesiam in honore sancti Yppolyti consecratam,
eidem Monasterio contulit, quatinus Monachis et Dei servis ibidem Domino famulantibus, futuris temporibus
proficiant in aucmentum. Quo quidem de hac vita sublato,
sicut reliquæ res Ecclesiæ nostræ inrationabiliter ad
votum diripientium distractæ sunt, ita quoque et Ponti-
liacus a loco ubi fuerat a præfato Præsule collatus, est a
Waltario, sicut certissimum est, sacrilege invasus et indebite alienatus. Unde Gaulcaudus Abbas præfati Besuæ
Monasterii, cum confratribus suis Monachis, nostram

---

(1) Teutbaud, élu en 889, mort vers 875.
(2) Voir p. 114, 117, les notes de la chronique de Saint-Bénigne.

humilitatem adiens , præjudicium injuste loco illatum lacrymosis questibus innotuit, et ut nostra munificentia sublata indebite redderentur, pro amore Dei, et reverentia Petri et Pauli Apostolorum Principum, sanctique Prudentii humiliter deprecatus est. Nos igitur deprecationem illius paterne suscipientes, eamque cum fidelibus Ecclesiæ nostræ Clericis, ac Laicis pertractantes, et justam rationabilemque, et rectam perspicientes, consilio, et consensu tocius Ecclesiæ nostræ , sicut præfatæ res ab antecessore nostro sæpe dicto loco concessæ sunt, et nos quoque præsentialiter concedimus, et hac nostra auctoritate regnante Domino nostro, in perpetuum consecramus.

Ut autem præsens nostra restitutio futuris temporibus vigorem inviolabilem optineat, et de cætero indebitam, injustamque nesciat pati jacturam, manu propria roboravimus, fideliumque nostrorum subscriptionibus confirmare jussimus : successoribus nostris per sanctam et inextricabilem Trinitatem humiliter, obnixeque suggerentes, ut quæ a nobis pie statuta sunt, ab illis inviolabiliter conserventur. Agrinus sanctæ Lingonensis Ecclesiæ humilis Episcopus in Christi nomine roboravi, et signavi. Otbertus Præpositus, et Archidiaconus signavi. Bernardus Archiclaverius sign. Madalgaudus Diacon. sign. Isaac Archidiac. sign. Emmarricus Archidiac. sign. Ewardus Diaconus signavi. Helgaudus Presbyter signavi. Ursinus Presbiter, Arnaldus Archidiac. sign. Fulculfus Diacon. sign. Albericus Diacon. sign. Aclevertus Subdiac. sign. Wlleus Subdiac. sign. Siquinus Subdiac. sign. Josselmus Acolytus signavi. Giflerius Acolytus signavi. Ego Brantio indignus Presbyter hanc restitutionem scripsi, et dictavi, II Id. Aprilis, Indict. VIII, anno II. Regnante Oddone Rege.

Carta de Taxnatello.

Quidam homo, nomine Alardus, dedit res suas proprias, in villa quæ dicitur Taxnatello (1), velut in ipsa fine, id est, curtile unum, quod terminatur de uno latere terra sancti Leodegarii, de alio latere terra Willeri ; de una fronte, strata publica, de alia fronte Fisco. Infra ipsas terminationes, et quicquid ad ipsum·mansum aspicit, tam terris, quam etiam pratis, sylvis, pascuis, aquis, aquarumque decursibus, exitibus, et regressibus, omnia ad integrum dedit Deo, et Ecclesiæ Besuensi.

Carta de Luco.

Eodem tempore quidam homo, nomine Karlus, et uxor sua Retrudis, dederunt Besuensi Ecclesiæ et Abbati Walcaudo res proprias, sitas in villa, quæ dicitur Lucus, habentes terminationes de uno latere terram sancti Vincentii, de alio stratam publicam ; de una fronte fiscum, de alia fronte conturnum vicinorum. Similiter dedit in ipsa fine jornalem unum, et peciolam de terra : et in alia fine, quæ dicitur Campania, dedit jornales duos. In alia autem fine, quæ dicitur mons-Mainberti, jornalem unum, et peciolam de terra. In alio vero loco dedit ubi possunt seminari de tritico modii octo, et ancillam nomine Mainbergam, tempore Regis Oddonis.

Defuncto igitur Agrimo Episcopo, successit Warnerius Episcopus (2). Hic petentibus Monachis cœnobii hujus beatum Prudentium Martyrem retulit de Divioni, cum innumerabilibus Clericis diversi ordinis, a plebe innumerabili utriusque sexus cum honoris tripudio susceptus

(1) Taniot, hameau de Tanay, canton de Mirebeau.
(2) Garnier, 42° évêque de Langres, 912-923.

est. Denique monachis prædicti cœnobii cum infinito populo eminus a Monasterio ei obviam occurrentibus, cum inmensis laudibus receptus est, anno Verbi Incarnati divini DCCCCXXI, ıx Kalendarum Octobrium die.

Defuncto autem Walcaudo Abbate, Walcadus successit, sed et isto obeunte Galcaudus successor efficitur (1); sed et isto defuncto successit Abbas, nomine Milo, postmodum Matisconensis Episcopus qui nichil boni in hac domo gessit (2). Obeunte autem Warnerio Lingonensi Episcopo, successit Gotselmus (3) in Episcopatus honore, anno ı Regni Rotberti. De quo quia mentio facta est, oportet dicere quomodo Rĕgnum acceperit.

Oddone Rege defuncto, Rotbertus frater ipsius sperans, etc., *ut in Chronico sancti Benigni.*

Defuncto autem Gotselmo Episcopo, successit ei in Episcopatus honore Letericus Episcopus (4), post hunc Æricus (5). Deinde Achardus (6). Atque post Widricus (7). Transierunt sub his Pontificibus anni ferme xL et amplius, in quibus semper in deterius processit hujus

(1) Ici le chroniqueur, oubliant ce qu'il a écrit plus haut, p. 266, touchant Guérin et Teutbert, successeurs immédiats de l'abbé Walcaudus, leur substitue par inadvertance un Walcaldus et un Galcaudus, dont les noms ne sont vraisemblablement qu'une variante du nom de Walcaudus.
C'est après Teutbert qu'il faut placer les dévastations successives de l'abbaye par les Hongrois en 936 et 937, rapportées plus loin et à la suite desquelles Bèze resta 51 ans désert.
(2) Milon, 9ᵉ abbé connu de Bèze avant 980, occupait le siége épiscopal de Mâcon l'année suivante. Il mourut en 996. Mais bien avant ce temps, c'est-à-dire vers 988, suivant le *Gallia christiana* (IV, 706), Brunon, évêque de Langres, avait confié le gouvernement de l'abbaye à saint Mayeul, abbé de Cluny, et ensuite à Guillaume, abbé de Saint-Bénigne de Dijon.
(3) Gosselin, vers 925-931.
(4) Leteric, 933.
(5) Eric, 934, vers 945.
(6) Achard, vers 948-970.
(7) Wideric, vers 970-980.

loci status, Episcopis, et Abbatibus alia magis, quam id curantibus.

Rodulfo Rege defuncto absque liberis, etc., *ut in Chronico sancti Benigni.*

De Brunone Episcopo.

Anno ab Incarnatione Dom. DCCCCLXXX , indictione VIII, Regni Lotharii Regis xxv anno , dedit idem Rex Brunoni (1) Remensis Ecclesiæ Clerico, suo vero parenti propinquitate consanguinitatis existenti, Episcopatum Lingonicæ civitatis. Ordinatus est autem idem Bruno Episcopus per manus Burchardi Lugdunensis Archiepiscopi (2), in Ecclesia sancti Stephani viginti quatuor gerens annos ætatis : et eodem anno susceptus est a Clero Lingonicæ urbis, ab Incarnatione videlicet Christi DCCCCLXXXI. His assecutus Episcopatum, omni, quo potuit, nisu, sequi studuit exemplum boni Pastoris.

Monasteria igitur ipsius ad Diœcesim pertinentia, in spiritalibus religione , in temporalibus necessaria pene adnullata gubernatione considerans, cœpit quærere quatenus Dei dispensante nutu, suum in statum ea quivisset reparare.

Cum vero de hujus Besuensis Monasterii multimodis desolationibus dissereremus, diximus prout memoriæ occurrere potuit, secundum quod in scedulis veteribus invenimus, sexies desertum, et fere adnullatum fuisse. Verumtamen postea diligentius cætera perscrutantes, invenimus hunc eundem locum ab Hungris combustum quinquies, quippe cui nullum erat a terreno principe defensaculum, nec loci ad resistendum inimicis muni-

---

(1) Brunon de Roucy, l'un des prélats les plus distingués qui occupèrent le siége de Langres, qu'il gouverna de 981 à 1015.

(2) Burchard de Bourgogne, 979 à 1031.

mentum. Harum combustionum duæ quo témpore eve-
nerint, notum nobis est. Anno namque DCCCCXXXVI
Incarnati Verbi venerunt Hungri in Burgundiam mense
Julio. Iterum anno DCCCCXXXVII Incarnati Verbi
Lucdowico filio Karoli uncto in Regem, et nondum eodem
anno evoluto, Hungri venientes per Franciam et per
Burgundiam atque Aquitaniam, devastaverunt omnia :
quæ vastatio in tantum huic loco obfuit, ut per LI annos
usque ad annum scilicet Incarnati Verbi DCCCCLXXXI
quo Domnus Bruno Lingonensi Ecclesiæ præficitur Episcopus, respirare ad priorem statum nequiverit.

Videns igitur Domnus Bruno Episcopus statum hujus
loci, et Abbatiam sancti Benigni Divionensis, in ambiguo
positum, supplex adiit Domnum Majolum (1) Cluniacensis
Monasterii Abbatem, multaque prece poposcit, quatinus
ejus auxilio quivisset eas reparare in melius, et interius
Religionem, et exterius possessiones. Cujus precibus
flexus, etc. *ut in Chronico S. Benigni.*

Tempore, quo hæc gerebantur, Hugo Rex, Hugonis
magni filius, cum Rotberto filio, Francorum pociebatur
regno, etc. *ut in Chronico sancti Benigni.*

Domnus autem Episcopus Bruno considerans patrem
Willelmum (2) ita ferventem in Religione, ac Monastica
institutione, et loca ei commissa de die in diem in melius
proficere, omnia in suo Episcopio Monasteria ipsius delegavit providentiæ. Videns vero Abbatiam istam Besuensem in honore, et nomine beatorum Apostolorum Petri
et Pauli dicatam, pene ad nichilum redactam, monuit
instanti prece, ut eam secundum regularem emendare
curaret institutionem. Cujus annuens precibus istud cœ-

---

(1) Saint Mayeul, 4* abbé de Cluny, qu'il gouverna comme coad-
juteur et comme abbé de 954 à 994.

(2) Voir sur l'abbé Guillaume et sur les réformes qu'il accomplit
à Saint-Bénigne de Dijon, à Bèze, à Moutier-Saint-Jean et à Saint-
Vivant-de-Vergy, les p. 130-160 qui précèdent.

nobium in paucis annis ad regularem commutavit statum, etc. *ut in Chronico sancti Benigni.*

Cœperunt denique ex sua patria, hoc est, Italia multi ad eum convenire, aliqui litteris bene eruditi, alii diversorum operum magisterio docti, alii agriculturæ scientia prediti, quorum ars, et ingenium huic loco profuit plurimum. Cum vero Willelmus Abbas Augustorum seu Regum palacia adiit, in eis, non quæ sua sunt, sed quæ Jhesu Christi quæsivit, ut ex eorum scilicet familiari collocutione subveniret oppressis sua interventione, aut certe ex sæculari, vel Clericali habitu Deo lucrifaceret ; ut juxta Domini præceptum propria relinquerent, et sæcularibus curis semotis, Deo in tranquillitate servire studerent, etc. *ut in Chronico S. Benigni.*

Cum primum Abbatis suscepit officium venerabilis Willelmus, quidam castri Divionensis civis, nobili ortus genere, Rodulfus Albus vocatus nomine, venit ad conversionem inter ipsa primordia ejus novæ ordinationis ; cujus pecuniis relevata est paupertas prædicti patris, et consilio, atque adjutorio sublevata sollicitudo regiminis hujus loci Besuensis Monasterii ; adhuc quippe erat ei paucitas Monachorum ; quem prædictus frater ita juvabat in exterioribus curis, ut solus supplere videretur solamem plurium. Sed præter ejus votum, hoc solatium tulit illi paucitas dierum.

Si hujus viri mentionem facientes, paululum excesserimus ordinem rationis, ne cuiquam veniat in fastidium ; curæ enim nobis fuit, eos præcipue annotare, qui erga hunc locum devotiores, seu munificentiores exstitere. Hic vero Rodulfus, quoniam hæc Ecclesia secundum quantitatem quia parva erat, tantis Patronis, Petro, dico, et Paulo, non videbatur condigna, a fundamentis incipiens, et ad perfectum usque perducens, in eo statu, quo modo est, consummavit. Rexit autem hunc locum sub Abbate Willelmo. Prior Magnus, tam in exterioribus, quam in

interioribus providendis, et amministrandis strenuis-
simus : quippe qui hoc ipsum jugi cura et exercitio
didicerat. Fuerat namque antequam veniret ad conversionem Vice-Comes Divionensis. Convertens itaque
studium sæculare in Ecclesiasticum, ex bonis initiis
meliores fines obtinuit. Obiit vero hujus vitæ diem
Idibus Novembris, cujus anima requiescat in pace.
Amen.

Alter quidam Monacus, vocatus Hunaldus, etc. *ut in*
Chronico S. Benigni.

Longum est enumerare singula, quæ Domnus Bruno
Episcopus in hoc loco egit bona, sed tamen, quæ in kartis
nostris reppèrire potuimus, demonstrabimus.

In nomine Domini Dei, et Salvatoris Jhesu Christi,
Bruno divina disponente clementia, sanctæ Lingonensis
Ecclesiæ humilis Episcopus. Si locis omnibus, et præcipue sacris, eorumque Rectoribus nostræ indignitati divinitus commissis, in sibi necessariis prout valemus pie et
oportune consulimus, eorumque anxietatibus sollicita
cura subvenimus, non solum in hoc venerabilium et Deo
devotorum Pontificum, piorumque Pastorum usum, et
consuetudinem exequimur, sed etiam saluti animæ
nostræ providemus. Idcirco noverit omnium Ecclesiæ
nostræ, et nostri sollercia, quod veniens Domnus Abbas
Willelmus (quem ob sanctitatem, et venerabilem religionem locis in nostro Diocesi manentibus, Divionensi,
atque Besuensi, amanter præfecimus) insinuaverit nobis
quasdam res de ipsis Abbatiis inter se necesse esse, red-
dendi census gratia transferri, nosque id laudare, et
omnimodo consentire debere. Cujus providentiam et lau-
dabilem discretionem non solum laudavimus, sed etiam,
ut secundum suum velle locorumque necessitate id
accelerare deberet, attente monuimus. Sumptum est itaque de Abbatia sancti Petri Besuensis, et conjunctum
Abbatiæ beati Benigni Divionensis, quicquid habere

dignoscebatur in Bruciaco villa (1); eo tenore, ut omni anno octo modios vini ante festivitatem sancti Prudentii in censum reddant; et quicquid supra diximus, perpetualiter Monachi beati Benigni possideant. Quod si neglegentia, vel oblivione hoc termino redditum non fuerit, censum duplo restituant, et conventum inconvulsum permaneat. Quod si quisque post decessum nostrum, hoc decretum multorum nobilium ore laudatum, infringere temptaverit, nisi cito resipuerit, et pœnitentiam condignam habuerit, anathematis jugulum caveat, quo ferire decrevimus quoscumque, qui nostrorum decretorum cupiunt statuta evellere. Et ut hoc per sæcula inconvulsum permaneat, manu nostra subterfirmavimus, et ut a pluribus firmaretur rogavimus. Signum Brunonis Episcopi. Signum Lamberti Præpositi. Sig. Teudrici Archidiaconi. Sig. Beraldi Archidiaconi. Sig. Widonis Presbyteri. Sig. Teudonis Archiclavi. Sig. Widonis Archidiaconi. Sig. Beraldi Ypodiaconi. Sig. Oddonis. Sig. Amelii. Sig. Brunonis pueri. Sig. Humberti pueri. Sig. Nivardi. Sig. Gozelmi.

De conlatis huic loco a Brunone Episcopo.

Crescente autem in hoc Religionis studio, Domnus Bruno Episcopus nimium exilaratus de bona eorum conversatione, de suo jure quodcumque necessarium et utile eis foret, libenti animo tribuebat. Inter cætera igitur quæ huic loco contulit, statuit, ut de Ecclesiis a sex leugis vel infra a Besua, tempore Rogationum omnes tam viri, quam mulieres cum oblationibus ad sanctorum Apostolorum Petri et Pauli limina convenirent.

(1) Brochon.

In nomine Patris, et Filii, et Spiritus sancti.

Considerans ego Lingonensium Bruno Episcopus oficii mei negligentiam in dampnationem animæ meæ cedere, juxta sensus mei modum elaboravi Ecclesiis Dei provisores efficere, qui in eis talentum verbi Dei disseminantes, mecum pariter de eo, ipsi Domino Jhesu Christo lucrum reportantes, æternæ vitæ remuneratione ditarentur.

Volui igitur Ecclesiæ Besuensi Domnum Guillelmum virum Religiosissimum Abbatem præesse, qui dum in ea cuncta regulariter, ac religiose disponeret, intelligens propria in quibusdam non satis sufficere, quæsivit ab Ecclesia Lingonensi, Ecclesiæ Besuensi aliquid ad luminarii opus conferri. Cognoscens itaque peticioni viri Dei non esse contradicendum, cum consilio tocius Capituli Lingonensis statui, ut de Ecclesiis a sex leugis vel infra a Besua, tempore Rogationum, omnes tam viri, quam mulieres cum oblationibus ad Sanctorum Apostolorum Petri et Pauli limina conveniant. Illud quoque non ociose mecum reputans, quia cum tempore eodem Lingonas venire deberent, alii longitudine viæ, alii inbecillitate corporis, seu aliquibus aliis occasionibus retardati, pabulo divini verbi, et peccatorum remissione, quam ibi deberent accipere, frustrabantur. Veniant igitur illo tempore statuto, et de peccatis suis veniam postulantes ab eis, quorum linguæ claves cœli factæ sunt, a Monachis illic Deo servientibus de salute animarum suarum ammoniti, facta absolutione, et data benedictione, læti revertantur in pace. Quicumque vero huic nostræ institutioni contraire præsumpserit, Dei Omnipotentis auctoritate, et eorum qui quæ ligaverint in terra, erunt ligata et in cœlo, atque omnium sanctorum anatematizentur, et excommunicentur. Amen.

Et ut hoc per sæcula inconvulsum permaneat, manu

nostra subter firmavimus, et ut a pluribus firmaretur, rogavimus. Signum Brunonis Episcopi. Sig. Willelmi Abbatis. Sig. Lamberti Præpositi. Sig. Beraldi Archid. Sig. Teudrici. Archid. Sig. Brunonis Archid. Sig. Teudonis Archiclavi. Sig. Widonis Archid. Sig. Amelii. Sig. Widonis Presb. Sig. Beraldi Ypodiaconi. Sig. Nivardi. Sig. Gocelmi, et aliorum multorum. Ego Airardus Cancellarius scripsi, et cum cæteris laudator, et roborator extiti. Acta sunt hæc anno ab Incar. Dom. MVIII, Indict. vi, Epacta xi, concurrente iiii. Regnante Roberto Rege, et Domno Brunone sedem Lingonicam tenente.

Benivolentiam Domni Brunonis Episcopi atque devotionem erga hunc locum, noticiæ futurorum commendare volumus, nobis, hodieque, et posteris nostris, quamdiu sæculum durabit, profuturam.

Est Ecclesia non multum distans ab hoc Besuensi loco in honore sancti Leodegarii dedicata (1), largissimis prædiis et latifundiis a Regibus, et Ducibus, et Comitibus dotata. Cujus loci Monachi non minimas injurias, et importunitates huic loco inferebant, terras nostras occupantes, injustas consuetudines in ipsis terris imponentes. Et quoniam possessiones nostræ intra possessiones eorum contiguæ erant, justo latius manus extendentes, ut pote terrenorum principum quamvis injusto auxilio confisi, quacumque poterant de nostris rebus locum suum ampliabant.

Est villa, quæ dicitur Cusiriacus (2) in parrechia nostra ejus villæ qui dicitur Belenava, ubi cum Monachi S. Leodegarii Ecclesiam et novam parrechiam construere voluissent : audiens hoc Domnus Bruno Episcopus, excommunicavit, et anathematizavit eos, qui ibi Ecclesiam construerent, et qui divinum officium ibi celebrarent. Considerans tamen quoniam parrechialis Ecclesia,

---

(1) L'abbaye et plus tard le prieuré de Saint-Léger déjà mentionné.
(2) Cuiserey, canton de Mirebeau, arr. de Dijon (Côte-d'Or).

Belenava scilicet, nimis longe aberat; ut bonus pastor animarum curæ prospiciens, neve longinquitate viæ, aut negligentia Sacerdotis, aut ignorantia plebis, animæ divini verbi pabulo fraudarentur, statuit ut ad villam, Besuunculam nomine (1), quia prope erat, ad Missas, et Christianitatis officium convenirent : eo vero tenore, ut quia dignus est operarius mercede sua, medietatem eorum, quæ ad Presbiteratum pertinerent, illi Ecclesiæ condonarent.

Item in villa quæ dicitur Anblins (2), quoniam ipsi in aqua partem nobiscum habebant, cœperunt calumpniari, et si quid vellemus ædificare, ipsi quantum poterant impediebant. Accessit Pater Bruno Episcopus, et ipse in medio aquæ sudem acutam infixit, quæ hodieque ibi manet, ut monachi sancti Leodegarii medietatem aquæ usque ad palum haberent, et alia medietas usque ad palum nobis in pace remaneret.

In villa nostra, quæ Trecasas (3) dicitur, voluerunt aliquando corvatam consuetudinaliter facere. Cum vero non fuisset alius, qui resisteret, quidam rusticus zelo justiciæ et fidei accensus, accessit ubi boves juncti fuerant, et juncturas super capita eorum, quas rustici convinculas appellant, omnes truncavit. Tamen timens ne pro hoc facto, quamvis injuste ei malum inferretur, aufugit. Iterum Bruno Episcopus noster, et nomine et re, cum hoc audisset, non piguit ad locum accedere, et prius quam de hac re incœpisset disserere, rusticum illum qui timore delituerat, nec audebat redire, demandans : Ubi est, inquit, filius meus, qui hoc fecit, et ita viriliter loco mei egit? Qui cum venisset ante eum : Tu es, inquit, filius sancti Petri, et meus : ne paveas pro certo habens, quia qui te odit, me odit. Securus esto; nam qui te lædet, me-

(1) Bezouotte, canton de Mirebeau, arr. de Dijon.
(2) Drambon.
(3) Trochères.

cum quoque dividet illud. His dictis, cum per indigenas loci, et antiquos, quibus noticia, et memoria præteritorum fuerat, comprobatum fuisset, nullo modo Monachos illos consuetudinem illam quam reclamabant, in nostram villam habere, Domnus Episcopus remeavit ad sua.

Carta de Decimis Novæ Villæ.

Per idem tempus , quo Domnus Guillelmus Abbas Besuense regebat Monasterium, Miles quidam, nomine Gyrardus, cognovit se non recta consuetudine accipere decimas cujusdam Ecclesiæ ad ipsum Monasterium pertinentis, quæ in Comitatu Adtoriense, loco nuncupato Nova villa (1), in honore S. Prudentii est consecrata : eo quod decimæ illius Ecclesiæ ad alteram quasi matrem transportabantur Ecclesiam, constitutam in villa, quæ dicitur Frasnetum (2). Cum igitur apud Castellum suum, cui nomen est Fons-venti (3), VII Kal. April. resideret, reddidit pro remedio animæ suæ, et uxoris, filiique sui, nomine Humberti, ipsas decimas ad jam dictum Monasterium, cui ipsa jure hereditario subjacebat capella. Hoc autem factum est sub præsentia, et consensu uxoris suæ, nomine Gertrudis, et prædicti filii sui Humberti, atque ut nemo de heredibus, vel successoribus eorum jam amplius ipsas decimas repetendi haberet licentiam , hanc fieri noticiam jusserunt : quam si quis calumpniatus fuerit, perpetuæ excommunicationis feriatur anathemathe. Nomina testium qui hanc noticiam firmaverunt, hæc sunt. Theodericus, Humbertus, Aymo, Joffredus, item Humbertus, Arembertus, Gybuinus, Mainfredus, item Haymo, Wido Presb. Deodatus , et alii quam plures

---

(1) Neuvelle-les-Champlitte, canton de Champlitte (Haute-Saône).
(2) Franois,   id.
(3) Fouvent-le-Château,   id.

illustres viri, qui omnes testimonium firma ratione præ-
buerunt, melius et rectius jam dictam Ecclesiam per se
debere stare cum decimis suis in parte, et possessione
Besuensis Monasterii, quam alteri cuilibet subjacere
Ecclesiæ.

Item alia.

Cum apud Lingonicam sedem nostram, Ego in Dei
nomine Bruno Episcopus, nostrique Archidiaconi, collecta
Diœcesis nostræ filiorum multitudine, generalem agere-
mus synodüm, adiit præsentiam nostram quidam Monachus Besuensis Monasterii, nomine Benedictus, præmon-
strans cartulam quam ante fecerat Miles quidam nomine
Gyrardus, ex consensu uxoris suæ, nomine Gertrudis, et
filii sui Humberti, reddens ad jam dictum locum decimas
cujusdam Ecclesiæ in comitatu Adtoariensi, Nova scilicet
villa, sub honore sancti Prudentii consecrate. Quam
videlicet cartulam omnes pariter audientes firmavimus,
atque laudavimus. Et quia eadem Ecclesia in prædio
præscripti Monasterii erat constructa, decrevimus, atque
statuimus, ut decimæ ipsius omni tempore jure hereditario ad idem devenirent Monasterium, nullo de nostris
successoribus, neque de heredibus prædicti Gyrardi contradicente, neque calumpniam faciente. Si quis hoc testamentum calumpniatus fuerit, repetantur ab eo cuncta
delicta, usque ad novissimum quadrantem. Actum puplice
Lingonis. Nomina testium, qui hoc firmaverunt testamentum. Lambertus præpositus (1). Teudo Abbas et Archidiac. (2). Beraldus Archid. Item Beraldus Archid. Bruno
Archid. nepos Domni Brunonis Episcopi.

(1) Qui succéda à l'évêque Brunon.
(2) Teudon, abbé de Saint-Etienne de Dijon.

Carta de Bustello.

Notum esse volumus præsentibus, et futuris, quod Fulbertus et Berengerius fratres recedentes de Bustello, pro inimicitiis, quas vicini eorum contra eos exercebant, dederunt alodum ipsius vici Bustelli (1), S. Petro et seipsos, et omnem posteritatem suam commendaverunt perpetualiter eidem sancto Petro, una denerata ceræ omni anno, tam virum, quam mulierem. Ea conventione, ut si ipsi, aut aliqui ex eorum progenie reverterentur in regionem, hereditatem suam, quam sancto dederant, ab Abbate loci et Monachis tenerent. Discedentes itaque de Episcopatu Lingonico, tempore Brunonis Episcopi, et Ducis Henrici (2), venerunt in Diœcesim Archipiscopatus Vesuncionensis tempore Hectoris Archiepiscopi (3), et Comitis Willelmi (4), pervenerunt in locum, qui dicitur Rollens (5), et remanserunt ibi super terram Teduini, et Beroardi fratris ejus : qui scilicet Teduinus pater fuit Bernardi. Ea vero conventione in terra illorum remanserunt, ut ipsis reditus, et consuetudines terræ persolverent, sancto vero Petro Besuæ censum, quem debebant annuatim, deportarent. Timentes autem Monachi, ne per succedentia tempora heredes Teduini, et Beroardi fratris ejus, ipsis hominibus aliquam violentiam irrogarent, vel in servitutem eos redigere vellent, cum Abbate suo Willelmo adeuntes Concilium, in quo Archiepiscopus Hector, et Episcopus Bruno cum aliis Episcopis residebant, deprecati sunt, ut hanc Kartam pariter, et libertatem istorum hominum Ecclesiastica auctoritate roborarent. Quod ipsi libenter conce-

(1) Buteau.

(2) Henri, frère de Hugues Capet, fut le premier duc propriétaire de Bourgogne. Il mourut en 1002.

(3) Hector, 48ᵉ archevêque de Besançon, 1010-1016.

(4) Othe-Guillaume, premier comte de Bourgogne, fils adoptif du duc Henri, mourut en 1026.

(5) Roulans, chef-lieu de canton du départ. du Doubs.

dentes cum consensu aliorum Episcoporum, et totius.
sancti Concilii eosdem homines liberos sancti Petri esse
statuerunt, et perpetuo anathemate excommunicaverunt,
qui illis servitutis jugum imponere ullo modo ausi fuissent.
Signum Hectoris Archiepiscopi. Signum Brunonis Episcopi. Signum Walterii Episcopi (1). Signum Burchardi
Episcopi (2). Signum Gosleni Episcopi (3).

Carta de Buxiaco et de Lama.

Quidam homo Gybuinus nomine, dedit Deo, et Besuensi Ecclesiæ, unum servum nomine Walcaudum,
cum sua conjuge, atque omnibus, qui ex his fuerint pro-
pagati : et unum mansum, qui divisus est in duas partes.
Una pars est in villa, cujus vocabulum est Buxiacus (4),
quæ de duobus lateribus dividitur a terra Gyrardi Militis,
et de tercio a terra S. Petri Besuensis, et de quarto ab
aqua quæ vocatur Tyla, in qua xxx et ii jornales appendunt; et alia pars est in villa, quæ dicitur de Lama (5) ;
quæ partitur undique a terra sancti Petri, in qua appendunt xx et viii jornales. Postmodum vero in die depositionis suæ cum fuisset delatum corpus ejus ad sepulturam
omnis affinitas ejus dederunt unam ancillam nomine
Abdiardam, et confirmaverunt hanc iterum Kartam. Quicumque vero dempserit quippiam ex his supradictis
rebus, sit anima ejus abstracta a consortio Dei.

(1) Gauthier I, 46ᵉ évêque d'Autun, 977-1024.
(2) Burchard. Parmi les pontifes de ce nom, contemporains de
Brunon, évêque de Langres, dans les provinces de Besançon, Lyon,
Vienne et Sens, on ne trouve que Burchard, archev. de Lyon, 979-1031.
(3) Gaucelin. Le seul évêque de la même région auquel ce nom
pourrait s'appliquer est Gaucelin, évêque de Mâcon ; cependant
Gaucelin (Gallia christiana, IV, 1058) ne prit possession de son siége
qu'en 1018.
(4) Bussières, canton de Grancey, arrondissement de Dijon, situé
sur une des branches de la rivière de Tille.
(5) Damalix, ferme dépendant de la commune de Lux.

Item alia.

Hisdem etiam diebus, Oggerius calumpniam inferens ancillis, cum propriis filiis, uni Susannæ, et nomen alteri Hildegardæ a Monachis S. Petri per multorum curricula temporum jure possessis, conabatur in suam pertinaciter transducere servitutem. Quapropter jubente Brunone Episcoporum præcellentissimo, fidelium suorum factus est conventus, insuper etiam campiendi (1) est dies statutus. Sed ne homicidii, vel perjurii noxam incurreret ipse Oggerius, oblati sunt ei a Monachis ibidem manentibus quinquaginta solidi : quibus acceptis, sic tandem ab hac querela sponte reticuit. Et quamvis injuste temptasset eas ad suum inflectere servicium, accepto in redemptionem ut ita ducam, precio, sancto Petro, cui verius pertinebant, reddidit coram testibus ; ita ut nec ipse, nec sui coheredes, vel aliqua suspecta persona, audeat de his, aut eorum progenie aliquando aliquam calumpniam inferre. Hi sunt testes. Gyrardus Comes (2), Walterius, Nerduinus, Aldo, Odo, Hugo Comes (3), Odilo.

Carta de Gibriaco.

Per idem tempus, quidam homo, Jozaldus nomine, pro remedio animæ suæ per consilium filiorum et amicorum suorum, dono tradidit ad locum sancti Petri Besuensis, quandam vineam in villa Gibriaco (4), in loco nuncupato Casallo, cum jacentem, quæ habet in longo xxvi perticas,

(1) Il s'agit ici du jugement de Dieu par le duel.
(2) Girard, comte de Fouvent, désigné plus haut.
(3) Hugues de Beaumont, comte de Dijon et de l'Attouar pour l'évêque de Langres.
(4) Gevrey.

in lato perticas x et vii, et terminatur de uno latere terra
sanctæ Mariæ, ex alio latere de ipsa hereditate ; de una
fronte strata publica, de alia, terra fiscali. Hanc autem
hereditatem duo antecessores sui, Wicherannus scilicet
et Archirannus, donaverant ei, et uxori suæ Tetsanæ, et
duobus infantibus suis Ostrado, et Vucheranno. Sicut
ergo ab ipsis duobus antecessoribus suis donata sunt,
ita ipse Deo, et sancto Petro, et Besuensi Monasterio tradidit perpetualiter habendam, atque possidendam.

Karta de Setis.

Noverint fideles per succedentia tempora, quod quidam
homo, Lambertus nomine, cum esset ingenuus, et maneret apud Setas (1) cum uxore sua, nomine Eremburgi,
ac liberis Framiero, et Dominico, ejusdem conditionis,
gratis se tradidit sancto Petro ad serviendum in loco, qui
dicitur Fons-Besua, ac Monachis ibi degentibus, famulantibus Deo ; quatinus libertas eterna proveniret animabus eorum. Sed hoc fecit eo tenore, ea conditione, eo
fenore, ut ipse, et successores ejus, fideliter custodirent
elemosinam quam Comes regionis Rainaldus una cum
sua conjuge (2) tribuit supradicto sancto Petro. Nam quicquid in lucro aut negotio aliquid exinde potuerint lucrari,
reddant ad vestitum fratrum in camera supradicti loci.
Et ut hæc scriptio firma maneret, in præsenti dederunt
in recordatione huic Conventui, vir duos asinos, et ejusdem viri uxor x solidos ad restaurandam caldariam. Similiter et unam navim dederunt. Nam noverint Monachi
ipsius loci, non eum habere alium Advocatum, nisi ipsos,
et ideo omni tempore eum in vestitu, in calceatu, ac cibo

(1) Les Brosses, métairie dépendant de la commune de Bèze.
(2) Renaud Ier, comte de Bourgogne, fils d'Othe-Guillaume,
1027-1057, marié à Judith, fille de Richard, duc de Normandie.

semper gubernari. Et ut insuspecti manerent, anathema-
tizaverunt seniores loci quicumque; in aliquo aut quippiam ei moleste fecerit, aut ejus liberis, perpetua anathe-
matizatione, ex auctoritate Dei, sanctique Petri, ob cujus
amorem se tradidit ipse Lambertus ad serviendum, nisi
satisfactio facta promeruerit veniam. Testes huic subscriptioni omnes habitatores sancti loci ipsi sunt. Aldo Præpositus, Humbertus, Wido Decanus, Otbertus, Necteus
Rainerius. Hæc enim acta sunt tempore Willelmi Abbatis (1), ac præpositi loci, Benedicti nomine.

Carta de Talamaro.

Perversorum calliditas dolos corde machinantium,
exigit ut res decretæ literrari tradantur scedulæ, ob cau-
telæ studium, et munimen sequentium. Quos ita sæpe
levis circumvolvit inconstantia, ut etiam testimoniali manu
roborata, sinistrorsum subdola certent refragari sollertia.
Talium præcaventes versutias fratres loci Besuensis, sub
Domni Abbatis Guillelmi excubantes regimine, descripsi-
mus conventionem quam fecimus cum Parrechianis villæ
Talannaci (2), de atrio Ecclesiæ sancti Valerii. Timentes
enim hostiles impetus, ad nos venere unanimes, poscen-
tes ipsum atrium sibi dari in auxilium, ad construenda
domicilia, et condendi propria. Horum itaque evicti inportunitate, atrium in commune census sub raciocinio indul-
simus; eo videlicet conditionis ordine, ut qui senum pedum vel septem mensuram usurparet in dominio,
duorum; qui vero aut duodecim, aut tredecim, quattuor
denariorum censum die festivitatis sancti Benigni solveret.
Qui vero statutum transiret terminum, jam sciret cum
usura secundum legem reddendum.

(1) L'abbé Guillaume, déjà nommé.
(2) Talmay, dont l'église avait saint Valier pour patron.

Karta de Luco Ibuxiaco.

Quædam fœmina, Heldegardis nomine, pro remedio animæ suæ, et viri sui, filiorumque, scilicet Norgaudi, et Heldeberti, tradidit hanc terram cum. appenditiis suis, quam jure hereditario possidere videbatur, Monasterio sanctorum Apostolorum Petri et Pauli, quod est situm in loco, qui dicitur Fons Besuæ. Et ut hoc profuturum posteris foret, et firmius crederetur, litteris adsignare rogavit.

Igitur in Bussiaco villa (1) quattuor sunt curtillia, duo ex una parte fluvii, qui dicitur Tila : et alia duo, ex alia parte ejusdem fluvii. Ex uno latere est terra sancti Salvatoris, ex alio terra Gibuini ; ex uno capite currit prædictus fluvius, id est Tila, ex alio est via publica. Juxta autem alia duo curtilia, quæ sunt ex alia parte ejusdem fluvii, ex una parte est terra Girardi, ex alia terra Gibuini ; ex una fronte terra prædicti Girardi, ex alia sæpe dictus currit fluvius. In Luco autem Villa secus pontem curtile unum : ex omni parte est terra ejusdem prædicti Monasterii. In eadem vero villa est et aliud curtile, ex una parte terra sancti Petri, ex alia terra Willerii ; ex una fronte via publica, ex alia sæpe dictus fluvius.

Item in alia villa, Luco dicta ad sanctum Martinum, duo curtillia ; ex una parte est quidam exitus ad aquam pergendi, ex alia est terra sancti Leodegarii ; ex una fronte currit Tila, ex alia prædicta via. Item in jam dicta villa Luco ad pontem sunt tria curtilia modica, ex omni parte ejusdem Monasterii terra consistit. Item in eadem villa unum curtile ; ex una parte est terra Giraldi, ex alia terra sancti Salvatoris ; ex una fronte tenet ipsum

(1) Bussières, mentionné plus haut.

Monasterium, ex alia fluvius jamjamque vocatus. Item in eadem villa unum curtile; ex duabus partibus terra sancti Leodegarii; ex una fronte terra Gibuini, ex alia sæpe dictus fluvius.

Hæc ergo supradicta Heldegarda cum prædictis filiis, jam dicto contulit Monasterio, et fideli subscriptione legitimis testibus corroboravit, Regnante Roberto Francorum Rege. Contulit nichilominus cum omnibus his prædictis curtilibus, omnia quæ ad ipsa pertinent : id est prata quattuor terras arabiles, et pascua, et cuncta quæ hereditario jure possidebat in his prædictis tribus villis.

Karta de Lu et Fracto monte.

Item alia quædam fœmina, Heremburgis dicta, pro anima sua, animabusque seniorum suum seu filiorum, dedit Deo, necnon sacrosanctæ Ecclesiæ, in loco qui Besua dicitur, in beati Petri Apostoli honore dicatæ, quasdam res juris sui, scilicet colonicas quattuor sitas in pago Lingonico. Quarum in villa, quæ dicitur Lu ad sanctum Martinum (1), tres sunt.

Has igitur tres cum servis supermanentibus jam dictæ dedit Ecclesiæ, eo pacto, ut in vita sua jure usuario eas possideret; post obitum vero suum ad illius Ecclesiæ Rectores perveniant. Alia autem colonica sita est in eodem pago, in villa quæ dicitur Fractus-mons (2). Hanc jam dictæ Ecclesiæ in vestitura tradidit, ut Rectores ejusdem loci teneant et possideant. Nomina vero servorum, et ancillarum his in terris degentium, hæc sunt, Stephanus et uxor ejus Deodata, et filii eorum Mainardus,

(1) Le rédacteur de la Charte a confondu le *pagus Lingonicus* avec le diocèse, car il n'existe dans cette circonscription d'autre Lux avec une église dédiée à saint Martin, que le Lux du *pagus Attoariorum.*

(2) Aujourd'hui Mont-les-Franois, canton de Champlitte.

Leotasius, Danucia, Ermengarius, Rainardus, Ernuicia, Mainardus, Bernardus, Fulgerius, Rotrudis, Olosma.

Has igitur cum servis et omnibus appenditiis sanctæ Ecclesiæ prædictæ, cui Domnus Guillelmus Abbas præerat, jam dicto Conventui concessit, pro his quorum superius memoriam feci, necnon pro anima Leudonis, qui ei has contulit. Signum Heremburgis, quæ fieri, et firmare præcepit. Signum Lebaldi Præsulis. Signum Adalardi Presbyteri. Signum Joannis Levitæ Signum Haymonis Levitæ. Signum Constantini. Data per manum Raonulfi Levitæ vi feria primo die mensis Januarii. Regnante Roberto Rege.

Item alia.

Quidam Miles vocabulo Hirmuinus, Besuense adiens Monasterium ex consensu uxoris suæ, nomine Bertilæ, dedit ad ipsum locum pro amore sancti Petri, ac sancti Prudentii, necnon et pro remedio animæ cujusdam filii sui, nomine Hirmuini nuper defuncti, quendam servum vocabulo Ewardum, cum uxore sua, nomine Stephana, et infantibus illorum ; ea ratione, ut tam ipsi, quam omnis posteritas illorum, ab ipsa die in servitio et dominatione Monachorum jam dicti Monasterii jure hereditario permaneant, nullo contradicente, neque calumpniam faciente. •

Carta de Flaciaco.

Alius Miles, Hugo nomine tradidit sancto Petro pro sepultura uxoris suæ Wandelmodis, et pro remedio animæ ejus mansum unum, in vico qui Flaciacus dicitur (1), cum omnibus appenditiis suis, terris scilicet ara-

(1) Flacey, canton d'Is-sur-Tille.

bilibus, sylvis, atque pratis. Et ut hæc donatio nulli unquam calumpniæ pateat, sed jugiter inconvulsa permaneat, hanc Kartulam altari ejus superposuit, et eam manu sua firmavit, roborandamque testibus fidelibus tradidit.

Karta de Beria.

Notum esse volumus omnibus fidelibus, tam futuris, quam præsentibus, quod quidam Miles, Milo nomine, de villa quæ dicitur Beria (1), Domni Willelmi Abbatis, qui huic Monasterio Besuensi præesse dinoscebatur, ac Domni Benedicti, qui post ipsum Prioratus officio fungebatur, clementiam adierit, poscens sibi de rebus ejusdem Monasterii in beneficio donari, promittens se in omnibus jam dicti Monasterii serviciis subditurum, ejusque utilitatibus pro posse omnimodis profuturum. Qui cum in precibus suis, tam per se quam per suos internuntios assiduus perstaret, ejus coactus postulationibus jam dictus Prior Domnus Benedictus, ex consensu supradicti Domni Abbatis Willelmi, dedit ei terciam partem Ecclesiæ præscriptæ villæ, Beriæ scilicet parte altera retenta. Nam terciam Presbyter pro servitio tenebat. Dedit etiam ei mansum unum in vico, quod dicitur Alta-villa (2), et unum quartarium in villa quæ dicitur Juvenalis (3), et unum jugerum de vinea in villa, quæ dicitur Curtis Adonis (4). Ea tamen convenientia ut hoc ipsum beneficium diebus vitæ suæ teneret : post obitum vero suum nec filius ejus, nec filia, aut aliquis ex ejus parentela, se de eo intermittere, aut præsumere auderet, nisi eis bona voluntate, aut gratanti donatione Abbatis, aut Monachorum ejus concederetur. Quam convenientiam in persona sua, ac filii sui Aduini

(1) Beire-le-Châtel.
(2) Auvillars, près Fouvent (Haute-Saône).
(3) Genevrières? canton de Fays-Billot (Haute-Marne).
(4) Courtauloin, commune des Loges, même canton.

sub jure jurando firmavit, præsente ipso filio suo, ac gratanter consentiente. Cui rei etiam fideles testes adhibuit, quorum hæc sunt nomina : Oddo, Rotbertus, Wido Decanus, Luitprannus, Aldo Præpositus, Albertus Monachus, Rotbertus Monachus.

De obitu Brunonis Episcopi.

Quia longum est enarrare cuncta, quæ huic loco conlata sunt tempore Brunonis Episcopi, ad ipsius vitæ finem veniamus. Sed ante paucis describere curabimus quis fuerit modus vitæ ejus.

Fuit itaque in elemosynis largus, etc. *ut in Chronico S. Benigni.*

Anno ab Incarnatione Domini MXVI Domnus Episcopus Bruno obiit ii Kalend. Februarii, peractis in Episcopatu annis xxxv. Cui successit Lambertus Episcopus (1), et ipse aucmentator bonorum hujus loci devotus.

Karta de Nova-villa.

In cujus diebus, quidam Hemricus, et filius ejus Vilgerius, et uxor sua nomine Adrudis, sepulturam sunt adepti in Monasterio sancti Petri Besuensis. Ex hac videlicet causa, quo villam Novæ-villæ (2), quam tenuit pater ejus in beneficium, reddederint sancto Petro pro remedio animarum suarum. Ne autem hæc redditio frustraretur, dedit ei Domnus Benedictus Prior, mansum unum in villa, quæ Corcellis vocatur, tempore vitæ suæ, et post obitum ejus rediret ad sanctum Petrum. Hoc autem ne oblitteraretur, Monachis sibi tunc cognitis decidentibus,

(1) Lambert, 49e évêque de Langres, 1016-1031.
(2) Neuvelle-les-Champlitte.

his litteris sub testificatione priorum manifestandum rogavit posteris adnectendum. Et hoc ut sicuti fratrum defunctorum anniversaria dies celebratur, ita et ipsius celebretur. Humbertus Clericus Tilecastri testis. Wido Decanus testis, et alii multi.

Item alia.

In nomine summæ et Individuæ Trinitatis, Patris, et Filii, et Spiritus sancti. Notum esse omnibus volo, quod ego Heinricus, quicquid sanctus Petrus in Nova-villa videtur habere, quondam in beneficio tenueram, sed a Brunone Episcopo sublatum, Monachis est restitutum. Sed ego post mortem Brunonis resanccivi; unde Abbas Willelmus indignatus cum Monachis versis ad Lambertum Episcopum clamoribus, compulsus sum Novamvillam intermittere. Postea vero præsumptione in humilitate mutata, ipsum Lambertum Episcopum promerui adjutorem; quo intercedente ipsam terram quæ tribus mansis, et dimidio dividitur, hac conditione Monachi mihi reddiderunt, ut retenta corvata suis usibus, et David, et filio, et Rainaldo, cum terra, quam tenent, alios jornales haberem, et carroperam, et censum cum Eulogiis. Monachi vero de hominibus receptum et placitum reciperent, cum quo etiam quicquid super tria mansa et dimidium in ipsa villa inventum est. Quicquid etiam assum est, et in curtilis et terra arabili, pratum quoque indominicatum, et sylvam et molendina. Hoc etiam mea promissione firmatum est, ut ab hominibus præter legalem censum terræ nec occasione hospitii, nec nova necessitate aliquid exigerem. Quod si præsumerem, iterum terram perderem, nisi Monachos satisfactione placarem.

Hujus igitur terræ indulto servitio militari, nichil aliud a me exigitur, nisi continua defensio contra prædatores, et fraudatores ejusdem Ecclesiæ. Sed ne in hoc viderer gravari, non contra potentiores, sed contra æquales michi genere, et potestate, et contra inferiores mihi in utroque; in qua defensione si negligens comprobabor, iterum perdendi terram conditione constringor.

Hanc ergo terram Novæ-villæ hac conditione receptam cum omni alia, quam ex parte sancti Petri habebam, id est, Monasteriolum cum Ecclesia, in ipso alodo sita, et in Fracto monte mansum unum, et in Wainart (1) dimidium mansum. In Manneio (2) quoque quartarium unum pro remedio animæ meæ in jus ac proprietatem præbendæ Monachorum retrado; et omnes posteros meos alieno, et in omnibus bonis, quæ ex parte sancti Petri pro beneficio tenui, ne jus hereditarium requirant, exheredo, et ad excludendam requirendæ hereditatis occasionem, omne quod habui per hanc cartæ Noticiam coram positis testibus reddo.

Ego quoque Lambertus Lingonicæ sedis Episcopus, hujus redditionis testis adsisto. Et quia mea dispositione id actum est, ut ad præbendam Monachorum redeat Nova-villa, et omnis alia terra, quam Heinricus tenuit in beneficio, gratanter confirmo. Et ne ulterius beneficiali more post obitum Henrici ab usibus Monachorum subtrahatur, interdico; et authoritate Patris, et Filii, et Spiritus sancti cum invocatione sancti Petri Apostolorum Principis consentientes et subtrahentes excommunico. Signum Lamberti Episcopi. Signum Beraldi. Signum Rotgerii. Signum Widonis. Ego Heinricus propria manu firmo, testesque adhibeo. Signum Girardi Comitis (3). Signum Milonis. Signum Oldebranni. Acta sunt hæc Tilecastro (4) publice, præsente Domno Lamberto Epis-

---

(1) Localité située dans le voisinage de Neuvelle, dont l'emplacement est demeuré inconnu.
(2) Id.
(3) Girard, comte de Fouvent.
(4) Til-Châtel.

copo, Anno ab Incarnatione Domini nostri Jhesu-Christi MXVII. Indictione xv. Regnante Rotberto Rege Francorum, mense Febroario.

Karta Fontis-Vennæ.

In nomine sanctæ et individuæ Trinitatis. Omnibus Ortodoxæ fidei cultoribus. Luce clarius patet humanum genus tam diabolica seductione, quam propriæ naturæ fragilitate Creatorem suum cotidie offendere, ejusque iram incessanter irritare, juxta illud Apostolicum : *In multis offendimus omnes.* Et si omnes, quod verum est, offendere dicit, neque cautos, ac perfectos a generalitate offendentium excludit, quanto magis nos omnino sæculares, qui Dominicorum vix præceptorum meminimus, in quorumque actibus, nichil pene nisi peccatum cognosci potest, offendere credere debemus ? Multa et enim mala scienter perpetramus, et in multa ignoranter incurrimus, de quibus necessitas magna instat, ut antequam ad districti judicii tribunal duci cogamur, quomodocumque absolvi laboremus. Et quia Dominicis, et Euvangelicis verbis receptorem Prophetæ et justi, mercedem Prophetæ et justi accipere instruimur, si quem Dei servitorem, quod nomine justi sonare videtur, receperimus, aliquantulam offensarum nostrarum sarcinam leviare existimamus. Sed ne diutius in loquendo moremur, jam cœptorum intentionem ad medium deducamus.

Ego Lambertus Dei gratia Lingonensis Ecclesiæ Præsul, notum iri volo cunctis sanctæ Christianitatis filiis præsentibus, et futuris, quod Girardus Fontis-vennæ Castri (1) Dominus, ante prædictum castrum Monasterium in honore et memoria sancti sepulchri, ac sanctæ Mariæ semper Virginis, ædificare volens, ibi Monachos, qui

(1) Fouvent-le-Château.

semper Deo serviant, locare disponit. Ad claustrum quoque et officinas, ad hortum, et horrea, et ad cuncta necessaria ipsius loci componenda, dat eis terram ab ulteriori rippa Vennæ aquæ (1), quæ est Lingonis venientibus ad castrum sinistra, usque ad sylvam quæ est eisdem dextera : de altera vero parte a cruce, quæ fixa est in media calmæ usque ad ipsum castrum per viam quæ ducit ad sylvam (2). Et quia ipsum castrum cum adjacenti terra de casamento nostræ Dioceseos noscitur esse, per laudamentum nostrum concedit sancto Mammeti commutationem prædictæ terræ apud Artionis curtem villam (3), quam de hereditate Geretrudis uxoris suæ contigit habere. Quam etiam terræ commutacionem pro remedio animæ meæ prædictæ laudo Ecclesiæ, ut et ipse particeps fiam elemosynæ.

Vult autem prædictus Girardus hunc locum tali conventione construere, ut in subjectione et in disciplina sancti Petri Besuensis, atque Abbatis ipsius Ecclesiæ permaneat omni tempore. Similiter quicquid ipsi loco ad præsens dat, et quicquid in futurum dederit vita comite, et cæteri quique fideles pro remedio animarum suarum voluerint inpertire, in prædicta Abbatiæ Besuensis semper subsistat ditione.

Rogat etiam me obnixe Episcopali auctoritate confir-

(1) Aujourd'hui le Vannon.

(2) Le monastère fondé par Gérard et sa femme devint le prieuré de N.-D. du Saint-Sépulcre de Fouvent, qui jusqu'à la Révolution demeura sous la directe et à la nomination de l'abbé de Bèze.

(3) Cette localité, désignée dans un compte des revenus du prieuré de Fouvent en 1485 sous le nom d'Arsoncourt, dépendait du territoire et de la paroisse de Lavoncourt (voir p. 312), contigu à celui de Brottes, aujourd'hui communes du canton de Dampierre-sur-Salon (Haute-Saône). Ce compte de 1485 lui donnait une population de 20 feux qui s'élevait à 47 en 1521. L'année suivante, le prieur de Fouvent accensait la plus grande partie de ce territoire à un habitant de Brottes. A partir de cette époque le nom d'Arsoncourt n'apparaît plus ni dans les Archives de l'abbaye de Bèze, ni sur les cartes du pays.

mare, ut omnium Militum defunctorum corpora, quæ ab
hoc Fontis-vennæ castro ab Besuam, ut consuetudo eis
est, non potuerint portari, in cymiterio istius loci a me
consecrato, consuetudinaliter tumulentur. Cuncti etiam,
qui intra castellatum, vel in ipso ambitu et receptu cas-
tellati mortui fuerunt, in prædicto sanctæ Mariæ cymiterio perpetua observatione sepeliantur. Cujus peticionis
intencionem fidelem et devotam intelligens, libenter cum
consensu omnium Archidiaconorum, et aliorum fidelium,
quod poscit annuo, et confirmo, et sancto Petro Besuensi
illum locum laudo ; et insuper hanc litterarum Noticiam
fieri jubeo ; quam etiam propria manu firmo. Quam peticionis firmationem, sive conventionem, ac scriptionem, si
quis perversa mente deceptus aliter mutare, aut penitus
evertere exorsus fuerit, anathematis æterni, et perpetuæ
maledictionis vinculo vulneratus, ac legis rectitudine
convictus, centum auri libras persolvat, et quæ in ista
Carta continentur, inviolata permaneant. Ego Lambertus
Lingonicæ sedis Episcopus, ut sit memorabile sæculis,
hanc cartam fieri jussi, et signavi. Beraldus Suessionis
civitatis Episcopus signavit. Beraldus veteranus Archidiaconus et Abbas sig. Girardus Comes Fontis-vennæ sig.
Bruno Archidiaconus sig. Girardus Diaconus sig. Gyrardus sig. Hugo Comes sig. Oddo Archidiaconus et
Abbas sig. Wido sig. Rotgerius sig. Hugo Cappellanus
sig. Item Hugo sig. Rainoldus sig. Acta publice Lingo-
nas, anno ab Incarnatione Domini MXVIIII. Indict. ii.
Epacta xii. Concur. iii mense Maio, Regnante Rotberto
Francorum Rege. Ego Odolricus dictavi ad vicem Beraldi
Cancellarii, die Jovis scripsi, et subscripsi.

Item alia.

In nomine sanctæ et individuæ Trinitatis. Ego Girardus,
Notum volo esse omnibus fidelibus adhuc in carne degen-

tibus, et in futurum venientibus, me cum Gertrude uxore
mea quandam partem hereditatis meæ, Lamberto Episcopo in excambio per unum conventum dedisse.

Erat quædam campestris terra subtus meum castrum
quod Fons-venti vocatur, in qua Monasterium construere
volebam. Videns ergo hoc me non posse adimplere, sine
Episcopi licentia, tantundem terræ dedi ipsi Domno meo
pro eodem loco in villa, quæ dicitur Arcuncurtis. Terminatur autem ipsa terra in fronte terra sancti Petri
Genovensis Ecclesiæ, et circumquaque hereditas mea
noscitur cumjacere. Tali vero tenore tradidi, ut locus ille,
in quo sedes constructa est Monasterii, in honore sancti
sepulchri, et sanctæ Mariæ semper Virginis, Abbatiæ Besuensi, sancti Petri semper subjaceat, et sub Abbatis
potestate permaneat.

Si quis ergo contra hoc factum (quod non spero per
Dei gratiam futurum) ex heredibus nostris aliquam calumniam inferre temptaverit, coactus legibus in fiscum Regis
persolvat unam libram auri. Hæc autem traditio omni
tempore permaneat firma, et stabilis, quam propria manu
firmavi, et firmandam tradidi testibus subscriptis. Signum
Girardi. Sig. Gertrudis. Sig. Girardi Clerici. Sig. Humberti filiorum eorum. Sig. Haimonis. Sig. Otberti. Sig.
Nocheri. Sig. Aymonis. Sig. Arluini. Sig. Nerduini. Sig.
Willelmi. Sig. Lentilli. Sig. Arulfi. Sig. Otberti Normanni. Sig. Teubaldi. Acta sunt hæc Lingonis xvi
Kalendas Maii, Indictione ii. Regnante Rege Rotberto
tricesimo secundo anno, et Hugone filio ejus iii. Ego
Odolricus dictavi ad vicem Beraldi Cancellarii, die Jovis
scripsi, et subscripsi.

Karta de Arcionis Curte.

In nomine sanctæ et individuæ Trinitatis. Manifestum
iri cupimus tam præsentibus quam futuris, quod ego
Lambertus gratia Dei Linguonensis Ecclesiæ Episcopus,

dedi Deo et Monasterio sancti sepulchri, et sanctæ Mariæ
quod est constructum ante castellum Fontis-vennæ a
Girardo et Gertrude uxore ejus in terra casamenti nostri,
me laudante, terram Arcionis curtis, quam mihi ipse
Girardus, et uxor ejus pro commutatione terræ casamenti
nostri, in qua Monasterium ædificaverant, reddiderunt.
Ergo illis rogantibus tradidi eam liberam Deo, et sancto
sepulchro, et sanctæ Mariæ, et sancto Petro, ad Monasterium Fontis-vennæ, eo tenore ut ipse particeps fiam
eorum elemosynæ. Et quia ipsa terra de potestate Lovun-
curtis erat, separaverunt eam ab ipsa potestate, et ex toto
liberam fecerunt, ut nullus ministerialium ipsius potestatis in ipsa terra amplius præsumat accipere, aut tollere;
et homines, qui in illa terra habitaverint, sylvam ipsius
potestatis ad ædificandas domos et faciendum sibi focum,
sicut ante, utantur, et pastionem ad suos porcos, et alias
bestias, quas habuerint, consuetudinaliter similiter utantur. Et quicumque pro ipsa sylva, aut pro ipsa pastione
aliquid demandare præsumpserit, perpetua maledictione,
et excommunicatione feriatur. Signum Lamberti Episcopi. Sig. Girardi. Sig. Gertrudis. Sig. Humberti patris
Theoderici. Sig. Haymonis patris Widonis Burgundionis
villæ. Sig. Haymonis patris Manasse.

Carta Helprici curtis.

In nomine summæ et individuæ Trinitatis, videlicet
Patris, et Filii, et Spiritus sancti. Ego Lambertus gratia
Dei Lingonensis Præsul, notum cupio fieri omnibus
Christum Deum vere credentibus, quia cum quadam die
essem apud Lingonas, et pro modulo cum meis tractarem
Clericis, simul et Catholicis Laicis, de statu sanctæ Matris
Ecclesiæ confirmando, et de religionis depravatæ vigore
recuperando : ecce quidam Besuensis Cœnobii fratres

meis se se præsentavere optutibus, supplicibus efflagi-
tantes precibus, quo corum necessitudini, caritate frater-
nitatis compatiens, altare Ecclesiæ Helprici Curtis (1)
concederem ad supplementum præsentium ac futurorum
fratrum. Cujus peticionis implorationem auditam incunc-
tanter studui rebus adimplere, quoniam subsidio fulcie-
batur mercedis futuræ.

Consentientibus itaque Lingonensium Ecclesiæ Clericis pariter ac fidelibus Laicis : B. videlicet Præpositus,
nec non et L. Archidiaconus, in cujus supradictum est
altare ministerio, Besuensi Ecclesiæ prælibatum altare
æternæ retributionis gratia ad fratrum relevandam neces-
situdinem tradidi, ea conditione, ut obsequia nostræ sedi
debita, temporibus congruis persolvantur. Inter cæteros
præsens aderat Miles quidam Humbertus nomine, in
cujus beneficio altare prædictum videbatur situm. Hic
Dei gratiam consequi desiderans, beneficium illud fratribus ejusdem loci concessit, dicens : Ego Humbertus ob
omnipotentis Dei amorem, et animæ meæ salvationem
dono sancto Petro, et fratribus Besuensis cœnobii beneficium Ecclesiæ Helprici-curtis, consentiente mea conjuge,
Histiburge scilicet nomine, et Siguino filio meo, perpetuo
jure possidendum, ita ut ab hac die suis usibus illud adtri-
buant, et inde subministrent, et licentiam faciendi quicquid inde sibi placuerit habeant. Si quis vero heredum
meorum, quod absit, huic donationi calumpniam infferre
temptaverit, legibus coactus auri libras decem persolvat;
et hæc donatio firmitatis, et stabilitatis vigorem perpetuo
obtineat. Actum Lingonis publice vi Idus Januarii, Indictione v. Anno Incarnati Verbi MXXII. Regnante Rotberto.
Signum Lamberti Episcopi. Sig. Brunonis Archiclavi.
Sig. Girardi Archidiaconi. Sig. Humberti Archidiac. Sig.

(1) Nom primitif de Saint-Seine-l'Église, l'une des trois parties
de Saint-Seine-sur-Vingeanne, commune du canton de Fontaine-
Française (Côte-d'Or). On en verra la confirmation plus loin.

Oddonis Decani. Sig. Ansculfi Presbyteri. Sig. Hugonis Presbyteri. Sig. Constantii Presbyteri. Sig. Mauricii Presbyteri. Sig. Widonis Laici. Sig. Gotzelmi Laici. Sig. Odolrici Laici. Sig. Widonis Laici. Sig. Rotgerii Laici. Sig. alterius Rotgerii. Sig. Humberti. Sig. Siguini filii ejus.

Karta de Vetus-vineis.

Notum sit fidelibus Christianis, præsentibus, et futuris, post constructionem Besuensis Cœnobii ab Amalgario Duce in honore Beatorum Apostolorum Petri et Pauli, non parvæ amplitudinis prædia inibi ab eo collata : cum quibus et alodum quod dicitur ad Vetus-vineas, concessit. In quo loco servorum Dei aggregans multitudinem sub regulari disciplina vivere paratos, filium suum eis præfecit nomine Wandalenum. Post multorum vero temporum curricula, partim invasione hostium, partim irruptione Hunorum, a quibus idem locus quinquies traditur concrematus, nec minus incuria Pontificum ut prius augmentum, perpeti cœpit detrimentum, donec Betto Lingonensem adipisci promeruit sedem; qui quandiu rebus humanis interfuit, ut idoneus Pastor præfuit. Quo decedente, Albericus successor eligitur. Quique per visitationem Apostolicam, divina sibi opitulante misericordia, ipsum locum in pristinum reparavit statum, nec non suis ampliavit donis; diuque in honoris perseveravit stabilitate, et Religionis. Postea autem utrum gratia beneficii, an præsumptionis, Vetus-vineas quidam Hugo tenuit : quo defuncto iterum locus resumpsit, et quietam ac solidam tempore Brunonis Lingonensis Episcopi possedit. Post cujus decessum, sicut cætera loca sanctorum, locus Besuensis in direptionem cecidit. Tunc qui videbantur pacifici, prædones sunt effecti. Inter quos quidam Gerardus, et frater ejus Lambertus, de progenie supra-scripti

Hugonis progeniti, quasi jure hereditario Vetus-vineas invaserunt. Sed cum tali invasione nihil proficerent, tandem convicti justitia, loco sponte restituerunt. In qua restitutione, si qua sibi ab antecessoribus rectitudo videretur, sponte indulserunt, tam pro remedio animarum suarum, quam parentum suorum, et pro promerenda indulgentia, prædæ porcorum, et arsuræ Fielinx villæ (1) quam injuste fecerunt, adhibitis testibus, qui restitucionem viderunt, et satisfactionem. Et ut hæc restitucio, et satisfactio memorialiter permaneat, hanc noticiam fieri petierunt, manu sua, et horum testium corroboratam. Signum Girardi. Sig. Lamberti, qui hanc Kartam fieri petierunt. Sig. Helvidis matris eorum. Sig. Widonis, et uxoris ejus. Sig. Walterii Clerici. Sig. Widonis Decani. Sig. Oddonis. Sig. Rotberti. Sig. Erlebaldi. Sig. Aldonis. Actud publice apud Divionem castrum XIII Kalendas Marcii, anno ab Incarnatione Domini MXXIII. Regnante Rotberto Rege.

Item alia, et de Tusleio.

Quædam mulier nomine Ezelina, uxor Nerduini Militis, tradidit unum mansum pro redemptione animæ præscripti mariti sancto Petro Besuensi, in villa, cui vocabulum est Vetus-vineis, cum uno servo, et cum omnibus, quæ ad ipsum mansum pertinent. Dedit etiam ad Tusleium (2) unum mansum in quo sunt quattuor jugera, et de terra arabili XXVIIII. Et pratum ad unam carratam. Et ut hæc donatio in perpetuum firma sit, et stabilis, his subscriptis testibus firmavit, et firmare rogavit. Hii sunt Gibuinus frater supradicti Militis, Bernardus, Aldo. Reddidit etiam salvamentum de villa, quæ vocatur ad Septem-

---

(1) Rente de Fiélin, commune de Viévigne.

(2) Probablement Theuley, Theolocus, Tulleium, où, en 1130, les sires de Beaumont-Autrey fondèrent une abbaye de Bernardins.

fontes (1), quæ jam sancto Petro fuerat. Acta publice
Besua anno ab Incarnatione Domini MXXVII. Indict. x.
Epacta xi. Conc. vi mens. Octob. Regnante Rotberto
Francorum Rege.

Karta de Flaciaco.

Quidam etiam homo nomine Haymo, unum mansum
cum omnibus appendiciis suis, terris scilicet arabilibus,
sylvis atque pratis, in vico, qui Flaciacus dicitur, Monasterio SS. Apostolorum Petri et Pauli, sanctique Prudentii
Martyris dedit, quod est situm in loco qui dicitur Fons-
Besuæ. Et ut hóc profuturum posteris foret, et firmius
crederetur, litteris adsignare rogavit sub legitimis testibus, anno ab Incarnatione Domini supradicto. Hii sunt
testes. Sign. Bernardi. Sig. Oddonis. Sign. Rotberti. Sig.
Aldonis. Sig. Hugonis.

De obitu Abbatis Willelmi.

Sunt adhuc plurima, quæ describi possent, sed his
omissis obitum patris Willelmi intimare curamus, etc.
ut in Chronico S. Benigni.

Ipso eodem tempore quo Rex Rotbertus Monarchiam
Regni tenebat, cum audisset in partibus istis quosdam
existere, qui circumquaque res alienas violenter diri-
pientes, ut liberius inpuneque retinerent, firmitates, et
castella nova sibi construxerant; cum copioso, ut Regem
decebat exercitu, Miribellum (2) ad expugnandum et di-
ruendum advenit : erat enim illud una ex mansionibus
raptorum : quod et Deo favente in brevi effecit. Sed dum

(1) Aujourd'hui hameau des Sept-Fontaines, commune de Saint-
Gand, canton de Fresne-Saint-Mammès (Haute-Saône).
(2) Mirebeau, chef-lieu de canton de l'arrondissement de Dijon.

ibi obsideret, nuncius advenit, dicens patrem nostrum Willelmum Abbatem ab hac vita decessisse.

Nolens itaque Rotbertus Rex locum istum diu sine pastore manere, ne lupi rapaces gregem invaderent, Domnum Ulgerium (1), qui tunc vicem Prioris sub Abbate Willelmo tenebat, hunc loco Abbatem substituit. Obiit vero prædictus pater noster Willelmus anno ab Incarnatione Dom. MXXXI, etc. *ut in Chronico S. Benigni.*

De Abbate Wlgerio.

Hujus itaque Hugonis ordinatione instante (2), cum esset deductus ab Heinrico Rege juvene ad civitatem Linguonas cum magna ambitione, nunciata est Regi mors patris sui Rotberti Regis, qui regnavit annis XLI, et ipse Heinricus Regni VI jam annum agebat. Supradictus vero Hugo Episcopus cum suscepisset Episcopatum, non fuit, ut decuisset, circa Dei Ecclesias sollicitus augmentator, sed e contrario negligens, et distractor. Quapropter cum huic loco multas inportunitates inferret, et exactiones insolitas, et Domnus Ulgerius Abbas nullomodo ei vellet adsentire, ipse Halinardum Divionensem Abbatem (3), huic loco constituit Abbatem. Qui veniens cum suis Monachis, per violentiam Hugonis Episcopi Domnum Ulgerium Abbatem nostrum, cum quibusdam ex nostris Monachis captos Divionem duxit; suos autem Monachos hic dimittens, non ad conservandum, et ædificandum, sed ad destruendum, et diripiendum quæ intus erant, locum istum eis contradidit. Quod postea claruit; nam quadam vice simulantes se ituros ut vinum deferrent, vas vinarium, quod tunnam vocant, plaustro superponentes, ornamenta cum libris et

---

(1) Ulgur ou Ogier, 11ᵉ abbé de Bèze, 1031-1052.
(2) Hugues de Breteuil, 51ᵉ évêque de Langres, 1032-1049.
(3) Voir sur cet abbé les pages 182 et suivantes.

thesauri maxima parte in vase illo reposuerunt. Sed hujus villæ homines hoc intelligentes, maxime ex eo, quia tunna erat nimis ponderosa, eam aperuerunt; et res nostras intus invenientes, retinuerunt. Ferunt quidam ex nostris tunc temporis, excepta aliorum ornamentorum non minima quantitate xvii cappas, cum textu Evangeliorum, et cruce preciosissima, Divionem a Monachis illis deportatas.

Factum est autem dum Domnus Ulgerius Abbas ita Divioni haberetur, Monachi illius, qui ex hoc loco dispersi fuerant, notificaverunt ei, quatinus ad exeundum de Monasterio se præpararet. Illi vero mittentes ei equos cum quibus aufugeret, competenti loco collocaverunt. Quo comperto ipse de Monasterio exiens, equos ascendit, cursuque perpete castrum illud, quod juxta nos est, Bellimontem (1) dictum, expetiit. Unde ipse cum suis Monachis, Divionenses, qui male locum istum invaserant, expugnans, vellent, nollent, ad propria redire coegit. Ipse autem Ecclesiæ suæ redditus, et locum istum postea diu, bene ac regulariter gubernavit.

Carta de Mornaldo.

Culpa primi parentis faciente : accidit ejus generi post ipsum, ut qualis ipse exstitit, tales post se natos relinqueret. Qua de re sicut ipse miseria non caruit, ita omnes miseros genuit : et sicut ipse oblitus est beatitudinis a Deo sibi conlatæ, sic omnes homines obliviosos reddidit. Quia homo obliviosum est animal, et sæpe labefactari possunt ergo causæ rerum gestarum a mente humana, nisi atramento scribantur, et cartarum apicibus inserantur, quibus futuri ea quæ vel visu, vel auditu non didicerunt,

(1) Beaumont-sur-Vingeanne.

harum exemplis erudiantur : idcirco nos quæ temporibus nostris acta sunt, et priscorum senectus meminit, notificanda intimamus.

Omnibus itaque notum esse volumus, præsentibus et futuris, qualiter quandam terram in villa Mornado (1) sitam, quæ jure sancto Petro debebatur, tres fratres his nominibus, Wido, Odilo, Ansericus, sancciverunt. Nam tempore Brunonis Episcopi exstitit quidam Miles Lezelinus nomine, qui ipsam terram contra jus ipsius Episcopi et seniorum loci supra scripti tenere voluit, quod videlicet nequivit. Post hunc exstitit alius Humbertus cognomine, qui ipsam terram similiter invasit : qui ad obitum veniens, reddidit ad limina sanctorum Petri et Pauli loco jam dicto, quæcumque in ipsa terra tenere videbatur, sive juris sui, sive injuste ablata, omnia reddidit per caligulam suam, quæ vulgo osa dicitur, quam implevit de ipsa terra, et virgulam de viridario sumpsit ad testimonium ; quæ videlicet transmisit per nuntios suos, sed per incuriam non admissa fuerunt sancto loco.

Hinc ergo fratres suprascripti hereditari cupientes, terram invadunt, quasi a proavis sibi dimissam, et ut eis libitum fuit, agentes, multaque vi insistentes, contra voluntatem seniorum loco sancti Petri degentium, conati sunt agere, quod et fecerunt. Attamen illi non destiterunt a proposito voluntatis suæ, tam per semetipsos, quam et per Principes regni semper clamantes, et injustam eorum calumpniam patefacientes. Tandem Deo volente, et ipsis resipiscentibus, cum consilio suorum seniorum, adierunt simul limina SS. Apostolorum Petri et Pauli, pœnitentiam agentes, ibique quicquid in supradicta terra tenere videbantur, sive juste, sive injuste, omnia contulerunt ad ipsum locum eo scilicet tenore, ut post obitum eorum ipsa terra in testimonium sit sepulturæ, et societatis eorum,

(1) Mornay.

quam et pro hoc reddiderunt. Insuper etiam aliam terram sitam in villa Osiliaco dicta (1), quæ in convadio contra ipsos erat, illis reddiderunt seniores loci suprascripti. Actum est publice Besua Monasterio, die festo sancti Benedicti Abbatis videlicet XII Kal. Apr. anno I ordinationis D. Otgerii Abbatis (2). Sig. Hugonis Comitis Belmontis (3), qui hanc redditionem fieri jussit. Sig. Oddonis nepotis ejus (4). Widonis Decani. Willerii, Odonis Militis. Leutpranni, Àldonis Præpositi. Et hæc nomina fratrum. Sign. Widonis, Odilonis, Anserici.

Karta de Fracto-Monte.

Præsentium ac futurorum pro certo karitas agnoscat, quod Milo quidam de Tilecastro dedit sancto Petro, sanctoque Prudentio, pro remedio animæ suæ apud Fractum-Montem, unum mansum, ad quem appendunt novem jugera de terra aratoria, et una sectura prati. Et ut hoc profuturum posteris foret, et firmius crederetur, litteris adsignare rogavit sub legitimis testibus. Anno ab Incarnatione MXXVI. Indict. VIIII. Epacta nulla concur. IIII mense Julio. Regnante Rotberto Francorum Rege. Hii sunt testes. Sig. Widonis. Sign. Oddonis, et fratris ejus Rotberti. Sign. Aldonis, et filii ejus Milonis. Sig. Otberti.

Karta de Beria.

Hoc etiam anno Milo de Beria, dedit sancto Petro in Monasterio qui dicitur Fons-Besuæ, pro remedio animæ suæ in ipsa villa unum mansum; ad quem adjacent VIIII

(1) Oisilly.
(2) C'est l'an 1031 ou 1032.
(3) Hugues III, comte de Beaumont.
(4) Eudes, fils de Narduin, frère puîné de Hugues.

jugera de terra aratoria, et una sectura prati, cum servo nomine Lamberto, uxore, et infantibus. Testes Wido, Bernardus, Aldo, Lambertus, Grimeius, Romarus, Hugo filius Aldonis.

Karta de Icio.

Elinandus etiam dedit unum mansum sancto Petro Besuensis cœnobii apud Icium (1), pro animæ suæ· remedio, cum servo nomine Teduino, uxore, et infantibus, ad quem appendunt viii jugera de terra aratoria et una sectura prati. Testes Wido, Hugo, Aldo, Stephanus.

Item alia.

Odilo dedit similiter in eadem villa sancto Petro Besuensis Cœnobii unum mansum, cum servo nomine Ansaldo, cum uxore, et infantibus. Testes Wido, Aldo, Bernardus Armannus, Robertus.

Karta de Besueta.

In Dei omnipotentis nomine. Notum fore volumus quibusque scire cupientibus, qualiter pro remedio animæ Odonis optimi militis (2), atque elegantissimæ juventutis filii, videlicet Nerduini (3), ictu repentino interfecti, dederunt ad memoriam SS. Apostolorum Petri et Pauli, sanctique Prudentii Martyris in loco Besuensis Monasterii, avunculus ejus, Hugo videlicet Comes Belmontensis, et ipsius Odonis uxor Gertrudis, fraterque ejusdem Hugo servum nomine Teodericum : itemque alium nomine Stephanum,

---

(1) Is-sur-Tille.
(2) Eudes de Beaumont, fils de Narduin de Beaumont et d'Ezeline, neveu de Hugues III, comte de Beaumont.
(3) Nerduin, fils d'Eudes de Beaumont et de Gertrude.

atque ancillam unam nomine Leutgardam, cum omni successione generis filiorum, et filiarum eorundem.

Item dederunt mansum unum liberrimi alodi permaxi-
mum, seu coloniam pergrandem in villa Besueta (1), cum
omnibus appenditiis, quæ ad ipsum mansum pertinent,
id est, terris cultis, et incultis, et pratis, et decursus, et
usus aquarum, et usus sylvarum in gyro circumjacen-
tium, tam circa Besuam, quam circa Vinzennam (2)
fluvios quemadmodum prædictus Oddo, vel pater ejus,
seu avus, in vita tenuerunt, absque ullo contradicente
illorum generis, seu extranei. Debet enim prædicta terra
per annos singulos, frumenti modios quattuor et de tre-
misse modios III et dimidium : et mense Maio denarios VI.
Deinde multonem, et porcum, et per vindemias carro-
perum, et vini sextarium : et in Nativitate Domini, vini
sextarios duos. Et ut ab hodierna die, et deinceps sit in
Dominium prædictorum sanctorum Besuensis cœnobii,
ut faciant Monachi inibi Deo deservientes quicquid illis
utilitatis melius videbitur, et placuerit.

Et ut hæc firma in omni tempore, et stabilis elemo-
syne, donatio maneat, cum voluntate parentum, et consensu omnium fidelium nostrorum publice tangentes
manibus propriis roboramus, et nomina nostra, et præci-
puorum nostrorum conscribi facimus. Si quis vero, quod
absit, huic nostræ factioni, quam pro Dei amore, et
animæ cari parentis nostri redemptione fecimus, in aliquo
contrarius calumpniator extiterit, iram æterni judicis,
ejusque Clavigeri Petri sentiet, si non cum satisfactione
emendaverit.

Nomina firmatorum, qui hanc Cartam firmaverunt.
Sig. Hugonis Comitis. Sig. Letgardis Comitissæ (3). Sig.

(1) Bezouotte, cant. de Mirebeau.
(2) La Vingeanne.
(3) Hugues III, comte de Beaumont, et Letgarde, sa femme.

Gertrudis uxoris Odonis Militis (1). Sig. Gybuini (2). Sig.
Richardi. Sig. Nerduini filii ejus. Sig. Widonis Archid.
Sig. Hugonis. Sig. Widonis et Odilonis, et Joffredi. Sig.
Bernardi. Sig. Bernardi alterius. Sig. Willerii. Sig.
Richardi. Sig. Ulrici. Sig. Olgerii. Sig. Wilenci. Sig.
Humberti. Actum Besua, publice, anno ab Incarnatione
Domini MXXXIIII. Indict. II. Epa. XXVIII. Regnante
Heinrico Rege, VIII anno Regni ejus, mense Novembri.
Ego Heldemannus Monachus, scripsi et subscripsi.

Karta de Fontanellis.

Quidam Miles, Richardus nomine, mente non incon-
venienter pertractans, et admodum timens sacri eloquii
consilio fretus, confidenter aggrediens illud : *Facite eleemosynam, et ipsa orabit pro vobis, et omnia munda
sunt vobis.* Et : *Date, et dabitur vobis*, atque similia.
Unde pro remedio animæ suæ cœlesti Janitori, atque
Apostolorum Principi sancto Petro Besuæ-Fontis donavit
mansum unum, in loco qui vocatur Fontanellas (3). Quod
quidem conjux sua, Radmodis nomine, et filius ejus
Hugo, fautores libenter concesserunt, immo amplius
etiam se daturos sancto loco promiserunt. Actum vero
hoc publice in præfati sancti cœnobio, et super ejusdem
altare. Regnante Domino nostro Jhesu-Christo cum Spiritu sancto in paternæ Majestatis dextera, anno Incarnationis ipsius MXXXVI. Indict. IIII. Epacta XX, pridie
Kal. Julii, IIII feria, III Lunæ, in qua B. Pauli passio
celebre recolitur, pridie Coapostoli ejus Petri festo, debito

(1) Gertrude, veuve de Eudes de Beaumont, fils de Narduin de
Beaumont et d'Ezeline. Narduin était le frère puîné de Hugues III.
(2) Gibuin, second frère de Hugues III, clerc, puis archidiacre de
l'église de Langres, fut, en 1077, élu archevêque de Lyon par le
synode d'Autun, et gouverna ce diocèse jusque vers 1185 (*Gall.
christ.*, IV, 89-91). L'Eglise l'a mis au rang des saints.
(3) Fontenelle, cant. de Fontaine-Française (Côte-d'Or).

honore peracto, Rege Heinrico in sceptris Francorum
agente, Hugone vero in Pontificatus honore Ecclesiam
regente sanctæ sedis Lingonicæ.

Karta de Caviniaco, et Priniaco, atque Blaniaco.

Quidam Gybuinus Clericus (1), tactus timore divino, ob
peccaminum suorum remissionem, seu fratris sui Nerduini (2), filiorumque ejus nepotum suorum : Oddonis videlicet, et Hugonis (3), donavit dimidium mansum unum
in villa, quæ Priniacus dicitur (4), et unum curtile cum
servo, qui in eadem terra stabat, nomine Humbertus,
cum filiis duobus Dodone, et Humberto. Reddidit etiam
terram quandam sitam in Caviniaco villa (5), quam frater
suus supra nominatus Nerduinus tenere visus est aliquando injuste. Reddidit salvamentum de villis Auxi-
liaci (6), atque Blaniaci (7). Reddidit etiam Oldierium
cum fratre ejus nomine Hugone, et sorore, nomine Frat-
burga, quos tenebant in salvamentum supradictus frater
suus, et nepotes sui. Donavit etiam servum Guntarium et
Ingerrannum cum filio Stephano. Nam Ingerrannus pro
Oddone ante fuerat datus : filius vero ejus pro Hugone.
Ipse Gybuinus, qui donationem fecit, firmavit Carta.

Karta de Vetus-vineis.

Quidam homo Otbertus nomine, reddidit sancto Petro
Besuæ-Fontis, quicquid reclamabat in villa, quæ Vetus-

(1) Gibuin, mentionné plus haut.
(2) Nerduin de Beaumont, son frère.
(3) Eudes et Hugues, fils de Nerduin et d'Ezeline.
(4) Preigney, hameau disparu du territoire de Gemeaux, cant.
d'Is-sur-Tille.
(5) Chevigny, hameau de la commune de Bèze.
(6) Oisilly.
(7) Blagny-sur-Vingeanne.

vineas dicitur, die scilicet qui Dominicus habetur, cum
in media Quadragesima *Lœtare Hierusalem* in voce
exultationis sacris concentibus ad missas extollitur : ubi
a Domno Olgerio ejusdem loci Abbate et Monachis peram
peregrinationis simul, et absolutionem, Romam profec-
turus suscepit. Actum vero hoc publice super altare
memorati sancti Apostolorum Principis v Kalend. Apri-
lium, xxvi Lunæ, Rege Francorum Heinrico strenue in
sceptris agente, Hugone vero Pontificali in Cathedra feliciter præsidente, Ecclesiamque Lingonicæ sedis pie
regente, anno ab Incarnatione Domini MXXXVI. Indict.
iiii. Epact. xx.

Karta de Blaniaco.

Luce clarius constat quemque cupientem vafri hostis
proterere molimina, indefesso nisu sectatorum Christi
sequi debere vestigia. Rectorum quippe operum casta
gestans præcordia, cœlorum gliscit gaudia capescere
felicia. Quæ procul dubio consequitur ad cœlestes thesauros terrena transferens patrimonia, et inopum solans
miserias liberalitatis munificentia. Admonet hoc nos
divina scriptura, redemptionem animæ viri contestans
proprias divitias. Redimuntur namque misericordiis pauperum peccata, et ut ignis aqua, sic elemosynis æterni
rogi restinguitur flamma. Ob quam rem ego Gybuinus
Clericus (1), frater Hugonis castri Bellimontis, divina respectus misericordia, et ad dierum meorum perductus
extrema, concedo, et do Deo Omnipotenti, et S. Petro
omnem hereditatem meam in villa, Blaniaco nuncupata.
Omnem scilicet terram arabilem cum campis, pratis,
sylvis, pascuis, sive piscatoria, ex quibus ejusdem villæ
constat pars maxima. Præterea addo servos Rotgerium,
et Alcherium, Utbaldum, Warnerium, Sendradum, Ar-

---

(1) Gibuin n'était pas encore archidiacre de Langres.

chimbaldum, cum uxoribus eorum, et filiis, omnique
familia, et omnes servos, et ancillas ad eandem hereditatem meam pertinentes, quibuslibet locis habitent, ut ab
hinc sancto, et Monachis ei servientibus, sicut actenus
mihi, serviant, et consuetudines persolvant mente devota.
Ne vero post decessum meum, hujus elemosynæ aliquis
violator, vel falsator accedat, præsumptione injusta,
Ulrico nepoti meo (1) commendo coram omni populo ad altare sancti Petri sua ratione eam demonstrare, et vice mea
sancto, et Monachis tradere, et testem veritatis cartam
fieri, subnixa stipulatione, adhibitisque testibus, et signan-
tibus roborare. Signatorum nomina subsequenter exprimit
sceda. Sign. Ulrici nepotis ejus. Sign. Anserici Militis.
Sign. Willenci Militis. Sign. Walterii Militis. Sign. omnium Monachorum qui adfuerunt. Sign. Widonis Archi-
presb. Sign. Constantii Presb. Sign. Rotberti Presb.
Sign. Haymonis Clerici, Sign. Hugonis Præpositi et totius
familiæ. Actum publice Monasterio Besuensi, anno ab
Incarnat. Domini MXLIV. — Indict. xii. Epacta existente
xviii. iii Idus Junii, die festivitatis sancti Barnabæ Apostoli : Heinrico Regnum Franciæ tenente, Rotberto fratre
ejus Burgundie imperante, et Hugone, qui postea repulsam meruit (2), in præsulatu sanctæ Lingonensis matris
Eoclesiæ, nunc vero Pastoris nomine præsidente.

Item alia.

Sane post defunctionem antefati Gybuini in illa terra,
et servis qui eam incolebant, quos ipse sancto Petro, et
Monachis reliquerat, Fulco qui neptem ejus in matrimo-

---

(1) Ulric était fils du comte Hugues III et de Lettgarde. Il mourut
sans alliance.
(2) Hugues de Breteuil fut en effet déposé de son siége pour
crime de simonie par une décision du concile de Reims de
l'an 1049.

nio habebat (1) consuetudines cœpit requirere, et quidam
duo Milites, Hugo frater Oddonis Montis Saligonis (2), et
Wilencus de villa sancti Sequani (3), quibus in beneficium ipsas tradiderat. Sed sæpe ammonitus, et justiciæ
ratione cumpulsus, ad Monasterium veniens, coram altare
Deo et sanctis, Monachisque ipsis, servis et ancillis, easdem consuetudines perdonavit, et eisdem, qui a se in beneficio tenebant hoc ipsum facere coegit, et a se et ab
omnibus hominibus liberos eosdem servos et ancillas
constituit. Sig. Fulconis. Sig. Ulrici. Sig. Walterii. Sig.
Widonis.

Karta de Luco, Genciniaco, et Cinciaco.

In nomine Dei Omnipotentis, Patris, et Filii, et Spiritus sancti. Quia mens humana labilis est, et cito exci-
dunt memorie res gestæ, nisi Cartarum apicibus inserantur, dignum ducimus nos minimi ea quæ nostris modo
temporibus geruntur mandare posteris, ne sicut præmisi-
mus, oblivione depereant.

Notum esse volumus omnibus tam præsentibus, quam
futuris, qualiter Ærembertus quondam Miles, beneficium,
quod temporibus pristinis, videlicet Domni Willelmi
Abbatis, seu Rodulfi Præpositi tempore visus est tenuisse,
reddiderit. Hic enim Ærembertus nobili ortus erat prosapia, secundum sæculi dignitatem, sed propter intestina bella, quæ inter falsos Christianos geruntur, pene
ad neichilum redactus erat, ita ut beneficium, unde agimus vendere vellet, et manibus alienis tradere. Quod nos
agnoscentes, fratres videlicet sancti Petri Besuensis,

(1) Foulques qui, marié à Ermengarde, fille de Hugues III et
héritière de la terre après la mort de son frère Ulric, prit le titre
de comte de Beaumont.
(2) Montsaugeon, arr. de Langres (Haute-Marne).
(3) Saint-Seine-sur-Vingeanne.

dampnum esse arbitrantes, si alienis manibus terram
sancti venundaret, ipsum advocantes in nostro consilio,
ammonuimus eum non recte agentem erga fidelitatem
sancti Petri, verum ipsud precium, quod ab aliis cupiebat
sibi tribui, nosmet persolveremus. Quod et factum est.
Nam ipse Miles adiens cœnobium sancti Petri Besuensis,
Domno Olgerio Abbate præsente, et cæteris fratribus
ejusdem congregationis adsumptis, sed et aliis quam plurimis Deum timentibus Clericis, sive Laïcis adunatis, in
conventu ipsorum, ante altare principis Apostolorum
Petri Apostoli, reddidit ipse, et filius ejus Wido nómine,
accepto precio centum solidorum, pro commutatione
terræ. Non habens omnino, neque ipse, neque ullus
heredum ejus aliquam occasionem repetendi, quod si
repetere præsumpserit, anathematis vinculo, agnoscat se
arceri, auctoritate Petri Apostoli, Beneficium vero, unde
res agitur, diversis in locis continetur. Nam in villa, Luco
nomine, ibi terminatur, dimidium mansum; nichilo-
mninus aliud dimidium Vendovera villa (1); Tasnato (2)
unum mansum; Genciniaco (3) unum mansum; Cinciaco (4) unum mansum. Testes sunt hii, quos adnotamus. Signum Widonis Decani. Sign. Hugonis Præpositi.
Sign. Odolrici Belmontis, filii Hugonis Comitis. Sign.
Walterii. Sign. Odilonis. Sign. Haymonis. Sign. Alerici.
Sign. Brunonis Camboni. Sign. Rainaldi. Sign. Rotmari.
Sign. Hervæi. Sign. Rainerii. Sign. Otberti. Sign. Humberti. Actum publice Besua Monasterio, anno ab Incarnatione Domini nostri Jhesu-Christi MXLIII. Regnante
Heinrico Rege in Francia, Rotberto fratre ejus Burgundie imperante.

(1) Véronnes.
(2) Tanay.
(3) Jancigny.
(4) Censey, aujourd'hui Cessey, commune du canton d'Autrey
(Haute-Saône), était un fief relevant de la seigneurie d'Apremont.
L'abbaye de Bèze y avait aussi un prieuré.

Karta de Gibriaco.

Ego in Dei nomine vocatus Higmarus, notum esse
volo cunctis sanctæ Dei Ecclesiæ fidelibus, et cunctis meis
parentibus, ac propinquis, præsentibus atque futuris,
quoniam sanctæ Religionis cultor eximius, et Monasterii,
quod Besuense vocatur, Almiclavigeri Petri sub nomine,
et honore dicatum, Abbas nomine Olgerius, cum pluribus suæ dicionis Monachis adiit fundum nomine Gibriacum, situm in comitatu Oscarensi (1) mecum placitandi
gratia, pro quibusdam querimoniis, quas inibi contra
eum eram habiturus.

Considerans igitur prædicti Abbatis, et ejus cœnobita-
rum in Dei servitio innocentiæ puritatem, et per eos
placare Deum mihi posse considerans, consultu bonorum
hominum, qui aderant, et præmaxime Rotberti Monachi,
atque Otberti Militis, necnon Heynrici sororii mei, pro
Deo et animæ meæ, et patris, et matris, atque omnium
parentum meorum requie beata, perdono omnem quere-
lam, quam contra præfatum Abbatem, ejusque Monachos habebam. Servos meos Fulcherium et Albertum,
pro quibus calumpnia creverat, absque ullo contradictore
mea ex parte dono Deo et sancto Petro, ad Monasterium
Besuense monachis ibi degentibus, quoad vixerint servi-
turos, et filios eorum, quos habent, et habituri sunt, omnesque, qui ex ei processuri sunt usque in æternum.

Hanc autem donationis Cartam fratri meo Bernardo,
et sorori meæ Evæ confirmare faciam, et filio ejus Odiloni. Si quis vero hanc donationem calumpniare conatus
fuerit, non evindicet, sed insuper iram superni judicis
incurrens, prædicto loco decem libras auri coactus solvat.
Actum Gibriaco publice. Signum Higmari, qui fieri et

(1) Gevrey, dans le comté d'Ouche ou d'Oscheret.

firmare rogavit. Sign. Bernardi fratris ejus. Sign. Heinrici sororii eorum. Sign. Evæ uxoris ejus. Sign. Oydilonis filii eorum. Sign. Otberti. Sign. Gisleberti. Sign. item Gisleberti. Sign. Waldrici. Sign. Humberti. Sign. Arnulfi. Sign. Widonis. Sign. Walterii. Sign. Otranni.

Carta de Renavis.

Ego Helgerius cum fratre meo Guntardo beneficiis Domni Benedicti, Prioris Besuensis Monasterii et Monachorum ejusdem loci provocati, pro beneficio, quod dederunt nobis in villa, quæ Colonica (1) dicitur; dedimus sancto Petro, in villa, quæ Renavis (2) dicitur, de alodo nostro mansum unum, habentem appendentia decem et octo jugera, et pratum ad tria carra fœni, et usuarium sylvæ, quæ ad eandem villam pertinet. Ipsa autem terra ex una parte villam ingreditur, ex altera strata publica, quæ ad Campanias (3) vadit, terminatur : tercia quoque nostro alodo concluditur. Dedimus etiam et alium mansum, in jam dicta villa Colonica, habentem appendentia vɪ jugera, et pratum ad unam carradam fœni, et usuarium sylvæ, quæ ad eandem villam pertinet. Ipsa autem terra ex una parte villam ingreditur, ex altera, terra S. Petri dividitur : tercia terra Aremberti determinatur, quarta autem proximo rivo (4) concluditur.

Hanc autem donationem eo tenore fecimus, ut tempore vitæ nostræ, cum prædicto beneficio ipsam terram teneremus, solventes pro ea censum duorum solidorum an-

---

(1) Collonges, commune de Poyans, canton d'Autrey (Haute-Saône). En 1142 les sires de Beaumont y fondèrent une abbaye de Bernardines, du consentement de l'abbaye de Bèze, laquelle se réserva une redevance en blé et avoine que les religieuses devaient acquitter tous les ans.

(2) Renève, canton de Mirebeau (Côte-d'Or).

(3) Champagne-sur-Vingeanne, id.

(4) La Vingeanne.

nuatim in festivitate sancti Petri. Si autem unus ex nobis prior mortuus fuerit, ejus pars statim ad eos revertetur, nisi forte eorum spontanea voluntate, iterum alteri concedatur. Et ut hæc donatio firmior permaneret, hanc Cartam manu nostra firmavimus, atque altari sancti Petri superposuimus. Testesque fideles adhibuimus. Sign. Guntardi. Sign. Helgerii. Sign. Oddonis. Sign. Rainardi. Sign. Saleconis. Sign. Bernardi. Data II Non. Junii.

Carta de Fontinellis.

In nomine sanctæ et individuæ Trinitatis. Ego Hildeberga præsentibus, et futuris manifesto, quia filius meus Odilo immatura ætate præventus, diem clausit ultimum, qui et sepultus est in cimiterio sancti Petri Besuensis cœnobii. Pro cujus anima, simul et mea, dedi ad ipsum locum unum mansum apud Fontenellas (1), quem tenebam lege dotalicii, in quo manebat quidam servus, Hamedeus nomine : ea ratione, ut quamdiu vivam, usu fructuario teneam, et uno quoque anno, festivitate S. Petri in vestitura duodecim denarios persolvam, atque post meum decessum ad dominatum sancti Petri ejusdem loci sine omni contradictione pertineat. Et ut hæc donatio firma permaneat, hanc Kartam ob noticiam posterorum fieri jussi, et manu mea, cum filio meo Joffredo, coram testibus firmavi, quorum ista sunt nomina. Signum Landrici filii mei. Sign. Hagani Longi. Sign. Girardi Deujustrui. Sign. Humberti de Campanis. Sign. Rotberti de Baleneva. Sign. Oddonis. Sign. Aldonis Præpositi.

(1) Fontenelle, canton de Fontaine-Française (Côte-d'Or).

Karta de Gentiniaco.

Quidam Miles Arembertus nomine, de Longo campo (1), tenens beneficium sancti Petri Besuensis in diversis locis, adiens locum supra nominatum, reddidit illi quandam partem, hoc est beneficium, quod situm est in villa, quæ Ginciniacus vocatur, ad integrum, ita ut neque ipse, neque alius heredum suorum repetere valeant. Istam redditionem fecit præsente Domno Abbate Olgerio et aliis ex Monachis ejus adstantibus ante altare sancti Petri.

Karta de Caviniaco.

Quædam mulier, Alburga nomine, in conjugio juncta cuidam Militi, nomine Poncio, dedit, sive, ut quidam putant, reddidit terram, quæ est sita in villa vocitata Caviniaco (2), quam et antecessor quidam non mediocre nobilitatis progenitus, nomine Gibuinus sancto Petro concesserat, sed ab ea jure hereditario, sicuti videbatur, taxata, atque retenta fuerat. Signum Olgerii Abbatis. Sign. Moroni Præpositi. Sign. Johannis Prioris, et aliorum multorum.

Carta de Calmontis-villa.

In nomine summæ, et individuæ Trinitatis. Notum esse volumus tam præsentibus quam futuris, quod ego Moronus cognomine, timore Dei, et timore peccaminum meorum tactus, adii Besuense Cœnobium, ubi multorum sanctorum patrocinia continentur, præcipue sancti Petri Apostolorum Principis, cum collega suo Paulo Apostolo.

(1) Longchamp, canton de Genlis (Côte-d'Or).
(2) Chevigny, commuue de Bèze.

ubi præesse dinoscebatur Domnus Abbas Olgerius. Ibi ergo adstantibus quibusdam ejusdem Cœnobii Monachis, et fidelibus Christianis Deum timentibus, quorum nomina subtus adnectentur, feci me tonsorari, et Monachum devovi sub norma Regulæ sancti Benedicti Confessoris permansurum.

Dedi ergo ad prædictum Cœnobium medietatem, quicquid jure hereditatis possidere videbar Calmontisvilla (1), vel cæteris circum jacentiis possessionibus, in pratis, in aquarum decursibus, in sylvis, molendinis, sicut præfatus sum, omnem medietatem per servum nomine Arnaldum, quem dedi sancto Petro, et per ipsum omnes servos et ancillas tradidi sancto loco, astipulatione subnixa. Actum publice Besua Monasterio, Benedicto Præposito adstante, Heldemanno Monacho, Adelmo Monacho, Oddone Monacho, Girberga Comitissa Fontis-Vennæ (2), et aliis multis.

Karta de Altrisiaco, Maxiaco, Bodenaco, Lentiliaco.

In nomine summæ et individuæ Trinitatis, Patris, et Filii, et Spiritus sancti. Notum sit omnibus fidelibus, tam vivis, quam et futuris, quod ego Gibuinus, et neptis mea Eraungardis, tradimus sancto Petro quattuor colonias in vico qui Altrisiacus (3) dicitur, pro remedio animæ fratris mei Hugonis, qui jam dictas colonias adhuc vivens B. Petro destinaverat, cum servis, et ancillis, quorum hæc sunt nomina. Rodulfum cum uxore, et infantibus suis. Abraham et Danninum fratres, cum uxoribus et natis eorum. Orrannum et Laibonem cum uxoribus et cum infantibus eorum. Lambertum cum uxore et infan-

(1) Chaumontdel-sur-l'Amance, canton de La Ferté-sur-Amance (Haute-Marne).
(2) Fouvent.
(3) Autrey.

tibus suis. Erbertum qui adhuc erat puer. Concedimus hæc beato Petro libere cum omnibus appendiciis suis, ut sicut a diebus Gibuini proavi mei, et filii ejus Hugonis, nec non et Hugonis patris mei stetit in nostra potestate, sic permaneat in potestate sancti Petri, ab ista die, et deinceps, pro remedio animæ fratris mei Hugonis, ut ipsi habeant consuetudinem, quam ante habebant, tam in sylvis, quam in pratis, aquis, campis, et cunctis confiniis. Et ut nullus deinceps Major, sive Foristarius, vel Decanus, de potestate Altriaci, hominibus jam dictis vel natis eorum, qui de progenie eorum per succedentia tempora exierint, aliquam molestiam inferre præsumat. Et si per neglegentiam acciderit, ut bestiæ istorum hominum sine custode in prato indominicato, vel corvata incurrerit, non cogantur per legem emendationem solvere, sed tantummodo æstimationem damni reddant. Hanc eandem cumsuetudinem cuncedimus sancto Petro de duobus curtilibus, quos ante habebat in eadem villa. Item damus sancto Petro mansum unum in villa, quæ Maxiacus (1) dicitur, cum appendiciis suis.

Præterea dimittimus, et abnegamus omnes consuetudines, quas pater meus, et fratres mei, Hugo, et Wido accipiebant in villa, quæ Bodens (2) dicitur, et in Lentiliaco (3) pro remedio animarum illorum, et nostrarum, excepto corvatam, quam pro sylva faciunt. Et si quis heredum meorum (quod minime futurum esse credo) hæc calumpniari temptaverit, repetere non valeat, et in dextera Dei Omnipotentis, et authoritate Petri Apostolorum Principis, anathema maranatha fiat. Et ut hæc Karta firma, et stabilis permaneat, manu propria firmavi, nepti, et sponso ejus Fulconi, cæterisque fidelibus firmare præ-

(1) Maatz (Haute-Marne).
(2) Bouhans (Haute-Saône).
(3) Nantilly,   id.

cepi. Signum Gibuini. Sign. Fulconis. Sign. Ermingardis. Sign. Bernardi. Sign. Widonis Archid. Sign. Richardi. Sign. Goffredi. Sign. Widonis. Sign. Odilonis. Sign. Odolrici. Sign. Wilenci. Sign. Leubranni. Sign. Milonis, et Gosberti, et Humberti, et Lamberti, et Ulgerii.

Karta de Luco.

Eodem tempore quædam mulier Adilina nomine, cum filiis suis Nocherio, et Poncio, dedit unum mansum in villa, cui cognomen est Luco, cum omnibus appenditiis suis, et censualibus pensionibus, domumque in eo consistentem, et servum nomine Albericum.

Carta de Buxiaco.

Similiter Exilina dedit alodum in vico, cui nomen est Buxiaco (1), cum omni integritate sua, appenditiis, colonicis, campis, sylvis, aquis, laudante Kalone filio suo.

Item alia.

Alius quidam homo, Bernardus nomine, dedit quicquid juris sui videbatur esse in finibus Vetus-vineis.

Karta de Longa Boella.

Item Bernardus, qui vocatur Francus, dedit sancto Petro duos jornales de terra, in fine quæ vocatur Longa Boella.

(1) Bussières-les-Grancey.

Alia.

Ewardus etiam de Ponto dedit duas petiunculas de prato, in loco, qui vocatur Molonga prata, et duos campos, ad Montannos unum, et alium ad Pontem-villam.

Item alia.

Anna quædam femina, pro sepultura sua dedit sancto Petro unum curtile ad Pontem.

Karta de Mariaco.

Benigna mente futuris consulentes sepia membranis imprimere cupimus, quod Milo, qui dicebatur Bicellus, frater Maioli, cujus cognomen Mazilinus, dederit sancto Petro in Mariaco-villa (1), unum mansum cum appendiciis suis, et servum nomine Girardum, cum uxore et infantibus suis.

Karta de Vachiriaco.

Adnotandum credimus futuris, quod Teto Montis Salionis Miles, tradiderit sancto Petro unum mansum in Vachiriaco (2) quondam vico, sed nunc deserto, simulque servum nomine pro Ewrvino fratre suo.

Karta de Luco.

Justum arbitramur memoriæ tradere, quod Hugo Clericus de Launna (3) delegaverit S. Petro unum mansum

---

(1) Marey-sur-Tille, canton de Selongey (Côte-d'Or).
(2) Lieu inconnu.
(3) Losne, canton de Saint-Jean-de-Losne (Côte-d'Or).

die festivitatis ejusdem generalem Missam celebrantibus
senioribus. Publice itaque accedens ad altare, tradidit
donationem circumspiciente populo, affirmans patrem
suum Gibuinum, ipsum mansum sibi dedisse die, quo
benedicta est ei capitis corona. Est autem ipse mansus in
Luco villa : terra autem ad illum pertinens conjacet in
valle, quæ pro fluviolo Vernela (1), qui per eam fluit,
Vernevallis dicitur. Signum Olgerii Abbatis. Sign. Ma-
roni. S. Hugonis. Sign. Johannis. Sign. Widonis Decani.
Sign. Rotberti Presbyteri. Sign. Giraldi Clerici.

Eodem tempore Henricus III Imperator, Burgundiæ
Regnum gubernabat, etc., *ut in Chronico S. Benigni.*

Veniens ergo idem Papa (2) ad civitatem Lingonas
ordinavit ibi Domnum Arduinum Episcopum (3) pro illo,
qui fuerat ejectus. Dumque ibi demoraretur, proferren-
turque in medium diversæ diversarum Ecclesiarum dis-
ceptationes, ac inter se calumpniæ, ut pote ante patrem
universalem et Apostolicum recte, et Canonicè terminan-
dæ ; contigit etiam de nobis, et de Canonicis Lingonen-
sibus rationem haberi. Ipsi namque volebant de vinea
nostra, quæ est sub Gibriaco decimam habere. Unde cum
rationem intellexisset Domnus Papa Leo, erupit in voce,
et quid in Archivis sanctæ Romanæ Ecclesiæ inde viderat,
ostendit dicens : Sanctorum Patrum, qui ante me sanctæ
Romanæ sedi præfuerunt, auctoritate sancitum est, ut
nulla Ecclesia quæ in honore B. Petri Apostolorum Principis sit fundata, alteri Ecclesiæ censum vel decimas persolvat. Cujus rationis et auctoritatis pondere repressi
ipsi Canonici conticuerunt.

Isdem vero venerabilis Arduinus Episcopus inter cætera beneficia, quæ huic loco contulit, petente Abbate

---

(1) La Venelle, rivière.
(2) Léon IX.
(3) Hardouin, 52ᵉ évêque de Langres, 1050 à 1065, succéda à
Hugues de Breteuil, dépossédé par le concile de Reims.

Olgerio, a summo Pontifice Romanæ Ecclesiæ peciit
fieri decretum, in quo continetur, ut nullus præsumat
huic Monasterio vim inferre, vel eum in subjectionem
cujuscumque Monasterii redigere; et ut nullus audeat
infra unam leuvuam a Monasterio vim aliquam inferre :
cujus exemplar decreti placuit huic libro inserere, ut audientes discant quantum inmineat illis periculum, qui
non timent obligari anathematis vinculo per Petri Apostoli Vicarium. Anno Incarnationis Dom. MLII. Præsi-
debat sanctæ Romanæ Ecclesiæ Domnus Leo Papa.
Cujus hæc sunt verba.

Privilegium Domini Leonis Papæ.

Leo Episcopus, servus servorum Dei, Olgerio Abbati
Besuensis Monasterii, tuisque sucessoribus, perpetuam
in Domino salutem.

Convenit Apostolico moderamini pia Religione pollen-
tibus, benivola compassione succurrere, et petentium
desideriis congruum impertiri suffragium. Quapropter
inclinati precibus tuis, fili Carissime, decrevimus more
Antecessorum nostrorum hoc nostro privilegio Apo3to-
licæ tuicionis, vestro Besuensi Monasterio propter inmi-
nentes persecutiones, et propter innumeros casus, qui
superveniunt, dignam concedere libertatem. Videlicet ut
nulla persona, aut ulla potestas, sive Ecclesiastica, seu
sæcularis, super eam audeat dominationem aut potestatem usurpare præter Lingonensem Episcopum, qui ei
patrocinetur juste et canonice.

Sic tamen ut ei non liceat, neque ministris ejus terras aut
beneficia Monasterii commutare, vel dare, nec vasa, nec
ornamenta, seu volumina subtrahere, aut qualicumque
occasione diripere. Omnia vero quæcumque habet vel
tenet, vel adquisierit, supradictus locus habeat, et teneat

nostra Apostolica confirmatione jure perpetuo, in cujuscumque Diœcesi sit.

Interdicimus etiam nostra auctoritate, ut nullus audeat
supradicto Monasterio vim inferre, vel eum in subjectionem cujuscumque Monasterii redigere. Raptores, cujuscumque ordinis, vel dignitatis sint, qui res quæ ad
supra nominatum cœnobium pertinent, sive de hominibus, seu de terris, vel de qualibuscumque rebus, unde
sustentari, et vivere debent inibi Deo servientes, rapue-
rint vel substraxerint, ligamus eos ligamine sancti Petri
usquequo congrue satisfaciant.

Prohibemus etiam ne infra unam leuvuam a Monasterio liceat alicui aliquem invadere, vel ejus res auferre.
Statuentes Apostolica censura, ne ulla hominum persona
magna, vel parva, contra hoc nostrum privilegium venire
pertemptet. Quod qui fecerit, Apostolico anathemati
subjacebit, usque ad dignam satisfactionem. Qui vero se
servaverit, benedictionis nostræ gratia cumuletur, et
æternæ vitæ particeps efficiatur. Datum iv Nonas Octobris, per manus Petri Diaconi, Bibliothecarii et Cancellarii sanctæ Apostolicæ sedis. Indictione v. Incarnationis
Dominice anno MLII. Pontificatus autem Domni Leonis noni Papæ iii.

De obitu Olgeri Abbatis.

Defuncto igitur Abbate Olgerio, successit in regimine
pastoralis officii Abbas Oddo (1). Quæ autem in diebus ejus
data, vel empta sunt in possessione agrorum, non est
silendum.

(1) Oddo, 12ᵉ abbé de Bèze, succéda à Olgier vers 1059.

Carta de Vetus-vineis.

Quidam igitur Miles hujus nostræ Regionis, nobili
prosapia ortus, Olgerius nomine, cum multis aliis loca
Hierosolymitana expeciit, sed in revertendo post multa
pericula pro Christo tolerata, felici, ut credimus obitu,
lucem præsentis vitæ reliquid.

Præsentibus autem conviatoribus, et audientibus,
sancto Petro Besuæ, et· ejus Monachis, apud Vetus-
vineas unum mansum vestitum cum servo in eq. habitante, nomine Arnaldo delegavit, ita sicut pater ipsius
Arnaldi vocabulo Ademarus usque in diem mortis suæ
tenuit, et eidem filio suo Arnaldo dimisit. Uxorem etiam
ejus nomine Tedindem cum filiis, et filiabus simul cum
eo dari jussit; pariterque palmas, quas testes peregrinationis suæ, a Jerico tulerat; altari superponi rogavit.
Quam donationem conjunx ejus Tetburgis appellata, et
filii ejus libenti animo laudaverunt, et suos homines laudare compulerunt. Debet vero iste mansus porcum, et
arietem, sex panes, et tres sextarios vini, carroperam, et
omnes consuetudines, quas dominis persolvere debent
servi. Quos suos protulerunt testes, signamus calamo
omnes. Signum Tetburgis conjugis ejus. Sig. Heinrici, et
Ulrici filiorum ejus. Signum Tetbaldi. Signum Aldonis.
S. Formaldi. S. Nerduini. S. Humberti. S. Nerduini
juvenis. S. Widonis Decani. Sig. Hugonis Præpositi.
Sig. Rotberti Presbyteri. Sig. Johannis. Sig. Arengerii,
et omnium servorum ipsius apud mansiones conmo-
rantium.

Karta de Altrisiaco, et Villare, et Cinciaco.

Alius quidam Miles nomine Humbertus, omni prolis
fiducia destitutus, tradidit Deo, et sancto Petro ad locum
Besuensem sanus et incolumis existens, omnem heredi-

tatem alodi sui, quæ ei jure paterno cesserat, absque contradictione hominis ullius. Divisus enim erat jam a fratribus suis, Hugone, et Ulrico, et unusquisque partem suam 'singillatim separaverat a fratre suo. Quam donationem ad mortem perductus iterato confirmavit, et calumpniatores æternæ maledictioni, in ipsa mortis hora obligavit. Omnem partem alodi in Altrisiacensi villa (1), cum omnibus consuetudinibus in omni potestate Altrejaca, in sylvis, in campis, in pratis. Apud Villare (2) etiam omnem partem suæ hereditatis, sicut ipse in vita sua tenuit. Nova casa, cunctum suum alodum, sicut ipse possederat. In Cinciaco (3) vero similiter alodum suum, cum omni consuetudine, in aquis, in campis, in pratis, in sylvis. Calmetis (4), nec non totum suum alodum, sicut ipse in vita sua possedit. Romaniaca (5) etiam, et Ponto, cunctum alodum cum omni consuetudine in aquis, in pratis, in campis, in sylvis. Est etiam ibi molendinum unum, cujus terciam partem sancto Petro tradidit. Beriæ etiam omnem partem alodi sui, in aquis, in campis, in pratis, in sylvis. In Comitatu Alsensi, in villa quæ dicitur Velinniaco (6), et in Villari Corcellis (7). Bretoneria (8) omnem alodum suum, cum omnibus appendiciis in campis, in pratis,·in aquis, in sylvis. Signum Domni Oddonis Abbatis. Sig. Moroni Monachi. Sig. Hugonis Monachi.

(1) Autrey (Haute-Saône).
(2) Inconnu.
(3) Cessey-les-Essertenne (Haute-Saône).
(4) Chaumes, canton de Selongey (Côte-d'Or).
(5) La Romagne, hameau de la commune de Courchamp, canton de Fontaine-Française (Côte-d'Or). La Romagne devint plus tard une commanderie de l'ordre de Malte, qui relevait du grand-prieuré de Champagne.
(6) Veloguy, dans le comté d'Auxois, aujourd'hui commune du canton de Vitteaux (Côte-d'Or).
(7) Courcelles-sous-Grignon, canton de Montbard.
(8) Bretonnière (ferme de la), commune de Bussy-le-Grand, canton de Flavigny (Côte-d'Or).

Sign. Theoderici Monachi. Sig. Willelmi Comitis (1). Sig.
Fulconis senioris Bellimontis (2). Sig. Gisleberti senioris
Reseiæ (3). Sig. Wallonis senioris Beriæ. Sig. Odilonis.
Sig. Wilenci. Sig. Landrici. Sig. Widrici. Sig. Rodulfi,
et Olgerii fratris ejus. Sig. Widonis. Sig. Tetzilini. Sig.
Rotberti. Sig. Bernonis. Sig. Herialdi. Sig. Girardi.
Sig. Isemberti. Sig. Hugonis. Hanc donationem frater
ipsius Humberti Hugo coram omni populo laudavit, et
omnem partem suam ex ipso alodo, quia tantumdem ha-
bet post mortem suam, sancto Petro concessit.

Karta de Mornado.

Noverint omnes præsentes, et futuri, quia quidam
Miles, Rotbertus nomine, pro timore et amore Dei delegavit ad locum sancti Petri Besuensis Monasterii, quoddam mansum, quod quædam matrona, nomine Ermengardis, et filius ejus Odricus Clericus, destinaverant.
Cunjacet autem mansum illud in Mornado villa (4), et
habet ad se terras pertinentes, cultas, et incultas, servos,
et liberos in eis manentes, prata, pomiferas arbores, et
aquarum cursus et recursus, quæ omnia ad jam dictum
locum sancti Petri destinavit, atque restituit. Et ut ex
meliori voluntate hoc factum esset, accepit a Monachis
ipsius loci caballum unum, et societatem in omnibus
benefactis eorum, et ex inde hanc Cartam fieri curavit,
quam propria manu firmavit, et amicis atque parentibus
suis tradidit firmandam atque laudandam. Actum Besuensi

---

(1) Guillaume Ier, comte de Bourgogne, fils de Renaud Ier,
1057-1087.
(2) Fouques, seigneur de Beaumont par son mariage avec
Ermengarde, héritière du comte Hugues III.
(3) La Rochette, ancien fief avec château, qui dépend aujour-
d'hui de la commune d'Oisilly.
(4) Mornay-sur-Vingeanne.

Monasterio publice vi Idus Februarii. Signuum Rotberti,
qui hanc Kartam fieri mandavit. Sig. Oddonis. Signum
Gozfredi. Sig. Achardi, et aliorum multorum.

Karta de Genevrerias.

Quædam mulier Sufisia nomine, pro remedio animæ
filii sui Widonis, quem ex Gisleberto suscepit, dedit
unum mansum sancto Petro, in villa Bellifontis (1) cum
omnibus appendiciis suis, et habet omnem consuetudinem in campo, in aqua, in sylva. Servum etiam in eo
habitantem, nomine Martinum. Alterum mansum apud
Genevrerias (2), cum omnibus appenditiis suis, habentem
consuetudinem in campo, in aqua, in sylva ; ea conventione ut xv jornales arabiles de alodo suo in fine ejusdem
villæ eidem manso ad perficiendum quod minus habebat,
adderet. Servum quoque in eodem commorantem, nomine Albericum, cum uxore Fratburge appellata, cum
infantibus suis. Et ut perpetuali fulcimento perduraret
elemosyna, horum testium subtus inscribi rogavit nomina. Signum Sufisiæ. Signum Æduini patrasti ejus.
Signum Warnerii mariti sororis ejus. Sig. Domni Oddonis Abbatis. Sig. Moronis Monachi, et aliorum multorum.

Karta de Mariaco.

Manifestum etiam esse volumus modernis, et successuris, quod quidam Miles, nomine Sewaldus ex monte
Saligone, dederit sancto Petro pro redemptione animæ
fratris sui Eliranni, unum mansum apud Mariacum villam prope Tilecastrum (3), cum omnibus appendiciis

(1) Bellefond, commune de Genevrières.
(2) Genevrières, commune du canton de Fays-Billot (Haute-
Marne).
(3) Marey-sur-Tille.

suis, simulque unum servum, nomine Odilardum. Sig.
Sewaldi. Sig. Domni Oddonis Abbatis. Sig. Moroni.
Sig. Petri. Sig. Pontii Militis.

Karta de Flaciaco.

Notum esse volumus omnibus post nos futuris, quod
Miles quidam, nomine Sigefridus dederit sancto Petro ad
extrema perductus, II mansos apud Flaciacum villam (1).
In uno quidem Ærbertus manebat ejus servus, et
debet festivitate Omnium Sanctorum dimidium sextarium
vini : Nativitate autem Domini unum sextarium vini,
duos panes, et duas gallinas : alius vero in eadem villa
conjacet desertus. Tradidit etiam x diurnales terræ in
finibus ejusdem villæ, ad eosdem mansos pertinentes,
cum pratis, sylvis, et omnibus suis appendiciis. Signum
Ruzuidis uxoris Rotberti, fratris ejusdem Sigifredi, quæ
hanc donationem loco ipsius Sigifredi super altare posuit.
Signum Oddonis fratris Mazilini. Sig. Willerii. Sig.
Amalrici. Sig. Petri Clerici.

Karta de Bodens, et de Lentileio.

Divina auctoritate inspirata nobilis matrona, Ermengardis nomine, sanctum Petrum sibi fecit heredem, omnesque fratres Besuensis Monasterii Deo, ac ipsi summo
Apostolorum Principi servientibus, suis usibus admisit,
reddens illis salvamentum de Bodens (2), et de Lenti-
leio (3), atque de cunctis quæ ad ipsum salvamentum
pertinent, pro remedio animæ suæ, ac senioris sui Hugonis, filiique sui Widonis. qui tunc fuerat defunctus,

(1) Flacey, canton d'Is-sur-Tille.
(2) Bouhans.
(3) Nantilly.

quique ipsum salvamentum post mortem patris jure hereditario possidebat, Cujus rei cooperatores fuerunt filii
ipsius, Hugo videlicet, et Nerduinus, simul Gibuinus qui
adhuc vita perfruebantur. Et ut hæc traditio nota fiat
futuris, sicut est præsentibus, scripto mandare fecit, ut
quod post mortem testare non poterat, testetur Karta ser-
vata, in ipsius Monasterii arhario. Hanc ergo, ut inconvulsa permaneat, testibus adhibitis subscripsit manu
propria. Ermengardis subscripsit, Hugo, Nerduinus, Gibuinus. Hii sunt testes.

Karta de Buxiaco.

Notum sit omnibus tam præsentibus quam futuris,
quod Gertrudis uxor Girardi Militis de castro Fontis-
Vennæ, cum filiis suis Girardo et Humberto, tradidit
unum mansum pro redemptione animæ præscripti mariti
sui, et filiorum suorum ab ipso jam donatione facta sancto
Petro Besuensi in villa, cui vocabulum est Buxiacus (1),
ad integrum sicut videbatur tenere Rotbertus Major, cum
ipso videlicet Rotberto, et uxore, et filiis, cum omnibus
quæ ad ipsum mansum pertinent, tam in terris, quam
in sylvis, et in pratis, vel in pascuis, sive in aquis. Et ut
hæc donatio in perpetuum firma sit, et stabilis, his
subscriptis testibus firmavit, et firmare rogavit. Hii sunt,
Aymo, Olgerius, Joffredus, Librandus, Oddo, Arlebaldus, Wido, Aldo. Reddidit etiam unum mansum, quod
dudum sancti Petri alodus fuerat, in villa Patriniaco,
acceptis pro precio duobus militantium instrumentis,
quæ vulgo dicuntur Helmum, et Osbergum.

(1) Bussières-les-Belmont, canton de Fays-Billot (Haute-Marne).

Karta de Moringas, et Mornado.

Notum sit præsentibus, et futuris, Richardum de Belmonte quandam terram sitam inter Moringas (1), et Mornadam villas, ad Abbatiam sancti Petri Besuensis Monasterii pertinentem, diu calumpniasse mulieris suæ ex parte, et multa præjudicio abstulisse. Quam calumpniam Monachi sancti Petri satisfactionis causa sæpe voluerunt juramento, vel qualibet lege determinare, cum præfatus Richardus Dei nutu aspiratus, eandem calumpniam, sive justa, sive injusta esset, sancto Petro donavit, præsentibus senioribus loci sub stipulatione super altare posita. Ego Richardus cum uxore mea Wandelmode firmavimus, et testibus roborandam tradidimus. Signum Widonis Decani. Sig. Aldonis. Sig. Benedicti Monachi. Sig. Heldemni. Sig. Alberti.

Karta de S. Mauricio.

Notum facimus karitati fidelium, quia Miles quidam, nomine Herembertus, diu languoris molestiis pressus, tandem cum sibi finem vitæ imminere sentiret, ad memoriam beatorum Apostolorum Petri et Pauli, in Besuensi loco se sepeliri rogavit, quod' et factum est. Pro cujus animæ absolutione pater ejus, nomine Oddo eidem loco dimidium mansum cum dimidia mansione, quia partem alteram frater ejus cum manso tenebat in villa, quæ dicitur ad sanctum Mauricium (2) cum terris adjacen-

---

(1) Montigny-sur-Vingeanne, Pouilly, Saint-Maurice, toutes trois communes limitrophes de Mornay, ayant déjà été mentionnées dans les chartes qui précèdent, La Villeneuve est la seule localité à laquelle ce nom de *Moringas* puisse s'appliquer.

(2) Saint-Maurice-sur-Vingeanne.

tibus, pratis, et sylva. In ipsa, et in altera villa Romania
nominata (1), cum legali traditione dedit, et manu testium
corroborari fecit; quorum ista sunt nomina. Hugo, Theodericus, Alelmus, Johannes, alter Hugo, Teudinus,
Hemma. Quem ipse in brevi tempore subsecutus, non
solum apud eundem locum est sepultus, sed etiam sicut
petierat, Monachili habitu indutus, hujus vitæ in bono fine
diem clausit. Post cujus obitum nos unum fœdiolum,
quem tenebamus, filio ejus dedimus, et tria jugera in
commutatione accepimus, et nostris terris junximus, et
duobus hominibus sub servitio ad manendum dedimus,
ex quibus unus servus ejus et loco dedit.

Karta de Tasnato, et Germaniaco.

Manifestum esse volumus tam præsentibus, quam
futuris, quod quidam Miles nomine Walo pro redemptione animæ conjugis suæ, vocabulo Addilæ, dedit sancto
Petro unum mansum alodi apud Tasnatum (2), et alium
apud Germaniacum (3), qui persolvit in debito census
dimidiam eminam frumenti, dimidiam eminam avenæ,
unum sextarium vini, unum porcum precii vi denariorum, quinque denarios pro censu prati, unam rotam et
unum bovem tempore vindemiæ. Dedit etiam servos
Hunaldum cum uxore, et infantibus suis, et Mainardum,
et medietatem infantum ejus, absque ulla calumpnia. Et
ut hæc donatio perpetuum obtineret vigorem, litteris
peciit notum fieri, et testibus corroborari. Signum
Walonis. Signum Fulconis. Signum Odilonis. Signum
Milonis. Signum Warnerii. Signum Widonis. Signum
Heinrici. Signum Widrici. Signum Warnerii.

(1) La Romagne.
(2) Tamay.
(3) Germigney, canton de Gray (Haute-Saône).

Karta de Colonica villa.

Notum esse volumus omnibus fidelibus tam futuris, quam præsentibus, quod quidam Miles, Gontardus nomine, cum fratre suo Helgerio, nos adierit deprecans, ut eis aliquid daremus de terra sancti Petri in beneficio, promittentes se omnimodis in servitio S. Petri, et nostro fideliter permansuros. Quod cum diu peterent, victi eorum precibus, dedimus eis quicquid sanctus Petrus in villa, quæ Colonica (1) dicitur, habebat, quam dudum tenuerat frater eorum Heinricus cum Ecclesia in ipsa villa posita, indicentes eis annuatim in festivitate sancti Petri censum duorum solidorum : eo scilicet tenore ut tempore vitæ suæ idipsum, quod dedimus tenerent, post decessum vero eorum ad jus sancti Petri, et Monachorum ejus rediret; ita ut nullus posterum eorum ullo modo ex eo se intermitteret, ni spontanea voluntate, vel amicabili Abbatis, aut Monachorum ejusdem loci concessione. Si autem unus ex eis prior mortuus fuerit, ejus pars statim ad nos revertatur : nisi forte nostra spontanea voluntate iterum ei concessum fuerit. Ut autem hæ convenientiæ firmiores permanerent, hanc Kartam manu sua firmaverunt, testesque fideles adhibuerunt. Signum Gontardi. Signum Helgerii. Signum Oddonis. Signum Rainardi. Signum Saleconis. Signum Bernardi. Data ii Non. Junii.

Karta de Lu.

Noticia, quam Bernardus Belmontis, et nepos ejus defunctus, nomine Richardus, fecerunt sancto Petro Besuensi de terra quadam cumjacente in fine villulæ,

(1) Collonges, commune de Poyans (Haute-Saône).

quæ vocatur Lu sancti Martini (1) : in ipsius finibus dedit mansum unum, ıx jornales habens de terra arabili, cum duobus servis.

Karta de Villa curte.

Quidam Miles, nomine Stephanus, in gravi infirmitate decidens, adivit Monasterium, quod in honore Principis Apostolorum est consecratum, quod dicitur Besua, ibique ob remedium animæ suæ tradidit ad ipsum locum unum mansum, qui est in villa quæ Curtis (2) dicitur, et ıv jornales de terra in campum, qui appellatur Festilliacus, cum servo nomine Gaudio, et est de ambabus partibus terra Gislerii. Cujus cooperatores sunt filii sui, Wido, Walterius, Hugo, et uxor sua, nomine Fera, in cujus dotalitio erat ipsa terra, quam reddidit ei. Et ut hæc donatio ejus nota fiat posteris, hanc Kartulam fieri jussit, et super altare sancti Petri posuit, testibusque roborandam tradidit. Ego Stephanus subscripsi. Sig. Widonis filii mei. Signum Walterii filii mei. Sig. Hugonis filii mei. Sig. Aymonis. Sig. Widonis. Sig. Milonis.

Item alia.

Alii vero duo Milites, Adunus, et Milo frater ejus, et Teburgis soror eorum, tradiderunt Deo, et sancto Petro Girbergam cum infantibus suis. Et ut hæc donatio eorum nulli calumpniæ pateat, in conventu publico statuerunt decretum, ut nullus heredum eorum in ullam partem jure hereditario violentiam inferat. Quod si fecerit, excommunicationis vindictam solvat. Aduinus et frater ejus firmaverunt hanc Cartulam. Signum Sophiæ. Signum

(1) Lux.
(2) Localité incertalne.

Teburgis. Sig. Widoni Archipresbyteri. Sig. Lezelini.
Sig. Hugonis Præpositi, et tocius familiæ. Actum
publice Monasterio Besuensi, præsente Domno Oddone
Abbate.

Item alia.

Similiter et Humbertus, et conjunx ejus, et filii, qui
injuste conabantur detinere servum sancti Petri, Fuldra-
dum scilicet, et conjugem ejus, nomine Richeldem, et
filios eorum, dimiserunt eos liberos, quatinus ad proprium dominum cœlestem Clavigerum redeant.

Carta de quadam vinea.

Item Samson de Vadona (1), et uxor ejus dederunt,
Deo et S. Petro unum jugerum de vinea in loco, qui
dicitur Adalechassanna. Item in alio loco, ad Austivacca (2)
dicto, duo. Testes donationis hii sunt : Sylvester Mon.
suscepit, Grimaldus villicus. Harbertus.

Carta de Mariaco.

Doda etiam de Mariaco, consentiente viro suo, Jocero,
dedit unum pratum habentem ad summum exclusam
molendini ejusdem villæ, sancto Petro, nec non Monachis ibidem Deo servientibus. Hujus autem donationis,
quam viva voce fecit, vivos testes adhibuit; quorum
nomina hæc sunt : Folradus, Nero, Grimaldus, Lambertus.

(1) Vosne, canton de Nuits (Côte-d'Or).
(2) Rien dans la dénomination actuelle des climats de cette commune ne rappelle ces deux noms passablement barbares.

Carta de Icio.

Notificamus modernis, et successuris, quod Hildeberga soror Ærleii sapientis Clerici, delegavit sancto Petro mansum unum in villa, cui nomen Ycio (1), et unius diei arationem in fines ejusdem villæ ad eundem pertinentem; eo tenore, ut in eo consistens homo, et excolens eum, cui nomen Jordanius, liber tamen, ut censum, quod sibi reddere consueverat, Monachis persolvat. Insuper etiam unam ancillam, quæ vocatur Raimburgis, solitum capitis sui duorum denariorum omni anno reddituram debitum. Testes hujus donationis sunt hii : Robertus, Widricus, Johannes, Hugo.

Item alia.

Hildesendis sanctimonialis dedit sancto Petro puellam quandam, nomine Osannam, filiam Humberti, et Retrudis.

Item alia.

Altrudis etiam nobilissima fœmina mater Aduini, et Milonis, dedit sancto Petro uxorem Ulrici Presbyteri Granantis-villæ (2), Girbergam nomine, cum infantibus suis.

Karta de Buxiaco.

Notum sit omnibus tam præsentibus, quam futuris, quod Betta uxor Hermuini Militis, cum filiis suis tradidit unum mansum pro redemptione animæ præscripti mariti sancto

---

(1) Is-sur-Tille (Côte-d'Or).
(2) Grenant, canton de Fays-Billot (Haute-Marne).

Petro Besuensi in villa, cui vocabulum est Buxiacus (1)
ad integrum, sicut tenuit Lambertus Major, cum omnibus
quæ ad ipsum mansum pertinent, tam in terris, quam in
sylvis, et in pratis, vel in pascuis, sive in aquis. Et ut
hæc donatio in perpetuum firma sit et stabilis, his subscriptis testibus firmavit. Hii sunt : Wido, Aldo, Gonte-
rius, Otbertus.

Karta de Pruncethel.

Similiter Sejuvoldus et Ida conjunx ejus, dederunt
sancto Petro Besuensis Cœnobii, mansum unum, cui
terræ arabilis ix jugera adjacent, et pratum unum, ex
quo duo carratæ fœni possunt per singulos annos colligi, in
loco, qui Pruncethel (2) vocatur. Ea videlicet ratione, ut
quicquid exinde facere Monachi ejusdem loci voluerint,
libero in omnibus potiantur arbitrio faciendi. Testes vero
hujus donationis hic sunt subnotati, Albertus Monachus,
Oddo, Rotbertus Sacerdos, Dares, Johannes cocus.

Karta de Vetus-vineis.

Aymo etiam de Vetus-vineis natus, frater Widonis, et
Waroni Monachi alodum suum in ipsa villa existentem
sancto Petro dedit, et cum filio suo Widone super altare
sancti Petri posuit, et filiam suam Gertrudam laudare fecit.
Signum Domni Oddonis Abbatis. Signum Girardi. Signum Ulrici.

Karta de Flaciaco.

Quidam Archidiaconus, Ærleius nomine, Canonicus
sancti Mammetis, dedit sancto Petro unum mansum, in

---

(1) Bussières-les-Belmont.
(2) Prauthoy? arrondissement de Langres (Haute-Marne).

villa, quæ Flaciacus dicitur cum suis appenditiis pro
remedio animæ fratris sui Milonis. Addidit etiam unum
servum, binaque tapecia mirifici operis et enormis magnitudinis. Ne vero per succedentia tempora ab aliqua obpo-
sita persona quivisset frustrari, rogavit propinquos et
circumstantes hujus donationis Cartam manu propria,
testimonioque firmari. Signum Ærleii. Signum Oddonis.
Signum Johannis Prioris. Signum Widonis Decani.

Carta de Dalaima.

Notum facimus præsentibus, et futuris, quod Hugo
summæ probitatis Canonicus, ædificator Monasterii sanctæ
Mariæ Lagonniacensis (1), dedit sancto Petro suam partem de omni alodo patris sui apud Dalaimam villam (2)
situm, laudantibus fratribus suis, et nepotibus. Signum
Hugonis. Sig. Ottonis. Sig. Radaldi. Sig. Petri.

Carta de Luco.

Notificamus quibusque modernis et successuris, quod
quædam mulier nomine Helisabet filia Willerii, ex Campanis villa (2), nuperrima viri sui Ozilini morte destituta,
adierit Besuense Monasterium, tradideritque sancto Petro
unum mansum in villa, quæ vocabulum est Luco, congruum valde, et oportunum cum suis appenditiis. Signum Helisabet. Signum Ezilinæ matris ejus. Signum
Hugonis, et Radalonis fratrum ejus Monachorum.

(1) D'après la nomenclature des monastères de France, publiée
dans l'annuaire de la Société de l'Histoire de France 1838, la seule
maison à laquelle ce nom pourrait s'appliquer serait *Langovicum*,
abbaye de Bernardins dédiée à Notre-Dame et fondée en 1186
dans le diocèse de Quimper. Malheureusement, à l'époque où le
chanoine Hugues faisait sa donation à l'abbaye de Bèze, c'est-à-
dire vers la fin du règne de Henri Ier, l'ordre de Cîteaux n'était
pas fondé.

(2) Damalix, commune de Lux.

Karta de Blaniaco.

Manifestum iri cupimus, quod quidam nomine Rainardus ex villa Varona natus, concessit sancto Petro alodum, quod ipse dudum in Blaniaco villa comparaverat, pro abolicione suorum criminum. Cujus donationem elemosynæ ·fratres ipsius, Sewinus Clericus, et Albericus, benigne annuentes, feretro impositum corpus ejus deducentes ad Monasterium, firmiter stabilierunt, et ad altare vice ipsius, sancto, et fratribus delegaverunt, et subnixis testimoniis coram omnibus roboraverunt. Signum Sewini. Signum Alberici. Sig. Vilrici Militis.

Karta de Busciaco, Lujato, Luco.

Scripto etiam volumus digerere, quod Helisabet, quæ etiam Liezilina cognominata est, mater Hugonis Monachi, dederit sancto Petro in villa Busciaco dicta (1), unum mansum cum colonica sua, et cæteros mansos ad ipsum pertinentes, cum colonicis suis, et omnibus appendiciis suis, in campis, in sylvis, in pratis, in aquis, in aquarum decursibus, in piscatoriis, sive in eadem villa, sive in aniis eidem adjacentibus, id est, Lujato, Luco, Dalaima (2), vel ubicumque ipsa terra conjacet, ex integro, cum consensu filiorum suorum, atque fratrum suorum, tradidit Deo, et sancto Petro, in præsentia universorum Monachorum. Signum Hugonis Monachi filii ejus, Richardi filii ejus, Bernardi fratris ejus, Ottonis fratris ejus.

---

(1) Bussières-les-Grancey.
(2) Doit être considéré comme un diminutif de Lux. C'était le petit Lux qu'on distinguait du grand Lux *ad sanctum Martinum*.

Karta de duabus Prœbendis sancti Gengulfi.

Heinricus igitur Rex Francorum cum jam morbo et senectute premeretur, Philippum filium suum congregatis Francorum primoribus, cunctorum consilio, consortem sibi tocius Regni constituit, inpositoque capiti ejus diademate, Regem jussit appellari.

Anno autem primo Regni ejus Domnus Arduinus Lingonensis Episcopus pro solo orationum præmio, dedit sancto Petro, ac Besuensi Congregationi, laudantibus cunctis Canonicis, duas præbendas, quantum accipitur a duobus Canonicis, sicut hic demonstrabimus.

Priscorum felix sollertia hoc salutiferum remedium providere studuit succedentibus sibi, ut quod non poterant tempora meantia mandare posteris, allegarent apicibus, auctoritate fultus illius Principis, sub cujus præsentia firmatio foret cum scriptione cartis, aut impressione siggilli. Quod et nos providentes, Ecclesiæ nostræ filius, et sancti Mammetis sacræ concioni fore commodi, qualiter unanimes sint effecti, litteris adnotamus juxta tenorem utriusque partis.

Largitione itaque famosi Hugonis Præsulis Lingonensis, Ecclesiæ Besuensi adtributa est Ecclesia sancti Gengulfi martiris (1), pariterque stipendium, quem cum consequebatur is qui famulabatur in loco deserviens liminaribus sacris.

Non hæc solummodo venerabilis Episcopus contradidit, quæ prædiximus, verum etiam villam quæ vocatur Bannus (2), jure perpetuo concessit. Quod postea quidam indigne ferentes exemptum, rebus humanis, antequam

(1) Eglise Saint-Gengoux de Langres, convertie en prieuré relevant de l'abbaye de Bèze. En 1609 il fut supprimé et ses biens réunis à la dotation du collége de Langres.

(2) Bannes, canton de Neuilly-l'Evêque (Haute-Marne).

venerabilis Arduinus decoraretur sede Pontificali, auxilio fulti Girardi Præpositi sua procurantes, non quæ Jhesu-Christi, redegerunt in potestatem, ut possessum fuerat prius ab eis. Quod venerabilis Arduinus (1) infula Pontificali jam insignitus ut cognovit, compati cœpit, pietateque qua affluebat, universam congregationem rogare cœpit, ut qui villam abstulerant, quam de præcessor contulerat, saltem misererentur Deo servientibus inibi, et aliquam rem providerent, ex quo sustentari possent Ecclesiæ alumpni. Exegit denique ab eis in præsentia Alberonis Abbatis Divionensis (2), laudantibus cunctis Canonicis, ut bis edentibus supradictis Canonicis quantum percipiebatur a duobus ex illis, tantum susciperent et ipsi Monachi, videlicet mane et sero, et si semel cibum sumpserint, eodem modo, quo et supra quantitas tribuatur panis, et vini, ut accipitur a duobus Canonicis.

Quia vero peccunia tunc defuit, qua debebatur consuetudinaria lege cibus præberi universis Ecclesiæ filiis, conditione usi sunt tali, ratumque visum est cunctis, ut susciperent societatem, quæ offerebatur illis pro commutatione cibi : eo tenore, ut si aliquis nuntiaretur exuisse hominem, taliter celebraretur dies depositionis a Monachis, sicut consueverant pro cunctis congregationibus sibi conjunctis. Insuper et nomina eorum inscriberentur cum nominibus fratrum, quo agnosci posset dies eorum anniversarii, et celebrari a cunctis. Et ut hæc quæ diximus firmius teneantur, a nostris eadem et ipsi laudavere agere pro nostris.

Ne quando ergo aboleatur in succedentibus sedis quæ conscripsimus, præsente viro venerabili Arduino Episcopo hujus sanctæ sedis, subtus adnotamus ejusdem jussione Præsulis nomina vivorum, qui interfuerunt, condi-

---

(1) Hardouin, 52° évêque de Langres, succéda à Hugues de Breteuil. Il gouverna son diocèse de 1050 à 1065.

(2) Adalberon, 42° abbé de Saint-Bénigne de Dijon, 1056-1077.

tione tali. Sign. ejusdem Arduini Episcopi. Sign. Wilenci
Archidiaconi. Sig. Rainardi, qui cognominatus est Hugo
S. Rogeri Thesaurarii. Sig. Ewardi Decanis. Sig. Ærlei
Archidiaconi. Sig. Girardi Archidiac. Sig. Warneri.
S. Gybuini. Sig. Hildigari. Sig. Milonis de sancti Lupi.
Sign. Emmarrici. Signum insuper omnium Canonicorum,
qui unanimiter laudaverunt in capitulo. Actum Lingonis, anno Incarnationis Dominice MLVIIII. Ind. xii.
Epacta iiii. Quicumque autem hoc violare præsumpserint,
vel aliquid abstulerint sancto Petro, rectoribusque
Besuensis cœnobii contraire conati fuerint, auctoritate
omnipotentis Dei, Patris, et Filii, et Spiritus sancti, beati
quoque Petri, omniumque sanctorum, et nostra sint
excommunicati, anathematizati, et a sorte justorum
expulsi, et æternaliter, nisi digne satisfaciendo emenda-
verint, dampnati. Signum Oddonis Abbatis, et omnium
Monachorum ipsius cœnobii.

Karta de villa Coriaut.

Notum sit omnibus præsentibus et futuris, quod Berno
villicus Janlint villæ (1), quoddam alodum juris sui,
quod jacet in villa Coriaut (2) dicta, ea condicione dedit
S. Petro, et propria manu super altare misit, ut ipsius
alodi usuarium fructum retineret tempore vitæ suæ : post
discessum vero vitæ suæ ad locum sancti Petri rediret
cum omni integritate. Hujus donationis, quam viva voce
fecit, vivos testes adhibuit ; quorum nomina hæc sunt :
Odilo Præpositus, Rodulfus, Dado, Aldo, Ewardus.

Karta de vinea, quœ est in Briscona.

Albordis matrona pro remedio animæ quondam senioris
sui, nomine Æremberti, consentiente fratre ejus Ozelino

(1) Genlis (Côte-d'Or).
(2) Localité inconnue.

nomine, tradidit sancto Petro Besuensis cœnobii unam vineam, quæ appellatur Claufmors, in villa, quæ Briscona (1) vocatur.

Carta de Vetus-vineis.

Item Alburgis filia Wilenci fratris Hugonis senioris castri Belmontis, quicquid in villa Vetus-vineas habebat in pratis, campis, sylvis, pariterque servos Widonem, Theodericum, Bilinamque sororem eorum, tresque alias ancillas, Heldegardam, Evizaidam, et Teodradam sancto Petro dedit perpetualiter possidendas. Sig. Pontii senioris ejus, Widonis Militis, Walterii Militis.

Carta de Moringis.

Adnotandum credimus futuris, quod Wilencus dedit Deo, et sancto Petro duos mansos in Moringis vico (2) cum omnibus appendiciis suis, et servum nomine Ulricum cum uxore, et infantibus suis. Et ut hæc donatio perpetuam firmitatem obtineat, signatorum nomina subtus demonstrat sceda. Sign. Pontii filii ejus, Fulconis, Odilonis, Bernonis Clerici.

Carta de Condilico.

Notificamus modernis quibusque, et futuris, quod Helvindis quædam matrona, dederit sancto Petro pro Walterio marito suo, qui vocabatur Albus, unum mansum apud Condiliacum (3), et servum nomine Ermenbertum. Signum Gisleberti, Hugonis, Willerii, Mauricii filii ejusdem dominæ.

(1) Brochon (Côte-d'Or).
(2) Voir la note de la page 346.
(3) Choilley, canton de Prauthoy (Haute-Marne).

Carta de Vaunna.

Eadem videlicet Helvidis tradidit post primam donationem sancto Petro unum mansum apud Vaunnam (1)
pro ipso Mauricio filio suo, quem ex præfato Walterio
habuerat. Qui scilicet mansus ita liber est ab omni consuetudine alicujus hominis, ut, non dux, vel ministe-
riales sui in eo aliquid requirere possint, ab aliorum
etiam principum vel hominum exactione id est demanda‑
tione omnino extraneus sit. Dedit quoque servum nomine
Richardum. S. Haymonis filii ejus Gisleberti.

Karta de Creponensi villa.

Volumus quosque præsentes et futuros scire, quod
Rainardus de Autriaco (2) delegaverit sancto Petro unum
mansum apud Creponensem vicum (3) cum omnibus appendiciis suis, qui debet ministeriali Fontanæ (4) potestatis, singulis annis unum denarium, si tamen homo in
ipso manens, sylvam ipsius potestatis frequentaverit. Sig.
Rainardi, Odilonis, Oddonis.

Karta de Fontanellis.

Ejusdem Rainardi consilio, et exemplo provocatus quidam sobrinus ejus Oddo, qui appellabatur Gibbosus id
est Bozardus, dedit et ipse sancto Petro quicquid alodi in
vico Fontanellas (5) vocitato, habebat. Signum Oddonis,
Odilonis, Rainardi.

(1) Vosne-Romanée (Côte-d'Or).
(2) Autrey.
(3) Localité demeurée inconnue.
(4) Fontaine-Française.
(5) Fontenelle (Côte-d'Or).

Carta de Buciaco vico.

Clarum esse cupimus omnibus, quod Arlebaldus et Odo fratres, concesserunt sancto Petro unum campum quindecim jugerum in Buciaco vico (1). Signum Domni Oddonis Abbatis, Moroni, Benedicti.

Karta de Flaciaco.

Manifestum iri optamus tam præsentibus, quam futuris, quod Odilina, mater Pontii de Besoeta, attribuit sancto Petro unum mansum in Flaciaco. Signum Pontii, Hugonis Præpositi, Johannis.

Carta de Lisciaco.

Patere volumus cunctis præsentibus et futuris, quod Wido de Lisciaco, dedit sancto Petro apud eundem vicum Lisciacum (2), unum mansum, cum omnibus appenditiis suis. Dedit etiam sedem molini, ubi ipse molinus construeretur, cum uno servo, nomine Drogone; reddidit quoque servum quem ante pro fratre suo Anserico dederat, cui nomen Oddo. Signum Odilonis, Anserici, Hugonis Præpositi.

Carta de Moringis.

Cognitio, quod Aduinus tradidit sancto Petro pro Milone fratre suo, qui vocabatur Albus, quandam partem alodi, quem habebat in vico, Moringas nominato; eo tenore, ut post excessum suum alia pars in dominicatum Monachorum deveniret. Dedit quoque servum, nomine

(1) Bussières-les-Grancey (Côte-d'Or).
(2) Licey-sur-Vingeanne (Côte-d'Or).

Ærbertum. Necnon ante donaverat pro matre sua, Altrudi nominata, uxorem Ulrici Presbyteri Granantis villæ, cum omnibus infantibus suis. Signum Aduini, Heinrici filii ejus, Æremberti.

Carta de Donno Apro.

Notum iri volumus omnibus, quod Hugo Lanfredi curtis concessit sancto Petro unum mansum in villa, quæ vocatur ad Domnum Aprum (1) propter Ecclesiam, quæ in eadem villa constructa est in honore sancti Apri. Dedit quoque servum in eo manentem cum uxore, et infantibus suis. Sign. Landrici filii ejus, Hugonis filii ejus, Oddonis.

Carta de Arciaco villa.

Tradimus litteris ad posterorum memoriam, quod Oddo Clericus de Gimellis (2), concessit sancto Petro unam vineam in Arciaco villa (3), pro Dodone fratre suo. Signum Oddonis, Bernardi, Beraldi.

Carta de Beria.

Apertum esse desideramus omnibus secuturis, quod Aduinus de Beria, tradidit sancto Petro unum mansum apud eandem Beriæ villam, cum omnibus appendiciis suis, et unum servum nomine Algrimum. Sign. Walonis, Warnerii, Milonis.

---

(1) Dampierre-sur-Vingeanne, canton de Fontaine-Française (Côte-d'Or). Il paraît que saint Apre ne demeura pas longtemps le patron de ce village, car en 1134, lorsque Guilenc, évêque de Langres, donna l'église à l'abbaye de Bèze, elle était sous le vocable de Saint-Pierre. L'église de Dampierre-sur-Salon, qui appartenait également à Bèze, était dédiée à Notre-Dame.

(2) Gemeaux.

(3) Arçon.

Item alia.

Scire volumus quosque tam modernos quam futuros, quod Walo concessit sancto Petro unum mansum in Beria, cum appendiciis suis, et unum servum nomine Hugonem de Vado, cum uxore, et infantibus suis. Signum Aldonis, cujus nomen Rusticellus, Milonis, Maioli, cognomento Mazilinus.

Carta de Nogdanti Villa.

Omnibus cognitum iri cupimus, quod Hildelerius delegavit sancto Petro pro filio suo Widone apud sanctum Julianum (1) a balistario occiso, unum mansum in Gnodanti villa (2) cum appendiciis suis, et consuetudinibus; pariterque duas ancillas, quæ erant sorores. Signum Oddonis, Walterii, Bernardi, Beraldi.

Carta de Albiniaco villa.

Idem quoque Hildelerius concessit sancto Petro in villa Albiniacensi, quæ est in comitatu Divionensi (3), pro uxore sua duos mansos, cum appendiciis suis, in terris, campis, pratis, sylvis, pascuis. Signum Oddonis, Walterii.

Carta de Pinriaco.

Clarescere volumus cunctis, quod Milo de Bellomonte concessit sancto Petro pro uxore sua, unum mansum in

---

(1) Saint-Julien-les-Dijon.
(2) Noidant-Chatenoy, canton de Longeau (Haute-Marne.,
(3) Aubigny, canton de Prauthoy (Haute-Marne).

Pinriaco vico (1) cum appendiciis suis, et unum servum nomine Ewardum, cum sorore sua. Signum Milonis, Hugonis, Fulconis.

Carta de Campanis villa.

Hoc etiam ad monimentum futurorum pandere volumus, quod Gislebertus de Rescia (2) concessit sancto Petro pro uxore sua unum mansum in Campanis villa (3) cum omnibus appendiciis suis simulque servum nomine Lotzelmum. Signum Frodonis, Widrici.

Item alia.

Cunctorum noticiæ patere volumus, quod Oddo Montis-Salionis (4) senior, dedit sancto Petro pro Hugone fratre suo, unum mansum in eadem Campanis villa cum appendiciis suis, pariterque servum nomine Lozuinum. Signum Pontii, Hugonis, Arlebaldi.

Carta de Genciniaco.

Manifestare justum duximus, quod Walo de Scuviliaco (5), dederit sancto Petro pro prædecessoribus suis, unum mansum cum appendiciis suis, in Gencinniaco villa (6), et servum nomine Isembardum, cum sorore sua. Signum D. Oddonis Abbatis, Moroni, Benedicti.

---

(1) Preigny-les-Gemeaux (Côte-d'Or).
(2) La Rochette-les-Oisilly.
(3) Champagne-sur-Vingeanne.
(4) Montsaugeon.
(5) Equevilley, canton de Port-sur-Saône (Haute-Saône).
(6) Jancigny.

Carta de Nogdanti.

Operæ precium duximus litteris tradere, quod Hilde-
lerius, quem superius præfati sumus, dederit sancto
Petro pro filia sua, uxore scilicet Oddonis qui dicebatur
Vetulus, unum mansum in villa prænominata Nogdanti,
cum una ancilla. Signum Oddonis, Bernardi, Beraldi,
Walterii.

Carta de Vaura.

Pandi volumus modernis et futuris, quod Hugo Rufus,
tradidit sancto Petro pro Humberto patre suo, filio Hilde-
branni, duos mansos cum appendiciis suis, in villa quæ
dicitur Vaura (1), cum servo nomine. Signum Formaldi,
Theoderici, Bernardi, Beraldi.

Item alia.

Hoc quoque incausto diplomati inseri volumus, quod
pro Gislerio Milite, delegaverit uxor sua sancto Petro in
præscripto vico Vaura, unum mansum cum appendiciis
suis. Signum Milonis, Rotberti Presbyteri, Hugonis Præpositi.

Carta de Curte Salonis.

Censemus apicibus notificandum præsentibus et futuris,
quod Rotbertus Montis Salionis Miles, frater Widonis
Magni concesserit sancto Petro ad exitum veniens, et
Monachicum indumentum capiens, unum mansum in
vico Curtis Salonis, in parrechia Ruciacensis villæ (2)

---

(1) Vesvres, canton de Prauthoy (Haute-Marne).
(2) Le Russey ? arrondissement de Montbéliard (Doubs).

amplissimum, cum uno servo, nomine Alberico. Signum
Widonis fratris ejus. Oddonis senioris montis Salionis.
Hugonis fratris ejus. Item Hugonis Lanfredi curtis.

Carta de Verona villa.

Cunctorum noticiæ patere cupimus, quod Milo Balbus,
Tile castri Miles, delegaverit sancto Petro unum mansum in Verona villa pro uxore sua, cum appendiciis
suis. Signum Formaldi, Aldonis privigni ipsius Milonis.

Carta de Luco.

Isdem quoque Milo cum Oddone Divionensi Præposito,
qui neptam ejus in conjugio habebat, monomachi certa-
turus pugna, adtribuit sancto Petro terram, quam habebat in Luco prope atrium Ecclesiæ, quo sibi adjutor in
disposito bello existeret. Signum Lamberti, Oddonis,
Formaldi.

Item alia.

Omnium cognitioni clarum esse volumus, quod Pontius
de Besoëta (1) pro violentia, quam irrogavit asylis sancti
Petri, adyta violando, quando quendam Harduinum inde
abstraxit, dederit ipsi sancto unum mansum amplissimum cum appendiciis suis, in Luco. Signum Domini
Oddonis Abbatis, Moroni, Benedicti.

Item alia.

Hoc etiam de eo grammis allegare congruum duximus,
quia pro multis tortitudinibus, sceleribus, sive depræ-

(1) Bézouotte.

dationibus, in loco sancto, vel in pauperibus ejusdem loci, ab eo commissis quodammodo pœnitens, delegaverit sancto Petro alium mansum in eadem villa cum appendiciis suis, et unum servum nomine Josbertum , qui etiam Babilinus appellabatur. Signum Domni Oddonis Abbatis, Moroni, Benedicti.

Karta de Villari vico.

Congruum ducimus litteris notificare omnibus, quod Hugo Præpositus pro uxore sua concesserit sancto Petro unum mansum in vico, Villari nominato, prope Gradicum castellum (1); et unum servum vocabulo Lambertum. Signum Domni Oddonis Abbatis. Sig. Benedicti, Tetbaldi.

Karta de Auxiliaco.

Necessarium remur pro utilitate sequentium scripturæ tradere, quod Willerius de Criciaco (2) dederit sancto Petro unum mansum in villa Auxiliacensi cum appendiciis suis, id est tabernariorum et servum nomine Humbertum. Signum Domni Oddonis Abbatis, Benedicti, Girardi Leviri id est fratris uxoris ejus, Humberti, exactoris cauponum.

Carta de Bettonis-Curtis.

Notum esse volumus præsentibus, et futuris, quod Hagano de Vissiaco veniens ad mortem, dedit sancto Petro pro redemptione animæ suæ, unum mansum apud villam Betthonis-Curtis (3), et unum servum nomine⸱

(1) Velet, près Gray (Haute-Saône).
(2) Crecey-sur-Tille, canton d'Is-sur-Tille.
(3) Betoncourt, canton de Vitrey (Haute-Saône).

Dominicum, cum uxore sua, et filiabus. Et ut hæc Carta perpetuam firmitatem obtineat, nomina testium subter adscribi rogavit. Sign. Gisleberti, Hugonis, Willerii, Rotberti.

Carta de Rainaldi Curte.

Quidam Miles Humbertus, in extremo vitæ constitutus, pro remissione peccatorum suorum dedit sancto Petro apud Marceacum-villam, dimidium mansum, jam pridem a fratre suo Girardo alterius medietatis donatione facta ipsi sancto Petro. Tradidit etiam servum nomine Constantium, cum uxore et infantibus suis : pariter etiam unum apud Rainaldi-Curtem (1), in quo habitabat David, cum omnibus appendiciis suis, in campis, in partis, in sylvis, in aquis, in aquarum decursibus. Piscatoriam etiam prædicti Constantii, sicut vivente eo tenuerat, attribuit monachis loci. Et ut hæc donatio obtineat firmitatem vigoris perpetui, litteris sollempniter adnotavit. Sign. Girardi fratris ejus, Oddonis, Hugonis, Adelaïdis uxoris ipsius Humberti.

Karta de S. Sequano.

Scire volumus quosque futuros, quod Raimodis quædam matrona spectabilis, ad exitum veniens, et multæ quantitatis pecuniam diversarum specierum sancto Petro relinquens, dimidiam coloniam apud sanctum Sequanum Helpricurtis (2) dedit, cum una ancilla. Ne vero per succedentia tempora hanc elemosynam ulla oblivio valeat delere, menbranis deprecata est ad confirmationem tradere. Sign. Hugonis filii ejus. Gertrudis filiæ ejus. Reginæ filiæ ejus. Landrici generi ejus.

(1) Renaucourt, canton de Dampierre-sur-Salon (Haute-Saône).
(2) Saint-Seine-sur-Vingeanne.

Carta de Picangiis.

Notum iri volumus omnibus præsentibus, et futuris, quod hac spe animatus Hugo, qui pro salvamento Crilliacensis villæ (1) salvator dicebatur, pro anima sua, et filii sui Widonis dudum interfecti, dedit sancto Petro VII mansos apud Pitiangias villam (2), et servum nomine Halinardum conductorem suum, ancillamque, nomine Addetam, cum filio vocabulo Giraldo, et sorore ipsius. Signum Hugonis, Formaldi, Halinardi, Oddonis filii ipsius Hugonis.

Carta de Ewaldi Curte.

Notum esse volumus præsentibus et futuris, quod Rismodis uxor Otberti, ad exitum veniens, et divina inspiratione tacta, dedit sancto Petro apud Ewaldi-Curtem unum mansum cum servo, nomine Haymone, in eo habitante, et uxorem ejus, et infantes : et in villa quæ Fontanas (3) dicitur, proxima Tilecastro, unum mansum cum uno cliente, qui Christianus dicitur. Signum Otberti, Humberti filii ejus, Aldonis filii ejus.

(1) Si l'on en excepte Crecey-sur-Tille, village du canton d'Is-sur-Tille, situé dans le voisinage de Pichanges, même canton, on ne trouve, aussi loin que s'étendaient les possessions directes de l'abbaye de Bèze, aucune autre localité à laquelle ce nom de *Crilliacensis Villa* puisse s'appliquer. Il y a eu là évidemment une erreur de copiste, et ce qui le fait supposer c'est la forme différente donnée dans le même acte au nom de Pichanges et dont la dernière est certainement altérée.

(2) Pichanges.

(3) Fontenotte, commune de Til-Châtel, qui fut plus tard une maison du Temple.

Carta de Vetus-vineis.

Notum iri volumus tam præsentibus, quam futuris, quod Heinricus, pro fratre suo Ulrico, dedit sancto Petro dimidium mansum apud Vetus-vineas, et servum, nomine Giraldum cum uxore sua; eo tenore, ut quos ex hoc tempore genuerint infantes, in servitium Monachorum cedant. Signum Heinrici, Humberti Rufi.

Carta de Icio.

Patere volumus modernis et successuris, quod Oddo, qui dic..batur Vetulus, ad extrema perductus tradidit sancto Petro in villa Ycio unum mansum, et III jugera terræ in finibus ejusdem villæ cum uno servo, nomine Erberto, et filium ejus cum eo. Signum Formaldi, Walterii, Bernardi.

Carta de Icio et Verona.

Cognitum esse optamus omnibus, quod Wido de Fossato (1) delegavit sancto Petro pro fratre suo Aldone pincerna, duos mansos, unum in villa Ycio, alterum in villa Verona, cum uno servo, nomine Aldone. Signum Widonis, Amalrici, Aldonis.

Carta de S. Sequano.

Noticia quomodo quidam Miles, nomine Wido pro remissione peccatorum suorum apud sanctum Sequanum Helpricurtis attribuit sancto Petro mansum suum, et

---

(1) Le Fossé, commune d'Échevannes, était avant la Révolution un fief qui relevait du marquisat de Til-Châtel.

unum curtile in ipsa villa, et quartam partem Vachiria-
censis sylvæ, et unam ancillam nomine Annam, cum duabus filiabus suis. Sign. Pontii, Widrici, Belini.

Karta de Pauliaco.

Omnibus præsenti vita vigentibus, et futura fruituris manifestum esse volumus, quod Formaldus de Icio dederit
sancto Petro pro anima uxoris suæ, quæ fuit soror Wilenci, mansum unum apud Pauliacum, sub testimonio
utrorumque parentum. Signum Formaldi, Bernardi,
Beraldi.

Item alia.

Quia labilis est hujus vitæ status, notum iri volumus
mortalibus, quod quædam matrona uxor Hildemodi,
Emma nomine, tradidit sancto Petro unum mansum apud
Pauliacum, cum una cortina, sub testimonio præsentium
fratrum. Sign. Widonis, Æremberti, Alelmi.

Karta de Lalandi curte.

Quidam etiam miles, Lambertus nomine, vitricus id
est patraster Willenci, pro remedio animæ suæ, concessit sancto Petro unum mansum apud Jalandicurte.
Signum Willenci privigni id est filiastri, Formaldi, Pontii.

Karta de Saviniaco.

Scire quosque volumus, quod Wido de Porta ad exitum veniens, concesserit sancto Petro duos mansos,
unum in Saviniaco (1), alterum in Granciaco in regione

(1) Savigny-le-Sec, canton de Dijon.

Diyionensi (1), et unum servum nomine Tedonem, habitantem in villa Verona. Sig. Tetbaldi, Widonis, Humberti.

Carta de Arciaco

Manifestum iri volumus omnibus, quod Tetbaldus filius ipsius Widonis, tradiderit sancto Petro unum mansum in Arciaco (2) villa, et unum servum nomine Mauricium, sororemque ejus, quam Ewrardus recalvester de Acetis (3) villa in conjugium habebat. Signum Widonis fratris ejus, Humberti, Gunzonis.

Carta de Auxiliaco.

Pandi volumus quibuscumque, quod pro Moranno uxor ejus, et filius dederunt sancto Petro unum mansum apud Auxiliacum, simulque servum, nomine Waldricum. Sig. uxoris ejus, Joffredi filii ejus, Heinrici.

Carta de Ponto.

Cognitio, quod Wido frater Moranni, delegaverit sancto Petro unum mansum in Auxiliaco, et alium in villa, quæ dicitur Pontus, beneficium quod a Monachis tenebat reddiderit, et manu miserit. Sig. Widonis, Domni Adonis Abbatis, Moroni, Benedicti.

Karta de Calmis.

Manifestum esse volumus omnibus præsentibus, et futuris, quod Mainfredus, pro Mauricio filio suo, dederit

(1) Grancey-le-Château.
(2, Arçon.
(3, Arcelot, commune d'Arceau, canton de Mirebeau.

sancto Petro duos mansos apud Auxiliacum, et quicquid alodi in villa Calmis, quæ propinqua est Miribello castello (1), habebat,concessit. Signum Mainfredi, Leutbranni filii ejus, Arlebaldi.

Carta de Ponto.

Isdem quoque Mainfredus, pro uxore sua priori, quæ fuit soror Tetbaldi Abbati, dedit ipsi sancto Petro unum mansum in villa Ponto. Signum Mainfredi, Mauricii, Leutbranni.

Item alia.

Apud Cuciacum (2) etiam dedit pro secunda uxore, quicquid alodi ex ejus parte in eadem villa tenebat; laudantibus fratribus ejusdem dominæ. Signum Mainfredi, Theoderici, Widonis.

Karta de vico Chimiscensi.

Scire volumus quosque, quod Oddo, et Hugo, tradiderint sancto Petro, pro fratre suo Widone interfecto, unum mansum cum appendiciis suis, in vico Chimiscensi, cum una ancilla nomine Helgardi. Sig. Oddonis, Hugonis, Milonis.

Carta de Vandaleni-curtis.

Universorum noticiæ cupimus patere, quod Hildemodus delegaverit sancto Petro omnem alodum quem habebat in vico Vandaleni curtis, qui est in potestate

(1) Charmes, canton de Mirebeau (Côte-d'Or).
(2) Cussey-les-Forges, canton de Grancey (Côte-d'Or)

Hortesis, cum uno servo nomine Theoderico, sub censu precii duorum denariorum ceræ. Sig. Oddonis, Pontii, Hugonis.

Karta de Nogdanti villa.

Limitis vitæ velocitas cogit, ut memoranda quæque grammis Kartarum imprimantur, ne longitudine temporum intercurrente a memoria hominum deleantur. Quapropter notificare omnibus optamus, quòd Arlebaldus Montis Salionis Miles, tradidit sancto Petro unum mansum in villa Nogdanti (1), cum uno servo. Signum Oddonis, Hugonis, Pontii.

Carta de Villari vico.

Omnium noverit industria, quod Aymo, qui erat glabrio, concesserit sancto Petro mansum unum in vico, Villari vocabulo, cum servo nomine Raimbaldo. Signum Heinricis, Oddonis, Widonis.

Karta de Auxiliaco.

Hoc etiam simili modo intimare curavimus. quod Joffredus dederit sancto Petro in villa Auxiliacensi x jugera terræ. Sig. Oddonis, Heinrici, Willerii.

De obitu Arduini Episcopi.

Defuncto autem venerabili Arduino Episcopo, Raynardus adeptus est Kathedram. Obeunte itidem Oddone Abbate, successit in locum ejus Wido, ex Monasterio Areomarensi (2) Monachus. Hic paucis annis in regimine

(1) Noidant-Châtenay (Haute-Marne).
(2) Moustier-Amey, abbaye de Bénédictins fondée en 837 au diocèse de Troyes.

peractis repedavit ad suum Monasterium, dimissa hujus loci gubernatione; cui successit ad regimen animarum Gausbertus, in monasterio sancti Benigni Divionensis Prioris gerens officium.

Karta de Ecclesia S. Remigii.

In nomine sanctœ Trinitatis et unicæ Dẹitatis. Noverit omnis sæculorum tam præsentium, quam futurorum sucessio, quod DomnusRainardus Lingonensis Episcopus petent Abbate Gausberto, et ejusdem loci Monachis, fecerit liberam sancti Remigii Ecclesiam (1) ab omnibus consuetudinibus, quœ in polyptyco continentur paratas, sive debitum, quod in Synodo debebat Presbyter remittens; ita tamen, ut Presbyter quidem ad Synodium consuetudinaliter con cæteris pergat, censum vero alium nullum persolvat. Quod ut immobile perseveraret, jam dictus Pontifex exemplar hujus subscriptionis, firmitatisque fieri jussit, ne quisquam suorum successorum hanc donationem evacuare præsumeret : interminationem dampnationis perpetuæ ab omnipotente Deo sustituens, qui huic notioni infracturam temptaverit inferre. Actum Lingonis in plenaria synodo, anno ab Incarnatione Dominica MLXXX. Indictione III. Signum Rainardi Episcopi qui hanc noticiam fieri jussit. Tocius sui synodalis conventus Archidiaconorum suorum, seu Decanorum. Signum Girardi Archidiaconi. Ærleii Archidiaconi. Walterii Decani. Hugonis de Butgiaco Canonici.

Item alia.

Isdem etiam Episcopus reclamabat quendam hominem vocabulo Rotbertum de Gurziaco (2), cum uxore sua, et

---

(1) Eglise paroissiale de Bèze.
(2) Gurgy, canton de Recey (Côte-d'Or).

unica filia, pariterque ipsius filiæ infantes, quos ex Lamberto servo sancti Petri habebat; sed acceptis centum solidis, quicquid in eis rectitudinis sibi habere videbatur, fratribus concessit, et ex suo jure in eorum dominicatum transfudit. Sig. Walterii, Rainerii, Richardi, Gisleberti, Aymonis.

Karta de Ecclesia S. Valeriani, et villa.

Constat omnes perfectionis summam volentes arripere, Dominici præcepti regulam mentis oculis anteponere, quo suum quemque pro ipso sua distrahere, et pauperibus mandat devote distribuere. Quia talium justicia per cuncta manebit sæculorum volumina, et cornu ipsorum, id est, remuneratio certaminis eorum cœlesti exaltabitur in gloria, cum ad cœlestes thesauros translata terrena patrimonia, dantibus proderunt in perhenni vita. Hac ergo spei fiducia confortatus ego Pontius castelli Bellijoci dominus (1), Redemptori omnium volo tradere de meis rebus, quæ mihi jure hereditario relictæ sunt a parentibus. Do itaque Deo, et sancto Petro Besuensi capellam constructam in honore sancti Valeriani (2) cum honore, et libere sicut hactenus visus sum habere; fratre meo Ermuino laudante, cum vinea; et campum usque ad petrosam, et usque ad fontem, et quicquid de sylva, quæ est juxta vineam Monachi, vel homines illorum ad culturam agri poterunt trahere. Nec non etiam de illa sylva quæ inter Ecclesiam et Sagonnam flumen (3) est, quicquid ad usum prati ipsi et homines eorum voluerint adquirere.

Concedo etam mercatum cum omni libertate, et omnes consuetudines, quas ego et frater meus videbamur ha-

(1) Beaujeux, canton de Fresne-Saint-Mammès (Haute-Saône).
(2) Saint-Vallier, même canton.
(3) La Saône, rivière.

bere aliamque consuetudinem pastionis, quam nos, et ho-
minesuostri in cunctis sylvis, quæ in circuitu castelli Bellijoci sunt, habent Monachi, et homines illorum similiter
habeant, ita ut homines illorum nostræ partis pastionati-
cum ipsis Monachis solvant, et materiam ædificandi domos
ipsis, et hominibus eorum, qui illic voluerint remanere,
concedimus ex sylvis nostris sine precio ; et inventionem
venationis, sive apum, quæ nostræ partis est, et quam
homines illorum invenerint, Monachis concedimus, et
totius culturæ terræ, quam eis damus, decimas, et tercias
Monachi habeant, et ubicumque carruca illorum cujuscumque hominis terrasinfra parrechiam exercuerit, damus eis decimas.

De latrocinio vero, vel qualicumque proclamatione ex
delicto in ipsa terra conmisso , Monachis concedimus
legem, et errantem, et vetitum legaliter habeant, et nullius districtione judicabitur deprehensus, nisi judicio
Monachi.

Si autem homo Monachorum delictum conmiserit,
nullius violentia constringetur, antequam proclamatio ad
Monachos facta fuerit ; et si Monachi rectitudinem executi
non fuerint, ad Abbatem prius ipsa proclamatio refera-
tur. Actum publice Bellojoco, vigilia Ascensionis Domini.
Anno ab Incarnatione Domini MLXXXIII. Hugone ex
Notario Archiepiscopatum Bisonticensis Ecclesiæ guber-
nante (1), Philippo Francorum Rege existente (2), Oddone
Ducatum Burgundiæ regente (3), Rotberto fratre ejus
Lingonensis Ecclesiæ præsulatum moderante (4), Willelmo

---

(1) Hugues II de Montfaucon, 51e archevêque de Besançon, 1068-
1085.

(2) Philippe Ier, roi de France, 1060-1108.

(3) Eudes Ier, duc de Bourgogne, fils de Robert Ier et d'Alix de
Semur, 1078-1102.

(4) Robert de Bourgogne, frère du précédent, ne fut nommé
évêque de Langres que deux ans plus tard.

Comite (1) in rebus prospere agente, Gausberto Besuensis Abbatiæ (2) moderamina providente. Sig. Pontii, Hermuini, Herluini, Walterii Vice Comitis, Heurelmi, et Pontii alterius.

Karta de Salvamento Neronti villæ.

Notum esse volumus præsentibus et futuris, quod Fulco (3), et Joffredus filius ejus, salvamentum, sive commendationem, quam in Nerontis villa (4) accipiebant, proclamatione facta a fratribus; apud Ducem Hugonem, et Comitem Willelmum in generali placito ipsis præsidentibus Besuæ, et cæteris quibusque nobilibus viris instantibus, sancto Petro, et Monachis eo tenore. dimiserint, ut quicquid sibi juste præteriti temporibus Monachi poterant in causa violentiæ, et tortitudinis, præter fundum terræ, et caput hominis ullo modo imputare, -id totum remitteretur, et prædictæ villæ habitatores a suprascripta calumpnia, et omnibus injuriis vel tortitudinibus perpetuo liberi manerent. Quæ remissio ut perpetuæ firmitatis obtineret vigorem, et nullus de eorum heredibus, ullo modo supradictam violentiam posset repetere, rogaverunt eam annotari litteris, et ad futurorum memoriam artius retinendam, signatorum, vel testium nominibus confirmari. Sig. Hugonis Ducis. Willelmi Comitis, Widonis Comitis Matisconensis. (5). Girardi Fontis-vennæ. Widonis Wangionis Rivi (6). Pontii Glanæ (7). Aldonis Tilecastri, Sewini, Wldenaii. Gisleberti. Actum

---

(1) Guillaume-le-Grand, comte de Bourgogne, 1057-1087.
(2) Gausbert ou Josbert, 14e abbé de Bèze, 1080-1085.
(3) Foulques, seigneur de Beaumont.
(4) Noiron-sous-Bèze.
(5) Gui II, comte de Mâcon depuis 1065, remit cette même année 1078 son comté à Guillaume, comte de Bourgogne, et se retira à Cluny. Il mourut prieur de Souvigny en 1109.
(6) Vignory.
(7) Glennes, en Autunois.

publice Besuæ in publico conventu, anno ab Incarnatione
Domini MLXXVI. Indict. quarta decima. Imperante
Philippo Francorum Rege, Hugone Duce præsente, et
Willelmo Comite Burgundiæ. ıı Kal. Junii die Martis.
Igitur postquam Raimardus Episcopus hujus diei lucem clausit, ute præsentis finem faciens, secundum quod
scriptum est : *Plures facti sunt sacerdotes, eoquod
morte prohiberentur permanere;* necessarium fuit loco
ipsius alium substituere. Et quoniam ipse Rainardus satis
clare et gloriose Lingonensem rexerat sedem, omnium
quotquot cum Pastorem habuerant animos in desiderium
et æmulationem hanc accenderat, ut Deo favente, immo
Deo donante, talis sibi constitueretur Pastor, qui Domini Rainardi, sicut successor, ita foret etiam imitator.
Quid plura?

Domnus Rotbertus eligitur, satis et ipse clarus in
omnibus, ex Francorum Regum prosapia editus, frater
autem Ducis cognomendo Borel. Fuit statura non nimium
longus, nec tamen brevi, sed medie temparata. Et quamvis geminæ scientiæ eloquentia floreret, verba ejus
rarissima, nisi forent necessaria. Ut ergo dignum erat,
communi voto, tam Cleri, quam populi, Rotbertus eligitur, et Pontificali decoratus infula, Ecclesiæ Lingonensi Pontifex præficitur.

Ingrati videremur, si eorum quæ huic Ecclesiæ contulit beneficiorum inmemores, silencio contegi pateremur.
•Primo itaque dicamus qualiter ipse Capellam castri, qui
Fons-Vennæ dicitur, Deo et sancto Petro Ecclesiæ Besuensis contradidit.

Karta Cappellæ de Fontvenz.

Quoniam genus humanum carnis mole corruptibili præ-
occupatum, labilis ac defective memoriæ contraxit vitium
bene visum est prædecessoribus nostris ut quicquid ratum

et insolubile teneri vellent, fideli litterarum custodiæ com-
mendarent. Nos igitur eadem usi ratione, ea quæ subti-
tulantur, ne quandoque delerentur oblivione, retinere
studimus litterarum traditione. Ego itaque Rotbertus
Lingonensis Episcopus, Humberto de Fontvenz Lingonensis Ecclesiæ Casato, pro servitio ejusdem Ecclesiæ
interfecto, capellam prænominati castri Ecclesiæ Besuensi, in cujus cimiterio eum sepelivimus, laude et
consilio coujugis suæ, fratrumque suorum ejusdem castri omnium casatorum, perpetualiter tenendam concedimus ; quatinus per interventionem beati Petri Principis
Apostolorum , et orationes Monachorum ibi Deo servientium suorum obtinere valeat veniam delictorum. Ita
etiam hoc donum Lingonis im plenaria Synodo tenendum dijudicamus, ut si quis Clericus, vel Laïcus de
beneficiis ad capellam præmissam pertinentibus præter
voluntatem Monachorum Besuensium aliquid facere
præsumat, ordinis sui periculo si Clericus sit, si Laïcus,
excommunicationi, donec resipuerit, subjaceat. Hujus
dationis testes sunt : Willelmus Comes Burgundiorum,
Rainaldus filius ejus (1), Humbertus Rufus; et frater
ejus Wido; Wido Rufus, et cæteri casati. Facta sunt
hæc regnante Philippo, Episcopante Rotberto, Stephano
dictante Cancellario.

In illo tempore huic cœnobio præerat Domnus Josbertus Abbas, vir totius simplicitatis et Religionis; sed
quia in Ecclesia Dei alii sunt murus ædificati cum pro-
pugnaculis, alii ostium compinctum tabulis cedrinis, hic
vir, quia non poterat sicut murus expugnare domus Dei
inimicos, exterius existentibus innumeribus raptoribus,
interius periculis in falsis fratribus, erat tamen ad ape-
riendum, et claudendum ostium conpinctum tabulis

---

(1) Renaud II, qui lui succéda en 1087 et mourut en Palestine
vers 1099.

cedrinis, quia habebat os ad loquendum, et tacendum, defloratum diversorum excelsorum, et inputribilium Patrum sententiis. Prospiciens igitur animæ suæ bonum esse in superni inspectoris oculis habitare secum, optimam partem elegit, quæ non auferetur ab eo. Cluniacum namque expeciit, et ibi reliquum vitæ suæ exegit, pacem quærens, et pacem inveniens, ei qui pax est Angelorum et hominum Christo consociatus. Amen.

Interea Dom. Rotbertus præfatus Lingonensium Episcopus, bene sollicitus animo volvebat quem huic Ecclesiæ loco Dom. Joseberti Abbatem substitueret. Vertebat circumquaque cordis oculum, quærens cui committeret hujus Ecclesiæ baculum. Nec passus est eum Deus pro voto defraudari, sed nec in quærendo longi fatigari. Est namque cella S. Eugendi, non multum distans ab urbe Lingonensi, in eodem Episcopio. in comitatu vero Trecassino, Ecclesia in honore B. Stephani Protomartyris dedicata, in eminenti quodam monte, qui Barrus dicitur, decentissime fundata. Factum est autem ut hic inveniretur, quod quærendum diu longeque fuerat, ut haberetur. Præerat mamque illi loco Domnus Stephanus, quamvis ætate non multum maturus, pietate tamen et Religione circumfultus, in Dei timore, et amore, et secundum Apostolum, in caritate radicatus et fundatus.

De Domno Abbate Stephano.

Videtur haud incongruum lineam generis ipsius paululum adtingere, quoniam solet plerumque nobilitas et sibi ad conservandam humilitatem, et Ecclesiis Dei ad resistendum raptoribus plurimum prodesse. Exstitit itaque patre nobilissimo progenitus, Joffredo nomine, qui et ipse non solum Consul, sed etiam a patre et avo Consulibus originem duxit. De matre vero præfati Domni Stephani quid dixerim, nisi quod ex utraque parte, patris

videlicet, et matris, ex progenie Consulum, immo ab
ipsis Consulibus est generata. Fuit namque Arnulfi nobilissimi, et audacissimi Consulis de Risnel (1) filia, matrem
habens clarissimi Consulis Gerardi de Fonvenz filiam.
Quod autem iste leonum catulus, in agnum primo mu-
tatus, postea ut aries ad defendendum eam cornibus, et
ad generandum in ea spirituales agnos in Ecclesia sit
constitutus, fuit hoc gratia Dei, fuit hæc mutatio dexteræ excelsi. Volo, si possim, quamvis non faceto, vero
tamen sermone percurrere, qualiter iste leonem rugien-
tem reliquerit, et leonem de tribu Juda secutus sit; et
qualiter ab agno inmaculato agnus effectus sit, ut sequatur cum quocumque ierit.

In diebus illis vocavit sponsus ad se sponsam suam,
Christus videlicet Ecclesiam, venire a cubilibus leonum
et montibus Leopardorum, per montem myrræ, et colles
Libani. Principes enim qui prius fuerant similes leonibus
propter crudelitatem et terrorem, et leopardis, propter
diversarum iniquitatum varietatem, ysopina, humili scilicet confessione mundati, per myrræam mortificationem
libanino candore sunt super nivem dealbati.

Horum vero exstitit caput et Dux quidam Comes Francorum nobilissimus, Simon nomine Rodulfi Comitis (2).
Hic divina respectus misericordia, mundum fugientem
fugit, et Christum vocantem se secutus est. Expetiit
autem cœnobium sancti Eugendi Jurensis (3), ibi Christo
se sacrificaturus. Præmiserat ante se duos illustrissimos
viros, Domnum Rodulfum, et Dom. Franconem, secum
vero duxit Domnum Rotbertum, Dom. Arnulfum, et
Dom. Warnerium. Hi omnes et secundum genus sæculi
clarissimi, et secundum Deum nobilissimi, postea se
holocaustum Deo obtulerunt.

(1) Rénel.
(1) Simon, comte de Crespy.
(1) Saint-Oyan-de-Joux, plus tard Saint-Claude, dans le Jura.

Erat adhuc Domnus Stephanus (de quo nobis sermo)
tenellus, militaribus tamen armis decoratus : sed saniori
usus consilio, immo Deo inspirante, Patres prædictos
secutus, sæculari balteo abrenuncians, Christique jugum
suscipiens, in præfato cœnobio monachilem vitam arripuit, ibique sub Domno Hunaudo Abbate per decem
annos se in Dei servitio mactavit. ·Deinde Cluniacum
expeciit, ubi cum avunculo suo Domno Widone Priore
Magno, per annum demoratus est. Quo Widone postea
pro Religione, et sanctitate vitæ facto Abbate, ipse cum
Pictavis sequutus, semper seipso melior efficiebatur. No-
vissime ad Monasterium suum regressus, apud Barrum (1)
cellam sancti Eugendi missus est. Fiebant hæc omnia Dei
dispositione, sine cujus nutu nec passer cadit super terram. Hic igitur inventus est Domnus Stephanus, ac
venerabili præfato Rotberto Lingonensi Episcopo, et
ab Abbate suo huic loco concessus, quamvis reni-
tens Abbas effectus est, anno Incarnationis Dominice
MLXXXVIII. Ind. xi. Epacta xxv.

Jam vero quanta cura, quanto studio hunc locum
emendare et augmentare studuerit, et si cessent verba,
ipsa testantur opera. Nam quamvis Monasterium istud a
quingentis, aut eo amplius annis primitus fuerit constructum, a tempore Domni Stephani Abbatis videtur sum-
psisse principium, ita omnia innovata, omnia sunt in melius inmutata. Nam quocumque gradiebatur, hoc illi
erat desiderium, hæc illi mentis cupiditas, ut si alicubi
aliquid vidisset honestum, aut Ecclesiæ suæ necessarium,
aut illud ipse asportaret, aut simile in Ecclesia sua ipse
construere. In Religione vero ita refloruit locus iste in
diebus illius, ut usque ad mundi dominam Romam,
famosum nomen haberet Besua, et per totam Galliam
usque ad maris littora. Unde factum est, ut cum primum

(1) Bar-sur-Aube.

huc veniret, vix viginti essent Monachi; in diebus vero
ipsius quinquaginta seu sexaginta Deo servientes, et victus
ac vestitus necessaria accipientes.

Si vero cumputemus eos, qui in Cellis nostris extra
Besuam habitant, numerus usque ad centenarium con-
surget. Sed et illud est ei a Deo præstitum, quod in diebus
ejus aliqui conversi ad Dominum, et ab eo in hoc loco
accipientes Religionis habitum, postea facti sunt et ipsi
lumen Ecclesiarum. Præficitur namque Ecclesiæ sancti
Michaëlis Ternoderensi Domnus Widdo Abbas (1). Præficitur Ecclesiæ sancti Sequani Dom. Heinricus Abbas (2).
Præficitur Domnus Eustasius Ecclesiæ Noviomensi sancti
Eligii (3). Præficitur Ecclesiæ S. Johannis (4) Dom. Godefredus. Et quamvis ipse non fuisset noster Monachus, de nostro
tamen Monasterio est assumptus. Sed et alii quamplures
sub eo æmulatione paterna ducti, in ædificando, et adqui-
rendo eum imitabantur Patrem, et hanc Ecclesiam dila-
taverunt, exornaverunt, et munierunt ut matrem.

De ædificiis et adquisitionibus tam intra Besuam, quam
extra, de instauratione corporis ipsius Monasterii, seu
officinarum, de Bibliotheca tam veteris, quam novi testamenti, de ornamento Ecclesiastico in tabulis, in capsis,
in calicibus, in crucibus, in turibulis, in vestimentis ad
officium Ecclesiasticum pertinentibus, de cappis, et cor-
tinis, de palliis, et signis ab eo et aliis fratribus, et filiis
hujus Ecclesiæ ipsius tempore comparatis, et huic loco
collatis, aliquantulum latius in sequentibus disseremus.
Nunc interim dicamus de Ecclesiis, quæ huic loco in
diebus ipsius collatæ sunt, tam in hoc Episcopatu, quam in
aliis. Ecclesia sancti Symphoriani de Albiniaco (5). Eccle-

---

(1) Wido, sorti du monastère de Bèze, fut le 10e abbé de Saint-
Michel de Tonnerre, qu'il administra de 1096 jusque vers 1134.

(2) Henri, 8e abbé connu de Saint-Seine.

(3) Saint-Éloi de Noyon.

(4) Godefroy, 41e abbé de Moutier-Saint-Jean.

(5) Aubigny, canton de Prauthoy (Haute-Marne).

sia sancti Benigni (1). Ecclesia sancti Christofori Canlintensis (2). In Episcopatu Tullensi, Ecclesia sancti Willegaudi, apud Romonem castrum (3). Et hæc qualiter et a quibus sint collata, cartæ huic ipsi libello insertæ ostendunt.

Karta de Albiniaco, et de Ecclesia S. Benigni.

In nomine sanctæ et indìviduæ Trinitatis, Patris, et Filii et Spiritus sancti. Quoniam antecessores nostri quicquid ratum et indissolubile teneri voluerunt, litterarum custodiæ commendaverunt : ut videlicet, quod segnis deleret oblivio, litterarum aperiret repræsentatio, dignum duximus litteris cummendare ea quæ perpetualiter volumus permanere. Ego igitur Rotbertus Lingonensis Episcopus Ecclesiam de Albiniaco (4), et atrium ejus, paratas etiam et Eulogias quæ ad Episcopum pertinent, et Ecclesiam sancti Benigni, et atrium ejus, consensu et consilio fratrum Lingonensium, Ecclesiæ Besuensi tenendam concedo, et in plenaria synodo Lingonis habita Stephano præmissæ Ecclesiæ Abbati, de manu in manum trado, et successoribus ejus perpetualiter habendam instituo. Hoc etiam donum ita tenendum, et permanendum dijudicamus, ut si quis Clericus, vel Laïcus auferre eis præsumpserit, vel inde eos injuste inquietaverit, si sit Clericus, ordinis sui periculo ; si Laïcus, anathemati, donec resipuerit, subjaceat. Sig. Gozelmi Archid. Hugonis Arch. Guarnerij Archid. Norgaudi Arch. Girardi Archipresbyteri. Guidrici Archipresbyteri. Facta sunt hæc Philippo Regnante, Episcopante Rotberto, Stephano dictante Cancellario.

(1) Saint-Broing-les-Fosses, même canton.
(2) Champlitte.
(3) Romont (Vosges), arr. d'Épinal.
(4) L'abbaye de Bèze convertit cette église en un prieuré, qui jusqu'à la Révolution fit partie de ses possessions.

Carta de Sivoĭo.

In nomine sanctæ et individuæ Trinitatis. Notum sit
omnibus fidelibus Christi, qualiter media pars Ecclesiæ
de Sivoĭo (1), subnixa est Ecclesiæ Besuensi. Abbas Stephanus, vir Religiosus dum remigando per Segunnam ad
Ecclesiam Besuensem remearet, ab Hermuino orto nobili
progenie in ea villa hospicio susceptus est. Benignissimo
amore eum suscepit, atque omnem humanitatem hospita-
litatis ei exhibuit, et in crastino die pro æternis peritura
commutans, in portu Prantenensi mediam partem Ecclesiæ de Sivoĭo (2), et Ecclesiam S. Dionysii in eadem villa,
sicut erat sibi in patrimonio, anima sua, antecessorumque
suorum sub testimonio legali, per manus supradicti
Abbatis tradidit, Apostolis scilicet Petro et Paulo, Ecclesiæ Besuensis. Acta sunt hæc anno ab Incar. Dom. MXCIII.
Indict. I. Epact. XX. Luna VIII. Regnante Imperatore
Heinrico (3) anno XXXIV. Principante Stephano Comite (4),
Hugone Archiepiscopo Archiepiscopalem Cathedram
tenente (5). Si quis hanc Kartam violaverit, separetur ab
Angelorum choris, societurque Datan et Abiron, hic et in
æternum in inferno inferiori. Signum testium nostrorum.
Signum Hermuini. Aimonis. Lavenchæ. Giraldi. Albrici.
Teberti. Stigandi. Ego Godefredus Cancellarius Abbatis
dictavi, et bene subscripsi.

(1) Savoyeux, canton de Dampierre-sur-Salon (Haute-Saône).
(2) La bulle de confirmation des priviléges et possessions de
l'abbaye de Bèze par le pape Innocent IV, en 1245, porte que cette
église était dédiée à saint Laurent.
(3) Henri IV, empereur d'Allemagne, 1054-1106.
(4) Etienne Ier, dit Tête-Hardie, fils de Guillaume Ier, comte de
Bourgogne, tué à la bataille de Rames, en Palestine, l'an 1102.
(5) Hugues III de Bourgogne, 52e archevêque de Besançon, 1088-
1101.

Karta de Camlintensi Ecclesia, et de Majasco.

In nomine sanctæ et individuæ Trinitatis, Patris, et Filii et Spiritus sancti. Quoniam consuetudinarium est, et ab antecessorum nostrorum industria ductum, ut ea, quæ memoriæ commendanda videntur, litterali tradantur custodiæ, dignum duximus, ea quæ subinferuntur ne oblivione dispereant, ne vel quod inde actum est, quandoque aliqua inmutetur fraudulentia, in hujus Cartæ sinu fideliter recondere. Ego igitur Rotbertus sanctæ Lingonensis Ecclesiæ Episcopus, precibus Stephani Abbatis Besuensis Ecclesiæ sæpius ammonitus, voluntati illius tandem adquiescens, cum in Ecclesia Lingonensi Synodum celebraremus, et de Ecclesiasticis negotiis pro posse diligenter tractaremus, consilio et assensu Archidiaconorum consedentium, duos Presbyteratus Camlintensis videlicet Ecclesiæ (1), et Ecclesiæ de Majasco (2), B. Petro Besuensis cœnobii, et fratribus ibi Deo servientibus, deinceps habendos concedimus; ita ut Presbyteri parœchiales, qui in eis decantaverint, medietatem omnium ad eosdem Presbyteratus pertinentium per manus Besuensis Abbatis obtineant, Archidiachonibus, aliisque ministris debita servitia exhibeant, paratas, et Eulogias suo tempore communiter persolvant. Facta sunt hæc Lingonis in plenaria Synodo, Urbano Papa existente, Philippo in Galliis regnante. Signum Wilenci Archidiaconi. Gocelmi Archidiaconi. Garnerii Archidiaconi. Norgaudi Archidiaconi. Gosberti Archipresbyteri. Stephanus Cancellarius dictavit : Durannus Notarius scripsit.

(1) Champlitte (Haute-Saône).
(2) Maatz (Haute-Saône).

Karta de Albiniaco.

In nomine Patris, et Filii, et Spiritus sancti. Præsentis
Ævi scire volentibus, futurisque deinceps clarificetur
hominibus, quod Oddo Montis-Salionis Dominus, pœnam
æterni supplicii cupiens evadere, et Paradisi præmia
percipere, in die sepulturæ fratris sui Hugonis sua spontanea voluntate partem non minimam Militum de Monte
Salvionis, et clientum, nec non amicorum et vicinorum
suorum in Besuensi Capitulo antequam corpus defuncti
ad tumulum deferretur, convocavit, ibique dona, quæ
antea fecerat de Ecclesiis, scilicet de Albiniaco, de sancto
Benigno, de Capella Montis-Salvionis (1), de Icioma (2),
hoc modo confirmavit. In præsentia namque Dom. Stephani Abbatis, et Monachorum, et eorum quos ipse con-
vocaverat, prædictus Oddo, et Domnus Petrus avunculus
ejus, iterum donationem supradictarum Ecclesiarum ex
toto fecerunt et confirmaverunt Deo, et sancto Petro
Besuensis Ecclesiæ, possidendam in perpetuum.

Textum etiam Euvangelii coopertum de argento ad
donationem confirmandam super altare posuerunt, pro
anima supradicti Hugonis, et pro animabus omnium antecessorum suorum, et pro semetipsis. Addiderunt etiam
huic elemosynæ unum mansum in Albiniaco, et unum
servum et unam ancillam.

Rogatu itaque eorum pro confirmatione hujus rei
Domnus Abbas Stephanus, ab Episcopo Roberto in
synodo supradictum Hugonem, et patrem ejus, et antecessores suos defunctos absolvi fecit. Ut vero donatio ista
inconvulsa permaneat, adsignamus testes. Sig. Stephani

(1) Montsaugcon. Cette chapelle était dédiée à la Vierge.
(2) Izômes, canton de Prauthoy (Haute-Marne). Église placée sous
le vocable de la Vierge.

Abbatis. Sig. Widonis Prioris. Wilenci. Sig. Oddonis et
Petri, qui hoc donum fecerunt.

Acta sunt hæc tempore, quo Pascalis summum Ponti-
ficatum tenebat in Roma, Philippus regimen in Francia,
Rotbertus cathedram Episcopalem in Lingonis, Stephanus
Abbas pastoralem curam in Besua. Anno ab Incarnat.
Domini MCI. Indict. viiii. Epacta xviii. Sig. Teboldi. Teo-
derici. Landrici Lanfricurtis. Lamberti de Domarim (1).
Widrici Præpositi. Ricardi de Vircillis (2). Rodulfi. Oddo-
nis de Bellomonte. Haimonis de Fontanis (3). Oddonis.
Walonis de Calmis (4). Clericorum vero, Humberti Archi-
presbyteri. Wilenci Sacerdotis. Johannis Sacerdotis.

Karta de Ecclesiis, quas dederunt nobis Humbertus, et Wido.

Agnoscat hoc vita credentium, quod res nulla melius
in factis hominum, quam elemosyna quæ bono fit animo,
reddit placabilem Deum, dicente Scriptura : *Sicut aqua
mortificat ignem, sic elemosyna occidit peccatum.*
Ergo de hac sententia non surdi, sed fideles auditores
fuere duo fratres, Humbertus Rufus et Wido, filii Humberti Fontis-vennæ. Hii in flore juventutis suæ pro
remedio suarum animarum, suorumque majorum fidelium, Ecclesias quas de proprio jure retinebant, citra
aquam quæ Asmantia (5) dicitur, Deo et sancto Petro, et
Besuensi cœnobio concesserunt, ut caritas altius firmaretur, apud Bisonticam civitatem, secus Basilicam sancti
Vincentii, in præsentia Hugonis Archiepiscopi, supradictas Ecclesias Stephano Abbati, et Besuensi Ecclesiæ

(1) Dommarien, canton de Prauthoy (Haute-Marne).
(2) Verseilles, canton de Longeau (Haute-Marne).
(3) Fontaine-Française.
(4) Chaumes, canton de Selongey (Côte-d'Or).
(5) Amance, rivière.

perpetualiter tradiderunt. Licet scire quartam partem Basilicæ sancti Martini de Monasterio (1), et quicquid habebat Ecclesia sancti Christophori Canlintensis, et quartam partem Ecclesiæ sancti Mauricii de Sivoïo, medietatem Ecclesiæ Fontis vennæ villæ, similiter capellam de Castro, simili modo Ecclesiam de Luvocurte (2) sub tali testimonio. Sig. Hugonis Archiepiscopi, Mainerii Archidiaconi, Bernardi Magistri, Ermuini, Sewini.

In ipsa die prædictus Episcopus annuit Stephano Abbati omnes Ecclesias licenter habere, quas posset aquirere in Diœcesi sua.

Acta sunt hæc anno ab Incarnatione. Domini MXCVIII. Indict. VI. Epact. XV. Urbano Papa præsidente Romæ, Henrico Imperante in Romano imperio.

Karta de Albiniaco.

Firmissime sciat omnis ordo fidelium, quod Oddo, filius Hugonis, Senior Montis Salionis, postquam suscepit honorem suum a Roberto Lingonensi Episcopo in Calma de Perciaco (3), reddidit supradicto Rotberto Ecclesiam de Albiniaco ; tali modo, ut eam suo rogatu, et suo concessu traderet sancto Petro, et Besuensi Ecclesiæ perpetualiter possidendam. Hoc audiens Pontifex, alacri animo suscepit donum, que Abbati Stephano, et Ecclesiæ Besuensi, ut supradictus Oddo subgesserat, firmiter concessit, sub testibus istis. Signum Rotberti Episcopi. Stephani Abbatis. Albrici Monachi. Warnerii Archidiaconi. Humberti Archipresbyteri. Willelmi Fontis-vennæ, Wi-

---

(1) Mottey-sur-Saône, canton de Fresne-Saint-Mammès. La bulle du pape Innocent IV, mentiounée plus haut, confirme à Bèze la possession de l'église *Sancti Orsi de Mosterio*, au diocèse de Besançon, vocable qu'elle conserva jusqu'à la Révolution.

(2) Lavoncourt (Haute-Saône).

(3) Percey-le-Grand, canton de Champlitte (Haute-Saône).

donis de Radiaco (1). Sewini filii ejus. Oddonis, qui donum fecit. Widrici Præpositi. Tetboldi. Landrici. Walonis, Alelmi, et fratris ejus. Pagani de Icioma. Acta sunt hæc anno ab Incarnatione Domini MXCVIIII. Ind. vii. Epact. xxvi. Regnante Philippo Rege Francorum, Oddone Ducatum tenente, Rotberto fratre ejus, Episcopalem cathedram regente. Si quis hanc Cartam violaverit, separetur ab Angelorum choris, societurque Datan et Abiron hic et in æternum in inferno.

Karta de Lisseiaco.

In nomine sanctæ et individuæ Trinitatis, Patris, et Filii, et Spiritus sancti. Notum sit omnibus præsentibus et futuris, Odilonem Lisseiacensem Militem, Deo sanctoque Petro liberrime dedisse, quicquid apud eandem villam Lisseiacum habebat, cum servis, et ancillis. Qui etiam cum morti esset proximus, Anxiricum nepotem suum substituens heredem sibi, præcepit ei, ut nisi prædictam servaret dationem, sua nullomodo retentaret. Sign. Joffredi Belmontis. Sign. Hugonis Magni. Sign. Gibuini. Sign. Hugonis Columbæ.

Item alia.

Quædam etiam mulier generosissima, Facies vulgo dicta, cunsobrina Albrici Arcionensis (2) Monachi, quæcumque in ante fata villa possidebat, Besuensibus contradidit Monachis, una cum duobus servis Girardo, et Willelmo, cum uxoribus eorum, et filiis, eo tenore, ut ab eisdem alimonia donaretur Monasterii, quoad viveret. Quæ tamen

(1) Ray, canton de Dampierre-sur-Salon (Haute-Saône).
(2) Arçon, canton de Mirebeau (Côte-d'Or).

possessiuncula Sachristæ ad luminaria Ecclesiæ postmodum data est, precatibus, et pia inportunitate præme-
morati Ansirici. Signum Ansirici. Sign. Odilonis fratris
ejus. Sign. Albrici Monachi. Sign. Ulrici Monachi.

Carta de Cypeto.

Operæ precium visum est ac necessarium posteris commendare memoriæ, quod Oddo Chaterius de Cypeto (1)
elemosynam socrus suæ Elisabez, quæ et Karitas appellata fuerat, videlicet partem suam de sylva, quæ adjacet
villæ, quam dicunt Veteres-vineas, licet injuste calump-
nians, postmodum resipuit, et priorem donationem, sicut
facta fuerat, sancto Petro, et Ecclesiæ Besuensi liberrime
concessit. Addidit etiam ut Monachus, qui Cypeto manebit, habeat usuarium liberrimum in sylvis, campis,
pratis, et in omnibus aquis piscatione, excepto vivario
Domni dato, sed et in ipso, si Abbas in ipsa villa Cypeto
venerit. Testes hujus rei. Signum Oddonis, qui hoc
donum fecit. Signum Oddonis Viridis. Sign. Stephani
Abbatis. Sign. Wilenci. Et de familia sancti Petri. Sign.
Otberti Cocci. Sign. Hugonis, et aliorum multorum.

Carta de Fontanis.

Clarificetur cunctis viventibus, postque futuris, quod
Hugo juvenis de Fontanis Miles, veniens ad obitum suum
quæsivit habitum Monachi, et devote suscepit, factusque
Monachus pro remedio animæ suæ suorumque antecessorum fidelium, dedit Deo, et sancto Petro Besuensi
Ecclesiæ in supradictis Fontanis, unum mansum liberum cum omni libertate, et vii jugera terræ, et tres

(1) Spoy.

facces de prato. Ut hæc donatio inconvulsa permaneat, adsignamus ei testes veraces. Signum Bertranni Militis de Fontanis. Sign. Teoderici filii ejus. Sign. Hugonis Carrucæ. Sign. Widrici filii ejus. Sign. Wilenci Militis. Sign. Walonis Columbæ de Bello monte. Sign. Rodulfi Militis de Aquis. Sign. Rodulfi rustici de Fontanis. De Monachis : Sign. Wilenci. Sign. Warnerii. Sign. Oddilonis, et aliorum multorum.

Carta de Lixiaco.

Inter cæteras elemosynas, quæ factæ sunt Ecclesiæ Besuensi, notum sit omnibus fidelibus, quod Wido Miles de Insula Bollini, dedit Deo, et sancto Petro, et Besuensi Ecclesiæ, quidquid habebat, vel habere existimabat ab antecessoribus suis in Lixiaco (1), pro remedio animæ suæ, suorumque antecessorum fidelium. Et hoc factum est antequam pergeret Jherusalem. Postquam hoc iter cœpit, et obbitum suum cognovit, remisit sancto Petro, et Besuensi Ecclesiæ, per socios suos, Hugonem Militem de Excuviliaco (2), et per Constancium de Diniaco (3) sex uncias auri, et elemosynam suam, quam fecerat de Lixiaco ; et elemosynam matris suæ de Flexo (4), concessit sancto Petro, et Besuensi Ecclesiæ, habere in perpetuum. Signum Widonis Militis, qui hoc donum fecit. Sign. Hugonis Militis. Sign. Constantii. Sign. Stephani Abbatis. Sign. Wilenci Prioris. Sign. Albrici Captivi, et aliorum multorum.

(1) Licey-sur-Vingeanne.
(2) Équevilley, canton de Port-sur-Saône (Haute-Saône).
(3) Diénay (Côte-d'Or).
(4) Fley, commune de Dampierre, canton de Fontaine-Française (Côte-d'Or).

Carta de Capella Montis Salionis.

In nomine summæ et individuæ Trinitatis, Patris, et
Filii, et Spiritus sancti. Quoniam consuetudinarium est,
et ab prædecessorum nostrorum ductum industria, ut ea
quæ perpetuæ memoriæ comendanda videntur, litterarum tradantur custodiæ, dignum duximus ea quæ subinferuntur, ne oblivione dispereant, ne vel quod inde
legitime actum est, quandoque aliqua immutetur fraudulentia, in hujus Cartæ sinu fideliter recondere. Ego igitur
Robertus almæ sedis Lingonicæ Dei nutu Episcopus,
dum in matris Basilicæ gremio, nobis a Christo collatæ
degeremus, et secundum nostrum dogma una cum fidelibus præfatæ Ecclesiæ de statu et profectu illius, cum
consilio et voluntate eorum unanimiter tractaremus,
affuit etiam inter eos amicus noster Besuensis Ecclesiæ
Abbas Domnus Stephanus, nostram benignitatem humiliter expetens, quatenus Capellam, quæ est in castello
Montis-Salvionis sita, ad Ecclesiam de Albiniaco pertinentem in honore sanctæ Dei Genitricis dedicatam,
sancto Petro Besuensis Ecclesiæ per instrumenta apicum
concedere, et misericorditer largiri non dedignaremur.
Cujus nos justam, et rationabilem peticionem libenter
suscipientes, hoc quod pie et racionabiliter postulavit,
per consilium fidelium nostrorum, recto ordine ad effectum perducere curavimus. Dantes et concedentes suprascriptam capellam salvis omnibus Lingonensis Ecclesiæ
consuetudinibus. Ea tamen conditione, ut capellanus
eidem capellæ inserviat, et beneficiarios usus ab ipso
Abbate Besuensi habeat et possideat. Ut autem hujus
nostræ concessionis testamentum futuris temporibus con-
servetur, et absque diminutione, aut immutatione aliqua
custodiatur, manu propria eam firmamus, et Archidiaconorum nostrorum firmandam tradimus. Signum Gocelmi

Archidiaconi. Wilenci Archid. Hugonis Archid. Almarici
Archid. Warnerii Archidiac. Acta sunt hæc Lingonis
plenaria Synodo, Romanæ sedis Paschali Apostolatum
gubernante, Philippo Regnante, Rotberto Episcopo Lingonensem Ecclesiam regente, Stephano Cancellario. Duranno Notario, suas vices utroque exhibente.

Item de eadem Capella.

Notificetur cunctis, qui has legerint vel audierint litteras, quod Domnus Stephanus Besuensis Abbas Widrico
Clerico de Orgis, scilicet nepoti Widrici Præpositi dedit
medietatem Capellæ de Monte Salionis, tempore suæ vitæ
tali pacto, et tali ratione, ut per hanc partem ex toto ser·
vitium faciat, et fidelis sancto Petro, et Besuensi Ecclesiæ,
et supradicto Abbati exsistat. Si autem ipse, vel Presbyter Capellanus, qui ibi pro eo Vicarius fuerit, de nostra
divisione aliquid male subripuerit, vel defraudaverit, ammonitus inde se et Presbyterum apud Besuam represen-
tet coram Abbate propter justiciam faciendam, sicut
suus homo. Si quoque Domnus Abbas in longinquo itinere ire voluerit, supradictus Clericus paratus cum suo
equo ad sibi serviendum existat. Hoc, ut supra diximus,
tempore suæ vitæ agat, post mortem vero ejus in manu
Abbatis, et in potestate redigatur. Huic subscriptioni
adsignamus testes : Signum Stephani Abbatis. Widonis
Prioris. Wilenci, Johannis, Warnerii, Landrici, Albrici,
Joffredi. De Laïcis, Widrici, Præpositi de Monte-Salionis, Girberti de Miribello, Oberti cocci, Hugonis famuli.

Carta de Tenimentum Germani Presbyteri.

Fidelis contio tam præsentium quam futurorum, pleniter agnoscat, quod Domnus Oddo juvenis, de Monte-
Salione dominus, in solempnitate sanctorum Apostolo-

rum Petri et Pauli apud Besuam venit, ibique oblationem
Deo, et sancto Petro, et Besuensi Ecclesiæ pro sua anima,
suorumque antecessorum fidelium, per textum Euvangelii supra sanctum Altare supradictorum Apostolorum,
tenimentum Germani Presbyteri dedit, pertinentem et
adjacentem altari sancti Symphoriani de Albiniaco, scilicet decimationem de propria vinea domini Montis-Salionis, et terciam partem de decimis, quæ pertinent ad
dominicationem Episcopi de vineis, de corvatis, de tertiis,
et omnem decimationem de terra sancti Petri. Nec non
et querimoniam quam injuste querelabat super cimiterium de Albiniaco, de cellariis, et de omnibus rebus,
postposuit, et concessit jure perpetuo tenendum Besuensi
Ecclesiæ, et Monachis cum omni libertate. Hoc totum
factum est rogatu Germani Presbyteri, filiorumque ejus,
qui post inde noster effectus est Monachus. Huic rationi
adsignamus testes. Signum Oddonis, qui hoc concessit,
Teboldi Militis, Richardi de Vircillis (1), Widrici Præpositi,
Lamberti Militis de Domarim (2), Calonis de Silviniaco (3),
Girardi Crispi Militis, Humberti Militis de Bigorna,
Hugonis Militis de Torciniaco (4), Theoderici de Divione
Militis, aliorumque multorum.

Carta de Petro Domino Miribelli.

Omnis fidelis sexus, tam de Laïcis, quam de Clericis,
plane sciat, et agnoscat, quod Domnus Petrus de Monte
Salionis senior de Miribello (5), propter quoddam infor-
tunium quod sibi contigit, quadam die veniens ad Besuense Monasterium, in præsentia Domni Stephani Ab-

(1) Verseilles, canton de Longeau (Haute-Marne).
(2) Dommarien, canton de Prauthoy (Haute-Marne).
(3) Savigny, canton de Fays-Billot (Haute-Marne).
(4) Torcenay, canton de Fays-Billot (Haute-Marne).
(5) Mirebeau (Côte-d'Or).

batis, et Monachorum, nec non et Laïcorum multorum, supradictus Petrus, et Domnus Oddo nepos ejus de Monte Salionis dominus, ambo omnem calumpniam de piscatione, quam habebant super aquam nostram, quæ est a Molendino, quod est ultra Neronem villulam (1) nostram usque ad Besuam, ex toto postposuerunt, et si quid juris inibi ex parte sua, vel suorum antecessorum umquam fuit, Deo, et Besuensi Ecclesiæ in illa die æternaliter condonaverunt. De hac re supradictus Petrus, et de suis malefactis, quæ antea male egerat adversus Ecclesiam satisfaciens in præsentia Domni Stephani Abbatis, de omnibus querimoniis finem fecit. Et ut pax firmius teneretur, et bonus finis omnibus diebus vitæ suæ, manu sua coram omnibus, finem et pacem supra sanctas Reliquias juravit, nec non et Rainaldus Præpositus ejus de Miribello, et Hugo Clericus, et Lambertus de Jergeiaco, hoc juraverunt perpetualiter tenendum. Nec non et Milites, quorum auctoritate hoc fecit : Dedit fidei jussores Domnum Joffredum cum suis filiis, Hugonem et Fulchonem, Hugonem Columbam cum suo filio Walone, Milonem cum suo filio Ewino. Dum Oddonem nepotem suum ; Theodericum de Divione, filium Stephani, Aymonem de Divioni, cognomento Chag, Odilonem de Lisiaco. Sig. de Stephani Abbatis, Widonis Prioris, Wilenci, Albrici, Landrici, et aliorum multorum.

Carta de Burbureno.

Notum sit omnibus hominibus, qualiter homines nativi de villa, quæ dicitur Burburena (2) commanentes in Besua post conbustionem domorum, quas in nostra terra primitus habuerant, alias reædificare cupientes, ad Abba-

(1) Noiron-sous-Bèze (Côte-d'Or).
(2) Bourberain.

tem loci istius, nomine Stephanum, convenerunt, reædificandi licentiam quærentes. Quibus ipse ait. Absit ut umquam deinceps in nostro fundo ita mansiones habeatis, sicuti actenus habuistis, nisi consuetudinaria servitia reddideritis, sicut nostri, et alii faciunt, qui in nostra potestate consistunt. Si autem nolueritis, construendi ulterius licentiam a me non consequemini. Hæc autem verba Abbatis videlicet illi audientes, inter se consilium inierunt, et cum eo pactum firmiter statuerunt, ut deinceps unusquisque de generali placito tantummodo duodecim nummos persolveret, alias vero consuetudines facerent, excepto carritum vini de Gibriaco (1), nisi per suam bonitatem aliquis ex eis vellet facere.

Constituit etiam ipsis idem Abbas Stephanus, ut nec ipse, nec aliquis in pcsterum super eos talliam faceret; alias vero consuetudines ab eis exigeret : Et hoc etiam statuerunt, ut si quis illorum injuriam a Monachis, vel a servis sancti Petri pateretur, nullam proclamationem, neque alienam justiciam quæreret, donec justicia Abbatis, et Præpositi Monasterii ei deficeret. Signum Stephani Abb. Landrici præpositi. Ex familia vero sancti Petri fuerunt illic tunc multi. Sig. Aydulfi, Giraldi, Albrici, Villici de Burburena villa et aliorum multorum.

Carta de Majasco.

Agnoscat firmiter omnis ordo fidelium, quod Wido Miles de villa, quæ Fretas (2), nuncupatur, decidens in infirmitate, noster effectus est Monachus, ipse et frater ejus Teodericus, et uxor, cum filiis et filiabus ipsius Teoderici, totum alodium ex parte generis sui et ex parte Gybuini de Bello monte, et ejus uxoris, quod habebant

(1) Gevrey.
(2) Frettes, canton de Fays-Billot (Haute-Marne).

in villa, quæ Majascus dicitur, in mansis, in agris, in pratis, in sylvis, in elemosyna devote obtulerunt Deo, et sanctis Apostolis Petro et Paulo, et Besuensi Ecclesiæ pro remedio sui, suorumque antecessorum pro vivis sive defunctis.

Ut donum istud firmius teneretur, uxor Theoderici inde pro signo habuit unum anulum de auro, et Richardus filius ejus unum cyphum de refectorio. Supradictus quoque Wido post hoc dedit omnem partem ad se pertinentem de proprio fundo quem possidebat, ultra Sagunnam fluvium, scilicet in villa, quæ Vallarius vocatur, et in alia villa deserta quæ Arcensis appellatur; et in alia villa, quæ Luvinensis (1) nuncupatur, in mansis, in agris, in pratis, in sylvis, in servis, et ancillis. Sig. Hugonis de Cunvulensi castro (2), Heinrici, Rainaldi, Widonis, Bernonis. Domni Stephani Abbatis, Girardi Monachi, Warnerii, Wilenci, Albrici, Aimonis. Acta sunt hæc tempore illo, quo Philippus Rex regnabat in Francia, Robertus Episcopus in Linguonis, Stephanus Abbas in Besua, Oddo Dux in Ducatu.

Karta de Balenavo.

Notum sit omnibus fidelibus tam Laïcis, quam Clericis, nec non Monachis, quod ministri Ducis Oddonis, Præpositus et alii super terram nostram, quam Sanctus Petrus, et Ecclesia Besuensis habet in Baleneva, quærelabant consuetudines malas, scilicet talliam pro cibo Ducis, pro qua re acceperunt v solidos de hominibus. Pro hac injuria Domnus Abbas Stephanus proclamationem faciens ad Ducem supradictum, et ad Ducissam uxorem ejus, inde ex utraque parte terminaverunt placitum apud Divionem; ad quod pergens D. Abbas Stepha-

---

(1) Lavigney (?), canton de Vitrey (Haute-Saône).
(2) Champlitte.

nus armatus suis cartis, suisque testimoniis, liberaliter disseruit, quod supradicta terra penitus Duci, neque suis ministris, nullam debebat consuetudinem, nec alicui viventi, nisi sancto Petro, et Besuensi Ecclesiæ. Hoc audiens Dux et uxor ejus statim fecerunt restituere supradicto Abbati illos v solidos suprascriptos per Ervejum Præpositum. Ille quoque non habens in promptu nummos, abstulit pellas suas de collo suo, reddit eas fidejussori, scilicet Joscelmo. Ille nempe illas reddidit Abbati Stephano; Abbas quoque secum eas detulit, et tandiu ipsas pelles habuit, donec vellet nollet Ervejus Præpositus illos quinque solidos reddidit.

Karta de Picangiis.

Quædam Matrona, Alburgis cognomine, Pagana, Walterii de Minoïo (1) conjux honestissima, ab hoc sæculo discessura, B. Petro, et Abbati Stephano, cæterisque fratribus apud Besuense Monasterium in Dei servitio persistentibus distribuit terram apud villam, quæ Picantias vocatur, vel prata, nemusque cum aqua, veluti ea in vita sua possederat; Waltero et Raimundo filiis suis, præsente Sevaldo fratre suo, et coram plurimis testibus gratanter concedentibus. Signum Landrici Monachi, Theoderici, atque Albrici Mon. Petri Grancejacensis Canonici (2). Oddonis Iciacensis Militis. MC Anno ab Incarnatione Domini, Regnante Philippo Rege in Galliam, et Roberto Episcopo existente apud Lingonas, et cum eo regentibus Wilenco, atque Goscelmo Lingonensem Ecclesiam Archidiaconibus.

(1) Minot, canton d'Aignay (Côte-d'Or).
(2) Grancey-le-Château (Côte-d'Or).

Karta de Villarium.

Notum sit omnibus, qui has legerint, vel audierint litteras, quod terram Hugonis cognomento Barbe quam
dedit sancto Petro in villa deserta quæ vocatur Villarium, hanc Richardus filius, Milonis sucessor, et
gener Hugonis Magni, qui noster effectus est Monachus,
injuste invasit, et per duos annos eam super calumpniam
Abbatis Stephani, ac Monachorum ejus tenuit, debinc
resipuit, et terram et fructum ex toto, sancto Petro, et
Dom. Abbati Stephano, cum satisfactione reddidit. Ipse
quoque Abbas eum videlicet Richardum tali cunditione
de præterito delicto ita absolvit, ut si ille, aut aliquis
successor ejus, illud repetere vellet, sub anathema maledictionis permaneret. Signum hujus rei, Stephani Abbatis, Wilenci, Joffredi, Aimonis, Ricardi. Sig. quoque
Milonis patris ejus, Hugonis villici, Oberti, Girardi de
Virduno, Hugonis famuli, Gisleberti famuli, Giraldi filii,
Gunterii, et aliorum multorum.

Karta de Bellojoco

Notificamus modernis quibusque et futuris, quod Alwidis nobilis matrona de Bellojoco, soror Ermuini, et uxor
Ermuini, et uxor Ulrici de Trevia castro (1), in suo obitu
pro remedio animæ suæ, suorumque antecessorum, dedit
fideliter Deo, et sancto Petro, et Besuensi Ecclesiæ unum
mansum in Bellojoco cum servo nomine Rotberto, in illo
manso habitante, cum uxore ejus, et uno filio nomine
Tebaldo, et una filia, quæ vocatur Grimoeldis, et simul
dedit unam vincam novellam scilicet nuper plantatam.
Hoc totum, et mansum, et vineam, et servos, et ancillas,

(1) Trevey (?), canton de Montboson (Doubs).

sicuti ipsa de proprio jure possidebat, honorifice, et cum omni libertate dedit Deo, et sancto Petro, et Besuensi Ecclesiæ, ut supra dictum est, ipsa et filii ejus omnes. Ne aliquis infidelis falsum hoc existimet, adsignamus testes. Sig. Teoderici pueri, Oddonis de Bello monte, et uxoris ejus, Hugonis Columbæ, Oddonis de Scia(1), Milonis de Bellojoco, Fulconis, Hugonis, Herberti vuillici, Giraldi coriarii. De Clericis, Acilini Sacerdotis, Rainaldi Diaconi, Tebaldi de Agiliaco. De nostris Monachis, Widonis Prioris, Wilenci, Warnerii, Landrici, et aliorum multorum.

Carta de Vetus-vineis.

Notum sit omnibus modo viventibus, post nosque futuris, quod Oltrudis filia Widonis de Vetus-vineis, neptis Waronis Monachi dedit omnem hereditatem suam Deo, et sancto Petro, et Besuensi Ecclesiæ quam possidebat in supradictis Vetus-vineis, in mansis, in terris, in pratis, in sylvis, et Dom. Oddilo Monachus noster, qui tunc regebat, obedientiam dedit ei pro signo, medietatem eminæ frumenti, et aliam mensuram de Milio. Ut hæc donatio firma teneatur, assignamus testes. Signum Widonis Prioris, Wilenci, Johanni, Joffredi, Poncii, Oddilonis. De Laïcis, Rotberti IV villici de Vetus-vineis, Bernardi, Rotgerii, Petri, Hugonis famuli, Rainaldi.

Carta de Luco.

Audiant omnes tam præsentes quam futuri, quod Raimundus de Granciaco Miles, qui apud Salivam (2) vulneratus fuit, antequam obisset coram multis testibus, pro

---

(1) Scey-sur-Saône, chef-lieu de canton (Haute-Saône).
(2) Salives, canton de Grancey (Côte-d'Or).

sua anima, suorumque antecessorum dedit sancto Petro
et Besuensi Ecclesiæ duos mansos, unum apud Lucum
cum suis appendiciis, et alium apud Rariacum (1) ; et
duos servos, Waldricum, et Humbertum, et duas ancillas,
Aluvidem, et Ermessendem. Huic rei assignamus testes.
Signum uxoris ejus, et filii, et fratris ejus, Walterii,
Artaldi Militis, Pontii Militis, Heinrici de Icio, et aliorum
multorum.

Carta de Secuniaco.

Clarum fiat omnibus, qui has litteras viderint, vel
audierint, quod Oddo Miles de villa, quæ Icius vocatur,
veniens ad obitum suum, dederit Deo, et sancto Petro,
et Besuensi Ecclesiæ, pro sua anima, suorumque antecessorum, unum mansum in villa, quæ dicitur Secuniacus (2) cum appendiciis suis tam liberum, et tam bonum
quod partem in se retineat de pastionibus, et de tertiis,
et libertatem per omnes fines illius villæ. Huic Dationi
subscribimus testes : Signum Oddonis, et uxoris ejus, et
et filii ipsius Pontii Militis, qui elemosynam fecerunt.
Signum Sevaldi Balbi, Raimondi, Aymonis Militis, Pagani Præpositi, Martini Barbati, et aliorum multorum.

Karta de Caviniaco, et Auxiliaco.

Sciant omnes tam præsentes, quam futuri, quod Wido,
Miles, de Auxiliaco, veniens ad obitum suum, dedit Deo,
et S. Petro, et Besuensi Ecclesiæ, unum mansum cum
omnibus appendiciis suis, et omni libertate apud Cavinia-
cum (3). Dedit etiam Viridarium de Ponto cum appendi-

---

(1) Rivières-les-Fosses (?), canton de Pranthoy (Haute-Marne).
(2) Sacquenay, canton de Selongey (Côte-d'Or).
(3) Chevigny, commune de Bèze, canton de Mirebeau (Côte-
d'Or).

ciis suis, cum omni libertate, nec non et terciam partem molendini de Auxiliaco, cum piscibus, si ibi capti fuerint. Ut hæc elemosyna inconvulsa permaneat, subscribamus ei testes : Signum Widonis filii supradicti defuncti, qui elemosynam loco patris sui super altare posuit, sanctorum Apostolorum Petri et Pauli. Signum fratris ejus Rainaldi, Hugonis Militis de Bello monte, Joffredi Militis, Walonis Militis, cognomento Columbi, Gisleberti, Warnerii, Hugonis fratris ejus et aliorum multorum. De Monachis Warnerii, Wilenci, Landrici.

Karta de Romanisca.

Dignum duximus memoriæ tradere, quod Hugo cognomento Rubeus, et' uxor ejus, cognomento Regina, per mansum Stephani Abbatis, dederunt Deo, et sancto Petro, et Besuensi Ecclesiæ terram, quæ dicitur de Romanisca (1) ad integrum cum omnibus appendiciis suis, in quocumque loco jaceret cum servis, et ancillis, nec non et Ecclesiam de Verona. Tali pacto, si supradicta matrona vivens vellet ire ad Besuam post obitum viri sui, susciperent eam Monachi cum terra procurandam. Sin autem nollet usque ad mortem post obitum suum, reciperet Ecclesia terram suam cum omni libertate, et cum servis, et ancillis, sicuti supra taxatum est. Pro hac quoque elemosyna dedit Domnus Abbas Stephanus et viro et mulieri societatem et omne bonum quod factum fuerit in Besuensi Ecclesia usque ad finem mundi, pro remedio animarum suarum, suorumque antecessorum fidelium. Ut hæc traditio firma permaneat, asignamus ei testes. Signum Ulrici Militis, qui fuit frater Hugonis. Widonis Militis filii ejus. Richardi Militis de Vercillis. Widonis fratris ipsius. Widonis Capellani. Petri Presbyteri. Ro-

(1) La Romagne.

gerii qui fuit filius Hugonis. Duranni de Maiasco. Fanue-
lis, et aliorum multorum. De Monachis autem Stephani
Abbatis, Warnerii Prioris, Wilenci, Widonis, Capellani,
Albrici.

Item alia.

Notum esse volumus præsentibus, et futuris, quod
Girberga, uxor Marcelli Sutoris, dederit semetipsam
sancto Petro Apostolo cum filiis suis, id est, Martino,
Ermengarde, Maria, Richilde, Ada. Præsente Godefrido
Priore, Girardo, Walterio, Rotberto, Drogone Præposito,
Tebaldo, Ingelranno, Stephano, Lamberto Præposito,
Johanne filio Johannis Majoris, Willelmo sutore. Marcello
sutore.

Carta de Cusiaco, et de Chimissin.

Sacra scriptura testatur, quod elemosyna liberat animam de morte æterna, et cunducit eam ad vitam perpetuam. De qua re non inmemor Hugo Miles, cognomento
de Chimissins, ipse veniens ad obitum suum pro sua
anima suorumque antecessorum fidelium, dedit Deo, et
sancto Petro, et Besuensi Ecclesiæ, quattuor mansos, duos
apud Rivuriacam (1), quæ est villa deserta cum omnibus
appendiciis suis. Alium apud Cusiacum (2) cum appendiciis suis. Alterum apud Chimissins (3), cum quattuor
jugeribus terræ, et unam falcem de prato. Et hos mansos
liberos dedit cum omni libertate subscriptus Hugo. Ut
hæc elemosyna inconvulsa permaneat, asignamus ei
testes. Signum Hugonis, Widonis filii ejus, Walonis,

(1) Rivières-les-Fosses, canton de Prauthoy (Haute-Marne).
(2) Cusey, même canton.
(3) Peut-être Choilley, même canton.

Aymonis, Hugonis nepotis ipsius, Awini de Beria, Main-
fridi Militis de Arco, Walterii de Beria, Nerduini Militis,
Andreæ Presbyteri, Richardi, Constantini, et aliorum
multorum.

Carta de Nogdantium Ferrosum.

Notum sit omnibus viventibus, post nosque futuris,
quod Hugo puer, filius Wilenci de villa, quæ Roseius dicitur (1), et avunculi ejus, Walo Monachus et Walo Miles,
fratres supradicti Wilenci, pro anima ipsius Wilenci, et
pro animabus fratrum suorum, et omnium antecessorum
suorum, tam pro vivis, quam pro defunctis, tradiderunt
Deo, et Besuensi Ecclesiæ duos mansos. Unum apud
Nogdamtium ferrosum (2), scilicet mansum Arnulfi, cum
suis appendiciis, et alium in villa, quæ dicitur Neronis (3),
juxta Gradiacum castrum, cum duobus servis, Letbaldo
et Widone fratre ejus, et cum appendiciis suis. Ut hæc
Carta inconvulsa permaneat, adsignamus testes. Signum
Widonis, Walonis, Widonis, Willelmi filii ejus, Hugonis,
Raimodis de Longo-campo, Hugonis de Nerone.

Karta de Burgundion.

Fiat clarum cunctis viventibus modo, postque venturis,
quod Henricus Miles de Firmitate (4) decubans in lecto,
veniensque ad suum obitum, consensu, et consilio uxoris
suæ, et filiorum, et omnium domesticorum suorum, dedit
Deo, et sancto Petro, et Besuensi Ecclesiæ, pro sua anima,
suorumque antecessorum fidelium, unum mansum apud
villam, quæ dicitur Burgundion (5), cum omnibus appen-

(1) Rosey, canton de Scey-sur-Saône (Haute-Saône).
(2) Noidans-le-Ferroux, même canton.
(3) Noiron, canton de Gray (Haute-Saône).
(4) La Ferté-sur-Amance, chef-lieu de canton (Haute-Marne).
(5) Bourguignon-les-Morey, canton de Vitrey (Haute-Saône).

diciis suis, liberum cum omni libertate, et tres servos manentes in ipso manso, scilicet Arnulfum, Henricum, Gislebertum, et medietatem de filiis, vel filiabus supradicti Arnulfi, et de alia parte unam ancillam. Huic Cartæ adsignamus testes. Signum Leogardis, quæ donum fecit, Hugonis de Comulensi castro (1), Richardi de Vircillis, Widonis fratris ipsius. De clientibus, Henrici, Ulrici, Julonis filii ejus. Rotberti villici, Bernardi, Arnaldi Clerici, Widonis Presbyteri, et aliorum multorum.

Carta de S. Sequano.

In nomine Patris, et Filii, et Spiritus Sancti. Fiat notum cunctis fidelibus, quot Alwidis, uxor Wilenci de villa quæ Altason vocatur, dedit Deo, et sancto Petro, et Besuensi Ecclesiæ, duos mansos liberos cum omni libertate pro anima viri sui Wilenci, nec non et pro anima filii sui Rainaldi, qui juvenis mortuus est, ei pro sua anima, suorumque fidelium antecessorum. Unum in villa, quæ sanctus Sequanus nuncupatur (2), cum appendiciis suis, et alterum apud Viriniacum cum suis appendiciis. Ut hæc Carta firma, et inconvulsa permaneat, adsignamus ei testes. Signum Alwidis, qui donum dedit, Humberti de Bellomonte, Widonis, Eldeberti, Hugonis. De Monachis Stephani Abbatis, Warnerii Prioris, Wilenci, et aliorum Monachorum. Si quis huic donationi instigante diabolo contraire voluerit, aut diminuere, cum Datan et Abiron anathema sit.

Carta de Viriaco.

Habet etiam alium mansum sanctus Petrus, et Besuensis Ecclesia apud Viriniacum quem dedit pro anima

---

(1) Coublanc, canton de Prauthoy (Haute-Marne).
(2) Saint-Seine-sur-Vingeanne.

sua Falco Miles de Riveria (1), et Wicardus frater ipsius,
cum omnibus appendiciis suis, et habet usum et communitatem per omnem potestatem de Montiniaco (2), in sylvis, et in pratis, et in pascuis, et ubique, et Petrum, qui
mansum tenet, quantum eis suppetit, tradiderunt supra-
scripti Milites. Et et alius mansus in supradicta villa,
scilicet, Viriniaco, quem dedit pro remedio animæ suæ
sancto Petro, et Besuensi Ecclesiæ, Petrus villicus, et
Tebertus frater ejus, villicus de Montiniaco, cum suis
appendiciis. Et sunt ibi in supradicta villa alii quattuor
mansi cum appendiciis, quos tradiderunt alii benefactores
pro animabus suis, Deo, et sancto Petro, et Besuensi
Ecclesiæ cum omni libertate, sicuti Hismahel de Granciaco (3), et alii fideles suo testimonio Christi.

Carta de Cusiaco.

Liqueat cunctis modo viventibus, et futuris post nos,
quod quidam Miles Rainerius de Villa, quæ Cusiacus dicitur, veniens ad mortem, pro remedio animæ suæ parentumque suorum cum magna devotione tribuit sancto
Petro et Besuensi Ecclesiæ tres mansos, sicuti ipse eos
possidebat in ipsa supradicta villa Cusiaco. Duo ex his
debent duo sextaria vini, et panem et carnem; et tercius
quia minor est medietatem sextarii, et panem et carnem.
Deditque unam ancillam inibi manentem cum tribus filiis,
quæ Rolendis nuncupatur; sub tali testimonio. Signum
Oddonis Senioris Montis-Salionis, Teodeboldi, Odilonis
fratris ipsius mortui, cum filiis suis.

(1) Rivières-les-Fosses.
(2) Montigny-sur-Vingeanne.
(3) Grancey-le-Château.

Carta de Fontanis.

Notum permaneat omnibus diligentibus hæc, quod Miles quidam de Monte-Salione, nomine Pontius de Bigorna in die suæ dormitionis, pro sua anima, suorumque antecessorum fidelium, Deo, et sancto Petro, et Besuensi Ecclesiæ, perpetualiter habendos duos mansos tribuit : unum in villa, quæ Fontinellas nuncupatur (1), cum suis appenditiis, et alterum in villa, quæ Curcellas vocatur, juxta Fontem vennam (2), et unum servum cum filiis, et filiabus suis, in villa Campaniæ (3). Signum Humberti filii ejus, cum sua matre, Walonis de Calmis (4), Alelmi de Icioma (5).

Item alia.

Fideliter retineant omnes, qui has audierint vel legerint litteras, quod Miles quidam de Bellomonte, Milo nomine pro remedio animæ filii sui defuncti Hugonis, adita sua suorumque antecessorum, sanctis Apostolis Petro et Paulo, et Besuensi Cœnobio, duos mansos tradidit in villa, quæ Fontmellas nuncupatur, cum appendiciis suis, ex toto liberaliter, et unum servum comparem terræ, nomine Widonem, et filium ejus Albertum et filiam ejus Alixem. Signum Milonis, qui donum fecit, Richardi filii ejus, Ævini, Walonis, Aimonis de Fontanas. Widonis filii ejus, Stephani Abbatis. Wilenci, Joffredi, Albrici. Acta sunt hæc tempore Philippi Regis.

(1) Fontenelle.
(2) Village disparu.
(3) Champagne-sur-Vingeanne
(4) Chaume.
(5) Izôme.

*

Carta de Vachiriaco.

Sciant omnes tam præsentes quam futuri, quod Hugo, cognomento Troaudus, et frater ejus junior Waldinus, donaverunt Deo, et sancto Petro et Ecclesiæ medietatem villæ, quæ Vachiriacus (1) vocatur, pro anima patris sui Rainaldi, et matris suæ, et omnium fidelium antecessorum suorum, sicuti illi tenebant, et antecessores illorum tenuerunt, in terris cultis et incultis, in pratis, et in sylvis, et in usus aquarum omnino totum cum omni libertate : et pro signo dedit illis duobus fratribus Wido Monachus qui Pauliacum tenebat undecim solidos nummorum. Ut hæc Carta inconvulsa permaneat, adsignamus ei testes : Signum Oddonis Militis de Bellomonte. Sig. uxoris ejus, Ailadis vocatæ, Widonis Militis, cognomento Margot, Rodulfi Militis fratris ejus, Hugonis villici de Pauliaco, Widonis Monachi, et aliorum multorum.

Item alia.

Simili modo per aliud tempus duo milites fratres, scilicet Achardus, et Paganus de sancto Juliano delegaverunt Deo, et sancto Petro, et Besuensi Ecclesiæ, pro remedio animarum suarum, quicquid de proprio fundo habebant in illa villa deserta, quæ Vachiriacus nuncupatur, in terris, in pratis, et in sylvis, et in decursus aquarum. Signum Warnerii, Ulgerii, Widonis, Walterii, Humberti, et aliorum multorum.

(1) Lieu disparu, situé dans le voisinage de Pouilly, Fontaine-Française et Saint-Seine.

Carta de Wascum Curtis.

Notum sit omnibus tam præsentibus quam futuris, quod Sewinus Miles de Raico (1), pro anima patris sui Widonis, et pro anima sua, suorumque fidelium antecessorum, dedit Deo, et sancto Petro, et Besuensi Ecclesiæ in præsentia Domni Stephani Abbatis, et Monachorum, unum mansum de suo proprio fundo cum omnibus appendiciis suis, in villa, quæ Wascum curtis (2) dicitur, de sylvis, de pratis, cum omni libertate, sub tali testimonio. Signum Sewini, et uxoris ejus, Widonis, qui est Dominus Fontisvennæ, Oddonis de Bellomonte, Hugonis de villa, quæ Geniperias dicitur (3), Beraldi fratris ejus. Kalonis de Silviniaco (4), et aliorum multorum.

Carta de Firdriaco.

Ratum et cognitum permaneat modo viventibus, post nosque futuris, quod Sewinus Miles, et ejus uxor de loco, que Villesons dicitur (5), sancto Petro, et Besuensi Ecclesiæ, pro remedio animæ suæ, et suorum parentum in elemosyna duos mansos concessit : unum in villa, quæ nuncupatur Firdriacus (6) cum servo, Bisontico nomine, manente ; et alium in villa, quæ Wascum curtis appellatur, cum servo ad eundem mansum pertinente. Signum Widonis de Raiaco, Sewini, Hermuini, Teoderici, de Trevia, Fulconis, Oddonis, Moranni Archipresbyteri.

(1) Canton de Dampierre-sur-Salon (Haute-Saône).
(2) Vauconcourt, id.
(3) Genevrières, canton de Fays-Billot (Haute-Marne).
(4) Savigny, id.
(5) Vellexon, canton de Fresne-Saint-Mamès (Haute-Saône).
(6) Fédry, canton de Dampierre-sur-Salon (Haute-Saône).

Carta de Morengis.

Summopere curandum est omnibus, quibus Deus dedit feliciter frui de præsenti vita, ut sint semper solliciti de perpetua. Sed de hoc bene fuit memor in vita sua quidam Miles, Pontius de villa, quæ numcupatur sanctus Sequanus juxta Polliacùm, qui pro remedio animæ sui filii, scilicet Widonis, sua adita, et parentum suorum, tradidit Principibus Apostolorum Petro et Paulo, et Besuensi Ecclesiæ servum unum, Tewinum, et terram de Morengis, et nemus quod vocatur Noaino ex totum sicut possidebat. Signum Poncii, qui hoc dedit, Nerduini fratris ejus, Widrici de Arco, Oddonis Bellimontis, Aimonis, Hugonis Columbæ, Hugonis villici de Palliaco, Lamberti filii ejus, Johannis filii ejus.

Carta de Vetus-vineis.

Per has cognitum fiat litteras, quod Gertrudis, uxor Henrici de Nova-villa et Warnerius gener ejus et filia ejus uxor Warnerii, cognomine Kara, pro remedio animæ supradicti Henrici, et suarum, suorumque antecessorum, obtulerunt Deo, et sancto Petro Besuensis Ecclesiæ, super Altare in Vetus-vineis villa, medietatem mansi, cum sex jugeribus terræ, de proprio fundo ; et simul unum servum, nomine Tetbertum, et unam ancillam, istius sororem, nomine Oltrudem : Uterque et servus et ancilla, nati sunt de Petro Rustico de Vetus-vineis. Signum illorum qui fecerunt donum, Oddonis, Richardi fratris ejus, Hugonis de Conulensi castro, Rainaldi Rainaldi servi ejus de Vetus-vineis. Sign. Dom. Stephani Abbatis, Wilenci Monachi, Johannis Cantoris, et aliorum Monachorum.

Carta de Picangiis.

Pro certo sciant omnes tam futuri, quam præsentes, quod Alburgis cognomine Paganà, uxor Walterii de Mignoio (1), veniens ad obitum suum, pro sua anima dedit Deo et sancto Petro, et Besuensi Ecclesiæ, partem suam, scilicet quicquid habebat vel possidebat in vita sua, in villa, quæ Picangias vocatur, in terris, in pratis, in sylvis, omnino totum. Hanc elemosynam confirmaverunt filii supradictæ matronæ, Raimundus videlicet, et Walte-◄ius, nec non et Sewaldus avunculus illorum, cognomento Balbus. Ut hæc Carta inconvulsa permaneat, assignamus ei testes. Sign. Oddonis Militis de Itio, Pontii filii ejus. Haimonis Militis. Heinrici, qui erat minister ipsius dominæ. Widonis Sacerdotis. Petri Canonici de Granciaco. De Monachis, Sign. Dom. Stephani Abbatis, Wilenci, Johannis, Albrici : et de familia sancti Petri quam plures adfuerunt, Otbertus, Hugo, Gislebertus, Johannes, Aidulfus.

Karta de quodam plastro domus in Besua sito.

Sciant omnes tam præsentes quam futuri quod D. Petrus, Montis-Salionis Dominus, et uxor ejus Eva, quandam sedem domus vacuam, quam Plastrum vocant, quod tenebat ipse et antecessores ejus de Abbatibus Besuensibus, et de Monachis, compunctus corde pro remedio animæ suæ, suorumque antecessorum, reddidit illud sancto Petro, et Besuensi Ecclesiæ, et Monachis penitus liberum : tali modo ut si aliquis de hæredibus suis deinceps aliquam calumpniam super hoc facere voluerit, anathema sit, maranata in perpetuum. Ut hæc

(1) Minot, canton d'Aignay (Côte-d'Or).

redditio inconvulsa permaneat, subscribamus ei testes.
Sig. Petri, Hugonis de Varva, Rodulfi Militis de Aquis,
Hugonis Clerici de Miribello, de familia sancti Petri,
Rotberti Præpositi, Otberti cocci, Hugonis, Willelmi,
Lamberti, Tebaldi, Johannis cocci, et aliorum multorum.
De Monachis, sign. Dom. Stephani Abbatis, Warnerii
Prioris, Wilenci, Johannis, Philippi, Widrici, Roffredi et
aliorum.

Carta de nemore, Valle Victoris dicto.

Hoc ad memoriam reducatur, quod duo fratres fuerunt,
Henricus scilicet, et Bernardus de Fractomonte. Hi dicebant se habere quoddam alodium infra terram nostram in
valle Victoris. Supradictus quoque Henricus veniens ad
paupertatem, dedit Domno Hugoni de Beria, omnem
suam hereditatem, et ipse tutavit eum usque ad mortem ;
et partem supradicti alodii Henrici dedit supradictus
Hugo Deo, et sancto Petro, et Besuensi Ecclesiæ pro
anima filii sui defuncti Warnerii pueri. Partem quoque
Bernardi de ipso alodio dedit Euvinus filius Bernardi, et
mater ejus Poncia, et sororius ejus Milo, et Richardus
frater Euvini, dederunt et confirmaverunt utramque donationem, pro anima patris sui Bernardi, et pro animabus
suis, suorumque antecessorum Domnus Oddilo Monacus
noster dedit illis pro signo quinque solidos nummorum.
Ut hæc Carta inconvulsa permaneat, adnotamus testes :
Signum Stephani Abbatis, Widonis Prioris, Albrici,
Oddilonis. De Laïcis, Euvini, Milonis, Hugonis famuli,
Gisleberti, Rotberti de Vetus-vineis, Bernardi, Rainaldi.
Et in ipso die supradictus Euvinus junctis manibus effectus est homo Domni Stephani Abbatis, pro quibusdam,
quas super eum habebat, calumpniis.

Carta de hominibus S. Petro a Pontio datis.

Clarificetur cunctis modo viventibus, post nosque futuris, quod Pontius Miles, filius Heinrici de Firmitate, quæ dicitur Anrosiacus (1), pro anima patris sui, suorumque antecessorum, et pro sua anima, per consilium suorum fidelium, dedit Deo, et S. Petro et Besuensi Ecclesiæ liberaliter, et perpetualiter quinque homines, tres mares et duas fœminas, scilicet Gandradam cum tribus filiis suis, quorum hæc sunt nomina. Primus Petrus, secundus Albricus, tertius Teodoricus : altera de fœminis vocatur Helisabeth, uxor Petri desuper nominati. Hoc donum fecit supradictus Pontius in festivitate sancti Petri, et propria manu donum roboravit super altare per librum qui vocatur Regula S. Benedicti, coram multis testibus ; tali pacto, ut si umquam aliquis de parentibus suis, sive aliquis instigante diabolo, huic Cartæ contraire, aut calumpniare voluerit, anathema sit. Huic Cartæ assignamus testes. Sig. ipsius Pontii, qui hoc donum fecit. Sign. Richardi et Widonis fratris ejus de Vircillis. Julonis de Granando. Widonis filii Rainaldi Conulensis. Willelmi de Fossato. Oddilonis de Lissiaco. Hugonis de Torcennaco, et aliorum nobilium, qui præsentes fuerunt. De Monachis vero, sig. Stephani Abbatis, Wilenci, Albrici captivi, Antonii fratris ipsius. Poncii, et multorum aliorum.

Carta de Feodo Giraldi de Luco.

Notum sit omnibus modo viventibus, post nosque futuris, quod Giraldus noster villicus de Luco, multociens discordatus est a nostro servitio, propter quasdam inju-

(1) Anrosey, canton de La Ferté-sur-Amance. (Haute-Marne).

rias, quas faciebat de terris nostris, quæ non pertinebant ad suum fœdum. De qua re Dom. Abbas Stephanus per consilium fratrum volens terminare ex utraque parte pacem et concordiam, suo jussu et jussu Giraldi per Monachos, et per Laïcos fecit inquirere ad purum feodum Giraldi de villicatione. Inquisitione facta inventi sunt quinquaginta duo jugera terræ, et quatuor falces de prato. Hæc jugera terræ, et has falces de prato, concessit Dom. Abbas Stephanus, et Monachi nostri, supradicto Giraldo : decimum de viciis ad suum fœdum ; medietatem quoque illius annonæ, quæ vocatur Ungranus, de qua erat contentio inter illum et Monachos, quam ibi ex toto dimisit, scilicet in supradicto placito Dom. Abbas, et Monachi concesserunt ei illam supradictam medietatem Ungrani tempore vitæ suæ, et non amplius, propter misericordiam, et bonum finem : et in uno quoque anno examen de horreo Monachorum, vel unum becharium, hoc est medietatem eminæ de frumento vel de sigilo. Hoc concessit D. Abbas Steph. per consilium fratrum, Giraldo, ut fidelis permaneret sancto Petro, et Besuensi Ecclesiæ, melius quam antea fuerat ipse et frater ejus Olardus. Hujus rei adsignamus testes. Signum Stephani Abbatis, Widonis Prioris, Wilenci, Albrici, Landrici, Teoderici. De Laïcis, Giraldi, Olardi de Luco, Hugonis villici, Euvrardi, Giraldi filii Gunterii, Giraldi, Hugonis famuli, et aliorum multorum.

Karta de Molendino apud Fontanas.

Operæ precium duximus adnotare litteris, quod Alisendis uxor Aymonis de Fontanis, veniens ad mortem dedit pro sua anima Deo et sancto Petro, et Besuensi Ecclesiæ, cum omni honore et omni libertate medietatem molendini de prato Hairardi, laude, et concessione Aymonis viri sui, et Widonis filii sui. Ut hæc donatio firma, et

inconvulsa persistat, adsignamus testes : Signum Aymonis
de Fontanis, qui hoc donum fecit, Widonis filii ejus,
Hugonis Carrucæ, Wilenci Militis, Hugonis de Porta,
Bertranni Militis de Fontanis, Herberti villici, et Oddonis
fratris ejus, Hyldemari Presbyteri, et aliorum multorum.
Et de Monachis nostris. Sign. Dom. Stephani Abbatis,
Wilenci, Girardi, Johannis, Albrici.

Carta de Luco.

Memoria et recognicio sit omnibus modo viventibus,
postque futuris, quod Giraldus de Luco villicus noster, et
Humbertus, cognomento Ingelricus de Cipeto, quandam
partem decimæ de terra, quæ dicitur S. Vincentii de Luco
quam per aliquot annos male subripuerant, et sub anathemate, et furto retinuerant, agnoscentes reatum suum,
et culpam clamantes, restituerunt sancto Petro, et Besuensi Ecclesiæ, in præsentia Dom. Stephani Abbatis, et
Monachorum, promittentes nunquam per se, neque per
aliquem successorum suorum, tam execrabilem rapinam
repetere.

Carta de pertinentibus ad Arcionem.

In nomine Patris, et Filii, et Spiritus sancti. Cum præ-
cedentium Patrum statuta a posteris cotidie videamus
dissolvi, et ea quæ in mundo firmius stare videbantur,
aut jam ceciderint, aut casum minitentur, ne dum verba,
quæ cum formari cœperint, jam non sunt, litterarum
tenaci memoriæ commendare studuimus, qualiter inter
Monachos sancti Leodegarii, ex diutina contentione pax et
concordia firmata sit. Hæc vero contentio fuerat de decimis
duarum Ecclesiarum sancti Petri, videlicet Danblin, et

Danbrun (1), et de una sylva, quam Fererarias vocant, et de uno campo.

Placuit itaque Rotberto venerabili Lingonicæ sedis Episcopo Stephanum Besuensem Abbatem et Hugonem Antisiodorensem illius loci, videlicet sancti Leodegarii Abbatem (2), Jerentonem quoque Divionensem (3) convocare, ac demum prædicta contentio hoc modo terminata est. Laudatum est atque sanccitum ab Abbatibus Stephano Besuensi, et prædicto Hugone Antisiodorensi, et Roberto tunc temporis Priore sancti Leodegarii, et ab utriusque partis hominibus, quod parrochiani S. Leodegarii ex eo quod in ipsis parrechiis, videlicet Danblin, et Danbrun, laboraverint, medietatem decimarum secum deferent, et medietatem Ecclesiis relinquent, in prædicta sylva, quam Ferrarias vocari diximus, communitatem nostri homines, et illorum habebunt, de tribus sylvis sancti Leodegarii, quarum hæc sunt nomina ; Granzuvaure, Chalmes, Droul, faciet Monachus, qui Arcioni erit domum suam, et ut vulgariter dicitur Aasimentum domus suæ. In prædictam sylvam quam Ferrarias vocari diximus, si laboratum fuerit, cujus erit fundus terræ, ipsius erit et tertia. Pasturam in nostris, et illorum terris communem habebunt utrumque sine dampno tantum. Et si damnum factum fuerit, si sine clamore redditum fuerit, pax erit. Quod si clamor ad Dominum pervenerit, dampnum restaurabit, et legem Domino persolvet ipse qui damnum fecerit. Campum illum qui est intra terram villæ, quæ dicitur Trescasas , sicut fuerat monstratus et aratus, dimisit Dom. Abbas Stephanus Besuensis S. Leodegario et Dom. Hugoni Autisiodorensi Abbati.

Facta est hæc concordia in uno campo super Cyria-

(1) Drambon.
(2) Hugues de Montagu, 30ᵉ abbé de Saint-Germain d'Auxerre, élu en 1100, succéda à Humbaud, évêque d'Auxerre, mort en 1115.
(3) Jarenton, abbé de Saint-Bénigne de Dijon.

cum (1) ab Abbatibus Stephano Besuensi, et Hugone
Autisiodorensi. Ex Monachis Besuensibus affuerunt Warnerius Prior, Lebaldus, Alberius, qui Arcioni morabatur,
Landricus frater Hugonis cognomento Columbæ. De
Monachis Autisiodorensibus affuerunt Rotbertus Prior
de sancto Leodegario, Itherius secretarius, Enielbertus,
Artaldus Prior de S. Marcello. Ex Militibus, Humbertus
de Lissei, et Oddilo frater ejus, et Hugo Columba, Wido
de Agullim (2), Wido de Danbrun, et Humbertus frater
ejus, et Hugo Præpositus de S. Leodegario. Emelbertus
Præpositus Autisiodorensis. De familia sancti Petri, Arlebaldus de Balenava Præpositus, Otbertus Coccus, Gislebertus famulus. De familia S. Leodegarii, Hugo de Balenava villicus, et Oddilo, Paganus Præpositus de Magnei (3),
et Humbertus, et Hugo fratres ejus. Petrus de Moste-
riolo (4). Acta sunt hæc anno ab Incarnatione MCVIIII.
Indictione II. Epacta XVII. Concurrente IV. Hlucdowico
Rege filio Philippi regnante (5), Anno II Imperii ejus.
Episcopali Cathedræ Lingonensium præsidente Domno
Rotberto, qui hoc placitum tenuit, et hanc concordiam
laudavit. Die XXVIII mensis Octobris.

Considerans etiam Dom. Stephanus Abbas Karitatem
refrigescere, veritatem a filiis hominum diminui, nec
solum largitiones, quæ olim fiebant Ecclesiis Dei maxima
ex parte remanere, verum etiam largita auferri ; Romam
peciit, et ad eum qui tunc Apostolicæ Cathedræ sedebat
Papam , Domnum videlicet Paschalem accessit, et
B. Petri auctoritate, nec non et illius qui tunc loco ipsius
universalis, atque Catholicæ Ecclesiæ curam habebat,
prædicti Papæ privilegio inviolabili confirmari fecit, quæ-

---

(1) Cirey-Binges, canton de Pontailler (Côte-d'Or).
(2) Aguilly, ancien nom de Saint-Apollinaire-les-Dijon.
(3) Magny-Saint-Médard, canton de Mirebeau (Côte-d'Or).
(4) Mitreul, ancienne paroisse, aujourd'hui hameau de la commune de Binges, canton de Pontailler (Côte-d'Or).
(5) Louis VI, dit le Gros.

cumque istud Besuense Cœnobium possidebat, sive in
futurum concessione Pontificum, liberalitate Principum,
vel oblatione fidelium juste atque canonice posset adipisci.
Potitus autem eo quod quæsierat, ea quæ retro sunt obli-
viscens, et in anterioribus se extendens, pericula, et labores vitæ (hyemps enim erat) parvi pendens, non reminis-
cebatur pressuræ propter gaudium subsecutum. Nos
vero exemplum Privilegii illius curavimus subscribere
infra.

Privilegium Domni Paschalis Papœ.

Paschalis Episcopus servus servorum Dei, Dilecto filio
Stephano Besuensi Abbati, ejusque successoribus regulariter promovendis in perpetuum.

Religiosis desideriis dignum est facilem præbere consensum, ut fidelis devotio celerem sortiatur effectum.
Proinde nos Religioni vestræ desideria confoventes, vestro Besuensi Monasterio in honore Beatorum Apostolorum
Petri et Pauli ædificato, eorundem Apostolorum ex Apostolicæ sedis benignitate munimen inpendimus. Constituentes, et præsentis decreti pagina sancientes, ut Ecclesia de Albiniaco, et Ecclesia sancti Benigni, et Capella
sancte MARIÆ quæ castello Montis Salvionis sita est, ad
supradictam Albiniaci Ecclesiam pertinens, Ecclesia etiam
Camlintensis, et Ecclesia de Majasch cum appenditiis suis,
Capella de Fonvenz vestro semper Cœnobio ita firme, ita
libere, quieteque permaneant, sicut a fratre nostro Rotberto Lingonensi Episcopo, cum tocius Lingonensis Cleri
coniventia traditæ sunt.

Idipsum etiam de duabus Præbendis statuimus, quas
bone memorie Harduinus, et Hugo Lingonenses Episcopi
fratribus in Ecclesia sancti Gengulfi apud Lingonas Domino servientibus tradiderunt.

Idipsum etiam statuimus super Ecclesia de Sivoio cum
pertinentiis suis, super Capella Sancti Mauricii seu

sancti Dionysii, Capella sancti Valeriani, et Ecclesia de Raiol (1), et parte quarta Ecclesie sancti Martini de
Monasterio, seu ceteris rebus quas bone memoriæ Hugo
Bisontinus Episcopus vestro Monasterio contradidit. Porro
Ecclesia sancti Remigii, quæ est in Burgo Besuæ, et
Ecclesia de Belenavo cum appendiciis suis, ita in possessione vestra liberas, ita ab omnibus consuetudinalibus
inmunes semper manere censemus, sicut a bonæ memoriæ Alberico quondam Lingonensi Episcopo seu successore ejus Rainardo, ejusdem Ecclesiæ venerabili
Episcopo libertate, ac inmunitate donatæ sunt.

Præterea confirmamus vobis Ecclesiam Salvatoris de
Veteribus Vineis, Ecclesiam sancti Martini de Luco,
Ecclesiam sancti Laurentii de Beria, Ecclesiam sancti
Benigni de Boensis villa, Ecclesiam sancti Sequani, quæ
est parrochialis, Ecclesiam sancti Valerii de Talemaro,
Ecclesiam sancti Leodegarii de Genziniaco, Ecclesiam
sancti Martini Belmontis. Capellam quoque sancti Marcellini, quam bonæ memoriæ Geilo Lingonensis Episcopus ad luminaria Altaris Ecclesiæ vestræ contulisse dinoscitur, cum B. Prudentii Martyris sub eodem Altari Reliquias collocavit, cum appendiciis, et mancipiis utriusque
sexus, sicut ea supradictus Episcopus Virdunensi Episcopo conmutavit. Ecclesiam quoque sancti Ypoliti de
Pontiliaco cum appendiciis suis, Ecclesiam de Casoto
S. Symphoriani, Ecclesiam sanctæ MARIÆ de Fonvenz,
a Lamberto Lingonensi Episcopo datam cum pertinentiis
suis. Ecclesiam quoque sancti Gengulfi superius nominatam. Infra muros Lingonice civitatis. Porro villam Besuæ
sanctorum Apostolorum Petri et Pauli Monasterio adjacentem cum omnibus pertinentiis suis, ab omnium hominum vexationibus liberam, sicut hodie est, vobis in perpetuum manere sancimus. Piscariam quoque a Fontis

(1) Ray.

loco usque ad Princiacum in jure ac possessione vestra semper servari libere, quieteque sancimus.

Præterea quæcumque in præsentarum nunc idem Monasterium possidet sive in futurum concessione Pontificum, liberalitate Principum, vel oblatione fidelium, juste atque canonice poterit adipisci, firma tibi, tuisque successoribus, et illibata permaneant.

Decernimus ergo ut nulli omnino hominum liceat idem Cœnobium temere perturbare, aut ejus possessiones auferre, vel ablatas retinere, minuere, vel temerariis vexationibus fatigare, sed omnia integra conserventur eorum pro quorum sustentatione et gubernatione concessa sunt, usibus omnimodis profutura, salva Lingonensis Episcopi canonica retinentia. Et Episcopo tamen aut Episcopi ministris omnino non liceat Monasterium ipsum, aut ejus loca gravare, nec ornamenta Ecclesiæ qualibet occasione diripere, nec exactiones aliquas, aut consuetudines, quæ fratrum quieti noceant, irrogare. Interdicimus etiam ne quis idem Besuense Cœnobium in cellam redigere audeat, quandiu Monastici ordinis observantia illic Domino præstante viguerit.

Si quis sane in crastinum Archiepiscopus, vel Episcopus, Imperator, aut Rex, Princeps, aut Dux, Comes, Vicecomes, aut judex, vel qualibet Ecclesiastica, secularisque persona, hanc nostræ Constitutionis paginam sciens contra eam temere venire temptaverit, secundo terciove conmonita, si non satisfactione congrua emendaverit, potestatis, honorisque sui dignitate careat, reumque se divino judicio existere de perpetrata iniquitate cognoscat, et a sacratissimo corpore ac sanguine Dei et Domini Redemptoris nostri JHESU CHRISTI, aliena fiat, atque in extremo examine districtæ ultioni subjaceat.

Cunctis autem eidem loco justa servantibus, fit pax Domini nostri JHESU CHRISTI, quatinus et hic fructum bonæ

actionis percipiant, et apud districtum judicem præmia
æternæ pacis inveniant. Amen.

Scriptum per manum Rainerii scriniarii et Notarii
sacri Palacii. Datum Laterani per manum Johannis sanctæ
Romanæ Ecclesiæ Diaconi Cardin. Kal. Jan. Indict. xiii.
Incarn. Dominicæ anno MCV. Pontificatus autem Domni
Paschalis ii. Papæ vi.

> Ego, PASCHALIS *Episcopus Catholicæ Ecclesiæ*
> *subscripsi.*

Evolutis igitur annis duobus contigit eundem Papam
Paschalem, Galliarum partes invisere. Deveniens
autem usque ad nos, Domno Stephano Abbate, et a
nobis aliis cum copioso Cardinalium tam Episcoporum
quam Presbyterorum, ac Clericorum suorum comitatu,
nec non et aliorum Episcoporum, Abbatum diver-
sorumque graduum Ecclesiastici ordinis in hoc Monasterio Besuense devote susceptus est. Ubi usque in
tercium diem demoratus, cum situs hujus loci multum,
fratrumque conventus et ordo plurimum ei placuisset,
omnia laudans, omnia benedicens, ad ultimum in Capitulum veniens consedit, ubi sermonem faciens, ab eo loco
incepit, ubi dicitur : *Fratres, quæcumque scripta sunt,*
ad nostram doctrinam scripta sunt, ut per patientiam,
et consolationem scripturarum, spem habeamus. Et
quia Monachis loquebatur, quibus maxime patientia necessaria est, eam posuit quasi fondamentum. Deinde osten-
dens quod pacientia spem operetur, de spe disserens, pervenit ad fidem. Fidem autem nos docens tenere non fictam :
de ea etiam multa nos edocens tandem ad karitatem, quæ
Deus est, conscendit. Dixit et de ea, immo de eo, ut tempus
et ratio expetebat. Cumque sermonem terminasset, rogatus
a D. Abbate, et ab aliis fratribus, ut pote qui locum tenebat
ejus, cui data est potestas ligandi, et solvendi in cœlo, et
in terra, ut nobis, et fratribus nostris, tam vivis, quam

defunctis, absolutionem daret, et benedictionem annuit ;
et incipiens L Psalmum, cum Oratione Dominica, et
collecta uti rogatus fuerat, nos absolvit, et benedixit.

Nec illud prætermittendum, quod altare sanctorum
Petri et Pauli, ipse in honore eorumdem consecravit,
ibique Missam sollempniter celebravit ; et eum diem
sicut diem natalis Domini quot annis celebrari præcipit.

Nomina vero Cardinalium, Episcoporum, Abbatum,
Presbyterorum, seu Clericorum, qui cum eo adfuere,
quantum memoriæ occurrere potuit, subter scripsimus.
Richardus Card. Episcopus Albanensis, Divizo Card.
sancti Martini, Risus Card. sancti Laurentii. Gregorius
Card. sanctorum Apostolorum, Johannes Diaconus Card.
sanctæ Rom. Ecclesiæ ; Episcopus Lingonensis, Rotbertus
ad cujus peticionem hæc aucta sunt, Episcopus Placen-
tinus, Episcopus Vivariensis (1), Episcopus Camera-
censis (2), Henricus Abbas Angeriacensis (3), Lambertus
Pultariensis Abbas (4), Henricus Abbas sancti Sequani (5),
Wido Abbas sancti Michaelis (6), et alii multi. Inferioris
vero Ordinis Clericorum, seu Laicorum, fere innumera
multitudo.

Quoniam vero Dei dispositionem ab æterno cuncta
sequuntur, suisque quando, et quomodo vult, miseretur,
gratuita pietate nos voluit Apostolica benedictione rele-
vari. Acta sunt hæc anno ab Incarn. Dom. MCVII.
Indict. xv. Epa. xxv die xii Kal. Marcii.

---

(1) Léger, 43e évêque de Viviers, 1106-1119.
(2) Eudes, dit le Bienheureux, 86e évêque de Cambrai, 1105-
1113.
(3) Henri, abbé de Saint-Jean-d'Angély, 1104-1131.
(4) Lambert, 11e abbé de Pothières, 1104-1114.
(5) Henri, abbé de Saint-Seine, désigné plus haut.
(6) Guy, 10e abbé de Saint-Michel de Tonnerre, 1096-1134.

Carta de vinea sacristæ in Besua.

Euvangelicæ auctoritatis exemplo didicimus, quod servus fidelis, et prudens in modico, à Domino Jhesu supra multa constituetur. Studui igitur ego Johannes, terram quæ circa basilicam sanctæ Mariæ, jacet, Ecclesiæ sanctorum apostolorum Petri et Pauli revocare, quæ jam diu aliquo modo distracta steterat, sicut infra docebimus.

Domnus namque Abbas Oddo dederat eam Warnerio, Patri Ulgerii, excolendam, et ad plantandam vineam, ut in vita sua illam teneret; post decessum vero Ecclesiæ redderetur. Sed eo mortuo, haud ita evenit. Cum enim filio ejus Ulgerio prædicto pecunias deberet Ecclesia, concessit ei D. Abbas Stephanus terram illam, eo modo quo pater ejus habuerat. Ego vero cupiens talentum mihi creditum ampliare, donavi Ulgerio cxx solidos, id est, sex libras, et ipsi ac filii ejus quicquid in terra illa clamabant Deo et sancto Petro in manu Domni Abbatis Stephani reddiderunt. Domnus autem Abbas Stephanus donavit et concessit eam secretario Monasterii, per manum meam, in perpetuum habendam libere absque censu, et omni consuetudine, quæ de aliis vineis persolvitur. Concessit etiam eam consuetudinem quam Warnerus et Wigerius habuerant, scilicet, ut de sylva illa, quam Castanetum vocamus, liceret in vinea illa fieri perticas, furcas, paxellos, et quicquid in ea opus fuerit. Et ut hæc Carta inconvulsa permaneat, adsignamus etiam testes. Signum Domni Stephani Abbatis, Warnerii Prioris, Johannis Secretarii. Theoderici Præpositi, Landrici, Giraldi. De Laïcis vero Otberti cocci, Martini Clerici, Ulgerii, Amalberti, Giraldi, Stephani de Beria. Formati, Petri, Humberti et Warnerii filiorum Ulgerii.

Carta de Mercennaco.

Sanctorum Patrum exemplis piæ considerationis oculum ad imitationem infigentes, nos qui regimen sanctæ Ecclesiæ suscepimus, necessarium, immo æquum et salubre esse cognoscimus, eam fideliter ordinare et in ea quicquid boni ordinate disponimus, ne citius destruatur, aut pereat, sapienter providere.

Notum igitur facimus omnibus tam præsentibus quam futuris nostris successoribus, ego Stephanus Abbas Besuensis Ecclesiæ, cæterique qui mecum sunt ejusdem cœnobii Provisores, quandam vineam, quam apud Gibriacum Frater Johannes emerat, nos cum vineis, de quibus vinum ad commune deportatur cellarium, terminasse ; sibi etiam cunctisque post eum venturis, quicquid terræ sive vinearum, atque consuetudinum apud Mercenniacum habebamus id concessisse, quatenus ex reditibus earum, ea quæ sunt in nostre Ecclesiæ ministerio apta comparentur : et insuper altare sancti Martini in sinistra parte situm Monasterii, exinde jugiter illuminetur. Quod statutum litteris inprimentes, auctoritate qua debemus, inviolatum permanere præcipimus. Signum Domni Stephani Abbatis, Warnerii Prioris. Wilenci, Johannis, et cæterorum Monachorum.

Item alia.

Sciant omnes præsentes, et futuri, quod Thebaldus, qui nuncupatur de sancto Prudentio, quicquid ædificii habuit super campum, qui cappellæ sanctæ Mariæ adjacet scilicet de vinea, reddidit beato Petro, et Stephano Abbati et Secretario Johanni in perpetum possidendum, et pro tali commercio, dedit illi Johannes Secretarius xxv solidos, et unam combam quam plantaverat : communicavit ei taliter, ut per medium excolat, et per medium fructum capiat. Eo tenore, si fidelis cultor extiterit, habeat eam cum honore tempore vitæ suæ absque censu. Post ejus obitum si quis legalis hæres ejus supradictam vineam habere voluerit, cum Secretario qui Dominus et socius inde est inprimis eam offerat. Si ipse eam sibi retinuerit, bene, sin autem noluerit, per consilium Abbatis et Monachorum vendat eam alicui de servis sancti Petri qui eam fideliter excolat, et censum et consuetudines Secretario reddat. Huic Cartæ assignamus testes. Signum Stephani Abbatis, Wilenci, Johannis Secretarii, qui hoc fecit, Girardi, Albrici, Thebaldi, Hugonis villici, Haidulfi, Hugonis famuli, Berengarii, Baldi, et aliorum multorum de familia Ecclesiæ.

De obitu Rotberti Episcopi.

Cum per multorum annorum curricula Domnus Rotbertus Ecclesiam rexixet Lingonensem, gravissimo correptus morbo ad extrema propinquans, apud castellum, quod Castellion dicitur (1), Abbates suos, Stephanum Besuensem, Widonem Molimensem; item Widonem Ternoderensem, ad se mandans, humiliter se in conspectum Dei accusans, et veniam peccatorum exposcens, a Domno Widone Molimense Abbate(2) Monachilem habitum suscepit; deinde non post multum, Viaticum ipsum corpus Christi accipiens, vitam finivit : sepultusque est apud Molimense Monasterium in Capitulo decenter ut decuit. Cujus loco substituitur Domnus Jocerannus Lingonensem sedem gubernaturus (3).

(1) Châtillon-sur-Seine, dont la seigneurie appartenait aux évêques de Langres.

(2) Guy de Châtel-Censoir, successeur de saint Robert, fondateur de l'abbaye de Molème, 1110-1132.

(3) Jocerand administra le diocèse de Langres de 1113 à 1125.

Karta Hugonis Ducis de Karris apud Divionem.

In nomine sanctæ et individuæ Trinitatis. Quantam animi devotionem erga sanctam Dei Ecclesiam habere debeamus, divina sanctarum scripturarum demonstrant testimonia, quæ siquidem eam et muneribus precipiunt fieri locupletem, et omnimoda veneratione testantur, et commendant effici gloriosam. Hac igitur animadversione compunctus, et a sancto Spiritu spiritualiter instinctus, ego Hugo Dux Burgundiæ notum facio omnibus tam modernis, quam futuris fidelibus, quod redemptionem carrorum, quam in porta Divionensi capere consueveram, Deo, et sancto Petro, et Abbati Stephano, omnibusque Besuensis Ecclesiæ Monachis donaverim, ut amodo quibuscumque annis vel temporibus Divionem venerint ipsi denominatæ Ecclesiæ Monachi, tam claustrales, quam in cellis manentes, hanc sibi libertatem a me, meisque successoribus obtineant, ut sine omni inpedimento, et absque alicujus redemptionis exactione, cum suis carris indubitanter pertranseant. Cujus si quidem doni largitionem zelo Dei succensus, hujus gratia rei pro animæ patris mei remedio, Besuensi Ecclesiæ contuli : ut videlicet singulis annis apud eandem Ecclesiam ipse in memoriam sit omnium, et sicut mos est Catholicus, anniversarium ei a filiis Ecclesiæ celebretur omnibus, quatenus orationibus fidelium Dei famulorum, sibi meisque omnibus antecessoribus remissio omnium concedatur peccatorum. Proinde quoniam multa et maxima parentum nostrorum instituta, eos qui modo sunt in silentio et oblivione, conspicio præterire, autentico placuit hoc donum commendare privilegio, et subscripto approbatorum virorum roborare testimonio. Sig. Hugonis Ducis, Heinricl fratris Ducis (1), Walonis Abbatis, Hugonis Dapiferi, Waleranni Militis, Hugonis Præpositi, Ewrardi Præpositi, Dominici juvenis. Signum Stephani Abbatis Besuensis, Warnerii Prioris, Albrici. De Laïcis, Othberti, Ewrardi, Giraldi, Arnaldi villici Lingonensis : Acta sunt hæc anno ab Incarnatione Domini MCXIII. Indictione vi. Epact. i regnante Hlugdowico Rege Francorum, Episcopante Joceranno in urbe Lingonensium.

Carta de Decima Casoti.

Operæ precium duximus litteris adnotare, quod Richardus, qui nepos Esemberti de Casoto fuit, omnem calumpniam quam habebat super decimam de supra taxata villa postposuit, et omnino dimisit in præsentia Stephani Abbatis et Monach. nec non et Laïcorum. Quapropter ut de hac re firma pax teneretur ex utraque parte, dedit ei supradictus Stephanus Abbas quattuor eminas de annona in supradicto Casoto annuatim : duas de tritico, et duas de ordeo qualiscumque ibi erit per fedum tali pacto et tali ratione, si supradicta villa ad illam destructionem pervenerit, ut ibi capere non valeat supradictam mensuram, scilicet de quatuor eminis, tandiu pacienter exspectet, donec villa melioretur, et quod sibi competit, iterum recipere possit. Hoc laudaverunt frater ejus Sewinus et soror. Huic rei adsignamus testes : Signum Richardi, qui hoc fecit. Thethaldi Militis de Casoto, Pagani præpositi de Tilecastro. De familia sancti Petri, Otberti, Amalberti, Gisleberti, Hugonis, Girardi.

----

(1) Le même qui conquit le Portugal sur les Maures, et devint la tige des rois de cette contrée.

Item alia.

Sciant omnes tam præsentes, quam futuri, quod filia
Pontii, quæ cognominata est Besueta, et Oddo Miles filius
ejus, quicquid juris, vel proclamationis habebant super
pueros Girardi, qui cognominatus est Aligrinus, dederunt Deo, et sancto Petro, et Besuensi Ecclesiæ, æternaliter pro remedio suorumque antecessorum, ante aram
sanctorum Apostolorum Petri et Pauli, et in præsentia
Stephani Abbatis, et Monachorum. Ut hæc carta inconvulsa permaneat, adsignamus ei testes : Signum Oddonis
Militis, et matris ejus, qui hoc fecerunt, Benzonis Sacerdotis de Tilecastro, Humberti, qui cognominatur Angel-
ricus, Viviani, Hugonis villici, Johannis, et aliorum
multorum.

Carta de Ecclesiis, datis a Dominis Montis-Salionis.

In nomine Patris, et Filii, et Spiritus sancti. Notificamus omnibus fidelibus, quorum usque ad aures Cartula
ista pervenerit, quod Domnus Petrus cum nepoti suo
Domno Oddoni in honore et dominio Montis-Salionis suc-
cessisset, dona, quæ ipse Oddo et avunculus ejus Rainaldus contulerant Deo, et Ecclesiæ sancti Petri Besuensis, de Ecclesiis videlicet calumpniari cœpit. Accidit
interim Archiepiscopum Jocerannum Lugdunensem, et
Episcopum Cabilonensem, et Episcopum Augustidunensem Divionem advenire. Ibique ratione consilii, immo
rationabili consilio suo commonitus Domnus ipse Petrus,
quicquid in rebus præfatis calumpniatus fuerat in manu
Domni Joceranni Archiepiscopi Lugdunensis reddidit.
Archiepiscopus autem ipse donum illud in manu Domni
Stephani Abbatis posuit, et Ecclesiam Besuensem inde

revestivit : adsignamus testes. Sign. Joceranni Archie-
piscopi (1), Stephani Eduensis Episcopi (2). Walterii
Cabilonensis Episcopi (3). Wilenci Archidiaconi, Domni
Joceranni Archidiaconi. Stephani Abbatis. Gerentonis
Abbatis (4). Stephani Novi Monasterii Abbatis (5). War-
nerii Prioris, Johannis, Albrici. De Militibus, Willelmi
Fontis-vennæ, Hugonis Dapiferi, Petri qui hoc donum
fecit, Widrici, Othberti cocci, Hugonis famuli.

Carta de Arcione.

In nomine sanctæ ac individuæ Trinitatis. Dignum
duximus litteris adnotare, quod Arlebaldus Præpositus
sancti Petri de Belenava reddidit Deo, et sancto Petro
et Besuensi Ecclesiæ, omne fœdum, quod habebat de
Abbate, et de Monachis super Mansos de Arcione, sicut
supradiximus, omnem consuetudinem et quicquid calumpnii vel juris habebat super supradictos, super altare
in dono posuit, pro sua anima, suorumque antecessorum,
ipse et uxor ejus, et filii ejus æternaliter. Et propter hoc,
ut hæc donatio inconvulsa permaneat, dedit illi Albricus
Monachus qui tunc temporis Arcionem gerebat, duas
eminas frumenti, et unam vaccam, et redemit illi de
Ranaldo de Miribel quinque eminas annonæ, quas perdi-
derat apud Cuseriacum, cum quadraginta solidis. Huic
rei adsignamus testes : Sig. Stephani Abbat. Wilenci,
Johannis, Joffredi. Et de familia sancti Petri, Othberti,
Hugonis, Gisleberti, Nerduini, Johannis, et aliorum multorum.

(1) Jocerand, 64ᵉ archevêque de Lyon, 1110-1118.
(2) Étienne de Baugey, 50ᵉ évêque d'Autun, 1112-1140.
(3) Gauthier, 36ᵉ évêque de Chalon, qu'il gouverna de 1080 à
1120 ou 1121.
(4) Jarenton, abbé de Saint-Bénigne.
(5) Étienne Harding, 2ᵉ successeur de saint Robert, fondateur de
l'abbaye de Cîteaux, 1110-1133.

Carta de Caviniaco.

Clarescat hoc cunctis modo viventibus, post nosque futuris, quod Suffisia uxor Pontii de villa, quæ sanctus Sequanus nuncupatur, et Humbertus gener ejus de Lisiaco, pro anima supradicti Pontii, qui Hierosolymitano itinere mortuus est, pro sua requie, suorumque antecessorum fidelium, dederunt Deo, et sancto Petro, et Besuensi Ecclesiæ unum mansum, cum suis terris, et suis appendiciis in nostra villa, quæ Caviniacus dicitur, et unum servum cum medietate suorum infantum, in supradicta villa sancti Sequani Ulricum nomine. Ne talis memoria deleatur, adsignamus testes : Humberti Militis de Lisiaco, qui donum fecit, cum socru sua, Widrici de sancto Sequano, Theoderici de Campo curto. De Clericis Wilenci Archidiaconi, Humberti Canonici, Johannis Presbyteri. De Monachis, Widonis Prioris, Wilenci, Heinrici, Johannis, Joffredi, et aliorum. De familia nostra, Hugonis famuli, Aidulfi, Arnulfi villici de Caviniaco, Rotberti filii.

Carta de hominibus Novæ villæ.

Notum sit omnibus qui modo sunt postque futuri, quod Deodatus de Nova-villa, et uxor ejus censum de capitibus ejus reddiderunt sancto Petro, et Besuensi Ecclesiæ, et Stephano Abbati, ut alii servi sancti Petri, et ancillæ, vir quattuor nummos, et mulier duos. Hoc adnotamus litteris, ne filii, et filiæ eorum, vel posteritas, si negare voluerint, hoc umquam negare possint. Nempem litteræ de hoc scriptæ, testimonium veritatis semper habebunt.

Carta de Fontinellis.

Clarificetur cunctis modo viventibus post nosque futuris, quod Wido Miles de Fontanis, filius Haymonis, decumbens in infirmitate veniens ad obitum suum, ipse et manipulares ejus, et Rotbertus frater ejus puer dederunt Deo, et sancto Petro et Cœnobio Besuensi, mansum unum in villa quæ Fontanellas dicitur, cum appendiciis suis, qui nuncupatur mansus Hugonis Præpositi, et quattuor servos, Constantium, qui vocatur Miles cum filiis suis, sub tali testimonio. Signum Richardi de Vircillis, Hugonis Carrucæ, Wilenci Militis de Fontanis, Herberti villici. Hugonis de Convulensi castro Domini, Rotberti pueri, qui donum fecit et laudavit et aliorum multorum.

Carta de Beria.

Agnoscat pleniter, et retineat memoriter fidelis natio, tam de præsentibus, quam de futuris, quod Humbertus cognomento solitarius, filius Arlebaldi, dedit Deo, et sancto Petro, et Besuensi Ecclesiæ unum mansum pro sua anima, suorumque antecessorum fidelium in Beria villa, cum omnibus appendiciis suis, de pratis, et de terris cultis, et incultis, ornatum omni libertate. Dedit etiam supradictus Humbertus unum servum et unam ancillam, fratrem, et sororem, Humbertum et Rotrudem, pertinentibus ad supradictum mansum jure perpetuo. Huic rei adsignamus testes. Signum Hugonis Militis de Chimissiaco, Leterii, et filiorum ejus, Stephani, Richardi, Johannis Presbyteri, Andreæ Presbyteri, et aliorum multorum de Beria. Si quis perversus huic elemosynæ contraire voluerit, aut aliquid demere voluerit, anathema sit.

Item alia.

Est in eadem villa Beria mansus, quem honorifice et cum omni libertate dedit Deo, et sancto Petro Milo Miles de Bellomonte, et uxor ejus Adilina, in die quando primum Joffredus filius eorum celebravit missam, sub tali testimonio. Signum Milonis. Sig. Joffredi Monachi, qui per cultellum suum donum recepit, Odonis, Stephani, Rotberti, et aliorum multorum.

Carta de Majasco.

Omnis fidelis homo pleniter agnoscat, quod elemosyna fideles vivos ad vitam dirigit, et animas defunctorum a morte liberat. De qua re non immemor Oddo Miles de Cipeto, qui Caterius cognominatur, fideliter pro anima matris suæ, quæ Besueta nuncupata est, patrisque sui, suorumque fidelium antecessorum, dedit Deo, et sancto Petro, et Besuensi Ecclesiæ in elemosyna corvatam apud Majascum cum omnibus consuetudinibus, quæ illi succedebat liberaliter de proprio jure, et quinque jugera terræ, nec non et partem suam de campo, qui supra castellum jacet, qui Vinea nuncupatur. Nos quoque Besuenses Monachi pro signo recompensavimus illi, suisque fidelibus, orationes, et benefacta Ecclesiæ tam vivis, quam defunctis in sempiternum. Huic Cartæ adsignamus testes. Sign. Odonis qui elemosynam fecit, Willelmi Fontis vennæ, Humberti de Cipeto, Benzonis Sacerdotis de Tilecastro, Pagani Præpositi, Willelmi de Fossato, et de nostra familia quamplurimorum.

Item alia.

Notum sit omnibus tam præsentibus, quam futuris, quod Oddo Miles de Bellomonte concessit, et ex toto donavit Deo, et sancto Petro, et Besuensi Ecclesiæ, quicquid umquam habuit, vel ipse, vel antecessores sui, calumpnii super infantes Lamberti, qui Grossus denarius nuncupatus est, sive juste, sive injuste. Huic noticiæ adsignamus testes. Signum Oddonis qui hoc fecit ex sua parte, et omnium antecessorum suorum. Sig. Sewini de Rejaco, Oddilonis Militis de Lissiaco, Hugonis Columbæ de Bellomonte; Lamberti, Otberti filii ejus, Widrici. De Monachis, Warnerii Prioris, Landrici, Theoderici, et aliorum multorum.

Carta de hominibus Burbereni.

Sciant omnes per noticiam istarum litterarum, quod homines nativi de Burbureno (1), qui terram acceperunt sancti Petri ad plantandas vineas, de manu Stephani Abbatis, scilicet Albricus, Warnerius, et Nerduinus, cum fratribus suis, tali pacto concessa est eis prædicta terra, ut si quis ex filiis eorum acceperit ancillam sancti Petri in uxorem, et in servitio Ecclesiæ remanere voluerit, ipse habeat ædificium et terram supra nominatam. Et qui hoc non fecerit, post mortem ejus recipiet Ecclesia et ædificium, et terram in suo proprio jure.

Carta de Ecclesiis pro Humberto Bruno datis.

In nomine sanctæ et individuæ Trinitatis Patris et Filii et Spiritus sancti. Omnibus qui has legerint vel

_____

(1) Bourberain.

audierint notulas, certum fiat, quod in die illa quando corpus Humberti Bruni, Fontis-vennæ Senioris, apud Besuæ Monasterium traditum fuit sepulturæ, consilio et laude Rotberti Lingonensis Episcopi, et fratrum, et Militum, et clientum supra taxati Humberti, uxor ejus pro ejus anima in illa die dedit Deo, et sancto Petro, et Besuensi Ecclesiæ Capellam de castro Fontis vennæ, et illam partem quam habebat in Ecclesia S. Valentini de Luvocurte, habendum et possidendum jure perpetuo. Nec non et duos cyphos argenteos : tali pacto, ut annuatim in suo anniversario, ejus memoria et antecessorum suorum fideliter celebraretur in conventu Monachorum. Ut hæc Carta inconvulsa permaneat, subscribamus ei testes idoneos. Sig. Rotberti Episc. Willelmi Comitis Burgundiæ, Rainaldi filii ejus, Widonis de Raiaco, Widonis de Burgundione villa, Hugonis de Bellomonte, Lebaldi de Domno Petro, Heinrici de Nova-villa, Heinrici de Firmitate, Rotberti Capellani, et aliorum multorum. De Mon. Sig. Gausberti Abbat. Warnerii Præpositi, Benedicti Prioris Fontis-vennæ, Constantii. Facta sunt hæc regnante Philippo, episcopante Rotberto.

Item alia.

Notum sit omnibus tam præsentibus quam futuris, quod Oddo filius Hugonis, qui frater fuit Abbatis Oddonis, propter quandam vineam quam sibi cuncessit habere Domnus Abbas Stephanus post obitum patris sui, scilicet supradicti Hugonis, seipsum spopondit permanere in servicio, et in fidelitate sancti Petri, et Monachorum sicuti liber. Et tali modo, si ipse absque proprio herede moriatur, qui non sit de ancilla sancti Petri, ipsa supradicta vinea, et quicquid ibi ædificatum fuerit, veniat in jure et in proprietate sancti Petri, et Monachorum, pro anima ejus : sin autem ancillam sancti Petri acceperit,

infantes ejus vineam possideant, quamdiu servierint : et
per istam pactionem, si circa nos morte præoccupatus
fuerit, quasi nostrum Commissum obtinebimus.

Carta de Veona.

Ad memoriam reducatur modo viventibus, post nosque
victuris, quod Thebaldus Capellanus de Verziace (1) pactum fecit, et confirmavit cum Stephano Besuensi Abbate
super duo jugera de terra sancti Petri, quæ est in Veona,
quæ ad plantandum quæsivit tali ratione, ut annuatim
tempore vitæ suæ duodecim nummos Besuensi Ecclesiæ
pro signo persolvat. Post obitum vero ejus supradicta
Ecclesia terram suam cum omni ædifficio liberam et ædi-
ficatam recipiat. Huic rationi subscripsimus testes. Signum Stephani Abbatis, Guilenci, Albrici, Joffredi
Divionensis Prioris, Rotberti Presbyteri de Gibriaco,
Humberti Clerici de Divione, nec non et aliorum multorum.

Carta de terra Lamberti apud Novam-villam.

Descriptio terræ Lamberti de Poliaco, quæ est apud
Novam villam (2), super fontem, diurnalem et dimidium
in villenas : duos in Campanolas : iiii in cumba de villa
Marcelli ab ea parte, ubi fuit Capella sancti Langisi :
iiii ad campum juxta pratum, qui apellatur Campus
natoriæ. Et in miliario duos in campo d'Elchallo, et in
campo Delfimauz, iii. De prato ad iiii falces, et dimidiam.

(1) Vergy, canton de Gevrey (Côte-d'Or).
(2) Lavilleneuve-sur-Vingeanne, canton de Fontaine-Française
(Côte-d'Or).

Carta de Uxore Ewardi.

Clarificetur cunctis modo viventibus, post hosque futuris, quod Humbertus puer, filius Humberti de Cipeto,
pro anima patris sui suorumque antecessorum, dedit Deo
et sancto Petro, et Besuensi Ecclesiæ Helisabeth filiam
Warnerii de Burburano, sponsam Ewrardi, filii Gisleberti de Fonte. Ne aliquis infidelis hoc mendatium
existimet, adsignamus testes : Sig. Humberti qui donum
fecit, Pagani Præpositi de Tilecastro, Walterii, Hugonis
fratris ejus de Tilecastro, Otberti de Picangis, Tebaldi de
Casato, Humberti, Engelrici, Albrici de Burburano. De
familia sancti Petri, Ewrardi, Gunterii, Giraldi, Albuini,
Giraldi, Otberti, Hugonis famuli.

Carta de Majasco.

Religiosorum fides ac devotio vivorum eo maxime semper fuit laudabilis, quo non solum Ecclesiis Dei acquisita
retinere, verum etiam alia undecumque studuerunt adquirere. Quorum formam prout potui imitatus, ego Ste-
phan. Eccles. Besuensis licet indignus Abbas, et Ecclesiam
juxta castrum quod dicitur Confluentum (1) construere
cupiens, quæsivi ab Iterio, qui tunc Dominus ipsius castri
fuerat, quatinus Deo, et Ecclesiæ sancti Petri Besuensis
concederet quodcumque usuarium habebat in pratis, in
sylvis, in aquis, seu in campis; qui peticionem nostram
intelligens de fonte pietatis descendere, annuit quod pete-
bam, ipse cum matre sua et fratribus, ac sororibus suis.
Annuit hoc ipsum Warnerius de Fulcherolis, quantum .

---

(1) Coublanc, canton de Prauthoy (Haute-Marne).

ad se pertinebat. Item Poncius de Castello, quod Firmitas dicitur, ubicumque ad se pertinebat, eodem modo Deo
et Ecclesiæ Besuensi concessit.

Karta de Lentiliaco.

In nomine Patris et Filii et Spiritus sancti. Religiosa
fidelium rebus sanctæ Ecclesiæ invigilans industria, sic
suæ possessioni oportet ut provideat, ut quicquid tenet,
inconcusse teneatur, et quæcumque ex propriis laboribus, vel ex piorum oblationibus adipiscitur, cuncta se
perhenniter obtinere in futurum gratuletur. Quam plures
etenim hujus temporis homines crudeles, et sævissimi
sponsam Christi, videlicet Ecclesiam, non solum non
curant augmentare, verum etiam eam omnimodis mo-
liuntur de propriis annullare. Proinde notum sit omnibus
et præsentis, et futuri sæculi fidelibus, domnum Joffredum Dominum Bellimontis, cum Gertrudi sua conjuge,
suoque filio Hugone, pro anime filii sui Fulchonis, antecessorumque suorum remedio, in loco elemosynæ, Deo,
et S. Petro, fratribusque Besuensis Cœnobii, unanimiter
cuncessisse quicquid apud Lentiliacum in terris, in aquis,
in sylvis possidebat, id est, quicquid prorsus in reditibus
vel appendiciis aliquibus proprio jure ibidem obtinebat.
Quod donum a se suisque heredibus collaudatum, ne
procursu temporis vel aliquo oblivionis dissolvatur dis-
pondio, oportunum esse cognoscitur solidari privilegio,
virorumque qui adfuerunt, roborari testimonio. Sig. Joffredi qui donum fecit, Hugonis filii ejus, Widonis qui
Fontis-vennæ est Dominus, Willelmi avunculi ejus, Hugonis de Poliaco, Seuvini de Raiaco, Odilonis de Lixiaco,
Humberti de Faberniaco (1), Mayfredi de Arco, Audo-

(1) Fauverney, canton de Genlis (Côte-d'Or).

nis de Fontinellis. De familia Domni Joffredi afuerunt
Wido Præpositus, Warnerius cognomento Pirdix, et
Hugo frater ejus, Gislebertus de Alteriaco Præpositus,
et Rodulfus de Alteriaco, Gislebertus de Poliaco, Warnerius de Solario (1), et alii quam plures. Aucta sunt
hæc anno ab Incarnatione Domini MCXIIII. Indict. vii.
Epacta xii. Hlucdowico Rege regnante in Francia : Joceranno Episcopo præsidente in Lingonis, et Stephano
Abbate in Besua.

*Item Carta de eodem postea facta propter contentio-
nem de illa prima donatione habitam.*

Omnipotentis edoctus consilio, simulque illud considerans, quod pro omnibus, quæ in hac vita geruntur, aut
puniatur quisque, aut remuneretur a Christo, deliberavi
ego Joffredus cum uxore mea Gertrudi, et Hugone filio
meo, vitæ meæ tempus et dies quoniam mali sunt, redimere.

Concedo igitur cum uxore mea et filio Ecclesiæ sancti
Petri Besuensis, quidquid apud Lentiliacum habeo in
ipsa villa, et in campis, et in pratis, et in aliis appenditiis,
ita ex toto liberrimum, sicut umquam liberius ab antecessoribus meis, seu a me possessum est. De sylva illa
quæ vocatur Broulz medietatem a parte villæ Lentiliaci,
omnino ab omni consuetudine liberrimam possideat. In
alia medietate mea, Monachi et homines, ac mulieres qui
apud Lentiliacum manebant libere, et consuetudinaliter
sibi, et bestiis suis procursum habeant. Ingressus usque
in eam partem sylvæ, quæ mea est, erit ab ea parte, quæ
angulus lirratus dicitur : et eo tenore, ut si in eundo
dampnum nesciens factum fuerit, simpliciter reddatur;

_____

(1) Saulles ? canton de Fays-Billot (Haute-Marne).

si vero scienter, aut exspectando, dampnum cum lege restituetur. Quod si guerra mihi, aut heredibus meis supervenerit, a castello Fontis-vennæ, aut ab Aquato (1), aut a Chargeiaco (2), ingressus usque in meam partem sylvæ, erit mihi et meis per antiquas, et originales vias. Et iterum eo tenore, ut si dampnum in eundo factum fuerit nescienter, simpliciter reddatur, si vero scienter, dampnum cum lege restituetur. Huic donationi adsignamus testes, Jocerannum Episcopum Lingonensem, Stephanum Abbatem Besuensem, Warnerium Priorem, Lebaldum, Theodericum Præpositum, Albricum. De Clericis, Josbertum Decanum, Lambertum. De Militibus, Joffredum cum uxore sua Gertrude, et Hugone filio suo. Humbertum de Lisseio cum Odilone fratre suo, Widonem villicum de Gradeio, Rocilinum. Rotbertum de Furt, Richardum de Poiens. Virricum de Altreio, Gyslebertum. Rodulfum Humbertum villicum sancti Petri, Widonem fratrem ejus, Hugonem de Pauliaco.

Carta de Ecclesia S. Martini.

Præsentis ævi futurique deinceps hominibus clarificetur, quod Domnus Girardus Ecclesiæ Lingonensis Archidiaconus, dedit Ecclesiæ Besuensi pro quiete suæ animæ, suorumque antecessorum, quicquid habebat in Ecclesia sancti Martini castri, quod dicitur Bellimons; scilicet medietatem Ecclesiæ et Presbyteratum, laudante idipsum Donno Episcopo Rotberto, et omni Capitulo Lingonensi. Nos vero contuentes pene cuncta a memoriis hominum dilabi, Cartis hoc placuit inseri, ut si quis deinceps huic donationi contraire voluerit, harum auctoritate litterarum retineatur. Hujus autem testes rei quam plurimi extitere,

(1) Achey, canton de Dampierre-sur-Salon (Haute-Saône).
(2) Chargey, canton d'Autrey (Haute-Saône).

ex quibus nobis quosdam placuit hic nominatim sub-
texere. Domnus Rotbertus Episcopus. Abbas Stephanus.
Warnerius Constantius, et de Militibus, Rainaldus dé
Monte-Salionis, et frater ejus Petrus. Domnus vero Stephanus Abbas, cum Gibuino sacerdote, et fratre ejus,
filiis Berengarii, ex eadem re hujusmodi pactum firmaverunt. Terciam partem decimæ de omnibus annonis sibi
retinuit, excepto Canabo. De oblationibus vero quatuor
festivitatum, Nativitatis, Purificationis sanctæ MARIÆ,
Paschæ, et omnium Sanctorum quartam partem, et can-
delarum, et oblationum pro defunctis.

Ut vero pax utrimque teneretur, Gibuinus Presbyter
dedit fidejussores Warnerium Perdicem, et Warnerium
de Solario, taliter ut si isti defecerint, alii ab eo resti-
tuantur. Hoc etiam statutum est, ut si Domnus Abbas,
seu quislibet ex Monachis Besuensibus, venerit in domo
Presbyteri, libenter suscipiat, et serviat ei. Illud etiam
additum est, quod si Presbyter quid ex nostra portione
interceperit, si Domno Abbati vel Monacho, seu Ministro
rem requirenti reddiderit, in pace erit : sin alias, semel
et iterum per fidejussores ammonitus, nisi reddiderit,
postea summam, et legem persolvet.

Karta de Vactis.

Cunctorum noticiæ patere volumus, quod Alefridus
Miles de Vactis (1) veniens ad obitum, dedit sancto Petro, et Besuensi Ecclesiæ omnem hereditatem, quam possidebat de proprio fundo, scilicet mansum proprium cum
domo, et sedem molendini cum prato, omnemque possessionem alodii sui, ut supra diximus, in agris, in sylvis,
in pratis ubicumque. Et ut hæc Carta inconvulsa perma-

---

(1) Vaite, canton de Dampierre-sur-Salon (Haute-Saône).

neat, adsignamus testes. Signum Andreæ Presbyteri de
Beria. Sign. Walterii Presbyteri de Ecellis. Sign. Stephani Præpositi de Beria. Sign. Hugonis de Chimissiaco.
Sign. Humberti, qui fuit nepos ejus. Sign. Walterii de
Vagtis, qui fuit filius Laïfini. De Monachis nostris, Signum Warnerii. Sign. Haymonis. Sign. Ogdilonis, et
aliorum multorum.

Karta de Beria.

Pateat cunctis modo viventibus, postmodumque futuris, quod Domnus Hugo Miles et Dominus de Beria, in
die qua peram assumpsit ad Hierosolymitanum iter
faciendum, scilicet in die Ramis palmarum, veniens in
Besuensi Capitulo, misit se ad pedes Monachorum orans
et petens ut sui misererentur, et in suis orationibus memoriam illius habere dignarentur. In ipsa die, et in ipso
præsenti Capitulo coram testibus dedit Deo, et sancto
Petro, et Besuensi Ecclesiæ, duos mansos optimos pro
se, et pro anima sua, et pro animabus antecessorum suorum fidelium, unum in villa, quæ Beria dicitur, cum
omnibus appendiciis suis, scilicet mansum Ogerii, quem
tenet Walterius filius ejus vetulus, frater Stephani Præpositi, qui vocatur Albus. Alium in villa, quæ dicitur
Luecurtis (1), cum omnibus appendiciis suis, quem
nominavit mansum Otberti de Arbore. Ne aliquis perversus hoc frivolum existimet, adsignamus testes. Signum Hugonis, qui donum fecit. Sign. Nerduini, qui
habet filiam ejus. Sign. Hugonis Columbæ de Bellomonte. Sign. Milonis de eodem castro. Sign. omnium
Monachorum, qui ibi præsentes affuerunt.

(1) Lavoncourt.

Item alia.

Per has ergo litteras agnoscant omnes tam præsentes quam futuri, quod Nerduinus Miles de villa, quæ Pinus dicitur (1), et uxor ejus Hermengardis, quæ filia Hugonis de Beria fuit, donavèrunt Deo, et sancto Petro, et Besuensi Ecclesiæ, unum mansum in Beria villa, scilicet mansum Gunterii, cum omnibus appendiciis suis in pratis, et in terris, et unum servum nomine Stephanum, quem supradictus Hugo antea concesserat, et unam ancillam, quæ Osanna vocatur, necnon et sororem ejus. Hoc totum tradiderunt Deo, et sancto Petro, ut supra diximus, Nerduimus, et uxor ejus, pro anima Walonis pueri, et pro anima patris sui supra taxati Hugonis, necnon et pro remedio animarum omnium antecessorum suorum fidelium, tam pro vivis, quam pro defunctis. Huic rei adsignamus testes. Signum Nerduini, qui elemosynam fecit. Sign. Milonis de Bellomonte. Sign. Richardi filii ejus. Sign. Hilberti Militis de Salice (2). Sign. Walonis fratris ejus. Sign. Hugonis Militis de Chimissiaco. Sign. Andreæ Presbyteri. De nostra familia quam plurimi. Hoc donum, et hæc elemosyna tradita est per manus Nerduini, et uxoris ejus, per frustum lapidis, super altare Apostolorum Petri et Pauli, cum omni honore, et omni libertate æternaliter possidendum.

Karta Domni Petri.

Ecclesiæ Dei fidelium donatione collata, ob id sine dubio litteralibus traduntur monimentis, ne temporum longo succedentium volvente curriculo a memoria morta-

---

(1) Pin-les-Magny, canton de Marnay (Haute-Saône).
(2) Saulx-le-Duc, canton d'Is-sur-Tille.

lium aboleantur. Quapropter non inutile fore venturis
arbitramur, si nuper Ecclesiæ nostræ concessa tenacibus
apicum scriptis commendemus. Quæ ita sese habent.
Petrus Dominus castri Montis-Salionensis, agnomine
Malus respectus, Deo, et sanctis Apostolis Petro et Paulo,
Besuensique Ecclesiæ concessit, laudantibus conjuge, et
filiis, alodium, quod quondam apud Lentiliacum dederat,
liberrime in posterum possidendum. Addidit quoque in
Capitulo, Abbate assidente cum Monachis, servum nomine
Walterium, et ancillam dictam Alvide, in villa, quæ
Trescase appellatur, habitantes. De quibus ne qua in
supervenientibus temporibus nascatur controversia, idoneos assignamus testes. Signum ejusdem Petri, et uxoris
ejus. Sign. Odtonis, et Rainaldi filiorum ejus. Sign. Rodulfi Militis. Sign. Gaudini Militis. Sign. Walterii Præpositi. Signum Humberti filii Olgerii. Signum Girardi
Abbatis (1). Sign. Wilenci Prioris, et tocius Conventus.

Karta Hugonis Herli.

In nomine Domini. Sciant omnes tam præsentes,
quam futuri, quod Hugo Miles de Renavis, cognomento
Herlus, gratis, et cum magno affectu dedit Deo, et sancto
Petro, et Besuensi Ecclesiæ alodium suum totum cum
omni libertate, quod habebat, et possidebat in villa, quæ
dicitur Ausiliacus, pro anima sua, et pro animabus
antecessorum suorum, in campis, in pratis, in mansis, in
sylvis, in aquis. Et ut elemosyna ista et donum firmum
persistat, adsignamus ei testes idoneos. Sig. Hugonis de
Bellomonte. Sig. Walonis, et Haimonis Columbe. Sig.
Ricardi. Sig. Milonis de Poiens. Sig. Urrici de Ræna-
vis. Sig. Rodulphi fratris ejus. Sig. Rodulfi filii Urrici.

(1) Girard, 16ᵉ abbé de Bèze, succéda à Etienne de Renel. Il
gouverna le monastère de 1125 à 1187.

Sig. Widonis, cognomento Chiminal. De Monachis. Sig.
Girardi Abb. Sig. Teoderi. Signum Widonis de Renavis.
Sig. Lebaldi. Sig. Remigii Presbyteri, et aliorum multo-
rum.

In tempore illo Rodulfus filius Urrici, de supradicto
alodio concessit sancto Petro, et Besuensi Ecclesiæ, unum
mansum, quod ei contulit avia sua post obitum suum,
ubicumque obisset.

Karta de Secuniaco.

Sciant omnes tam præsentes, quam futuri, quod Galterius Miles de Chortoson, veniens ad obitum suum, Deo,
et sancto Petro, et Besuensi Ecclesiæ pro anima sua, suorumque antecessorum, dedit unum mansum liberum cum
omni libertate, apud villam, quæ vocatur Secuniacus,
cum nemore et terris, et omnibus appendiciis, quæ ad
ipsum mansum pertinent. Omnia quæ ibi videbatur
habere, ipse et Galterius nepos ejus, in terris, et in sylvis,
tradiderunt S. Petro, et Besuensi Ecclesiæ, jure perpetuo;
et unam ancillam, quæ vocatur Doda. Et ut nullus falsator possit contraire huic helemosynæ, adsignamus ei
testes. Sig. Milonis Militis. Sig. Walonis, et Hilberti
filiorum ejus, qui donum fecerunt cum matre illorum.
Signum Galterii nepotis ejus, qui similiter donum fecit.
Et de Militibus de Beria, Sig. Walonis. Sign. Hilberti. Sig.
Pagani fratris illorum. Sig. Mainfredi de Archo. Sig.
Andreæ Presbyteri de Beria.

Karta de Lisseiaco.

Notum fiat fidelibus, quod Odilo de Lisseiaco Ecclesiæ
Dei, et sancti Petri et Besuensis contulit in elemosyna
quicquid habebat apud Lisseiacum ubique, tam in terra,
quam in aquis, in pratis, in pascuis, in sylvis, ita honorifice, sicut ipse tenebat ea. Sed et ipsi Monachi Besuenses

concesserunt ei Odiloni ea quæ ipsi habebant apud Bru-
ceiacum (1) eo tenore, ut ipso ex hac vita exeunte, cum
omnibus quæ ibi ædificavisset, Ecclesia Besuensi remaneret. Obtulit autem super altare sancti Petri, per textum
Evangelii deauratum, et hoc ipsum, sicut diximus, de Bru-
ceiaco coram testibus tam Monachis, quam Laïcis. Quorum
quædam nomina hæc sunt : Sig. Odilonis qui hoc donum
fecit. Sig. Mauricii Militis de Probato. Sig. Otberti. Sig.
Hugonis. Sig. Giberti. Sig. Euvardi. Sig. Domni Stephani
Abbatis. Sign. Wilenci, Lebaldi, Albrici.

Similem donationem fecit Hugo senior, frater Odilonis
de insula Bollina, de sua parte de Lissiaco, ipse et filius
ejus Wido puer, et uxor ejus, et filia ejus Aia, ad integrum cum omni libertate tenendum et possidendum B.
Petro, et Besuensi Ecclesiæ in perpetuum pro sua anima,
suorumque antecessorum fidelium. Sig. Hugonis, Widonis filii ejus. Sig. Humberti de Lissiaco. Sig. Odilonis
fratris ejus. Sig. Gisleberti Sacerdotis de Malliaco (2).
Sig. Humberti Provisoris vel ministralis, et aliorum
multorum.

Karta de Majasco.

Sapientum virorum consuetudinem esse cognoscimus,
præsentia litteris adsignata futuris æternaliter reservare
temporibus. Scribere igitur dignum duximus, quod Rotbertus de Rinei (3), calumpniam quam faciebat de terra,
quæ apud Majascum sita est, in finem et pacem posuit
pro duobus equis, quos ab Abbate Stephano, et fratribus
Besuensis Ecclesiæ accepit. Quapropter quicquid in prædicta terra juste vel injuste habere se dicebat, Deo, et

---

(1) Brochon.
(2) Mailly-l'Église, canton d'Auxonne (Côte-d'Or).
(3) Rigny, canton d'Autrey (Haute-Saône).

sancto Petro, et fratribus prædictis libere concessit in
æternum possidere. Quod ut firmius permaneat, testes
qui adfuerunt subsequens scriptura demonstrat. Sig.
Rotberti Militis de Fontanis, et uxoris ejus Avilinæ. Sig.
Richardi Militis de Vircillis. Sig. Oddonis Viridi. Sig.
Haymonis de Monte-Salione. Sig. Bertranni Militis de
Fontanis. Sig. Wilenci Militis de Fontanis. De familia
sancti Petri. Sig. Otberti. Sig. Hugonis. S. alterius Hugonis. Sig. Aygulfi, et aliorum multorum.

Karta de Luat.

In nomine Patris et Filii et Spiritus sancti. Dominus
dicit in Evangelio : *Date elemosynam, et ecce omnia
munda sunt vobis.* De qua re non surdus auditor fuit
Miles quidam, Otbertus scilicet de Tilecastro, Senior de
Cypeto, ut de suis propriis liberius elemosynam faceret,
seipsum in primis elemosynam fecit. Qui veniens ad conversionem ad Besuense Monasterium, dedit Deo, et sancto
Petro, et Besuensi Ecclesiæ, unum mansum in villula,
quæ vocatur Luat, cum adjacentiis suis, cum terris, et
pratis, sic libere et sic honorifice, ut iste mansus, qui
vocatur mansus Letaldi, habeat procursum, et consuetudines per omnia nemora quæ sunt de Cypeto citra Tylam
et ultra, et servum unum Bricionem, cum omni suppel-
lectili sua, qui erat ministralis de terris suis : et unum
mulum optimum quem habebat, et quicquid calumpnii
habebat super terram sancti Petri, et super homines postposuit. Ut hæc Karta inconvulsa permaneat, supponamus
ei testes idoneos. Sig. Humberti de Cipeto filii ejus.
Sig. Aymonis filii ejus. Sig. Widonis Clerici filii ejus.
Sig. Johannis prepositi. Sig. Walterii prepositi ejus. Sig.
Injulrici. Sig. Humberti filii ejus de Tilocastro. Sig. Aldonis Senioris. Sig. Oldilerii Militis. Sig. Widonis de

Fossato Militis, et aliorum multorum. De Monachis, Sig. Josberti Abbatis. Sig. Benedicti. Sig. Constantii. Sig. Rotberti Præpositi. De familia sancti Petri, Sig. Johannis Villici. Sig. Humberti Cocci. Sig. Giraldi Clerici.

Habet sanctus Petrus et nostra Besuensis Ecclesia plurimam terram in ipsa villula, quæ vocatur Luat, infra et per confinia ipsius. Terram scilicet Isemberti de Casoto cum adjacentiis suis. Terram Walterii de Bellomonte Pincernæ cum adjacentiis suis. Terram Landrici cum adjacentiis suis.

EPITAPHIUM

Omnibus ostendit Monachi pia cura Johannis :
Qualis in Ecclesia fuit a puerilibus annis,
Abbatis Stephani studium quærens imitari.
Plus studuit reliquis ea quæ bona sunt operari :
Abbas Ecclesiam venerabiliter renovavit,
Desertasque domos veluti patet ædificavit.
Hic partem cupiens ipsius habere laboris,
Libris scribendis operam dedit omnibus horis.
Stephanus Ecclesiæ possessa suæ duplicavit,
Dum reditus, fundos, et prædia multiplicavit.
Hic rerum Custos sibi credita dum bene servat,
Multiplici studio libros studiosus acervat,
Stephanus Ecclesiæ thesauros amplificavit,
Omnia septa fere melius mutando locavit.
Hic rerum Custos dum curis invigilavit,
Plus in ea reliquis Custodibus ædificavit.
Stephanus Ecclesiam ditem de paupere fecit,
Quam melius statuendo, superflua quæque rejecit.
Cujus et iste sequens factum non degeneravit.
Dum res Ecclesiæ pro posse suo decoravit.
Stephanus Ecclesiæ caput extendit super amnem.
Novimus auxilium simul impendisse Johannem.
Quisque modo famulando suo dat plurima, perque
Fine sui cursus bravio sit dignus uterque.

Ecclesiæ Domini dilexit uterque decorem,
Dum pro posse sui famulatus præstat honorem.
Fidus uterque cliens Domini sepelire talentum
Noluit, ex uno dum quærit reddere centum.
Vita Patris Stephani pastoribus est imitanda :
Vita Johannis erit non inmerito memoranda.
Hic erit exemplo Prælatis, iste sequendus,
Quisquis in officio suus est successor habendus.
Nos igitur qui tot tanti bona Patris habemus,
Quique Johannis opus tot florida scripta videmus.
Expansis Regi manibus qui regnat ubique,
Conferat, oremus, meritum pietatis utrique,
Ut qui justificat majores atque pusillos,
Cunnumeret patriæ cœlestis civibus illos.

Hic sunt libri prætitulati, quos Johannes fecit describi : videlicet magnam partem Josephi : Augustinum
etiam super quinquaginta Psalmos ultimos, a *Domine
exaudi*, usque *Omnis spiritus laudet Dominum*. Exa-
meron Ambrosii; Ambrosium de Officiis, et de Sacramentis, et de morte Satyri fratris sui; Ambrosium de
Virginitate, et Historiam Wandalorum : Ystoriam Oro-
sii; Ystoriam Justini : Historiam de Iherusalem. Home-
liam Origenis. Confessiones Augustini. Collectaneum
novum. Musicam Widonis. Duos Antiphonarios optimos
de Musica. Gradalem, et Nocturnalem. Vitam sanctæ
Fidis : et Pastoralem sancti Gregorii. Gregorium de Miraculis. Vitam S. Galli, et alias multas vitas, et passiones
Sanctorum. Vitam S. Leonis, et Iheronymum super So-
phoniam, Aggæum, Iohĕlem, et Malachiam. Decem col-
lationes Patrum, et alias septem. Vitas Patrum B. Ihero-
nymi. Librum Scintillarum. Quæstiones Bedæ in libros
Regum. Istum etiam librum de diversis rebus, et Kartis
composuit.

Carta de Preopapa.

Sciant omnes tam præsentes, quam futuri, quod Milo quidam Miles de Monte-Salionis, quognomento Paganus, veniens ad obitum suum, cum magno affectu suscipiens habitum Monachi, pro remedio animæ suæ, ipse et Ascherius Miles, nepos ipsius, tradiderunt Deo, et sancto Petro, et Besuensi Ecclesiæ, in villa, quæ nuncupatur Preopapa (1), tres falces de prato, et quartam apud villam quæ dicitur Perciacus (2), et unum mansum cum sex jugeribus terræ, et de sylva quæ pertinet ad villam superius nominatam Preopapa, dederunt Monachis de Albiniaco præcursum, et consuetudinem de pastione, et si ibi miserint porcos suos, et omnia quæ necessaria illis erunt de illa sylva a domos faciendas et ad omnia habitacula sua, et ad omnia ustensilia sua, quæ de ligno fieri possunt; tradiderunt illis jure perpetuo cum omni honore. Ille quoque Rusticus, qui in supradicto manso habitaverit, habeat similiter cum honore omnes consuetudines de villa supradicta, de sylvis, de aquis, de pratis, de pascuis, et nulli unquam serviat, nisi sancto Petro et Monachis. Et dederunt adhuc in hac elemosyna unum plastrum juxta capellam de Monte-Salione. Si quis falsator huic elemosynæ contraire voluerit, anathema sit. Ut hæc Karta inconvulsa permaneat, subponamus ei testes : Sign. Ascherii qui hoc donum fecit. Sign. Lamberti de Domarim. Sign. Hugonis Militis de Torciniaco. Sign. Oddonis Viridis. Sig. Aymonis Militis. Sig. Rotberti Presbyteri. Sig. Dominici. De Monachis. Sign. Constantii. Sig. Johannis. Sig. Ulgerii.

(1) Piépape, canton de Longeau (Haute-Marne).
(2) Percey-le-Pautel, canton de Longeau (Haute-Marne).

Karta de sylva Vetus-vinearum, et Mansilis, quod appellatur Domos.

Quoniam invidia diaboli mors intravit in orbem terrarum, eo ipso adnitente, ut nemo ad vitam possit redire, vix est qui faciat bonum, vix est usque ad unum. Necessarium remur, ut si quis aliquid Ecclesiæ contulerit, litterali memoria futurorum fidelium noticiæ transmittere. Quædam mulier et ortu et actu satis in sæculo clara, filia Heinrici de Nova villa, nomine Elisabeth, cognomento autem Karitas dicta, dum ad obitum propinquaret, Ecclesiæ sanctorum Apostolorum Petri et Pauli contulit in elemosyna pro remissione peccatorum suorum, et antecessorum suorum, quidquid habebat in sylva Veterum vinearum, et ejus mansilis, quod apellant Domos. Dedit etiam servum nomine Johannem, et ancillam nomine Emmam, ita omnino libere et honorifice habendum, ut melius scivit, et potuit. Laudantibus filiis suis, Widone et Philippo. Testibus vero Alinardo Clerico, Oddone de Bellomonte, Seuvino de Raiaco, Gerardo Crispo, Hugone de Voslun, Theoderico Ministro, Pagano Capellano. De Monachis, Gerardo Priore, Ulgerio Calvo, Albrico captivo, Gerardo, filio ejusdem muelieris.

Kartha de Lixiaco.

Perspicientes hujus sæculi casus, et mutationes, operæ precium duximus ea quæ nostris temporibus Ecclesiæ Besuensi collata sunt, memoriæ commendare perhenni. Notum itaque fiat, quod Humbertus de Lissei, quidquid in eadem villa habebat, seu habuerat ipse et antecessores ejus, Deo, et S. Petro Besuensi, ita omnino liberrime contulit, ut deinceps neque in cymiterio, neque in ipsa villa cuiquam homini, neque suo, neque alterius, liceat ei, seu heredibus ejus, aut alicui loco ejus personæ, injuriam, vexationem, seu exactionem inferre ; et ut prætulimus, in tota villa illa non solum hominem, sed nec quidquam omnino violenter capere. Data ab Humberto præfato, cum uxore et filiis suis, coram testibus annotatis infra : Albrico fratre ejus, Theoderico Monacho, Balduino, Lecilino, Pontio Militibus, eo die quo Ecclesia consecrata est a Domno Joceranno Lingonensi Episcopo : anno ab Incarnat. Verbi Dei MCXVIIII. Indict. xii. Epact. vii. concurrente ii Kal. Junii, die Dominico.

Eodem tempore et eadem ebdomada feria iiii quidam Miles, Humbertus de Cynciaco, dedit sancto Petro pro anima filii sui Widonis, et antecessorum suorum xii denarios, de Ecclesia cujusdam villæ, quæ dicitur Mentusca (1), et unum mansum apud Cynciacum villam (2), ad portum cum pontinatico, et piscaria, quæ omnia obtulit ad altare, imponens librum super illud coram testibus, Letbaldo, Wilenco, cæterisque quam plurimis Monachis, et Widone fratre ejus, Walterio de Beria, cum aliis multis.

Karta de Ecclesiis Cypeto, et Tasneto.

Non minimum successoribus nostris credimus profuturum, si juxta nostrorum majorum consuetudinem nos quoque de rebus huic Ecclesiæ collatis memoriam, etsi non luculenta, vera tamen narratione, posteris relinquamus. Notum sit igitur quod Domnus Jocerannus Lingonensis Episcopus Ecclesiam de Cipeto donaverit Ecclesiæ sancti Petri Besuensis, per manum Domini Stephani Abbatis, in Capitulo sanctæ Mariæ Fontis - vennæ castelli coram Archidiaconis suis, et laudantibus, Wi-

(1) Mautoche (Haute-Saône).
(2) Cessey-les-Essertenne (Haute-Saône).

lenco Archidiac. et Ayrardo Archid. Humberto Canon.
Sig. Stephani Abbatis, Ulgerii, Rodulfi Monachis.

Dedit etiam Ecclesiam de Tasneto prædictæ Besuensi
Ecclesiæ, in sylva quæ vocatur Volort (1), coram Warnerio Archid. laudante eo, et donante quidquid in ea
habebat. Coram pluribus, Rotberto Præposito, et aliis.

Karta Joceranni Episcopi de Mentusca.

Ego Jocerannus nutu Dei Lingonensis Episcopus, cum
pro possibilitate mea, una cum fidelibus, et filiis nostris,
de negociis et commodis Lingonensis Ecclesiæ fideliter
agendo disponeremus, venit ad nos Besuensis monasterii
venerabilis Abbas Dom. Stephanus, humiliter et devote
postulans quatenus deserta cujusdam solitudinis in territorio Attoarensium juxta flumen Ararim posita, nostræ tantum Episcopali dominationi proprie pertinentia,
Deo, et fratribus Besuensis Monasterii donaremus, et
supradictæ possessionis heredes illos constitueremus.
Cujus justæ et rationabili peticioni citissime consentientes,
et laude et consilio fidelium nostrorum Lingonensis Ecclesiæ Archidiaconorum, quicquid in villa, quæ vocatur
Mentusca, Episcopali jure possidere debemus ; Ecclesiam
quoque ipsam cum omnibus appendiciis suis, supradicto
Abbati, et successoribus ejus in posterum, salvis Ecclesiæ
Lingonensis consuetudinibus, libere donamus, et Episcopali auctoritate donata confirmamus. Siguum Guilenci
Archid. Sign. Garnerii Archid. Sign. Ayrardi Archid.
Sign. Widonis Archid. Hujus rei testes sunt Domnus
Gualo Canonicus Regularium, Joczaudus Decanus Cabi-
lon. Guilencus Mon. Albericus Mon. Rodulfus. Acta
sunt hæc anno ab Incarn. Dom. MCXVIIII. Indict. xii.

---

(1) Forêt de Velours (Côte-d'Or).

Epacta VII, concurrente II Apostolicæ sedis Kalixto
anno primo Pontificatum regente. Lucdowico Francorum Rege, Joceranno Lingonensis Ecclesiæ Episcopatum
gubernante, Duranno Notario dictante.

Item de Mentusca.

Audiat omnis homo, quod Gualo de Ruphiaco castro (1),
filius Ulgerii de Coloniis, et Gualo sororius ejus, cum
Haimone fratre suo, donaverunt Deo, et sancto Petro
Besuensis Ecclesiæ quicquid habebant, seu tenebant in
Ecclesia de Mentusche villa, videlicet cymiterium et Presbyteratum ipsius Ecclesiæ cum omnibus ad ipsum Presbyteratum pertinentibus in mansis, et pratis, et terris,
sed etiam terciam partem de decima ejusdem villæ, et
usuarias consuetudines in omnibus terris, et pratis, et
sylvis, et aquis ipsius potestatis. Signum Stephani Abbatis. Sig. Wilenci. Sig. Johannis Monachorum. Sig. Walonis, qui hoc donum fecit. Signum Walonis. Sig. Haymonis fratris ejus. Item Sig. Walonis de Vilar. Sig.
Henrici. Sig. Roberti Præpositi. Et de familia nostra.
Sig. Thebaldi hospitiarii. Sig. Humberti pistoris, et aliorum plurimorum.

De foro Bellimontis falso.

Ex divini paginis didicimus Testamenti, condempna-
tionis æternæ maledicto debere eum subici, qui Ecclesiam Dei persequi, et contra ministros ejus nititur alter-
cari. Pacem enim quam Angelus in Redemptoris cecinit
Nativitate hominibus bonæ voluntatis, impium est extur-
bare.

Ego igitur Hugo Bellimontis Dominus, pœnitentia

(1) Ruffey.

ductus quod mea Besuensis Cœnobii Fratres tociens
vexaverit inperitia, animum apposui, jam ab eorum injuriis cessare, et eis amodo perhenni dulcedine concor-
dare. Ad sopiendam ergo fori, quod eis abstuleram,
calumpniam, ante Lingonensem Episcopum, cui clamor
ab Abbate prædicti loci factus super hoc fuerat, veni, et
quia pro eo, qui siquidem Abbatias sui Episcopatus tueri
ac defendere deberet, justiciari, rationemque facere no-
lueram, rectum feci, et de cætero me emendaturum promisi. Quadam itaque sollempni die cum aput Besuam
dedicaretur Ecclesia beati Remigii, ac pro tantæ celebri-
tatis devotione innumerabiles undecumque confluxissent
populi, in Monasterio beatorum Apostolorum Petri et
Pauli fratribus adstantibus cum prædicto Pontifice quam-
plurimis nobilibus, Clericis, ac Militibus adstiti, et quod
eis forum amplius non auferrem, nec in castro meo, nec
in tota terra mea, neque in toto posse meo forum venale
constituerem, nec homines meæ terræ a mercato Besuensi prohiberem, promisi, filiumque meum Hugonem
promittere, et jurare feci. Ego ipse Hugo dexteræ manus
meæ juramento firmavi, et insuper ne successorum aliqua redeat in futurum calumpnia, Deo, et sancto Petro,
et Fratribus Besuensis Ecclesiæ quicquid est, vel erat,
quod meum jus juste aut injuste possederat de hoc mercato, totum super altare posui, et ipsum mercatum dono
donavi.

Ne autem alicujus longævitatis hoc dispereat oblivione,
virorum subscriptorum testimonio placuit hanc cartam
roborare. Signum Guilenci Episcopi (1). Sig. Gocelmi
Archidiaconi. Sig. Fulconis Archidiaconi. Sig. Garneri
Rufi Archidiaconi. Sig. Poncii de Rivel. Sig. Gerardi
Abbatis. Sig. Wilenci Prioris. Sig. Rodulfi Sacristæ. Sig.

(1) Guilenc de Grancey, 56ᵉ évêque de Langres, 1125-1136.

Josberti Præpositi. Sig. Albrici de Arcione. Sig. Lebaldi
de Ganibreris (1). Sig. Rainaldi de Granceio. Sig. Milonis de Poens. Sig. Odelrici de Renavis. Sig. Guidonis
Ranivel. Sig. Oberti. Sig. Hugonis Dapiferi. Sig. Con-
stancii, Giroardi, et filii ejus.

Carta de redditibus annuis Cantoris.

Fideles quique aut oracionibus aut donariis, se invicem debens sustentare, ut et hi qui quietam agunt
vitam, eos qui circa multa occupantur precibus juvent,
et illi cum karitate ad utilitatem ipsorum necessaria ad-
ministrent. Necesse est enim, ut sic transitoria peragant,
quatinus pro his præmia æterna consequi valeant.

Igitur Domnus Abbas Gerardus audiens, quod ex quo
venerabilis Johannes Cantor ex hac vita migravit, moni-
menta librorum nemo condidisset, instituit ut omni anno
Cantori de unaquaque obediencia emina frumenti dare-
tur, nolens, quamvis majora vellet, aliquem gravare, quo
libencius diciores et pauperiores præberent assensum, et
futuris non esset honerosum. Omnes vero obedienciarum
Præpositi huic decreto, quod eis in remissionem peccatorum injungebatur, assenserunt, et libenter se hoc actu-
ros promiserunt. Sanccitum est hoc a prædicto Abbate
omnibus laudantibus, die festivitatis Apostolorum Petri
et Pauli, atque statutum, ut a Kalendis Octobribus usque
in Kalendas Novembris idem donum unusquisque Cantori solutum habeat. Signum Wilenhi Prioris. Sig. Warnerii Præcentoris. Sig. Rodulfi Sacristæ. Sig. Albrici de
Arcione. Signum Josberti Præpositi. Sig. Bartholomæi
Subcentoris, et omnium Monachorum.

(1) Genevrières.

De Haymone et filiis ejus.

Præsentibus, futurisque fratribus nostris clarificetur, quod Domnus Abbas Gerardus, omnisque Conventus, Haymonem, et ejus filios post obitum illius Thelonearios fori esse constituit, quamdiu illud ministerium fideliter et sine fraude servaverint. Si vero inde aliquis eorum fraudator deprehendatur, perpetuo careat prædicto ministerio. Signum Wilenhi Prioris. Sig. Rodulfi Sacristæ. Sig. Warnerii Præcentoris. Sig. Tigerii Cellerarii. Sig. Josberti Præpositi. Sig. Otberti famuli. Sig. Willelmi. Sig. Hugonis de Ulmis (1).

Carta de Beria.

Omnium cognicioni clarum esse volumus, quod Ewinus dominus de Beria, in die deposicionis matris suæ dedit ipse, et uxor ejus Annilina, Deo, et sancto Petro, ac Besuensi Ecclesiæ unum mansum in villa Beriæ, et quinque jugera alodii, nec non eciam unam ancillam quæ vocatur Gocia, cum tribus filiis suis; quorum hæc sunt nomina : Ogdierius, Girardus, Hugo. Alteram quoque ancillam, vocabulo Hodiernam, et medietatem cujusdam prati : siquidem alia pars a priscis temporibus nostra esse dinoscitur. Ut vero insolubilem firmitatem præsens Carta contineat, adsignamus ei testes : Signum Haymonis borgni. Sig. Heberti auxissi. Sign. Widonis de Perciaco. Sig. Roberti. Sig. Humberti gastulli filii Regnardi. Sig. Lamberti falsardi. Sig. Gunterii fratris Hodierne supradicte mulieris. Sig. Warnerii Clerici, et Bartholomæi fratris ejus. De Monachis, Sig. Gerardi Abbatis.

(1) Humes, canton de Langres (Haute-Marne).

Sig. Wilenci Prioris. Sig. Rodulfi sacriste, Warnerii precentoris, Josbert ipræpositi. Hanc elemosynam in foro Besuæ laudavit et concessit Wido frater Ewini, coram Mainfredo de Archo.

Item de quodam plastro sito in hac Besuensi villa.

Fiat notum filiis Ecclesiæ, quod Ayvinus Miles, de Beria dominus, quoddam plastrum quod possidebat in villa Besua sive per jus, sive injuste, dedit sancto Petro, et Besuensi Ecclesiæ perpetualiter, et uxor ejus, et Wilermus puer. Ut hæc elemosyna firma permaneat, assygnamus ei testes. Signum Girardi Abbatis. Wilenchi, Rodulfi. De Laïcis, Sig. Ayvini, Widonis de Chimisim, Roberti Castul. S. Ilberti Militis de Salice (1). S. Lamberti falsarii, et filii ejus. S. Rainardi prepositi de Beria. S. Humberti filii ejus. S. Gunterii, Ricardi caprarii. S. Heinrici filii ejus, S. Heinrici de fracto monte et aliorum multorum.

Carta Domni Galonis Columbæ.

Omne quod est natum tendit ad interitum, secundum Salomonem, nedum verba, quæ cum prolata sint, jam non sunt. Idcirco hic assignamus Galonem Bellimontis cognomine, dictum Columbam, habitum sanctæ religionis suscipientem, sancto Petro Besuensi Ecclesiæ dedisse in villa Lentiliaco medietatem decimarum ad se pertinentium, de propriis scilicet bubus Monachorum, et mansum cum terra, et pratis pertinentibus ad ipsum, in villa sancti Benigni Divionensis Casneto(2), atque medieta-

---

(1) Saulx-le-Duc.
(2) Chaignay, canton d'Is-sur-Tille (Côte-d'Or), appartenait à l'abbaye de Saint-Bénigne de Dijon.

tem Molendini apud villam Percejum (1), simulque medietatem plastri siti in hac villa Besuensi.

Addidit etiam mansum apud Lisseium cum terra, quæ
Montis-Salionis dicitur, pertinenti ad ipsum, ibidemque
in pratis, paniciariis dictis, quicquid eximi potest a
nemore in pratum. Laudante hoc et concedente Domino
Montis-Salionis Oddone, Domno Girardo Abbate, testibus assistentibus Alberto Tullensi, et Guidone de Vir-
cilliis. Hanc donationem a prædicto Galone factam Hugo
filius, Haimo frater, et uxor ejus propriis manibus
librum super altare ponentes, laudaverunt, quam roboramus testimonio proborum virorum : Domni Girardi
Abbatis, Guilenci Prioris, Alberti Tullensis, Bartholomæi, et reliquorum Monachorum. Laïcorum, Milonis de
Poiens, Hugonis de Roife, Humberti Salomonis, Humberti Divitis, Roberti Præpositi, et aliorum multorum.

Carta Hugonis de Torcennaco.

Memoriæ posterorum litteris imprimimus, quod Hugo
Miles de Torcennaco, habitum Religionis suscipiens, dedit
sancto Petro, et Besuensi Ecclesiæ quoddam mansum
apud Rosecium (2), partemque suam nemoris Montaniaci, laudantibus filiis suis, testibus Roberto Capellano
Montis-Salionis, et Widone Milite de Ortis (3), fratreque
ejus Hugone Rufo, cum aliis multis.

Noscant omnes, qui hos legerint apices, quod Oddo
Miles de Pichangiis cognomine, dictus Saxo, Monachus
ad finem factus, quicquid in molendino apud villam
Lucum calumpniabatur, sancto Petro concessit, ipsumque molendinum fratribus suis laudantibus, Besuensi

(1) Percey (Haute-Marne).
(2) Rosoy, canton de Fays-Billot (Haute-Marne).
(3) Hortes, canton de Varennes (Haute-Marne).

Ecclesiæ perpetuo habendum devote tradidit. Et ne hoc in posterum quisquam in posterum irritare præsumat, subponimus signa testium qui præsentes adfuerunt. Signum Gerardi Abbatis, Rodulfi Sacristæ, Hugonis de Bellojoco, Lebaldi de Genevreris. De Laïcis, Sig. Hugonis, Walterii, Milonis, Humberti fratrum prædicti Oddonis. Sig. Roberti Præpositi, Humberti Divitis, Otberti cocci, Giraldi villici.

Carta Domni Ascherii Montis-Salionis.

Idcirco elemosynæ fidelium litteris adnotantur, ut hi qui post futuri sunt, legendo quod non viderunt, agnoscant, et si hinc aliqua forte calumpnia pravorum hominum orta fuerit, auctoritate priorum resistere valeant. Notificandum ergo posteris censemus, quod Ascherius quidam Miles Montis-Salionis, ad obitum veniens dedit Deo, et sancto Petro Besuensi, in terra, quæ Craias dicitur, mansum quoddam ita libere ut ipse habebat, cum hominibus scilicet et pratis, cæterisque appendiciis suis, duos eciam fratres, villæ Albiniaci incolas, Albricum, Stephanum, neptemque eorum Avilinam. Testes hujus elemosynæ sunt Gerardus Abbas, Guilencius Prior, Rodulfus Sacrista, Heinricus, Garnerius Præcentor, et Gunterius. De Militibus, Hugo et Oddo fratres prædicti Ascherii, Paganus de Buiris(1), aliique quam plurimi.

Carta Domni Willelmi Fontis-vennæ.

Quia præsens vita ad malum procliva est, oportet ut elemosynis vel bonis operibus quisque mala admissa a conspectu Domini abscondat, quoniam Apostolus tempus

_____

(1) Bure-les-Templiers, canton de Recey (Côte-d'Or).

redimi præcipit, eo quod dies mali sint. Quod Guillelmus
Fontis-vennæ gratia Dei adimplens, piscatoriam quandam cum manso appendenti ad ipsam, piscatoremque
Albricum nomine, cum uxore et filiis, Besuensi Ecclesiæ
in villa Camlintensi tribuit, cum adhuc in sæculari milicia
positus esset. Postquam vero divino respectu Monachus
effectus est, delegavit in villa quæ Cortesours (1) vocatur,
Deo, ac sancto Petro Besuensi, duos mansos cum appendiciis suis, duosque homines Stephanum, et Teodericum,
habitatores eorum, cum uxoribus, et filiis, omnibusque ad
se pertinentibus, atque omnes usuarios fructus, quos
tertias nominant, duarum villarum de Cortesour, et de
Lare (2); excepto quod duo fratres Nerduinus, et Amalricus, villici Domni Girardi, filii ejusdem Guillelmi, pro
manso Majorali LX jugera retinuerunt. Hæc, ut prædictum
est, Besuensi Ecclesiæ concesserunt Guillelmus, et Girardus filius ejus, laudantibus Guidone Domino Fontis-
vennæ, cum filio suo Teoderico, et Guidone Domino Jovis
villæ (3).

Præterea in die sepulturæ prædicti Guillelmi, Girardus
et Guido Domini Montaniaci (4) reliquerunt injustam consuetudinem, quam erga homines nostros de Pauliaco
habebant, decreveruntque ut si aliquis eorum de aliquo
homine sancti Petri justiciam pro aliquo forfacto appeteret,
alter nullomodo tale ab eodem exigeret. Nam antea uterque
ab uno ex uno forfacto duplex rectum exigebat. De his
omnibus testes adhibemus, Domnum Girardum Abbatem, Guilencum Priorem, Rodulfum Sacristam, Garnerium Præcentorem, Widricum Priorem Fontis-vennæ,
Albertum Tullensem. Item Hugonem, Dominum Bellimontis, filiumque ejus Hugonem, Haymonem de Tile-

(1) Courtesoult, canton de Champlitte (Haute-Saône).
(2) Larrey,　　　id.　　　id.　　　id.
(3) Jonvelle, canton de Jussey (Haute-Saône).
(4) Montigny-sur-Vingeanne.

castro, Hugonem de Bellojoco, Milonem de Poïens, Oddonem juvenem de Domna Petra, Widricum de Mons (1), Ulgerium de Burgo Walterii, Oddilonem Præpositum Camlentensis, Otbertum Coccum, Hugonem Dapiferum, fratresque præmemoratos Nerduinum et Amalrinum.

Carta Milonis cognomento Pautenerii.

Secundum Prophetam monentem : *Dissolve colligationes impietatis, solve fasciculos deprimentes.* Milo Tilecastri Miles dictus, agnomine Gyrovagus, Humberti Vetulæ filiam, uxorem scilicet Oddonis Maleth, filii Evrardi Divionensis, Oddilinam vocatam a servitute, et famulatu suo, et progenitorum suorum absolvit, et super altare sancti Petri Besuensis liberam proclamans posuit, audientibus, videntibus, et laudantibus suis fratribus Humberto, et Willelmo Delfosse(2), et filiis suis. Hanc donationem confirmamus subscriptis testibus : Girardo Abbate Besuensi, Guilenco Priore, Roberto Præposito, Otberto Cocco, Girardo filio Aidulfi, Drogone filio Girberti, Hugone de Ulmis, Lamberto Falsart, Aldone, et Oddone fratribus de Fontanis, aliisque multis.

De Dominico Malner.

Memoriali digno his litteris adnotamus, Rodulfum Militem S. Michaelis, quicquid super Dominicum Malenigrum, quem sicutti servum ab antecessoribus juste vel injuste habuerat ac possederat, sancto Petro Besuensi donasse, et super altare posuisse, testibus assistentibus multis, Girardo Abb. Heinrico, Lebaldo, Ricardo, Hugone

---

(1) Mont-les-Franoy, canton de Champlitte (Haute-Saône).
(2) Du Fossé.

Monachis. Laïcorum vero affuerunt Milites, Wido Ravines, maritus sororis datoris, Ewinus de Excelso (1), Walterius Malsualez Granciaci, Oddo de Furno (2) : familiæ nostræ, Humbertus Salomon, Guilelmus, Petrus Pauliaci, Petrus etiam et Robertus Monte-Salionis.

De Orcevalis.

Sciant omnes tam præsentes, quam futuri quod Nerduinus dominus Aspermontis, et Hugo filius ejus Miles, et Galo de Willer (3), et Haymo filius ejus pro animabus suis, et antecessorum suorum, tradiderunt Deo, et sancto Petro, ac Besuensi Ecclesiæ, in loco qui Orcevallis dicitur (4), XL jugera terræ. Huic dono assignamus testes : Sig. Hugonis Francigenæ. Sig. Rodulfi de Renavis, Hugonis Conitensis, Ewini Spinelli.

De uxore Theoderici Carpentarii.

Firmiter retineat quisquis has legerit litteras, quod Mainfredus de Arco uxorem Teoderici cum liberis suis, Deo, sanctoque Petro Besuensi pro anima sua concessit, ipsique Mainfredo Domnus Abbas Stephanus ob hanc causam, immo magis gratia amiciciæ, XX tunc solidos dedit. Sed quoniam mens humana sæpe a bono deviat, idem Mainfredus post obitum Teoderici cum coram Domno G. Abbate de hac re quasi non gratis vel libere filios ejus dedisset, queritando placitaret, convictus racione, eos se libere concessisse recognovit, atque eandem elemosynam confirmans, denuo liberrime huic

(1) Occey, canton de Prauthoy (Haute-Marne).
(2) Feurg, canton d'Autrey (Haute-Saône).
(3) Villiers-les-Aprey, canton de Longeau (Haute-Marne).
(4) Orcevaux, canton de Longeau (Haute-Marne).

Ecclesiæ perpetuo contulit, et uxori suæ ac filiis laudari fecit. Abbas vero G. ob pacem vel memoriam hujus pacti, dedit ei decem solidos, et Humberto de Baleneva duos. Huic Cartæ testes idoneos, qui afuerunt, subponimus : Signum Girardi Abbatis, Guilenhi Prioris, Heinrici, Albrici, Lebaldi. Signum Hugonis Bellimontis, Evini, et Hugonis filii ejus, Guidonis Præpositi S. Juliani, Humberti villici de Baleneva, Valeth, Oberti cocci, Giraudi villici.

De villa quæ dicitur Trescase.

Præsencium ac futurorum memoriæ clarescat, quod Hugo villicus de Baleneva, et filii ejus Humbertus, Joannes, Petrus, terram sancti Petri apud Trescasas, quam per multos annos calumpniati fuerant, reddiderunt in pace sancto Petro et Besuensi Ecclesiæ, atque se peccasse quod eam invaserant, cognoscentes, absolucionem delicti sui a Domno Girardo Abbate, et omnibus fratribus, in Capitulo pecierunt, et acceperunt. De hoc facto assignamus testes, Girardum Abbatem, Guilenchum Priorem, Albricum Alcionis(1), et reliquos Capituli. Mainfredum etiam de Arco, Guidonem Præpositum S. Juliani, Valeth de Baleneva, et Otbertum.

De villa S. Sequani.

Quoniam facta præcedentia per litterarum adnotationem cognovimus, placuit et nobis scribendo posteris relinquere, ut inviolabile in æternum permaneat, quod Joffredus Bellimontis Dominus cum Gertrude uxore sua, pro salute animarum suarum, sancto Petro, et Abbati Gyrardo et Monachis Besuensibus villam quandam, quæ

(1) Pour *Arcionis*.

vocatur sanctus Sequanus in Baascha (1), sicut ipsi eam libere tenebant, concesserunt ; laudante Hugone filio, et nepote Joffredo, agnomine Martello, omnibusque qui hoc donum in postremo perturbare videbantur.

Contigit autem instigante diabolo, ut successor Martellus post mortem prædictorum antecessorum suorum, violare non erubesceret, quod prius laudaverat, videlicet ut justiciam et latrocinium in prædicta villa clamaret. Postea vero animante Domino qui Ecclesiam suam elemosynis fidelium privari non patitur, et Donno Girardo Abbate hoc ei ammonente, ad seipsum reversus, devotus Capitulum fratrum adiit, fraternitatem accepit, et pro requie animæ suæ, et antecessorum suorum, gratis quicquid in villa clamabat, vel quæcumque habebat, libere concessit, excepto manso Odilonis, et fratris ejus Galonis, servorum suorum. Sig. Girardi Abb. Sig. Lebaldi. Sig. Ricardi Monachi : de Militibus, Martelli, Welfonis, Elluini, Haimonis filii Vindrici, Savarini, Odilonis, Wiberti. De familia sancti Petri, Sig. Otberti cocci. Signum Widonis. S. Humberti Divitis, Humberti Salomonis.

Arbitramur rectum fore fidelium memoriæ tradere census Ecclesiæ, ne quando per incuriam nostram a pravis hominibus minuantur. Ideoque assignamus hic quendam Militem, Haymonem nomine, filium videlicet Galonis de Viler, clamantem in atrio S. Martini de Montusca justiciam, et latrocinium. Nam ob hujuscemodi causam prædam abduxit, et alia multa mala Ecclesiæ Besuensi irrogavit. Cui, cum in hac pertinacia diu permaneret, placitum terminavit Abbas Girardus in eadem villa. Convenerunt igitur utrique die terminato, consultus a matre quæ secum placitatura venerat, et a reliquis amicis suis, querimoniam quam super familiam Monachorum nostro-

(1) Saint-Seine-en-Bâche, canton de Saint-Jean-de-Losne (Côte-d'Or).

rum ibi degencium faciebat, in pace Abbati proclamavit :
insuper de duobus hominibus, quos Monachus foris
atrium habitare faceret. Ita tamen ut si aliquod scelus a
suis vel ab aliis hominibus illuc committeretur, isdem ad
Abbatem Besuensem clamationem faceret, et pro ullo
patatro scelere, si etiam homicidium aut adulterium esset,
quorum lex major esse dinoscitur aliis sceleribus, ultra
quinos solidos lege rectitudinis inde quippiam haberet.

In nomine sanctæ, et individuæ Trinitatis.

Universi fidei Christianæ domestici sanctam Dei Ecclesiam animi devotione gloriosam, et muneribus in quantum
possunt largissimis, facere debent locupletem. Qua si
quidem animadversione compunctus, et a sancto Spiritu
spiritaliter instinctus, ego Hugo de Bellomonte cum filiis
meis Hugone, et Joffredo, pro remedio animæ meæ, antecessorumque meorum, Deo, et sancto Petro Besuensi,
Abbatique Gerardo, Monachisque Besuensibus in Parrochia sancti Martini Deo servire volentibus, dono concessi
quicquid Domnus Remigius ejusdem loci Presbyter, in
Ecclesiis, in agris, in pratis, in sylvis, in domibus, et
universis humanæ vitæ usibus, tenebat; et insuper
quicquid vadimoniorum quæ prædictis Monachis, aut
jam dederit, aut in futurum dare voluerit, possidebat.

Placuit etiam huic dono adnectere, quod homines, qui
apud sanctum Martinum hospitati erunt, et circa Mona_
chos habitabunt, in terris castri Belmontensis, omne
usuarium libere habeant in sylvis, in pratis, in pascuis,
et in omnibus, quibus vivunt homines usibus ; ita scilicet
quod si homines dampnum nescienter fecerint, dampnum
sine lege reddant : Monachi vero quoquomodo aut ipsi,
aut sui famuli scienter, vel nescienter dampnum fecerint,
dampnum sine lege prorsus restituant. Piscariam etiam

ipsis donavi a Belmonte desuper, ubi, vel quando, vel quomodo eis placuerit piscari : subtus vero Belmontem pede tenus piscari tantum concessi. Quod donum ne qua tegatur oblivionis nebula, placuit litteris commendare, approbatorumque qui adfuerunt virorum testimonio roborare. Sig. Girardi Abbatis. Sig. Ricardi de Vircillis. Sig. Lebaldi de Genevreris, Josberti Præpositi, Heinrici Capellani, Humberti negotiatoris. Petrus Rufus, Johannes famulus, Christianus, Hugo Bellimontis Dominus, Hugo filius ejus, Remigius Presbyter, Milo de Poiens, Hugo de Aces, Ewrardus de Rolens, Fredericus de Campaneio, Wido de Renavis. Rodulfus filius Odolrici, Erbertus Capicium. Acta sunt hæc anno ab Incarnacione Domini MCXXXIV. Indictione xii. Epact. xxiii Concur. vii.

De atrio S. Martini.

Omnium hominum est, qui nominis censentur vocabulo Christiani, in lege Domini die ac nocte jugiter meditari. Lex enim Domini inreprehensibilis, cum convertat animas, et testimonium sit fidele, sapientiam præstat parvulis. Ego igitur Haymo de Tiricastro (1) parvulus scientia, multorumque malorum que egeram honeratus insipientia, cum ante meum obitum longa depressus fuissem ægritudine, ad meipsum rediens, et insuper cogitans quod ante Deum nullum ferrem manipulum justitiæ, pro remedio animæ meæ, parentumque meorum, Deo, et sancto Petro, et Monachis Besuensis cœnobii, atrium sancti Martini de Luco concessi, et quidquid ibidem juste vel injuste possederam totum eis dimisi. Testes adfuerunt Ricardus Capellanus, Petrus Capellanus ejusdem Ricardi,

(1) Pour *Tilecastro.*

Hugo de Conulent, Johannes Clericus, Thebaldus de Chasoto, Wido Talavat.

Ego Agnes uxor Domni Haymonis de Tiricastel, cum ipse Haymo maritus meus in paradiso sancti Florentii (1) fuisset tumulatus, assistentibus Clericis, parentibus, et amicis, cum insimul in claustrum regressi fuissemus, et cum de elemosyna ejus tractaremus, visum nobis est esse bonum, ut donum quod Donnus Haymo fecerat Ecclesiæ Besuensi de atrio sancti Martini de Luco, cum liberis meis facerem, et quoram eis bonis, ac pluribus viris qui adfuerunt, illud confirmarem. Dedi igitur et confirmavi donum quod fecerat, atrium videlicet sancti Martini de Luco Monachis Besuensibus, quietum, et cum omni libertate et pace pro anima mariti mei in æternum possidendum. Quod ne deleatur, aut oblivioni tradatur temporum intervallo, virorum subscriptorum roboramus testimonio. Petrus Abbas sancti Stephani Divionensis, Thebaldus Decanus, Ricardus Presbyter, Dominicus Prior sancti Florentii, Bonet de Mare, Johannes Clericus, Petrus Capellanus, Haymo de Nimire, Wido de Saut, Nocherus, Wido Talavat, Thebaldus de Casoto, Waslerus, Rollannus, Wido, Marescalcus, Malveslot, Tebaldus Excotex, Robertus filius ejus. Hoc factum est et recognitum, quod donum quod fecerant de atrio, non ideo fecerant, quod atrium suum esset, sed ideo quia in atrio, quod sancti Petri erat rapiebant, et ablactiones faciebant, et ea quæ jure vel rectitudine in ipso atrio non habebant, injuria, et violentia rapiebant.

(1) C'est-à-dire le parvis de l'église paroissiale de Til-Châtel, dédiée à saint Florent.

De Montigniaco.

Cum transeant cuncta, et ea quæ in hoc mundo sunt, nunquam in eodem statu sint diu permanentia, litteris adnotamus, quod Rodulfus, et Milo frater ejus, qui suo agnomine dicti sunt Bigornenses, pro animabus fratrum suorum Guidonis, et Rogeri, et pro animabus patris, et matris suæ, antecessorumque suorum remedio, Deo, et sancto Petro, et Monachis Besuensis Ecclesiæ dederunt duos mansos apud Montiniacum, unum mansum qui dicitur mansus Oddonis Eurvini, et alterum, qui dicitur mansus Widonis Malæ filiæ. Hoc donum apud Besuam fecerunt in Parasceven, id est, in die Passionis Domini, tenentes ambo librum, per quem hanc donationem in præsentia Donni Abbatis Girardi super altare posuerunt. Sign. ipsius Abbatis Girardi. Sig. Widrici Prioris Fontisvennæ. Sig. Albrici de Arcione. Sig. Alberti de Tullo. Sig. Girberti de Alteriaco. Sig. Johannis Presbyteri de Besua.

De Domna-Petra.

Pater quod genus humanum ad finem semper defluat, cum profecto honor et potentia hominis labatur, decorque juventutis cito marcens evanescat. Quapropter necesse est, ut homo elemosynarum remedia quærat, quoniam elemosyna faciem Domini placat, et misericordiam impetrat. Ne vero dona fidelium oblivioni tradantur, litteris ea intimare debemus. Igitur tempore quo a Domno Wilenco Lingonensi Episcopo Ecclesia sancti Martini sancto Petro Besuensi data est, Presbyteratum etiam Ecclesiæ de Donna Petra (1) idem Episcopus nobis concesserat; sed hunc

(1) Dampierre-sur-Vingeanne.

Humbertus de Lissey, et filii ejus, qui tunc in eorum dominio erat, calumpniabantur, vique illum retinebant. Theoderico autem filio prædicti Humberti vita decedente, fratres ipsius Teoderici, Wido scilicet cum tribus aliis, patre eorum laudante, ipsum Presbyteratum, et atrium Ecclesiæ sancto Petro Besuensi libere tradiderunt, justicias tantum atrii retinentes. Ita sane ut si homo sancti Petri in eodem atrio aliquod forfactum fecerit, clamatio ad Abbatem Besuensem fiat, rectumque faciens non amplius, quam quod vivens lex ejus fuerit, solvat.

Dederunt etiam quattuor falces prati in suo broulo sancti Sequani, et hominem Albricum nomine cum uxore et filiis, suisque tenimentis, sororemque ejus uxorem cujusdam Elluini. Addiderunt et terciam partem terciarum de Blaniaco, et alodum, et omnia, quæ illic habebant excepto manso cujusdam Walterii, cum appendiciis suis. Hanc ergo elemosynam fratres supradicti defuncti Wido, et Humbertus pro remedio animæ ejus S. Petro et Besuensi Ecclesiæ per impositionem libri super altare confirmaverunt, testibus coram adstantibus, quos hic assignabimus. Sig. Gerardi Abb. Sig. Rodulfi Prioris, Heinrici, Alberti, Ricardi, Ansirici, Bartholomæi, Ricardi. De Militibus, Sig. Hugonis Bellimontis, et filiorum ejus Hugonis, et Joffredi, Ottonis de Miribel, Hugonis Asperimontis, Euvini de Aces, Milonis de Poiens, Haimonis Columbæ, Urrici de Renavis, et filii ejus Milonis.

De Mentusca.

Constat multimoda varietate mundi negotia prætergredi, ideoque necesse est quæ memoriæ digna sunt scriptis adnotari. Notificamus ergo posteris, quod Galo de Rofei (1) pro anima uxoris suæ, Annilina nomine, et ani-

(1) Ruffey.

mabus antecessorum suorum, dedit sancto Petro, et
Besuensi Ecclesiæ minutas decimas villæ, quæ Mentusca
dicitur, omnesque decimas de villa Cinçei, libere uti
possederat. Accidit autem ut postea subripiente avaritia
donum quod fecerat, calumpniaretur. De qua re Monachus, qui præerat Mentusche cum eo locutionem habuit,
in qua idem Galo se errasse cognoscens, devote prædictam
elemosynam Ecclesiæ Besuensi in pace habendam concessit. Sig. Ricardi Monachi de Mentuscha, Alelmi socii
ejus. Sign. Ulgerii Monachi, filii Galonis, qui donum
fecit. Sign. Ricardi Præpositi. Item Sign. Hugonis, et
Willermi filii prædicti Galonis. Sig. Notberti Capellani.
S. Ricardi Conversi Molimensis (1). Sign. Widonis, et
Ermenfredi, et aliorum multorum.

De Cusiaco.

Fidelium elemosynas recensere dignum est, qui juxta
quod Dominus præcipit, in cœlo sibi thesaurizare student.
Omnibus ergo scire volentibus clarum fiat, quod Milo de
Fontanis, Haymone fratre suo defuncto, pro ejus anima
dedit ipse et mater sua, Petronilla nomine, sancto Petro
Besuensis Ecclesiæ mansum unum apud Cusiacum cum
appendiciis suis, hominemque nomine Benignum cum
uxore ac familia. Habebamus autem ex eisdem apud
Fontanellas tria jugera terræ, cum quibus alia tria libere
sicut possederant, nobis dederunt ; et eciam minister illius
terræ ministracionem suam Ecclesiæ Besuensi reliquit.
Dederunt quoque apud Fontanas v solidos singulis annis
in vigilia Omnium Sanctorum ad refectionem fratrum.
Hæc supradictus Milo cum matre sua Petronilla devote
sancto Petro Besuensi contulit, Euvino cum cæteris fratribus, et Gibuino sororio ejus, cum uxore laudantibus.

(1) Abbaye de Molême, située dans la commune de ce nom,
canton de Laignes (Côte-d'Or).

Sig. Girardi Abbatis. S. Rodulfi Prioris. S. Widrici
Prioris Fontis-vennæ, Ricardi Præpositi, Bartholomæi,
Ricardi, Poncii, Widrici Presbyteri. De Laïcis, Sig.
Teoderici. S. Widrici, et Humberti fratrum. S. Lebaldi,
et Hugonis.

De Colongiis.

In nomine summæ et individuæ Trinitatis. Ego Gothefredus Dei gratia Lingonensium humilis Episcopus (1), omnibus sanctæ matris Ecclesiæ filiis in perpetuum. Notum
facimus, tam præsentium ætati quam futuræ posteritati,
Domnum Gerardum Besuensem, ejusdemque loci Monachos, decimam partem alodii, quam habebant in Colungiis,
et omnem parrochiam et ad ipsam pertinentia, per
manum nostram sanctimonialibus de Colungiis dedisse,
et concessisse. Ita tamen quod singulis annis ab ipsis
sanctimonialibus Abbas Besuensis Ecclesiæ sex libras de
cera usque ad octavas Natalis Domini pro alodio, et parrochia haberet. Concessit etiam idem consenciente suo
Capitulo sanctimonialibus de Colungiis decimam ejusdem
loci, quam quidam homines sibi usurpaverant. Pro qua
decima mulieres ibidem Deo devotæ reddant eis octo
minas bladi per medium annuatim.

De Lisseiaco.

Litterarum memoriæ tradere censemus, quod Robertus Billeiaci (2), Ierusalem ire disponens, omnem terram
alodii, quam habebat Lisseiaco, dedit sancto Petro, ac
Besuensi Ecclesiæ, hominemque Bernardum nomine,
cum uxore et filiis : eo pacto, ut si gratia Dei rediret

(1) Geoffroy, 58ᵉ évèque de Langres, 1140-1168.
(2) Billey, canton d'Auxonne (Côte-d'Or).

Iherosolymis, et de se ipso vel de fratre suo, seu de aliquo
filiorum ac nepotum suorum, Monachum facere vellet,
libenter susciperetur. Hoc etiam Petro fratri suo fecit laudare coram Comite Guillelmo (1), multisque Militibus, Malleiaco (2). Quapropter Domnus Abbas Gerardus dedit ei
LXX solidos. Huic Cartæ idoneos testeʂ adsignamus, Guillelmum Comitem, Martellum de Malleiaco, Widonem
Trosellum, Haymonem Columbam. Sig. Gerardi Abbatis.
Sig. Richardi Præpositi, Alberti, Pontii, Girberti.

De Perciaco magno.

Gratia sacri Flaminis tactus Guido de Perciaco, semi-
nare studuit in benedictione, ut meteret benedictionem.
Dedit namque in vita sua, Deo, et sancto Petro Besuensi,
cuncta alodia sua, quæ apud Perciacum majorem (3), ac
minorem(4), et apud Noidant(5), et eciam ubicumque habebat tam in mansis, quam in pratis, et campis, et terris ac
sylvis, cum quodam molendino ea interposito. Rogavit
eciam ut si quando Monachus effici vellet, in eodem Monasterio reciperetur ; quod actore Deo ad finem consequi
meruit. Huic cartæ subscribimus idoneos testes, qui prædictam elemosynam coram Altare sancti Petri laudando
confirmaverunt : Eguinum de Beria, Guidonem Talevar,
cum uxoribus eorum, sororibus supradicti Guidonis de
Perciaco, Paganum Busun, Erluinum, Johannem Clericum, Hugonem Falsarium. Sig. Gerardi Abb. Rodulfi
Sacristæ, Ricardi Præpositi.

---

(1) Guillaume IV, comte de Mâcon, de Vienne et d'Auxonne,
mourut en 1156.
(2) Mailly, canton d'Auxonne (Côte-d'Or).
(3) Percey-le-Grand, canton de Champlitte (Haute-Saône).
(4) Percey-le-Petit, canton de Prauthoy (Haute-Marne).
(5) Noidant-Chatenoy, canton de Longeau (Haute-Marne).

Carta Brutini Presbyteri.

Omnibus filiis Ecclesiæ perpatescat, quod Domnus Abbas Gerardus tali pacto Presbyteratum Ecclesiæ sancti Remigii Teoderico Presbytero, cognomento Brutino, dedit, ut quamdiu res Ecclesiæ fideliter ad profectum Monachorum tractaret, eandem Ecclesiam voluntate fratrum haberet. Sin vero bona fratrum adimere, aut eos inhonorare probaretur, nisi ad eorum voluntatem emendaret, ipsam Ecclesiam amitteret. Testes hujus rei designamus, Humbertum Divitem, et Garnerium fratrem ejus, Gerandum et Bernonem, Symonem et Galterium sororios ejusdem Presbiteri. Johannem quoque fratrem ejus, qui eciam ipso die matriculariam Ecclesiæ reliquit. Hii omnes in Capitulo cum fidei sacramento in manu Dom. Gerardi Abbatis in re prædicta se fideles erga Monachos, dampna eorum restituendo, fore promiserunt.

De sancto Benigno.

Notificamus his litteris, quod Haymo Presbyter villæ sancti Benigni (1), cum magis quam jus erat, aut prædecessores ejus acceperant in decimis ejusdem villæ vellet accipere, cum Garnerio, qui tunc eidem loco præerat, coram Domno Gerardo Abbate venit, statutumque est, ut quartam partem solummodo de decimis frumenti, et avenæ acciperet. Porro media pars Baptisterii, mediaque pars sperarum (2) eidem pro Presbytero concessa est, quatinus Monacho fidelis existeret. Hæc idem Presbyter laudavit, et spopondit nil ultra quam sui juris esset, acci-

(1) Saint-Broing-les-Moines.
(2) C'est-à-dire le casuel.

pere : Domno Gerardo Abbate, Garnerio Priore sancti Benigni, Ricardo Præposito, et Poncio, cæterisque nonnullis præsentibus.

De Furt.

Quæ a fidelibus Ecclesiæ Christi donantur, litteris tradi necesse constat, ne quod devotio Deo parat, avariciæ cupido subtrahat. Pateat itaque quod Robertus de villa, quæ Furt (1) vocatur, ad Monachatum veniens, dedit sancto Petro Besuensi pratum, quod in eadem villa possederat, eo pacto, ut x solidis, quibus in vadimonio erat, redimeretur. Dedit quoque quartam partem Molendini, mediamque pasturam ejusdem villæ, et duos mansos cum appendiciis suis juxta fontem villæ Lentilliaci. Hoc donum uxor ejus laudavit cum filio suo Hugone, et filia Boillot vocata, testibus Matthæo Monacho Lentilliaci, Ricardo, Roberto. De Laïcis, Bernone, Humberto Divite, Rodulfo, Guillelmo famulo. Accidit autem ut Hugo de Furt, prædicti Roberti filius, hanc elemosynam, quam laudaverat calumpniaretur; pro qua re cum a Monacho qui Lentilliaci præerat, argueretur, tandem ratione constrictus super altare sancti Petri hoc idem donum per impositionem libri optulit, nec umquam deinceps calumpniari vel adimi spopondit. Signum Mathæi Lentilliaci. Signum Ricardi, Poncii, Bartholomæi, Girardi. De Laïcis, Sig. Humberti Divitis, Bernonis, Petri Pauliaci, Johannis Cocci.

De servis manumissis.

Omnibus in Christo fidelibus manifestum iri voluimus, quod Severinus de Faverneiaco, et Guiardus frater ejus,

_____

(1) Feurg, canton d'Autrey (Haute-Saône).

Domno Girardo Besuensis Ecclesiæ Abbati, Petrum de
sancto Apollinari, ac fratrem ejus, omnesque eorum
heredes, simulque Sacerdotis Belenaviæ filios, et nepotes
illius, quos omnes diu calumpniati fuerant, liberos et
solutos manumiserunt, uno excepto ex præfati sacerdotis
filiis, qui eis serviebat, quem ad serviendum sibi retinuerunt. Hanc vero prædictam manumissionem tam pro
salute sua, quam pro animarum parentum suorum remedio, et etiam pro eo quod eorum frater nomine Petrus in
Ecclesia supradicta jam erat factus Monachus, facere
decreverunt. Hujus rei testes sunt de parte illorum, Humbertus de Vuchi (1), Stephanus Faverneiaci Præpositus,
Meifridus de Arcu. De parte vero Abbatis, Narduinus de
Aspero-monte, et Poncius de Sylvennejaco Monachi,
Humbertus de Gillens, qui eo tempore Arcioni manebat,
Humbertus quoque Belenaviæ villicus, et Vaslo de eadem
villa. Hoc autem factum est in campis illius villæ, quæ
Arcus (2) dicitur, ante Canonicorum horreum, in loco qui
vulgo Corbiton (3) nuncupatur, die quadam Dominica in
qua festum sanctæ Crucis celebratur.

De Callentensi villa.

In nomine Domini, Amen. Quoniam majorum nostrorum,
ac sanctorum aliorum autoritas Cirografa beneficiorum nostrorum Ecclesiasticorum, redituumque institutorum privilegia scripta in usibus nostris ad præteritorum memoriam
revocandam habere nos instituit, suorumque institutorum
quamplurima nobis exempla reliquerit, omnia beneficia
a nobilibus fidelibus nostris, vel innobilibus Clericis, vel
Laïcis, pro Christi nomine nobis collata memoriæ sanctæ

(1) Uchey-les-Genlis (Côte-d'Or).
(2) Arc-sur-Tille, canton de Dijon (Côte-d'Or).
(3) Corbeton, commune d'Arc-sur-Tille.

scriptis comendare consuevimus, ut ostensis beneficiorum nostrorum frequentissime cedulis, benefactorum nostrorum animarum in orationibus frequens memoria
habeatur : illaque beneficia memoriter teneantur, ne pro
deleta eorum memoria inportunus error sequatur. Nos
ergo inter alia pleraque beneficia nostra, unum speciale,
et magnum beneficium a Burgundiorum Consule Renaldo
nobis illatum, operæ precium sub silentio oculere non
existimavimus, tum quia tanta res intitulatione est digna,
tum quia a tanta, et tam digna persona est acta.

Omnibus itaque Catholicis notificare hæc præsenti
scriptura satagimus, quod Renaldus Comes (1) potissimus,
Deo, et sancto Petro ejus Apostolo, Besuensis Basilicæ
Patrono, sanctoque Dei Martyri Christophoro, Camllentensis Cellæ nostræ advocato instinctu divino nulla coactus offensa, sed voluntate pia, et bona, libere, et abso-
lute donavit quicquid de feodo suo unusquisque de eadem
villa tam nobilis, quam ignobilis, Clericus, vel Laïcus,
pro se, vel prædecessorum suorum animarum requie,
prædictæ cellæ nostræ Fratribus dederat, vel daturus
fuerat, dum tatummodo ex hoc totum feodum suum ipse
non omittat, assumpta hujus rei occasione, ex hoc quod
Oddo Præpositus suus tyrannide sua, septem marchas
argenti hominibus de Nova-villa abstulerat, quas ipse
Domno Girardo Abbati, statim ut injuriam præsensit,
rediturum se firmiter edixit. Hujus etiam redditionis
fidejussores Domnum Hugonem de Bellijoco; et Dom.
Girardum de Strabona (2), nec non Othone de Durnecto (3), et Humbertum de Trimolario prædicto Abbati
dedit. Quo toto beneficio diffinito, Ecclesiam sancti
Dei et Martyris Christophori, se comitantibus multis,

(1) Renaud III, comte de Bourgogne, 1127-1148.
(2) Estrabonne, en Franche-Comté.
(3) Durnay,   id.

festinus intravit, ac ibi ante altare flexo poplite coram omnibus adstantibus, de injuria supradicta, manu etiam sua super ipsum altare imposita, Deo, ac S. Christophoro, et Abbati Girardo fecit rectum. Et hoc faciendo, quod nullum jus, nullamque calumpniam ejusdem injuriæ in supradicta hominibus faciendæ, habuisset, recognovit.

Hoc autem factum est die quadam Dominica diliculo, cum etiam divina Missa in supradicta Ecclesia celebraretur. Qua die etiam ad colloquium contra Episcopum Lingonensem proficiscebatur. Hujus rei testes sunt quatuor supradicti argenti fidei jussores : Hugo videlicet de Bellijoco, Girardus de Strabona, Otho de Durnecto, et Humbertus de Trimolario, et Odo suus Præpositus, et Guillermus Sylvestris, Odo Albus, et Hugo frater ejus. Isti de parte Consulis. De parte Abbatis, Guirricus Prior de Fonte-vennæ, Gothifridus Prior Camllentensis, Poncius de Silvenneiaco. In Christo Jhesu Domino nostro.

EPITHAPHIUM HUGONIS DE BELLOMONTE

Qui decreta decreverunt,
Ex decretis hoc sanxerunt,
Quod scriptura notaretur,
Quicquid jam definiretur,
Aut sigillis insignirent
Quicquid omnes stabilirent,
Ne periret vetustate,
Vel dierum quantitate,
Hoc majores statuerunt,
Et statutum reliquerunt.
Tales usus antiquorum
Cura servat modernorum;
Sua namque per scripturas
Instituta vel figuras;

Semper solent designare,
Vel signando demonstrare.
Sed cum talis vigens usus
Aput omnes sit diffusus,
Nos sequentes usuale,
Donum quoddam speciale,
Donum dico donum tale,
Magnum vel memoriale
Dignum satis annotari
Scriptis, et astipulari
Diligenter studeamus,
Ut perfecte describamus.
Ergo cunctis innotescat,
Nec ab ullis evanescat.
Noscat omnis literatus
Simul et illiteratus,
Quod Hugo de Bellomonte
Donavit de sua sponte,
Corde bonæ voluntatis, ·
Et affectu pietatis,
Deo simul, et fratribus
In Christo confidelibus
Besuensis Ecclesiæ,
Pro defunctorum requie,
Pro se, et Jofredo filio,
Pro parentum remedio
Tam pro cunctis fidelibus,
Quam pro suis hæredibus,
Inter prima coloniam,
Vel si mavis coæveiam,
Simul et quandam terrulam,
Dictam vulgo Rupeculam,
Bis binis prati falcibus
Accumulata grandibus.
Hæc supradictis fratribus
Donavit Besuensibus
Qui deservirent sedule
Sancti Martini Cellulæ.

Hæc sunt in territorio
Bellimontis sub prædio.
Hæc præter per injuriam
Suamque violenciam
Quendam facta calumpnia
Male fugarat patria,
Et sine rectitudine,
Carbonem dictum nomine,
Qui juxta dictam cellulam
Construxerat domunculam,
Servire volens Fratribus
Inibi famulantibus,
Quem mox liberum credidit.
Et absolutum reddidit.
Ad hæc totam justiciam
Suam dedit per gratiam,
De Boiens, rebus omnibus
Simul dictis et actibus.
Post hæc sibi collibuit,
Quod salvimentum tribuit
De Cavennei prædio,
Quod tenebat in proprio.
Postremo querimoniam
De Blegne vel calumpniam
Justam, vel non exposuit,
Ita quod nil retinuit.
Rursus unam filiolam,
Quam domi nutrit parvolam,
De concubina genuit,
Quod sancta lex prohibuit.
Hanc quidam sibi garcio
Legali matrimonio
Quærebat semper jungere,
Tali decreto fœdere
Quod Hugonis præsidio,
De Besuano prædio
Sibi foret redditio,
Præfecturæ vel racio,

De qua fecit calumpniam
Nec justam querimoniam.
Sed quicquid sic disposuit,
Garcio non obtinuit.
Hugo namque supplicibus
Monachorum clamoribus,
Et dare natura renuit,
Et opem ferre noluit.
Hæc prædicta donaria
Facta sunt in Ecclesia
Besuensis Cœnobii
Super gradus altarii,
Per textum Evangelicum.
Nota res est in publicum.
Quod Pater fecit, filius
Hugo gessit libencius.

De Bellanava.

Catholica mater Ecclesia gaudens de suorum profecti-
bus filiorum et mœrens pro defectibus, quos patitur a
privignis insurgentibus, loco filiorum Davidica voce pro-
clamat, dicens : *Retribuebant michi mala pro bonis.* Et
per Isaiam : *Filios enutrivi, et exaltavi : ipsi autem
contempnentes spreverunt me.* De quibus profecto exstitit quidam Robertus, natus ex servis et ancillis hujus
Besuensis Ecclesiæ, et exaltatus ab ea ministerio præposituræ, sæpe numero ipsam exaltatricem plagis, placitis,
rapinis, incendiis devastavit. Postmodum itaque respectu
clementiæ Dei de tantis malis pœnitens, et nullo alio
modo se posse salvari credens, ministerium ipsum, id est
præposituram, cum omnibus pertinentibus ad ipsam,
reliquid Ecclesiæ Besuensi, et. concessit in præsentia
Domni Stephani Abbatis, et aliorum multorum, quorum
hæc sunt nomina : Rodulfus, et Tigerius Monachi, Ober-

tus Cocus. Hugo Dapifer, Berno. Die vero depositionis
uxoris suæ, idem donum iterando confirmavit in Capitulo
nostro. Hanc donationem multis diebus in pace, et quiete
et sine calumpnia tenuit Ecclesia, donec quadam die
Humbertus de Baleneva adiens Abbatem Girardum, proclamavit eundem Robertum ejusdem præposituræ se,
suosque fratres heredes statuisse.

Unde Robertus nimium exacerbatus, et istud viriliter
abnegans protestatus est se quondam in captione positum
fuisse, et si in illa captione moreretur, jus suæ præposituræ eis dedisse. Quid plura? Duellum inde firmaverunt,
sed statuto die pugnæ Roberto convenienter adstante,
Humbertus et sui non advenerunt, neque contra manda-
verunt. Sic ista sopita calumpnia, post dies aliquot supradictus Robertus Monachatum expeciit, accepit, eandem-
que concessionem et donum quod fecerat, et iteraverat
reiterans, totius capituli nostri testimonio roborari fecit.
Eo autem viam universæ carnis ingresso, insurrexerunt
contra nos obloquentes pro ipsa præfectura, videlicet
fratres de Baleneva, Humbertus, Petrus, et Johannes :
Præpositus etiam de- sancto Juliano, cum nepotibus,
quorum causa in curia Ducis Hugonis per manum ipsius,
et uxoris ejus, et optimatum curiæ ita terminata est.
Nam victi ratione et donorum largitione, quicquid juste,
vel injuste, vel parentela, vel dono alicujus in præfectura
proclamabant, totum abnegaverunt et devoverunt, fide
data, contra omne genus suum et contra omnes homines
guarantiam portaturos. Hoc adsignamus vidisse, et au-
disse Hugonem Ducem Burgundiæ (1), et uxorem ejus,
Widricum Besuensem Abbatem (2), Petrum Abbatem
Divionensem (3), Guidonem Priorem, Nerduinum de

---

(1) Hugues II, dit le Pacifique, duc de Bourgogne, 1102-1142.
(2) Widric, 17e abbé de Bèze.
(3) Pierre III, abbé de Saint-Bénigne de Dijou.

Asperomonte, Pontium de Silviniaco, Humbertum de
Virzeiaco (1), Monachos Besuenses.

Urricus vero de Renavis, et filii sui, nancta occasione
quod Haimo frater Roberti defuncti filiam ipsius Urrici
uxorem duxerat, contra nos insurrexerunt calumpniantes
eandem præposituram, sed resipiscentes ipsam cum omnibus pertinentibus suis agnegantes abjuraverunt. Ipse
quoque Urricus et filii sui, Rodulfus, Milo, Wido, et
Hugo, et filia, pro qua clamabant, annuerunt, et laudaverunt Ecclesiæ Besuensi quiete et liberrime in perpetuum possidendam. Quod roboramus testimonio proborum virorum; Domni Guidrici Abbatis, Rodulfi Prioris,
Alberti Tullensis, Nerduini de Asperomonte, Poncii de
Silviniaco et reliquorum : Militum vero, Euvini Daleels,
Haymonis Columbæ, Milonis de Poiens, Mainfredi.

Carta Joffredi Bellimontis juvenis.

Cuncti fideles in corpore sanctæ Ecclesiæ compaginati,
qui veri capitis Christi, membra se esse cognoscunt, per-
pendant qualiter invalida membra sua refovere debeant,
juxta quod ait Apostolus : *Si compatitur unum men-
brum, compatiuntur omnia membra.* Sancta enim
Ecclesia more sagenæ missæ in mare, sinu suæ pietatis
cunctos advenientes colligit, alios solido cibo reficiens,
aliis lac potum dulcedinis infundens, nonnullos vero de
naufragio mortis liberans. Hoc igitur naufragium instigante Diabolo Joffredus Miles, Hugonis Domini Bellimontis filius, incurrens, in exercicio militari morte deprehensus, litus orationum fidelium evasurus expeciit,
et elemosynis sua male facta redimere studuit. Quæ elemosyna quanta memoria sit digna, in subsequentibus

(1) Vergy (Côte-d'Or).

demonstrabimus. Pro tanti igitur criminis execratione, mortuum corpus illius anno et amplius sepultura caruit, donec Deo disponente, qui neminem vult perire, venerabilis Gothefredus, qui tunc Lingonensis Ecclesiæ præerat Episcopus (1), Romam iret.

Expletis vero prospere cunctis, pro quibus ierat, cum et Apostolica auctoritate et licentia rediens, eundem Joffredum a suæ excommunicationis nodo absolvit, et pro eo hostiam salutarem offerens, inhumata ejus membra honorifice tumulavit. Aderat tunc Besuæ cum Episcopo Consul Burgundiæ Renaldus, cum multa Militum caterva, qui eo die coram cunctis juravit tenere pacem Ecclesiæ, et omnes eam deprædantes manu bellicosa expugnare. Ante quorum præsentiam devotus Hugo, pater Joffredi defuncti cum Hugone filio suo adveniens, D. Widrico Abbati et Besuensi Ecclesiæ promisit pacem tenere, et contra omnes qui de rebus Monasterii aliquid usurparent, quasi propriam terram depopularentur, auxilium ferre. Post hæc autem uterque Hugo pater cum Hugone filio, elemosynam, quam prius pro Joffredo fecerat, per manum Godefredi Episcopi coram multis testibus confirmavit.

Dedit igitur Deo, et sancto Petro, et Besuensi Ecclesiæ, pro anima filii sui, et pro animabus antecessorum suorum, adstante, et laudante Hugone filio suo corveiam propriam, quam Remigius Presbyter in vadimonio ab ipsis habebat, et quamdam terram, quam dicunt Rupeculam, a via quæ ducit Luillæ (2), usque ad villam quæ vadit Fleix (3), et quatuor falces prati juxtam Cellulam nostram sancti Martini, et hominem nomine Carbonem, quem ob multas injurias de patria fugaverat.

Præterea dedit justiciam et Corveias quas proclama-

---

(1) Geoffroy, 58ᵉ évêque de Langres, 1140-1163.
(2) Leuilley, canton d'Autrey (Haute-Saône).
(3) Fley, hameau de Dampierre-sur-Vingeanne (Côte-d'Or).

bat, liberrime, et absque consuetudine in villa nostra quæ
Boens dicitur. Dedit et salvimentum Cavaneiaci villæ
nostræ, et calumpniam quam faciebat in terra nostra
apud villam, quæ Blaineis nuncupatur, sive justam sive
injustam libere concessit.

Hanc autem donationem roborari volumus proborum
virorum testimonio; quorum ista sunt nomina : Sig. Hugonis qui hanc elemosynam fecit, et Hugonis filii ejus.
Sig. Euvini de Acels (1), et Hugonis filii ejus. Die vero
sepulturæ ipsius Joffredi, quando hæc elemosyna iterum
confirmata est per manum Episcopi, fuerunt et alii quam
plures, quorum ista sunt nomina. Sig. Godefredi Episcopi. Rainaldi Comitis. Sig. Widonis Abbatis. Sig. Haymonis Columbæ. Sig. Mainfredi Darc. Sig. Richardi de
Fretis (2). Sig. Milonis de Poiens. Sig. Hugonis Chaine.
Sig. Urrici de Renavis, et filiorum ejus. De Monachis,
Sig. Widrici Abbatis. Sig. Pontii. Sig. Nerduini de
Asperomonte. Sig. Warnerii. Sig. Alberti. Signum Mathæi. Sig. Rodulfi Cartæ istius dilatoris, et aliorum multorum.

De medietate decimarum in Majasco.

Cum quædam patrum nostrorum instituta erroribus
succedentium oblivioni perpetuæ tradita videantur, adju-
dicamus de præsentibus institutis magnopere fore curandum, ut ea serie litterarum semper memorata teneantur.
Nos igitur quantum est possibilitatis nostræ, styli officio
commendamus, quod Bartholomæus filius Rodulfi Villici de Majasco, patre ac matre ejus nescientibus, Ecclesiæ Besuensis a Domno Girardo Abbate, laudante Conventu, Monachus effectus est. Illis vero temporibus

(1) Arcelot, commune d'Arceau, canton de Mirebeau (Côte-d'Or).
(2) Frettes, canton de Fays-Billot (Haute-Marne).

prædicti Bartholomæi pater in villa, quæ dicitur Majascus de minimis decimis medietatem a Guidone Capellano pro xv solidis in vademonio habebat, tali scilicet conditione, nisi vivente eo redimeret, Guidone defuncto, ipse Rodulfus, et filii ejus super eam hereditarent. Illam siquidem decimarum medietatem, de qua superius sermonem fecimus, donavit Rodulfus pro filio Bartholomæo beatis Apostolis Petro et Paulo, et sanctæ Besuensi Ecclesiæ, in præsentia Domni Girardi Abbatis, uxore sua cum filiis laudantibus. Quo facto petiit uxor ejus a Domno Girardo Abbate, ut quod de decimis illis sua pars in Canabo sibi conferebat, ea vivente retinere concederet, cujus peticioni Domn. Abbas Girardus coram cunctis qui aderant, favit.

Karta de duobus fratribus de Beria, scilicet Roberto, et Walterio.

Præsentibus litteris notificamus, quod Domn. Hugo de Beria Stephanum cum suis heredibus sancto Petro, et Besuensi Ecclesiæ dederit. Post cujus mortem Hugo de Magne (1) cum Aldone fratre suo, qui de filia ipsius Hugonis de Beria orti fuerant, cœperunt prædicti Stephani filios proclamare, nolentes adquiescere, nec laudare, quod avus eorum Hugo eos dedisset. Quapropter cognitum examen quod sibi judicatum fuerat, manu tulerunt, Quod Domn. Hugo avus eorum totum quod in patre suo, et in heredibus suis habebat, Deo, et sancto Petro dedisset. Prædictus vero Hugo, qui càlumpniabatur eos, videns querimoniam suam adnullatam, injuste eos proclamasse, concessit Deo, et sancto Petro, ponens per librum super Altare in Besuensi Ecclesia. Præsentes qui adfuerunt hujus rei testes idonei sunt, Haymo, Odo

---

(1) Magny-Saint-Médard (Côte-d'Or).

Malenutritus, Haymo Strabus. Et de nostris, Vidricus Abbas, Nerduinus de Asperomonte, Poncius de Silvinne (1), Ulricus de Renavis. De Laïcis Berno, Petrus de Paulus, Humbertus dives. Cum hoc laudassent apud Besuam prædictus Hugo cum Aldone fratre suo, statuerunt diem, quo hæc matri suæ et uxore facerent laudare; quo die affuit Pontius de Silvinne Monachus apud Magne, et laudavit coram eo mater Hugonis, et uxor, et unicus ejus juxta Capellam ligneam, præsentibus Hugone, et Aldone, et Haymone Columba, Odone Malenutrito, Hugone Columba, et Ulrico de Angele (2).

De Nemore quod Rotardus dicitur.

Notum sit omnibus, quod Pontius de sancto |Sequano, et Humbertus frater suus pro pace, et fine quam fecerunt cum Gisleberto d'Avenne de morte fratris sui Willelmi, qui apud villam sancti Sequani fuit occisus, et avunculis ipsius Widone, et Renaldo, dederunt Deo, et sancto Petro, quicquid habebant in nemore, qui dicitur Rotardus.

Item pro hac eadem pace et fine Hugo Belmontis dominus quinque solidos censuales apud Montaniacum in manso de Siligne, sanctæ MARIÆ de Fonvenz, ubi corpus defuncti jacebat, dari constituit, tertia die post natale sancti Bartholomæi, quo anniversaria dies ejus agitur. Quod etiam testimonio proborum virorum roborari volumus. Sig. Abbatis de Tusleio (3). Sig. Abbatis de Karitate (4), Rotgero de Abens Monachi Bellæ vallis (5),

(1) Savigny, cantou de Fays-Billot (Haute-Marne).

(2) Angély, canton de Lisle-sur-Serain (Yonne).

(3) Theuley, abbaye de Bernardins, fondée en 1130 au diocèse de Langres.

(4) La Charité, abbaye de Bernardins, fondée en 1133 près Granvelle, au diocèse de Besançon.

(5) Bellevaux, abbaye de Bernardins, fondée en 1119 au même diocèse.

Odonis de Furno. De Monachis nostris, Sig. Richardi Præpositi, Poncii, Nerduini. De Militibus, Haymonis Columbe, Hugonis Channe.

De sancto Martino, et Lissiaco.

Clemens pater familias conditor noster non solum eos, qui a puericia fideliter in vinea sua, sancta scilicet Ecclesia, laborant, mercede non privat, verum etiam eos, qui sero venientes, hoc est, jam senio gravati in eadem devote vivere student, denario beatitudinis æternæ remunerat. Divino itaque respectu Humbertus de Bigorna, in senectute mundo renuncians, Besuense Monasterium devota mente petiit, ac eidem Cœnobio quatuor falces prati, tres aput sanctum Martinum Bellimontis, et unam aput Lisseiacum contulit. Dedit etiam mansum apud villam Casotum, et campum trium jugerum inter Albiniacum, et castrum Montis-Sialionis. Hanc elemosynam ipse Humbertus, et fratres ejus Rodulfus, et Milo, et Poncius nepos eorum, sancto Petro Besuensi super altare librum ponentes, dederunt. Signum Widrici Abbatis, Gunterii Capellani. Ricardi Præpositi Willelmi famuli, Petri Pauliaci, Widonis, et Petri Cocci.

De Genciniaco.

Fidelium memoriæ tradimus, quod Urricus de Ranavis pro anima filii sui Hugonis, dedit sancto Petro Besuensi mansum apud Osiliacum, singulis annis nummos duodecim duoque menbra, sive duas gallinas in Natale Domini jure persolventem. Addidit, et medietatem quam possederat corveiæ nostræ Genciniaci; quatinus ipsa corveia Besuensi Ecclesiæ maneat. Sig. Rodulfi, Milonis, et Widonis filiorum prædicti Urrici. Sig. Widonis Rufi nepotis ipsius Urrici.

De Podiens.

Præsens vita, ut Beatus ait Papa Gregorius, via est, qua ad patriam pergimus. Qui ergo ad patriam vitæ pervenire desiderat, dum in via est, ante mortem legationem bonorum operum aut elemosynarum ad Dominum præmittere studeat. Assignamus itaque Oddonem inmatura morte hac de vita sublatum, pro cujus anima pater ejus Milo de Podiens (1), Ecclesiæ Besuensi dedit campum decem jugerum, uxore cum filiis, et propinquis ejus laudantibus. Signum Widrici Abbatis, Signum Matthæi Alberti, Signum Bartholomæi et Richardi fratrum. De Militibus, Signum Hugonis Domini Bellimontis.

De Poilliaco.

In nomine sanctæ et individuæ Trinitatis, Amen. Ecclesia Dei, quæ ex piorum largitatibus ampliari gratulatur, eosque gaudet adipisci, propter oblivionis incommodum devitandum debet semper reminisci. Nam quia morte prohibente unusquisque Pastor non potest in æternum permanere, quicquid agit, vel cognoscit ad commodum suæ esse Ecclesiæ, litteris, et scripto suis debet successoribus demonstrare. Ego igitur Stephanus Abbas notifico omnibus tam præsentis, quam futuri sæculi fidelibus, Domnum Simonem de Beljoco, et Domnum Hugonem fratrem ejus, antequam fuissent uxorati, filiam Geraldi divitis, quam parentes, et amici Petro filio Lamberti de Pauliaco in matrimonium dare disponebant, sancto Petro et michi, qui præesse videbar, et Monachis Besuensis Ecclesiæ liberam, et sicut sancti Petri femi-

(1) Poyans, canton d'Autrey (Haute-Saône).

nam absque omni retractatione autentica concessione
coram multis concessisse. Quod ne alicujus malivoli invidia vel inprobitate possit in calumpniam suscitari,
justum mihi visum est hanc Cartam subscriptorum qui
adfuerunt virorum testimonio debere roborari. Sign. Simonis. Sig. Hugonis fratris ejus. Sig. Poncii de Silviniaco. Sig. Fulchonis de Vore. Sig. Rainaldi Presbyteri.
Sig. Bernardi fratris ejus. Sig. Geraldi Divitis. Sig. Gaul-
teri filii ejus. Sig. Stephani Abbatis. Sig. Gerardi Prioris
de Fonsvenz. Sig. Guilenci. Sig. Alberti Tullensis Prioris sancti Valeriani. Sig. Lamberti de Pauliaco. Sig.
Johannis fratris ejus. Sig. Gisleberti famuli.

De eodem.

Sciendum vero est, quod post mortem Lamberti Pauliaci, quæsivit Audo fratri suo Petro partem de domo
quæ erat in mercato. Cui respondens Petrus dixit, se ei
de hac re nullo modo respondere, quia Lambertus pater
suus sine parte cæterorum filiorum suorum et filiarum,
dedit ipsi, quando uxorem duxit. Hoc Audo se ignorare
respondit. Venerunt itaque ambo ad judicium, et judicatum est in Curia Ewrardi (1) Abbatis, ut si isdem
Petrus de hac re legales testes haberet, in pace esse
deberet. Die autem placiti vento, affuit etiam Petrus cum
testibus suis, Roberto scilicet Præposito, et Hugone
Dapifero, cum matre ejus, hoc affirmantibus, et ita domo
libera, atque in pace Petro reddita, Audo fidejussores
pacis tenendæ dedit supradictos. Isti sunt, qui ad judicium fuerunt. Josbertus Præpositus, Lebaldus, Albricus,
Albertus. Hæc domus Petro dampnum intulit, scilicet
xxx libras.

(1) Lisez *Girardi*. — Gérard, successeur d'Etienne de Renel, fut
le 16e abbé de Bèze, qu'il gouverna de 1125 à 1137.

De sancto Martino.

Quoniam rerum mutatione plura, quæ melius stare videbantur destructa, et quasi non fuissent, videantur esse abolita, litteris commendare ratum fore ducimus ea quibus Ecclesia Christi in exterioribus augetur, quo earum auctoritate defendatur, vel futuris clarificetur. Et ideo annotamus, quod quidam miles Belmontensis, nomine Richardus, cognomento Truta, habuit filium, nomine Haymonem, quem in Ecclesia Besuensi Monachum fieri deliberavit. Qui accessit ad Domnum Girardum, qui tunc Ecclesiam Besuensem regebat, et ad Fratres ipsius Monasterii, filium ipsum coram multis testibus Abbati et fratribus tradidit, et pro eo Ecclesiam ipsam ex propriis amplificari decrevit. Dedit ergo huic Ecclesiæ apud sanctum Martinum in confinio Belmontensi medietatem corveiæ, quam hereditario jure possidebat : et pratum de Roseros, quod similiter habebat. Consuetudinem etiam, quam in nostris hominibus habebat apud Artasiam (1), manentibus, scilicet corveiam, et cætera quæ habebat, concessit. Nec multo post medietatem corveiæ de sancto Martino, quam retinuit, vendere sibi placuit. Qui cum ex hoc supradictum Abbatem Girardum prius convenisset, emit ab eo isdem Abbas ipsam medietatem, laudante hoc uxore sua, et filiis in Capitulo Besuensi.

Postea vero quidam frater ejus, nomine Teodericus, Jerusalem iturus omnia quæ a fratre suo nobis data fuerant vel vendita, cœpit calumpniari, consentiente fratre suo Richardo, ut postea res innotuit. Abbas vero Girardus triginta solidos eis dedit, et super sanctum Altare in Capella sancti Bartholomæi coram multis testibus, ad-

(1) Vars, canton d'Autrey (Haute-Saône).

stante, et laudante uxore sua, et filiis, uterque superposuit. Evolutis vero aliquantis annorum curriculis, et de medio exempto bonæ memoriæ Girardo, et succedente in loco ejus venerabili Widrico Richardus, de quo agimus, Abbati Widrico, quasi rudi, et nescienti, et Monachis apud sanctum Martinum manentibus, totum abdicavit, et contradixit. Cui Abbas Widricus quasi Pastor bonus lupo rapienti, obstitit, placitumque cum eo terminavit. Qui cum uterque ad diem venisset, Abbas supradictus sapienti consilio fultus, testes idoneos, qui hoc viderunt, et audierunt, secum adduxit. Quibus cum non posset contraire, cognovit injuste, et necessitate urgente se hoc calumpniasse. Promisit etiam nunquam amplius molestiam inferre, sed fidelem se in hoc et in aliis quibus posset, existere. Quæ res ne amplius inquietetur, proborum virorum testimonio roboramus. Sig. Hugonis Belmontis Domini, Widonis de Sauz. Sign. Nocherii. Sign. Eivini Daces (1), et Hugonis filii ejus, Milonis de Poiens, et Hugonis fratris ejus. Sign. Pontii Crassi. Widonis Ravinel, Widonis Rufi, et Wiardi : et de clientibus, Humberti de Soleri, et Warnerii fratris, Alberti Christiani, Warnerii Crassi, Dominici ministri.

Carta Hugonis Bellimontis Domini.

Ad omnipotentis Dei laudem providentes futurorum utilitatem, monimentis tradimus litterarum, ne aliqua oblivionis obfuscetur nebula, vel malorum aliquando perturbetur audatia. Præsentibus igitur cunctis fidelibus notificamus, quod Domnus Hugo Bellimontis Dominus divino igne succensus, et de salute animæ suæ sollicitus, dederit Deo, et sancto Petro, et huic Besuensi Ecclesiæ

(1) Pour d'*Acels* (Arcelot).

Molendinum, quod Petrus Rufus tenebat, ante Ecclesiam
sancti Martini situm, cum Molendinario, et ejus domo,
et prato, et omnibus appendiciis suis, laudante filio suo
Hugone, qui tunc prædicto castro dominabatur, et uxore
sua Mathilde, per manum Domini Gotefredi Lingonensis
Ecclesiæ Pontificis, die qua prædictam Ecclesiam consecravit. Hujus donationis testes idoneos adsignamus. Sig.
Gotefredi Episcopi. Sig. Euvini Dacels, et filiorum ejus
Hugonis, et Hugonis cognomento Werra, et Milonis.·
Sig. Milonis de Poiens, et Hugonis fratris. Sign. Hugonis Chaine et filii ejus. Et de clientibus, Humberti de
Soleri, et Warnerii fratris ejus, Christiani, et Alberti, et
aliorum multorum.

Post non multum temporis cum superna Providentia
incitasset fideles ad confutandam Paganorum perfidiam,
conpunctus Hugo, filius supradicti Hugonis, cum in expe-
dicione Hierosolyminana proficisci deberet, incertus quid
de se rei eventus daret, devotus Capitulo fratrum, vale
dicturus eis, adiit, de malis a se Ecclesiæ Besuensi irro-
gatis veniam postulavit, fratrumque orationibus se commendans, eleemosynam fecit. Habebat namque in villa
sancti Petri quæ Pauliacus dicitur, medietatem justicia-
rum, et terram, et homines ipsam tenentes. Quæ cuncta
eis concessit, præsente et laudante patre suo Hugone.
Testes hujus rei sunt qui adfuerunt in Capitulo, cum eo
pene omnis Besuensium hominum et Monachorum multitudo, et de Militibus Hugo pater ejus, Josbertus, Gloseius,
Wido Dessartinis (1), Viardus de Renavis, Wido Rufus,
Hugo Chaine, Wido Ravinellus, et alii multi.

Adjungimus etiam quod alius quidam Miles Fredericus
nomine de Campaniis, Hierusalem iturus, in eodem
Capitulo concessit sancto Petro, et fratribus Besuensis
Cœnobii molendinum cum appendiciis suis apud Blai-

(1) Essertenne (Haute-Saône).

niset (1), et terram, et cuncta, quæ habebat in eadem
villa, adstantibus, et laudantibus Hugone Domino Belmontensi, et Hugone Caine fratre suo, et cæteris supradictis.

*Carta qua Dom. Episcopus Lingonensis dedit nobis
quasdam Ecclesias, et Capellas apud sanctum Martinum supra Vigunnam et Bellomontem.*

♦ Rerum mundanarum varietas, quam multimoda sequitur defectio, sapientem ducit ad consilium, ut ad cautelam
providentiæ, ne si quid boni fecerit, pereat, mentis oculum
extendat in futurum. Quicquid enim in humanis agitur,
aut transcursu temporis, aut oblivionis nebula cicius
aboletur, nisi sit, quod in exemplis Patrum, et in usu
sanctæ cognoscimus Ecclesiæ elemosynas, et bona, quæ
sancti viri operantur opera litteris propter memoriam studeamus annotare. Qua propter ego Gothefredus, Dei
gratia Lingonensium Episcopus, notum facio omnibus tam
præsentis, quam futuri sæculi fidelibus, venerabilem fratrem nostrum Widricum, Besuensem Abbatem (2), præsentiam nostram adiisse, et devotæ supplicationis precibus
postulasse, ut Ecclesias, quas tenuit Domnus Remigius
Belmontensis Castri Presbyter ; quas siquidem bonæ
memoriæ antecessor noster Domnus Wilencus Lingonensis Ecclesiæ Præsul, Domno Girardo Abbati Besuensium antea dederat; ut firmior esset donatio, iterato
donarem, et auctoritate nostra roborarem, ac propter
devitandas malorum hominum calumpnias, quas Ecclesiastica semper nititur devitare prudentia, sigillo nostro
sigillarem.

Dono igitur, salvo jure Lingon. Ecclesiæ, Deo et sancto
Petro, et venerabili fratri nostro Widrico Abbati, Mona-

---

(1) Blagny-sur-Vingeanne, canton de Mirebeau (Côte-d'Or).
(2) Widric, 17° abbé de Bèze, successeur de Gérard, 1142.

chisque Besuensis Cœnobii, Ecclesias, quas, sicut dictum
est Remigius Presbyter tenuit. Ecclesiam videlicet sancti
Martini, cum Capella S. Bartholomæi, et Ecclesiam de
Auxiliaco, et Ecclesias de Campaniis, S. videlicet Juliani,
et S. Hilarii, et Ecclesiam de Domna Petra, auctoritate
confirmans Pontificali, ne quis amplius Abbatem, vel
fratres Besuensis Cœnobii de tenore harum Ecclesiarum
exturbet, aut audeat inquietare, aut alicujus controversiæ
fraudibus usurpare. Quod si quis præsumserit, proprio
reatu exigente, sententia anathematis se cognoscat subjacere.

De Nerone.

Ecclesiæ Dei filiis etsi simplicitas auctoritate divina
teneri præcipitur, serpentina tamen calliditas eodem præcepto adhibenda cognoscitur ; quatinus et innocentes ad
malum non festinemus, et ea quæ videntur utilia exercere
studeamus. Cum etenim mundus secundum Prophetam
ollam succensam, id est, humanam conscientiam, ad
faciem extendat Aquilonis, et moderni quam pluribus pro
cupiditate mali viciorum inmergantur procellis, justum
est, ut Ecclesiastica providentia, et sua innocenter teneat,
et sapienter quod tenuerit, in futurum non amittat.
Proinde ad excitandam futurorum memoriam, et obstru-
endam oblivionis nebulam, scripto commendamus Domnum Widonem de Lyseio, cum veniret ad obitum, pro
animæ suæ, antecessorumque remedio, Deo et Monachis
Besuensibus, in elemosynam dedisse quicquid apud
Neronem habebat, et quicquid jure hereditario, vel quolibet alio modo debere esse suum inibi reclamabat. Quæ
siquidem elemosyna super altare S. Petri per manum
uxoris suæ Chartei, et filii sui Wilenhi posita est, assistentibus fratribus ipsius Widonis Poncio, et Willelmo,
qui et ipsi hoc donum fecerunt, audientibus, et viden-

tibus quampluribus approbatis viris, Monachis, Clericis,
et Laïcis subscriptis, qui adfuerunt. Dedit etiam tunc
querimoniam et reclamationem prati quod tenebat Albricus. Signum Widonis prioris, Alberti subprioris, Alberti
Tullensis, Ricardi Monachi.

Titulus de Guidone Molendinario.

Beatitudinem , quam universalis Ecclesia titulus de
Guidone de oratione intellegit Dominica, Adveniat regnum
tuum, omni nisu mentis et corporis assequi debemus ; ut
cum sanctis postmodum, qui cum eo regnabunt, gaudere
valeamus. Qua animadversione ducta ego Cæcilia, uxor
Evrardi de Rollens, cum filio meo Willelmo, quendam
servientem meum Widonem, Deo, et sancto Petro, et
Monachis Besuensis Ecclesiæ, pro remedio animæ mee
et anime mariti mei, antecessorumque salute dedi : et
hoc donum tenens librum Evangelii cum prædicto filio
meo super altare posui : et filiam meam Helisabeth, hanc
ipsam donationem laudare feci. Quod ne irritum fiat, vel
oblivionis nebula depereat, testes qui adfuerunt assignari
benigne concessi. Sign. Guidonis Prioris. Sig. Alberti
Tullensis. Signum Widonis. Signum Lamberti de Raeio.
Signum Bartholomæi de Arcu. Signum Petri Cellerarii
de coquina. Signum Humberti Divitis. Sig. Giraldi. Sig.
Chalueth fabri. Sig. Humberti Secundinarii. Sig. Stephani nepotis Abbatis Widrici. Sig. Petri Ministri de
Bassei.

De Aldrico servo.

Ecclesia Dei variis et crebris tribulationum procellis,
sicut maris insula sæpius percutitur, vento turbinis fiante,
id est, inimici suasione pestifera, fidelium qui nocte ac die
servitio Dei videntur mancipati, quietem perturbante. Qua-

propter ipsis sollerter invigilandum est, ut quæ habent, et possident, pacifice queant retinere, ne malorum aliquorum versucia perdant quod debent conservare.

Memoriale igitur et æternale esse volumus, scripto commendantes qualiter calumnia, quam Domnus Guillelmus de Tricastel, de Aldrico homine sancti Petri faciebat, fuerit terminata. Ipse Guillelmus dicebat prædictum Aldricum apud Veronam mansisse, et pecuniam fratris sui qui mortuus fuerat, ipsum Aldricum habuisse. Aldricus dicebat e contrario, se nunquam in terra Domni Guillelmi mansum accepisse, nec pecuniam defuncti fratris habuisse. Mediantibus igitur bonis qui adfuerunt viris, Aldricus Domno Guillelmo quatuor libras, et decem solidos dedit ; et ipse Guillelmus quicquid clamabat super eum, dimisit : et ita calunniam suam et hominem in pace dereliquit. Quod ut inconvulsum permaneat, et oblivionis nebula non deleatur, virorum qui adfuerunt testimonio roborare, et eorum nomina opus est singillatim nominare. Sig. Widrici Abbatis, Alberti Tullensis. Sig. Widonis Capellani. Sig. Humberti Divitis. Sig. Warnerii. Sig. Petri de Pauliaco. Sig. Audonis. Sig. Johannis. Sig. Haymonis. Signum Bardulfi, Walterii de Pichangi, Wasleri Malvasloth, Lamberti de Marcelliaco (1). Serianth, Milonis Falsart, Warnerii de Veronna, Warnerii de Solunge (2). Hæc facta sunt apud Besuam. Postea vero apud Tricastel ipsius uxor domni Guillelmi laudavit, et benigne concessit pacem, quam de Aldrico fecerat Guillelmus maritus ejus. Testes adfuerunt ipse Guillelmus, Ulricus Capellanus de Claro monte, Richardus Presbyter, Warnerus nepos ejus, Johannes Clericus. Nocherus Miles, Willelmus de Casoto, Bardulfus, Walterus, Wido Checevath, Paganus, Willelmus filius Miribelli, Warvadus, Hugo, Wido, Villici de Luco.

(1) Marcilly, canton d'Is-sur-Tille (Côte-d'Or).
(2) Selongey (Côte-d'Or).

Carta de Nemore Rothart.

Ecclesiasticæ dispensationis prudentia, etsi pro præcepto Domini serpentina calliditate debeat augmentari, columbina tamen simplicitate jubetur temperari, ut sic a nobis teneatur, ne plus justo temperata inprudenter dissolvatur. Cui considerationi invigilans Ego Widricus Abbas, Notum facio meis omnibus in perpetuum successoribus, quomodo Besuensis Ecclesia, cui præesse videor, de vexationibus, et doloribus, quos diu sustinuerat pro calumpnia, quæ erat de Nemore Rotart, tandem fuerit liberata. Quidam enim Belmontenses, qui Præpositales dicuntur, in prædicto Nemore partem hereditario jure proclamabant, et infestatione non modica, malis quam pluribus illatis, nobis insurgebant. Cujus doloris vehementia cum multo tempore percrebesceret, Deo, ut credimus, volente, accidit, quod quidam ex ipsis, nomine Brutinus, quadam die cum in fabrica fabri cultellum emoleret, et eum ad terram incaute deponeret, ipso cultello vulneratus cecidit, et absque viatico, et Confessione quantocius exspiravit. Cum igitur tali morte defuncto parentes et amici condolerent, et excommunicatum fuisse cognoscerent, cœperunt inquirere, quomodo in terra cimiterii adhibito Christianitatis officio potuisset tumulari, quod non posse fieri visum est, nisi a malis absolutus esset, quæ propter nemoris calumpniam Ecclesiæ fecerat, pro quibus excommunicatus apparebat. Clarino igitur fratre ejus agente, qui sapientior erat, cum Widrico alio fratre actum est, quod uxor ipsius Brutini, quam Baldulfum vocant, et pueri ejus Petrus, et Willelmus, et omnis familia calumpniam prædicti nemoris dimiserunt, et eminam milii, quæ tunc cara erat pro tempore, a nobis suscipientes, Deo, et sancto Petro et Monachis Besuensis

Ecclesiæ pro absolutione illius concesserunt : testibus appositis, Haymone Monacho, Clarino, Widrico, Christiano, Humberto Loir, qui videntes, et audientes affuerunt. Proinde periculosam mortem illius adducentes sibi in exemplum fratres et consanguinei, Clarino agente, qui melioris, sicut dictum est, fuerat scientiæ, omnes in hoc convenerunt, ut prædictæ Ecclesiæ pacem facerent, et ne ante Deum rei pro calumpnia nemoris apparerent, omnes concorditer ipsum nemus Deo, et sancto Petro dimiserunt; insuper benedictionem temporalem a Monachis susceperunt; Widricus xl solidos, et eminam milii, Clarinus, et Willelmus frater ejus xl solidos. Hugo Præpositus, pro eo quod nemus ipsum Deo, et sancto Petro guilpivit, filium suum in Ecclesia nostra fieri Monachum obtinuit. Dimissa sic nemoris calumpnia omnes pacem bonam, et concordiam fecerunt, et super altare sancti Petri quicquid in prædicto nemore, et appendiciis ejus, seu juste vel injuste proclamabant, totum Deo, et sancto Petro dederunt, guilpiverunt, et insuper juraverunt quod amplius non repeterent. Et si calumpnia exinde veniret aliqua, fideli enarratione, guarantiam portantes legitimam, nobis contra omnes calumpniatores enarrarent. Quæ pax ne temporum intervallo, vel oblivionis depereat incommodo, legitimorum, qui affuerunt, roboranda est testimonio. Haymo Columba, Willelmus de S. Sequano, Petrus, Aldo frater ejus de Pauliaco, Malet, Humbertus, Warnerius, Christianus, Humbertus de Solio (1), Clarinus, Widricus, Guillelmus, Sibilla uxor Hugonis laudavit pacem et donum nemoris, quod fecit maritus suus Hugo, et pueri ejus, Milo et alii. Malvaslet cum moreretur prædictum nemus guilpivit præsente Abbate, Poncio Capellano Fineta, Gisleberto filio ejus et Chris-

---

(1) Le Seuil, ancien hameau dépendant d'Is-sur-Tille.

tiano. Hugo de Aquato iterum cum moreretur hoc nemus guilpivit, præsente uxore sua. Testes affuerunt, Christianus, Malvaslet, Amalricus, Garnerius Silvestris.

Carta de S. Sequano in Beesca.

Quantæ pietatis desiderio debeamus æterna meditari, l abentis mundi casus indicat, qui cotidianis defectibus videtur annullari. Præsens etenim vita, quæ in suis stipendiis ærumpnosa conspicitur, quicquid confert, infirmum est et fragile, et quod sui amatorem tandem reddat miserrimum evidenter conprobatur. In cujus siquidem dispendiis, quia multiplex pro inbecillitate carnis patimur detrimentum, ipsa mors, per quam omnis caro destituitur, doloris et timoris nobis est argumentum. Pro respectu hujusmodi, nolens amplius adquiescere carni et sanguini, sed Majestatem cœli propiciam promereri ego Martellus de Malleio (1), volensque de peccatis agere pœnitentiam, quæ per meæ juventutis commisi laciviam, animo preposui sepulchrum Domini Jherusalem invisere, ac Besuensem Ecclesiam, quæ mea est parrochia, prout patris, antecessorumque meorum testatur sepultura, largiori bonorum meorum erogatione, consilio caritatis placuit augmentare. Deo itaque, et sancto Petro, fratribusq. Besuensis cœnobii, in præsencia Domni Abbatis Gerardi, concedente, et laudante Comite Guillelmo (2), cui in custodia, et protectione terram meam dimisi, donavi duas in Sagonna piscarias, unam quam ante dederam, aliam quam dedi cum hoc iter arripui. Dedi autem hoc tenore, ut si opus fuerit, piscator ser-

---

(1) Mailly-le-Châtel, canton d'Auxonne (Côte-d'Or).
(2) Guillaume IV, comte de Mâcon, de Vienne et d'Auxonne, mort en 1156.

vientem habeat, qui ad gubernandam navem eum adjuvet,
et ea quæ in arte vel officio piscandi sunt necessaria, ei
famulando subministret. Hominem enim, qui solus nititur
operari, cum parum aut nichil proficiat, opportet adju-
vari.

Dedi eciam pratum unum, quod dicitur, Brachium
Lamberti. Dedique nemus, quod juxta Sagonnam Wevra
appellatur, et omnia memora, quæ habeo circa villam,
quæ Beesca (1) vocatur, dedi Monachis ibidem manentibus
..... ex illis omne quodcumque fuerit necessarium Monachis et hominibus ipsorum in asimentum.

Dedi etiam decimas de Flagei (2), et parochiaticum, et
omnem usum, et consuetudinem in nemoribus, et in
sylvis ipsius villæ cum omni libertate. Ad hanc dona-
cionem addidi decimam quartæ partis de portu. Dedi
etiam paagium S. Sequani, quod meum erat, conces-
sique, et donavi Monachis Besuensibus, ut porcos suos
indominicales in nemora mea ubicumq. habuero mittant,
et sine pastionatico per omnia libere currant. Monachi
vero, qui apud Beescam manebunt similiter faciant, per
omnia nemora mea porcos suos indominicabiles sine
pastionatico mittant, et centum desuper si adtrahere
porcos voluerint. Qui siquidem Beescenses Monachi, quia
pro remedio antecessorum meorum ibi sunt mancipati,
nolo quod aliqua vexacione mala per meos homines videantur fatigari. Quapropter concessi, et in loco elemosynæ
mihi constitui, ut villam illam, Beescam videlicet, in qua
habitant, cum omni libertate habitent ipsi Monachi, et
præcepi ut homines mei, qui terras habent in villa, illas

---

(1) Bâche et Saint-Seine mentionné plus loin, et qui était plus
près de la Saône, furent bientôt rapprochés, et leur réunion forma
le village de Saint-Seine-en-Bâche, aujourd'hui canton de Saint-
Jean-de-Losne (Côte-d'Or).
(2) Flagey-les-Auxonne, canton d'Auxonne (Côte-d'Or).

claudant, et sepes oportunas apponant, ne animalia villæ
quod intus fuerit devastare prævaleant. Quod si claudere
noluerint, et aliquod dampnum evenerit, homo villæ in
causam non trahatur, et nemini inde respondeat, nec
dampnum, nec legem inde persolvat. Et si homo prædictæ
villæ dampnum per clausuram male factam susceperit,
Comiti Guillelmo ostendat clamorem, et ipse Comes plenariam super hoc faciat justiciam. Et ut hæc donatio
autentico roboretur privilegio, subscriptorum virorum
firmamus testimonio. Sig. Martelli, qui hoc donum fecit.
Sign. Wilelmi Comitis. Sign. Girardi Abbatis. Sign.
Constantii de Derneyi Abbatis. Sign. Poncii de Silium (1).
Sign. Gileberti Prioris Beescæ. Sign. Parisii Canonici
de Masenot. Sign. Roberti Militis de Bille, Wido Tro-
sellus, Walo de terre Divion..... pro sua suorumque
eterna salute..... filii sui Guillelmi nuper defuncti et
honorifice Besuæ sepulti, dedit liberrime Deo, et Ecclesiæ Besuensi hæc subtus annotata perpetuo jure possi-
denda, volentibus atque laudantibus uxore cum filiis, nec
non et fratribus, Richardo scilicet et Girardo. Mansum
unum videlicet apud Balenavam, eo tenore, ut habitator
ipsius usus consuetudinales habeat, sicut prius, in aquis,
in terris, in pascuis, et in sylvis ejusdem Humberti et
successorum ipsius. Dimisit quoque nummos quatuor
quos Monachus Arcionensis ei debebat annuatim pro ripa
molendini sui in festivitate sancti Martini. Dedit etiam
quatuor jugera terræ, quæ habentur prope arborem
ulmum, quæ de Mulmis dicitur. Addidit his et falcem
prati prope pontem Arcionensem siti. Cujus donationis
testes idoneos etiam subscribere curavimus. Quorum nomina sunt hæc. De Monachis Abbas Joffredus, Poncius
Prior, Guido Sacrista. Bartolomæus frater ejusdem Hum-

---

(1) Lisez *Silvinne.*

berti, Robertus Verna. Milites, Hugo de Asperomonte, Aymo Columba, Aymo de Minure, Aymo Bornus. Burgenses, Petrus de Pauliaco, Maletus, Johannes coquus, et alii quam plures.

Carta de Fontinellis.

Mansuris est inprimendum litteris, quod Hugo Miles de Fontanis pro anima fratris sui Haymonis nuper interfecti, et apud Besuam honorifice sepulti, laudante sorore cum nepotibus, et cæteris, ad quos res pertinere videbatur, dedit Deo, et Ecclesiæ Besuensi apud Fontenellas mansum unum cum falce prati, et tertiam partem medietatis minutæ decimæ. Hoc autem fieri fecerunt, Milo Miles Dominus de Fossato, cum fratre Roberto (ad quos maxime attinebat) in die sepulturæ ipsius Besuæ, multis præsentibus, quorum nomina partim subnotantur. Abbas Joffredus (1), Hautio Prior, Vido Sacrista, Bartolomæus, Gybuinus Monachi. Milo de Fossato, et Robertus frater ejus, Milites.

(1) Geoffroy, 20ᵉ abbé de Bèze, fut témoin en 1161 d'un accord entre l'abbaye de Saint-Etienne de Dijon et Ewin du Fossé au sujet des possessions de la maison du Fays-les-Autrey, qui dépendait de cette abbaye. (*Hist. de l'Abb. de St-Etienne*, pr. nᵒ 170.)

INDEX NOMINUM

33

Polycarpus episcopus.
Poncia, uxor Bernardi de Fracto Monte, 413.
Poncius, Pontius, capellanus, 499.
— Crassus, 492.
— de Bezueta, 360, 365.
— de Bigorna, 408. 488.
— de Firmitate, 413, 438.
— de Icio, 412.
— de Lisseio, 493.
— de Rivel, 455.
— de Sancto Sequano, 411, 431, 487.
— de Silvinne, Silviniaco, Sylvennyaco, 476, 478, 483, 487, 490, 502.
— dominus Bellijoci, 375, 377.
— filius Wilenci, 358.
— Glanæ, 377.
— homo, 335.
— miles, 332, 344, 358, 402, 452.
— monachus, 414, 472, 475, 485, 488.
— prior, 502.
— testis, 363, 370, 373, 401, 473.
Pothières, abbaye. Voir Pultariensis locus.
— monastère, 106.
Probus imperator, 15.
Proculus, 241.
Protadius patricius, 37, 38.
Prumiam cœnobium, 87.
Pultariensis locus (Pothières), 111, 423.

Q

Quieta, matrona Divionensis, 11.

R

Racomis comes, 38.
Radaldus testis, 260, 353.
Radale monachus, 358.
Radebertus major domus, 242.
Radmodis, uxor Richardi militis, 233.
Radulfus. Voir Rodulfus.
Raganfredus major domus, 66.
— tirannus, 67.
Ragenaldus, Ragenardus, presbyter, 259.
— testis, 259, 260.
Ragnitrudis, concubina Dagoberti, 51.
Ragnoardus testis, 260.
Ragnoberta, nepta Nantildis reginæ, 58.

Raimbaldus servus, 373.
Raimburgis ancilla, 351.
Raimodis de Longo Campo, 405.
Raimondus testis, 402.
Rainaldus, Rainardus, Ranaldus, Raynardus, Regnardus, abbas S. Benigni, 206.
— comes, 299, 485.
— — Burgundiæ, 162, 163, 170, 176, 193, 194.
— de Autriaco, 359.
— de Barrensi Castro, 161.
— de Granceio, 456.
— de Monte Salionis, 441, 444.
— de Miribel, 430.
— de Verona, 354.
— diaconus, 401.
— dominus de Castellion, 195.
— episcopus Lingonensis, 373, 374, 378.
— filius Willelmi comitis, 379, 485.
— frater Widonis, 403.
— pater Hugonis, 409.
— — Humberti Gastalli, 457.
— (Hugo), 357.
— præpositus, 396, 458.
— presbyter, 490.
— servus, 303, 306.
— testis, 328, 398, 331, 348, 401, 413.
Raimodis matrona, 367.
Raimundus de Minoio, 399.
— de Granciaco, 401.
— de Minoio, 412.
Rainardus. Voir Rainaldus.
Rainbaldus servus, 276.
Rainerius testis, 300.
— scrinarius sacri Palacii, 328, 375, 422.
— miles, 407.
Rainoldus testis, 310.
Ramelenus dux, 54.
Renaldus. Voir Rainaldus.
Raoul, roi des Français, 122, 124.
— roi de France, 281.
Ratbertus vassus, 91.
Ratbodus, rex Frisiæ, 65, 248.
Ratherius, abbas S. Stephani Divionensis, 121.
Ravenna (S. Apollinaris abbatia de), 152, 153.
Ravines, Ravinel, Ravinellus (Guido), 456, 463, 493.
Ray (Huot de), 213.
Recalvester (Evrardus), 371.
Regina, filia Caroli Magni, 86.
— filia Raimodis matronæ, 367.
— uxor Hugonis Rubei, 403.
Regnardus. Voir Rainaldus.

INDEX GEOGRAPHICUS

Q

ERRATA ET ADDENDA

DIJON, IMP. DARANTIERE, RUE CHABOT-CHARNY.

LaVergne, TN USA
09 September 2009
157349LV00008B/1/A